U0945227

家事法评注丛书

中华人民共和国继承法评注
夫妻关系

蒋　月 编著

厦门大学出版社
XIAMEN UNIVERSITY PRESS
国家一级出版社
全国百佳图书出版单位

图书在版编目(CIP)数据

中华人民共和国婚姻法评注.夫妻关系/蒋月编著.—厦门:厦门大学出版社,2021.1

(家事法评注丛书)

ISBN 978-7-5615-7903-9

Ⅰ.①中… Ⅱ.①蒋… Ⅲ.①婚姻法—法律解释—中国 Ⅳ.①D923.905

中国版本图书馆CIP数据核字(2020)第184993号

出 版 人 郑文礼
责任编辑 甘世恒
封面设计 李夏凌
技术编辑 许克华

出版发行 厦门大学出版社
社 址 厦门市软件园二期望海路39号
邮政编码 361008
总 机 0592-2181111 0592-2181406(传真)
营销中心 0592-2184458 0592-2181365
网 址 http://www.xmupress.com
邮 箱 xmup@xmupress.com
印 刷 厦门集大印刷有限公司

开本 787 mm×1 092 mm 1/16
印张 31.5
插页 2
字数 772千字
版次 2021年1月第1版
印次 2021年1月第1次印刷
定价 95.00元

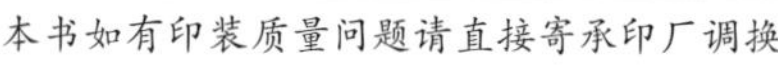

厦门大学出版社
微信二维码

厦门大学出版社
微博二维码

总　序

“家事法评注丛书”是一套以《中华人民共和国婚姻法》《中华人民共和国继承法》为主干，精准、全面、深入解析现行婚姻家庭法律的系列著作。

为拓展婚姻家庭法学研究的广度，加深其深度，方便法律人更好地理解、适用婚姻家庭和继承法律，中国婚姻家庭法学研究会和厦门大学出版社共同策划、组织出版“家事法评注丛书”。该丛书借鉴《德国法典评注》的体例，按照现行《中华人民共和国婚姻法》《中华人民共和国收养法》《中华人民共和国继承法》等法律的结构，逐章、逐条地予以评注。本评注丛书详细讲解、透彻分析法律中的每一个法条，释明法条的由来、意义和内涵，以及法条与相关法条之间、法条与最高人民法院相关司法解释之间的关系，引述重要或者关键性的法院判例、学术观点等。

“家事法评注丛书”的出版在中国大陆尚属首次，意义重大。中国婚姻家庭法学研究会依托其雄厚的学术资源，邀请教学经验丰富和科研能力强的资深教授担任主编，并约请本领域的专家、学者共同撰稿，作者阵容强大，著述权威。中国婚姻家庭法学研究会会长、中国政法大学民商经济法学院夏吟兰教授，中国婚姻家庭法学研究会常务副会长、中国人民大学法学院龙翼飞教授担任总主编，中国婚姻家庭法学研究会副会长、厦门大学法学院蒋月教授担任执行总主编。我们期望本丛书作为高端法学学术精品，以高质量、高品位服务于法学教育、法学研究和法律实践，成为读者查找、理解和适用家事法律的专业工具书，并在民法法典化的进程中为相关法律制度的修改与完善提供重要参考。

本评注丛书的编撰和出版历时多年。2011 年 11 月，中国法学会婚姻法学研究会年会暨中国婚姻家庭法学研究会第一次会员代表大会在厦门大学举行。在此期间，中国婚姻家庭法学研究会与厦门大学出版社经深入磋商，达成合作协议。中国婚姻家庭法学研究会组织本学会知名专家、学者潜心撰写本丛书，由厦门大学出版社精心组织出版。

“家事法评注丛书”共计 11 卷，各卷分别如下：《中华人民共和国婚姻法评注·总则》《中华人民共和国婚姻法评注·结婚》《中华人民共和国婚姻法评注·夫妻关系》《中华人民共和国婚姻法评注·家庭关系》《中华人民共和国婚姻法评注·离婚》《中华人民共和国婚姻法评注·救助措施与法律责任》《中华人民共和国收养法评注》《中华人民共和国继承法评注·总则》《中华人民共和

国继承法评注·法定继承》《中华人民共和国继承法评注·遗嘱继承和遗赠》《中华人民共和国继承法评注·遗产的处理》。

中国婚姻家庭法学研究会名誉会长、中国人民大学法学院教授杨大文先生是"家事法评注丛书"的学术顾问之一，非常关心本丛书的出版，但在丛书付梓出版之际，杨教授已仙逝。我们仅以本丛书向我们尊敬和爱戴的名誉会长杨大文教授表示崇高的敬意和深切的缅怀！

推动婚姻家庭法和继承法的教学、科研和法律服务之进步，推进婚姻家庭法治事业之发展，是我们的责任与使命，是我们的光荣与梦想。我们期待本评注丛书在我国依法治国及家庭建设的进程中发挥积极的作用。

"家事法评注丛书"编委会

2017年6月

自 序

夫妻关系是男女双方自愿按照法律规定缔结的一夫一妻婚姻关系。婚姻当事人双方相互之间的权利和义务根据国家法律规定来确定、解释和构建。在我国现行法律体系中，只有依据婚姻法律规定，共同向法定的婚姻登记机关提交了结婚申请，由婚姻登记机关审核批准并颁发《结婚证》的男女，才是夫妻关系，受到法律保护。夫妻之间，在人身和财产上，在物质上和精神上，在扶养、供养、家务劳动、参加社会劳动和社会交往等所有方面都平等地享有权利，承担平等的义务。婚姻制度保护依法成立的婚姻。

本书内容是全面解读调整夫妻关系相关法律条款。阐述婚姻关系存续期间的全过程，从夫妻人身关系到夫妻财产关系，从结婚后到婚姻终止之前；不仅论述每一项夫妻权利或义务的基本原理或法律渊源等，而且引用典型案例，说明相关争议，还列明了域外相关立法例，颇具新意。有些章节讨论的问题或内容(例如离婚请求权等)可能与本套丛书中的相邻部分法条评注著作的部分内容有所交叉，不过，笔者写作时已注意到这一点，故十分注意避免出现不必要重复。不同问题的论述或说明均涉及相关法律法规或司法解释条款时，均有必要引用，也考虑到读者阅读本书时，很可能仅仅查阅其想查阅的章节内容，未必读完全书，确有部分法条被多次引用。关于“域外相关立法例”，仅选择摘录参考价值较大的立法例，其他国家或地区的立法例仅写明法条序号，例如《日本民法典》第××条，既欲使读者了解有关立法例数量，又方便读者需要时进一步查阅。特别应说明的是，本书援引的司法裁判案例中，为了节省版面和统一全书风格，故在第二次出现相同名称法案或司法解释文件等规范性文件、人民法院名称时，使用了笔者自拟的简称；摘抄相关裁判决书的相关内容时，仅涉及与所讨论问题相关的信息，并不反映裁判文书的全貌。本书表示法条序号时，仅在章名和直接引用时使用中文数字，其余场合均使用阿拉伯数字表示，以节省版面和阅读时间。

这是一本有趣的专业书。读者诸君可以看到对同一个法律问题，有不同意见争论，各有各的道理。法律干预人们利益时可能存在多种路径，无论是学术观点还是司法立场，都是基于一定理由和依据而选择的结果。既可以看到人心的复杂，利益的复杂；又可以看到法律的不完善或者缺漏。当然，法律活动总是朝着公平正义的方向进发。法官的裁判力图做到不偏不倚。

撰写法律评注，是一项新活儿。“家事法评注丛书”于2011年策划出版时，中国大陆尚未出版过任何一整套的法律评注丛书。撰写法律评注，从学术到实务、从立法到司法审判、从理论到实践，需要360度大回旋地全景式地观察、分析、研究法案、法条、案例。这是一项十分有意义的专业工作，对婚姻家庭法领域的立法与司法、教学与研究、法律服务具有参考价值，同时也可以成为个人、团体了解相关法律信息的专业工具。本书基本上遵从该丛书编委会确定的著作结构框架，仅部分小节为笔者自行安排。

在信息化和数字化时代，搜索和利用资讯的便捷是空前的，为研究者添增了满足感或快乐。撰写法律评注，要查找研阅的资料特别多，其间，温故而知新，不时产生点儿顿悟，犹如路经彩票站，想停下歇个脚，顺便买了张2元彩票，竟然中了50元奖，颇有快感。为撰写适用法条的相关案件，需要大量阅读法院相关判决书和裁定书等，为了能找出更切合笔者写作意图的案件，更是必须多多阅读。读到有些判决书中“法院认为”的说理，如同教科书般的论述，让人拍案叫绝；也有读到文句不够通顺的裁判文书，不自觉发出一声叹息，有时难免当老师的毛病就上来了，一个人自言自语半天。自从有了“中国裁判文书网”，笔者必须得说，实在太喜欢它了，查找法院审判资料时，它总能按照搜索者所需予以回应，大多数时候都满意而归，不仅法律教学和法学研究有了“神帮手”，而且研读人民法院裁判文书为笔者的专业生涯增添了无比多的乐趣！类似打网络游戏，一个人端坐在一间书房，假设自己是法官，而且愿做哪级法官就选做哪级法官，把全国的案件统统“重新判一回”，可以做无数次的“沙盘推演”，自己与自己辩论，爱判几回就判几回！收获多多。在此，为最高人民法院推出裁判文书上网公开举措点赞，十分感谢！

本书撰写历时5年有余。手头要赶的各种活儿有点儿多，时常写得正欢时，却不得不打开电脑中的另一个文档去操弄一番；这“暂停键”一按下，随后的数个月就悄悄地飘走了，过了许久才能按“重启键”继续先前的写作，好在有苦，也有乐。本书的资料截止到2020年1月31日。

感谢厦门大学出版社，特别是该社法律编辑室的李宁、甘世恒两位编辑专业而周到的编辑工作和支持。

鉴于学识有限，书中可能存在不当之处，诚恳地欢迎批评指正。

蒋　月

2019年10月30日

Contents

目录

第一章 导论

第一节 夫妻关系基本理论

一、夫妻关系的内涵与外延

法律上,夫妻关系是合法婚姻中的配偶之间享有权利和承担义务的总和。夫妻关系包含夫妻人身关系和财产关系两方面。换言之,夫妻人身关系、夫妻财产关系是婚姻的直接效力。夫妻人身关系是婚姻在身份上的效力;夫妻财产关系是婚姻在财产上的效力。法律对夫妻的要求仅限于夫妻关系中最基本事项,是夫妻关系之底线;若当事人未满足这些法定要求,则涉嫌违法,将承担相应法律后果。法律和道德均鼓励当事人在婚姻中的所作所为高于法定要求。法律对夫妻关系的规定,体现了社会对男女两性关系的基本立场和态度,旨在依照社会要求在夫妻之间分配婚姻的利益与负担,形成婚姻内部的秩序。男女一旦缔结婚姻关系,彼此之间就产生了夫妻之间的权利与义务。这不是根据婚姻当事人一方或双方的意愿决定的,而是基于社会对婚姻的要求。从时间看,婚姻依法成立时,男女双方即获得配偶身份,夫妻间的权利与义务同时产生。它是保护未成年人和老年人合法权益的需要,是实现国家作为社会管理者职责的重要手段之一。法律加强对夫妻关系的调整,有利于巩固一夫一妻的婚姻制度,更好地实现婚姻家庭在社会生活中的职能。

通常,夫妻关系是两个人之间最亲密的法律关系。亲密关系是人类拥有的具有强烈心理体验影响的人与人之间的依赖关系。判断和区分人们的亲密关系类型,通常使用下列五要素:联系频率、联系持续的期间、联系的多样性、影响的方向性、影响的强度。夫妻朝夕相处,相互联系频率高,持续联系时间长,联系交流的内容或事项多,彼此之间相互影响,影响程度强烈。夫妻之间的亲密程度超过任何其他亲密关系。夫妻任何一方对于另一方都会产生强烈的占有欲望,强烈的拥有要求、分享要求,同时要求对方满足自己的要求,因为结为夫妻是基于寻求对方与自己共度一生的目标,是把对方作为终身伴侣的。然而,事实上,绝大多数夫妻都没有能力满足对方的所有期待和要求。无论在社会用语上还是法律上,夫妻关系的概念及其内容都随着社会发展而不断变化。例如,夫妻之间的亲密程度、配偶相互关系的强度、婚姻的社会地位,在不同历史时期有着明显差异。在现代社会的婚姻观念中,婚姻的核心是当事人双方"心灵和意愿的结合"①。

① [德]迪特尔·施瓦布:《德国家庭法》,王葆莳译,法律出版社2010年版,第76页。

(一)夫妻人身关系

夫妻人身关系是指夫妻之间存在的与配偶身份紧密相连而不具有经济内容的权利义务关系。夫妻人身关系包括下列两个方面内容:一是强调夫妻作为配偶时各自保留独立的姓名权、人身自由权、生育权,这是基于对历史上的家长权、夫权的否定;二是由婚姻这一共同体内在特性决定的配偶身份权,它是夫妻之间对等的人身性的权利义务关系,即严格意义上的配偶权,通常涉及同居义务、忠实义务、婚姻住所商定权和日常家事代理权等内容。[①] 2011年修订后的《中华人民共和国婚姻法》[②](以下简称《婚姻法》)明文规定夫妻人身关系的内容如下:夫妻相互忠实;夫妻独立姓名权;婚姻住所决定权;夫妻人身自由权;夫妻的计划生育义务。

夫妻之间是否享有配偶知情权?最近10年来,有学者主张"夫妻知情权",提议立法应在夫妻关系中引入该项权利。夫妻知情权是指男女双方在婚后相互之间获知对方与婚姻生活密切相关的个人信息的权利,这些信息包括但不限于下列事项:真实姓名、身份,健康状况、职业情况、财产情况、婚史、家庭情况、社会关系等。主张者认为,法律应当赋予配偶相互获知另一方重大个人事项信息的权利,理由如下:男女一旦缔结为夫妻,形成婚姻共同体,夫妻双方无论是在法律上还是利益上均形成了难以分割的整体,具有其他人无法比拟的最密切联系。夫妻一方的真实信息对婚姻共同体利益、对另一方配偶的个人利益都会产生重大影响,故夫妻之间应当坦诚相见,如实将本人的真实情况告知对方。相应地,配偶一方有权了解另一方的这些重要信息。这是婚姻稳定的基础。若赋予夫妻知情权,将是 方对另方个人隐私权的合理限制,为防止一方行使该权利过度而侵犯另一方的隐私权,张新宝提出处理好隐私权与知情权关系时应遵循"社会政治与公共利益""权利协调""人格尊严"三项原则。[③] 主张一种权利在其保护范围或者程度上作出让步而使另一种权利得到基本满足,在夫妻之间公开部分个人隐私,不会过分侵害其隐私权。事实上,近年是有地方立法确认夫妻知情权的。笔者以为,知情是婚姻应有之义,无论是在夫妻人身关系还是财产关系中,当事人双方均应把对婚姻有重要影响的信息如实告诉对方,以便对方客观辨认、评价自己行为的后果,否则,若是面对的是一位"蒙面人",婚姻何以能够缔结和维持?人类婚姻制度数千年历史中,知情始终在夫妻关系中贯彻或实践着。然而,迄今未见各国和地区婚姻家庭立法明文使用、确认"夫妻知情权"。"知情权"概念诞生于20世纪40年代左右。我国法学界研究知情权迄今也近半个世纪,但是,始终难以找到直接规定知情权的法律条文,[④]1986年颁布的《中华人民共和国民法通则》(以下简称《民法通则》)、[⑤]2017年颁布的《中华人民共和国

---

① 最近20余年间,中国部分学者主张用配偶权概括夫妻人身关系,认为配偶权是规范基于配偶特定身份而生的权利与义务的身份权。也有部分学者反对使用配偶权的概念。关于配偶权是否是一项民事权利,学术界观点不一。

② 该《中华人民共和国婚姻法》制定于1980年,2001年第一次修正。后文中,若无特别限定,"现行《婚姻法》"或者《婚姻法》均是指该法第一次修正案。

③ 张新宝:《隐私权研究》,载《法学研究》1990年第3期。

④ 翁国民、汪成红:《论隐私权与知情权的冲突》,载《浙江大学学报(人文社会科学版)》第32卷第2期。

⑤ 《民法通则》于2009年8月27日完成第一次修正。

民法总则》(以下简称《民法总则》)中均没有出现"知情权"。但是,《中华人民共和国消费者权益保护法》(以下简称《消费者权益保护法》)[①]第8条规定,"消费者享有知悉其购买、使用的商品或者接受的服务的真实情况的权利"。行政诉讼法中的告知制度也属于知情权及其保护。具体到婚姻关系,若赋予配偶知情权,则如何合理划定夫妻知情权与个人隐私权的界线,如何平衡两种权利之间的冲突,是一个难题,尚需进一步研究。

这些人身性的权利义务为当事人双方建设亲密关系提供了条件,却常常不能通过外部强制力逼迫义务人履行。在有些国家和地区,夫妻一方有权诉请法院裁决与配偶另一方不履行人身性的义务之争议,要求对方履行婚姻中的人身性的义务,以维护婚姻关系,但是,基于尊重人格尊严的考虑,根据此种申请所作裁决不可强制执行。尽管如此,此类裁决并非无意义,相反,它确认了相关事实,明确了当事人之间的是非,敦促当事人履行相关义务,还可能让被告承担法律上某种不利或法律后果。

(二)夫妻财产关系

夫妻财产关系是指以配偶身份为前提而派生出来的财产权利和义务,具有直接经济内容,主要指夫妻财产制、扶养的权利与义务、配偶继承权等。夫妻人身关系派生出夫妻财产关系,夫妻财产关系以夫妻人身关系为依据。夫妻是否和能否在家庭中占有和支配一定的财产,以及所占有或支配的财产之多少,是决定夫妻地位的基本因素之一。正确处理夫妻财产关系,对于增进夫妻感情、稳定婚姻关系,具有重要意义。

夫妻财产制构建与所处特定社会环境密不可分。立法设计夫妻财产制度,必须综合考虑影响夫妻财产制立法的各种因素,主要包括生产力发展水平、所有制结构、家庭职能、文化传统等社会历史因素,以及居民在夫妻财产问题上的观念、立场、愿望和要求等,并受立法技术与水平的限制。

首先,夫妻财产制立法必须适应生产力水平要求。从社会因素看,人类历史上生产力的每一次飞跃,都会给夫妻财产制度带来重大影响。一切财产法律问题都受到生产力发展水平的影响,法必须适应总的经济状况,必须是它的表现。[②] 我国生产力水平的每一次大提高都影响着居民的夫妻财产关系。家庭规模和结构的变化同样影响着我国的夫妻财产制度。社会经济制度也在一定程度上制约着夫妻财产制立法。我国现时社会生产力的发展水平较低,人们的收入与个人财富有限。夫妻财产制度受所有制支配,并为后者服务。我国实行以公有制为主体、多种所有制经济成分共同发展的基本经济制度,随着市场经济的实行,财产关系复杂多样,市场主体多元化,夫妻财产关系法必须与之相适应。其次,夫妻财产制还受到家庭职能的约束。现阶段我国家庭担负着组织生产职能、组织消费职能、扶养扶助职能等,而且家庭承担的包括养老育幼在内的扶养扶助负担重。所有这些职能的履行,均须建立在家庭的经济条件或者财力之上。设计夫妻财产制的种类及共同财产范围时,必须充分考虑到家庭普遍承担的任务和具有的功能。无论夫妻财产制的种类如何,在家庭收入有限的条件下,都必须首先能够满足家庭的共同生活需要,且还应当肯定家事劳动的社会价值。在这种环境中,共同财产制适合我国绝大多数婚姻的实际情况;而且共同财产的范围不宜限制

---

① 《消费者权益保护法》颁布于1993年,已在2009年、2013年经过了两次修正。

② 中共中央马列著作编译局:《马克思恩格斯(资本论)书信集》,人民出版社1976年版,第505页。

过多，才能维持共同生活正常运转。夫妻财产制，不仅关系到夫与妻之间的财产关系，而且关系到与夫妻进行交易活动的第三人利益。夫妻财产制有必要与民事交易安全保障相协调。再次，居民在夫妻财产制上的意愿和态度也是影响夫妻财产制立法的重要因素。中国数千年奉行的夫妻一体的思想意识和传统还深深地影响着部分国人，人们比较普遍赞同婚后财产不分你我，分别财产制难为多数人认同。据有关专项调查显示，内地居民愿意采用的夫妻财产制类型，按选择意愿由高到低依次为：婚后所得共同制、一般共同财产制、限定部分共有制、婚后劳动所得共同制、剩余共同制、联合财产制、夫妻分别财产制。①

根据《婚姻法》第 17 条、第 18 条、第 19 条的规定，我国实行法定财产制和约定财产制双轨制，当事人有财产约定时从约定，无财产契约或约定无效时适用法定财产制。婚后所得共同制是我国法定夫妻财产制，并设立个人特有财产制，适度缩小夫妻共同财产制范围；允许实行约定夫妻财产制，采纳半封闭型立法模式，提供一般共同制、限定部分共同制和分别财产制三种制度，任由当事人约定选用其一。如图 1-1 所示。

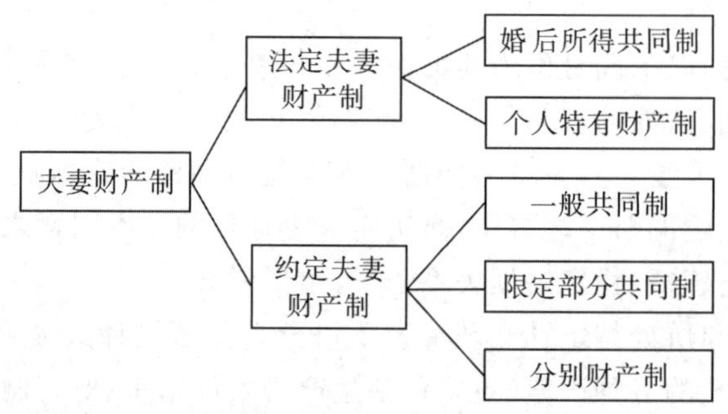

图 1-1　我国夫妻财产制构成

上述夫妻财产制的结构，能够满足我国社会生活需要。无论是法学界或者法律实务中，很少有人质疑或批评 2001 年以来的夫妻财产制度。诚然，法学界多数意见是希望在此框架基础上，进一步完善每一种类夫妻财产制的具体内容。

二、夫妻关系的法律渊源

法律有下列两种不同定义：形式意义上的法律、实质意义上的法律。形式意义上的法律是指依据宪法规定享有立法权的国家立法机关制定的法案及其全部条文。在我国，这类法律是指全国人民代表大会及其常务委员会通过的法律。实质意义上的法律是指有权力的国家机构行使立法权或行政权时制定的成文法规则、习惯法、司法解释以及指导性判例。调整夫妻关系的法律渊源，包括下列几方面：

（一）宪法

宪法是本国或本地区法律的最高级，是法律的塔顶，是婚姻家庭法的法律依据。宪法作为夫妻关系的法律渊源，主要涉及下列四方面内容。首先，宪法规定法律面前人人平等原则。该原则的精神，关乎夫妻关系的，集中于性别平等、男女平等、夫妻平等的价值观。其

① 蒋月：《我国夫妻财产制若干重大问题的思考》，载《现代法学》2000 年第 6 期。

次，有些国家和地区的宪法会就本国或本地区实行的婚姻制度作原则规定。再次，宪法关于财产制度的基本规定会对夫妻财产关系产生深刻影响。最后，宪法的社会保障规定，也直接关系到夫妻关系的规范。社会保障与个体家庭保障之间的关系，对婚姻、夫妻关系影响很大。

鉴于婚姻家庭制度是基本社会制度之一，各国宪法和地区宪法性质的法案都会规定保护婚姻家庭的条款。现行《中华人民共和国宪法》（以下简称《宪法》）[①]第 49 条规定，"婚姻、家庭、母亲和儿童受国家保护"；第 46 条规定，"国家培养青年、少年、儿童在品德、智力、体质等方面全面发展"。儿童受国家保护，禁止虐待儿童。宪法规定了法律面前人人平等以及公民的权利和义务；规定了婚姻、家庭受宪法保护，理当是家庭法的渊源。

（二）法律

调整包括夫妻关系在内的婚姻家庭关系的法律包括下列两大类：

1.直接调整婚姻家庭关系（含夫妻关系）的法律

此类法律主要是婚姻法，反家庭暴力法，妇女、儿童等弱势群体权益保障法。这类直接调整婚姻家庭关系的法案，是婚姻家庭法的基本渊源。通常，这类法案以婚姻法或者以婚姻家庭中某类关系命名，例如《婚姻法》《收养法》等。它们形成了婚姻家庭法律制度的基本框架、基本准则。法律是立法机关通过的制定法，在法律规范等级中，处于宪法之下。法律不得违背宪法或与宪法相抵触。《婚姻法》集中规定了夫妻关系，如《婚姻法》第 13 条至第 20 条、第 24 条、第 31 条至第 34 条、第 39 条至第 42 条、第 46 条、第 47 条。从内容分析，在我国现行法下，夫妻人身关系包括姓名权、同居义务、忠实义务、婚姻住所商定权、参加生产工作学习和社会活动的自由、计划生育的权利义务、离婚请求权；夫妻财产关系包括夫妻相互扶养的权利与义务、配偶继承权、夫妻财产制、离婚时补偿请求权、困难帮助请求权、离婚损害赔偿请求权等。夫妻双方都有参加生产、工作、学习和社会活动的自由，[②]体现了我国婚姻家庭法注重保障已婚妇女独立人格。夫妻在家庭中法律地位平等的规定是关于夫妻家庭地位的标志性条款。2015 年 12 月通过的《中华人民共和国反家庭暴力法》（以下简称《反家庭暴力法》）于 2016 年 3 月起实施。该法案是我国实行依法治家的标志。夫妻关系当然受到《反家庭暴力法》约束。

2.内容涉及夫妻关系或婚姻家庭的法案

内容涉及夫妻关系或婚姻家庭的法案数量比较多，这类法律可进一步划分为下列两种类型：

(1)普遍适用于全体社会成员的法律中涉及婚姻家庭关系（含夫妻关系）的。例如，《民法通则》调整平等主体的自然人、法人和非法人组织之间的人身关系和财产关系，其内容当然涉及夫妻关系，特别是第 9 条至第 35 条关于"公民（自然人）"的规定，与夫妻关系、婚姻家庭关系密切。《民法总则》《中华人民共和国母婴保健法》中的部分条款也与夫妻关系有关。1999 年 3 月 15 日第九届全国人民代表大会第二次会议通过的《中华人民共和国合同法》

---

① 《中华人民共和国宪法》于 1982 年 12 月 4 日通过；现行宪法是指 2004 年第四次修正案。

② 夫妻都有人身自由的规定，属于独立人格权保障的内容。本章论及夫妻人身关系内容时不再专门论述。

(以下简称《合同法》)有关条款与夫妻财产、夫妻债务有关。《中华人民共和国民事诉讼法》①(以下简称《民事诉讼法》)有关规定内容与夫妻关系争议解决直接相关。《中华人民共和国人口与计划生育法》②(以下简称《人口与计生法》)中,原第 18 条第 1 款规定"国家稳定现行生育政策,鼓励公民晚婚晚育,提倡一对夫妻生育一个子女;符合法律、法规规定条件的,可以要求安排生育第二个子女",现行修正案第 18 条规定"国家提倡一对夫妻生育两个子女"。

(2)保护妇女、儿童、老人、残疾人等弱势群体的专门法案。我国针对弱势群体制定了数部专门保护法。每部法案中,均有多个条款直接与家庭有关,或者为某些家庭成员设定义务。它们应该纳入家庭法范畴。例如,现行《中华人民共和国妇女权益保障法》③(以下简称《妇女权益保障法》)第七章"婚姻家庭权益"规定:"妇女有按照国家有关规定生育子女的权利,也有不生育的自由";"妇女对依照法律规定的夫妻共同财产享有与其配偶平等的占有、使用、收益和处分的权利,不受双方收入状况的影响";等等。它们是婚姻家庭法的组成部分。1996 年 8 月 29 日第八届全国人民代表大会常务委员会第二十一次会议通过的《中华人民共和国老年人权益保障法》(以下简称《老年人权益法》)已经过数次修正,现行的是 2018 年 12 月 29 日第十三届全国人民代表大会常务委员会第七次会议完成的第三次修正案。该法案第二章"家庭赡养与扶养"共 15 个条款,大多数内容涉及夫妻之间权利与义务。例如,第 21 条规定,"老年人的婚姻自由受法律保护。子女或者其他亲属不得干涉老年人离婚、再婚及婚后的生活。赡养人的赡养义务不因老年人的婚姻关系变化而消除";第 22 条规定,"老年人对个人的财产,依法享有占有、使用、收益和处分的权利,子女或者其他亲属不得干涉,不得以窃取、骗取、强行索取等方式侵犯老年人的财产权益。老年人有依法继承父母、配偶、子女或者其他亲属遗产的权利,有接受赠与的权利。子女或者其他亲属不得侵占、抢夺、转移、隐匿或者损毁应当由老年人继承或者接受赠与的财产。老年人以遗嘱处分财产,应当依法为老年配偶保留必要的份额";第 23 条规定,"老年人与配偶有相互扶养的义务"。

(三)行政法规范

行政法规范是由中央政府及其下属部门行使行政权制定的,包括法令、条例、行政规章三种类型。法令、条例均是指国务院依据行政权制定的行政规范。行政规章则是指国务院下属部委制定的行政规范。

1.有关婚姻的国务院令、条例

《婚姻登记条例》。为贯彻 2001 年颁行的婚姻法修正案,2003 年 7 月 30 日国务院第十六次常务会议通过《婚姻登记条例》后,时任总理温家宝签署中华人民共和国国务院令第

① 1991 年 4 月 9 日通过的《中华人民共和国民事诉讼法》,于 2017 年 6 月 27 日完成了第三次修正。

② 该法于 2001 年 12 月 29 日第九届全国人民代表大会常务委员会第二十五次会议通过,于 2015 年 12 月 27 日完成第一次修正。

③ 《中华人民共和国妇女权益保障法》于 1992 年 4 月 3 日第七届全国人民代表大会第五次会议通过;根据 2018 年 10 月 26 日第十三届全国人民代表大会常务委员会第六次会议《关于修改〈中华人民共和国野生动物保护法〉等十五部法律的决定》第二次修正。

387号，于2003年8月8日发布。[①] 该条例自2003年10月1日起施行。该条例规定了总则、结婚登记、离婚登记、婚姻登记档案和婚姻登记证、罚则等内容。同时废止了1994年民政部《婚姻登记管理条例》。中华人民共和国成立以来，每一部婚姻法颁行之后，国务院或民政部都会根据新法案发布新的婚姻登记管理法令、条例或规章。

2.民政部有关婚姻问题的规章

与婚姻家庭有关的行政法规范中，国家民政部有关婚姻登记管理的规章是最为常见的。

(1)民政部规章。以民政部函号发布涉及婚姻的规章，通常是以意见、通知、办法、规定等名称命名，数量可观。例如，经国务院文批准，民政部于1983年8月26日颁布《中国公民同外国人办理婚姻登记的几项规定》(国发〔1983〕128号)。2004年3月29日，《中华人民共和国民政部关于贯彻执行〈婚姻登记条例〉若干问题的意见》(民函〔2004〕76号)，就当事人的身份证、户口簿、照片、补领证件等事项作出规定。2006年1月23日，国家民政部令、国家档案局令第32号联合发布《婚姻登记档案管理办法》。2007年11月14日，民政部下发《民政部关于进一步加强涉外、涉港澳台居民及华侨婚姻登记管理工作的通知》(民函〔2007〕314号)。2008年2月15日，民政部下发《民政部关于外国人、华侨提供的无配偶证明认定问题的通知》(民函〔2008〕49号)。2015年12月8日，根据《民政部关于印发〈婚姻登记工作规范〉的通知》(民发〔2015〕230号)，《婚姻登记工作规范》正式发布。该工作规范规定了婚姻登记机关、婚姻登记员、结婚登记、撤销婚姻、离婚登记等九章内容。

(2)民政部办公厅以厅办函出具的通知或者回复有关省市民政厅请示问题的意见。这类行政规范文件也比较多，例如，《民政部办公厅关于对中国公民的境外结婚证件认证问题的复函》(厅办函〔1997〕63号)。《民政部办公厅关于对〈关于婚姻登记工作中涉及户籍问题的请示〉的复函》(民办函〔2005〕47号)，指出“单位内部的户籍管理科室是单位内部具体负责户籍管理的部门，直接掌握、了解本单位管理的户籍情况，其为本单位申请婚姻登记的当事人出具户籍证明，婚姻登记机关可以接受”。又如，《民政部办公厅关于韩国公民无配偶证明样式变更的通知》(民办函〔2008〕78号)，《民政部办公厅关于暂未领取居民身份证军人办理结婚登记问题的处理意见》(民办函〔2010〕80号)。

(四)最高人民法院的司法解释

最高人民法院司法解释是指最高人民法院审判委员会关于适用法律的规定、解释、意见等。司法解释是最高人民法院根据法律和有关立法精神，就人民法院审判工作中具体适用法律问题，结合审判工作实际需要制定的法规范。司法解释是法律的重要补充。制定司法解释是全国人民代表大会常务委员会赋予法院的权力。1981年6月，《全国人民代表大会常务委员会关于加强法律解释工作的决议》赋予司法机关司法解释权。作为适法法律的司法机关，法院有义务解释法律。根据《最高人民法院关于司法解释工作的规定》(法发〔2007〕12号)[②]第6条规定，司法解释的形式区分为下列四种：解释、规定、批复、决定。最高人民法

---

① 1980年《婚姻法》颁行之后，1986年3月15日发布的《婚姻登记办法》是国家民政部规章。后来，1994年2月1日，民政部发布了《婚姻登记管理条例》，取代前述规章。

② 该规定于2007年4月1日起施行；1997年7月1日发布的《最高人民法院关于司法解释工作的若干规定》同时废止。

院的司法解释作为裁判案件的依据之一，对社会关系“干预”作用很大。例如，自20世纪80年代以来，最高人民法院印发一系列贯彻执行《民法通则》《婚姻法》等法律的解释，就法律适用提供指导意见。自从最高人民法院于1985年创办《中华人民共和国最高人民法院公报》月刊以来，司法解释都会刊登在该公报上。有互联网（特别是普及）以后，通过登录最高人民法院官网、“北大法宝”等法律专业网也能查找到此类文件。司法解释不仅约束各级法院的裁判，而且随着社会信息化程度越来越高，也给未涉及婚姻家庭诉讼的百姓生活带来较大影响。诚如法国国际法学者H.巴蒂夫所言，“司法活动的结果不仅是解决现实纠纷，它还有助于……建立司法之外的法律生活”①。

1.最高人民法院有关婚姻家庭法的司法解释

最高人民法院关于婚姻家庭法的司法解释包括下列两个种类：

（1）最高法院发布的关于适用婚姻家庭法律的专门解释文件。主要有下列司法解释：1989年11月21日《最高人民法院关于人民法院审理离婚案件如何认定夫妻感情破裂的若干具体意见》（以下简称《最高法院关于判断夫妻感情破裂的意见》）。2001年12月25日公布的《最高人民法院关于适用〈中华人民共和国婚姻法〉若干问题的解释（一）》（法释〔2001〕30号，以下简称《最高法院适用〈婚姻法〉解释一》）。2003年12月26日公布的《最高人民法院关于适用〈中华人民共和国婚姻法〉若干问题的解释（二）》（法释〔2003〕19号，以下简称《最高法院适用〈婚姻法〉解释二》）。2011年8月9日公布的《最高人民法院关于适用〈中华人民共和国婚姻法〉若干问题的解释（三）》（法释〔2011〕18号，以下简称《最高法院适用〈婚姻法〉解释三》），自2011年8月13日起施行。2017年2月28日公布的《最高人民法院关于适用〈中华人民共和国婚姻法〉若干问题的解释（二）的补充规定》（法释〔2017〕6号，以下简称《最高法院适用婚姻法补充规定》），于同年3月1日起施行。2018年1月16日公布的《最高人民法院关于审理夫妻债务纠纷案件适用法律的解释》（法释〔2018〕2号，以下简称《最高法院审理夫妻债务适用法律解释》，确立了“共债共签”和日常家庭事务是形成夫妻共同债务的两大原则标准，自2018年1月18日起施行。这些司法解释文件是经最高人民法院审判委员会讨论通过的。它们直接调整婚姻家庭关系，其中有些条款调整夫妻关系。

（2）最高人民法院有关司法解释内容涉及婚姻家庭法律问题的。主要有：1988年4月2日公布的《最高人民法院关于贯彻执行〈中华人民共和国民法通则〉若干问题的意见（试行）》（以下简称《最高法院执行〈民法通则〉试行意见》），于同日开始施行。2015年8月6日公布的《最高人民法院关于审理民间借贷案件适用法律若干问题的规定》（法释〔2015〕18号，以下简称《最高法院审理民间借贷适用法律的规定》），于2015年9月1日施行。2015年1月30日公布的《最高人民法院关于适用〈中华人民共和国民事诉讼法〉的解释》（法释〔2015〕5号，以下简称《最高法院适用〈民事诉讼法〉解释》）。

2.最高人民法院解答婚姻法问题或有关法律问题中涉及婚姻法问题的规定

例如，最高人民法院民一庭《关于婚姻关系存续期间夫妻一方以个人名义所负债务性质如何认定的答复》[〔2014〕民一他字第10号]。1993年8月7日《最高人民法院关于审理名誉权案件若干问题的解答》（以下简称《最高法院审理名誉权案件解答》），其中有关“对未经

① H. BATIFFOL，《法律解释的问题》，《法律中的解释》，Arch. Phil. dr，t. XM，1972，p.13 et 14.转引自[法]雅克·盖斯旦、吉勒·古博：《法国民法总论》，陈鹏、张丽娟等译，法律出版社2004年版，第356页。

他人同意，擅自公布他人的隐私材料或者以书面、口头形式宣扬他人隐私，致他人名誉受到损害的，按照侵害他人名誉权处理”等内容，与夫妻人身关系中的某些纠纷处理有关。

3.批复

最高人民法院回复下属法院请示的问题的意见，通常以“批复”、复函、解答等形式下达。从1950年《中华人民共和国婚姻法》实施以来，最高人民法院针对下级法院请示的婚姻问题提出的回复意见，有一定数量。例如，〔1991〕民他字第63号《最高人民法院关于夫妻关系存续期间男方受欺骗抚养非亲生子女离婚后可否向女方追索抚养费的复函》。1953年9月8日《最高人民法院关于重婚纳妾几点意见的复函》，回复同意最高人民法院西南分院关于对重婚纳妾的几点处理意见的请示中提出的初步意见。

4.有关决定

最高人民法院发布的这类决定数量少。最高人民法院于1981年2月2日发布《最高人民法院关于适用婚姻法问题的通知》，规定“1981年1月1日以后受理的婚姻案件，依照新婚姻法规定处理”①。

此外，最高人民法院办公厅印发的各类纪要或类似文件是否是“法律渊源”之一，学术观点有认识上的分歧。近些年来，最高人民法院办公厅印发的“关于民事审判工作会议纪要”、最高人民法院有关庭室负责人以最高人民法院名义就有关问题发表的意见比较多。这类工作会议纪要虽是最高人民法院及其下属系统之间的内部工作规范，明显不属于司法解释，但其明文要求各级法院“认真贯彻执行”，故必然会约束各级民事案件的司法审判。最高人民法院办公厅印发的法办〔2011〕442号《全国民事审判工作会议纪要》第7条“关于婚姻家庭案件”，就婚约财产纠纷案件、夫妻一方因企业改制等原因获得的“工龄买断款”、婚姻介绍服务合同及其报酬、失踪人长期下落不明且已符合宣告死亡的法定条件、夫妻一方起诉离婚的管辖提出了指导意见。2015年4月公布《关于民事审判工作会议纪要(征求意见稿)》，其中第2条“关于婚姻家庭案件”也涉及夫妻关系。在2015年12月24日最高人民法院民事审判第一庭庭长程新文的讲话《最高人民法院关于当前民事审判工作中的若干具体问题》中，第3条“关于婚姻家庭、继承纠纷等家事案件的审理问题”，就“关于夫妻共同债务的认定问题”“要通过裁判弘扬良好的社会道德风尚”“关于继承纠纷是否适用时效问题”“关于祖父母、外祖父母是否享有探望权的问题”提出了指导意见。

(五)指导性案例

指导性案例一词是中国特色的法律术语，不同于西方法律体系中具有法源地位的“指导性判例”。在我国，最高人民法院、最高人民检察院和公安部分别发布各自的指导性案例。最高人民检察院率先于2010年7月30日发布了《关于案例指导工作的规定》，并于同年12月31日发布了第一批指导性案例3个。2012年11月15日，最高人民检察院印发第二批指导性案例。公安部于2010年9月10日发布了《关于建立案例指导制度有关问题的通知》，规定了公安机关的案例指导工作。但是，公安部迄今未发布其指导性案例。最高人民法院于2010年11月26日发布《最高人民法院关于案例指导工作的规定》，建立了法院系统的案例指导制度。2015年6月2日，最高人民法院发布法〔2015〕130号《〈最高人民法院关

① 从2019年7月20日起，该通知已不再适用。

于案例指导工作的规定〉实施细则》,详细规定了法院案例指导工作。最高人民法院于2011年12月发布第一批指导性案例以来,截止到2019年12月底,已发布了二十一批指导性案例。[①] 指导性案例制度是最高人民法院加强审判工作指导的措施,它有助于统一裁判尺度和法律适用标准,统一司法立场,减少"同案不同判"现象,对于增强司法透明度、提升司法公信力有益。

最高人民法院发布的指导性案例是经最高人民法院审判委员会讨论决定的,"供在审判类似案件时参照"。[②] 但是,法院裁判中的说理,并不能直接援引该类指导性案例。所以,指导性案例是否构成法律渊源,法学界的认识不一致。

(六)习惯法

习惯法是在一定条件下变成法律规则的惯例。惯例,首先应当是相对恒定的,在一定时期内,一定范围的人们行为应当是普遍地相似。其次,惯例应是众所周知的,与此相关的人们对其都非常了解。再次,惯例须是一般的,"这意味着它所涉及人的大部分都一般地服从它"。惯例可以限于某一特定的地区、行业或群体,只要在被考虑的地区或行业或者群体中得到了普遍的遵守,它就可以构成习惯法。[③] 习惯法作为一种规则,对个人有约束力,主要不是立法机关授权赋予其强制效力,而是人们内心直接认同它陈述了法律规则,是法律渊源之一。习惯法的地位,根据领域不同而异。但是,习惯法获得法律规则的效力,则是通过法律授权。我国现行民事立法明文赋予习惯作为法的一种渊源。《民法总则》第10条规定,"处理民事纠纷,应当依照法律;法律没有规定的,可以适用习惯,但是不得违背公序良俗"。习惯法对于弥补立法空白是必要的。一方面,社会生活包罗万象,法律不可能实时迅速调整社会生活所有方面而滴水不漏;另一方面,全国范围内的现实生活,有时候并非完全一致。此种情形下,若无法律规定,就明确地允许习惯法发挥调整作用,同样可以达到引导、规范社会生活的作用。

婚姻家庭习惯作为调整婚姻家庭关系的重要手段,其意义尤为突出。不同民族、不同地区人们婚姻家庭生活十分丰富复杂且有所差异,婚姻家庭习惯同样十分丰富多样。

---

① 例如,2014年1月,最高人民法院发布第六批指导性案例,共4个,其中民事案例3个、行政案例1个。2014年7月,最高人民法院发布第七批指导性案例,共5个,其中刑事案例2个、民事案例3个。刑事案例分别涉及利用信息网络实施盗窃、诈骗和拒不支付农民工工资构成犯罪问题;民事案例主要涉及企业名称权、反不正当竞争、船舶碰撞损害赔偿等问题。2014年12月19日,最高人民法院发布第八批指导性案例,共6个,其中刑事案例1个(涉及危险驾驶罪中的追逐竞驶问题)、民事案例5个(分别涉及债务人与其关联公司恶意串通逃债的认定及返还财产、申请执行人变更、委托拍卖以及涉外仲裁裁决的执行管辖等问题)2018年12月25日,最高人民法院发布第二十批指导性案例,其中5个指导性案例均是涉及网络犯罪的。2019年2月26日,最高人民法院发布第二十一批指导性案例,共6个指导性案例均是涉及"一带一路"建设的。

② 法〔2017〕53号《最高人民法院发布第16批指导性案例的通知》,最高人民法院网,http://www.court.gov.cn/fabu-xiangqing-37602.html,下载日期:2019年11月20日。

③ [法]雅克·盖斯旦、吉勒·古博:《法国民法总论》,陈鹏、张丽娟等译,法律出版社2004年版,第478～479页。

三、现实夫妻关系中的三个主要问题

夫妻关系给予人们最美好的体验，也带给人们最糟糕的感受。夫妻要维持亲密关系或者使之不断向前发展，就需要夫妻双方不断地付出和收获，付出时间、精力、感情、财产等，收获满足。如果夫妻一方不能令对方满意，就会产生不满、委屈、埋怨，这类消极情绪累积到一定程度，就会影响对另一方的“好”，使双方关系降温，更严重的情形是，爆发夫妻冲突。夫妻各自作为独立个体，两人又要长时间相处，有矛盾、冲突是不可避免的，因为每个个体都是独立的人、不同民事主体。但是，回应冲突的言行是使冲突得以化解还是进一步加剧了冲突？对冲突的不当回应，将导致婚姻关系恶化、破裂。夫妻因关系恶化、破裂而自伤、自杀或伤人或杀人的事件层出不穷。以法律为标准衡量，夫妻关系中存在的主要问题是不平等、婚姻暴力、怠于履行义务和拒不履行义务。

（一）夫妻不平等

平等，是指人人平等，不论出生、性别、种族、宗教、受教育程度等差别。平等是近代以来人类社会普遍遵守的基本价值观。平等包括男女平等、性别平等。社会以最为明智的形式构成，其结构建立在人类天性基础之上。无论男女，他和她生而为人，其权利是同等的；不应该仅仅因为性别差异而被区隔或划分成不同等级之人。人与人之间相互区别是理性、德行和知识的程度。① 不平等则是指在任何两个或两个以上人相互之间实行的区别、区隔、排斥、等级、歧视等差异，且无正当理由的言行或事实。不平等涉及政治不平等、经济不平等、性别不平等、家庭不平等、种族不平等等诸多领域和方面；在不同时期、不同地区，社会对这些不平等维度的问题的认识、干预、矫正的程度不同。其中，性别不平等是指仅仅基于性别差异而对男女实行的区别对待且无充分正当理由的理论和实践。按照男女平等原则，就夫妻关系而言，夫与妻的家庭地位平等，任何一方与对方享有同等权利，承担同等义务。男女平等是我国《婚姻法》第 2 条规定的基本原则之一。

现阶段，男女平权成为主流的观念，但是，性别文化也呈现出复杂性和多元性。李静雅根据 2010 年“第三次中国妇女地位调查”中的福建省个人调查主卷数据完成的研究发现，居民的性别意识在总体上趋于平等，“八成以上居民赞同两性能力平等的观点”，但是，传统性别角色定位依然有较大市场。② 在福建省已婚家庭的夫妻关系中，首先，“就个人自主权和家庭公共事务决定权的性别比例结果来看，平权模式超过半数，但是，夫权大于妻权，男主外女主内的权力格局十分鲜明”。其次，就夫妻权力 10 年（2000—2010）纵向比较结果看，改善两性家庭权力的不平等关系还有很长的路要走。一方面，10 年间，女性在家庭日常事务方面的权力有明显上升，且两性在大件商品购买、生产/经营以及投资/贷款等家庭重大事务决定权上的夫妻平权比例有所上升；另一方面，夫权和妻权的实权差距在这段时间里没有明显缩小，丈夫实权比例提高，而妻子实权、夫妻平权的比例同步下降了。“77.7%的家庭中，妻子是家务劳动的主要承担者”，已婚者家务劳动时间的性别对比显示，已婚女性每天用于家

---

① ［英］玛丽·沃斯通克拉夫特：《女权辩护：关于政治和道德问题的批评》，王瑛译，中央编译出版社 2006 年版，第 1 页。

② 李静雅：《夫妻权力关系研究》，厦门大学出版社 2015 年版，第 90～92 页。

务劳动的平均时长是 192.97 分钟，已婚男性每天用于家务劳动的平均时长是 59.52 分钟，“女性承担家务劳动的时间是男性的三倍多”。女性过重的家务劳动负担影响她们在公共领域的发展，又可能使男性分担家务不足，加剧夫妻权力结构不平衡。再次，夫妻权力的城乡比较结果显示，都市化促进了传统夫妻关系加速变迁，城市夫妻平权模式的家庭数量远高于农村地区，城市家庭中的女性拥有个人自主权及家庭公共事务决定权均超过农村女性。[①]

导致夫妻不平等，主要原因是男尊女卑的历史传统在我国社会现实生活中仍有着明显影响。所谓传统，是从过去延传至今被人类赋予价值和意义的事物。性别不平等是旧传统中的核心价值观之一，曾经成为古代社会人们普遍遵守的规则和生活事实。近代以来，特别是 1949 年以后，我国法律否定男尊女卑，强调男女平等，但是，曾经实行数千年的传统不可能在近百年里就在社会生活中消失得无影无踪。实际婚姻中，夫妻不平等最常见的情形是丈夫不尊重妻子。也因为现实中的妇女经济收入、受教育程度等低于男性，已婚妇女的意愿、意见、权利、利益未受应有尊重的现象较明显易见。夫妻任何一方不尊重配偶另一方的法定权利和合法利益，均违反法定的男女平等原则要求。

欲消除夫妻不平等，首先，应倡导性别平等进决策主流。现实中不平等性别关系很大程度上根源于不平等的传统性别观及其被固化，使得男女两性的社会地位、家庭关系达不到立法预期。因此，应教导女性树立主体意识，男性承认和尊重女性与男性享有同等的主体地位。夫妻不平等与夫妻平等、男女不平等与男女平等，都是社会的事，既非个人私事，又非某个群体的事。其次，鼓励男、女两性从传统性别角色模式中解放出来。当前，女性群体整体并未摆脱传统性别角色定位的思维束缚。一方面，“女性在努力地追求与男性平等的社会地位和家庭地位”，在工作和家庭生活中积极争取与男性平等的权利；另一方面，她们并没有摆脱传统观念，例如，在认同“干得好不如嫁得好”（女性占 17.3%、男性 13%）、“丈夫的发展比妻子的发展更重要”（女性占 23%、男性占 20.9%）等判断上，女性都显出高于男性的比例。这说明部分妇女受到以男性为中心的传统性别意识和社会环境潜在压力的影响，习惯于将自己置于配角的位置，甚至人格上表现出一定依附性。[②] 为此，在不断增加男性的性别平等意识的同时，应当增强女性的性别主体意识，增强女性的自主自立意识，使其自觉抛弃人格依附的思想，增加社会参与意识和能力。最后，就婚姻关系而言，推进家务劳动社会化和智能化是进一步解放女性的可靠路径。家务劳动是家庭生活的组成部分，总得有人承担；同时，一个人一天只有 24 小时，平衡个人发展和家庭责任之间关系，除了观念、组织结构改造，还需要技术支持和公共服务支持。承认家务劳动的社会价值并使之能够市场化，是改变漠视女性人口生产和家务劳动贡献等性别盲点问题的重要措施。随着人工智能等新技术出现和发展，家务劳动的智能化将大幅减少人工成本。总之，只有男女两性相互尊重，相互关爱、相互支持，都获得充分发展，各自的权利和利益得以实现，和睦幸福的夫妻关系才长期可持续。

（二）家庭暴力

家庭暴力是指家庭成员一人或数人对其他家庭成员中的一人或数人实施的身体的、性

---

① 李静雅：《夫妻权力关系研究》，厦门大学出版社 2015 年版，第 145 页、第 149 页。

② 李静雅：《夫妻权力关系研究》，厦门大学出版社 2015 年版，第 146 页。

的、精神上的攻击、控制和伤害行为。夫妻一方故意伤害另一方或者使另一方痛苦为目的而实施家庭暴力，也称婚姻暴力。夫妻之间实施的经济强制，情节比较严重时，也构成婚姻暴力。关于家庭暴力的大多数讨论都会涉及性别因素，妇女是家庭暴力的主要受害人。多数婚姻暴力是丈夫对妻子施暴；有些情形中，妻子是施暴者。

关于家庭暴力发生原因。多数情形下，导致家庭暴力发生是施暴者习得性的行为，他们通常从观察、文化、家庭等经验学习获得的行为模式。诚然，个体行为偏差是重要原因，否则就无法解释同样情形下，少数人施暴而多数人不施暴。有些家庭暴力发生是个体病理异常。没有一种单独的理论能够全面解释家庭暴力为什么发生。配偶施暴，从人际关系角度看，可能是因为妒忌、敌意、不安全、情绪依赖，夫妻关系不好、对婚姻不满意，也可能是表达的技巧或沟通不良，转移压力或解决问题的能力欠缺，或者控制欲、权力欲过强。从心理学角度观察，施暴者可能特别自卑，人格偏离正常人的特质，情绪特别不稳定，也可能存在严重的心理障碍，或者存在反社会人格。从社会角度看，施暴者有可能是在儿童期里目睹家庭暴力或者直接遭受了家庭暴力，受到社会文化中家庭角色扮演的错误引导。

家庭暴力是违法行为，情节严重的，将涉嫌犯罪。家庭暴力给受害人造成的伤害，首先是情绪创伤，受害人深感无助、沮丧、焦虑；其次是身体和精神受损害，肢体受伤或器官受到损伤，内心痛苦；再次是智力受损，对外界的反应变慢，麻木疏离，易受惊吓，被动，甚至智力下降，严重者会渐渐地失去解决问题的能力。严重的婚姻暴力会导致受害人死亡或自杀。例如，丛艳青故意杀人死刑复核案中，最高人民法院核准裁定的"经复核确认：被告人丛艳青婚后因不务正业、酗酒、实施家庭暴力等，与妻子崔某甲(被害人，殁年 29 岁)、岳母赵某某(被害人，殁年 52 岁)发生矛盾，崔某甲曾起诉离婚。2012 年 10 月 4 日 21 时许，丛艳青在河北省徐水县××乡五坝村家中与崔某甲、赵某某又因离婚问题发生争执，丛艳青持单刃尖刀捅刺赵某某，赵某某挣脱跑出，丛艳青追至家门前胡同内持刀捅刺赵某某胸部数下，致赵某某心脏破裂、胸主动脉破裂死亡。崔某甲跑至邻居家求救，丛艳青追至崔某乙家门前胡同内，持尖刀捅刺崔某甲胸部数下，致崔某甲心脏破裂死亡"。最高人民法院认为，"被告人丛艳青因婚姻纠纷，持刀行凶，故意非法剥夺他人生命，致二人死亡，其行为构成故意杀人罪。犯罪手段残忍，情节、后果特别严重，应依法惩处。第一审判决、第二审裁定认定的事实清楚，证据确实、充分，定罪准确，量刑适当。审判程序合法"。依照《中华人民共和国刑事诉讼法》第 235 条等规定，2014 年 4 月 11 日，最高人民法院裁定，核准河北省高级人民法院〔2013〕冀刑一终字第 165 号维持第一审对被告人丛艳青以故意杀人罪判处死刑，剥夺政治权利终身的刑事裁定。① 陕西张鑫故意杀人案中，张鑫(丈夫)与妻子张某丙于 2016 年 5 月登记结婚，再婚组成家庭的双方不能正确处理感情矛盾，经常吵架。2018 年 4 月 12 日，张某丙与张鑫因离婚及财产等问题发生争吵，吵架持续多时后，两人又发生激烈争吵、厮打，张鑫夺走被害人手中的电线并殴打被害人，采用扼颈并用电线勒被害人颈部长达 10 分钟，致被害人死亡(殁年 31 岁)，其行为构成故意杀人罪，法院依照《中华人民共和国刑法》第 232 条等规定，以被告人张鑫犯故意杀人罪，判处无期徒刑，剥夺政治权利终身；被告人张鑫赔偿

---

① 丛艳青故意杀人死刑复核案，最高人民法院刑事裁定书，中国裁判文书网，http://wenshu.court.gov.cn/website/wenshu/，下载日期：2016 年 8 月 1 日。

附带民事诉讼原告人张某甲等三人物质损失人民币 5 万余元。[①] 婚姻暴力和其他类型家庭暴力，均可能在文化上产生"传承"，越出家庭范围，扩散到社会。所以，基于人权保护，必须禁止家庭暴力，法律保护配偶免受婚姻暴力。

解决家庭暴力的基本办法，一是及时制止暴力的发生或继续，二是离开施暴者，三是彻底消除暴力。首先，及时制止暴力或一触即发的暴力危险，使受害人免受眼前之苦，也使施暴者不能继续施暴或中止施暴，这是防治家庭暴力的最重要环节。其次，离开施暴者，是解决家庭暴力最常见的办法。对于受害人而言，通常，既没有能力制止婚姻暴力继续，又难以防范婚姻暴力的发生，最大、最可能的自助救济是"走开"，使得施暴者因空间间隔而"无计"施暴。临时避退、分居、离家出走、离婚都是离开施暴者的可选方案。遗憾的是，尽管法律保护公民人身自由、离婚自由，但是，受害者想和平地离开、"和平分手"常常是非常不易的，因为施暴者总是不甘心"被抛弃"或不肯善罢甘休而威胁受害人的安危甚至是受害人亲属的安危，或因为未成年子女的抚养教育或监护权之争牵涉，或因为受害人没有独立经济能力，或因为顾及其他至亲的感受和需要等。

（三）配偶怠于履行义务或者拒不履行义务

怠于履行义务是指义务人因主观原因而未及时履行义务，没有实施义务所要求的行为，或者实施了一定的履行义务行为，但其内容或者程度未达到法定要求。怠于履行义务，通常表现为下列四种情形：一是不回应或不理睬权利人的要求；二是拖延履行义务，没有及时或者未在规定期限内完成对义务的全部履行；三是没有实施防止危险发生的行为，在特定条件下，义务人有责任采取措施防范危险逼近配偶对方；四是没有制止危险的发生，没有尽到注意义务或配偶责任，没有成功地避开危险或危害后果的发生，导致配偶遭遇危害。配偶怠于履行义务，都会产生一定后果。怠于履行义务的情节和后果不严重的，通常是引发夫妻矛盾、婚姻冲突，一般情况下，不会被追究法律责任；但是，情节严重的，法律将会加以干预，追究义务人的法律责任。

拒不履行义务是指行为人明知负有法定义务而故意不实施法律要求的行为或者拒不执行生效的人民法院裁判文书规定的行为的。义务具有强制性，拒不履行义务是违法行为，行为人依法应承担相应的法律责任。

第二节　关于婚姻家庭若干重要数据分析

从中华人民共和国于 1949 年成立至今的 70 年间，我国社会经历了几次大转变，每一次社会转型都会对婚姻关系及其稳定性产生直接影响。1978 年实行改革开放政策以来，我国婚姻家庭领域出现了一些新情况和新问题，婚姻脆弱化、家庭不稳定是其中之一。特别是 20 世纪 90 年代初，我国放弃计划模式，实行社会主义市场经济，允许人口大规模流动，在个人财富不断增多的同时，离婚人口数量逐年显著地增多，离婚率持续升高。

---

① 陕西省高级人民法院(2019)陕刑终 98 号刑事裁定书，中国裁判文书网，http://wenshu.court.gov.cn/website/wenshu/，下载日期：2019 年 12 月 1 日。

一、我国人口数和户数及家庭户

(一)大陆总人口数、性别、年龄构成

总人口数、分性别人口数以及人口的不同年龄分布情况,对婚姻、对家庭都有影响。我国约六成人口在城镇,这意味着工商业都市文化对人的影响会更直接、更全面。截至2018年年末,中国大陆总人口13.95亿人,其中,男性人口7.14亿人,占51.13%;女性人口6.82亿人,占48.87%。总人口性别比是104∶64(以女性=100)。城镇人口8.31亿人,占59.58%;农村人口5.64亿人,占40.42%。① 可见,城镇化战略实施效果十分明显。根据国家统计局局长宁吉介绍,2018年我国出生人口1523万人,人口出生率为10.94‰;死亡人口993万人,人口死亡率为7.13‰;人口自然增长率为3.81‰。从性别结构看,男性人口71351万人,女性人口68187万人,总人口性别比为104∶64(以女性为100)。从年龄构成看,16～59周岁的劳动年龄人口89729万人,占总人口的比重为64.3%;60周岁及以上人口24949万人,占总人口的17.9%,其中,65周岁及以上人口16658万人,占总人口的11.9%。在城乡分布结构上,城镇常住人口83137万人,比上年末增加1790万人;乡村常住人口56401万人,比上年减少1260万人;城镇人口占总人口比重(城镇化率)为59.58%,比上年末提高1.06个百分点。全国人户分离人口(即居住地和户口登记地不在同一个乡镇街道且离开户口登记地半年以上的人口)2.86亿人,比上年末减少450万人;其中流动人口2.41亿人,比上年末减少378万人。②

根据2018年全国人口变动情况抽样(抽样比是0.820‰)调查结果,③可推算出中国大陆人口和户数:户数是4.62亿户,其中,家庭户4.53亿户;集体户是0.09亿户。平均家庭户规模(人/户)是3.00。性别比(女=100)是106。④

(三)平均预期寿命

我国人口平均预期寿命,从1981年到2015年间,已从67.77岁提高到76.34岁。按照每5年提高1.5岁来推算,2020年人口平均预期寿命将达到77.84岁。女性平均预期寿命每经5年,多增长2岁,据此推算,2020年将达到81.43岁啦。女性寿命明显高于男性,而且年差在增长,到2015年,女性预期寿命已高出男性5.79岁。

---

① 《中国统计年鉴-2019》,国家统计局网,http://www.stats.gov.cn/tjsj/ndsj/2019/indexch.htm,下载日期:2019年7月10日。

② 《我国大陆2018年末总人口接近14亿》,中国政府网,http://www.gov.cn/shuju/2019-01/21/content_5359797.htm,下载日期:2019年6月30日。

③ 分地区户数、人口数、性别比和户规模(2018年),载《中国统计年鉴2019》,国家统计局网,http://www.stats.gov.cn/tjsj/ndsj/2019/indexch.htm,下载日期:2019年12月31日。

④ 分地区户数、人口数、性别比和户规模(2018年),载《中国统计年鉴2019》,国家统计局网,http://www.stats.gov.cn/tjsj/ndsj/2019/indexch.htm,下载日期:2019年12月31日。

表 1-1 平均预期寿命

年 份	合 计	男	女
1981	67.77	66.28	69.27
1990	68.55	66.84	70.47
1996	70.80		
2000	71.40	69.63	73.33
2005	72.95	70.87	75.25
2010	74.83	72.38	77.37
2015	76.34	73.64	79.43

资料来源:《中国统计年鉴》,国家统计局网,http://www.stats.gov.cn/tjsj/ndsj/2019/indexch.htm,下载日期:2019 年 12 月 31 日。

(三)全国人口的性别和婚姻状况

在我国,有配偶者达到 8.6 亿人,但是,丧偶人数也超半亿,其中大多数是女性。根据 2018 年全国人口变动情况抽样(抽样比是 0.820‰)调查结果,①可以推算出中国大陆人口下列数据:15 岁以上人口 11.61 亿人,其中,男性 5.87 亿人、女性 5.74 亿人。未婚人数 2.11 亿,其中,男性 1.26 亿人,女性 0.85 亿人。有配偶人数 8.60 亿,其中,男性 4.30 人、女性 4.31 亿人。离婚人口 0.25 亿人,其中,男性是 0.14 亿人、女性 0.11 亿人。丧偶人口 0.65 亿人,其中,男性 0.18 亿人、女性 0.47 亿人。

表 1-2 人口的性别和婚姻状况 单位:亿人

	15 岁以上人口数		未婚人数		有配偶人数		离婚人数		丧偶人数	
	11.61		2.11		8.60		0.25		0.65	
分性别	男	女	男	女	男	女	男	女	男	女
人数	5.87	5.74	1.26	0.85	4.30	4.31	0.14	0.11	0.18	0.47

二、结婚和离婚人口数及离婚率

新中国成立以后,1980 年通过的中华人民共和国第二部《婚姻法》放宽了批准离婚的标准,规定夫妻感情确已破裂,调解无效的,准予离婚。从该部法案于 1981 年 1 月 1 日开始实施以来,离婚率进入了上升通道,至今无回落的迹象。推行市场经济、社会文化价值多元化使得私人生活与社会公共生活之间相对分离,个人的自由度明显地增大;婚姻当事人离婚自由度增大,离婚成本降低了;经济承受能力的提高又使得人们减少了出于经济顾虑而勉强凑合婚姻的可能性;允许人口自由迁移及择业自由,相应地,家庭凝聚力减弱了,婚姻离异的风

① 载《中国统计年鉴 2019》,国家统计局网,http://www.stats.gov.cn/tjsj/ndsj/2019/indexch.htm,下载日期:2019 年 12 月 31 日。

险明显增大。1979—1983 年 5 年间，离婚夫妻对数及离婚率，分别为：1979 年，离婚 31.9 万对，粗离婚率 0.3‰，离婚率 0.66‰；1980 年，离婚 34.1 万对，粗离婚率 0.35‰，离婚率 0.70‰；1981 年，离婚 38.9 万对，粗离婚率 0.39‰，离婚率 0.78‰；1982 年，离婚 42.0 万对，粗离婚率 0.42‰，离婚率 0.85‰；1983 年，离婚 41.8 万对，粗离婚率 0.41‰，离婚率 0.82‰。[①] 1985—2000 年，中国大陆地区办理的离婚对数和离婚率情况如表 1-3 所示。

表 1-3 我国离婚人数及离婚率统计(1985—2000)

	登记结婚（万对）	申请离婚（万对）	准予离婚夫妻（万对）	离婚率（‰）	离婚率与上年比增减(‰)
1985	831.3		45.8	0.44	
1986	882.3		50.6		
1987	924.7	102.7	58.1	1.1	+0.1
1988	899.2	105.0	65.5	1.2	+0.15
1989	934.8	130.7	75.2	1.35	+0.15
1990	951.1	245.5	80.0	1.38	+0.03
1991	953.6	143.6	82.9	1.43	
1992	954.5	146.2	85.0	1.47	
1993	912.1	153.1	90.0	1.54	+1.47
1994	929.0	166.4	98.1	1.64	+0.1
1995	929.7	173.1	105.5	1.74	+0.1
1996	934.0	182.9	113.2	1.85	+0.1
1997	909.0	192.8	119.8	1.94	+1
1998	891.8	193.8	119.1	1.92	−0.02
1999	885.3		120.1	1.91	−0.01
2000	848.5		121.2	1.91	0

资料来源：本表根据国家民政部公布的相关年份的民政事业统计公报、国家统计局网站公布的“婚姻服务”栏目中的相关数据制作，未包括香港、澳门、台湾地区的数据。

1995 年，当年离婚人口超过百万对，达到 105.5 万对，比 1985 年离婚对数翻一番有余；1995 年粗离婚率达 1.74‰，高出 1985 年同比的 2 倍多。可见，这 10 年间，夫妻婚姻行为、家庭行为变化之大，当遇到严重冲突时，离婚成了越来越多已婚男女的选择。如表 1-4 所示。

① 刘炳福：《上海当代婚姻家庭》，上海三联书店 1996 年版，第 46 页；曾毅主编：《中国八十年代离婚研究》，北京大学出版社 1995 年版，第 8 页；徐安琪、叶文振：《中国婚姻研究报告》，中国社会科学出版社 2002 年版，第 214～215 页。

表 1-4　我国离婚人数及离婚率统计(2001—2017)

	登记结婚（万对）	准予离婚夫妻（万对）	离婚率（‰）	离婚率与上年比增减（‰）
2001	797.1.	124.7	1.96	+0.05
2002	778.8	117.7	1.8	−0.1
2003	803.5	133.1	2.1	+0.3
2004	860.8	166.5	2.56	+0.5
2005	816.60	176.6	1.37	+0.17
2006	938.20	191.3	1.46	+0.09
2007	986.30	209.8	1.59	+0.13
2008	1093.20	226.9	1.71	+1.47
2009	1207.50	246.8	1.85	+0.1
2010	1236.10	267.8	2.0	+0.15
2011	1297.48	287.4	2.13	+0.13
2012	1318.27	310.4	2.29	+0.2
2013	1341.43	350.0	2.58	+0.3
2014	1302.04	363.7	2.67	+0.1
2015	1220.59	384.1	2.79	+0.1
20016	1142.82	415.82	3.02	+0.23
2017	1063.10	437.40	3.15	+0.13

资料来源：本表根据国家民政部公布的历年民政事业统计公报、社会服务发展统计公报和国家统计局的中国统计年鉴中的相关内容制作，未包括香港、澳门、台湾地区的数据。国家民政部网址 http://www.mca.gov.cn/；国家统计局网站 http://data.stats.gov.cn/。

2001 年《婚姻法修正案》第 32 条规定，在继续坚持感情破裂作为裁判离婚的法定理由前提下，列举了多种识别夫妻感情破裂的法定情形，其中"连续分居满二年"，调解无效，就应该准许离婚，相比于以往司法解释规定"连续分居满三年"，使离婚容易了，因而也成为离婚自由度提高的标志。离婚人口呈现逐年增加趋势。2003 年粗离婚率首次突破 2‰，2004 年粗离婚率更高，达 2.56‰，这两年的粗离婚率显著地高于前面 2 年和后面的 5 年。离婚率曲线在这 2 年快速上升，最主要原因是《婚姻法修正案》的实施。《婚姻法修正案》于 2001 年 4 月 27 日生效之后，民众了解、熟悉法案需要一定时间，诉讼离婚请求的获准需要完成法定程序，所以，这波离婚高潮在新法案生效约 2 年之后才来临。如此高的粗离婚率反映出"人们赶着离婚"迹象。2007 年，年离婚人口首次突破 200 万对，达 209.8 万对。到 2012 年，年离婚人口数突破了300万对,达到310.4万对。[①] 2000—2010年,离婚对数持续增加,离婚率升高,主要原因是社会更开放,个人更独立自由;追求个人生活满意的愿望受到人们尊重,人们能够尊重个体离婚,而不再有兴趣议论,社会舆论不再谴责离婚,离婚压力变小。围绕1980年《婚姻法》修改,在立法应该提高离婚的难度还是降低离婚的难度之争论中,后一种意见被立法所采纳。表1-5为1985—2018年登记结婚和登记离婚人数。

表1-5 登记结婚和登记离婚人数(1985—2018年) 单位:万对

年份	1985	1990	1995	2000	2005	2010	2015	2018
结婚登记	831.30	951.10	934.10	848.50	823.10	1241.00	1224.71	1013.94
内地居民登记结婚	829.06	948.69	929.71	842.00	816.60	1236.10	1220.59	1009.11
涉外及港澳台居民登记结婚	2.22	2.38	4.40	6.49	6.43	4.90	4.12	4.84
获准离婚夫妻	45.79	80.00	105.60	121.29	178.50	267.80	384.14	446.08
粗离婚率(‰)	0.44	0.69	0.88	0.96	1.37	2.00	2.79	3.20

资料来源:本表根据国家数据中"婚姻服务"、国家民政部公布的历年民政事业统计公报、社会服务发展统计公报的相关内容制作,未包括香港、澳门、台湾地区的数据。国家统计局网,http://data.stats.gov.cn/easyquery.htm? cn=C01。国家民政部网,http://www.mca.gov.cn/,下载日期:2019年11月20日。

"粗离婚率"是指某地区当年离婚对数占该地区年平均人口的比重。计算公式为:粗离婚率=当年离婚对数/年平均人口数×1000‰。

由表1-5可见,在最近20余年间,我国结婚人口、离婚人数均呈增长趋势,其中,离婚夫妻对数呈现快速增多的趋势。1978年改革开改之初,我国当年离婚夫妻总对数大约28.5万对。应当注意,前述各表反映出当年全部获准离婚夫妻总对数,是在政府民政部门登记离婚的夫妻对数和人民法院准许离婚的夫妻对数之总和。事实上,绝大多数夫妻离婚是双方都同意离婚并就子女抚养和财产分割达成一致协议,向民政局申请离婚登记,获准登记而解除婚姻关系的,只有少部分夫妻因为对离婚或者涉及离婚的相关问题达不成一致意见,一方向人民法院起诉离婚,其中,有一部分离婚申请获人民法院批准,从而结束婚姻。每年法院批准离婚的夫妻对数大致相等于登记离婚夫妻对数的零头。2010—2015年间,离婚夫妻总对数逐年增多,持续增多,粗离婚率持续升高。观察最近30年的离婚变化,可以发现,每隔10年,年离婚总对数就会增加1倍;如表1-3所示,除个别年份外,粗离婚率持续增大,2010年粗离婚率首次突破2‰。从此,粗离婚率稳定上升。2016年达到或超过3‰。比较地区离婚率,可以看到,离婚率高低与工商业发达程度成正比,工商业发达程度高的城市离婚率远高于农村、大都市高于中小城市,城市人口离婚对数多于农村。社会对离婚接受度的增大、个人独立自由意识和需求不断增强,夫妻对婚姻质量要求显著提高了,相应地对他方包容度则下降,使夫妻冲突越来越容易导向离婚。

① 民政事业统计公报、社会服务发展统计公报,国家民政部网址,http://www.mca.gov.cn/,下载日期:2019年11月20日。

国家统计局网站公布的历年离婚夫妻对数使用“离婚登记(万对)”的概念,其实是离婚夫妻总对数。笔者找到不同系统的多个年份资料核实,可以确定该数据库中的“离婚登记”数是获准离婚对数,包括民政登记离婚对数和经法院批准的离婚夫妻对数。在个别年份,国家民政部的社会服务发展统计公报中的数据与国家统计局网站公布的当年离婚夫妻对数的数据不一致时,经反复核实、比对,采用其中一方的数据。[①]

三、夫妻财产和家庭财产的概貌

家庭财产是指家庭拥有的动产、不动产及其他财产。动产是指能够脱离原有位置而存在的资产,例如,银行存款、有价证券、公司股份、出让财产所有权或使用权所获得的价金、利息、租金等。其他收入,主要是指知识产权中的财产权利及其转让获得的收入。不动产是指依照其物理性质不能移动或者移动将严重损害其经济价值的有体物,主要包括房屋、土地使用权、车位,以及财产营运所获得的红利收入、财产增值收益等。个人财产的多少,不仅与自然人的收入水平有关,也与年龄、职业状况、家庭背景之间存在显著关联。信息科技发展催生了数字财产,这种新型的财产类型,既不同于动产,也有别于不动产。一个人、一对夫妻、一个家庭积累下来的财产少,通常是因为收入微薄、父母没有遗留下较多财产、因遭遇到重大困难而产生巨大开支等。

我国普通工薪阶层人口的工资收入水平不高。2000—2018 年,城镇单位就业人员的年平均工资收入,从 9333 元增长到 82413 元,增长了将近 9 倍,增速应该不低;各种性质单位就业人员年平均工资也有相类似增速,详见表 1-6。不过,同时期物价也在快速上涨。

表 1-6　城镇单位就业人员平均年工资收入(2000—2018)　　单位:元

年　份	2000	2004	2006	2008 年	2010	2012	2014	2016	2018
城镇单位就业人员平均工资	9333	15920	20856	28898	36539	46769	56360	67569	82413
国有单位就业人员平均工资	9441	16445	21706	30287	38359	48357	57296	72538	89474
城镇集体单位就业人员平均工资	6241	9723	12866	18103	24010	33784	42742	50527	60664
其他单位就业人员平均工资	11238	16519	21004	28552	35801	46360	56485	65531	79453

资料来源:国家数据,国家统计局网,http://data.stats.gov.cn/easyquery.htm? cn=C01,下载日期:2019 年 10 月 2 日。

① 例如,国家统计局网站公布 2005 年“离婚登记”178.50 万对,粗离婚率 1.37‰;2005 年民政事业发展统计公报中的批准离婚对数与前述相同,但“粗离婚率 2.73‰,比上年增加 0.17 个千分点”。与 2004 年一对比,就说明民政统计公报的数据有误。国家统计局网公布 2014 年的离婚人口是 295.73 万对,粗离婚率是 2.67‰;而《2014 年社会服务发展统计报告》显示,当年离婚 363.7 万对,“粗离婚率是 2.7‰,比上年增加 0.1 个千分点”,这两组数据中的离婚对数相差很大。对于 2005 年,民政部社会服务发展统计公报中的数据是精准的。

2010—2012年，城镇居民的家庭人均财产性收入分别是520.3元、649.0元、707.0元。城镇居民人均可支配收入，依次是18779.1元、21426.9元、24126.7元。[①] 表1-7、表1-8为城镇居民和农村居民家庭基本情况。

表1-7 城镇居民家庭基本情况

	2010年	2011年	2012年
城镇居民家庭平均每户家庭人口(人)	2.9	2.9	2.9
城镇居民家庭平均每户就业人口(人)	1.5	1.5	1.5
城镇居民家庭平均每一就业者负担人数(人)	1.9	1.9	1.9
城镇居民人均总收入(元)	21033.4	23979.2	26959.0
城镇居民人均工资性收入(元)	13707.7	15411.9	17335.6
城镇居民人均经营净收入(元)	1713.5	2209.7	2548.3
城镇居民人均财产性收入(元)	520.3	649.0	707.0
城镇居民人均转移性收入(元)	5091.9	5708.6	6368.1
城镇居民家庭人均现金消费支出(元)	13471.5	15160.9	16674.3
城镇居民家庭人均食品消费支出(元)	4804.7	5506.3	6040.9
城镇居民家庭人均衣着消费支出(元)	1444.3	1674.7	1823.4
城镇居民家庭人均居住消费支出(元)	1332.1	1405.0	1484.3
城镇居民家庭人均家庭设备及用品消费支出(元)	908.0	1023.2	1116.1
城镇居民家庭人均医疗保健消费支出(元)	871.8	969.0	1063.7
城镇居民家庭人均交通和通信消费支出(元)	1983.7	2149.7	2455.5
城镇居民家庭人均文教娱乐服务消费支出(元)	1627.6	1851.7	2033.5
城镇居民家庭人均其他消费支出(元)	499.2	581.3	657.1

资料来源：国家数据，国家统计局网，http://data.stats.gov.cn/easyquery.htm? cn=C01，下载日期：2019年7月26日。

表1-8 农村居民家庭基本情况

	2010年	2011年	2012年
农村居民平均每户常住人口(人)	4.0	3.9	3.9
农村居民平均每户整半劳动力(人)	2.9	2.8	2.8
农村居民平均每个劳动力负担人口(含本人)(人)	1.4	1.4	1.4
农村居民家庭平均每人纯收入(元)	6272.4	7393.9	8389.3
农村居民家庭平均每人工资性纯收入(元)	2431.1	2963.4	3447.5
农村居民家庭平均每人家庭经营纯收入(元)	2832.8	3222.0	3533.4
农村居民家庭平均每人财产性纯收入(元)	202.3	228.6	249.1
农村居民家庭平均每人转移性纯收入(元)	452.9	563.3	686.7

资料来源：国家数据，国家统计局网，http://data.stats.gov.cn/easyquery.htm? cn=C01，下载日期：2018年7月26日。

① 国家数据库中，2012年以后，再未公布“城镇居民家庭基本情况”“农村居民家庭基本情况”相关数据，仅能查到2012年及以前的数据。

四、人民法院审理婚姻家庭案件数量

从人民法院审理的婚姻案件看,人民法院按照诉讼级别管辖按第一审程序审理并审结的婚姻家庭案件和继承案件数量,在 2003 年总数为 1266593 件,2004 年为 1160346 件。2005 年至 2012 年的 8 年间,年均结案件数在 113 万件到 165 万件左右。如表 1-9 至表 1-11 所示。显然,历年审结的一审婚姻家庭和继承案件总数量逐年增加,2012 年一审结案件数是 2005 年一审结案件数的 1.5 倍。

表 1-9　人民法院第一审审结的婚姻家庭和继承案件(2003—2012)　单位:件

年份	2005 年	2006 年	2007 年	2008 年	2009 年	2010 年	2011 年	2012 年
婚姻家庭、继承案件总数	1132458	1159437	1215776	1320636	1380762	1428340	1609801	1647464
审婚姻家庭案件	1114469	1139108	1191390	1287253	1342726	1379463	1477961	1500815
离婚案件	955643	983272	1026535	1100871	1143267	1168810	1202007	1243877
赡养纠纷案件	35894	31682	29226	29634	29031	26704	24710	23834
抚养、扶养关系纠纷案件	37056	40429	44763	48916	49567	50547	47832	45828
抚育费纠纷案件	24509	23014	24149	27030	25668	24269	25295	25664
其他婚姻家庭案件	61367	60711	66717	80802	95193	109133	178117	161612
继承案件	17989	20329	24386	33383	38036	48877	131840	146649
法定继承案件	9694	10773	12314	19534	22302	28285	33229	36835
遗嘱继承案件	1193	1349	1651	2374	3289	4076	4703	5106
其他继承案件	7102	8207	10421	11475	12445	16516	93908	104708

资料来源:人民法院审理婚姻家庭和继承一审案件结案数,国家数据库,国家统计局网,http://data.stats.gov.cn/workspace/index;jsessionid=99169E62870418D2A025512F6C4B77A3? m=hgnd,下载日期:2014 年 2 月 10 日。

表 1-10　人民法院审理婚姻家庭和继承案件一审案件结案数(2009—2018 年)　单位:件

年份	一审婚姻家庭、继承案件结案数	一审婚姻家庭案件结案数	一审离婚案件结案数	一审赡养纠纷案件结案数	一审抚养扶养关系纠纷案件结案数	一审抚育费纠纷案件结案数	一审其他婚姻家庭案件结案数	一审继承案件结案数	一审法定继承案件结案数	一审遗嘱继承案件结案数	一审其他继承案件结案数
2009	1380762	1342726	1143267	29031	49567	25668	95193	38036	22302	3289	12445
2010	1428340	1379463	1168810	26704	50547	24269	109133	48877	28285	4076	16516
2011	1609801	1477961	1202007	24710	47832	25295	178117	131840	33229	4703	93908
2012	1647464	1500815	1243877	23834	45828	25664	161612	146649	36835	5106	104708
2013	1611903	1500618	1283427	24434	47657	26829	118271	111285	44207	5879	61199

续表

年份	一审婚姻家庭、继承案件结案数	一审婚姻家庭案件结案数	一审离婚案件结案数	一审赡养纠纷案件结案数	一审抚养扶养关系纠纷案件结案数	一审抚育费纠纷案件结案数	一审其他婚姻家庭案件结案数	一审继承案件结案数	一审法定继承案件结案数	一审遗嘱继承案件结案数	一审其他继承案件结案数
2014	1618904	1534452	1307242	24573	50076	27674	124887	84452	50185	6482	27785
2015	1733299	1639659	1390873	25921	55583	31678	135604	93640	52851	6157	34632
2016	1752052	1650444	1396834	25426	59356	34803	134025	101608	56118	6005	39485
2017	1830023	1708629	1432578	25942	6087	98773	139618	118716	59449	6119	53148
2018	1814441	1672841	1384426	25579			143230	140012	68191	6471	65350

资料来源：国家统计局网，http://data.stats.gov.cn/easyquery.htm? cn＝C01，下载日期：2019 年 11 月 20 日。

上述表 1-9 至表 1-10 数据表明，婚姻脆弱化现象在我国已经发生。随着工商业发展，工业化、城市化的推进，所有工业化国家和地区都出现了婚姻脆弱化现象。经济社会快速发展，极大地丰富了人们的物质生活，拓展人们活动空间和范围，带给人们更多自由选择的机会，同时实现了个人经济独立的个体，无论男女，都更加注重追求自我价值实现和个体满意度。与此同时，婚姻在个人生活中的地位降低了，重要程度弱化，坚守忠于婚姻的价值观及其实践毅力都有弱化趋势。其结果，离婚率持续上升，家庭结构松散，部分家庭随时会解体的现象增多，给家庭中的弱势成员权益保障带来了新问题、新挑战。因此，无论是婚姻家庭立法还是家庭福利等其他相关社会政策，都应当小心地尽最大努力维护好各方主体利益平衡，避免不公问题出现。

第三节　夫妻关系立法评述

对以《婚姻法》调整夫妻关系的条款规定为主干的夫妻关系立法，学术评价意见存在分歧。总体认为，现行立法规制夫妻人身关系的条文、事项偏少，内容过于简略；规制夫妻财产关系的条款偏少，内容不周全，且技术结构分散，不利于法律的理解和适用。下面，分别从夫妻人身关系、夫妻财产关系论述。

一、《婚姻法》中的夫妻人身关系立法选择

关于我国婚姻立法调整夫妻关系的评价，学界有两种明显不同观点。第一种观点认为，《婚姻法》不重视对夫妻人身关系的规制，强调夫妻在家庭中的地位平等，放任夫妻关系由当事人双方自由博弈，导致夫妻人身关系立法不实、不细，缺乏充分指引性和可操作性，忽略设定夫与妻之间具体权利和义务。一方面，夫妻作为独立的个体，享有独立的人格权和身份权；另一方面，夫妻作为配偶，又共享婚姻共同生活，这其中必然需要法律设定其各自应享有的权利和应负担的义务。否则，身份关系事项发生争议时，法院将无法评判谁是谁非。第二种观点主张，夫妻人身关系属于典型的私法关系，无须公权力过多干预，故法律规则不宜制定过细。1950 年《婚姻法》实施以后，就破除了封建夫权思想。其后，男女平等观念经过半

个多世纪推进，已经深入人心，夫妻平等已经实现；夫与妻在人身关系中的姓氏权、婚姻住所决定权、家庭事务管理权、家庭生活方式决定权等都得到了平等保障，夫妻之间已在诸多家庭重大事务上形成了协商共治的习惯，无须立法过度介入。夫妻人身关系不同于其他民事关系，其具有复杂性和特殊性，不仅表现在家庭情况千差万别，更因这种关系夹杂着太多的夫妻个人情感问题，而私人之间的情感不具有可调整性。若遇需要调整、平衡的情形，应该更多地交由法官自由裁量，区别对待。中华人民共和国成立以来，三部婚姻法不仅调整夫妻人身关系的条款很少，而且涉及事项很少，内容简略。很显然，立法者采纳了前述第二种观点。特别是2001年婚姻法修正案形成过程中，无论是全国人大常委会审议《婚姻法修正案（草案）》的主要文件还是全国有关单位、行业、团体、个人就《婚姻法修正案（草案）》提出的意见，除了涉及违反一夫一妻制的"包二奶"或重婚问题外，基本上不涉及夫妻人身关系。提请审议的《中华人民共和国婚姻法修正案（草案）》《关于〈中华人民共和国婚姻法修正案（草案）〉的说明》以及全国人大法律委员会《关于〈中华人民共和国婚姻法修正案（草案）〉修改情况的汇报》，也如此。[①]

2001年4月28日《全国人大常委会关于修改〈中华人民共和国婚姻法〉的决定》（以下简称《婚姻法修正案》）第一次修正了1980年《婚姻法》。从中国法学会婚姻法学研究会于1992年向国家有关部门呈交书面建议启动修改1980年《婚姻法》，到1995年10月第八届全国人民代表大会常务委员会第十六次会议通过修改1980年《婚姻法》的决定并将其列入"九五"立法规划，再到1997年12月在北京举行的中国法学会婚姻法学研究会年会专题研讨婚姻家庭法专家试拟稿[②]等，前期修法准备和计划都旨在通过修法而达成全面完善婚姻家庭法律制度。但是，1999年起，全国人民代表大会常务委员会法制工作委员会在婚姻法专家试拟稿基础上起草婚姻法修订草案时，考虑到我国当时已在制定民法典，而婚姻法的修改与民法典密切相关，"决定完善婚姻法分两步到位"：先"对社会上反映强烈的主要问题"进行"修改和补充"；然后，"婚姻法的系统化、完备化待制定民法典时一并考虑"。[③] 当年社会反映强烈的问题主要有两个：一是重婚纳妾、"包二奶"、姘居等婚外两性关系不仅增多，而且有无所顾忌公开化的倾向；二是夫妻财产争议。这就决定了该次修法对夫妻人身关系调整的重视程度及可能的修正路径和方案。

（一）全国人大常委会审议《婚姻法修正案（草案）》和法律委员会有关报告

根据全国人大常委会、全国人大常委会法制工作委员会等单位和部门审议、提交、发布的《婚姻法修正案（草案）》、重要议案和文件，主要以时间先后为序，归纳其中呈现的有关夫妻人身关系内容要点如下：

1. 2000年《中华人民共和国婚姻法修正案（征求意见稿）》

2000年8月，全国人大常委会法制工作委员会根据第九届全国人大常委会的立法规划，"在部分全国人大代表提出修改婚姻法议案和全国妇联等有关部门以及法律专家研究提出婚姻法修改建议的基础上，听取了妇联、人民法院、民政、卫生等部门和一些法律专家、人

① 王胜明、孙礼海主编：《〈中华人民共和国婚姻法〉修改立法资料选》，法律出版社2001年版。

② 马忆南：《中国法学会婚姻法学研究会97年会综述》，载《中国法学》1998年第2期。

③ 巫昌祯：《我与婚姻法》，法律出版社2001年版，第12页。

民群众对修改婚姻法的意见，在北京、上海、广东、新疆等地了解情况，并研究有关婚姻家庭的国内外规定”，提出了《婚姻法修正案（征求意见稿）》。[①] 该征求意见稿调整夫妻人身关系规定中，新增加两个方面内容：一是禁止夫妻之间实施家庭暴力；二是夫妻应当相互忠实，不得有婚外性关系。具体修改涉及下列七个要点：其一，在原第3条第2款中，增加一句“禁止以暴力或其他形式虐待家成员”。其二，增加一条，作为第4条：“夫妻应当相互忠实，相互扶助；家庭成员间应当敬老爱幼，维护平等、和睦、文明的婚姻家庭关系。”其三，增加了婚姻无效，即增加第10条规定，“有下列情形之一的，其婚姻无效：（一）重婚的；（二）有禁止结婚的亲属关系的；（三）患有应当暂缓结婚的疾病以及不宜生育的疾病，未采取长效避孕措施或施行结扎手术的；（四）未到法定婚龄的。对无效婚姻，当事人及其亲属可以向婚姻登记机关或人民法院请求确认该婚姻无效；……女方已怀孕的，不得宣告该婚姻无效”。其四，增加具体的法定离婚事由，使得夫妻单方行使离婚请求权并获准离婚有了精准标准。即增加第32条规定，“有下列情形之一，一方要求离婚的，调解无效，应准予离婚：（一）虐待、遗弃家庭成员的；（二）一方有重婚行为的；（三）因感情不和分居满三年的；（四）一方被告宣告失踪的；（五）其他导致夫妻感情破裂的情形”。其五，在原第27条禁止丈夫请求离婚的情形增加一种“终止妊娠的手术六个月内”；该条修改为第34条。其六，引入离婚损害赔偿，即第46条规定，“因重婚、虐待或遗弃家庭成员导致离婚的，无过失方有权请求损害赔偿”。其七，因为违反禁止家庭暴力规定，增设“法律责任”专章，受害人可以请求单位、村委会、居委会、公安机关调解、救助，其中，当然包括夫妻。[②] 由此可见，该征求意见稿对调整夫妻人身关系的条款之修改少，全新增设的夫妻人身性的权利义务仅一项（相互忠实）。

2.2000年10月全国人大常委会《中华人民共和国婚姻法修正案（草案）》及其说明

2000年10月23日至31日，第九届全国人大常委会第十八次会议在北京举行，审议了《婚姻法修正案（草案）》。这次审议的《婚姻法修正案（草案）》是在“征求中央有关部门和地方、法律专家的意见”，研究修改了上述《婚姻法正案（征求意见稿）》后而提出的。《关于〈中华人民共和国婚姻法修正案（草案）〉的说明》就《婚姻法修正案（草案）》的主要内容和问题，分列下列七个方面作了说明，依次是关于重婚问题、关于家庭暴力、关于结婚条件以及无效婚姻、关于夫妻财产制、关于离婚问题、关于保障老年人的权益、关于法律责任。[③] 原则上讲，只有重婚、家庭暴力两个问题直接涉及夫妻人身关系规制。关于离婚条件中，明确“感情

---

① 《关于〈中华人民共和国婚姻法修正案（草案）〉的说明》（九届全国人大常委会第十八次会议），载王胜明、孙礼海主编：《〈中华人民共和国婚姻法〉修改立法资料选》，法律出版社2001年版，第5～6页。

② 《中华人民共和国婚姻法修正案（征求意见稿）》，载王胜明、孙礼海主编：《〈中华人民共和国婚姻法〉修改立法资料选》，法律出版社2001年，第473～477页。

③ 全国人大常委会法制工作委员会副主任胡康生：《关于〈中华人民共和国婚姻法修正案（草案）〉的说明》（2000年10月23日在第九届全国人民代表大会常务委员会第十八次会议上），中国人大网，http://www.npc.gov.cn/zgrdw/npc/lfzt/rlys/2014-10/24/content_1882720.htm，下载日期：2019年8月10日。

确已破裂"的七种具体情形，加上准许夫妻一方因对方失踪而提出的离婚请求，[①]因关乎夫妻单方请求离婚权，可纳入广义的夫妻人身关系，但是，它不属于婚姻效力中的夫妻关系。

3.全国人大法律委员会《关于〈中华人民共和国婚姻法修正案(草案)〉修改情况的汇报》

2000 年 12 月 8 日，全国人大法律委员会向第九届全国人大常委会第十九次会议汇报《中华人民共和国婚姻法修正案(草案)》修改情况，共有 12 个要点。其中，仅仅第一要点"禁止重婚和其他违反一夫一妻制的行为"是研议夫妻人身关系的，"较为一致的意见是，违反一夫一妻制的行为情况比较复杂……对属于重婚的，应当依法追究刑事责任，对因重婚和虽然不以夫妻名义但形成婚外同居关系导致离婚的，应当加重其承担民事赔偿的责任"。法律委员会建议在"草案的基础上，扩大离婚损害赔偿的范围"，增加规定"即使不以夫妻名义但形成婚外同居关系"导致离婚的，无过失方有权请求损害赔偿。第八要点关于感情确已破裂的法定情形，建议将其中"一方有赌博、吸毒等恶习的"修改为"一方有赌博、吸毒等恶习屡教不改的"。从广义上讲，它也是有关夫妻人身关系的内容。[②]

4.《中华人民共和国婚姻法修正案(草案)》(二审稿)

第九届全国人大常委会第十九次会议审议了《中华人民共和国婚姻法修正案(草案)》(二审稿)。在该草案二审稿中，夫妻人身关系的规定集中于第 2 条(婚姻制度)、第 3 条(禁止重婚、家庭暴力等)、第 4 条(夫妻忠实)、第 13 条(家庭地位)、第 14 条(姓名权)、第 15 条(人身自由权)、第 16 条(计划生育)。其中，本次修改或新增的规定是第 3 条第 2 款、第 4 条。在法学界就夫妻之间是否存在"配偶权"特别是忠实义务问题的较激烈讨论之后，针对以"包二奶"为典型的婚外性关系现象比较公开地存在并有继续蔓延势头，该草案将"夫妻应当相互忠实，相互扶助"纳入新增的第 4 条中，阻遏婚外情问题的发展。

5.全国人大法律委员会《关于〈中华人民共和国婚姻法修正案(草案)〉审议结果的报告》

2001 年 4 月 24 日，第九届全国人民代表大会常务委员会第二十一次会议举行，全国人大法律委员会向常委会报告《中华人民共和国婚姻法修正案(草案)》审议结果。法律委员会、法制工作委员会根据公开征求意见后收到各方面的意见，进一步研究、修改了《婚姻法修正案(草案)》。法律委员会认为，"《婚姻法修正案(草案)》经过常委会两次审议和修改，已经基本成熟"，同时提出了下列 12 个方面的修改意见：关于禁止重婚和其他违反一夫一妻制的行为；关于禁止家庭暴力的问题；关于未办理结婚登记就"结婚"的问题；关于无效婚姻的确认宣告问题；关于无效婚姻的财产处理问题；关于夫妻共同财产的问题；关于列举要求离婚

---

① "人民法院审理离婚案件，应当进行调解；有下列情形之一，感情确已破裂，调解无效，应准予离婚：(1)实施家庭暴力或以其他行为虐待家庭成员，或遗弃家庭成员的；(2)一方重婚或有其他违反一夫一妻制行为的；(3)一方有赌博、吸毒等恶习的；(4)一方被追究刑事责任，严重伤害夫妻感情的；(5)婚后患有医学上认为不应当结婚的；(6)因感情不和分居满二年的；(7)其他导致夫妻感情确已破裂的情形。一方被宣告失踪，另一方提出离婚诉讼的，应准予离婚。"全国人大常委会法制工作委员会副主任胡康生：《关于〈中华人民共和国婚姻法修正案(草案)的说明》(2000 年 10 月 23 日在第九届全国人民代表大会常务委员会第十八次会议上)，中国人大网，http://www.npc.gov.cn/zgrdw/npc/lfzt/rlys/2014-10/24/content_1882720.htm，下载日期：2019 年 8 月 10 日。

② 全国人大法律委员会《关于〈中华人民共和国婚姻法修正案(草案)〉修改情况的汇报》(九届全国人大常委会第十九次会议)，载王胜明、孙礼海主编：《〈中华人民共和国婚姻法〉修改立法资料选》，法律出版社 2001 年版，第 11～12 页。

的具体情形问题;关于保护军婚问题;关于保护离婚妇女土地承包经营权的问题;关于第五章的章名问题;关于有关组织在制止家庭暴力、虐待和遗弃家庭成员中的职责问题;关于民族自治地方制定变更规定的问题。[①] 很显然,只有第一个问题“关于禁止重婚和其他违反一夫一妻制的行为”是专门针对夫妻人身关系的;“关于禁止家庭暴力的问题”也部分地涉及夫妻人身关系。有常委认为,草案应当进一步明确哪些属于“其他违反一夫一妻制的行为”;也有常委认为,“其他违反一夫一妻制的行为”情况较复杂,应当区别情况,通过法律、纪律等多种手段、多种渠道予以遏制。考虑到一一列举违反一夫一妻制的行为比较困难,法律委员会建议修改为“禁止重婚。禁止有配偶者与他人同居”,目的是使得除了重婚应当被依法追究刑事责任外,对因重婚和有配偶者与他人同居导致离婚的,应当承担民事赔偿责任。[②] 本次审议结果报告中,夫妻人身关系调整受到了重视,然而,由于有配偶者不得与他人同居是一夫一妻制度应有之义,新增设的相应规定仅仅是将其具体化,无论是审议结果报告还是其针对的《婚姻法修正案(草案)》本身均未增加或建议增加规定夫妻人身性的权利和义务事项。所以说,国家立法机关或这届常委们对夫妻人身关系的认识依然如旧,没有意识到法律有必要增加设定夫妻人身性的权利义务。然而,随着国人法律意识提高和个人权利意识觉醒(以及部分人的权利意识高涨),婚姻当事人在夫妻相处过程中的边界问题开始呈现,越来越需要《婚姻法》加强指引,为当事人行为争议提供判断是非的依据和标准。否则,发生夫妻人身关系上的矛盾、冲突时,将找不到相应法律条款作为指引或依据,将可能模糊是非,甚至纵容不合规行为发生。

6.《中华人民共和国婚姻法修正案(草案)》和全国人大法律委员会关于《中华人民共和国婚姻法修正案(草案)》修改意见的报告

2001年4月24—25日,第九届全国人大常委会第二十一次会议审议了《关于修改婚姻法的决定(草案)》等,认为法律草案已经比较成熟,建议本次常委会会议通过。同时,也提出了一些修改意见。全国人大法律委员会在其后数日连续开会,逐条研究委员们的意见,就关于修改《婚姻法的决定(草案)》,提出了五点修改意见:其中,第(一)条,“……法律委员会建议将修改决定草案第二条‘夫妻应当相互忠实,互相扶助’修改为‘夫妻应当互相忠实,互相尊重’”。由此可见,立法者对于增加夫妻人身性的权利义务规定是十分敏感的,新增的忠实扶助要求仍难获得多数常委认同,法律委员才不得不将其作出修改,只保留了“互相忠实”,而“扶助”义务则从法案草案中消失。法律明文规定夫妻“互相尊重”,当然有意义,考虑到历史传统,该规定应是侧重于强调丈夫尊重妻子,但是,很难说这是一项具有独立存在价值的人身性义务,因为按照法律面前人人平等原则,任何人都应当尊重对方,所有家庭成员都应当相互尊重,结婚的男女不因为他们之间具有夫妻身份就可以减少对对方的尊重!

---

① 全国人大法律委员会副主任委员顾昂然:《全国人大法律委员会关于〈中华人民共和国婚姻法修正案(草案)〉审议结果的报告》(2001年4月24日在第九届全国人民代表大会常务委员会第二十一次会议上),中国人大网,http://www.npc.gov.cn/wxzl/gongbao/2001-06/01/content_5136919.htm,下载日期:2017年7月10日。

② 全国人大法律委员会副主任委员顾昂然:《全国人大法律委员会关于〈中华人民共和国婚姻法修正案(草案)〉审议结果的报告》(2001年4月24日在第九届全国人民代表大会常务委员会第二十一次会议上),中国人大网,http://www.npc.gov.cn/wxzl/gongbao/2001-06/01/content_5136919.htm,下载日期:2016年3月20日。

(二)有关单位和个人对婚姻法修正案(草案)的意见

第九届全国人大常委会第十九次会议后,全国人大常委会办公厅根据委员长会议决定,向社会公布婚姻法修正草案全文,[①]广泛征求意见。截止到2001年2月28日,收到群众来信来电共3829件。[②] 对征求意见稿中新增的规定或者修改的条款,几乎都有不同观点;其中,涉及夫妻人身关系问题的意见归纳如下:

1.关于婚姻法调整范围

有观点认为,婚姻法律关系是比较特殊的民事法律关系,应属私法,国家干预程度应低一些,干预面应该窄一些,不宜采用更多行政性规定。对"包二奶""包二爷"等社会问题,不能简单地以法律取代道德来硬规制;有意见进一步主张,"包二奶"是道德问题,并非婚姻法应面对的范畴。[③]

2.重婚和其他违反一夫一妻制的行为

首先,关于重婚,有意见主张对有配偶者与他人登记结婚以外的情形中哪些构成重婚,应规定具体判断标准,并加大对重婚罪的处罚;另一种观点反对扩大重婚认定范围。部分法官认为,"包二奶"有多种表现形式,将不以夫妻名义进行的稳定同居关系等认定为重婚,实践中难操作,也不合宜。扩大重婚罪认定范围对当事人及社会各方面的利弊大小,须慎重研究,即使扩大重婚罪的认定范围,亦应由刑法规定。[④] 两种意见都认为,凡认定重婚的,除应判其重婚关系无效外,应实施一定经济制裁。

其次,关于婚外同居等重婚以外的违反一夫一妻制的行为。一种意见认为,在"总则"中规定禁止婚外同居的同时,还应在分则中规定婚外同居关系当事人的财产不受婚姻法保护;并规定婚外同居关系与重婚同样受到刑事追究和承担民事责任。但是,另一种意见相反,有法官认为草案"没有明确哪些是违反一夫一妻制的行为,也没有规定相应的法律责任,司法实践中不好操作,建议删去"。[⑤]

最后,关于重婚诉讼和其他违反一夫一妻制行为的责任。一种观点认为,《婚姻法修正案(草案)》规定对重婚,应当提起公诉,受害人可以向法院自诉,与当年刑事诉讼法关于重婚案件应以自诉为主、公诉为辅的规定是有矛盾的;加大打击重婚犯罪的力度,不应由婚姻法规定。同时,认为重婚主要危害家庭关系,公权力介入过多,其效果未必好;建议修改为"以

---

① 《中华人民共和国婚姻法(修正草案)》(第九届全国人大常委会第十九次会议),载王胜明、孙礼海主编:《〈中华人民共和国婚姻法〉修改立法资料选》,法律出版社2001年版,第507～514页。

② 全国人大法律委员会《关于〈中华人民共和国婚姻法修正案(草案)〉审议结果的报告》(九届全国人大常委会第十九次会议),载王胜明、孙礼海主编:《〈中华人民共和国婚姻法〉修改立法资料选》,法律出版社2001年版,第15页。

③ 《婚姻法修正案(草案)向社会公布征求意见的情况》,载王胜明、孙礼海主编:《〈中华人民共和国婚姻法〉修改立法资料选》,法律出版社2001年版,第26页、第28页。

④ 《法院对婚姻法修正案(草案)的意见》,载王胜明、孙礼海主编:《〈中华人民共和国婚姻法〉修改立法资料选》,法律出版社2001年版,第175页。

⑤ 《法院对婚姻法修正案(草案)的意见》,载王胜明、孙礼海主编:《〈中华人民共和国婚姻法〉修改立法资料选》,法律出版社2001年版,第176页。

自诉为主,公诉为辅”,甚至还有法官提议将是否追究重婚当事人责任之权利赋予受害人。[①]另一种意见主张惩罚重婚和婚外同居关系中的当事人及第三人。草案没赋予受害人向第三者请求赔偿损失的权利,均不妥,应予以补充。[②] 部分法官认为,“不宜在婚姻法中规定对第三者(‘包二奶’)的惩罚问题”,原因有两方面:一是法律界定难;二是不应由婚姻法调整。[③]

3.关于家庭暴力

首先,有观点认为,《婚姻法修正案(草案)》应该增加规定“家庭暴力”的构成要件或列举出“家庭暴力”的具体情形。因为该草案未规定什么是家庭暴力、哪些行为构成家庭暴力,将使法律缺乏可操作性。“立法目的,不仅在于其禁止性、强制性和可惩罚性,还要体现其教育性、指导性和可评价性。如果只让人们知道家庭暴力是法律禁止的,却不知道哪些行为是家庭暴力行为,那么他(她)们又如何去抵制和预防呢?”其次,应当增加规定认为应当严惩家庭暴力,但是草案规定的措施“太温和了”。然而,也有观点认为反对婚姻法规定家庭暴力,因为刑法等法律中相关规定可以调整家庭暴力,婚姻法不必再规定,否则,有重复立法之嫌;而且《婚姻法》是民法,“应调整夫妻之间民事权利和义务”,不应成为一部反家庭暴力法。[④]

4.关于配偶权问题和夫妻应当“相互忠实”规定

部分法官建议从正面、原则规定夫妻人身性的权利义务,“可以在总则中规定夫妻之间相互尊重(忠实)、扶助等义务”。但是,有法官不赞成法律规定配偶权,认为法律上无法确定配偶权内容包括哪些;即使规定了,当事人不履行,又会如何?[⑤]

关于“夫妻相互忠实”,有三种不同观点。第一种意见赞成在《婚姻法》总则中增加“夫妻应当相互忠实”的规定,且为使法律更具指向性,应将其设定为法定义务,以遏制婚外情、“包二奶”等违反一夫一妻制的行为,稳定家庭。但是,也有观点主张,夫妻忠实义务是夫妻众多权利义务之一,应当规定在“家庭关系”章,不应该出现在“总则”中。第二种观点认为,《婚姻法修正案(草案)》第4条仅是道德准则,作为宣言,可以出现在法案中,但其不是法院判决的依据,不具有可操作性;同时,应当明确其含意,以免将性权利义务化,防止为性虐待和婚内强奸提供法律依据。第三种观点认为,应当从法律中删除“忠实”。忠实就是赤诚无私、奉献,这完全不符合法制经济社会的价值观。[⑥]

综合而言,与域外民法典有关规定相比,我国《婚姻法》过度信任夫妻自治,规范夫妻人身关系的事项少,内容不全,立法应当明文规定的重要事项缺漏明显,结构松散,立法技术不

---

① 《法院对婚姻法修正案(草案)的意见》,载王胜明、孙礼海主编:《〈中华人民共和国婚姻法〉修改立法资料选》,法律出版社2001年版,第176页。

② 《婚姻法修正案(草案)向社会公布征求意见的情况》,载王胜明、孙礼海主编:《〈中华人民共和国婚姻法〉修改立法资料选》,法律出版社2001年版,第27~28页。

③ 《法院对修改婚姻法的意见》,载王胜明、孙礼海主编:《〈中华人民共和国婚姻法〉修改立法资料选》,法律出版社2001年版,第180页。

④ 《婚姻法修正案(草案)向社会公布征求意见的情况》,载王胜明、孙礼海主编:《〈中华人民共和国婚姻法〉修改立法资料选》,法律出版社2001年版,第28~29页。

⑤ 《法院对修改婚姻法的意见》,载王胜明、孙礼海主编:《〈中华人民共和国婚姻法〉修改立法资料选》,法律出版社2001年版,第180页。

⑥ 《婚姻法修正案(草案)向社会公布征求意见的情况》,载王胜明、孙礼海主编:《〈中华人民共和国婚姻法〉修改立法资料选》,法律出版社2001年版,第29~30页。

圆通。"应当改变现行法的概括性、抽象性及其连带的简略性纲要形式",摒弃以往的立法技术"宜粗不宜细"的偏好,使法律规范体系详尽、明确、具体,贴近所调整的社会关系,增强各项制度的约束力,提高其适用的安全系数。①

二、《婚姻法》中的夫妻财产关系立法选择

1980 年《婚姻法》于 2001 年修正时,修改夫妻财产关系相关条款是其中重点之一,使之适应市场经济条件下的社会生活需要。《婚姻法》继续坚持婚后所得制为法定夫妻财产制,增设了个人特有财产制,缩小夫妻共同财产范围;同时规定了三种夫妻财产制类型供准备实行夫妻约定财产制的当事人选择适用,并要求当事人约定财产制采用书面形式。考虑到民事交易安全问题,《婚姻法修正案》就夫妻财产契约对第三人的效力及夫妻对婚姻生活期间的债务清偿责任作出了更为明确的规定,也注意保护合法配偶对婚姻共有财产的利益。

(一)法定夫妻财产制:婚后所得共同制

现行法定夫妻财产制是婚后所得共同制。如果夫妻没有订立书面协议约定选择其他类型的夫妻财产制度,就强制实行婚后所得共同制。根据《婚姻法》第 17 条规定,夫妻在婚姻关系存续期间所得的下列财产,归夫妻共同所有:①工资、奖金;②生产、经营的收益;③知识产权的收益;④继承或赠与所得的财产,但《婚姻法》第 18 条第 3 项规定的除外;⑤其他应当归共同所有的财产。夫妻对共同所有的财产,有平等的处理权。结婚之后,夫妻任何一方和双方所得财产,除了法定特有财产以外,均属于夫妻双方共同共有。夫妻对共同共有财产的权利是平等的,在该共同财产未分割之前,夫妻双方不区分份额地共有。所以,无论任何一方对共同财产作重要处分,均应事先商得另一方同意;另一方不同意的,原则上不得单方处分。分割夫妻共同财产时,原则上实行等额分配。

实行婚后所得共同制,既是考虑到婚姻作为共同生活体所承担的功能,又是基于我国现阶段生产力发展水平不高,大多数自然人个人收入水平不高和个人拥有的财产价值不大而决定的。该制度更符合我国婚姻家庭文化伦理传统。婚后所得共同制,能够更好地满足家庭生活需要,促进夫妻共建共享婚姻。

(二)夫妻个人特有财产制

个人特有财产制是指法律直接规定归夫妻一方个人所有并且排除夫妻共有的财产制度。立法考虑到夫妻任何一方个人需要,考虑到婚后某些来源的收入或财产的特殊性,确立了夫妻一方个人特有财产制度。根据《婚姻法》第 18 条规定,有下列情形之一的,为夫妻一方的财产:①一方的婚前财产;②一方因身体受到伤害获得的医疗费、残疾人生活补助费等费用;③遗嘱或赠与合同中确定只归夫或妻一方的财产;④一方专用的生活用品;⑤其他应当归一方的财产。对于夫妻一方婚前所得的财产,通常情形下,其所得与配偶另一方无关;将其归入所得者个人所有,属于情理之中。医疗费、残疾补助费是该配偶一方付出健康代价换来的金钱,用于弥补其损害和解决其未来生活之需,不归夫妻共有。遗嘱或赠与合同指定归夫或妻一方个人所有的财产归受赠人个人所有,是尊重赠与人的意愿。专用生活用品归

① 曹诗权:《中国婚姻法的基础性重构》,载《法学研究》第 18 卷第 3 期(总第 104 期)。

使用者个人，是基于生活方便和尽可能地发挥财产最大效用。“其他应当归一方的财产”是个兜底条款，以适应实际生活中特殊情形。事实上，立法也无法把应当归夫妻一方个人的财产类型列举规定穷尽。

（三）约定夫妻财产制

约定夫妻财产制是指婚姻当事人双方平等协商确定选择适用的夫妻财产制度，并排斥法定夫妻财产制的适用。允许夫妻约定财产制，就是赋予夫妻在处理其财产关系上的更大自主权。《婚姻法》第 19 条规定了“约定夫妻财产制”，夫妻可以把婚前财产、婚姻关系存续期间所得的财产约定为归夫妻各自所有，或者共同所有，或者部分各自所有和部分共同所有。夫妻对婚姻关系存续期间所得的财产以及婚前财产的约定，对双方具有约束力。夫妻对婚姻关系存续期间所得的财产约定归各自所有的，夫或妻一方对外所负的债务，第三人知道该约定的，以夫或妻一方所有的财产清偿。法律要求约定夫妻财产制应当采用书面形式。没有约定或约定不明确的，适用前述法定夫妻财产制和特有财产制的规定。

基于我国幅员辽阔，不同地区、不同法域居民通婚，受制于当事人所在地区的法律、风俗习惯、经济发展水平等差异性影响，也因为部分自然人拥有巨额个人财产等因素考虑，为了适应婚姻当事人处理夫妻财产关系的不同需求，《婚姻法》首次明确规定了三种夫妻财产制度供当事人选择适用。约定财产制的夫妻只能在第 19 条规定允许的三种夫妻财产制中选择一种适用。不过，法定的三种夫妻财产制度几乎包括了除法定婚后所得共有制以外的所有夫妻财产制度类型，当事人想选择法定夫妻财产制种类以外的夫妻财产制度的可能性似乎不存在。

总体而言，我国现行夫妻财产制立法仍过于简略，无论是法定夫妻财产制还是约定夫妻财产制度，只具备了基本结构框架，具体内容尚不完整。例如，关于夫妻财产制的变更，未规定；关于夫妻财产制的终止，仅规定了因离婚导致夫妻财产制终止，并未涉及配偶一方死亡导致的终止；关于夫妻共同债务，本应该是夫妻财产制中的一个组成部分，却无规定，而仅在离婚制度中有所规定。期待未来民法典婚姻家庭编立法能够予以完善。

第四节 夫妻人身关系法律适用中的主要争议

一、夫妻之间是否能成立一般侵权：立法评述

自古以来，人们对控告发生在婚内或者其他亲密关系之间的暴力或严重伤害行为抱有很大抵触，除了少数几种极其严重的行为外，家庭成员间的伤害通常是免责的，例如，丈夫不因强奸妻子而担责，就是其中的典型情形之一。但是，在现代社会，法律承认和保护个体独立、自由，亲密关系当事人之间，若发生严重伤害人格尊严、身体健康或重大财产利益损害的情形，法律允许受害人主张损害赔偿。当代大多数国家和地区法律普遍干预家庭暴力，不仅赋权受害人或准受害人申请人身安全保护令，而且帮助受害人控诉施暴者。对于侵权行为，除了赋予受害人寻求民事救济外，还赋予受害人刑事自诉权。在法律解释上，对于婚内侵权是否适用《民法通则》和《侵权责任法》规定的损害赔偿责任，存在较大分歧，不同法院的裁判立场不一致。

（一）立法评述：夫妻之间可以作为侵权之诉当事人双方

在学理上，夫妻相互之间可以作为侵权之诉当事人双方，犹如他们未曾相互结婚。夫妻，首先是各自独立的个体，具有独立人格，是独立的利益主体；其次，他们才是婚姻关系当事人一方，因婚姻共同体而产生利益牵连。我国《民法通则》第5条、第106条第2款规定了侵权责任的一般条件，其中既未指明，也未排除配偶作为侵权人的主体资格。《侵权责任法》第2条以列举方式规定了该法调整的对象，同法第6条第1款规定了侵权行为的一般原则是过错责任，同样既未明确，也未排除配偶作为侵权人的资格。既然一般民事法未排除夫妻一方针对另一方发动侵权诉讼，夫妻的婚内侵权应可以成立。

《婚姻法》和《反家庭暴力法》承认婚内侵权成立，却未规定婚内发生的一般侵权之民事责任。首先，《婚姻法》引入了离婚损害赔偿，但是，又强调离婚时，受害人才能行使离婚损害赔偿的请求权。按照其第46条规定，因重婚、与他人同居、家庭暴力、虐待、遗弃导致婚姻破裂的，离婚时，受害人可以提起离婚损害赔偿。这里会产生两种情形：一是在离与不离问题上，双方协商一致同意离婚或者法院判决准许离婚，离婚损害赔偿请求获准的；此时，侵权成立于婚内，但准许索赔请求已是解除婚姻关系时。二是双方未就离婚达成意见一致或者法院判决驳回离婚请求，但婚姻存续期间，夫妻一方的确发生了法定过错情形的，此时是否应当支持离婚损害赔偿请求？从我国关于离婚损害赔偿理论论述看，在婚姻不解除的情形下，不存在单纯准许离婚损害赔偿的可能。原则上，《婚姻法》不承认婚内侵权成立。其次，《反家庭暴力法》没有明文赋予受害人婚姻侵权赔偿请求权。该法第2条规定，“本法所称家庭暴力，是指家庭成员之间以殴打、捆绑、残害、限制人身自由以及经常性谩骂、恐吓等方式实施的身体、精神等侵害行为”。据此，可以推定夫妻之间侵权能够成立；这个结论应该不会有争议。《反家庭暴力法》提供的救济主要是行政救济（警察干预＋社区干预＋单位干预）和作为民事救济的人身安全保护令，目的是阻断家庭暴力，但整部法案中，没有赋予当事人就侵权行为主张索赔的权力。《婚姻法》第43条、第45条和《反家庭暴力法》第33条均规定，对于婚内发生的较轻的侵害行为，可对行为人实施行政处罚；对严重的侵害行为，追究其刑事责任。不知这是当年立法的缺漏还是立法者明确不愿意赋予受害人侵权赔偿请求权。

最高人民法院明确不承认婚姻侵权之诉。《适用婚姻法解释（一）》第29条明确规定，当事人不起诉离婚，单独以《婚姻法》第46条规定的四种情形之一为由提起损害赔偿之诉的，法院不予受理。

（二）比较法视野中，允许夫妻任何一方控告另一方侵权

在比较法视野中，曾经长期允许家庭内部侵权免责，但是，当代英国、美国和德国等多国立法均允许夫妻任何一方因另一方遗弃或侵权而提出侵权之诉。

在德国法中，当配偶一方违反婚姻义务的行为同时构成对伴侣绝对权利的妨害时，另一方才有权请求停止侵权和排除妨害请求。当配偶一方损害了另一方受侵权法保护的权利，受害人可以根据《德国民法典》第823条、第1004条规定行使各项请求权，另一方有义务向

受害人赔偿损害。[1] 首先,配偶一方侵害了另一方作为法律上的人而享有的权利(身体完整权、姓名权、人格权、荣誉以及财产权)的,受害人有权请求法律强制干预。婚姻共同生活不剥夺伴侣受一般法律保护。[2] 在德国司法实践中,配偶权利保护被实际扩大了,达到了"婚姻在空间和内容上的保护权利"。妻子可向丈夫行使请求权,要求丈夫的情人离开婚姻住所;妻子也可以针对丈夫的情人行使请求权,要求其停止侵害其婚姻。如果婚姻住所与营业活动存在密切联系,例如,妻子协助营业并且为营业发展作出了贡献的,对婚姻空间的保护也随之扩展到该营业场所,诸如妻子向丈夫行使请求权,要求禁止其情人进入该营业场所;反之,丈夫也有相同权利。其次,按德国法通说观点,单纯地违反人身性的婚姻义务,不产生损害赔偿请求权,但是,如果违反了经济性的婚姻义务,可依据《德国民法典》第 280 条和第 241 条规定,行使损害赔偿请求权。[3] 最后,配偶之间的损害赔偿责任,以过错为前提根据《德国民法典》第 1359 条规定,配偶双方履行"基于婚姻关系而发生的义务"时,互相只需尽到与处理本人事务时通常所尽的注意义务。[4] 因此,夫妻一方疏忽而未尽注意义务,将是需要对另一方承担损害赔偿责任的条件。德国联邦普通法院认为,对于发生在家庭中的身体伤害和财产损害,可以考虑适用第 1359 条,但是,配偶之间因为违反道路交通法造成的损害将不适用该条的责任限定。也不宜认为配偶之间存在"默示的责任放弃协议"从而降低配偶一方的侵权责任。但是,对伴侣主张请求权的权限存在一定限制。[5] 比较看,德国法对受害人行使请求权的要求高于英国,德国明确要求只有当夫妻一方侵害了另一方作为法律上的人而享有的绝对权利的,受害人才被赋予并能行使损害赔偿请求权。

当代英国、美国立法均明文承认婚姻侵权成立,并赋予受害配偶一方损害赔偿请求权。在传统普通法中,鉴于家庭关系的特殊性,除了承认家庭内或者与家庭有关的几种特定犯罪(主要指通奸、鸡奸和乱伦)外,侵权法对包括夫妻在内的家庭内部的侵权争议采用特别豁免。早期,按照夫妻一体主义,不允许配偶相互之间发动诉讼,否则,就是丈夫本人告自己,他既是赔偿义务人又是获得赔偿的权利人,逻辑不通。[6] 后期,人们又认为,允许夫妻之间、父母子女之间发生侵权之诉,会破坏家庭和睦。[7] 但是,19 世纪后期,改善已婚妇女权利运动横扫美国,所有州都通过了《已婚妇女财产法》。各州的法案均废止了丈夫对妻子侵权行为自动担责的规则;赋权妻子就本人受到的损害提起诉讼或应诉;当夫妻一方不正当地获得另一方的财产时,允许夫妻相互间提出诉讼,但是,这些制定法通常仍不允许配偶之间就人

---

① [德]迪特尔·施瓦布:《德国家庭法》,王葆莳译,法律出版社 2010 年版,第 77 页;《德国民法典》,陈卫佐译注,法律出版社 2004 年版,第 265 页、第 308 页。

② [德]迪特尔·施瓦布:《德国家庭法》,王葆莳译,法律出版社 2010 年版,第 79 页。

③ [德]迪特尔·施瓦布:《德国家庭法》,王葆莳译,法律出版社 2010 年版,第 79～81 页。

④ 《德国民法典》,陈卫佐译注,法律出版社 2015 年第 4 版,第 439 页。

⑤ [德]迪特尔·施瓦布:《德国家庭法》,王葆莳译,法律出版社 2010 年,第 81 页。

⑥ 在普通法中,明确存在配偶权。早期法律允许丈夫就其配偶权益遭受损害而向第三人请求赔偿。实行男女平等之后,妻子与丈夫一样均有权就其配偶权遭受侵害而要求第三人赔偿。[美]哈里·D.格劳斯、大卫·D.梅耶:《美国家庭法精要》,陈苇等译,中国政法大学出版社 2010 年版,第 71～72 页。

⑦ [美]哈里·D.格劳斯、大卫·D.梅耶:《美国家庭法精要》,陈苇等译,中国政法大学出版社 2010 年版,第 70 页。

身伤害提起侵权之诉。[①] 随着商业保险的发展和介入，[②]夫妻侵权豁免的观念渐渐地被否定了；否则，夫妻一方侵害另一方或者另一方的父母，受害人将无法从保险公司获得理赔。法院的认识和立场开始出现变化和分歧。有的法院判例开始否定“赔偿之诉会破坏家庭和睦”的理由，并认为获得现金支付意外事故带来的开支，将增进家庭和睦。同时，也有的法院采信“保险的介入可能会导致共谋保险金的行为”的观点，断定为了保护保险业，相互关系密切人之间不能提起侵权之诉。[③] 英国《1962 年法律改革(丈夫和妻子)法》第 1 条规定，“婚姻当事人各方均享有针对另一方的侵权诉讼之权利，如同他们不曾相互结婚”。如果婚姻当事人一方以另一方为被告提起侵权之诉时，尚处于婚姻生活补贴支付期间的，如果法庭认为继续该诉讼不会使任何一方当事人获得实质性获益的，法庭可以停止该诉讼；或者根据诉讼中显露出来的争议问题的相关规定，作出适当的自由裁量。[④] 美国《已婚妇女财产法》允许妻子就其财产控告丈夫侵权。其后，判例法逐渐放弃传统上夫妻免责条款。[⑤] 在当代，配偶任何一方皆可因遭到另一方遗弃或者侵权而提出侵权之诉。但是，“保险公司害怕夫妻共同诈骗保险金，通常会在保单中加入‘家庭排除条款’，禁止住在一起的家人互告”。[⑥] 20 世纪 40 年代诞生人权运动以后，家庭暴力不再被认定为私事。从 20 世纪 90 年代以来，美国有关配偶侵权豁免的规定被全部废除，例如，婚内强奸免责已成过眼云烟，家庭内部侵权免责制度基本消亡。现在，争议焦点是如何解决离婚时提出的侵权之诉，有些司法区要求侵权之诉与离婚之诉合并；有些司法区则主张侵权之诉与离婚诉讼分开审理。[⑦]

二、涉及夫妻之间能否成立一般侵权的诉讼案例：法院裁判结果及差异性

在司法实践中，在婚姻存续期间，配偶之间发生的一般侵权行为是否可以适用民事责任？各地人民法院裁判结果不相同。

（一）持肯定观点的裁决

1.浙江省丽水市中级人民法院审结的卢某杰、王某凤生命权、健康权、身体权纠纷案件

在该案件一、二审中，浙江省缙云县人民法院、浙江省丽水市中级人民法院均认为夫妻各自人格独立，一方侵害另一方人身权造成损害的，应当承担赔偿责任，且该赔偿义务与夫

---

① [美]哈里·D.格劳斯、大卫·D.梅耶：《美国家庭法精要》，陈苇等译，中国政法大学出版社 2010 年版，第 65 页。

② 例如，英国《1882 年已婚妇女财产法》第 11 条规定“依据保险单可支付的金钱不构成被保险人资产的一部分”，已婚妇女可以为她本人或者丈夫投保人寿保险，并且以她本人为受益人。因此类投保而生的所有利益，将按规定被授予相关人等。《英国婚姻家庭制定法选集》，蒋月等译，法律出版社 2008 年版，第 3 页。

③ [美]哈里·D.格劳斯、大卫·D.梅耶：《美国家庭法精要》，陈苇等译，中国政法大学出版社 2010 年版，第 70～71 页。

④ 《英国婚姻家庭制定法选集》，蒋月等译，法律出版社 2008 年版，第 42 页。

⑤ 有观点认为，普通法一向视夫妻为一个整体，有“夫妻之间免责理论”(interpusal immunity doctrine)，禁止夫妻互告侵权。纪欣：《美国家事法》，五南图书出版股份有限公司 2009 年版，第 94 页。

⑥ 纪欣：《美国家事法》，五南图书出版股份有限公司 2009 年版，第 94 页。

⑦ [美]哈里·D.格劳斯、大卫·D.梅耶：《美国家庭法精要》，陈苇等译，中国政法大学出版社 2010 年版，第 71 页。

妻共同财产应相区别。①

王某凤向一审法院起诉，请求判令：①被告卢某杰赔偿原告医药费、误工费、后续治疗费等人民币122393.46元；②本案诉讼费用由被告承担。

一审法院认定事实：原告王某凤与被告卢某杰原系夫妻关系。在婚姻存续期间，双方多次发生争执。2016年8月13日，原、被告又因家庭琐事发生争吵，原告即强拉被告到×镇法庭欲离婚，因系休息日无人上班，原告又拉着被告到菜市场附近找村委会主任理论。其间，二人发生扭打，致原告鼻骨骨折，经鉴定为轻伤二级。原告遂报警并至缙云县第二人民医院、丽水市中心医院、缙云县田氏伤科医院等多地诊疗，花费医疗费共计4378.44元。2017年11月10日，一审法院对被告的故意伤害行为作出〔2017〕浙1122刑初374号刑事判决，判处被告人卢某杰有期徒刑11个月，缓刑1年，但对王某凤提起的附带民事赔偿请求未予受理。同月16日，卢某杰向一审法院起诉，要求与王某凤离婚。一审法院于2017年12月29日作出〔2017〕浙1122民初4786号民事判决，准予卢某杰与王某凤离婚，安排了子女抚养和财产分割，还就卢某杰实施家庭暴力的行为，酌定给予支付王某凤精神损害抚慰金15000元。王某凤不服判决，向丽水市中级人民法院提起上诉。经二审审理，驳回上诉，维持原判。2018年4月25日，王安凤委托丽水市天平司法鉴定所对其伤情进行鉴定，该所于2018年5月8日出具丽天司鉴所(2018)临鉴字第×××号司法鉴定意见书，认为被鉴定人王某凤2016年8月13日外伤致鼻骨粉碎性骨折，经门诊治疗，综合评定其误工期限为60日，护理期限为20日，营养期限为20日。

一审法院认为，公民的健康权、身体权受法律保护。行为人因过错侵害他人民事权益，应当承担侵权责任。根据《侵权责任法》第16条规定："侵害他人造成人身损害的，应当赔偿医疗费、护理费、交通费等为治疗和康复支出的合理费用，以及因误工减少的收入。"被告卢某杰在家庭纠纷中对原告身体造成了伤害，被告应对给原告造成的医疗费、护理费、误工费等损失承担民事赔偿责任。关于被告提出其侵权行为发生在婚姻关系存续期间，王某凤在离婚后诉请赔偿医疗费、误工费等损失不符合事实和法律依据的抗辩。一审法院认为，公民的生命权、健康权、身体权不因侵害人身份不同、不因侵害人有无财产而得不到保护。夫妻之间财产权利可以共享，但生命权、健康权、身体权却相互独立。婚姻关系存续期间配偶一方侵害另一方健康权，侵权人应承担侵权责任。故被告的抗辩理由不能成立，不予支持。虽然法院在判决原、被告离婚时判令被告支付精神损害抚慰金，但对于被告造成原告轻伤所导致的医疗费等物质损失并未作出处理，被告认为离婚判决的处理结果已包含了对婚内人身损害赔偿处理的抗辩理由，证据不足，不予采纳。关于原告因伤所致的医疗费数额问题，经一审法院核定，原告提交的医疗费发票中包含原告因遭受卢某强等人殴打致伤所产生的医疗费用2371.12元以及不合理部分的费用4023.4元，扣减该部分费用后，一审法院认定原告的合理损失为医疗费4378.44元、误工费7920元、营养费600元、护理费600元，合计15498.94元。原告关于被告后续治疗费10万的请求，一审法院认为可待后续治疗实际发

① 浙江省缙云县人民法院(2018)浙1122民初3412号民事判决书、浙江省丽水市中级人民法院(2019)浙11民终301号民事判决书，中国裁判文书网，http://wenshu.court.gov.cn/website/wenshu/181107ANFZ0BXSK4/index.html? docId=d8ef66d2255441e2b768aa4600e279af，下载日期：2019年12月28日。

生再另行主张。原告关于交通费的请求，因未提交交通费发票，不予支持。综上所述，依照《侵权责任法》第16条，《最高人民法院关于审理人身损害赔偿案件适用法律若干问题的解释》第1条、第19条、第20条、第21条，《民事诉讼法》第64条第1款的规定，判决被告卢某杰赔偿原告王某凤各项损失合计15498.94元，驳回原告王某凤的其他诉讼请求。

卢某杰不服一审判决，向浙江省丽水市中级人民法院（以下简称丽水中院）提出上诉。上诉人称，其一，王某凤离婚后，再次诉请损害赔偿明显缺乏前提条件和物质基础。"一审判决将本案混同于一般的侵权损害赔偿案件进行处理明显错误。本案侵权行为发生于侵权人与受害人婚姻关系存续期间，医疗费用等直接经济损失实际均已以夫妻共同财产进行支付，且上诉人卢某杰因此已被缙云县人民法院追究刑事责任，在与被上诉人离婚时，缙云法院已依照《婚姻法》第46条的规定判决上诉人承担精神损害抚慰金等民事损害赔偿责任。由此，被上诉人再次起诉要求赔偿明显缺乏依据。故，原审判决错误"。其二，"原审判决适用《侵权责任法》第16条系适用法律错误。本案侵权发生于夫妻关系存续期间，对于该类侵权案件处理，《婚姻法》第46条已作规定，根据《侵权责任法》第5条规定，本案应优先适用《婚姻法》第46条及相关司法解释的特别规定，由此，本案应属于离婚损害赔偿纠纷。"王某凤答辩称，上诉人对被上诉人存在侵权的事实。缙云县人民法院作出的〔2017〕浙1122民初4786号民事判决中判决由上诉人向被上诉人支付15000元精神损害抚慰金是基于上诉人的侵权对被上诉人的精神损害补偿，但本案被上诉人主张的是医疗费用等其他费用。

丽水中院二审查明的事实与一审法院查明的一致。丽水中院认为，该案争议焦点为：上诉人卢某杰是否应赔偿被上诉人王某凤因其侵权行为而导致的物质损害。丽水中院认为，卢某杰对王某凤的侵权行为而导致的损害，包括了物质损害和精神损害，虽然卢某杰在婚内对王某凤实施的侵权行为已由缙云县人民法院作出刑事判决，且经缙云县人民法院审理的离婚纠纷一案中对王某凤的精神损害进行了赔偿，但并未对王某凤的物质损害赔偿进行实体处理。故一审法院判决支持了王某凤的部分物质损害请求，并无不妥。关于法律适用问题，经审查，一审法院按相关法律规定对物质损害赔偿的项目和金额予以确定，并无不当。对上诉人卢某杰主张相关医疗费用已由夫妻共同财产支付的问题，因案涉的侵权行为发生在双方离婚纠纷期间，另根据缙云县人民法院〔2017〕浙1122民初4786号民事判决认定双方于2017年7月开始分居生活，且上诉人对该主张并未提供相应证据予以证明，故法院不予支持。综上，上诉人卢某杰的上诉理由均不成立。2019年3月19日，丽水中院作出（2019）浙11民终301号民事判决书，依照《民事诉讼法》第170条第1款第（1）项规定，判决驳回上诉，维持原判。

2.北京市朝阳区人民法院审结的张某诉李某离婚纠纷案件

在该案件中，法院判决夫妻一方与其他异性同居导致感情破裂而离婚，无过错方有权获得精神赔偿。在婚姻关系存续期间，一方与其他异性同居，令夫妻间出现矛盾、发生争执，导致夫妻感情破裂，且双方同意离婚，应予准许。同时，与异性同居的一方应向另一方给付精神损害赔偿金。①

---

① 《中国指导案例》编委会编：《人民法院指导案例裁判要旨汇览：婚姻家庭·继承卷》，中国法制出版社2014年版，第89～90页。

3.浙江省诸暨市人民法院(2005)诸民一初字979号民事判决书

法院确认夫妻之间成立侵权责任。在该案件中,2005年,丈夫孙某军驾驶的汽车与另一被告相撞,致使妻子受伤。事故认定另一被告应负主要责任,孙某军应负次要责任。因事故之后,两名被告未支付分文赔偿款,夫妻关系加剧恶化,原告即妻子一方将二被告诉至法院。法院认为,"被告孙某军辩称因本次交通事故发生的侵权之债,应当基于其与原告之间尚存在婚姻关系这一事实而消灭,这一辩称是不能成立的",认定侵权行为成立,被告之一的丈夫应当承担相应的损害赔偿责任;二被告成立共同侵权,并互负连带责任。①

4.重庆市涪陵区人民法院审结的陈×林诉安×英离婚纠纷案件

在2007年该案件中,一审法院判决确认夫妻一方严重通奸行为对另一方造成了精神上损害的,参照"同居的情形"要求其承担损害赔偿金。夫妻一方存在婚外性行为且与他人长期保持不正当关系,其不正当行为被另一方当场人赃俱获,严重伤害了其夫妻感情,违背了相互忠实、相互尊重的法定夫妻义务,对另一方造成了精神损害,虽然通奸行为不符合与他人持续、稳定地共同居住的赔偿要件,但应对法律规定做放宽性理解,通奸可以参照"同居的情形"处理,要求其承担精神损害赔偿金。②

5.江苏省高邮市人民法院审结的吴某(男)与郑某(女)案件

法院认定二人于2006年1月18日登记结婚。同年9月14日郑某生育一子,取名吴某某。2013年9月10日,夫妻因感情恶化,办理了登记离婚手续。《离婚协议书》约定,吴某某归吴某抚养,所需费用由吴某承担。双方离婚后,吴某按约定独立抚养儿子。后来,因吴某某生病验血型,发现与父亲吴某的血型不匹配。2015年2月16日,经司法鉴定,排除吴某某与吴某之间存在亲生血缘关系。吴某获悉后,如雷轰顶,要求与郑某协商解决,被郑某拒绝。吴某遂诉诸法院,请求判令变更吴某某的抚养关系,由郑某独自承担抚养责任,判令郑某返还吴某抚养费12万元,并判令赔偿精神损害抚慰金3万元。江苏省高邮市人民法院审理后,认为根据鉴定结论,足以证实吴某某与吴某无亲生血缘关系,故吴某没有法定义务抚养吴某某。遂判决吴某某由郑某抚养,郑某返还吴某抚养费4.8万元,并赔偿吴某精神损害抚慰金2万元。

类似案例还比较多。

(二)持否定观点的裁决

天津市滨海新区人民法院在2010年判决的一个民事案件中,否定夫妻之间构成侵权责任。③ 2009年7月某日,妻子喻某驾驶汽车,因违反操作规范导致交通事故,致使其本人及车内的丈夫闫某死亡。经交警部门认定,驾车人喻某负事故全部责任。此后,闫某的近亲属以交通事故人身损害赔偿纠纷为案由提起诉讼,要求喻某的近亲属赔偿死亡赔偿金、丧葬费、被扶养人生活费、精神损害赔偿金。夫妻之间能否成立侵权行为是该案件的争议集点。一审法院认为,"基于闫某、喻某为夫妻的事实,由此引发的相关事宜的处理应适用《婚姻法》的规定,而《婚姻法》未将此种损害规定为一般意义上的侵权纠纷",故以无法律依据确定夫

① 浙江省诸暨市人民法院(2005)诸民一初字979号民事判决书。

② 参见陈某林诉安某荣离婚纠纷案,法信网。

③ 天津市滨海新区人民法院(2010)滨塘字2418号民事判决书。

妻交通肇事成立侵权,否定了此类夫妻侵权责任。

(三)判决准许赔偿时,侵权客体是什么

在这类案件中,原被告之间是夫妻关系,法院基于什么而判令被告向原告赔偿精神损害或支付精神抚慰金的?侵权行为侵害的客体应是原告的人身权利,不过,在不同案件中,进一步分析该人身权利的类型,则有所不同。在夫妻一方不忠于婚姻的案件中,实施婚外情或违背一夫一妻制要求的行为,侵害了配偶另一方的配偶权,导致其人格受损。例如,在吴某请求郑某返还抚养费及赔偿精神损害抚慰金案件中,这类司法判决是基于什么而认定吴某精神受到了伤害?从理论上分析,伤害来源于下列三种可能:①吴某认定夫妻有忠实义务,郑某的行为侵犯了性忠贞利益。在婚内所生孩子与丈夫吴某无血缘关系,当然说明郑某违反了夫妻应当相互忠实的要求,违反了一夫一妻制义务,侵犯了性忠贞利益。②因郑某在婚内所生子女并非丈夫所生,郑某的行为给丈夫吴某名誉造成了损害,应当给予赔偿。③侵害了配偶权。确认侵害配偶权的侵权责任,须具备以下四个构成要件:其一,违法行为,就是以重婚、有配偶者与他人同居、实施家庭暴力、虐待遗弃的方式,致使配偶一方享有的配偶身份利益受到损害而违反配偶权保护法律的行为。其二,损害事实。侵害配偶权的损害事实,是使配偶身份利益遭受损害的事实。其三,侵害配偶权违法行为与配偶身份利益损害事实之间的因果关系。其四,主观过错,即侵害配偶权的故意。同时具备以上四个要件,即构成侵害配偶权民事责任。[①] 笔者认为,配偶权是这类损害侵犯的客体。无论是性忠实、个人或配偶名誉受损,均是建立在请求权人是一夫一妻制婚姻中的当事人一方,对配偶才享有性忠实请求权,故配偶婚外生育子女的行为违背婚姻基本伦理,导致请求权人人格受害。所以,请求权人人格受损害是结果而非侵权行为侵害的客体。但是,在交通肇事致人损害或死亡案件中,非法行为侵害的客体应是被告的健康权或者生命权。这类侵权及其追责,的确应与配偶身份无关。天津滨海新区法院因喻某与闫某生前具有夫妻关系而认定闫某近亲属要求喻某的近亲属赔偿之诉应适用《婚姻法》,故不确认相关侵权成立之观点,的确有值得商榷之处。根据《婚姻法修正案》第18条规定,夫妻"一方因身体受到伤害获得的医疗费、残疾人生活补助费等费用","其他应当归一方的财产",依法应属于夫妻一方个人特有财产。这其中,不仅没有排除夫妻一方侵害另一方身体、生命权等人身权利而请求赔偿获得金钱的情形,而且恰恰说明夫妻之间可以成立一般侵权,第三人、夫妻任何一方侵害另一方人身权利,受害配偶获得赔偿之金钱应归入获得者个人财产,并排斥夫妻共有。

二、配偶双方是否互负救助义务:学术观点和相关司法裁判例

婚姻关系存续期间,当夫妻一方生命处于危险之际,另一方是否有救助义务?我国现行《婚姻法》无明文规定。现实生活中,发生配偶一方见死不救的情形后,不追究见死不救者的责任,似乎又不合乎情理;若是欲追究,相关配偶应该在何种范围内承担什么责任呢?2001年,在第九届全国人大四次会议上,有32名人大代表联名提案,建议我国刑法增设"见危不救罪"或"见死不救罪";因为生命价值高于一切,应是这最基本的社会伦理规范,每个人都应

① 杨立新:《离婚过错损害赔偿的法律适用》,正义网,http://www.jcrb.com/,下载日期:2001年5月29日。

自觉遵守;保护每个公民生命和健康是国家法定义务。

(一)学术观点

作为共同生活伴侣,夫妻任何一方当然应对另一方负责,其中包括一方遭遇危难时,另一方提供力所能及的支持、帮助、服务或行动。通常,关于配偶任何一方陷于困境或处于危险中,另一方应提供救助,这是常识。例如,配偶一方有自杀或犯罪的苗头或举动时,另一方察觉或发现的,理当予以劝阻、制止。不过,法律是否应当或者能够明文规定夫妻互负此类义务呢?若是,是否可能误导人们以为配偶相互就对方刑事犯罪负责,也延伸出下列问题:如果未察觉或发现的,该怎么办?若有察觉或发现,应该或可以采用哪些方法或措施予以制止?在刑法学研究中,近10余年探讨“见危不救”或“见死不救”入罪时,鉴于配偶救助义务对于判断配偶一方行为是否构成犯罪具有重要意义,也有讨论夫妻是否有救助义务。刑事司法实践中,对于发生在夫妻之间的“见危不救”,判决结果竟然有截然不同的两种:“有罪”或“无罪”。这说明“对于配偶之间的扶养义务是否包含救助义务,以及配偶之间的救助义务的来源等具体问题存在实质争议”。①

1.肯定观点

配偶之间有救助义务。虽然不能从“夫妻相互有扶养义务”中推导得出此结论,但是,根据实质法义务说,配偶之间的救助义务是存在于社会内部秩序中或国家的风俗秩序中,并不仅仅依赖于形式上的民法或其他法律规定。德国学者阿明·考夫曼认为,配偶作为缔结终身共同生活关系的当事人双方,相互为具有“特定法益保护义务”的保证人,配偶一方对另一方负有人身保护的义务。首先,配偶是在物理空间上最为亲密的两个个体;一方发生危险时,另一方最先发现并最快采取救助措施的可能性最大。其次,夫妻缔结婚姻首先和主要是以感情为依托,由此信任产生信赖关系,一方基于信赖将自己的生命安全托付给另一方,并同时承担起对方相同的托付。最后,配偶之间的信赖关系是家庭稳定和社会安定的前提。如果配偶一方的身体权甚至生命权受到严重侵害时,另一方不实施救助,将严重破坏配偶之间的信赖关系,也违背社会对婚姻关系的期待。②

2.否定观点

这种观点认为,若“见危不救”发生在夫妻之间,主要是个道德问题而非法律问题。每个人都享有自主权。任何人,只要没有实施刺激已处于情绪崩溃边缘的当事人或者不恶意鼓动当事人实施自伤、自残、自杀行为,原则上,伤害结果发生是行为人本人行为的结果,与旁边人是否看见之间无必然关联。夫妻之间也不例外。并无夫妻未提供救助引发民事诉讼而被法院追责的案例。我国《刑法》未将见难不帮扶、见死不救确定为犯罪,但因职业原因负有救助义务者除外。

(二)域外法观察

在域外法上,规定夫妻互负救助或救援义务的立法例不多见。域外婚姻家庭法或亲属

---

① 李雅楠:《配偶之间“见死不救”是否成罪——论配偶之间的救助义务》,载《河北公安警察职业学院学报》2018年第9期。

② 李雅楠:《配偶之间“见死不救”是否成罪——论配偶之间的救助义务》,载《河北公安警察职业学院学报》2018年第9期。

法中的夫妻救助，主要是但不限于提供经济支持、劳务或服务支持。在法国，夫妻互负救助义务。《法国民法典》第212条明文规定，“夫妻双方应相互忠诚、相互救助与扶助”。夫妻之间救助义务的履行是随着配偶一方“需要”而作为。例如，当配偶一方身无分文时，另一方履行救助义务就是对处于这种困境状况中的该方配偶的补救。① 从该法条适用情况看，法国法上的夫妻救助义务旨在保障配偶的生活需要，在配偶一方无力支付生活费或者无力保障自我应有水平的生活、无力偿还不动产到期贷款等情形下，无论夫妻双方处于婚姻正常状态或者分居状况，另一方有负担能力的，均应提供经济支持。法国最高法院第二民事法庭在1980年5月7日指出，可以强制履行该救助义务，以确保收取生活费的各种方式实施之。法国司法中，把配偶任何一方享有对方救助的权利确定为债权。履行夫妻救助义务时金钱给付标准，“应当考虑到作为债权人的配偶按对方配偶的负担能力而可以主张的生活水平”，有必要时，可请求法院确定生活费的数额。②《法国刑法典》第223条确实规定了见死不报、见死不救罪，其第6款、第7款规定，“任何人对于他人死难，能采取个人行动救助，且对本人或第三人均无危险，而故意放弃给予救助者，处5年监禁并科50万法郎罚金”。“见他人死难，能唤起救助行为而不唤起，处2年监禁并科20万法郎罚金”。③ 陌生人之间依法负有救助死难的义务，更何况婚姻当事人之间呢？由此可以推论，夫妻救助义务不仅指经济救助，而且应该能够延伸包含其他急难救助。

在德国法中，虽然民法典未规定夫妻互负救助义务，但是，夫妻仍负有此类义务。《德国民法典》第1353条第1款规定，“配偶双方相互有义务进行婚姻上的同居；配偶双方互相为对方负担责任”。④ 有德国学者认为，依据第1353条可以推出夫妻履行婚姻共同生活义务中，“配偶有相互辅佐的义务，包括辅佐伴侣的个人事务。”⑤《德国刑法典》第330条规定了见死不救罪，“意外事故或公共危险或他人急难时，有救助之必要，依当时情况又有可能，对自己并无显著危险，而不救助者，处1年以下自由刑或者科罚金”。⑥ 据此，很显然，夫妻之间负有“阻止伴侣自杀或者制止伴侣在婚姻住宅中实施犯罪行为”⑦等危难救助义务。类似的，美国《模范刑法典》第220条第1款也规定，“知悉由于火灾造成他人生命或相当数量之财产死难时，能报告而不报告，即构成轻罪”。⑧ 美国刑法的这条规定内容或者情形相当单一。诚然，美国的示范法文本仅是供参考的试拟法案而不是真正生效的法案。《智利共和国民法典》第131条明文规定，“夫妻在所有的生活环境中负忠实、救援、帮助的义务。夫妻应相互尊重和保护”。⑨ 遗憾的是，笔者查找不到资讯，不了解智利法上的夫妻救援义务适用

---

① 《法国民法典》(上册)，罗结珍译，法律出版社2005年版，第197～198页。

② 法国最高法院第二民事庭，1980年5月7日。《法国民法典》(上册)，罗结珍译，法律出版社2005年版，第198页。

③ 《最新法国刑法典》，朱琳译，法律出版社2016年版。

④ 《德国民法典》，陈卫佐译注，法律出版社2015年第4版，第437页。

⑤ 在《德国民法典》第1712条至第1717条关于“辅佐”的规定中，辅助对象是女性，辅佐人是青少年福利局，并不无夫妻相互辅佐的内容。此处中文译为辅佐之词，其意更合乎“协助”。

⑥ 《德国刑法典》，徐久生、庄敬华译，中国法制出版社2000年版。

⑦ [德]迪特尔·施瓦布：《德国家庭法》，王葆莳译，法律出版社2010年，第64页。

⑧ 《美国模范刑法典及其评注》，刘仁文、王祎等译，法律出版社2005版。

⑨ 《智利共和国民法典》，徐涤宇译，北京大学出版社2014年版，第21页。

范围大小，具体包括哪些情形。

第五节 域外法中的夫妻关系

一、域外民法典中的夫妻人身关系立法

当代大陆法传统国家和地区民法典中的夫妻人身关系法，其编纂体例或模式有异，[①]内容却大同小异。首先，除菲律宾以外，夫妻平等，任何一方均享有与另一方完全相同的权利。例如，《法国民法典》第216条、第217条规定，夫妻各方均有完全的权利能力，但其权利与权力受夫妻财产制的效力及"夫妻相互之间权利与义务"专章规定的约束。夫妻一方处于不能表达意思之状况或者家庭利益证明其拒绝同意属于不正确行为时，另一方得经法院批准，单独实施本应经对方协助或同意的法律行为。[②] 其次，法定夫妻人身关系的常见要目是夫妻互负共同生活或同居义务、婚姻住所权、忠诚义务、扶养义务、扶助协作义务。对法国、德国、瑞士、日本等19部民法典中相关规定的研究表明，互负共同生活或同居义务、配偶互负扶养或扶助义务获18部民法典确认，两者并列数量第一；婚姻住所权或家庭住所权、夫妻互负忠诚或忠实义务获16部民法典确认，并居第二；有15部民法典确认夫妻有相互救助或协助义务，居于第三位；确认家事代理权的立法例仅8个，最少，如表1-11所示。

表1-11 19个国家和地区民法典中的夫妻人身关系立法要目统计

		共同生活或同居义务	婚姻或家庭住所权	相互忠诚义务	相互扶养或扶助义务	相互救助或协助义务	家事代理权	其 他
1	法 国	√	√	√	√	√	√	夫妻各方的权利、权力受夫妻相互的权利与义务及夫妻财产制效力约束
2	德 国	√	√	—	√	—	√	婚姻姓氏；择业自由限制
3	意大利	√	√	√	√	√	—	约定生活方式权
4	瑞 士	√	√	√	√	√	√	夫姓为配偶共姓；选择和从业应顾及配偶及共同生活；财务通报义务
5	葡萄牙	√	√	√	√	√	—	互敬；冠配偶姓氏之权；从业自由权
6	西班牙	√	√	√	√	√	—	配偶应互敬；经对方授权始得代表对方
7	荷 兰	√	—	√	√	—	—	获知配偶对方财务状况之权

① 德国等多数民法典采用潘德克顿体系，设婚姻家庭编或亲属编，但《法国民法典》等是在第一卷"人"中设"婚姻"编。

② 《法国民法典》(上册)，罗结珍译，法律出版社2005年版，第205页。

续表

		共同生活或同居义务	婚姻或家庭住所权	相互忠诚义务	相互扶养或扶助义务	相互救助或协助义务	家事代理权	其　他
8	奥地利	√	√	√	√	√	√	配偶互敬;双方使用共同的婚姻姓氏
9	马耳他	√	√	√	√	—	—	夫姓为配偶共同姓氏
10	加拿大魁北克	√	√	√	√	√	√	配偶双方保留各自姓名。行使权利或履行义务意见不一,可诉诸法院
11	美国路易斯安那州	—	—	√	√	√	—	冠以配偶姓氏之权
12	巴　西	√	√	√	√	—	—	互敬;冠以配偶姓氏之权;计划生育自由权;相互关心义务;婚姻管理权等
13	阿根廷	√	√	√	√	√	—	
14	智　利	√	√	√	—	√	—	配偶互负保护责任;已婚妇女工作权
15	日　本	√	—	—	√	√	√	应约定夫妻的姓氏;夫妻之间订约权
16	韩　国	√	√	—	√	√	√	夫妻之间订约权
17	菲律宾	√	√	√	√	√	√	夫妻互敬;丈夫负责养家;夫的收入足以养家并有严肃正当理由,可反对妻工作
18	中国澳门	√	√	√	√	√	—	相互尊重;各享姓名权、职业自由权
19	埃塞俄比亚	√	√	√	√	√	—	夫妻互敬;夫是家长,应保护妻;夫妻均可从事职业或其他活动;等等

资料来源:本表是根据相关国家和地区现行民法典有关条款内容制作。画"√",表示有此项规定;画"—",表示无该项权利或义务规定。"其他"栏目是民法典明定的配偶享有的其他权利或义务。

1. 夫妻互负共同生活或同居义务。基于结婚当事人双方期待并追求婚后以夫妻名义共同居住和生活,绝大多数民法典明文规定夫妻互负共同生活或同居义务,唯美国《路易斯安那民法典》例外。夫妻无正当理由拒绝履行该义务达一定期限的,构成法定离婚事由,而且有些民法典因此免除另一方的扶养、扶助义务。

2. 确认婚姻或家庭住所的商定权。民法典确认夫妻任何一方均享有婚姻住所权或者家庭住宅权,《意大利民法典》对家庭住所的规定最详尽,但荷兰、日本、美国路易斯安那州民法典无此内容。立法确立该项权利的范式和内容,有三种不同模式:一是规定夫妻应协商确定婚姻住所或家庭住所,如《巴西民法典》第1569条的规定。二是详细规定住所确定、离开后果,并将

该权利设定为住所房屋所有权之上的负担。法国、阿根廷、智利是此类法例。三是不仅确认该权利,且赋予当事人寻求司法救济的权利。《意大利民法典》第 144 条至第 145 条规定,夫妻双方根据各自需要和家庭需要商定家庭生活原则和居所;双方无法达成一致时,寻求司法救济之权。

3.夫妻互负忠实义务。基于婚姻和家庭受宪法保护,多数民法典规定夫妻互负忠实或忠诚义务,[①]以确保婚姻圆满和一夫一妻制度。法国、意大利、阿根廷、智利等民法典明文确认。德国、日本的民法典虽无明文,但包括其中。

4.相互扶养或扶助义务。夫妻扶养通常应包括一切按夫妻关系为必要的供养、家庭负担开支、劳务以及满足配偶个人或双方共同的其他合理需要。配偶扶养请求权不同于血亲扶养,内容是多方面的,“扶养义务的承担形式,既包括人身性的给付,也包括为适当的生活需要提供经济帮助”。[②]

5.相互救助或协助义务。夫妻互负协助或救助义务是多数民法典的规定。它主要指有需要的配偶一方有权请求另一方给付扶养费或生活费,无论夫妻是正常婚姻关系中或者分居、离婚诉讼期间;在少数民法典中,前配偶也有救助义务。配偶一方“需要”生活费时,另一方才应当履行,它不同于夫妻双方分担婚姻负担的义务。[③] 作为生活费给付债务人的配偶一方死亡,其遗产仍应承担此给付义务;如有必要,可从遗产中先予提取赡养费。

6.日常家事代理权。家事代理权是夫妻一方在日常家事范围内享有代表婚姻共同体实施法律行为且后果由配偶双方共同承担的权利。法国、德国、瑞士、奥地利、日本、韩国等民法典设立了日常家事代理权,内容涉及该代理权的范围、效力、限制与剥夺。家事代理权适用范围,首先和通常是以维持家庭生活为必要,仅限于日常家事,兼及教育子女事务。日常家事代理权的效力,就是夫妻共同责任。

此外,当代民法典调整夫妻人身关系时,除了前述常见要目外,还有些民法典明文规定了非常见的权利或义务。葡萄牙、西班牙、奥地利、巴西、中国澳门、菲律宾、埃塞俄比亚等民法典明文规定夫妻应相互尊重。[④] 多数民法典明文赋予夫妻任何一方根据本人意愿选择、从事职业或经营活动的自由权;德国、瑞士法同时对夫妻课加“适当体谅”义务,择业时须适当体谅配偶另一方和家庭的利益。[⑤] 对配偶从业予以一定限制,是基于夫妻平等承担家庭责任的需要。婚姻家庭法调整夫妻就业权,既考虑到公民的基本权利,又因为当事人负有扶养义务,家庭通常依靠劳动收入维持生活。在当代社会特别是全球化时代,职业或社会活动越来越多元化,职业活动范围越来越广阔,对夫妻从业的适当限制是要求和增进双方一起共同生活,合作共赢。放任夫妻一方完全不顾及另一方需求和家庭利益,将影响婚姻和睦稳定乃至影响未成年子女抚育。《德国民法典》从该法典诞生之时就要求配偶履行婚姻义务时须负本人事务通常应尽的

---

① 按通常理解,特别是在英美家庭法中,忠诚义务的外延大于忠实义务,前者是指在夫妻关系上全面诚实,无恶意,不设计诈骗或寻求不合情理的优势,包括性忠实;后者似乎专指性忠贞。

② [德]迪德尔·施瓦布:《德国家庭法》,王葆莳译,法律出版社 2010 年版,第 84 页。

③ 《法国民法典》(上册),罗结珍译,法律出版社 2005 年版,第 197 页。

④ 《葡萄牙民法典》,唐晓晴等译,北京大学出版社 2009 年版,第 293 页;《奥地利普通民法典》,周友军、杨垠红译,周友军校,清华大学出版社 2013 年版,第 68~71 页。

⑤ 《德国民法典》,陈卫佐译,法律出版社 2015 年版,第 439 页。

注意责任,[①]至今无变化。如果配偶一方疏忽大意对配偶另一方造成损害的,过错人应承担损害赔偿责任。规定夫妻姓氏问题的,仅有德国[②]等少数民法典,这也值得我国修法时注意。

当代大陆法系国家和地区夫妻人身关系立法不断修改与完善过程中,不仅基于夫妻平等而重构了家庭组织结构,既"清除法律中在今天已不具有正当性的传统成份",[③]又赋予丈夫和妻子受人尊敬的种种责任,包括双方平等决定离婚的权利,赋予当事人寻求司法救济的权利,以平衡夫妻双方利益;而且十分注意在尊重个体独立自由与维护婚姻家庭稳定之间寻求平衡,合理保护家庭的凝聚力。

二、英美法中的夫妻人身关系立法

当代英国婚姻家庭法中,夫妻相互关系平等。无论是婚姻存续期间还是离婚请求权或者法定离婚事由规定上,夫妻双方享有的权利和承担的义务是同等的;关于离婚财产分割及其他离婚后果安排,均无性别差异。英国《1976 年家庭暴力法》规定了两种命令:禁止侵扰令和禁制令,根据前者,丈夫不得对妻儿使用暴力,包括攻击、纠缠或干涉(含精神虐待);后者下达后,丈夫必须离开夫妻共同的家。必要时,法庭有权在发布主要命令时附加"临时监护命令"或"逮捕令"等辅助命令。[④] 英国《1996 年家庭法》规定,凡涉及婚姻当事人双方的权利、义务、责任的条款,均使用"配偶双方"或"配偶一方"与"配偶另一方"、"申请人"与"被告",而没有使用"丈夫""妻子"等传统婚姻法中的最常见术语,完全不体现该类法律关系当事人的性别。[⑤] 这充分说明夫妻地位平等,彼此的权利义务同等。该法案第 42 条,规定了禁止侵扰令制度。"禁止被告侵扰与其共同生活的另一方";与被告共同生活的一方申请禁止侵扰令的,法院就可以签发禁止侵扰令。"在被告作为诉讼当事人一方的任何家事诉讼中,为保护诉讼他方或任何子女之利益,法院认为应当签发禁止侵扰令的,可以依职权直接签发,而无须经当事人申请。"《2004 年家庭暴力与犯罪及受害人法》对前述法案第 42 条之后增设第 42A 条,规定:凡违反禁止侵扰令的行为,除了对有关禁止侵扰令不知情的以外,均构成犯罪,经公诉程序定罪的,判处 5 年以下监禁,并处或单处罚金;经简易程序定罪的,判处 12 个月以下监禁,并处或单处不超过法定最高额的罚金。[⑥]

在美国,现代婚姻被认为是两个平等人之间的合伙关系。首先,任何配偶一方均有支持其配偶另一方及提供服务的责任。在《已婚妇女财产法》通过之前,主要是妻子有权向丈夫要求取得最基本的生活所需,通常包括食物、衣服、住家和医疗;而向已婚妇女提供其生活所需的债权人也可直接向她的丈夫索取相关费用。后来,因早期法律精神违背两性平权原则,各州通过立法或判例,将其改为夫妻必须相互支持,配偶任何一方的债权人均可向债务人的配偶索赔。

---

① 《德国民法典》,陈卫佐译,法律出版 2015 年版,第 439 页;《德国六法》,商务印书馆编译所编译,冷霞点校,上海人民出版社 2013 年版,第 185 页。

② 《德国民法典》,陈卫佐译,法律出版社 2015 年版,第 438 页。

③ Andre Tunc, *Husband and Wife under French Law: Past, Present and Future*, University of Pennsylvania Law Review, Vol.104(1956).

④ Kevin Browne, Martintlerbert,《预防家庭暴力》,周诗宁译,五南图书出版公司 2004 年,第 102 页。

⑤ 《英国婚姻家庭制定法选集》,蒋月等译,法律出版社 2008 年版,第 229～257 页。

⑥ 《2004 年家庭暴力与犯罪及受害人法》第 1 条,《英国婚姻家庭制定法选集》,蒋月等译,法律出版社 2008 年版,第 440～441 页。

也有些州规定，债权人须先向实际使用服务者主张权利，在无法实现时，才可向其配偶索赔。其次，夫妻互负法定支持义务，二人均必须支付家庭所需开支。然而，基于“家庭隐私”，大部分州不允许任何在婚姻中，就配偶不履行支持义务提出控告。法院认为，夫妻之间如何用钱不应由法院决定；只要家庭可以维持，夫妻同住在一起，就不构成遗弃。诚然，也有很多学者批评法院这种立场违背两性平等原则。最后，作为个体的夫妻各自的权利，越来越比家庭隐私权受到更多重视，不必有任何过失，婚姻即可终止。①

在当代美国，家庭暴力特别是殴打妇女被认为是个重大的社会问题。于 1970 年代大多数州都颁布了家庭暴力防治法。美国作为普通法国家，曾经长期把家庭暴力认定为私事，认为丈夫不应因强奸妻子而获刑事责任，其理由是“婚姻附带的财产权以及同意的理念”，然而，第二次世界大战以后，公众对家庭暴力问题的认识得到很大改善，对如何处理家庭暴力问题达成了一致意见，因而引发涉及家庭暴力的拘捕、检控以及审判上的重大变化。立法机关通常会授权法院签发“保护令”，禁止嫌疑人接近或威胁可能的受害人。婚内强奸的刑事免责也成为“过时”的观念而被抛弃了。② 美国普遍实施下列两项制度：一是民事保护令，为保护家庭暴力受害人，大多数州都提供民事保护令，通常是命令施暴者远离其配偶或婚姻住所；二是赋予警察逮捕施暴者和违反禁令、保护令的被告之权利。例如，马萨诸塞州通过了《虐待防治法》。根据该法案，家庭暴力的受害者有权申请并立即获准得到保护令。如果被告违反禁令，允许法官通过电话发出限制令，警察就可以逮捕被告。该法律允许警察即使没有目击家庭暴力发生，也可以实行逮捕。③ 宾夕法尼亚州的《防止虐待法案》(Abuse Act)创建了一个帮助家庭暴力受害者的全面计划。根据该法案，救济包括下列七个方面：①警告被告，以免虐待继续发生；②为原告提供一个单独的家庭住宅或者住所；③给予未成年子女临时监护权；④经过听证后，命令被告提供财产支持；⑤禁止被告与原告取得任何联系；⑥命令被告向治安官交出所有武器；⑦责令被告支付因其虐待行为造成的损失和产生的费用，包括律师费。但是，美国社会对于“家庭暴力应与陌生人之间的暴力同等对待”问题，尚未达成共识。④

三、域外民法典中的夫妻财产关系

(一)欧洲三国的夫妻财产关系

在法国，法定夫妻财产制是婚后所得共同制。婚姻关系存续期间，夫妻共同取得或者分别取得的财产，夫妻凭各自技艺所得财产、各自财产的果实与收入之节余，为共同财产。不能证明归夫妻一方个人所有的财产，视为共同财产。夫妻各方对共同财产均有权单独管理、处分，但其应对管理过错承担责任。夫妻一方单独管理、处分共同财产，受法定限制。共同财产分割时，原则上一人一半。同时，法律允许实行约定夫妻财产制。当事人可以在下列三种制度中任

---

① 纪欣：《美国家事法》，五南图书出版股份有限公司 2009 年版，第 87～88 页。

② [美]哈里 · D.格劳斯，大卫 · D.梅耶著《美国家庭法精要》，陈苇等译，中国政法大学出版社 2010 年，第 74 页。

③ See Massachusetts General Laws Chapter 209A.

④ [美]哈里 · D. 格劳斯，大卫 · D. 梅耶著《美国家庭法精要》，陈苇等译，中国政法大学出版社 2010 年，第 74 页。

选其一：其一，共同财产制，夫妻约定变更法定共同财产制的某些规定；未约定的事项，仍适用法定共同财产制。其二，分别财产制，夫妻双方各自的财产归各自所有，并保留管理、收益和自由处分权。其三，净益共同财产制，夫妻双方各自保留其婚前和婚后个人所得财产之所有权，并保留其对个人财产的管理、收益和自由处分权。终止该制度时，夫妻可以协商清算，协商不成，可以请求法院裁判清算。清算时，任何一方均有权分享另一方财产中确认属于婚后取得之净财产价值之一半。

《德国民法典》第1363条至第1563条规定了夫妻财产制，内容为法定夫妻财产制、合同约定夫妻财产制、夫妻财产制登记簿三方面。① 其中，法定财产制是剩余财产共同制，即夫妻各自的财产及各方在婚后取得的财产，归该方个人所有，并独立享有管理、使用、收益和处分权；但双方在婚姻期间取得的财产之增值部分，在法定财产制终止时应相互补偿。终止法定财产制之原因不同，补偿比例不同。合同约定夫妻财产制涉及一般规定、分别财产制、共同财产制等规定。婚姻财产共同制，是指夫妻共同财产、个人保留财产、个人特别财产，均属于婚姻财产。夫妻共同财产是指通过共同财产制而成为夫妻双方共同财产的夫或妻之财产。夫妻一方在婚姻财产共同制存续期间取得的财产，属于共有财产。个人保留财产：夫妻约定归一方的物品，夫妻一方因继承、受赠所得，且被继承人或第三人指定为保留财产的；基于保留财产而取得的物品。特别财产是不可以通过法律行为转让的物。延续的婚姻财产共同制：夫妻一方死亡后，生存配偶与死者的晚辈直系血亲之间继续维持的共同财产制。

瑞士法上，夫妻财产制由法定财产制和约定财产制构成。其法定夫妻财产制包括普通夫妻财产制、特别夫妻财产制；前者就是法定夫妻财产制，后者是因确有必要时，经配偶一方申请而法庭命令实行分别财产制。根据《瑞士民法典》第181条规定，配偶未以婚姻契约作其他约定，或未采用特别财产制的，适用所得参与制。② 按照所得参与制，在法律范围内，均可管理、使用、处分其所得，但该财产系配偶双方共有财产的除外(第196条、第201条)；任何配偶一方以其全部财产对其债务承担责任(第202条)。当配偶一方死亡或夫妻约定实行另一种财产制时，所得参与制终止；配偶任何一方收回被他方占有的本人财产，所得财产结余进行分配，任何配偶一方或其继承人有权分得配偶他方财产结余的一半(第215条)。应配偶一方申请，具备下列情形之一的，法官认为确有必要，将命令实行分别财产制：配偶他方的财产不足以清偿债务或其共同财产中的应有部分已被扣押；配偶他方危害到申请人或婚姻共同生活的利益；配偶他方拒绝向申请人报告其收入、财产及债务或共同财产状况；等等(第185条)。当事人协义实行约定财产制的，可以选择夫妻共同财产制、分别财产制中的任何一种。共同财产范围因夫妻约定不同而有异。分割从当事人约定；无约定时，均等分割。分别财产制是夫妻各自财产归各方个人所有，任何一方均对其个人全部债务承担财产责任。③

(二)拉丁美洲民法典中的夫妻财产关系

《最新阿根廷共和国民法典》第1217条至第1322条规定了“夫妻合伙”，内容包括“婚姻财产协议”“对妻的赠与”“妻的嫁资”“合伙的开始、夫妻各方的资本额以及构成合伙的资产”“合

① 《德国民法典》，陈卫佐译注，法律出版社2004年版，第381～412页。

② 《瑞士民法典》，殷生根、王燕译，中国政法大学出版社1999年版，第50页。

③ 《瑞士民法典》，殷生根、王燕译，中国政法大学出版社1999年版，第50～66页。

伙承受的负担”“合伙的管理”“合伙的解散”“嫁资财产的返还”。[①] 阿根廷民法典中的夫妻合伙主要是指夫妻共同财产。[②]

首先,根据阿根廷第 11357 号法律,成年妇女被赋予完全民事行为能力,而不问其婚姻状况如何;夫妻各自的个人财产和所得收益财产均不对配偶另一方的债务负责;夫妻任何一方均仅以个人财产的孳息和收益财产的孳息对另一方为家庭必需或共同财产的维持而产生的债务负责。[③] 其次,民法典允许夫妻基于下列法定的两个目的之一:划定夫妻各方纳入婚姻的财产、夫对妻的赠与,在结婚前基于下列目的而达成婚姻财产协议(第 1217 条)。除此之外,夫妻之间就其他任何与婚姻有关的目的达成的协议,例如,夫妻一方为他方利益而为的一切抛弃或者抛弃夫妻共同财产中的收益财产,均告无效(第 1218 条)。夫妻双方在婚姻成立之前缔结的合同,不得撤销、变更。在结婚以后,夫妻不得成立任何婚姻合同,否则,无效(第 1219 条)。[④] 夫妻合伙开始于婚姻缔结之时,不得约定合伙在此之前或之后开始(第 1261 条)。再次,夫对妻的赠与,适用“赠与”一题的规定(第 1230 条)。妻不得通过婚姻合同对夫实行赠与,也不得抛弃任何可能产生于夫妻合伙的权利(第 1231 条)。最后,妻带入婚姻的一切财产以及在婚姻存续期间通过遗产继承、遗赠或者赠与而取得的财产,构成其嫁资(第 1243 条)。因作为未成年之妻的监护人、父母以及依任何原因而持有妻的金钱之人,均应以妻本人名义将该钱存入公共储蓄机构;若未存入的,则对该妇女承担如同此前的义务(第 1244 条)。“妻未成年时,夫为从公共储蓄机构取出妻的金钱,或者为转让以妻的名义而登记于国家或省的公共债务中的年金,或者为交换妻的不动产,或者为转让其不动产或在其上设定物权,均须取得裁判上的许可。”(第 1249 条)妻成年时,可与夫共同或者经夫许可而转让不动产和登记的年金,亦可自由处分存在公共储蓄机构的金钱(第 1252 条)。未经妻的许可,夫转让妻的不动产的,妻有权收回该不动产;夫在妻不动产上设定物权的,妻有权行使所有权人享有的诉权,解除夫设定的一切负担(第 1253 条)。除妻意欲保留者外,夫可转让妻的动产嫁资(第 1256 条)。夫带入婚姻的财产以及其后通过赠与、遗产继承或遗赠而取得的财产,夫有权自由转让,无须妻同意或裁判许可(第 1255 条)。

《智利共和国民法典》规定夫妻财产关系的法条数量多,规制的内容复杂。

(1)关于夫妻共同财产制。夫妻基于结婚事实而成立夫妻财产共同制,且妻的财产由夫管理,但在外国结婚的夫妻除外(第 135 条)。“无相反约定时,视为因单纯的婚姻事实”成立夫妻共同财产制(第 1718 条)。根据第 137 条规定,采用夫妻共同财产制的妇女,其实施行为或缔结合同时,仅就其本人从事职业而取得的财产、向其赠与或遗赠的财产或者婚姻财产协议约定由其单独管理的财产承担责任(第 137 条)。若夫无理拒绝妻就其自有财产实施行为或缔结合同的,法官可传唤该夫,并准许妻自行其是(第 138 条)。显而易见,在智利,夫权依然“活着”,夫妻财产关系并不平等。夫妻有义务依照各自的经济能力及相互间存在的财产制供应家庭共

---

① 《最新阿根廷共和国民法典》,徐涤宇译注,法律出版社 2007 年,第 296～313 页。

② 在阿根廷,关于夫妻共同财产的性质,法学界有“合伙说”和“纯粹共有说”的区别。阿根廷共和国民法典的作者采用“法定合伙说”,中文译者遂将其译为“夫妻合伙”。《最新阿根廷共和国民法典》,徐涤宇译注,法律出版社 2007 年版,第 296 页。

③ 《最新阿根廷共和国民法典》,徐涤宇译注,法律出版社 2007 年版,第 296 页。

④ 《最新阿根廷共和国民法典》,徐涤宇译注,法律出版社 2007 年版,第 296～299 页。

同生活的必需品;确有必要时,可请求法官确定各自份额(第 134 条)。离婚扶养费,非因其导致离婚的配偶,有权请求对方提供扶养费(第 174 条)。①

(2)纯粹分别财产制。夫妻经法院裁决、依据法律特别规定或者相互约定而采取分别财产制的,为纯粹的分别财产制。丈夫支付不能或财产管理中存在诈欺的,法官应裁决财产分别。夫因过错而不能履行婚姻人身性的义务和履行依据其经济能力而供应家庭生活必需品的义务等,法官也应裁决财产分别(第 155 条)。一旦裁决财产分别,即应按照所得参与制目的设定,分割所得或支付报酬,或者计算参与所得的债权(第 158 条)。财产分别时,妻将其财产独立于夫进行管理。配偶双方应依各自能力供应共同家庭生活的必需品;必要时,法官应确定各自的分担额(第 160 条)。妻不得在婚姻财产协议中抛弃法律赋予的请求分别财产制的权利(第 153 条)。分别财产制一经设定,不得撤销,且不得依夫妻合意或法院决定而无效(第 165 条)。②

(3)家庭财产。为保障作为非所有权人的配偶一方利益和维持家庭共同生活,智利民法典专设一节"家庭财产"。夫妻任何一方用于家庭主要居所的不动产以及配置于该居所的动产,不同采用何种婚姻财产制,经夫妻一方申请,法官均可宣告其为家庭财产。若配偶一方为获准宣告而实施诈欺的,不仅应当承担损害赔偿责任,而且不妨碍受到刑事制裁(第 141 条)。凡家庭财产,非经不享有所有权的配偶一方同意,不得意定转让或设立负担,不得允诺设立负担或转让,也不得在其上设立任何使用或收益之债权合同(第 142 条)。在婚姻存续期间或者婚姻宣告无效后,为了不妨碍享有所有权的配偶之利益,法官可以在家庭财产上审慎地设定用益权、使用权或居住权,并设定该权利的期限(第 147 条)。禁止夫妻之间达成任何违反该节规定的约定,否则,无效。③

(4)婚姻财产协议。夫妻有权在婚前或结婚时缔结财产协议,但结婚时达成的财产协议仅限于"约定全部财产分别制或所得参与制"(第 1715 条)。夫妻财产协议应以公文书形式制成,并在结婚时或结婚后 30 日内在婚姻登记页中记载,否则不发生效力(第 1716 条)。④

罕见的是,因通奸、不堪容忍的虐待、危害配偶的生命或其他同等严重罪行导致离婚的,无过错配偶一方有权撤销曾经对过错一方的赠与(第 172 条)。⑤

四、英美法中的夫妻财产关系法

(一)英国法中的夫妻财产关系

英国法上,有两种所有权:法律上的所有权、衡平法上的所有权。衡平法上的所有权涉及根据信托作为受益人所有的财产。财产所有权还可以通过结果信托或者推定信托方式被请求。一个人既可以依法律拥有自己的财产,也可以依据衡平法拥有自己的财产,或者同时根据

① 《智利共和国民法典》,徐涤宇译,北京大学出版社 2014 年版,第 21～28 页、第 271 页。

② 《智利共和国民法典》,徐涤宇译,北京大学出版社 2014 年版,第 25～26 页。

③ 《智利共和国民法典》,徐涤宇译,北京大学出版社 2014 年版,第 23～24 页。

④ 《智利共和国民法典》,徐涤宇译,北京大学出版社 2014 年版,第 271 页。

⑤ 《智利共和国民法典》,徐涤宇译,北京大学出版社 2014 年版,第 28 页。

这两种方法拥有自己的财产。英国法上的共同共有包括两种形式:互继共有(joint tenancy)、[①]联合所有。在互继共有制中,所有共同所有人作为财产的共同共有人(joint tenants)而拥有该财产,每个共同共有人都对全部财产享有所有权,而不是只就个人所享有的份额拥有所有权。换言之,一个共同共有人死亡后,健在的共同共有人因此而被赋予了全部财产,除非根据遗嘱等存在相反情形。互继共有可以终止,也可以通过书面的让予声明、共同协议、联合声明或者通过行为而变更为联合所有。共同共有也可以因破产而终止。联合所有则不同于互继共有,作为联合所有人(tenants in common)拥有该财产,当他们是共同共有人时,仅分别就其本人份额对该财产享有所有权。一个联合所有人死亡后,健在的联合所有人不会因此获得死者生前的财产份额,死者的财产份额根据遗嘱或者根据(无遗嘱)遗产法进行流转。[②]

一般财产法(合同法和信托法)适用于婚姻关系存续期间的财产所有关系,根据《1925 年财产法》第 37 条规定,"凡涉及任何财产权益的取得,夫妻均应视为两个独立的人"。[③] 但是,也有若干特别法案或条款调整夫妻财产关系或者说对一般财产法规则适用于夫妻时附加了法定条件。"在特定情形下,已婚夫妇在有关婚姻住所占有方面享有法定权利"。[④]

概括起来,英国法上的夫妻之间财产关系,主要涉及以下三方面:

(1)婚姻关系存续期间的财产所有权。婚姻当事人双方能够分别拥有财产,与此相适应,由配偶一方带进婚姻中的任何财产只属于该方配偶,除非有相反的意思表示或者相反暗示意图。在英格兰和威尔士,没有推定财产共同共有或者财产共有的制度,不像在欧洲某些国家或者美国那样。婚姻关系存续期间的夫妻财产关系除了适用财产法一般规则外,还受到下列议会通过的法案中调整已婚夫妻财产关系的特别条款约束:第一,《1882 年已婚妇女财产法》第 17 条赋权高等法院和县法院就财产的所有或者占有颁发法院认为合适的命令。法庭有权签发财产出售令并根据当事人各方的利益命令对出售收益进行分割。第二,《1970 年婚姻诉讼和财产法》第 37 条。婚姻当事人任何一方都有权就因配偶另一方用金钱或者有金钱价值的实际贡献而得到改善的任何财产,请求享有份额,或者请求扩大自己原财产份额。法庭可以批准申请人的这类请求,但当事人有相反协议的除外。不过,实践中,根据第 37 条规定提出的请求,很少。[⑤] 第三,《1964 年已婚妇女财产法》第 1 条。妻子使用丈夫给她的家庭生活费用的节余购买的任何财产,归夫妻双方平等分享。因这条规定带有歧视性,英国法律委员会已建议予

---

① 英美法中的"互继共有",是指所有共有人共享财产所有权;当一个共有人死亡时,其生前享有的份额留在共有财产上,由健在的共有人分享;最后死亡的共有人得到全部共有财产。在我国法律体系中找不到相对应或类似的概念。

② Kate Standley, *Family Law*, 4th Edition, First published 2004 by Palgrave Macmillan (in Great Britain), pp.55-56.

③ 《英国婚姻家庭制定法选集》,蒋月等译,法律出版社 2008 年版,第 3 页。

④ Kate Standley, *Family Law*, 4th Edition, First published 2004 by Palgrave Macmillan (in Great Britain),

⑤ Kate Standley, *Family Law*, 4th Edition, First published 2004 by Palgrave Macmillan (in Great Britain), p.57.

以废止。[①] 有趣的是,英国"绝大多数夫妻愿意财产是共同共有,尽管法律没有这么规定"。[②]

(2)婚姻住所权利。根据《1996 年家庭法》第 30 条,作为该房屋的非所有权,配偶享有"婚姻住所权利"。如果是用于居住,该方享有住所不被收回或者不被从该住所中赶出去的权利;如果不是用于居住,该方享有经法庭批准进入该住所并占有该住所的权利。针对作为居所的房屋,无论是婚姻当事人过去或者现在希望将其作为婚姻住所。婚姻住所权的重要性持续提升。根据该法第 31 条,作为非所有人而享有的婚姻住所权利,对配偶另一方的不动产或者利益是一种负担。[③] 而且,这种负担还约束第三人(如买受人或者抵押权人),根据《2002 年土地登记法》第 30 条进行土地登记时,这种负担受到登记通告的保护。

(3)法庭行使职权时,拥有广泛的自由裁量权,能够凌驾于配偶的财产权利和所拥有资格之上,实现财产公正分配。在婚姻存续期间,财产纠纷较少见。然而,离婚时,财产纠纷相当平常,不过,这些财产纠纷都能够通过调解得到解决;否则,就根据《1973 年婚姻诉讼法》申请离婚法庭裁决。根据《1973 年婚姻诉讼法》,离婚法庭有权发布财产令,财产令应考虑到案件的全部情况,包括当事人的需要、财产来源、当事人的年龄、当事人对家庭的贡献、婚姻存续期间和儿童福利。[④] 法庭根据当事人的需要和所有资源分配资产性财产(property assets),自由裁量就财产作出公正的分配。

此外,一个人能自由采用其自愿选择的方式订立遗嘱,是英国法坚定的原则之一。任何头脑清醒的 18 岁以上成年人都可以订立遗嘱处分其财产。

(二)美国法中的夫妻财产关系

在美国,家庭法属于州法,而非联邦法。全美 50 个州中,有 41 个州采用普通法的夫妻财产制度,它们也被称为普通法州;仅有 9 个州实行共同财产制。[⑤] 在 1970 年以前,普通法州,因为普通法财产制源自英国普通法,实行分别财产制。调整婚姻存续期间财产权利的规则同样调整离婚时的财产权利。在实行普通法的州,登记在夫妻一方名下的财产属于该方所有的财产,互继共同持有、夫妻共有(tenancy by the entirely)中的份额也属于共有方的财产。因此,在大部分财产归属于配偶一方的情形下,这种普通法制度曾经时常导致不公平的结果。1970 年,著名的沃斯诉沃斯案(Wirth v. Wirth)发生。当年这对夫妻离婚时,这个家庭的所有财产,甚至包括婚姻住宅,丈夫的人寿险、退休金,全部登记在丈夫名下;妻子名下,除了婚姻,什么都没有,因为妻子赚来的钱和收入全部用于支付公寓租金、家庭生活费用的开支了,而丈夫的钱全部用于投资了。这位妇女要求分享丈夫名下的财产,理由是她认为其丈夫之所以能够取得这些财产,是因为他有扶养配偶和 2 个孩子的法律义务,与其说,这些财产是他自己的收益,不如说是他从妻子收入中获得的收益。然而,审理该案件的法庭认为,如果支持沃斯女士的主

---

① Kate Standley, *Family Law*, 4th Edition, First published 2004 by Palgrave Macmillan (in Great Britain), p.57.

② Kate Standley, *Family Law*, 4th Edition, First published 2004 by Palgrave Macmillan (in Great Britain), p.57.

③ 《英国婚姻家庭制定法选集》,蒋月等译,法律出版社 2008 年版,第 242~244 页。

④ Kate Standley, *Family Law*, 4th Edition, First published 2004 by Palgrave Macmillan (in Great Britain), p.56.

⑤ 纪欣:《美国家事法》,五南图书出版有限公司 2009 年第 2 版,第 88 页。

张，就是"以公平救济为幌子，实行共同财产分割"。欲如此分割财产，在普通法州是不可能行得通的。"或许，基于被告的品行和对于上诉人可能的未来利益的不完整意图的表述，能够下达道义评判。"不过，法庭坚持这不足以能让法庭为之而动。① 然而，该案极大地促进了夫妻财产分配规则的改变。从此以后，没有一个普通法州仅依据财产登记来决定离婚时配偶双方的财产权利。

现在，普通法州早已改采用不同制度来调整离婚时的财产分配，其中主要涉及下列两个方面：其一，离婚时要分割的是什么财产？其二，每个配偶应该得到份额是多少？简言之，就是如何定义婚姻财产？又怎么分配婚姻财产？② 首先，定义婚姻财产时，引入了两项制度。少数州遵循"综合共有"(universal community)方案，所有财产，无论登记在一人名下或者双方名下，离婚时都应进行分配；多数州采用"婚姻财产"或"延期共有"(deferred community)方案，除了婚姻存续期间得到的赠与、遗赠或继承得到的财产外，配偶一方各自分别所有的其他财产可以不分配。这种延期共有制或多或少像共同财产制，直到离婚导致婚姻终止时，它才发挥作用。在少数州，混合实行着两种制度，单独的婚姻财产是离婚时要分割的财产，除非法庭认为分割将过于困难，如此情况下，允许分别财产也进行分割与分配。最终，凡实行共同财产的州按照共同财产制方案来决定离婚时的财产分配。其次，关于财产分割。少数州，例如加利福尼亚州是对所有应当分割的财产实行平均分配。人们希望所有共同财产州都实行平均分配方案，因为共同财产制中的核心概念是配偶双方是共同财产的平等所有人。部分共同财产州，类似于大多数普通法州，是实行"公平分配"(equitable distribution)方案，"法官负责发现婚姻财产分配中的公平而不是平等。在大多数公平分配的州，已有制定法列明事实要素以引导法官的自由裁量权"。也有少数州采取平均分配推定，如果法官发现平均分配将导致不公平，则再行调整或矫正。③ 实际上，美国"实行分别财产制的夫妻还不到离婚夫妻总数的一半"。④

此外，美国家庭法重视下列特殊类型财产的分配：损害赔偿金、残疾人请求权、养老金、雇佣福利、专业学位和证照、商业创意等。专业文凭和证照在离婚时具有重要意义，因为它是许多离婚夫妻会遇到的问题。"一方配偶在婚姻关系存续中取得的专业执照或文凭、退休金及第三者赠与给双方之礼物，一般亦认定为婚姻财产。"⑤例如，结婚后才开始经营的生意及专业执照是婚姻共同财产。可以分割的财产都可以进行量化计算。

第六节 民法典婚姻家庭编(草案)对夫妻人身关系的规制

我国编纂中的民法典婚姻家庭编，吸收了近30年来法学界、司法界关于夫妻人身关系的

① *Family Law, Cases, Comments and Questions*, 5th edtion, by Harry D. Krause, Linda D. ELROD, Marsha Garrison, J. Thomas Oldham, Thomson West, 2003, p.751.

② *Family Law, Cases, Comments and Questions*, 5th edtion, by Harry D. Krause, Linda D. ELROD, Marsha Garrison, J. Thomas Oldham, Thomson West, 2003, p.752.

③ *Family Law, Cases, Comments and Questions*, 5th edtion, by Harry D. Krause, Linda D. ELROD, Marsha Garrison, J. Thomas Oldham, Thomson West, 2003, p.752.

④ *Family Law, Cases, Comments and Questions*, 5th edtion, by Harry D. Krause, Linda D. ELROD, Marsha Garrison, J. Thomas Oldham, Thomson West, 2003, p.753.

⑤ 纪欣：《美国家事法》，五南图书出版有限公司2009年第2版，第89页。

研究成果和现行法律适用经验，在现行《婚姻法》有关规定基础上，对夫妻人身关系的规制有所修正、补充和完善。法定夫妻人身关系的内容，仅此能满足当事人基本需要吗？能使夫妻双方重要利益获得平等公平保障吗？法学界的认识有所分歧。

一、2018 年民法典婚姻家庭草案有关规定

2018 年全国人大常委会审议的《民法分则各编（草案）》中的"婚姻家庭编"保持了现行《中华人民共和国婚姻法》相关条款，删除了"计划生育"，仅增设了日常家事代理权。

二、民法典婚姻家庭编草案(二次审议稿)有关规定

2019 年 6 月 26 日开始，第十三届全国人大常委会第十一次会议审议《中华人民共和国民法典婚姻家庭编草案（第二次审议稿）》①（以下简称《婚姻家庭编二审稿》）。其后，就该审议稿向社会公开征求意见。

（一）该《婚姻家庭编二审稿》调整夫妻关系的条款

在《婚姻家庭编二审稿》中，规定夫妻关系的条款，位列下列条款：第 819 条（一夫一妻婚姻制度），第 820 条（禁止重婚、禁止有配偶者与他人同居），第 821 条（夫妻应当互相忠实），第 832 条（夫妻地位平等），第 833 条（夫妻各自姓名权），第 834 条（生产工作学习和社会活动自由），第 835 条（平等抚养、教育和保护未成年子女的权利义务），第 836 条（夫妻扶养），第 837 条（日常家事代理权），第 838 条（夫妻遗产继承），第 839 条（法定夫妻共同财产制），第 840 条（夫妻个人财产），第 841 条之一（夫妻共同债务），第 842 条（婚内分割共同财产）。

（二）有关立法的变化

与现行《婚姻法》相比较，该二审稿关于夫妻关系的规定，主要有下列五方面变化：

1.将"夫妻关系"单独设一节

立法编排结构变化，即在第三章家庭关系中增设"第一节　夫妻关系"。这应该归入立法技术进步。夫妻关系包括人身关系和财产关系，若详加规定，内容必是繁杂的。现行《婚姻法》将夫妻关系和其他家庭成员关系合并规定在"家庭关系"专章且不区分设节，无论从立法逻辑到立法形式还是立法效果看，都不理想。该二审稿做此改变，值得肯定。不过，笔者更主张将夫妻关系单设专章规定，章之下再分设两节，婚姻效力、夫妻财产制各为一节。

2.增设了日常家事代理权

第 837 条　夫妻一方因家庭日常生活需要而实施的民事法律行为，对夫妻双方发生效力，但是夫妻一方与相对人另有约定的除外。夫妻之间对一方可以实施的民事法律行为范围的限制，不得对抗善意相对人。

增加这条规定，十分必要和合理。夫妻生活，虽不能说包罗万象，但确实丰富多彩，若事无巨细均需双方事先协商一致，生活成本太高，也非必要。所以，近些年来，婚姻家庭法学界一直有部分人士提议立法增设家事代理权，以方便人们生活。尤其是最近 10 余年，夫妻债务问题

---

① 民法典婚姻家庭编草案（二次审议稿）征求意见，中国人大网，http://www.npc.gov.cn/npc/c8194/201907/，下载日期：2019 年 7 月 10 日。

引发社会热烈讨论，部分原因就是夫妻一方单方举债的结果，原则上却应由夫妻双方共同承担的裁判规则，导致了一定程度上的不公平。有必要对夫妻一方单方实施大额财务行为予以必要限制，减少夫妻一方单方实行不必要或者不合理地大额举债，减少夫妻之间因债务问题引发婚姻冲突。追溯共和国以来的婚姻家庭立法史，与该条规定相关的内容最早出现在2011年12月《最高人民法院关于适用〈中华人民共和国婚姻法〉若干问题的解释(一)》第17条，“(一)夫或妻在处理夫妻共同财产上的权利是平等的。因日常生活需要而处理夫妻共同财产的，任何一方均有权决定。(二)夫或妻非因日常生活需要对夫妻共同财产做重要处理决定，夫妻双方应当平等协商，取得一致意见。他人有理由相信其为夫妻双方共同意思表示的，另一方不得以不同意或不知道为由对抗善意第三人”。最高人民法院的“第17条”实施以来，几乎没见到法学界或司法界专业人士的质疑或批评，可以说明，该规定内容受到了各方认可。此次《婚姻家庭编二审稿》将其吸收入内，合乎大家的期待。

3.增设一条规定了夫妻共同债务范围

第840条之一 夫妻双方共同签字或者夫妻一方事后追认等共同意思表示所负的债务，以及夫妻一方在婚姻关系存续期间以个人名义为家庭日常生活需要所负的债务，属于夫妻共同债务。

夫妻一方在婚姻关系存续期间以个人名义超出家庭日常生活需要所负的债务，不属于夫妻共同债务，但是债权人能够证明该债务用于夫妻共同生活、共同生产经营或者基于夫妻双方共同意思表示的除外。

该条的两款内容均来源于最高人民法院2018年有关司法解释的条文。它回应了最近10多年社会争议的夫妻债务问题，使婚姻作为一个家庭生活共同体与市场之间有一定隔离，为个人生活安定和家庭稳定创设良好条件。

4.增设了夫妻共同财产婚内分割制度

第842条 婚姻关系存续期间，有下列情形之一的，夫妻一方可以向人民法院请求分割共同财产：

(一)一方有隐藏、转移、变卖、毁损、挥霍夫妻共同财产或者伪造夫妻共同债务等严重损害夫妻共同财产利益行为；

(二)一方负有法定扶养义务的人患重大疾病需要医治，另一方不同意支付相关医疗费用。

该条规定来源于2011年7月《最高人民法院关于适用〈中华人民共和国婚姻法〉若干问题的解释(三)》第4条，两者内容基本相同，但立法路径正好相反。该司法解释第4条规定，“婚姻关系存续期间，夫妻一方请求分割共同财产的，人民法院不予支持，但有下列重大理由且不损害债权人利益的除外：(一)一方有隐藏、转移、变卖、毁损、挥霍夫妻共同财产或者伪造夫妻共同债务等严重损害夫妻共同财产利益行为的；(二)一方负有法定扶养义务的人患重大疾病需要医治，另一方不同意支付相关医疗费用的”。《婚姻家庭编二审稿》第842条是从正面赋权夫妻任何一方，当具备法定情形之一时，可以请求分割夫妻共同财产；协商不成时，有权请求人民法院裁判分割，故而该条规定确立了婚内夫妻财产分割制度。司法解释第4条则明确婚内不得单独请求分割夫妻共同财产，仅在具备法定情形时可以例外地请求分割。两者相比较，《婚姻家庭编二审稿》第842条明显更优。

赋予夫妻任何一方分割夫妻共同财产请求权，十分必要。婚姻，有好有坏；夫妻关系，有和睦

顺利，也有两看相厌而恶语相加的，相互冷漠如路人的夫妻也非个别，但是他们因种种原因并不考虑离婚，各自财产分开是他们维持正常生活的必要前提，财务独立也有利于他们减少冲突。

三、2019年民法典(草案)相关规定

2019年12月全国人大常委会审议的《中华人民共和国民法典(草案二次审议稿)》中，"婚姻家庭编"位居第五编(以下简称《婚姻家庭编草案二审稿》)，位列第1040条至第1118条；其中，夫妻人身关系条款是1049条、第1055条至第1066条，内容与2018年一审稿相同，与现行《婚姻法》结构相比较，其进步是该草案将"夫妻关系"单列一节。

第1049条婚姻住所商定；第1055条夫妻地位平等；第1056条姓名权；第1057条生产工作学习和社会活动自由；第1058条平等抚养教育子女义务；第1059条夫妻扶养义务；第1060条日常家事代理权；第1061条夫妻继承权；第1062条法定夫妻共同财产制；第1063条个人特有财产制；第1064条夫妻共同债务；第1065条约定夫妻财产制；第1066条婚内共同财产分割。

该民法典(草案)第五编婚姻家庭编中有关夫妻关系的规定内容与前述《婚姻家庭编二审稿》相同，仅是编入民法典中导致条款序号改变了，此处不再赘述。

很明显，第1049条关于婚姻住所商定权的规定，属于夫妻人身关系的内容，应当移入"夫妻关系"中。现行草案保留现行《婚姻法》关于婚姻住所商定规定的立法位置，将其维持在"结婚"章中，不合理。

四、完善民法典中夫妻人身关系条款的建议[①]

我国民法典婚姻家庭编应当借鉴当代大陆法国家和地区夫妻人身关系立法的智慧和经验，在现行《婚姻法》相关条款基础上，查漏补缺，增补新责任条款，使婚姻家庭领域每个人都有义务尊重其他成员，同时获得他人尊重，构建平等和睦的婚姻关系和家庭关系。鉴于法律兼具目的导向型要求和普适性要求，《婚姻家庭编草案二审稿》调整夫妻人身关系太简略，应从下列几方面完善该二审稿调整夫妻人身关系的内容和条款。

(一)应设立"夫妻间的权利和义务"专节

《婚姻家庭编二审稿》第三章第一节"夫妻关系"规定夫妻人身关系和财产关系，与我国现行《婚姻法》相比较，其结构编排已有进步。不过，内容仍不完整，如第827条等属于夫妻人身性的权利义务的内容却未编入本节。建议把夫妻关系从家庭关系一章中独立出来，设立"婚姻效力"专章，规定"夫妻相互之间的权利和义务""夫妻财产制"两节，分别周详地规定婚姻在当事人人身上的效力和财产上的效力，更好地适应当代社会生活，满足婚姻关系调整需要。

(二)应坚持夫妻人身关系全面平等

坚持男女平等，凡要求婚姻当事人做到的，均应平等地对待夫妻双方，无性别差异。对于夫妻任何一方为婚姻或家庭利益作出超过本人法定义务以外的贡献，立法应明确予以充

---

① 蒋月：《当代民法典中夫妻人身关系的立法选择》，载《法商研究》2019年第6期。

分肯定，并制定相应条款维护其应得利益，实现双方利益均衡、公平保护，既应关注财产贡献和财产利益分配，又应重视婚姻家庭中的人力资源投入或贡献。

（三）应增设夫妻互负共同生活义务和婚姻住所权

应明文宣告婚姻以终身结合为目的，夫妻互负共同生活的义务。从古到今，法律均要求夫妻终身共同生活、同居协力，共谋家庭福祉。现代夫妻人身关系法同时接纳个体独立自由与婚姻责任两个看似矛盾的价值观。选择结婚，就选择了要为配偶对方负责。实行离婚自由不改变婚姻保持其终身结合之目的。基于立法逻辑，应将“夫妻应当互相忠实”从“一般规定”中移出，移后而编入夫妻人身关系法为佳。

有必要确立婚姻住所权。婚姻住所是婚姻义务履行和权利行使的中心场域。确立婚姻住所权，既是基于婚姻共同生活需要适宜住所为基本条件，又因夫妻财产关系法个体主义趋强，防范房屋所有权人利用其优势和便利而随意限制、排斥甚至驱逐配偶另一方，以保障婚姻家庭稳定，也考虑到我国工业化城镇化过程中，夫妻各自拥有个人所有的住房既不现实，也无可能。婚姻脆弱化、离婚率持续升高等因素影响下，有必要增设该项权利。《婚姻家庭编草案二审稿》第 827 条保留其立法原旨重在克服“男娶女嫁”习俗中有女无儿家庭可能遇到的困难而非确立婚姻住所权利的现行《婚姻法》第 9 条，明显不足。新法应当明确规定夫妻双方平等协商确定婚姻住所；非经配偶另一方同意，一方无权单方处分婚姻住所或者在婚姻住所上设立负担。

应细化扶养义务规则。《婚姻家庭编草案二审稿》第 836 条第 1 款规定“夫妻有相互扶养的义务”；但第 2 款规定“需要扶养的一方，在另一方不履行扶养义务时，有要求其给付扶养费的权利”。这就极大地缩限了扶养请求权的请求事项和内容，不甚妥当。鉴于配偶扶养的内容包含多方面，宜修改为“夫妻一方无正当理由拒不履行扶养义务的，需要扶养一方有权要求对方履行扶养义务，有权要求对方给付扶养费”。

（四）应赋予夫妻就履行人身性的权利义务发生争议时寻求司法救济的权利

《宪法》第 49 条规定，婚姻、家庭受国家保护。夫妻任何一方违反婚姻义务的，另一方自力救济不足时，应允许寻求司法救济。放任夫妻双方自由博弈，或者是弱势配偶一方受到不公正对待，或者激化矛盾冲突，容易使当事人及社会付出沉重代价。提供司法救济的这类判决，虽然不被赋予强制执行效力，但至少可以起到确认义务并敦促义务人履行义务之功效，缓和夫妻矛盾冲突，为修复夫妻关系以挽回婚姻创造条件和机会。

简而言之，在坚持夫妻地位实现全面平等原则下，鉴于婚姻家庭观念与婚姻家庭行为、家庭结构与家庭组织、个人财产状况与妇女地位、生育率、结婚率和离婚率等都发生了巨大变化，我国民法典婚姻家庭编调整夫妻人身关系，明文调整范围和确立的权利义务时，应就夫妻人身关系作更多、具体、明确规定，引导、督促夫妻共建共享婚姻，促进家庭稳定，增进家庭和谐。

第二章
评注第三条(禁止重婚，禁止有配偶者与他人同居)

【第3条第2款　禁止重婚。禁止有配偶者与他人同居。禁止家庭暴力。禁止家庭成员间的虐待和遗弃。】

第一节　本条的基本原理和依据

一、本条的基本内容

重婚是指有配偶者再与他人结婚的行为；亦指因为同时或者先后缔结的两个以上婚姻同时存续的事实。一个人身上有两个或两个以上的婚姻重叠就是重婚。重婚形式有下列两种：一是法律重婚，即前婚终止之前，又与他人办理结婚登记而成立夫妻关系；二是事实重婚，即前婚未终止期间，却与他人公开以夫妻名义共同生活，双方并未履行结婚登记程序。无论法律重婚或者事实重婚，都是法律禁止的。应注意，我国现行婚姻法和民事司法审判实践中，自从2003年《婚姻登记条例》实施以来，已不承认事实婚姻，但是，在刑事司法领域，依旧承认事实婚姻，故而才有事实重婚。有配偶者与他人同居，是指有配偶者与婚外异性不以夫妻名义，持续、稳定地共同居住。

本条明文禁止重婚，禁止有配偶者与他人同居，是因为我国实行一夫一妻婚姻制度，凡已婚男女均依法只能有一个配偶，任何人不得同时有两个或两个以上配偶。夫妻在一起共同生活，共同居住，既是结婚的效力，又是婚姻存续的表现。在特定时期的伴侣限定为一个人，夫妻互为配偶，相互为伴，是人类社会生活长期经验总结出来的两性合作的文明生活模式，避免婚姻内部竞争和争斗，保障婚姻稳定，保障子女血缘关系的单一亲缘等级秩序，也为每个人找到配偶提供制度机会。人类自从文明社会以来，道德和法律承认一夫一妻制，特别是近代社会以来，实行严格的一夫一妻制度，不仅谴责建立多重性关系的行为，而且对重婚、姘居乃至通奸行为实施惩罚，轻者构成法定离婚事由，后缔结的婚姻无效；中者在离婚时承担损害赔偿责任；重者则被追究刑事法律责任。一夫一妻制既成为人类生活的常识，又是两性关系中的基本价值观，重婚、与人姘居必然严重损害婚姻，沉重打击配偶另一方，势必引发严重的观念冲突、利益冲突。在当代社会，绝大多数国家和地区法律不再使用刑法手段打击姘居行为、通奸行为，但是，重婚仍触犯刑法，构成重婚罪。

二、本条的基本理论

(一)禁止重婚和有配偶者与他人同居,是对一夫一妻婚姻制度的贯彻

按照一夫一妻制度的要求,在同一个时期内,一个人只能有一个配偶。重婚、与配偶以外者同居,是违反单一配偶要求的行为,是最严重破坏一夫一妻制的行为,必然有损一夫一妻制度形成的两性关系秩序,当然受到法律禁止。婚姻由一夫一妻结合组成,是人类文明发展到一定阶段的产物。婚姻作为满足人类社会发展基本需要的社会制度,承担着诸多重要的社会功能,既要满足人本能的需要,又形成稳定的性秩序;既要支持人的情感满足,又要承担繁衍抚养后代的功能等。为此,它必然基于出生人口的天然性别比测算,在理论上保障每一个人都能找到性伴侣,只能限定一人一配偶制度。同时,为避免个体之间基于拥有资源多寡而产生过度或者无止境的性竞争而造成社会浪费,只能实行单一配偶的配额制。如此,单偶制长期实施过程中,人类文化建构出性爱排斥性、感情专一性等价值观和规则;反之,则是不齿的想法和行为,必受到批判、谴责、唾弃、惩罚。人深受这些文化规则的建构(熏陶、教育、认同、接受、遵从等),形成了对单一配偶制的信任、信赖甚至信仰。到了近代,基于法律面前人人平等原则,一夫一妻制才能满足该原则确认的标准。

重婚、有配偶者与他人同居,必然引发激烈的矛盾冲突,破坏一夫一妻制形成的秩序。只要配偶一方与他人重婚或同居,都是对配偶另一方人性的挑衅。无论任何人,谁都不可能允许配偶与他人"眉来眼去",更不可能应允第三者走进其婚姻中。配偶一方重婚或与他人同居,均会挤占本应该属于合法婚姻的空间、情感、时间和资源,引发夫妻之间激烈冲突,配偶另一方与第三人之间的利益冲突,甚至诱发严重的刑事犯罪。所以,法律必须强力干预不符合一夫一妻制的行为,明令禁止,违者将承担相应的法律责任。诚然,法律对这类行为的惩罚力度,从古到今,随着人类对人性、对社会关系认识的变化,随着社会性观念变化和性道德的宽容度提升,呈现出逐渐减弱的趋势。特别是进入婚姻自由时代以来,基于缔结婚姻的基础是当事人双方之间感情关系的婚姻观,法律赋予夫妻离婚自由权,允许不愿意继续与配偶共同生活的夫妻任何一方请求离婚,而且法定离婚标准越来越低,以此缓解夫妻因为种种原因而不堪继续婚姻关系的矛盾,化解婚姻危机,以避免夫妻一方在婚姻存续期间陷入与他人不正当关系中。简单说,如果配偶一方无心继续留在此婚姻中,他或她完全可以通过行使离婚自由权终止婚姻,恢复单身。但是,迄今,绝大多数国家和地区的法律依然禁止重婚,不允许有配偶者又与他人建立稳定性伴侣关系。

社会生活中,少部分社会成员公然或者隐蔽地违反一夫一妻制的现象的确存在,他们当然知道一夫一妻制要求,却与人重婚或者与配偶以外者同居,是出于满足个人贪欲、寻求刺激等个人利益最大化的私利。

(二)重婚或有配偶者又与他人同居侵犯的客体是合法婚姻

禁止重婚、禁止有配偶者与他人同居,是为了保护合法婚姻。结婚当事人双方依法确立夫妻关系,产生特定的人身关系和财产关系,其中,无论是同居生活还是性忠实配偶对方,均是夫妻之间特有的人身性的义务和责任之一,是夫妻关系维系的基本表现。既然婚姻受到法律保护,夫妻一方基于配偶身份与另一方同居的权利,具有专一性、排他性。有配偶者与

他人重婚或者同居，均直接损害了合法婚姻(因结婚依法产生的夫妻人身和财产关系)，特别是损害了另一方配偶的权益(包括排他性的同居权)，损害了男女双方。所有这些损害中的一项或者数项或者全部，均将极大地损害合法婚姻，威胁合法婚姻的存续。所以，法律采用禁令，禁止人们实施重婚或与他人同居之行为。

关于重婚行为、姘居行为侵犯的客体是什么，婚姻家庭法学界一向讨论少，刑法学领域有些讨论。例如，有人研究重婚罪的构成时，主张，“重婚罪侵害的直接客体主要是以夫妻同居为核心的夫妻关系”。[①] 重婚犯罪的立法意在保障配偶一方与对方同居的权利不受侵犯。1994 年 12 月 14 日，最高人民法院批复：“……有配偶的人与他人以夫妻名义同居生活的，或者明知他人有配偶而与之以夫妻名义同居生活的，按重婚罪定罪处罚。”之所以定罪处罚“同居者”，并非认可“同居关系”是事实婚姻，而是因为其行为重婚、姘居破坏了一夫一妻婚姻制度，具有明显社会危害性。[②]

(三)禁止家庭暴力，保护人权

《婚姻法》第 3 条禁止家庭暴力，其他相关条款规定了干预家庭暴力的措施，赋予受害人寻求法律救济和社会帮助的权利，是我国国家法律首次明文使用“家庭暴力”一词，并干预家庭暴力。

三、本条的历史沿革

中华人民共和国的历部婚姻法案始终均明文禁止重婚，不过，禁止有配偶者与他人同居，则是 2001 年修正 1980 年《婚姻法》时增补的规定。

(一)1950 年《婚姻法》有关规定

1950 年《婚姻法》第 1 条规定实行一夫一妻；第 2 条规定，“禁止重婚、纳妾……”。中国是从 1926 年《民国民律草案·亲属编》才首次明确否定公开沿续数千年的一夫一妻多妾制。该草案第 1102 条规定，“有配偶者，不得重婚”。不过，其仅为草案，并非正式通过的法案。在此之前的 1911 年《大清民律草案》首次仿效欧洲大陆的法律婚，实行法律婚，取代仪式婚，非经注册，不发生婚姻的效力，该草案也未明文允许丈夫纳妾，但是，承认嫡子与庶子的相关条款说明，它实际上承认妾的合法地位。直到 1930 年《民法亲属编》才明文，才正式废止妾制。“法律不容承认其(妾)存在，其地位何如，无庸法典及单行法特为规定。至其子女地位，……凡非婚生子女均与婚生子女同，已于各该问题分别规定，无须另行解决也”。[③] 同时，革命根据地时期的陕甘宁苏区政府颁布的婚姻法实行严格一夫一妻婚姻制度，并明文禁止重婚。

---

① 谈强认为，重婚、姘居行为直接侵犯了合法婚姻一方配偶的“夫妻同居权利”。谈强：《从一起重婚案谈重婚罪司法认定》，中国法院网，https://www.chinacourt.org/article/detail/2004/01/id/99597.shtml，下载日期：2012 年 11 月 19 日。

② 谈强认为，重婚、姘居行为直接侵犯了合法婚姻一方配偶的“夫妻同居权利”。谈强：《从一起重婚案谈重婚罪司法认定》，中国法院网，https://www.chinacourt.org/article/detail/2004/01/id/99597.shtml，下载日期：2012 年 11 月 19 日。

③ 1930 年 7 月 23 日国民党中央政治会议第 236 次通过《亲属法先决各点审查意见书》第七点，转引自赵凤喈：《民法亲属编》附录，正中书局 1970 年第 13 版，第 255 页。

例如,1931 年《中华苏维埃共和国婚姻法》第 2 条规定,“实行一夫一妻,禁止一夫多妻与一妻多夫”。苏区的婚姻法对新中国的婚姻立法影响极大。鉴于妾制在中国曾实施数千来,该旧传统不会在一朝一夕间完全消失,新中国成立以后,婚姻法特别明文禁止纳妾,以维护一夫一妻制度,同时保护妇女平等地位和合法权益。

(二)1980 年《婚姻法》有关规定

1980 年《婚姻法》第 2 条规定,“实行婚姻自由、一夫一妻、男女平等的婚姻制度”。为此,第 3 条明文规定“禁止重婚”。从正向和反向两个方面坚持单偶制。民政部于 1980 年 11 月 11 日发布并施行的《婚姻登记办法》规定,“婚姻登记机关必须严格按照婚姻法办事,要保障婚姻自由、一夫一妻制,防止包办买卖婚姻和重婚……”。1986 年 3 月 15 日颁布《婚姻登记办法》取代了前述的登记办法,增设了“不予登记”等内容的规定。该办法第 6 条关于“禁止结婚,不予登记”的五种法定情形之一,就是“已有配偶的”。

然而,改革开放以来,随着社会发展,物质生活条件改善和个人自由度提升,加之受外来文化影响,国人在两性关系上的观念发生了明显变化,实施违反一夫一妻制的行为之人增多,未经结婚登记就在一起同居生活现象出现。为此,最高人民法院于 1989 年 12 月 13 日颁布《关于人民法院审理未办理结婚登记而以夫妻名义同居生活案件的若干意见》指出,以对 1986 年 3 月 15 日为界线,在此之前,以夫妻名义共同生活却未办理结婚登记的男女,实行有条件地承认其为事实婚姻(第 1 条、第 2 条);但是,在该日以后,无配偶的男女,未办结婚登记即以夫妻名义同居生活,一律按非法同居关系对待(第 3 条)。离婚后双方未再婚,未履行复婚登记手续,又以夫妻名义共同生活,一方起诉“离婚”的,一般应解除其非法同居关系(第 4 条)。已登记结婚的一方又与第三人形成事实婚姻关系,或事实婚姻关系的一方又与第三人登记结婚,或事实婚姻关系的一方又与第三人形成新的事实婚姻关系,凡前一个婚姻关系的一方要求追究重婚罪的,无论其重婚行为是否构成重婚罪,均应解除后一个婚姻关系。前一个婚姻关系的一方如要求处理离婚问题,应根据其婚姻关系的具体情况进行调解或者作出判决(第 5 条)。

1994 年 2 月 1 日民政部颁布《婚姻登记管理条例》第 24 条规定:“……未经结婚登记以夫妻名义同居的,其婚姻关系无效,不受法律保护。”1994 年 4 月 4 日颁布《关于适用新的〈婚姻登记管理条例〉的通知》要求,人民法院在审理有关婚姻家庭案件中,对 1994 年 2 月 1 日《婚姻登记管理条例》施行后,未办理结婚登记即以夫妻名义同居生活的,一律认定为非法同居关系,依法予以解除。这个时期有关结婚的行政法规和司法裁判规则保护合法婚姻,均不承认事实婚。

(三)2001 年至今

《婚姻法(修正案)》于 2001 年 4 月 28 日实施。该法案对未办理结婚登记却以夫妻名义同居生活的当事人双方,允许符合结婚实质要件的男女双方补办结婚登记,其婚姻的效力从获准补办结婚登记之日起算;对未补办结婚登记的,视之为同居关系。对于不补办结婚登记的当事人,最高人民法院的立场鲜明:就是同居关系。《最高法院适用〈婚姻法〉解释一》第 5 条第 2 项规定,如果当事人双方发生争议,起诉到人民法院的,按解除同居关系处理。

此外,根据《民法总则》第 112 条也规定自然人因婚姻等产生的人身权利受法律保护。

(四)2016 年《反家庭暴力法》施行

2015 年 12 月 27 日,第十二届全国人民代表大会常务委员会第十八次会议通过《中华人民共和国反家庭暴力法》,并 2016 年 3 月 1 日起施行。从此,禁止家庭暴力,不仅有《婚姻法》有关条款为依据,而且有了一部单行法,全社会认真地反对一切形式的家庭暴力。该法案明确告诉人们家庭暴力不是家务事,不是私人问题,而是社会问题,事关人权保护,其确立的人身安全保护令是干预家庭暴力的最主要制度。

四、本条的法律渊源

有关禁止重婚、禁止有配偶者与他人同居、禁止家庭暴力的法律渊源,除了《婚姻法》第 3 条规定外,还包括下列法律法规及司法解释规定。

(一)《宪法》和法律有关规定

1.《宪法》第 49 条

该条规定"婚姻、家庭、母亲和儿童受法律保护"。

2.刑法

刑法中的重婚罪、破坏军婚罪是本条的法律渊源之一。《中华人民共和国刑法》(以下简称《刑法》)第 258 条规定:"有配偶而重婚的,或者明知他人有配偶而与之结婚的,处二年以下有期徒刑或者拘役。"《刑法》第 259 条规定,"明知是现役军人的配偶而与之同居或者结婚的,处三年以下有期徒刑或者拘役。利用职权、从属关系,以胁迫手段奸淫现役军人的妻子的,依本法第二百三十六条的规定定罪处罚"。①

3.《民法总则》有关条款

《民法总则》第 112 条规定,"自然人因婚姻、家庭关系等产生的人身权利受法律保护"。

4.《婚姻法》有关条款规定

《婚姻法》第 2 条第 1 款规定:"实行婚姻自由、一夫一妻、男女平等的婚姻制度。"第 4 条规定:"夫妻应当互相忠实,互相尊重;家庭成员间应当敬老爱幼,互相帮助,维护平等、和睦、文明的婚姻家庭关系。"第 8 条规定:"要求结婚的男女双方必须亲自到婚姻登记机关进行结婚登记。符合本法规定的,予以登记,发给结婚证。取得结婚证,即确立夫妻关系。未办理结婚登记的,应当补办登记。"第 10 条规定:"有下列情形之一的,婚姻无效:(一)重婚的;……"第 32 条第 3 款规定:"有下列情形之一,调解无效的,应准予离婚:(一)重婚或有配偶者与他人同居的;……"第 46 条规定:"有下列情形之一,导致离婚的,无过错方有权请求损害赔偿:(一)重婚的;(二)有配偶者与他人同居的;……"。第 45 条规定:"对重婚的,……构成犯罪的,依法追究刑事责任。受害人可以依照刑事诉讼法的有关规定,向人民法院自诉;公安机关应当依法侦查,人民检察院应当依法提起公诉。"

5.《反家庭暴力法》有关条款

该法案作为干预家庭暴力的专门法,可以说,整部法案与本条施行都有紧密关系。其

① 《刑法》第 236 条规定:强奸罪,以暴力、胁迫或者其他手段强奸妇女的,处 3 年以上 10 年以下有期徒刑。

中,与夫妻关系联系最紧密的条款是,第 2 条、第 13 条、第 15 条、第 16 条、第 20 条、第 23 条至第 32 条。

(二)法规

2003 年《婚姻登记条例》第 4 条规定结婚登记的机关,“内地居民结婚,男女双方应当共同到一方当事人常住户口所在地的婚姻登记机关办理结婚登记。……”第 5 条规定,“办理结婚登记的内地居民应当出具下列证件和证明材料:……(二)‘本人无配偶’以及与对方当事人没有直系血亲和三代以内旁系血亲关系的签字声明。申请办理结婚登记的香港居民、澳门居民、台湾居民、华侨、外国人同样应提交包含‘本人无配偶’等法定内容的声明”。第 6 条规定了不予结婚登记的情形,办理结婚登记的当事人有下列情形之一的,婚姻登记机关不予登记:其中第(三)项是“一方或者双方已有配偶的”。第 7 条规定,“婚姻登记机关应当对结婚登记当事人出具的证件、证明材料进行审查并询问相关情况。对当事人符合结婚条件的,应当当场予以登记,发给结婚证;对当事人不符合结婚条件不予登记的,应当向当事人说明理由”。第 8 条规定了“男女双方补办结婚登记的,适用本条例结婚登记的规定”。

(三)有关司法解释

1.关于重婚和与他人同居

《最高法院〈婚姻法〉解释一》第 2 条规定,“婚姻法第三条、第三十二条、第四十六条规定的‘有配偶者与他人同居’的情形,是指有配偶者与婚外异性,不以夫妻名义,持续、稳定地共同居住”。

1989 年 11 月 21 日印发的《最高人民法院关于人民法院审理离婚案件如何认定夫妻感情确已破裂的若干具体意见》规定了人民法院可以确认为夫妻感情破裂的 14 种情形,其中第 8 条、第 9 条分别规定,“一方与他人通奸、非法同居,经教育仍无悔改表现,无过错一方起诉离婚,或者过错方起诉离婚,对方不同意离婚,经批评教育、处分,或在人民法院判决不准离婚后,过错方又起诉离婚,确无和好可能的”。一方重婚,对方提出离婚的均可以一方重婚,对方提出离婚的”。

《最高法院适用〈婚姻法〉解释一》第 7 条规定,有权依据婚姻法第 10 条规定向人民法院就已办理结婚登记的婚姻申请宣告婚姻无效的主体,包括婚姻当事人及利害关系人。利害关系人包括:(一)以重婚为由申请宣告婚姻无效的,为当事人的近亲属及基层组织;……

第 9 条规定,“人民法院审理宣告婚姻无效案件,对婚姻效力的审理不适用调解,应当依法作出判决;有关婚姻效力的判决一经作出,即发生法律效力”。第 13 条规定,“婚姻法第十二条所规定的自始无效,是指无效或者可撤销婚姻在依法被宣告无效或被撤销时,才确定该婚姻自始不受法律保护”。第 14 条规定,“人民法院根据当事人的申请,依法宣告婚姻无效或者撤销婚姻的,应当收缴双方的结婚证书并将生效的判决书寄送当地婚姻登记管理机关”。第 15 条规定,“被宣告无效或被撤销的婚姻,当事人同居期间所得的财产,按共同共有处理。但有证据证明为当事人一方所有的除外”。第 16 条规定,“人民法院审理重婚导致的无效婚姻案件时,涉及财产处理的,应当准许合法婚姻当事人作为有独立请求权的第三人参加诉讼”。

2.关于军婚的解释

1977年6月13日,《最高人民法院关于处理破坏军婚案件中几个问题的批复》,针对赣法发〔1977〕2号《江西省高级人民法院关于处理破坏军婚案件中几个问题的请示报告》①提出的问题和初步处理意见,最高人民法院指明,就"由父母包办强迫订婚的军人未婚妻,是否作为军婚加以保护""有些军人在入伍前夕,未达婚龄就草率结婚,应否视为军婚""恋爱与订婚有无区别,是否都算军婚"三个问题,同意江西高院的处理意见,即包括下列三方面精神:(1)经查证属于包办强迫订婚的,根据"实行男女婚姻自由"的原则,不应视为军婚加以保护。对那些虽属包办强迫订婚,但在订婚后已逐步建立了感情,双方自主自愿,其性质已经起了变化,则应视为军婚加以保护。(2)有些军人在入伍前夕,未达婚龄就草率结婚,男方入伍后,女方又与人通奸,这种情况,应否视为军婚?这种婚姻是违反婚姻法的,应当进行批评教育,而且要严防此种情况发生。但是,他们已经成了事实上的婚姻,为了安定军心,巩固人民解放军,就应视为军婚,加以保护。(3)对于订有婚约的军人未婚妻,应视为军婚加以保护。对于仅有恋爱关系的,不应视为军人未婚妻。

3.关于事实重婚的认定

1994年12月14日,最高人民法院批复:"……有配偶的人与他人以夫妻名义同居生活的,或者明知他人有配偶而与之以夫妻名义同居生活的,按重婚罪定罪处罚。"

4.关于同居关系的认定

《最高人民法院关于适用〈婚姻法〉解释一》第5条规定:"1994年2月1日《婚姻登记管理条例》施行后,未办理结婚登记而以夫妻名义共同生活的男女,起诉要求离婚的,在案件受理前又未补办结婚登记的,按解除同居关系处理。"

第二节　本条的适用

一、禁止重婚

我国《刑法》第258条规定了重婚罪,"有配偶而重婚的,或者明知他人有配偶而与之结婚的,处二年以下有期徒刑或者拘役。"最高人民法院1994年12月14日《关于〈婚姻登记管理条例〉施行后发生的以夫妻名义同居的重婚案件是否以重婚罪定罪处罚的批复》规定,"新的《婚姻登记管理条例》发布施行后,有配偶的人与他人以夫妻名义同居生活的,仍应按重婚罪定罪处罚"。

(一)重婚罪的表现形式

凡具备下列三种情形之一的,均构成重婚罪:①已婚者,在婚姻关系存续期间,向婚姻登记机关隐瞒本人已婚且配偶健在的事实,与同居者通过不法手段获准登记结婚,并取得结婚证的;②已经结婚的人,在婚姻关系存续期间,虽与同居者未履行结婚登记手续,但公开以夫

---

① 《最高人民法院关于处理破坏军婚案件中几个问题的批复》《江西省高级人民法院关于处理破坏军婚案件中几个问题的请示报告》,法律图书馆,http://www.law-lib.com/law/law_view.asp?id=1821,下载日期:2016年7月30日。

妻关系共同生活的事实婚姻;③没有配偶的人,明知他人有配偶而与之结婚的行为。

在现实生活中,法律上前后两个婚姻均经登记而同时存在导致重婚的现象极少;当事人指控配偶另一方与人重婚或者被法院判定构成重婚犯罪的,主要是上述第二种情形。参见本章第四节。

(二)重婚罪证据的收集

夫妻一方指控另一方重婚或者指控相关第三人构成重婚或重婚犯罪的,应当提供相关证据予以充分证明。根据《中华人民共和国民事诉讼法》(2017 年第三修正案,以下简称《民事诉讼法》)第 63 条规定,“证据包括:(一)当事人的陈述;(二)书证;(三)物证;(四)视听资料;(五)电子数据;(六)证人证言;(七)鉴定意见;(八)勘验笔录”。当事人自行收集相关证据,主要有以下几种类型:①当事人的陈述。当事人本人就所了解的案件事实向法院所作的陈述。②书证。例如,当事人亲笔书写或者签名的保证书、情书,同居房屋的购房合同、产权证、租赁合同等。③物证。例如,双方在一起且显示关系亲密的照片、有相文字记载能说明当事人之间关系或身份的礼物;等。④视听资料。例如,录像带,电话(包括手机)通话记录,手机录音、短信,mp3 录音,录音笔录音等。⑤电子数据。例如,电子邮件,微信截图,电子签名,个人博客、微博,等等。⑥证人证言。证人就本人所了解的案件事实向法院和当事人所作的陈述。能够了解重婚事实的知情人主要是当事人的亲朋好友、双方同事、邻居等人。通常,不会出现有鉴定意见或勘验笔录这两种证据类型。当然,如果涉及的相关书证是否为涉嫌重婚者所书写或有物证需要专业鉴定的,也会需要鉴定,鉴定人会提供鉴定意见,故而成为诉讼中的证据。如果不涉及严重的刑事犯罪,单纯重婚罪通常不会需要警察去勘验现场,从而制作勘验笔录。

二、如何判断“有配偶者与他人同居”

判断是否为有配偶者与他人同居,应观察双方关系在时间上的持续性、关系稳定性,是否共同居住生活等方面因素而综合评判。《最高法院适用(婚姻法)解释一》第 2 条规定,“婚姻法第三条、第三十二条、第四十六条规定的‘有配偶者与他人同居’的情形,是指有配偶者与婚外异性,不以夫妻名义,持续、稳定地共同居住”。

多长时间才算持续、稳定地共同居住?迄今,最高人民法院相关司法解释没有对此问题有任何规定。但是,若干地方高级人民法院的指导意见有明确规定。例如,广东省高级人民法院《关于审理婚姻家庭案件若干问题的指导意见》第 17 条规定,《婚姻法》所称的“有配偶者与他人同居”是指有配偶者与婚外异性共同生活,关系相对稳定,且共同生活的时间达到 3 个月以上。在广东省司法实践中,省高级法院指导意见明确规定了对婚外同居的认定标准,所以,各地法院一般按共同生活的时间达到 3 个月以上予以认定。《上海市高级人民法院关于在民事审判中实施〈中华人民共和国婚姻法〉的暂行意见》第 16 条规定,“婚姻法第 32 条第 3 款第 1 项、第 46 条第 2 项所称‘有配偶者与他人同居的’,指有配偶者不以夫妻名义与他人共同生活,且时间较长、关系相对稳定。通奸、偶发性行为及没有性关系的婚外恋、婚外情,不构成‘有配偶者他人同居’”。

如果以夫妻名义,持续、稳定地共同居住就构成重婚。在近年审判实践中,能够认定构成重婚犯罪的情形不多,因为成年人基本上都知晓重婚是犯罪,要被判刑坐牢的。有配偶者

通常不会公开与他人领取结婚证，而以夫妻名义同居又很难认定；有的人甚至共同生育子女，但只要他们不以夫妻名义相称，要认定其构成重婚，的确有较大的法律障碍。

有一种观点认为，“捉奸”获取证据与《婚姻法》第 46 条的规定没有必然联系。部分当事人对《婚姻法》第 46 条规定的损害赔偿在理解中存在误区，为了离婚时能得到赔偿，千方百计去“捉奸”，尽力搜集配偶通奸的证据（有不少受害者弄巧成拙，反被控告侵犯隐私权，被法院判决承担败诉责任），其实“捉奸”获得的证据与《婚姻法》第 46 条的规定没有必然联系。法律的着眼点是反对破坏一夫一妻制的行为，即有配偶者与婚外异性共同居住，一起生活的行为；至于共同居住期间是否发生性行为，并不是本条法律所关注的，只要有配偶一方与他人同居的事实构成，即使没有发生性行为，另一方作为无过错方都有权要求损害赔偿。相反地，即便配偶一方与他人有通奸的性行为，另一方也有充分的证据予以证明，也不能理解为“同居”，因此，还是不能据此提起损害赔偿请求。

重婚与“有配偶者与他人同居”是两个不同的法律概念，是两种不同性质的法律行为。很多当事人往往不区分重婚和有配偶者与他人同居，错误地以为有配偶者与他人同居即构成重婚罪。我国《婚姻法》第 3 条规定，“禁止重婚。禁止有配偶者与他人同居。”我国法律上，明确区分了重婚和有配偶者与他人同居，重婚和有配偶者与他人同居应是两种不同的行为。“有配偶者与他人同居”是指有配偶者与婚外异性，不以夫妻名义，持续、稳定地共同居住。典型的情形，例如，社会上的“包二奶”、“包二爷”、养情人行为。当然，这两者之间存在一定交叉重合之处。重婚也是有配偶者与他人同居，只不过重婚行为是有配偶者与他人同居时，办理了婚姻登记或对外以夫妻名义，而有配偶者与他人同居主要是指有配偶者与他人同居时，既不办理婚姻登记，对外也不以夫妻名义同居的行为。因此，有配偶者与他人同居是不以夫妻名义，这是与重婚行为的重要区别和标志。从立法本意看，“有配偶者与他人同居”主要是指“包二奶”“包二爷”等婚外非法同居情形，而禁止有配偶者与他人同居的目的是反对破坏一夫一妻制的行为，倡导良好的社会风尚。

三、与他人同居的过错配偶方应承担损害赔偿责任

根据《婚姻法》第 46 条规定，离婚损害赔偿包括物质损害赔偿和精神损害赔偿。其中，精神损害赔偿的认定和处理参照最高人民法院《关于确定民事侵权精神损害赔偿责任若干问题的解释》（法释〔2001〕7 号）的相关规定。

有配偶者与他人同居，虽然不如重婚者采取直接公开形式，但它对无过错方的伤害依然是巨大的。因此，在确定损害赔偿额时也应以夫妻共有财产总额作为参考系数，明确无过错方在财产总额中应占有的份额。其损害赔偿额的确定方法同重婚责任所承担的赔偿额之确定方法一样。但如果物质损害赔偿额确定之后，过错方从夫妻共有财产分割中所得到的财产不足赔偿无过错方的精神损害，则应考虑过错方与他人同居时的主观过错程度及经济负担能力等因素，根据最高人民法院《关于确定民事侵权精神损害赔偿责任若干问题的解释》来另行确定精神损害赔偿数额。但是，我们认为，对于因与他人同居所承担的过错责任的赔偿数额，无论是物质损害赔偿份额还是精神损害赔偿份额，都应当与重婚行为所造成的损害赔偿额有所区别。因为重婚行为虽然和同居行为都属于同一性质，即因一方同其他人产生两性关系导致双方的感情破裂与伤害，但同居的过错并未达到重婚行为的程度，进而给配偶带来的伤害也会不同。这种区分应当在法律上有所体现，才能够使得判决结果与社会的一

般认知相符。[①]

第三节　关于本条的争议问题

一、是否应赋予夫妻在配偶他方与他人同居时寻求司法救济权

如果夫妻一方与他人同居,另一方如何能够挽救婚姻?当然,有权批评教育过错配偶,可以向对方所在单位反映,请求帮助,然而,如果过错方知错不改呢,怎么办呢?依据《婚姻法》第32条、第46条规定,无过错方有权请求离婚,有权请求离婚损害赔偿。但是,无过错配偶不愿意离婚时,对方又气焰嚣张,一错再错的,无过错配偶能否寻求司法救济?答案是否定的,因为这条规定没有赋予无过错配偶救济权,以便该方及时制止过错配偶的过错行为,以挽救婚姻。如果说离婚权是一种救济权,还可能存在学术争议,那么,离婚损害赔偿请求权是救济权,应是一致的学术观点。可是,这种两种救济权的行使,均是以终止婚姻为目的,在某些时候,某些情形下,不见得符合无过错配偶的立场,更不是对其最有利的选择。所以,如果行使离婚请求权,虽能获得终止婚姻的结果,但也可能正是过错配偶一方所想要的,故离婚是"便宜了"过错配偶方。夫妻一方重婚的,另一方不仅可以依据《婚姻法》第32条规定请求离婚,依据第46条规定请求离婚损害赔偿,而且更重要的,是可以依据《婚姻法》第10条申请宣告重婚的婚姻无效。根据《最高法院适用〈婚姻法〉解释一》第16条规定,"人民法院审理重婚导致的无效婚姻案件时,涉及财产处理的,应当准许合法婚姻当事人作为有独立请求权的第三人参加诉讼"。无过错配偶一方还可以依据《刑法》有关重婚罪的规定,指控过错配偶行为构成重婚罪,要求其承担刑事责任,从而使过错行为被惩罚,体现是非与公正。绝大多数时候,夫妻一方构成重婚罪被定罪量刑,或者即使因证据不足或其他原因未被定罪,该当事人的婚姻关系因配偶一方指控刑事犯罪而将走到尽头,但是,无论如何,无过错配偶似乎能够"缓过劲来"或者"出一口恶气",所受伤害能有所抚慰。

笔者以为,立法应赋予本条中的无过错配偶方寻求司法救济的权利。夫妻一方重婚或者与他人同居的,对婚姻打击之重可与配偶一方死亡相比,立法却在当事人发生重大利益冲突时与当事人选择离婚之前的期间,无所作为,似为不妥。虽然离婚是解决婚姻冲突的有效途径,但是,它毕竟导致家庭结构解散,付出成本大。如果能在过错方出现过错之初,无过错配偶获知的,实行私力救济不足时,可以寻求司法干预,相信部分婚姻是有挽回机会的。诚然,对于人身性的义务履行,即使是司法,也只能责令当事人改正错误,回归婚姻,不得强制其回家,但是,断明是非,给无过错当事人一个讲理和维护其权益的机会,不仅是善,而且也是公正的象征和表达。

二、指控配偶一方重婚或与他人同居时举证难问题

夫妻一方指控另一方与他人重婚或同居,应当提供充分的相关证据。根据《民事诉讼法》第64条规定,"当事人对自己提出的主张,有责任提供证据。当事人及其诉讼代理人因客观原因不能自行收集的证据,或者人民法院认为审理案件需要的证据,人民法院应当调查

① 沈志先主编:《婚姻家庭案件审判精要》,法律出版社2013年版,第93页。

收集。人民法院应当按照法定程序,全面地、客观地审查核实证据”。第65条规定,“当事人对自己提出的主张应当及时提供证据。人民法院根据当事人的主张和案件审理情况,确定当事人应当提供的证据及其期限。当事人在该期限内提供证据确有困难的,可以向人民法院申请延长期限,人民法院根据当事人的申请适当延长。当事人逾期提供证据的,人民法院应当责令其说明理由;拒不说明理由或者理由不成立的,人民法院根据不同情形可以不予采纳该证据,或者采纳该证据但予以训诫、罚款”。然而,重婚或与他人同居的配偶一方及相关第三人,按照人的本性推断,其是会选择避开配偶另一方及其亲友的,无过错一方如何能够收集到证据呢?

个人收集他人(包括配偶在内)个人信息受到法定限制。按照《民法总则》第110条规定,自然人享有名誉权、隐私权等权利。第111条规定,“自然人的个人信息受法律保护。任何组织和个人需要获取他人个人信息的,应当依法取得并确保信息安全,不得非法收集、使用、加工、传输他人个人信息,不得非法买卖、提供或者公开他人个人信息”。个人收集他人信息不得违反法律强制性规定。配偶一方欲收集对方个人与人姘居或者重婚的证据时,又能有哪些作为呢?

在城镇特别是工商业大城市环境中,人们居住在不同住宅小区的楼宇里,物业管理严格,通常实行门禁制度。非经住户或业主同意,可能进不了小区大门;即使进入小区内,非经业主同意,很可能进入不了大楼内。纵使无过错一方行为合乎前述法律种种规定,但要收集到相关证据事实上还有诸多困难。我国现行法律不允许私人侦探业务开展,尽管有些商业咨询服务机构避开法律监管而提供咨询、查证服务,但是,这种“打擦边球”的事,是有法律风险的。因此,对指控人而言,举证难问题可能难有合理途径加以化解。

第四节　适用本条的典型案例

夫妻一方与他人同居的,违反《婚姻法》第3条规定,导致离婚时,配偶另一方依法享有请求损害赔偿权。此类司法案例数量不小,从中反映出对本条规定的理解与适用。

一、最高人民法院:重婚罪是有配偶又与他人结婚或者明知他人有配偶仍与之结婚的行为

赖某辉自诉重婚刑事通知书,中华人民共和国最高人民法院驳回申诉通知书,(2017)最高法刑申511号。①

【案情概要】

赖某辉自诉要求追究刘某白重婚罪刑事责任一案,江苏省南京市鼓楼区人民法院于2011年10月31日作出(2011)鼓刑初字第71号刑事判决,认定刘某白无罪。宣判后,赖某辉不服,向江苏省南京市中级人民法院提出上诉。南京市中级人民法院于2011年12月20日作出(2011)宁刑终字第206号刑事裁定,驳回上诉,维持原判。上述裁判发生法律效力

① 最高人民法院(2017)最高法刑申511号驳回申诉通知书,中国裁判文书网,http://wenshu.court.gov.cn/website/wenshu/181107ANFZ0BXSK4/index.html? docId=0753334894b44908a064a84900bf14f9,下载日期:2018年12月25日。

后,赖某辉仍不服,向江苏省高级人民法院提出申诉。江苏省高级人民法院于 2013 年 4 月 7 日以(2012)苏刑监字第 093 号驳回申诉通知,驳回赖某辉的申诉。

赖某辉仍然不服,以其"提交了相关证据证明其与刘某白于 1989 年至 2004 年期间存在合法有效的婚姻关系,刘某白已构成重婚罪,本案未超出刑事追诉期限"为由向最高人民法院提出申诉,请求启动再审程序追究刘某白重婚罪的刑事责任。最高人民法院依法组成合议庭对该申诉予以立案审查。

【裁判意见】

最高人民法院经审查认为:1. 重婚罪是指有配偶而与他人结婚,或者明知他人有配偶而与之结婚的行为。赖某辉无证据证明刘某白与罗某梅于 2002 年 1 月 22 日结婚时,其与刘某白存在法律认可的婚姻关系。2. 根据《刑法》规定,重婚罪最高刑期为 2 年,刑事追诉期限为 5 年。从 2003 年 8 月 21 日刘某白与罗某梅离婚到赖某辉于 2009 年 2 月 25 日提出控告,已经超过了 5 年。本案中,即使刘某白构成重婚罪,也已超过法律规定的追诉时效。2017 年 9 月 28 日,最高人民法院综合上述理由,裁定赖某辉的申诉不符合《中华人民共和国刑事诉讼法》(以下简称《刑事诉讼法》)第 242 条规定的应当重新审判的情形,应当予以驳回。

二、最高人民法院:在婚姻期间与他人公开举行婚礼并以夫妻名义同居的行为,符合重婚罪的构成要件

肖某重婚案驳回申诉通知书,中华人民共和国最高人民法院驳回申诉通知书,(2019)最高法刑申 98 号。①

【案情概要】

肖某因重婚一案,不服贵州省德江县人民法院(2007)德刑初字第 104 号刑事判决、贵州省铜仁地区中级人民法院(2008)铜中刑终字第 117 号刑事裁定,向最高人民法院提出申诉,请求撤销原审裁判,改判无罪。具体理由是:①有新证据中共贵州省政法委函(黔政法函〔2017〕25 号)可证实肖某与邵某婚姻登记应属无效。②结婚登记申请书、户籍簿、常住人口登记表不能作为据以认定肖林与邵某存在婚姻关系的证据。③肖某从未与邵某到婚姻登记机关办理结婚登记,不构成重婚罪。

【裁判意见】

最高人民法院经审查,认为肖某提交的贵州省高级人民法院(2017)黔信访字 17 号司法建议书载明在贵州省委政法委组织的案件评查中,认为肖某与邵某的婚姻登记无效,但该材料不属于刑事诉讼法所规定的证据种类,不能认定为新证据。虽然肖某与邵某的结婚证在形式要件上确有瑕疵,但该结婚证确系民政部门颁发的证件,证件具有真实性。结合肖某与邵某的婚前财产约定、结婚礼金簿、协议书以及多名证人证言等证据,足以认定肖某与邵某结婚是自愿的。在婚姻登记申请档案卷内目录中缺少 150 号的登记和肖某与邵某结婚证的登记号是 150 号之间并不存在矛盾,且肖某提供的盖有思南县民政局婚姻登记专用章的表

---

① 最高人民法院(2019)最高法刑申 98 号驳回申诉通知书,中国裁判文书网,http://wenshu.court.gov.cn/website/wenshu/181107ANFZ0BXSK4/index.html? docId = 777892e863f6492a965aaaee01139277,下载日期:2019 年 12 月 22 日。

格中载明肖某与邵某的结婚证编号是150号。在结婚登记申请书中载明申请人系肖某与邵某，婚姻状况是再婚，但未载明此二人的出生日期、籍贯、民族、住址情况，这与肖某提供的工作人员赵某的证言、中共思南县纪委《关于"天上掉下结婚证的肖某向县委王某书记的求助信"的调查情况及处理意见的回复》、铜仁地区民政局《关于思南县××镇婚姻登记的情况核查报告》[铜民呈(2007)46号]证实赵某为肖某与邵某办理结婚登记手续以及由于肖某证件不齐全，故未完整填写结婚登记表身份信息的情况能够相吻合。原在案证据之间能够相互印证，足以认定。肖某与邵某的婚姻登记不属于法定的无效情形。肖某在婚姻期间与他人公开举行婚礼，以夫妻名义同居的行为，符合重婚罪的构成要件。因此，原判定罪准确。考虑到你的犯罪情节较轻微，对社会危害不大，对肖某判处免予刑事处罚并无不当，故肖某的申诉理由不能成立。2019年3月29日，最高人民法院综合上述理由，确认原判认定肖某有配偶而与他人以夫妻名义同居的事实清楚，证据确实、充分，决定肖某的申诉不符合《刑事诉讼法》第253条规定的应当重新审判的情形。

三、指控配偶与他人事实重婚应提供相关证据

方某平刑事通知书，安徽省高级人民法院驳回申诉通知书，(2019)皖刑申187号。①

【案情概要】

方某平因指控孙某转、徐某辉重婚一案，不服安徽省颍上县人民法院(2017)皖1226刑初449号刑事裁定及阜阳市中级人民法院(2017)皖12刑终536号刑事裁定，以"原裁定认定事实错误"为由，向安徽省高级人民法院(以下简称安徽高院)提出申诉。

【裁判意见】

安徽高院认为，自诉人指控他人犯罪，应对其提供的主张依法负有举证责任。方某平提起自诉时，未能提供孙某转、徐某辉以夫妻名义持续、稳定地共同生活的证据。方某平提供的证据不足以证明孙某转、徐某辉犯重婚罪，属于《最高人民法院关于适用〈中华人民共和国刑事诉讼法〉的解释》(以下简称《最高法院适用〈刑事诉讼法〉解释》)第263条第2款第(2)项规定的缺乏罪证的情形，原审法院通知方某平补充证据，因方某平未补充证据又不愿意撤回起诉，原审依法裁定驳回起诉符合法律规定。方某平的申诉理由缺乏事实和法律依据，安徽高院不予支持。2019年12月9日，安徽高院决定原审认定事实清楚，适用法律正确，决定方某平的申诉不符合《刑事诉讼法》第253条规定的重新审判条件，予以驳回。

四、与他人重婚的夫妻一方理当向另一方赔偿损失

侯某、余某离婚后损害责任纠纷再审审查与审判监督案件，参见广西壮族自治区高级人民法院(以下简称广西高院)民事裁定书(2018)桂民申2069号。②

【案情概要】

---

① 安徽省高级人民法院(2019)皖刑申187号驳回申诉通知书，中国裁判文书网，http://wenshu.court.gov.cn/website/wenshu/181107ANFZ0BXSK4/index.html? docId=a8f05364caa7423eba84ab2900a34854，下载日期：2019年12月22日。

② 广西壮族自治区高级人民法院(2018)桂民申2069号民事裁定书，中国裁判文书网，http://wenshu.court.gov.cn/website/wenshu/，下载日期：2019年11月19日。

再审申请人侯某(一审被告、二审上诉人)因与被申请人余某(一审原告、二审被上诉人)离婚后损害责任纠纷一案,不服南宁市中级人民法院(2017)桂01民终3657号民事判决,向广西高院申请再审,获准受理。2019年7月26日审查终结。

侯某申请再审称:①二审法院称再审申请人“重婚在前,起诉离婚在后,符合重婚导致离婚的情形”完全错误。本案中,双方早有离婚意愿,且不是再审申请人重婚行为导致的离婚,故被申请人无权请求精神损害赔偿。②一、二审法院称:“根据再审申请人重婚的过错、经济能力、被申请人受到损害的程度,酌情确定再审申请人赔偿被申请人精神损害抚慰金10000元”,存在严重的片面考虑。③再审申请人在之前的不公平协议中已有过重的赔偿实际。④原审所做判决,于再审申请人而言已不只是“双罚”,而是“一事多罚”。一、二审判决应查清的案件事实未查清,适用法律错误,申请再审本案。

【裁判意见】

广西高院认为,《婚姻法》第4条规定:“夫妻应当互相忠实,互相尊重;家庭成员间应当敬老爱幼,互相帮助,维护平等、和睦、文明的婚姻家庭关系。”第46条规定:“有下列情形之一,导致离婚的,无过错方有权请求损害赔偿:(一)重婚的;(二)有配偶者与他人同居的;(三)实施家庭暴力的;(四)虐待、遗弃家庭成员的。”本案中,再审申请人侯某与被申请人余某于××年××月××日登记结婚。在双方婚姻关系存续期间,夫妻应当互相忠实,互相尊重,但再审申请人侯某于××年××月××日与案外人韦某玲登记结婚,于2015年6月5日办理离婚登记。再审申请人侯某的行为已经构成重婚,行为违法主观上存在过错,导致被申请人余某与再审申请人侯某于2015年11月3日离婚。被申请人余某作为无过错方有权依照有关法律规定请求再审申请人侯某损害赔偿。一审法院依照有关法律规定,并考虑再审申请人侯某的过错程度、经济能力及双方对夫妻共同财产的分配等案件实际情况,判决再审申请人侯某赔偿被申请人余某精神损害抚慰金10000元,二审予以维持,并无不当。再审申请人侯某的再审申请不符合《民事诉讼法》第200条规定的应当再审的情形。依照《民事诉讼法》第204条第1款、《最高法院适用〈民事诉讼法〉解释》第395条第2款规定,裁定驳回侯某的再审申请。

五、夫妻一方婚外与他人长期同居导致离婚,无过错方向过错方请求离婚损害赔偿获准

吴某诉赵某离婚纠纷、离婚后损害赔偿纠纷案。

【裁判意见】

《最高法院适用〈婚姻法〉解释一》第29条规定,“承担婚姻法第四十六条规定的损害赔偿责任的主体,为离婚诉讼当事人中无过错方的配偶。人民法院判决不准离婚的案件,对于当事人基于婚姻法第四十六条提出的损害赔偿请求,不予支持。在婚姻关系存续期间,当事人不起诉离婚而单独依据该条规定提起损害赔偿请求的,人民法院不予受理”。婚姻存续期间,一方与他人长期同居,不承担家庭责任,导致夫妻感情破裂的,法院应当判决准予离婚。因一方过错导致离婚,无过错方有权向过错方提出损害赔偿的请求。但是,无过错方向婚外第三者请求损害赔偿的,人民法院不予支持。①

① 杜万华主编:《中华人民共和国婚姻法案典》,人民法院出版社2014年版,第329页。

第五节　关于本条的争议问题

一、事实婚姻是否应该获得承认和保护

当事人双方以夫妻名义公开同居生活而未履行法定结婚登记程序，若无法定结婚障碍的，是否形成事实上的婚姻，产生婚姻的效力？这个问题的产生和提出，是基于下列两方面原因。首先，中华人民共和国一直实行婚姻登记制度，结婚申请获批准，颁布结婚证，始确立夫妻关系。其次，我国历史上数千来实行仪式婚，只要当事人双方举行婚礼，宣告结为夫妻，且双方无法定禁止结婚的障碍，他们以夫妻名义共同生活的事实就会受到法律和社会的承认。这种传统在新中国的民众生活中当然仍有较大影响，相当部分人口（特别是农村人口）结婚，由于种种原因，不去法定婚姻登记机关申请结婚登记，径直举行婚礼宣告结婚，就以夫妻名义开始共同生活，并获得亲友、邻居、村民认可的现象，长期存在；即使是在当前，这种情形的男女“夫妻档”对数也非是一个小数目。所以，有关这个问题的立法、司法政策的立场取舍，我国一直处于变动中，有的时期承认，有的时期有条件地承认，有的时期则一概不承认。总趋势是从承认、保护转向不承认、不保护。

1950 年《婚姻法》以来，我国长期有条件地承认事实婚姻并提供法律保护。《婚姻法》第 8 条规定，“要求结婚的男女双方必须亲自到婚姻登记机关进行结婚登记。符合本法规定的，予以登记，发给结婚证。取得结婚证，即确立夫妻关系。未办理结婚登记的，应当补办登记”。根据 2001 年 12 月 27 日施行的《最高法院适用〈婚姻法〉解释一》第 4 条规定，“男女双方根据婚姻法第八条规定补办结婚登记的，婚姻关系的效力从双方均符合婚姻法所规定的结婚的实质要件时起算”。

《最高法院适用〈婚姻法〉解释一》第 5 条规定：“1994 年 2 月 1 日《婚姻登记管理条例》施行后，未办理结婚登记而以夫妻名义共同生活的男女，起诉要求离婚的，在案件受理前又未补办结婚登记的，按解除同居关系处理。”1994 年 2 月 1 日《婚姻登记管理条例》施行后，“未经结婚登记以夫妻名义同居的，其婚姻关系无效”。由此不难得出结论：1994 年 2 月 1 日以后，男女双方只有完成结婚登记，才能成为夫妻，互为配偶。对未经依法登记却以夫妻共同生活或者举行婚礼的当事人双方，不构成配偶关系。

二、事实重婚是否能够构成

有配偶者与配偶另一方以外的人以夫妻名义共同生活但未办理结婚登记的行为，是否构成事实重婚并应承担刑事责任？在社会生活中，成年人都明白重婚会构成犯罪，要坐牢，有配偶者又与他人以夫妻名义共同生活时，通常不会去申请结婚登记，但是，双方以夫妻名义共同生活的情形时有发生；也有明知对方有配偶却自愿与之以夫妻名义共同生活的，这两种情形是否构成事实重婚呢？在事实婚姻获得司法政策承认的时期，事实重婚显然是应该可以构成事实重婚罪，相关当事人应该受到刑事责任追究，然而，如上所述，从 2001 年修正后的《婚姻法》实施以来，特别是从《婚姻登记条例》实施以后，婚姻法不承认事实婚了，并且无例外。因此，就产生了争议问题：在民事法律上不构成婚姻的行为，是否可以在刑法中认定构成婚姻？或者说，刑法上的重婚罪认定是否可不以民事法上的事实认定为基础？

(一)争议观点

关于此问题,有两种截然不同的观点。一种观点认为,既然婚姻法上无事实婚姻之说了,刑法就不可能再惩罚事实重婚,因为是否构成婚姻,应以《婚姻法》的法律标准为据。《婚姻法修正案》及其配套法规不承认事实婚,即使以夫妻名义共同生活,但只要当事人双方未获准结婚登记的,都被认定为"同居关系",不构成婚姻。如此,刑法上的事实重婚丧失了婚姻法依据。未被认可为民事法律关系的"关系",不应该将其认定为重婚犯罪行为,而采用刑罚干预了。另一种观点认为,事实重婚仍可以构成。是否构成重婚罪,不仅要看婚姻法规定,还要看行为的社会危害性大小以及规范的社会效果。在社会生活中,有配偶者与他人以夫妻名义共同生活却未办理结婚登记的情形并不鲜见,他们的行为不仅破坏一夫一妻制,而且破坏社会公序良俗,社会影响恶劣。如果不受刑法干预,如同放纵该类行为发生。

(二)最高人民法院的立场

法院迄今持肯定观点,认为可以构成事实重婚。司法审判中,法院坚持适用刑法打击事实重婚罪。最高人民法院于 1994 年 12 月 14 日给四川省高级人民法院的批复指出:"新的《婚姻登记管理条例》发布实施后,有配偶的人与他人以夫妻名义同居生活的,或者明知他人有配偶而与之以夫妻名义同居生活的,仍应按重婚罪定罪处罚。"虽然 2001 年经修正的《婚姻法》生效后,民政部于 2003 年重新颁布了《婚姻登记条例》,但是,最高人民法院打击事实重婚罪的立场没有改变。

第六节 域外相关立法例

域外民法典确定共同生活或同居义务的立法,有两种立法例。诚然,无论在哪种立法模式中,夫妻无正当理由拒绝履行同居义务达一定期限,均将构成法定离婚事由。有 18 部民法典都明文规定夫妻互负共同生活义务或同居义务,但是,美国《路易斯安那民法典》例外。

一、既规定同居义务,又规定具有正当理由的,免除同居

德国、瑞士、奥地利、巴西、智利、阿根廷、埃塞俄比亚等国家 11 部民法典采用该类立法模式。该立法例关于免除同居义务的规定,又可区分为以下两类:

第一,直接规定"夫妻互负同居之义务。但有不能同居之正当理由者,不在此限"或者类似条款。《德国民法典》第 1353 条第 1 款、第 2 款规定,婚姻是终身缔结的;夫妻相互负有婚姻共同生活的义务;配偶互相为对方负责。在共同生活建立后,夫妻一方对他方提出的要求,若显然是滥用权利或者婚姻已经破裂的,另一方无承诺的义务。[1] 而且该条规定在 1900 年《德国民法典》诞生时就存在。[2] 在拉丁美洲,巴西、智利民法均明确规定了共同生活或同居义务。《巴西新民法典》第 1566 条强调,夫妻双方有义务"在婚姻住所共同生活"。[3]《智

---

① 《德国民法典》,陈卫佐译,法律出版社 2015 年版,第 437 页。

② 《德国六法》,商务印书馆编译所编译,冷霞点校,上海人民出版社 2013 年版,第 184 页。

③ 《巴西新民法典》,齐云译,徐国栋审校,中国法制出版社 2009 年版,第 245 页。

利共和国民法典》第 133 条规定，"夫妻双方有生活于共同场所的权利和义务，一方有重大理由不生活于共同场所者除外"。①

第二，意大利等少数民法典确立分居或别居制度，分居期间免除同居。《意大利民法典》第 143 条、第 146 条规定，夫妻间互负同居的义务，且应于家庭居所履行该义务；"对无正当理由离开家庭居所并拒绝返回家中的配偶，中止第 143 条规定的夫妻间的精神和物质扶助的权利"。"提出分居、宣告婚姻无效、解除婚姻关系或者终止婚姻的民法效力申请的，均构成离开家庭居所的正当原因"。②《最新阿根廷共和国民法典》第 199 条规定，夫妻应同居一屋，但根据特殊情况必须保持分居的除外；第 206 条第 1 款进一步规定，在同居危及配偶一方、双方或子女的生命或者身体上、心理上、精神上的完整时，可以经裁决免除此项义务。经判决确定别居之后，夫妻各方可以自由确定其住所。③

二、仅规定夫妻互负同居义务

法国、葡萄牙、西班牙、瑞士、日本、中国澳门等国家和地区有 6 部民法典属于第二类。1970 年修改的《法国民法典》第 215 条增设规定"夫妻双方相互负有在一起共同生活的义务"。④《瑞士民法典》第 159 条规定，"结婚使配偶双方结合以共度婚姻共同生活。配偶双方互负维护婚姻共同生活之幸福及共同照顾子女之义务"。⑤ 在该类立法例中，虽然民法典没有规定免除同居，但是，婚姻当事人协商一致可免除同居义务履行，判例法也承认具有正当事由可免除同居的。法国最高法院判例认定，夫妻可以因从事职业之原因而暂时有分别的住所；⑥夫妻订立协议，安排二人分开生活。⑦ 经法院免除同居义务。受理离婚之诉的法院，经审理对家庭居所作出裁判，即使驳回离婚请求的，亦可就家庭住所作出裁判，从而免除同居义务。⑧

共同生活或同居义务，虽不可强制履行，但如若违反，将产生一定的法律后果。根据《德国民法典》第 1565 条至第 1567 条规定，配偶一方因拒绝婚姻上的同居而显然不愿意建立家庭共同关系的，配偶双方即为分居；即使配偶双方在婚姻住宅内分居，家庭的共同关系也不复存在。而分居届满一定年限的，法院将准予离婚。⑨ 在法国，按照判例法，拒绝同居构成过错。依据《法国民法典》第 229 条规定，配偶有过错是法定三种离婚事由之一。配偶一方

---

① 《智利共和国民法典》，徐涤宇译，北京大学出版社 2014 年版，第 21 页。

② 《意大利民法典》，费安玲等译，中国政法大学出版社 2004 年版，第 44～45 页。

③ 《最新阿根廷共和国民法典》，徐涤宇译，北京大学出版社 2014 年版，第 54～55 页。

④ 《法国民法典》(上册)，罗结珍译，法律出版社 2005 年版，第 201 页。

⑤ 《瑞士民法典》，殷生根、王燕译，中国政法大学出版社 1999 年版，第 44 页。

⑥ 法国最高法院第一民事庭 1999 年 6 月 8 日裁定，载《法国民法典》(上册)，罗结珍译，法律出版社 2005 年版，第 201 页。

⑦ 法国最高法院第二民事庭 1977 年 4 月 22 日裁定。《法国民法典》(上册)，罗结珍译，法律出版社 2005 年版，第 202 页。

⑧ 巴黎大审法院 1977 年 10 月 18 日裁定，载《法国民法典》(上册)，罗结珍译，法律出版社 2005 年版，第 202 页。

⑨ 《德国民法典》，陈卫佐译，法律出版社 2015 年版，第 477 页。

有过错的,适用《法国民法典》第 1382 条,受害人可以据此请求损害赔偿。① 排除对拒绝同居之行为采取强制措施。1974 年判例法确认,不得采取强制措施,即使是宣告逾期罚款,亦不得为之。1977 年判例法认定,“没有任何法律条文规定赋予法官权力,命令夫妻一方恢复共同生活”。② 根据阿根廷民法典,对于无正当事由而中断的同居,夫妻任何一方均可以在裁判上请求采取不予扶养之方式给予警告,责令恢复同居。③

① 《法国民法典》(下册),罗结珍译,法律出版社 2005 年版,第 1073 页。

② 《法国民法典》(上册),罗结珍译,法律出版社 2005 年版,第 202 页。

③ 《最新阿根廷共和国民法典》,徐涤宇译注,法律出版社 2007 年版,第 54 页。

第三章

评注第四条（夫妻忠实）

第4条　夫妻应当互相忠实，互相尊重；家庭成员间应当敬老爱幼，互相帮助，维护平等、和睦、文明的婚姻家庭关系。

第一节　本条的基本原理

一、本条的基本内容

夫妻忠实，亦称夫妻忠诚，通常是狭义理解的，专指性忠实，也称贞操，即在婚姻关系存续期间，配偶双方互相仅以对方为唯一性伴侣，不得与配偶以外的人发生性关系。中义上讲，夫妻忠实，既包括性忠实，又包括感情忠贞于配偶，不与婚外之人建立和维持恋情。广义上，夫妻忠实，除了中义的两方面外，还包括不实施有损配偶另一方利益的行为或情事，不为第三人利益而实施损害、牺牲配偶的行为。婚姻家庭法调整夫妻关系时使用或要求"忠实"应是在中义上使用此概念，其中最常用的则是此概念的狭义。

我国《婚姻法》第4条规定，"夫妻应当互相忠实，互相尊重"。本条应该是在"中义"上使用"忠实"一词。立法要求夫妻"应当互相忠实"，此处应当将其理解成"为已婚者设定的义务负担"。"应当"是使用频率很高的虚词，"它由两个同义的助动词'应'和'当'组成，最典型的意义是表示理应实施某种行为或动作，一般用在表行为的动词之前。"在法律文件中，"应当"主要用来指义务或责任，表达一种外在规范提出的要求和期许。在此词之后的，就是主语"夫妻"该承担的义务。无论从一夫一妻婚姻关系而言还是从法律语言学上讲，"应当互相忠实"均应当理解为是一种法定义务设定或确认，不可能是道德性的号召或提倡。否则，该条文将与《婚姻法》第2条规定的"一夫一妻"制度、第3条规定的"禁止重婚。禁止有配偶者与他人同居"相冲突了。

二、本条的基本理论

凡婚姻制度，配偶之间忠实必是其核心；法律总得调整或干预这个问题。

（一）婚姻家庭受《宪法》保护

婚姻和家庭是社会秩序和发展的基础，在所有国家和地区，均受到最高级的法律保护。我国《宪法》第49条规定："婚姻、家庭、母亲和儿童受国家的保护。……禁止破坏婚姻自由。……"家庭是社会的细胞，婚姻是建构两性秩序和保障人口繁衍的基本制度。为了确

保婚姻制度存续,就必须保障每一个婚姻的安全。因此,任何国家和地区均会制定法律实行调整,对于夫妻忠实的要求,无论是否明文写在法律条文中,都受到法律规制,都会是对婚姻当事人双方的约束。不如此,婚将不婚,家庭不稳定,未成年人抚养会受到冲击,甚至未成年人被迫卷入成为数名成年人激烈矛盾冲突中,其利益受到严重损害。同时,性自主权、人身自由权作为人的基本权利,同样受法律保护,但是,行使这些权利时,均不得损害他人利益,不得违反公序良俗。所以,个人的人身自由权,包括性自主权同样应受婚姻家庭制度的约束。《宪法》第 54 条规定,"中华人民共和国公民必须遵守宪法和法律……遵守公共秩序,尊重社会公德"。夫妻不忠,与婚外之人发生性关系,毫无疑问是违反社会公共秩序和社会公德的行为。

(二)性忠实是一夫一妻制婚姻的基本要求和底线

在一夫一妻制中,任何人都只能有一人配偶,夫妻互为配偶,在婚姻存续期间,任何一方均不得与配偶以外的任何人发生或建立性伴侣关系。否则,构成对一夫一妻制的违反,轻者,损害夫妻感情;中者,构成法定离婚事由,并承担离婚损害赔偿责任;重者,则涉嫌犯罪,触犯刑法。[①] 人类自实行一夫一妻制以来,不仅保护一夫一妻婚姻,而且使用包括最强力的刑法在内的公权力强力干预违规行为,处罚违规行为人。

(三)人类一夫一妻制伦理的核心是性排斥和情感排斥性之结合

无论夫妻一方出轨与他人发生性关系或者建立共同生活关系甚至缔结婚姻,还是与婚外人建立和保持恋爱关系,都将毁坏婚姻,时常导致婚姻难以为继。人类实行个体婚姻制度以来,社会文化教育人们,性爱是排他的;一夫一妻婚姻制度也是这么设计的。这种"性排他性",不仅是指肉体的,也指感情的。所以,夫妻一方与他人有性关系是对婚姻的背叛;与他人建立恋爱关系,在感情上背叛另一方,同样是对婚姻的背叛。几千年的社会伦理和文化把这种排他性注入人头脑中。基于此,绝大多数国家和地区离婚法中,明文确定夫妻一方与他人通奸或姘居是法定离婚事由。夫妻感情破裂是我国法院裁判离婚的原则界线。

(四)性行为与自然人人格具有密不可分联系

在性道德、性文明观下,性行为与个人人格密不可分。夫妻一方与他人建立亲密关系,不仅与行为人本人的人格相联系,而且与相对方的人格相关联。鉴于性专一成为普遍价值观,夫妻一方忠实与否,亦必然与配偶另一方的人格尊严相关联,一方不忠行为必将损害另一方的尊严。这就是为什么夫妻一方不忠,不仅会损害配偶另一方的感情,而且通常还破坏、贬损、辱没另一方的人格,给另一方造成极大精神痛苦,致使受害配偶长期深陷于精神痛苦而不能自拔,甚至有部分配偶因此自伤自残或不惜以身试法去实施犯罪,伤害、杀害过错配偶或相关第三人。当然,在法治社会,要求所有人无论遇到什么样的纠纷或争议,都应该在法律框架内寻求解决,私力救济不得超越法律设定的底线。

---

① 例如,我国台湾地区"刑法"第 239 条规定,"有配偶而与人通奸者,处一年以下有期徒刑。其相奸者亦同"。

三、本条的历史沿革

在中华人民共和国婚姻法历史上，1950 年《婚姻法》和 1980 年《婚姻法》均明文规定实行一夫一妻制度，但未明文规定夫妻应当相互忠实。1950 年《婚姻法》第 1 条规定："实行男女婚姻自由、一夫一妻、男女权利平等、保护妇女和子女合法权益的新民主主义婚姻制度。"第 2 条规定："禁止重婚、纳妾。……"第 5 条关于禁止结婚的法定情形规定包括"有生理缺陷不能发生性行为者"。第 7 条规定："夫妻为共同生活的伴侣，在家庭中地位平等。"1980 年《婚姻法》第 2 条规定："实行婚姻自由、一夫一妻、男女平等的婚姻制度"。第 25 条规定："人民法院审理离婚案件，应当进行调解；如感情确已破裂，调解无效，应准予离婚。"

1989 年《最高人民法院关于人民法院审理离婚案件如何认定夫妻感情确已破裂的若干具体意见》第 8 条、第 9 条规定，夫妻一方实施违反一夫一妻制的行为，经调解和好无效的，可以确认为夫妻感情破裂："一方与他人通奸、非法同居，经教育仍无悔改表现，无过错一方起诉离婚，或者过错方起诉离婚，对方不同意离婚，经批评教育、处分，或在人民法院判决不准离婚后，过错方又起诉离婚，确无和好可能的。""一方重婚，对方提出离婚的。"

2001 年《婚姻法修正案》首次明文规定夫妻应当相互忠实。1995 年前后，为了进一步完善婚姻家庭法律制度，同时因为改革开放以后，我国婚姻家庭领域出现了一些新问题和新情况，婚姻家庭法学界积极推动国家立法机关尽快修改 1980 年《婚姻法》。所谓"新问题""新情况"之一是，有配偶者与他人同居（俗称姘居）现象增多，有些还是以夫妻名义共同生活。这种现象严重破坏了一夫一妻婚姻制度。百姓称之为"包二奶"。随着这种现象蔓延，"包二奶"一词竟成为流行语，几乎老幼皆知，婚姻稳定受到了明显冲击，因为夫妻一方不忠于婚姻而导致的离婚案件增多，夫妻因为一方背叛婚姻而引起严重利益冲突引发的刑事案件在各地都不少见。为了更好地引导、规范婚姻当事人的行为，遏制婚外情现象进一步蔓延，婚姻家庭法学界、社会学界开始讨论夫妻之间人身性的权利与义务，聚焦于夫妻忠实、同居等问题。当年，有两种截然不同的学术观点：婚姻立法应当规定；婚姻立法不应当规定。肯定观点的理由如下：单一性伴侣是一夫一妻制度的实质内容，将两性关系限定在合法婚姻内是一夫一妻制婚姻与其他婚姻制度的最大区别；既然实行一夫一妻制，立法就应当同时规范夫妻之间人身性的权利与义务，其中最重要的是性忠实；等等。笔者力主夫妻之间应当相互忠实，有同居的义务与责任，并提议婚姻立法应将其明文予以确认。① 反对观点则认为，婚姻本身就包含了夫妻相互忠实义务，法律不必多此一举再行规定。也有学者认为，若立法规定夫妻应当相互忠实，其本意虽好，但是，实际上将行不通，因为不忠实行为发生后，法律"办不了"相关当事人，导致法条成为一纸空文。更有甚者认为，婚姻立法增设夫妻忠实条款，将是历史倒退，因为性自主权是个人的，不能因为一纸结婚证就让渡给了他人；当代社会讲贞操，是滑稽可笑的。在笔者看来，既然人类保留和实行婚姻制度，则合法婚姻就应该受到保护，以一夫一妻为基础的性秩序就应当得到维护。一夫一妻制下，性忠实与古代法中的忠贞有相似之处即要求把性行为纳入婚姻之中，但又区别于古代，近代以来，无论法律、伦理对性忠实的要求都是平等地要求夫妻双方。否定性忠实，无异于否定一夫一妻制，这在现阶段人类文明中是不可接受的。享有性自主权的个人一旦选择结婚，就选择了自我限制，即将本人的

---

① 蒋月：《配偶身份权的内涵与类型界定》，载《法商研究（中南政法学院学报）》1999 年第 4 期。

性行为纳入婚姻法的框架内,接受婚姻法约束。法无禁止不违法。经过数年的激烈讨论、争辩,2001年修订婚姻法时,国家立法机关采用了肯定观点,将“夫妻应当互相忠实”写入了《婚姻法》第4条。

四、本条的法律渊源

(一)《宪法》和法律

《宪法》第49条规定,“婚姻、家庭、母亲和儿童受国家的保护”。

《民法总则》第112条规定,“自然人因婚姻、家庭关系等产生的人身权利受法律保护”。

《婚姻法》第4条规定,“夫妻应当互相忠实,互相尊重;家庭成员间应当敬老爱幼,互相帮助,维护平等、和睦、文明的婚姻家庭关系”。

《婚姻法》第32条第2款规定,“男女一方要求离婚的,可由有关部门进行调解或直接向人民法院提出离婚诉讼。人民法院审理离婚案件,应当进行调解;如感情确已破裂,调解无效,应准予离婚。有下列情形之一,调解无效的,应准予离婚:(一)重婚或有配偶者与他人同居的;……(五)其他导致夫妻感情破裂的情形”。

《婚姻法》第45条规定,“对重婚的,对实施家庭暴力或虐待、遗弃家庭成员构成犯罪的,依法追究刑事责任。受害人可以依照刑事诉讼法的有关规定,向人民法院自诉;公安机关应当依法侦查,人民检察院应当依法提起公诉”。

《婚姻法》第46条规定,“有下列情形之一,导致离婚的,无过错方有权请求损害赔偿:(一)重婚的;(二)有配偶者与他人同居的;(三)实施家庭暴力的;(四)虐待、遗弃家庭成员的”。

(二)法规

国务院《婚姻登记条例》第5条规定,申请办理结婚登记的内地居民、香港居民、澳门居民、台湾居民、华侨、外国人均应当提交包含“本人无配偶”等法定内容的声明。

(三)司法解释

1989年《最高人民法院关于人民法院审理离婚案件如何认定夫妻感情确已破裂的若干具体意见》第8条规定,“一方与他人通奸、非法同居,经教育仍无悔改表现,无过错一方起诉离婚,或者过错方起诉离婚,对方不同意离婚,经批评教育、处分,或在人民法院判决不准离婚后,过错方又起诉离婚,确无和好可能的”。第9条规定,“一方重婚,对方提出离婚的”。

《最高人民法院关于适用〈婚姻法〉解释一》第3条规定,“当事人仅以婚姻法第四条为依据提起诉讼的,人民法院不予受理;已经受理的,裁定驳回起诉”。

第二节　本条之适用:关于忠实协议及其效力的争议

关于本条的适用,法学界、司法审判实践中发生了“夫妻应当忠实”是法定义务还是道德义务之争议。针对部分夫妻签订“忠实协议”或有关协议书中的忠实条款是否对当事人具有约束力;学界认识中,有两种截然不同的意见:有效、无效。鉴于围绕夫妻忠实问题的认识分

歧大，任何一种立场选择似乎均难有社会共识基础，最高人民法院选择“不表态”。然而，离婚诉讼中，有时候仍然会出现“夫妻忠实协议”，法院无法视而不见。从相关裁判文书看，2001 年 12 月 24 日《最高法院适用〈婚姻法〉解释（一）》[①]第 3 条规定，“当事人仅以婚姻法第四条为依据提起诉讼的，人民法院不予受理；已经受理的，裁定驳回起诉”。法院持三种不同意见：一是认定忠实协议有效；二是认为忠实协议无约束力；三是回避对忠实协议的评判，对其效力不作认定。2001 年前后，法院的主导意见是否定忠实协议效力；最近 10 年间，则已渐渐转向承认其效力。有趣的是，目前，从判决立场看，这三种意见所占比例大致相当。

一、关于“忠实协议”是否具有约束力

所谓夫妻“忠实协议”，也称“忠诚协议”，一般是指夫妻双方自愿约定任何一方违反忠实义务的，应给付另一方若干财产或赔偿对方损害的协议。不过，学者就其定义表述不完全相同。有人主张，夫妻忠实协议是指双方婚前或婚后自愿约定，若一方发生婚外情的，过错方应赔偿另一方精神损失费或者放弃夫妻共同财产分割中应得份额的，要求赔“空床费”的，离婚后放弃探望子女的权利等内容事项的协议。也有人认为，夫妻双方在婚前或者婚后达成的、要求在婚姻关系存续期间违反忠实义务的一方须实施一定行为的约定。还有人提出，夫妻忠实协议是夫妻双方在婚前或者婚姻存续期间签署的，约定彼此之间相互忠于对方的协议。[②] 无论何种概括，也不管当事人怎样约定，约定赔偿精神损失、放弃一定财产利益是忠实协议中最常见约定内容事项。

（一）两种不同学术观点的争鸣

围绕此问题，法学界有两种截然不同的观点：有效、无效。

1.有效说

有效说认为，应当承认此类协议合法有效，对当事人具有约束力。其主要有下列五方面理由：第一，忠实协议是对《婚姻法》第 4 条规定的“夫妻应当互相忠实”要求的具体化。既然法律要求夫妻相互忠实，婚姻当事人彼此同意忠实于对方，是根据本人意愿在法律许可限度内自愿达成的约束彼此性自由的契约，符合立法本意，并有法律条款明文规定为据，无不适当之处。第二，此类协议具有合同有效要件。夫妻忠诚协议是婚姻当事人双方对自己的性自由实行自愿限制和约束，是夫妻双方合意的结果，符合《婚姻法》的原则及有利于公序良俗。第三，此类协议不违反法律禁止性规定。纵使《婚姻法》第 4 条所规定的夫妻忠实义务不是法定权利义务规范，而是一种倡导性规范，也不妨碍夫妻双方自愿以民事协议形式，将此道德义务转化为对双方具有法律拘束力。只要缔约过程中不存在欺诈、胁迫等情形，不违背法律、行政法规的禁止性规定，该协议应当受到法律保护。第四，协议内容不损害他人利益。准备结婚的男女双方或者夫妻双方约定婚姻关系存续期间，任何一方均不得有婚外情或婚外性关系，或者还约定若一方违反，应当向对方赔偿一定金钱或者放弃一定夫妻共同财产应得利益，这些内容不损害第三人利益，更没有损害社会公共利益。第五，若生争议，指向明确，司法能够裁判。无论是针对夫妻一方人身性的行为之约束要求还是涉及财产分割或

① 该解释于 2001 年 12 月 27 日起施行。

② 例如，刘加良：《夫妻忠诚协议的效力之争与理性应对》，《法学论坛》2014 年第 4 期。

者损害赔偿的责任约定，内容均十分清晰明了。如果当事人双方因履行义务或协议发生争议，诉讼请求具体，司法也能够裁判。

笔者赞同此类协议原则上有效的观点。夫妻双方约定任何一方均应遵守忠实要求且不得实施违反婚姻忠实之行为，是维护一夫一妻制的实质性要求，若此类协议无效，那是什么价值观呢？退一万步说，假设当事人双方约定任何一方有与婚外他人发生性关系之自由，该协议是否有效呢？答案太清楚不过了，它是绝对无效条款。如此，无论夫妻如何约定，只要涉及性自由权的，均无效，岂不是让所有人无所适从吗？

2.无效说

持这种观点者认为，不应该承认忠实协议对当事人双方具有约束效力。其主要理由有下列五方面：第一，夫妻之间无法定忠实义务。认为《婚姻法》第 4 条关于"夫妻应当互相忠实，互相尊重"规定，如同该条中"家庭成员应当敬老爱幼，互相帮助……"等其他内容一样，都只是道德提倡，不是设定为法律义务。所以，夫妻之间无忠实义务。第二，忠实协议限制了当事人人身权。如果承认忠实协议具有约束力，就是允许当事人利用婚姻去限制配偶一方人身自由权，这既不合乎逻辑，又违反法理。人身自由是受宪法保障的公民基本权利之一，不应该也不可能由当事人之间协议加以限制或排斥。第三，损害赔偿金事先约定与损害赔偿法法理不合。按照损害赔偿法理论，赔偿损失是以赔偿实际造成的利益丧失和导致应该可获取的利益之丧失，是损害多少就赔偿多少。换言之，损害赔偿金不能事先约定。第四，此类协议不能强制执行。当事人双方签订忠实协议之后，如果一方违反忠实要求，即使赋予另一方寻求救济的权利，因为涉及自然人的人身，又如何能强制执行呢？同时，如果违约者或者过错方是与不同的第三人之间发生不正当性关系，即使第三人是同一人，违约者与其每次发生性关系都是对忠实协议之违反，若承认该协议有效力，也将根本无法执行。第五，若赋予法律效力，有违社会善良风俗。若赋予该类协议效力，一方当事人为了证明自己主张，必然要收集证据。配偶本人捉奸甚至邀约亲朋好友帮忙一起去捉奸，都将损害社会善良风俗。

(二)最高法院相关的立场

最高人民法院对于夫妻忠实协议是否应具有法律效力问题，立场是摇摆不定的。在最高人民法院发布《适用婚姻法》若干问题解释(一)、(二)之后，最高人民法院针对审判实践中出现一些新情况和新问题，决定起草制定第三个关于适用《婚姻法》的司法解释。在此期间，《关于适用〈婚姻法〉若干问法解释(三)》的先后七个草案稿中，对夫妻忠实协议效力问题的规范立场明显不同，起草者举棋不定，难以定夺。最初草案规定，只要协议是双方自愿签订并且不违反法律规定，法院应当支持。但是，现实中，当事人签署的忠实协议的内容五花八门，让法院很难统一下定论。后来，起草人的态度发生逆转，草案又规定，法院对这类协议不予受理、已经受理的应该驳回起诉。2010 年 11 月 11 日，《最高法院关于适用〈婚姻法〉解释(三)》(征求意见稿)向社会公开征求意见。从中，最高法院对此问题已打算"什么都不说了"。有记者以《忠诚协议，难倒最高法院》为题，在《南方周末》上发表长篇纪实报道。[①] 媒

---

① 赵蕾、钱小敏，《夫妻"忠诚协议"，难倒最高法院》，南方周末 http://www.infzm.com/content/50392，访问日期 2017-10-09。

体报道反映出有关各方对此问题的意见分歧，也进一步引发社会热议。其后，最高人民法院正式公布的《适用〈婚姻法〉解释(三)》，就选择在此问题上保持沉默不语。

二、"忠实协议"中约定的财产分割条款的效力

忠实协议中涉及财产利益内容的条款，通常，表述为下列两种类型约定：一是所谓"净身出户"约定，过错方放弃夫妻共同财产中的应得份额的全部；二是过错方少分财产或者无过错方多得财产。

(一)关于"净身出户"的约定

若"忠实协议"约定违反忠诚义务一方，应当放弃夫妻共同财产中应得份额之全部或大部分，只要协议达成是当事人双方自愿的，是经平等协商确定的，此类协议尽管严苛，但不违反法律，其效力应该得到承认。一方面，当事人双方之所以达成此协议，或者是因为配偶一方已经发生过错行为，为表示诚心悔过，也为约束自己，同意甚至主动提出承担苛刻的财产责任；或者当事人双方是为了给自己和对方加码，以高成本防堵可能遇到的婚姻不忠，所谓"吓住自己"并"镇住对方"。基于婚姻是当事人任何一方和双方的重大利益，此类协议条款达成称得上情有可原，期待大。当事人愿意"下血本"，是合乎人性的，于情于理都说得通。另一方面，当事人有权利在法律许可范围内处分自己的财产。此类协议当事人双方为了维护婚姻，愿意放弃一定财产利益，只要出于自愿，并无不当。

但是，在审判实践中，对于约定"出轨方"放弃所有夫妻共同财产应得利益的协议，法院会承认该类协议的效力，但有时候又会基于公平原则，结合双方的经济状况，适当参照约定内容又不完全按照该协议约定进行裁判，酌情减轻过错方的财产责任。

(二)关于过错配偶方少分或无过错配偶方多分财产的约定

这类"忠实协议"约定了离婚时的财产分割问题，是离婚协议的一部分。从尊重契约、诚实守信角度讲，既然"忠实协议"约定了离婚时财产分割，就应作为确定双方分配夫妻共同财产时的依据，有约定，从约定；无约定，则从法定。同时，适当增加无过错配偶应得财产份额，酌情减少过错配偶应得财产份额，既辨明是非，体现了对过错行为的惩戒，又符合《婚姻法》关于当事人有权协议处理夫妻共同财产的规定，体现了公平。

然而，最高人民法院对此问题的立场似乎有些摇摆不定。《最高法院适用〈婚姻法〉解释三》第 14 条规定，当事人达成的以登记离婚或者到人民法院协议离婚为条件的财产分割协议，如果双方协议离婚未成，一方在离婚诉讼中反悔的，人民法院应当认定该财产分割协议没有生效，并根据实际情况依法对夫妻共同财产进行分割。换言之，涉及离婚财产分割的此类约定，属于附条件生效的条款，签署此条款只意味着成立而并未生效，在离婚成既成事实之前，任何一方都有机会反悔而无须承担任何责任。原先的财产分配约定，犹如"随便说说而已"，财产利益分配可以"推倒重来"。如此一来，不仅是不尊重财产分割协议所蕴含的契约价值，而且不尊重协议当事人任何一方的人格尊严，大为不当。以笔者之见，协议应该得到遵守，但是，确实有重大理由或者正当理由，法院认为确有必要否定此类协议条款效力之全部或者部分，法院当依职权为之，无须顾虑。

三、忠实协议约定赔偿金条款

忠诚协议约定“出轨方”承担较大或者巨额赔偿金，是实践中常见的情形。关于此类条款的效力，法学界主要有下列两种截然不同观点：

第一种观点认为，该类条款无效，因为其不符合损害赔偿法原理。按照损害赔偿法，损失多少，赔偿多少。我国现行法是按照实际损失大小而确定赔偿金数额。即使是实行惩罚性赔偿的国家，也首先得有损害发生，侵权人赔偿受害人实际损失，同时承担惩罚性赔偿金。只有违约金可以约定，没有约定损害赔偿之说。

第二种观点认为，此类协议有效。按照该种观点，只要该类协议条款是当事人双方在平等基础上，自愿达成的，任何一方均未受到任何威胁或胁迫，条款内容是当事人双方的内心真实的意思表示，内容不违反法律禁止性规定，也不损害第三人利益，其应该受到法律承认和保护。当事人约定的金额，无论是违约金或损害赔偿金，均表示过错方应该承担的财产责任。双方对该财产责任约定的认可，至于其性质，是法学研究者关心的；普通百姓不会深究，表述不精准也不影响其效力。从法学发展的观点看，不能死守着传统法理不放或者把传统法学理论作为一个头套，套得进去的，才认其合乎法理；若套不进去，就判定其与法理不符，从而否定其生存空间。照此逻辑，法理就不会有发展。此种过于机械地理解和适用法律的思维，不值得肯定。

四、“忠实协议”约定的子女抚养问题

若夫妻双方在“忠实协议”里将子女抚养、监护义务等与忠实义务挂钩，例如，约定“出轨方放弃子女监护权”或限制出轨方对子女的探视权等，法院不会根据“忠诚协议”约定裁判子女抚养问题，而是根据婚姻法有利于子女健康成长的原则，结合父母双方的客观条件，作出有利于子女成长的裁判。例如，放弃对孩子的监护权、不得探视小孩等这类约定，即使当事人双方当初达成了，依法也属无效约定，并不能达到签署协议之目的。如果当事人约定的子女抚养安排，是尊重子女利益和对子女成长有利，不涉及剥夺夫妻一方抚养教育子女的权利与义务的，法院审理时就会酌情给予考虑。

五、“忠实协议”中的其他事项或内容之约定

主要有两类：一类是“离婚约定”条款，例如，“必须同意离婚，别无选择”之类；另一类是由过错方向无过错方支付扶养费等其他内容。

“忠实协议”中不能以协议约定形式剥夺和限制一方的人身权利。例如，剥夺和限制自然人的基本人身权利(人身自由权、身体权、探视权、继承权等)的条款，将属无效条款。

“忠实协议”中不宜出现因为一旦被认定为涉及离婚条款，就给了对方“反悔”的可能。法律通常支持这种“反悔”离婚。为避免法院认定协议中的财产分割条款属于离婚条款，建议夫妻双方在“忠实协议”中如是约定：“若一方出现违反忠实义务的情形，则自愿遵从如下财产约定：……”如此一来，则转化为夫妻财产约定，受法律保护。

总而言之，准备结婚的男女或者夫妻双方签署“忠实协议”，其本意是为了保护婚姻稳定和维护家庭和睦，它反映出民众法制意识的提高。正确运用法律工具，才能真正保护自身的合法权益。“忠实协议”不得违反法律法规强制性规定，否则，将导致协议全部或者部分无

效。不宜在“忠实协议”中约定对违反约定者施以极其严苛的条件，例如，要求支付天价“赔偿款”等；若违约者根本无相应承担能力，反而容易导致其产生“无所谓”心理——反正赔不起，索性不当回事。本应占据优势地位的无过错方提供部分甚至全部条款无效的“忠实协议”去主张权利，将得不到法院支持，令人遗憾。

第三节　本条的典型案例

本节主要讨论夫妻忠实协议是否具有法律约束力。夫妻忠实协议是指鉴于婚姻双方不信任或为提醒任何一方不得实施不忠诚行为而签订的书面协议，协议中往往约定违反忠诚义务一方(即所谓的“出轨方”)要向另一方承担赔偿金，或者放弃部分或全部夫妻共同财产中的应得份额。最近二十年间，夫妻签订“忠实协议”现象增多。司法审判实践中，法院对待“忠实协议”的态度从保守转向开明，从早期认定“忠实义务属道德义务而非法律义务”，转变为“忠实协议也是一种合同，如无无效事由，应受法律保护”。然而，不同地区的人民法院对于忠实协议效力的认定并不一致，归纳起来，有下列三种不同立场：有效、无效、回避评判。

一、裁定夫妻忠实协议有效的案例

这种观点认为，只要忠实协议当事人双方是经过平等协商而自愿签订的忠实协议，且内容不违反法律禁止性规定，不损害他人利益，该协议或者协议约定的财产条款被认定是有效的，对当事人双方有约束力。

(一)案例1：(2014)浙金民终字第723号

【案情概要】

该案争议焦点是原、被告双方分别于2009年8月12日和2009年9月5日签订的《约定》及《协议书》所包含的忠实协议的效力问题。《婚姻法》第4条规定“夫妻应当相互忠实”，第46条规定“重婚、有配偶者与他人同居的，无过错方有权请求损害赔偿”。根据该规定，夫妻一方存在婚外情，违反夫妻忠实义务，情节达到“重婚”和“与他人同居”等严重程度，导致离婚的，无过错方有损害赔偿请求权。

【裁判观点】

该案原告先后与曹某某、陈某某关系暧昧，且与陈某某开房同居，但未达到“重婚”或“与他人同居”等情节严重的情形，该情形下，被告可否要求损害赔偿，法律未明文禁止。原、被告双方经过协商约定，一方违反忠实义务的，应向另一方支付精神损害赔偿，系双方对忠实义务的量化，没有违反法律的禁止性、效力性规定。关于精神损害赔偿的数额，根据《最高法院适用〈婚姻法〉解释一》第28条“涉及精神损害赔偿的，适用最高人民法院《关于确定民事侵权精神损害赔偿责任若干问题的解释》的有关规定”的规定，本案中，原、被告双方约定的精神损害赔偿数额过高，应根据民事侵权精神损害赔偿数额的确定原则，结合双方约定及当地社会经济水平、对方当事人的承受能力等酌情确定，根据本案案情，原审法院酌情确定精神损害赔偿的数额为20万元。

（二）案例 2：(2015)沧民终字第 268 号

【案情概要】

陈某诉至法院请求解除与高某的婚姻关系，并举出双方所签忠实协议，请求按照协议分割财产。

【裁判观点】

该案历经一审、二审，人民法院均认为，只要忠实协议是双方在平等自愿未受任何胁迫的前提下作出的真实意思表示，且内容没有违反法律禁止性规定，也不损害他人和社会公共利益，符合合同法规定的全部生效要件，就应当受到法律的保护。

（三）案例 3：李某、段某离婚后损害责任纠纷二审民事判决书，(2018)黔 01 民终 5882 号①

【案情概要】

李某、段某原系夫妻关系。原、被告于 2014 年 9 月 9 日登记结婚后，2015 年 9 月 16 日在贵州省贵阳市清镇市民政局办理了离婚手续。不久，双方办理复婚登记手续。段某于 2015 年 12 月 9 日向李某出具协议一份。该协议载明“协议本人段某向李某保证李某名下所有债务由段某承担，不能找理由推脱，不得因任何理由拖欠李某名下所有债务并且如李某发现段某有不忠行为，或出轨的举动，本人段某净身出户，所有财产归李某所有，并且赔偿李某 30 万元整，此协议由签订当日有效并生效。保证人：段某　日期 2015 年 12 月 9 日”。2016 年 8 月 29 日，李某向清镇市人民法院起诉离婚。段某不同意离婚，辩称双方夫妻感情尚好。一审法院审理后，查明在李某与段某离婚诉讼期间，段某于 2016 年 10 月 23 日与其他女性在清镇市某酒店开房过夜，存在有违夫妻间相互忠实的行为；作出(2016)黔 0181 民初 1721 号民事判决书，判决准许李某与段某离婚。段某不服一审判决，提起上诉。贵阳市中级人民法院作出〔2017〕黔 01 民终 580 号终审判决，判决“驳回上诉，维持原判”。李某以上述两份判决书均认定段某在婚姻关系存续期间有出轨的行为，诉请赔偿金 30 万元。

【裁判观点】

李某与段某离婚后损害赔偿纠纷案中，一审法院认为，李某与段某原系夫妻关系，本应互相忠实，相互尊重。段某在与李某夫妻关系存续期间，与其他女性在酒店开房过夜，虽是在双方感情已出现裂痕和在诉讼离婚期间，也违背了夫妻间相互忠实的义务，确给李某造成一定的精神损害，应给付李某一定的精神损害赔偿金。李某主张的赔偿金 30 万元过高，结合双方感情状况以及清镇市当地平均生活水平，酌情支持 20000 元。对段某辩称的出具协议并非其真实意思表示，系受到李某逼迫书写以及按手印，对此段某未提供相应证据予以佐证，对其辩称意见，不予采信。

李某不服贵州省清镇市人民法院(2018)黔 0181 民初 787 号民事判决，向贵阳市中级人民法院提起上诉。上诉人李某以被上诉人段某在婚姻关系存续期间有出轨行为，向法院提起诉讼，请求判令段某按其所写《协议书》赔偿上诉人李某 30 万元。被上诉人段某主张该协

① 贵州省贵阳市中级人民法院(2018)黔 01 民终 5882 号民事判决书，中国裁判文书网，http://wenshu.court.gov.cn/website/wenshu/，下载日期：2019 年 10 月 2 日。

议是受胁迫所写，其并未提供证据支持其主张。上诉人李某依该《协议书》要求被上诉人段某赔偿其30万元，也应当符合法律规定。我国《婚姻法》第46条规定："有下列情形之一导致离婚的，无过错方有权请求损害赔偿：（一）重婚的；（二）有配偶者与他人同居的；（三）实施家庭暴力的；（四）虐待、遗弃家庭成员的。"法律对无过错方请求损害赔偿适用条件、情形作了明确规定。《最高人民法院关于适用〈中华人民共和国婚姻法〉若干问题的解释（一）》第28条规定：《婚姻法》第46条规定的"损害赔偿"，包括物质损害赔偿和精神损害赔偿。涉及精神损害赔偿的，适用最高人民法院《关于确定民事侵权精神损害赔偿责任若干问题的解释》的有关规定。《最高人民法院关于适用〈婚姻法〉解释一》第30条规定：符合《婚姻法》第46条规定的无过错方作为原告基于该条规定向人民法院提起损害赔偿请求的，必须在离婚诉讼的同时提出。本案中被上诉人段某在离婚诉讼期间，被发现有出轨行为，上诉人李某在离婚诉讼时，并未提出该主张。鉴于被上诉人段某并未提出上诉，原判酌情考虑由被上诉人段某赔偿精神损害赔偿金20000元给上诉人李某，法院予以维持。对于上诉人李某二审所提交证据及主张，与本案无直接关联，法院不予采纳。2018年12月20日，二审法院决定李某的上诉请求不能成立，应予驳回。依照《民事诉讼法》第170条第1款第1项规定，判决"驳回上诉，维持原判"。

（四）案例4：（2019）川01民终1078号

【案情概要】

2015年9月17日，杨某与刘某签订《婚内忠诚协议书》约定："……（3）若在婚姻关系期间，一方经语音、图片、视频、网络短信等其他方式被证明出现精神或肉体出轨的不忠诚现象（包括但不限于婚外情、与他人发生性关系、同居、重婚等行为）或对另一方有家庭暴力、遗弃、虐待等违反夫妻忠诚协议行为的，过错方的全部婚前财产及男女双方的夫妻共同财产将自愿赠与无过错方，归无过错方所有；同时，自协议签订之日后取得的所有财产按此约定内容执行：男方婚前财产包括但不限于：位于成都市××区××路15号万基××2栋××单元××号房产；男女方婚后共同财产包括但不限于存款目前为10万元；……（6）男女双方完全认可、理解本协议书所约定的全部内容，并自愿按本协议书约定的内容执行"。

【裁判观点】

一审法院认为，杨某经一审法院依法传唤，无正当理由拒不到庭参加诉讼，放弃了抗辩、举证质证的权利。刘某、杨某均为具备完全民事行为能力的成年人，签订的《婚内忠诚协议书》系双方当事人真实意思表示，不违反法律、行政法规的禁止性规定，亦无证据证明存在受胁迫、受欺诈、显失公平等情形，合法有效，一审法院予以确认。

根据生效法律文书确认的事实，杨某在婚姻关系存续期间违反了上述协议约定，故应按上述协议约定承担"全部婚前财产及男女双方的夫妻共同财产将自愿赠与无过错方，归无过错方所有"的后果。

二、判决认定忠实协议无效的案例

按照这种观点，夫妻签订的忠实协议或者类似名称的同类约定，仅属于道德要求，不产生法律拘束力，或者虽然认为应当结合案情具体分析，但是，如果当事人一方在离婚诉讼中反悔的，则认定该类协议对当事人双方不具有约束力。

(一)许某与韩某离婚纠纷案,北京市朝阳区人民法院民事判决书,(2014)朝民初字第07259号。①

【案情概要】

在原告许某与被告韩某离婚纠纷案中,原告诉称,其与被告于2011年1月21日登记结婚,由于婚前缺乏了解,缺乏感情基础,导致婚后双方经常因琐事争吵。现夫妻感情已经破裂,请求法院判决解除与被告的婚姻关系,并依法分割夫妻共同财产。被告辩称:同意离婚。2013年1月至4月,原告与以前的网恋女友旧情复燃,被被告发现后,原告多次忏悔,并写信给被告赔礼道歉,还将自己的手机号做了销号处理。2013年9月15日,被告和原告签署夫妻财产及忠实协议,对于财产的组成和忠实义务进行了约定。不久,被告发现原告与天津一客户公司的工作人员有不正当男女关系……原告的种种行为,导致双方感情破裂,极大地伤害了被告的感情,应对被告进行补偿,为此被告要求原告支付被告过错赔偿金5万元。关于财产分配,已经签有夫妻财产及忠实协议,该协议为双方真实意思表示,合法有效,请法院依据法律和协议判决,少分或不分给原告财产。

法院查明:原告和被告于2011年1月21日登记结婚。婚后未生育子女。现原告以夫妻感情彻底破裂为由诉至法院要求离婚,被告表示同意离婚。诉讼中,双方争议焦点如下:"一、原告是否存在对婚姻不忠的行为。被告主张原告在婚姻关系存续期间与两名女性存在暧昧关系,对婚姻不忠。为证明自己主张,被告提交了QQ聊天记录、书信、通信业务收据、短信息照片、通话记录、影像资料等。原告均不予认可。二、夫妻共同财产状况及分割方案。1.被告主张双方曾就夫妻共同财产的分割达成一致并签订书面协议。被告提交的证据显示,原告和被告于2013年9月15日签订《夫妻财产及忠诚协议》,内容为:'一、关于财产。①许某的婚前财产为18万元人民币。其余的婚姻中的财产均为韩某的婚前财产。②在婚后夫妻曾共同经营一店面,赔8万元人民币。婚后共同炒股赔4.5万元人民币,婚后共同所买在怀柔的一户农家院,许某愿无偿赠与韩某。③夫妻双方在2012年所购买的、位于北京市朝阳区××路405号的房产。首付款(含首期房款、中介费、装修费、税)均为韩某的婚前财产所付。购房资格为许某所有。二、关于忠诚。夫妻双方在婚姻中必须尽对方的忠诚义务。双方均表示,自领取婚姻登记证后,不曾也不会与异性有婚外情、婚外性、一夜情及暧昧及嫖娼行为。如有违反,则违反一方无条件与对方离婚,并放弃婚后财产。三、关于孩子。鉴于对孩子有利的原则,如男女双方在签订本协议一年内,无违反第二条款的情况,且男方保证对两个孩子平等对待、努力协调与父母关系不和谐现状的条件下,双方应积极生育一子女。男女双方均对本协议无任何异议并自愿遵守。'原告认可该协议的真实性,但主张协议签署的背景是双方正在闹矛盾,被告怀疑原告存在婚外情并答应给原告生育子女,原告并未看清协议内容就签了字……"

【裁判观点】

法院认为,婚姻关系的维系以夫妻感情为基础。现原告起诉要求离婚,被告表示同意,

① 北京市朝阳区人民法院(2014)朝民初字第07259号民事判决书,中国裁判文书网,http://wenshu.court.gov.cn/website/wenshu/181107ANFZ0BXSK4/index.html? docId = f5fc8a8691ea4904b93d1e049e6b8509,下载日期:2017年7月23日。

法院不持异议，准予双方离婚。诉讼中，被告主张原告存在婚外性行为，是婚姻的过错方。结合被告就此提交的相关证据，法院认为原告确与其他女性存在暧昧关系，对夫妻感情造成了影响，但原告的行为尚未构成我国《婚姻法》第 46 条规定的情节，故被告要求原告给予损害赔偿的请求，法院不予支持。

离婚时，夫妻的共同财产由双方协议处理；协议不成时，由人民法院根据财产的具体情况，照顾子女和女方的权益的原则判决。关于 2013 年 9 月 15 日双方所签《夫妻财产及忠诚协议》的认定，应当视该协议的具体内容而定，该协议中，部分内容涉及双方婚前、婚后财产的客观情况，部分内容涉及对夫妻共同财产的处分。对于双方结婚之前与结婚之后财产的客观情况，应当结合双方诉讼中提交的证据进行认定；对于夫妻共同财产的处理，现原告方在诉讼中反悔，故不能认定该部分生效，应当根据实际情况进行分割……2014 年 5 月 20 日，一审法院作出判决。

（二）杨某与张某离婚纠纷案，上海市长宁区人民法院民事判决书，(2015)长民四(民)初字第 161 号①

【案情概要】

2015 年 1 月 9 日，上海市长宁区人民法院受理原告杨某与被告张某离婚纠纷案。原告杨某诉称，原、被告于 2009 年经人介绍相识并确立恋爱关系，双方于 2010 年 1 月 30 日登记结婚。在婚姻关系存续期间，被告精神异常，间歇性出现幻觉，长期治疗无效且多次嫖娼，又有严重的家庭暴力行为。原告与被告无法进行正常沟通，致使夫妻感情破裂。故原告诉至法院，要求判令：①准予原、被告离婚；②依法分割夫妻共同财产，即本市闵行区红松路房屋。被告张某辩称，原告在诉状中指控被告精神异常、有嫖娼和家暴的行为均非事实，纯属捏造；被告虽曾签署忠诚协议、保证证明和婚姻承诺书，但均在原告以不让被告睡觉的情况下被迫签订，非被告真实意思表示，无法证明被告有过错，且三方文书均以离婚为前提，故未生效，均不予认可；双方确有矛盾，也曾互殴，但起因系被告发现原告擅自将被告账户内 90 万元转至原告父亲账户所致，原告受伤系因其不慎摔倒，属于意外事故；被告为性生活不和谐确曾就医，但精神正常，具备完全民事行为能力。被告认为，原告擅自在网上及被告单位公布被告隐私，对被告进行侮辱诽谤，对被告的工作和生活带来很大伤害和影响，造成被告经济损失，致使夫妻感情彻底破裂，故同意离婚，并主张分割本市闵行区红松路房屋以及在原告处的 129.43 万元存款。

法院查明，原、被告于 2009 年经人介绍相识恋爱，2010 年 1 月 30 日登记结婚，婚后未生育子女。婚后，双方因性生活不和谐以及原告认为被告有家暴、嫖娼和出轨行为，产生矛盾致夫妻关系不睦。2011 年起，被告曾为夫妻性生活等问题在原告陪同下求医及心理咨询。同年 5 月 26 日，双方签订一份《夫妻相互忠诚协议》，约定双方在婚姻存续期间应互相忠诚，如发生不忠诚婚姻的行为，而离婚时关于孩子、财产和赔偿等问题如何处理也一并予以了约定。同年 11 月 16 日，被告书写一份《婚姻保证证明》，自认婚后曾有两次出轨行为及一次召妓行为，并承诺如再犯则同意离婚以及离婚后全部家庭财产归原告并赔偿等。2012

① 上海市长宁区人民法院(2015)长民四(民)初字第 161 号民事判决书，中国裁判文书网，http://wenshu.court.gov.cn/website/wenshu/，下载日期：2017 年 8 月 11 日。

年7月9日，双方签订一份《婚姻承诺书》，其中提及被告曾经发生召妓行为。

2013年3月13日，双方为家事产生纠纷并互殴，原告因此受伤并报警。2013年7月1日起，双方开始分居。同年8月27日，被告起诉要求离婚及分割夫妻共同财产，同年9月17日，法院判决驳回被告要求离婚的诉讼请求，判决后，双方均未上诉。2014年，被告再次起诉要求离婚及分割夫妻共同财产，同年8月19日，法院判决驳回被告要求离婚的诉请。判决后，双方均未上诉，仍处于分居状态，夫妻关系没有改善。同年9月12日，原告起诉申请宣告被告为无民事行为能力人[(2014)长民四(民)特字第44号]，2015年2月26日，原告撤回申请。原告曾在其网站、微博上公开被告的部分个人情况及上述案件的部分情况。另查明，本市闵行区红松路房屋产权于2011年12月7日被核准登记在原、被告两人名下。审理中，双方就该房产市值未能协商一致，后经法院向原告释明需在指定期间递交房屋评估申请以及不申请的不利法律后果后，原告仍未向法院递交评估申请。被告亦表示本案中不要求法院处理财产。2015年3月11日，被告申请对其本人的精神状况及是否具有完全民事行为能力进行鉴定。同年3月12日，法院依法委托鉴定。同年6月19日，鉴定单位出具司法鉴定意见书，认定被告目前无精神病，且对本案具有完全民事行为能力。

当事人双方就财产分割各执己见，调解不成。

【裁判观点】

法院认为，“原、被告虽系自主婚姻，但婚后因为家庭琐事产生矛盾，致夫妻关系不睦。自2013年7月起，双方分居至今已超过2年。分居期间，双方均未采取有效改善夫妻关系的措施，致夫妻关系恶化，原告现坚持离婚，被告亦同意离婚，故依法应认定双方夫妻感情业已破裂，原告要求离婚的诉请具备事实和法律依据，法院依法予以准许。关于双方签订的《夫妻相互忠诚协议》和被告签署的《婚姻保证证明》，其中所涉财产分割内容，均系以协议离婚为条件。根据《最高人民法院关于适用〈婚姻法〉解释三》的有关规定，如果双方协议离婚未成，一方在离婚诉讼中反悔的，应当认定该财产分割协议没有生效，并根据实际情况依法对夫妻共同财产进行分割。本案中，被告对上述两份证据均不予认可，故法院认定两份证据中涉及的财产分割内容没有生效。鉴于原告未在法院指定期间申请对房屋市值评估，被告亦表示本案中不需要法院分割处理财产，故本案中对夫妻共同财产不予处理，双方可在离婚后另行诉讼”。2015年9月25日，法院依照《婚姻法》第32条规定，判决准予原告杨某与被告张某离婚。

(三)李某与杨某离婚纠纷案，济南市历城区人民法院民事判决书，(2015)历城民初字第950号①

【案情概要】

2015年3月，原告李某向济南市历城区人民法院起诉，请求法院判令准许原告与被告杨某离婚；婚生子由原告李某自行抚养。原告诉称，原、被告于2003年5月7日登记结婚，婚后育有一子李某甲。原、被告仓促结婚，婚后经常因琐事吵架，夫妻感情已彻底破裂。2010年5月，被告杨某曾以夫妻感情破裂为由起诉离婚。原告念及孩子年幼，未同意离婚；

① 山东省济南市历城区人民法院(2015)历城民初字第950号民事判决书，中国裁判文书网，http://wenshu.court.gov.cn/website/wenshu/，下载日期：2017年6月19日。

但之后，原告实在无法忍受被告的种种行为，生活如同煎熬，为此原告于2014年1月12日起诉离婚，法院于2014年4月17日判决不准离婚。双方一直分居至今，夫妻感情确已破裂，故再次起诉离婚。原告从事两份工作，收入足以抚养儿子，能够为儿子提供良好的生活、学习环境，被告杨某无工作及收入，无法独立抚养孩子。被告杨某辩称：①同意离婚，要求孩子由被告抚养，原告每月支付抚养费500元。因为孩子一直由被告抚养，目前已上幼儿园，原告对孩子不管不问，孩子对原告也没有任何感情。②双方及财产问题。……。③原告有出轨行为，和婚外异性王某同居3年，被告发现原告出轨后，原告给被告书写了保证书。该保证书是忠实协议，内容载明孩子和夫妻共同财产全部归被告。原告因为与他人同居，觉着对被告理亏，于2014年2月20日签订了离婚补偿金45000元的欠条。原告李某理应支付该45000元的损害赔偿金。④原、被告有45000元夫妻共同债务，应依法分担。

法院查明，原、被告经人介绍于2002年11月相识，于2003年5月7日登记结婚，婚后于2009年2月27日生育一子李某甲。婚后双方感情尚可。2010年5月，双方因家庭琐事发生矛盾，被告杨某以夫妻感情破裂为由提起离婚诉讼，法院于2010年7月判决不准离婚。2010年8月14日，原告李某向被告杨某书写保证书1份，保证以后与被告杨某一起好好过日子，如其提出分手，孩子、房产均归被告所有。之后，夫妻和好并共同生活。2013年开始，因原告李某与同事王某交往密切，引发了原、被告之间矛盾，双方经常因此发生争执，影响了夫妻感情。双方于2013年年底开始分居生活。其间，被告杨某一直掌握原告李某工资卡至2014年1月。2014年1月20日，原告李某提起离婚诉讼，被告杨某不同意离婚，法院认为双方还有和好可能，于2014年4月17日判决不准双方离婚。判决后，双方未能和好，一直分居至今。另查明，双方分居期间，李某甲随被告杨某生活，现在某幼儿园上大班。被告杨某无固定工作及稳定收入。以上事实，有原告李某提交的户籍证明2份、(2014)历城民初字第156号民事判决书1份，被告杨某提交的结婚证2份及原、被告当庭陈述为证，足以认定。被告杨某提交手机短信照片14张及原告与王某照片1张，称短信为原、被告及王某某之间的通信内容，拟证实原告李某与王某存在婚外情，对夫妻感情破裂存在过错。经质证，原告李某对上述证据的真实性无异议，对证明目的有异议，认为以上证据不能证实其与王某之间有不正当男女关系。经审查法院认为，原告李某对上述证据的真实性无异议，上述证据与本案具有关联性，可予以采信。

被告杨某提交2010年8月14日原告李某书写的保证书复印件1份，称原告李某已保证如果双方分手，孩子和家产全部归被告所有，因此财产应当归被告杨某。经质证，原告李某对该证据真实性无异议，对证明目的有异议，认为该保证书仅仅是当时因双方感情不和情况下其对感情所作的承诺，不是对财产的约定，不能由此认定财产的归属，况且双方也没有什么共同财产。经审查，法院认为，该保证书的真实性可依法确认，但该承诺系2010年8月双方关系不和时，原告李某对感情所作的承诺，其中的财产处理部分，因违反了婚姻自由的原则，不能作为双方离婚时财产处理的依据。……被告杨某提交2014年2月20日原告李某书写的欠条一份，内容为："欠条今欠杨某离婚补偿钱肆万伍仟元正(45000元)，自愿协议离婚。李某2014.2.20日。"主张原告李某应支付离婚精神损害补偿金45000元。经质证，原告李某对欠条真实性无异议，称双方之前想协议离婚，但后来没有达成离婚协议，故不同意支付该补偿款。经审查，法院认为，该款项名为欠款，实为原告李某同意在双方协议离婚的情况下所支付的款项，因双方未能达成离婚协议，故支付款项的条件未成就。

【裁判观点】

法院认为,原、被告经过相互了解后登记结婚,婚后共同养育一子,对于夫妻感情,双方本应好好珍惜,但在双方共同生活期间,由于性格原因,未能正确处理好夫妻关系和家庭矛盾,经常因琐事发生矛盾,影响了夫妻感情。尤其是2012年后因原告李某的生活作风问题,更导致双方矛盾不断,严重伤害了夫妻感情。根据被告杨某提交的手机短信等证据,可以证实原告李某在婚姻关系存续期间与其他女性保持不正当的两性关系,违反了夫妻相互忠实的义务,对于夫妻感情破裂负有主要过错。2014年1月原告李某曾起诉离婚,法院判决不准离婚后,双方没有和好。现原告李某再次起诉离婚,被告杨某也同意离婚,可以认定双方感情确已破裂,因此法院对原告李某要求离婚的诉讼请求予以准许。双方分居已一年半,其间儿子李某甲一直随被告杨某生活,由被告杨某抚养,因李某甲尚年幼,改变生活、学习环境对其成长不利,故李某甲继续随被告杨某生活为宜,原告李某应支付抚养费。被告杨某要求原告李某每月支付抚养费500元,根据双方的具体情况,符合法律规定,法院予以支持。原告李某有权每两周探望一次孩子,被告杨某有协助、配合的义务。关于财产问题,被告杨某主张某庄244号院落房产归其所有,因该院落的宅基地使用权证未下发,被告杨某未举证证实该院落房产属于夫妻共同财产,且对该财产的处理涉及案外人的利益,故本案中法院不予处理。关于共同债务,对于原告李某提及的欠吴某的债务共计68800元,被告杨某认可系在婚姻存续期间原告上学及翻建房屋所借,因该笔债务在另案中已解决且原告李某在本案中也同意由其个人承担,故法院不再予以处理。对于被告杨某提及的欠其大姐杨某甲的债务45000元,因主要发生在双方分居后,原告李某表示对此均不知情,双方争议大,对该债务的认定和处理也涉及案外第三人的利益,因此在本案中法院不予一并处理,权利人可另行依法主张权利。关于被告杨某主张的损害赔偿金45000元,虽原告李某为被告杨某出具过欠条,但同时约定款项的支付以双方协议离婚为条件,因双方未能就离婚协商一致,故支付条件不成就。因原告李某的婚外情系导致双方离婚的主要原因,具有明显的过错,故对于被告杨某要求原告李某支付精神损害赔偿金的诉求,法院酌情支持5000元。

2015年6月26日,济南市历城区人民法院依照《婚姻法》第32条、第36条、第37条、第46条,《最高人民法院关于适用〈婚姻法〉解释三》第14条,《民事诉讼法》第64条第1款规定,判决如下:"(一)准许原告李某与被告杨某离婚。(二)原、被告之子李某甲随被告杨某生活,由被告杨某直接抚养,原告李某自2015年7月起于每月的20日前支付子女抚养费500元,至李某甲独立生活为止。(三)原告李某有权每两周探望一次李某甲,被告杨某有协助、配合的义务。(四)原告李某于本判决生效之日起10日内支付被告杨某精神损害赔偿金5000元。"

(四)颜某甲诉涂某甲离婚纠纷案,云南省施甸县人民法院民事判决书,(2016)云0521民初299号

【案情概要】

在原告颜某甲与被告涂某甲离婚纠纷案件中,原告颜某甲提出诉讼请求:"①原、被告离婚;②儿子涂某乙由原告颜某甲抚养,抚养费由原告自行承担;③婚姻关系存续期间各自经手的债权、债务各自享有及偿还;④确认原、被告签订的《夫妻协议书》无效"。声称"2016年4月15日被告再次对原告实施暴力并威胁原告写下了《夫妻协议书》"。被告涂某甲辩称,

原、被告于2009年通过网上认识后建立恋爱关系，被告打工挣钱供原告读完大学及出国的所有费用，2014年2月11日双方到云南省昭通市镇雄县民政局登记结婚，婚后于2014年10月9日生育儿子涂某乙。双方感情都很好。原告婚前以父母家建盖房屋为由向被告要钱，原告父亲也表示房屋建好以后归原、被告，故被告拿出了32万元建盖房屋。……《夫妻协议书》是原告向被告承认错误自愿写的，被告从未用菜刀威胁、砍过原告。被告2014年2月跟随原告来云南保山生活。同年10月9日生育涂某乙，儿子一直由被告抚养照顾。原告对被告及儿子漠不关心。生意难做，欠下许多债务，至今被告共欠下债务2652000元。如果原告按照《夫妻协议书》赔偿被告100万元并共同承担所有债务，将珠宝返还被告，儿子由被告抚养，原告不需要支付抚养费。被告就同意离婚。

【裁判观点】

法院认为，“夫妻间应当互相忠实，互相尊重；家庭成员间应当敬老爱幼，互相帮助，维护平等、和睦、文明的婚姻家庭关系”。……被告提供的《夫妻协议书》复印件（B7证据）“虽与原件核对无异，但该《夫妻协议书》中约定的赔偿事项于法无据，法院对该证据的合法性不予确认、对其证明目的不予采信”。法院认为……“（四）关于确认《夫妻协议书》无效的问题。法院认为夫妻共同生活中避免不了发生互不信任的情况，但该协议中约定‘原告不得再欺骗被告，否则赔偿被告100万元’、‘如果原告父母找被告闹事，由原告父女一起承担责任，赔偿被告100万元’的内容是道德义务，不是法律义务，法律毕竟不是万能的，它无法调整和规制夫妻双方的道德义务。在婚姻法及其他民事法律规定中，只是规定对夫妻财产可以进行约定，对夫妻之间的忠实义务未规定可以采用约定的制度，且在夫妻关系存续期间的无过错方有权请求损害赔偿的情形，除婚姻法第四十六条规定的情形外，夫妻一方在离婚案件中以对方违反忠实协议或违背忠实义务为由主张赔偿于法无据。故对被告涂某甲要求原告颜某甲赔偿损失100万元的答辩主张，法院不予确认”。2016年7月20日法院作出判决，准许双方离婚。①

三、不评判忠实协议及其效力的案例

（一）边甲与崔某离婚纠纷，上海市浦东新区人民法院民事判决书，（2018）沪0115民初10363号②

【案情概要】

在原告边甲诉被告崔某离婚纠纷案中，原告边甲提出诉讼请求：①判令解除原告与被告的婚姻关系；②判令婚生子边某乙由原告抚养，被告每月支付抚养费2500元；③判令依法分割夫妻共同财产，即原、被告双方均分上海市浦东新区成山路××弄××号××室房屋，产权归原告所有，原告给予被告相应补偿款。原、被告婚后经常为生活琐事争吵致使夫妻感情破裂，原告于2017年4月向法院提起离婚诉讼，2017年6月19日法院驳回了原告的离婚

① 云南省施甸县人民法院（2016）云0521民初299号民事判决书，中国裁判文书网，http://wenshu.court.gov.cn/website/wenshu/，下载日期：2018年8月16日。

② 上海市浦东新区人民法院（2018）沪0115民初10363号民事判决书，中国裁判文书网，http://wenshu.court.gov.cn/website/wenshu/，下载日期：2020年1月30日。

诉请。判决生效后的半年内,原、被告夫妻感情未有好转,且双方实际分居已近一年,被告在此期间也未有改善夫妻关系的行为。故第二次起诉离婚。原告在某公司工作,月收入 1.8 万元。被告崔某辩称,同意离婚;前次离婚诉讼后孩子与被告一起共同生活,被告有能力独立抚养孩子,要求孩子抚养权归被告并由原告按月支付抚养费 3000 元;被告在某公司工作,月收入 8000 元;原告陈述的房屋购买时间、贷款情况是对的,对原告主张的房屋价值没有异议,双方婚内约定上海市成山路××弄××号××室房产归被告,故该房屋应该由被告获得其产权,原告当年的出资,被告可以以债权形式给付原告;原告与其他女性暧昧,违背了夫妻忠诚义务,且向案外人转账支付了 17.1 万元,其转移了夫妻财产。

法院认定如下事实:对于当事人双方没有争议的事实,予以确认。原告对其诉讼主张提供了以下证据:结婚证、原告网购婴儿用品清单、户籍信息、原告银行交易明细、收款收据、《房屋买卖合同》、《住房公积金个人住房抵押担保借款合同》、原告 2017 年 5 月至 2018 年 1 月还款银行流水、淘宝购买清单、火车票照片、照片、公积金还贷明细、上海萧纳文化传播有限公司工商登记档案材料、《股权转让协议》、上海相悦网络科技有限公司收入证明。经质证,被告表示原、被告当时购房的出资比例与原告描述不符,事实是……从上次判决至今,孩子一直跟着被告生活,原告一直没有照顾小孩;对原告提供的其他证据真实性无异议。经审查,原告提供的证据真实。被告对其诉讼请求提供了被告银行交易明细、《夫妻忠诚协议》、《婚内财产分割协议书》、原告短信及截图、被告购物凭证、被告与孩子合影、原告银行转账给案外人凭证、原告银行卡照片、宜信卓越财富投资管理(北京)有限公司上海黄浦分公司在职证明及劳动合同、上海市房地产权证。经质证,原告表示对汇款记录真实性没有异议;……夫妻间协议是原告在被告胁迫下,为维持家庭稳定的情况下被迫签订,忠诚义务是道德义务,该协议签订并非原告的真实意愿,是无效的;照片真实性不予认可;……经审查,被告提交的证据真实。法院查明事实如下:原、被告于 2014 年 3 月 26 日登记结婚,2014 年 11 月 18 日生育儿子边某乙。原、被告于 2015 年 3 月以 250 万元的价格购买上海市浦东新区成山路××弄××号××室房屋,并经有关房屋行政管理部门核准于 2015 年 5 月 20 日登记成为该房产共有人,房屋现价值为 480 万元,由被告实际居住,截至 2018 年 5 月,尚有购房商业贷款本金 711335.86 元、公积金贷款本金 418530.57 元债务未偿还。2016 年 7 月 8 日,原、被告签订《婚内财产分割协议书》,其中第六条约定,经双方确认,产权登记为男女双方的上海市浦东新区成山路××弄××号××室房屋以及房屋内的一切装修、家具、家电均系女方财产,不作为夫妻共同财产。婚后共同生活中,原、被告因故发生矛盾,原告曾起诉要求离婚但未获法院支持。……

【裁判观点】

浦东新区法院认为,"我国法律规定了婚姻自由原则,原、被告婚后发生矛盾,在前次离婚诉讼后夫妻关系未获改善,现被告同意离婚,故法院对原告要求离婚的诉讼请求予以准许。原告要求离婚后孩子随其共同生活,考虑小孩年幼且现随被告共同生活,从有利于小孩生活和成长等因素和原则出发,确定小孩随被告共同生活,并根据原、被告收入情况,对被告要求原告每月支付孩子抚养费 3000 元的诉讼主张予以支持。原、被告婚后购买上海市浦东新区成山路××弄××号××室,因该房屋权利人登记为原、被告夫妻两人,即便原、被告父母有所出资,依法均应视为对原、被告夫妻的赠予。综合考虑原、被告婚内对该房屋的财产约定、被告愿意支付原告房屋补偿款、双方确认一致的房屋价值等因素,同时遵循分割夫妻

财产应照顾子女和女方权益的原则,法院确认上海市浦东新区成山路××弄××号××室房屋可归被告所有,并酌定被告支付原告上述房屋分割款180万元,房屋剩余贷款由被告崔某负责偿还”。2018年7月2日,法院依照《婚姻法》第32条、第36条、第37条、第39条,《民事诉讼法》第64条第1款之规定,判决如下:“一、准予原告边甲与被告崔某离婚;二、原告边甲与被告崔某所生儿子边某乙随被告崔某共同生活,原告边甲自2018年7月起按月给付子女抚养费3000元,至边某乙满18周岁时止;三、原告边甲与被告崔某名下上海市浦东新区成山路……室房屋中原告边甲的产权份额归被告崔某所有,自2018年6月起的购房剩余贷款全部由被告崔某负责偿还;四、被告崔某于本判决生效后10日内支付原告边甲房屋分割折价补偿款180万元,原告边甲于本判决生效后1个月内配合被告崔某办理上海市浦东新区成山路××弄××号××室房地产权变更登记手续”。

【简要评议】

在该案中,浦东新区法院没有评判《夫妻忠实协议》是否有效。无论是在事实认定、证据采信与否,以及判决主文中,均不涉及忠实协议约定的任何内容及效力。对出现在该案件中《夫妻忠诚协议》,采用避而不见的态度,着实有些出乎意料。

(二)李某与汪某离婚纠纷案,河南省新郑市人民法院民事判决书,(2015)新民初字第4332号[①]

【案情概要】

在原告李某诉被告汪某离婚纠纷案中,原告李某诉称,2011年7月6日,经人介绍原告与被告相识并结婚。婚后生育一女孩,取名李某甲。由于婚前缺乏了解,婚后夫妻之间性格不合,常因生活小事生气吵架。夫妻之间不但没有产生夫妻感情,而且被告从结婚之日就已制定了《夫妻忠诚协议》这种远离社会、远离人间交往的规定,原告无法与被告沟通,导致夫妻感情彻底破裂。无奈,原告向法院起诉,请求依法判令原、被告离婚;婚生女由原告抚养;被告依法承担抚养费;依法分割财产。被告汪某辩称,被告不同意离婚,原告诉状所讲不属实。第一,《夫妻忠诚协议》是2015年9月2日才制定的;第二,被告汪某与原告相识是2010年11月28日,结婚时是28岁,均已成年;第三,从原、被告结婚起,被告汪某为原告偿还了20多万元债,如果没有感情,哪会有孩子?

新郑法院审理查明,原、被告经人介绍相识,2011年7月6日在新郑市民政局办理结婚登记手续。婚后于2012年5月24日生育一女,取名李某甲。婚后双方因家务琐事生气、打架。现原告李某以夫妻感情破裂为由提起诉讼,要求与被告汪某离婚。以上事实有当事人陈述、婚姻登记审查处理表、治安案件调解协议书、夫妻忠诚协议、短信记录等证据予以证实。

【裁判观点】

新郑法院认为,“婚姻以夫妻感情为基础。原、被告感情是否破裂,应当从婚姻基础、婚后感情、离婚原因、夫妻关系现状及有无和好可能等方面综合分析。原告李某与被告汪某经过一段时间的了解方登记结婚,婚后又生育有一个女儿,双方应具有一定的感情基础。根据

---

① 河南省新郑市人民法院(2015)新民初字第4332号民事判决书,中国裁判文书网,http://wenshu.court.gov.cn/website/wenshu/,下载日期:2018年7月7日。

原、被告陈述及法院查明的情况,不足以证实双方的夫妻感情确已破裂。虽因家务琐事生气打架,只要双方能互让互谅,正确处理双方之间的矛盾,相互进行沟通,还是有和好的可能,同时从有利于孩子成长的角度考虑,应不准离婚为宜”。2015 年 12 月 17 日,河南省新郑市人民法院依照《中华人民共和国婚姻法》第 32 条规定,判决如下:不准原告李某与被告汪某离婚。

【作者点评】

在该案件中,当事人双方均承认签订了《夫妻忠诚协议》,法院认定事实时,也确认有《夫妻忠诚协议》这份证据,但是,法院阐述“应不准离婚为宜”的理由时,并未涉及该协议。有一种可能是,因为判决结果是驳回原告离婚请求,故未评判该《夫妻忠诚协议》是否有效。但是,从另一个角度讲,原、被告对该协议的看法有明显差异,原告认为他们之间的这份协议是“远离社会、远离人间交往的规定”,是使得她与丈夫不能不沟通交流的原因之一,也是导致其认定夫妻感情已经破裂而发动离婚诉讼的依据之一,法院期待当事人双方和好,就应该对该份协议有所评价。然而,法院未作任何评价。此乃不免有些遗憾。

四、夫妻一方与他人生育试管婴儿是否违反夫妻忠实而构成过错行为

在辽宁省大连市中级人民法院审结的穆某与范某离婚纠纷二审民事案件中,夫妻一方指控另一方与他人生育试管婴儿,构成重婚;他方认为是对方无故拒绝生育,其行为不违法。法院认为,夫妻一方与他人生育试管婴儿的行为不能构成重婚,但该行为有一定过错,也必定会给配偶另一方造成伤害,考虑到过错配偶的过错程度和双方财产,酌情多分给无过错配偶 50 万元。①

【案情概要】

原告穆某向大连市沙河口区人民法院(以下简称沙河口法院)起诉,请求判令:①原告与被告离婚;②下列夫妻共同财产归原告所有:原告婚前购买的大连市沙河口区××街 70 号 3 单元 9 层 2 号房屋(市值 150 万元),婚后共同还贷 333759.27 元的升值部分 110 万元,原、被告婚后购买的沈阳市和平区××路 25-2-1 号车库与沈阳市和平区××路 25-2 号 1-4-1 房屋(市值共计 220 万元),原、被告婚后购买的沈阳市和平区××街 89-1 号 306 室房屋(市值 140 万元),原、被告婚后购买的沈阳市东陵区××街 29 号 828 室房屋(市值 25 万元),原、被告婚后购买的沈阳市于洪区××路 112-28 号 1 门房屋(市值 450 万元)及该房屋内原有装修装饰物品、红木家具、家用电器、邮票、钱币、茶叶等,原、被告婚后购买的辽 A××××× 号宝马轿车(市值 8 万元),业主为原告的开原捷能灯具厂所占工业用地土地使用权 5353 平方米及地上建筑物,村民房屋四处,20 亩山林承包经营权(市值 800 万元)。③因被告在婚姻关系存续期间存在重婚行为并实施家庭暴力等过错情形,请求依法判令被告赔偿原告 200 万元。原告诉称:原、被告于××年××月××日登记结婚,原告系初婚,且于婚前购买住房一套,被告系再婚。婚后初期双方感情较好,先后投资设立几家公司,并在沈阳购买多套房产和车库、在开原市购买使用权土地一处、四处民房、承包 20 亩山林地等。在建开原四合院过程中,双方矛盾日渐增多。2012 年 4 月,被告不顾原告反对,坚持建四合院,并搬至

① 辽宁省大连市中级人民法院民事判决书,(2015)大民一终字第 1702 号,中国裁判文书网,http://wenshu.court.gov.cn/website/wenshu/,下载日期:2017 年 2 月 16 日。

四合院施工现场居住，双方感情逐渐冷淡。2012 年 11 月，原告从被告口中得知，被告在与原告婚姻关系存续期间竟然与多人保持不正当男女关系，甚至与其中一女(孟某)于××年××月生有一女，并为孟某在沈阳购置多处房产。被告的行为严重违背了夫妻之间的忠实义务并侵害了原告的合法权益。更让原告难以接受的是被告竟然因与原告协商离婚未果对原告采取殴打、恐吓以及砸坏原告宝马轿车等行为，甚至向原告父母家打电话时使用过激语言致使原告父亲住院，最后医治无效去世。无奈之下，原告于 2011 年 11 月离开双方共同居所。在诉讼期间，被告竟然将装修完好的位于沈阳市于洪区××路 112-28 号原、被告共有房产内的装修物品全部拆除，并将屋内家具、家电、物品、用品等部分隐藏、部分转移至开原四合院内。综上所述，被告在婚姻关系存续期间与他人以夫妻名义同居并生育子女的重婚行为，以及对原告实施家庭暴力等过错行为，导致双方感情确已破裂。原告所提供的证据可以证明被告在与原告分居以后，特别是在原告起诉离婚后存在严重的隐藏、转移、毁损夫妻共同财产行为。依据《婚姻法》第 32 条、第 46 条、第 47 条之规定，被告应不分或少分夫妻共同财产，并应向原告承担赔偿责任。

被告范某辩称：①同意离婚；②请求判令下列夫妻共同财产归被告所有：原告婚前购买大连市沙河口区××街 70 号 3 单元 9 层 2 号房屋(市值 150 万元)的婚后共同还贷部分的升值额 1253517 元，原、被告婚后购买的沈阳市和平区××25-2-1 号车库与沈阳市和平区××路 25-2 号 1-4-1 房屋(市值共计 220 万元)，原、被告婚后购买的沈阳市和平区××街 89-1 号 306 室房屋(市值 140 万元)，原、被告婚后购买的沈阳市东陵区××街 29 号 828 室房屋(市值 25 万元)，原、被告婚后购买的沈阳市于洪区××路 112-28 号 1 门房屋(市值 450 万元)及该房屋内原装修装饰物品和家具等财产，原、被告婚后购买的辽 A×××××号宝马轿车，业主为原告的开原捷能灯具厂所占工业用地土地使用权 5353 平方米及地上建筑物，村民房屋四处，20 亩山林承包经营权，原告银行账户余额 290637 元。③原告隐藏转移的 28046750 元应由原告和被告按 4∶6 比例分割。事实与理由如下：原告和被告结婚是一个骗局，因原告偷录有关领导的谈话，私刻和使用国家机关和其他单位的印章，为自己谋取非法利益，被告与原告发生过争执。被告从未与他人有不正当关系，也未对原告实施过家庭暴力。婚后原告拒绝生育子女，并提出找人代孕生育，被告也未给孟某购买过房屋。被告不具有《婚姻法》46 条规定的过错损害赔偿情形。

沙河口法院认定：①被告不构成重婚。经法庭查实，为办理试管婴儿生育手续提供的结婚证是虚假证明文件，不具有真实性与合法性，而且被告有证据证明孟某自 1990 年至今一直未登记结婚，故原告主张被告重婚没有事实依据。②被告不构成“有配偶者与他人同居”，沈阳盛京医院的住院病历证明孟某生育的是试管婴儿。试管婴儿是“体外受精—人类辅助生育技术”，男女之间不发生性行为。孟某自述“未避孕三年未孕”，只是为了满足试管婴儿的生育条件而向医疗机构虚构的事实，与原告待证事实没有关联性。原告于原审中自认与被告从 2012 年 4 月开始分居，而试管婴儿于××年××月已出生，证明被告与孟某不可能持续稳定地共同居住。原告在没有其他证据佐证的情况下，不能以此证明被告与孟某持续稳定地共同居住。因试管婴儿不属于过错损害赔偿的情形，故原告对试管婴儿是否知情，与过错赔偿的认定没有关联性。③被告没有实施家庭暴力。现原告没有提供有效的证据证明被告实施了家庭暴力，原告以家庭暴力为由主张过错损害赔偿，没有事实依据。原告主张沈阳市于洪区阳光路房屋中的财产在被告处，请求返还证据不足。财产分割的前提是财产的

数量、价值及存在状态具体明确。原告举证不能,即应当承担对己不利的后果。原告隐藏、转移夫妻共同财产中的银行存款,数额巨大,属于无效民事行为。原、被告在原审中一致认可 3000 元为家事代理权的最高限额,对 3000 元以下的账户支出,各自均有处分权,无须征得另一方同意;但对超过 3000 元以上部分的账户支出,则应征得另一方同意,一方擅自处分的无效。一审法院依据双方当事人申请,分别调取了双方自结婚之日起至诉讼之日止的银行账户交易记录,并经双方统计确认了对方银行账户支出数额,即原告账户支出额为 41711901 元,被告账户支出额为 2774846 元,原告于审理中均予以承认,事实清楚。

沙河口法院认为,……原告提交的手机短信记录,不是原始载体,不足以证明被告实施家庭暴力和与他人生育 2 名非婚生子女的主张;原告提交的照片,虽可以显示宝马轿车损坏及原告受伤的状况,但不能证明损害结果系被告的行为造成;原告提交的医学证明,不能证明被告系与孟某同居生活并生育子女。原、被告婚后因生活琐事发生争执,已长期分居生活,夫妻感情确已破裂,现原告请求离婚,被告表示同意,应予照准。《婚姻法》第 46 条规定,"有下列情形之一,导致离婚的,无过错方有权请求损害赔偿:(一)重婚的;(二)有配偶者与他人同居的;(三)实施家庭暴力的;(四)虐待、遗弃家庭成员的"。重婚是指有配偶又与他人结婚或者明知他人有配偶而与之结婚的行为。有配偶者与他人同居的情形,是指有配偶者与婚外异性,不以夫妻名义,持续、稳定地共同居住。家庭暴力是指行为人以殴打、捆绑、残害、强行限制人身自由或其他手段,给其家庭的身体、精神等方面造成一定伤害后果的行为。原告主张被告在婚姻关系存续期间与他人同居并生育子女构成重婚,现已查明人类辅助生殖病历中所载被告与孟某的结婚证书系伪造证件,二人所生子女系试管婴儿,原告现有的证据不足以证明被告实施了《婚姻法》第 46 条所列举的相关行为。原告请求被告赔偿过错损害 200 万元,没有事实和法律依据,法院不能支持。被告虽主张与他人生育试管婴儿系基于原告的提议与同意,但没有提供相关证据予以证明,故对被告所主张的上述事实,不予认定。但被告与他人生育试管婴儿,对夫妻感情产生一定不利影响,因而在分割夫妻共同财产时,酌定原告可多分得 50 万元。《婚姻法》第 17 条第 2 款规定,夫妻对共同所有的财产,有平等的处理权。《最高法院适用〈婚姻法〉解释一》第 17 条第(二)项对婚姻法该条款的理解为,夫或妻非因日常生活需要对夫妻共同财产做重要处理决定,夫妻双方应当平等协商,取得一致意见。《最高人民法院执行〈民法通则〉意见》第 89 条规定,共同共有人对共有财产享有共同的权利,承担共同的义务。在共同共有关系存续期间,部分共有人擅自处分共有财产的,一般应认定无效。按照上述法律规定,原、被告对非因日常生活需要的银行取款,均应当作出合理解释,并提交有效证据证明,否则,应当认定该银行取款仍为一方占有的夫妻共同财产,离婚时应依法予以分割。双方均确认沈阳市东陵区××街 29 号 828 室房屋、沈阳市和平区××街 89-1 号 306 室房屋、沈阳市于洪区××路 112-28 号 1 门房屋、沈阳市和平区××路 25-2 号-1 号车库与沈阳市和平区××路 25-2 号 1-4-1 房屋为夫妻共同财产,并对上述财产的价值形成合意,应当依法合理分割。《最高人民法院关于适用〈婚姻法〉解释三》第 10 条规定,"夫妻一方婚前签订不动产买卖合同,以个人财产支付首付款并在银行贷款,婚后用夫妻共同财产还贷,不动产登记于首付款支付方名下的,离婚时该不动产由双方协议处理。依前款规定不能达成协议的,人民法院可以判决该不动产归产权登记一方,尚未归还的贷款为产权登记一方的个人债务。双方婚后共同还贷支付的款项及其相对应财产增值部分,离婚时应根据婚姻法第三十九条第一款规定的原则,由产权登记一方对另一方进行补偿"。大连市

沙河口区杨树南街70号3单元9层2号房屋系原告婚前签订的购房合同及贷款合同,虽权属登记在婚后,但权利人登记为原告,在双方离婚后该房屋应归原告所有。现双方均确认该房屋现市值为150万元,购房价款为399387.60元,婚后共同还贷333759.27元。因婚后还贷增值为1253517元,故原告应偿付被告1/2即626758元。车牌号为辽A×××××号宝马轿车一直由原告驾驶,可归原告所有,按双方确定的市值,原告给付被告折价款4万元。

原审原告穆某(女)与原审被告范某(男)离婚纠纷一案,大连市沙河口区人民法院于2015年7月14日作出(2014)沙审民初字第52号民事判决,穆某不服该判决,向辽宁省大连市中级人民法院(以下简称大连中院)提起上诉。

穆某上诉的理由及请求是:一审法院认定事实错误。被上诉人范某与上诉人穆某婚姻关系存续期间存在事实重婚行为,一审判决认定范某不存在重婚情形属于事实认定错误。被上诉人范某在与上诉人穆某婚姻关系存续期间存在家庭暴力情形,一审法院认定范某不存在家庭暴力情形属认定事实错误。被上诉人范某在与上诉人穆某婚姻关系存续期间存在多种过错情形,上诉人穆某作为无过错方依据《婚姻法》第46条之规定有权主张损害赔偿,根据当事人双方的财产状况,上诉人主张200万元的损失赔偿额度合理合法,应当得到支持。一审法院对被上诉人范某毁损、隐藏、转移夫妻共同财产的行为不予认定显属错误。被上诉人范某私自拆除双方碧桂园别墅内装修、家具,并将拆除的物品及用品搬至原四合院内。被上诉人范某存在多次严重毁损夫妻共同财产的行为,同时存在隐藏、转移夫妻共同财产情形,在离婚分割夫妻共同财产时,被上诉人范某应当不分或者少分。一审法院认定上诉人穆某对其与被上诉人范某整个婚姻关系存续13年期间银行卡交易记录支出的合理性承担举证责任,属于适用法律错误。一审期间,上诉人穆某已经向法院提交了书面的质证意见,客观全面地表明了观点,但一审法院对上诉人穆某的质证意见在判决书中没有作任何表述和评判,当然也没有给出任何理由,仅以原一审诉讼中查明的情形和上诉人穆某与被上诉人范某均未提供相应证据从而错误地适用了《最高法院执行〈民法通则〉意见》之规定,以上诉人穆某处分行为无效为由,判令上诉人穆某分得大部分已经不存在的银行交易记录,丧失其他全部固定资产的分配权利,导致最后结果是上诉人穆某不但没分得任何财产还要另向被上诉人范某支付几百万元,严重违反了民事诉讼中的公平原则和《婚姻法》第39条规定的照顾女方权益原则。一审判决对上诉人穆某银行存款余额290637元用于诉讼期间日常生活支出,以及缴纳诉讼费、律师费认定为上诉人穆某擅自处分,应属无效,系适用法律错误。即使按照平均分配原则,一审判决判令上诉人穆某婚前购买房产,婚后共同还贷,上诉人穆某应返还被上诉人范某升值部分数额存在计算错误,应当为550257元,非一审法院计算的626758元,应当予以纠正。关于开原四合院应当一并予以分劈。一审判决对双方四合院因价值没有达成一致意见未予处理显系不当。请求撤销一审判决第二至十一项判决内容,依法改判。

范某二审答辩意见为:被上诉人范某不构成重婚,上诉人穆某主张被上诉人范某与孟某存在事实婚姻关系没有法律依据。沈阳盛京医院的住院病志证明孟某生育的是试管婴儿,不能证明被上诉人范某与孟某重婚或"有配偶者与他人同居"。被上诉人范某没有实施家庭暴力。上诉人穆某请求过错赔偿没有事实和法律依据。上诉人穆某主张被上诉人范某隐藏转移共同财产依据不足。开原四合院属于上诉人穆某与被上诉人范某的共同之家,上诉人穆某也经常出入并居住,被上诉人范某将碧桂园别墅剩余的家具物品搬至开原四合院,并没

有搬离其家外,不能认定被上诉人范某隐藏转移共同财产。一审法院判决被上诉人范某少分财产 50 万元,缺乏事实依据,应当予以纠正。上诉人穆某账户存款 2800 余万元,应当依法分劈。请求分割对方账户不合理支出款项,完全是双方当事人意思自治的体现。原一审法院依双方当事人申请,分别调取了双方自结婚之日起至诉讼之日止的银行账户交易记录,并经双方统计确认了对方银行账户支出数额。上诉人穆某掌握绝大部分共同财产,并擅自支取账户存款 41711901 元,而被上诉人范某账户存款支出额仅为 2774846 元,上诉人穆某于一审中均予以承认并主张一并分割,事实清楚。原审中,双方一致认可 3000 元为家事代理权的最高限额,对 3000 元以下的账户支出,各自均有处分权,无须征得另一方同意,但对超过 3000 元以上部分的账户支出,一方擅自处分的无效,并且双方均要求另一方对超过 3000 元以上部分的账户支出作出合理解释,对没有证据证明其合理性的账户支出款项,视为隐藏、转移共同财产行为,双方均要求依法分割。对于上诉人穆某擅自支取转移的账户存款中,被上诉人范某认可原一审认定的账户合理性支出 13665151 元。但上诉人穆某没有证据证明其账户支出的 28046750 元是合理性消费,属于隐藏、转移共同财产行为,应依法予以分割。上诉人穆某没有在法庭指定的期限内提供 2800 余万元账户支出合理性的书面证据,应当承担对己不利的法律后果。

大连中院经审理查明,一审判决认定事实属实。

【裁判意见】

大连中院认为,该案系离婚纠纷案件,上诉人穆某提出离婚,被上诉人范某同意离婚,双方目前已无和好可能,一审法院判决解除上诉人穆某与被上诉人范某之间的婚姻关系并无不当。对于财产等问题,双方争议焦点有下列七方面。其一,被上诉人范某在婚姻关系存续期间在夫妻忠实义务上是否存在过错行为。其二,被上诉人范某对上诉人穆某是否存在家庭暴力行为。其三,被上诉人范某是否存在毁损、隐藏转移夫妻共同财产行为。其四,上诉人穆某与被上诉人范某婚姻关系存续期间银行卡交易记录支出的合理性是否应当由上诉人穆某承担举证责任及上诉人穆某银行账户交易的 28046750 元能否作为共同财产予以分劈。其五,上诉人穆某银行存款余额 290637 元能否用于诉讼期间的日常生活支出。其六,上诉人穆某婚前购买房屋,婚后共同偿还贷款,上诉人穆某应返还被上诉人升值部分数额计算是否存在错误。其七,双方四合院应否在本案中一并予以处理。对以上七方面问题综合论述如下:

(1)关于被上诉人范某是否构成事实上的重婚行为问题。重婚是指有配偶的人与他人以夫妻名义同居生活。在上诉人穆某与被上诉人范某婚姻关系存续期间,尽管被上诉人范某与他人在沈阳盛京医院通过试管婴儿生育一女,但上诉人穆某未能提供被上诉人范某存在与他人以夫妻名义同居生活的证据,因此上诉人穆某称被上诉人范某构成事实上的重婚行为证据不足,大连中院无法采信。鉴于被上诉人范某与案外人孟某生育试管婴儿事实存在,被上诉人范某的行为虽然不能构成重婚,但该行为有一定的过错也必定会给上诉人穆某造成伤害,一审法院考虑到被上诉人范某的过错程度,在双方财产分劈上酌情多分给上诉人穆某 50 万元并无不当。

(2)关于被上诉人范某对上诉人穆某是否存在家庭暴力问题。上诉人穆某称被上诉人范某对其构成家庭暴力,并提供照片、证人出庭作证予以证明被上诉人范某有家庭暴力行为,但被上诉人范某否定对上诉人穆某实施过家庭暴力同时否定其有砸车行为,上诉人穆某提供的受伤照片无成伤原因记载，在无其他医疗、公安机关出具相关证据佐证前提下，仅凭证人证言无法形成证据链条，难以证实上诉人穆某陈述的事实成立，因此法院对上诉人穆某的该陈述意见也无法采信。基于此，对上诉人穆某要求的200万元赔偿款法院也无法支持。

(3)关于被上诉人范某是否存在毁损、隐藏转移夫妻共同财产问题。经过庭审调查，被上诉人范某确将双方居住房屋碧桂园别墅内的装修物品、家具等拆除存放于四合院内，因该四合院属于上诉人穆某与被上诉人范某的共同房屋，因此被上诉人范某的行为不能认定为隐藏转移财产。上诉人穆某请求被上诉人范某在财产分配上应当不分或者少分的意见，法院亦无法支持。

(4)关于上诉人穆某与被上诉人范某婚姻关系存续期间上诉人穆某银行卡交易记录应否由被上诉人范某对合理性承担举证责任及应否对上诉人穆某银行卡中支出的款项作为共同财产分劈问题。其一，上诉人穆某对于其银行卡发生的交易额41711901元的真实性予以认可。在一审审理期间，上诉人穆某与被上诉人范某均表示对对方账户名下3000元以下交易无须举证证明，但对于3000元以上的资金走向均需提供证据佐证，双方的该意思表示对双方均有约束力。据此被上诉人范某名下的款项的消费需要被上诉人范某提供证据佐证，在被上诉人范某无据提供是合理消费的前提下，一审法院按照双方的约定将被上诉人范某名下的款项作为共同财产处理。同理，对于上诉人穆某名下的款项也应需根据双方上述的意思表示作为查询、分劈财产的原则由上诉人穆某提供证据佐证。上诉人穆某强调被上诉人范某否定其名下的款项为合理性消费，应当由被上诉人范某进行举证不符合双方的约定，法院对上诉人穆某请求的举证责任分配意见不予支持。其二，上诉人穆某强调其账户交易的资金28046750元不应作为现有财产分割，理由是该款项因重复计算，借款还款，储蓄卡消费，偿还信用卡消费，缴纳税款，支付购房款，房屋装修，购买家具，设立公司出资款，支付公司出资款，支付公司人工费、材料费，购买茶叶、茶具、虫草及交给被上诉人范某生活费等已经合理消费不复存在。该28046750元是否为合理消费是双方当事人争议最大的焦点。上诉人穆某认可其银行账户发生的交易额为41711901元，上诉人穆某在原一审中对该交易额的发生制作了明细汇总表，一审法院根据上诉人穆某主张的款项用途进行了分类汇总，其交易项目共有21项，包括……。上诉人穆某对原一审法院汇总的上述项目及数额没有异议，一审法院根据上诉人穆某银行账户资金交易走向对属于重复计算等情形均从交易总款项中作为合理支出予以扣除，扣除的数额是13665151元，对于余额28046750元，因上诉人穆某没有能够提供证据证明该款项为合理消费，一审法院根据上诉人穆某与被上诉人范某的约定将该款项作为共同财产进行了分劈。本次庭审中，上诉人穆某仍坚持28046750元已被合理消费，不应作为共同财产分劈。上诉人穆某陈述的依据仍是其银行账户发生的交易明细，因上诉人穆某账户中涉及的款项交易数额较大，上诉人穆某需要进一步提供证据证实28046750元仍存在重复计算等情形而未被扣除的事实客观存在，且与一审法院已经扣除的合理消费数额不存在吻合状况，但上诉人穆某未能提供出新的足以证明其主张事实成立的证据，法院对上诉人穆某的意见无法采信和支持。

(5)关于上诉人穆某银行存款余额290637元能否用于诉讼期间的日常生活支出问题。上诉人穆某银行存款额290637元属于上诉人穆某及被上诉人范某共同财产，依法应当共同分劈。双方在离婚诉讼期间，上诉人穆某擅自处分双方共同财产于法无据，法院不予支持。

(6)关于上诉人穆某婚前购买房屋婚后共同偿还贷款，上诉人穆某应返还被上诉人范某

升值部分数额计算是否存在错误问题。对于房屋升值计算方法,上诉人穆某与被上诉人范某表述的计算方式相同。上诉人穆某婚前购买的房屋双方认可市值为150万元,婚后双方共同还贷数额是333759元,贷款311000元,每月还贷2047.94元,双方于2004年5月31日提前一次性还贷284608元,根据《最高法院适用〈婚姻法〉解释三》第10条规定,上诉人穆某婚前购买房屋婚后双方还贷增值数额应为1040168.48元,具体计算方式方法为150万元(房屋市值)×333759元夫妻共同还款÷(339387.6元总房款+2047.94月息×40个月还贷),房屋升值数为1040168.48元,上诉人穆某应当给付被上诉人范某房屋增值数额为1040168.48元÷2=520084元。一审法院计算的方式不符合规定,计算的房屋升值数额错误,应当予以纠正。

(7)关于上诉人穆某与被上诉人范某开原四合院处理问题。对于该四合院,在一审审理中,上诉人穆某认为该四合院价值为8000000元,被上诉人范某认为价值为7000000元,二审中,双方仍不能达成一致意见,在此前提下一审法院对该四合院未予处理并无不当。

2015年11月2日,大连中院依照《婚姻法》第32条、第17条、第18条、第46条,《最高法院适用〈婚姻法〉解释一》第1条、第2条、第17条(二),《最高法院适用〈婚姻法〉解释三》第10条,《最高人民法院关于民事诉讼证据的若干规定》第2条、第74条、第76条,《最高法院执行〈民法通则〉的解释》第89条、《民事诉讼法》第170条第一款第(一)、(二)项之规定,判决如下:①维持大连市沙河口区人民法院(2014)沙审民初字第52号民事判决第1、2、3、4、6、7、8、9、10、11项;②变更大连市沙河口区人民法院(2014)沙审民初字第52号民事判决第5项内容为:大连市沙河口区×××街70号3单元9层2号房屋(市值150万元)归上诉人穆某所有,婚后共同还贷333759元增值的1040168元,由上诉人穆某给付被上诉人范某520084元。

五、判定夫妻一方向婚外恋对象赠与钱款的行为违反夫妻忠实和公序良俗,无效

罗某与何某美、周某确认合同无效纠纷二审案。参见重庆市第一中级人民法院(以下简称重庆一中院)民事判决书,(2019)渝01民终10429号。①

【案情概要】

上诉人罗某(原审被告,女)因与被上诉人(原审原告,女)何某美、周某(原审被告,男)确认合同无效纠纷一案,不服重庆市沙坪坝区人民法院(2019)渝0106民初14108号民事判决,向重庆一中院提起上诉,于2019年11月26日立案。罗某上诉请求:①撤销一审判决,驳回被上诉人全部诉讼请求;②二审诉讼费用由被上诉人承担。事实和理由:①周某向罗某借款共计328700元,双方均认可;②周某向罗某转账共计265500元的行为是偿还借款,一审认定为赠与行为属事实认定错误。

何某美辩称,无证据证明周某与罗某之间存在借贷关系,周某将夫妻共同财产赠与罗某的行为违背公序良俗,损害了何某美的权益。周某辩称,因生产经营在罗某的银行卡上取过30余万元,后向罗某转款20余万元。何某美向一审法院起诉请求:(1)确认被告周某赠与

---

① 重庆市第一中级人民法院(2019)渝01民终10429号民事判决书,中国裁判文书网,http://wenshu.court.gov.cn/website/wenshu/,下载日期:2019年12月16日。

被告罗某的315500元行为无效。(2)判决被告罗某将前述款项返还给原告。(3)本案诉讼费、保全费由二被告承担。一审庭审中,何某美变更前两项诉讼请求为:(1)确认周某赠与罗某的320500元行为无效。(2)判决罗某将前述款项返还给何某美和周某。

庭审中,罗某提交了自己的工行卡从2012年8月17日起至2013年7月14日期间的历史明细清单,拟证明周某向其借款的事实,而周仲于2015年至2017年期间向其转款系归还该借款,原告何某美对此不予认可,该工行历史明细清单中记录的是ATM取款、跨行费、信使费、卡年费等记录或其他转账记录,并无向周某转款的记录。庭审中,何某美提交了一份其与罗某于2018年9月24日的通话录音,周某在场,该通话涉及了周某与何某美离婚、与周某结婚的相关内容。

一审法院认定事实:何某美与周某系夫妻,双方于2011年1月登记结婚。自2015年6月28日起至2017年9月3日,周某通过其工商银行卡向罗某转账共计255500元,通过农业银行卡于2014年3月1日向罗某转账10000元,上述共计265500元。2018年3月12日,何某美报警称在龙湖睿城,"小三"威胁安全。报警信息:"报警人何某美上门报警,称罗某因为和丈夫周某之前耍过朋友,现在分了,但罗某不放手,非要周某离婚。罗某之前到龙湖睿城小区门口闹过,被保安拦住了。罗某有可能继续来骚扰报警人,扬言要作出过激行为,报警人现到派出所备案。"

一审法院认为,依据《婚姻法》规定,夫妻在家庭中地位平等,对共同所有的财产有平等的处理权,夫妻在婚姻关系存续期间所得的财产,归夫妻共同所有。同时,当事人订立、履行合同,应当遵守法律、行政法规,尊重社会公德。周某违背夫妻应当互相忠实的义务,在与何某美夫妻关系存续期间,与罗某产生婚外恋情,转账付给罗某共计265500元,虽然罗某抗辩称该转款系归还借款,周某亦认可,但罗某并未举示充分证据证明其向周某提供了借款以及双方存在借款关系,因此对罗某提出的该抗辩理由不予采信,周某给付罗某265500元的性质应当认定为赠与关系。因何某美与周某对婚内财产未约定分别所有,故该笔财产应当认定为何某美与周某的夫妻共同财产,在未经何某美同意的情况下,周某的该赠与行为违反了法律规定和社会公德以及公序良俗原则,应认定无效。

依照《合同法》第52条、第58条及《民事诉讼法》第64条规定,判决:①被告周某在2014年3月1日起至2017年9月3日期间赠与被告罗某的265500元的行为无效;②被告罗某自本判决发生法律效力之日起10日内返还原告何某美、被告周某265500元;③驳回原告何某美的其他诉讼请求。

二审中,当事人没有提交新证据。二审查明的事实与一审查明的事实相同。

【裁判观点】

婚姻关系存续期间,夫妻一方(转出方)违背忠诚义务,在未经对方同意超出日常生活需要的范围向婚外异性(受让方)转账大额款项,系违背公序良俗的行为,属于无效民事法律行为。夫妻另一方可向上述款项受让人主张全额返还。如转出方并未在诉讼中主张返还款项的,法院不得超过当事人诉讼请求范围裁判受让方向转出方返款。

重庆一中院认为,关于本案案由的问题,一审法院确定案由为确认合同无效纠纷。二审中,罗某称其与周某存在民间借贷的法律关系,而何某美予以否认。一、二审何某美均认为周某给予罗某金钱是赠与行为,要求确认该民事行为无效,并要求罗某返还受赠财物。根据《最高人民法院民事案件案由规定》和何某美的请求权基础,法院确认本案案由为确认合同

无效纠纷。

针对罗某及周某的抗辩,认为二人之间存在民间借贷关系。对此,重庆一中院评析如下:罗某称周某所转款项系其偿还借款,法院不予支持:第一,虽然周某对罗某主张的借贷事实没有异议,但由于周某的自认明显涉及损害共有人何某美的利益且无其他直接证据予以印证,法院对周某的自认不予采信。第二,罗某提供的证据所反映的借贷关系是将办理好的银行卡及其密码直接交付周某,由罗某向该银行卡存入款项,周某在该卡上的支取行为为借款,这种民间借贷关系明显不符合生活常理;而且罗某没有提供向该卡存入款项的直接证据,并对向该卡转入款项的账号不能说明户主名字。同时,双方对借款的数额、利率、期限和还款方式等均无约定,不能确定双方达成了借贷关系的合意。第三,2012 年 8 月至 2013 年 6 月期间,周某在收到款项的当时或之后并没有及时向罗某出具相应的借条或收款凭据,而是在本案诉讼中才认可双方是借贷关系,不符合借贷关系应有的逻辑。第四,2012 年 8 月至 2013 年 6 月期间,罗某并不持有该银行卡,该卡存款既有现金存入,又有转账存入,且罗某不能说明向该银行转账的对方账户户名,无法证明现金存款及所有转账均是罗某所为,与该卡由罗某存款相矛盾。第五,2012 年 8 月至 2013 年 6 月期间,该银行卡有归还贷款的记录;在 2013 年 6 月之后,该银行卡仍然有偿还贷款的记录,均向同一账号转入资金归还贷款。因此,重庆一中院不认可案涉款项系周某与罗某之间的借贷关系的款项。

对于周某向罗某共计转款 265500 元行为的效力问题。《民法总则》第 153 条规定,违反法律、行政法规的强制性规定的民事法律行为无效,但是该强制性规定不导致该民事法律行为无效的除外。违背公序良俗的民事法律行为无效。何某美与周某系夫妻,在婚姻关系存续期间所得的财产,归夫妻共同所有。《最高法院适用〈婚姻法〉解释一》第 17 条规定,《婚姻法》第 17 条关于"夫或妻对夫妻共同所有的财产,有平等的处理权"的规定,应当理解为:①夫或妻在处理夫妻共同财产上的权利是平等的。因日常生活需要而处理夫妻共同财产的,任何一方均有权决定。②夫或妻非因日常生活需要对夫妻共同财产做重要处理决定,夫妻双方应当平等协商,取得一致意见。他人有理由相信其为夫妻双方共同意思表示的,另一方不得以不同意或不知道为由对抗善意第三人。《最高法院执行〈民法通则〉试行意见》第 89 条规定:共同共有人对共有财产享有共同的权利,承担共同的义务。在共同共有关系存续期间,部分共有人擅自处分共有财产的,一般认定无效。但第三人善意、有偿取得该财产的,应当维护第三人的合法权益,对其他共有人的损失,由擅自处分共有财产的人赔偿。本案中,周某共向罗某转款 265500 元,显然超出了日常生活需要的范围。罗某与何某美既非亲戚,也非朋友、同事;罗某和周某之间仅是普通同事。罗某与何某美之间无正常的经济往来情形,罗某接受周某转款的行为也非善意。周某向罗某转款应由夫妻双方共同协商作出决定,周某未经何某美同意擅自转款,违反了法律规定。因此,周某向罗某转款的行为属于无效民事法律行为。

根据民事诉讼理论,原告是指为保护自己的合法权益,以自己的名义向法院提起诉讼,从而引起诉讼程序发生的人。在民事诉讼中,原告是认为被告侵犯其民事权益或与其发生民事权益争执的人。被告是指侵犯原告利益,需要追究民事责任,并经法院通知其应诉的人。本案中,周某并未请求罗某返还案涉款项,故罗某返还案涉款项时应当向何某美返还。周某作为被告,未提起反诉,未主张其权益受到侵害,一审判决罗某向周某返还案涉款项违反了周某的意愿,属于适用法律不当,法院予以纠正。案涉款项的返还后,因案涉款项属夫

妻共同财产，可基于夫妻之间的身份关系，由何某美、周某二人自行处理。综上所述，罗某的上诉请求不能成立，应予驳回；一审判决适用法律错误，法院依法改判。

2019年12月28日，重庆市一中院依照《最高法院适用〈婚姻法〉解释一》第17条规定、《民事诉讼法》第170条第1款第2项规定，判决如下：①维持重庆市沙坪坝区人民法院(2019)渝0106民初14108号民事判决第一项；②撤销重庆市沙坪坝区人民法院(2019)渝0106民初14108号民事判决第2项、第3项；③罗某自本判决发生法律效力之日起10日内返还何某美265500元；④驳回何某美的其他诉讼请求。

第四节　域外相关立法例

基于婚姻和家庭受宪法保护，法国、意大利、西班牙等诸多民法典都明文规定夫妻互负忠诚或忠实义务，以确保婚姻双方实现伴侣关系，保障一夫一妻婚姻制度存续。

一、明文确认忠实义务的立法例

《法国民法典》第212条规定，"夫妻双方应相互忠诚、相互救助与扶助"。①

《意大利民法典》第143条规定，"夫妻间互负忠诚义务"。②

《瑞士民法典》第159条规定，"结婚使配偶双方结合以共度婚姻共同生活。配偶双方互负维护婚姻共同生活之幸福及共同照顾子女之义务。配偶双方互负诚实及扶助的义务"。③结合该法典第137条规定通奸是法定离婚事由，④可知在瑞士民法中，诚实义务应包括夫妻相互忠实。

2012年修订的《奥地利普通民法典》第90条第1款和第2款规定，"配偶双方都有义务进行全面的婚后共同生活，尤其是共同居住、相互忠实、相互尊重和相互帮助。……"⑤

2005年修订的《西班牙民法典》第68条规定，"婚姻缔结双方均有共同居住、相互忠诚、相互扶助，以及共同承担家庭义务、赡养老人、抚养幼儿、照顾其他家庭成员的义务"。⑥

《埃塞俄比亚民法典》第640条和第643条分别规定了同居义务、忠实义务，"配偶双方有义务共同生活。在婚姻中，他们得相互保持正常的性关系，此等关系对他们的健康导致严重损害之风险的除外"。"妻子应忠于其丈夫。丈夫应忠于其妻子配偶互尊、扶养、帮助、同居、婚姻居所、忠实等义务。"⑦

《智利共和国民法典》第131条规定，"夫妻在所有的生活环境中负相互忠实、救援、帮助

---

① 《法国民法典》(上册)，罗结珍译，法律出版社2005年版，第197页。

② 《意大利民法典》，费安玲等译，中国政法大学出版社2004年版，第44页。

③ 《瑞士民法典》，殷生根、王燕译，中国政法大学出版社1999年版，第44页。

④ 第137条规定，"配偶一方与他人通奸，他方可诉请离婚。前款的诉讼权，自有诉讼权的配偶知悉离婚原因之日起，逾六个月；无论何种情形，自发生通奸之日起，逾五年，因时效而消灭。事前同意或事后宽恕通奸的配偶无诉讼权"。参见《瑞士民法典》，殷生根、王燕译，中国政法大学出版社1999年版，第39页。

⑤ 《奥地利普通民法典》，周友军、杨垠红译，周友军校，清华大学出版2013年版，第6页。

⑥ 《西班牙民法典》，潘灯、马琴译，中国政法大学出版社2013年版，第35页。

⑦ 《埃塞俄比亚民法典》，薛军译，厦门大学出版社2013年版，第94页。

的义务”。该法第 132 条明定,“通奸严重违反婚姻之忠实义务,并受法律规定的制裁”。①

最新《阿根廷民法典》第 198 条规定,夫妻互负忠实义务。②

二、立法虽未明定但司法实践确认忠实义务

《德国民法典》未列明忠诚义务,但其第 1353 条第 1 款“婚姻系就终身而缔结的。……配偶双方互相为对方负担责任”的规定,③应可以理解为要求配偶相互忠实。忠实义务在法律上的执行力非常有限,但是,其对法律解释和适用有重要意义。诸如夫妻一方不能通过协议排除该义务,离婚时,可以据之作为判断夫妻是否履行了婚姻义务或责任的重要考虑因素。

《日本民法典》第 752 条规定,“夫妻须同居、互相协助和扶助”。④ 虽然该法典未明文规定夫妻忠实,但家事裁判实践中,夫妻依然是互负忠实义务的。

① 《智利共和国民法典》,徐涤宇译,北京大学出版社 2014 年版,第 21 页。

② 《最新阿根廷共和国民法典》,徐涤宇译注,法律出版社 2007 年版,第 54 页。

③ 《德国民法典》,陈卫佐译,法律出版社 2015 年版,第 437 页。

④ 王融擎编译:《日本民法:条文与判例》(下册),中国法制出版社 2018 年版,第 701 页。

第四章

评注第九条（婚姻住所商定）

第9条　登记结婚后，根据男女双方约定，女方可以成为男方家庭的成员，男方可以成为女方家庭的成员。

第一节　本条的基本原理和依据

一、本条的基本内容

从字面理解，根据第9条规定，婚姻当事人双方可以约定“成为男方家庭的成员”或者“女方家庭的成员”，是指配偶一方和配偶另一方的父母相互之间依约定形成家庭成员关系。但是，实质上，这里主要涉及婚后居住方式或者婚姻住所，而不是字面所显示的约定某一方家庭的成员。一方面，男女结婚后，是夫妻关系，他们依法就是家庭成员关系，这是法律强制性的规定，任何夫妻都不可能例外，所以，无须婚姻当事人再行约定。另一方面，哪些人之间是家庭成员关系，我国《婚姻法》有明文规定，凡相互具有家庭成员资格的亲属，依法均负担一定的扶养抚养义务，同时，他们相互享有继承权。《婚姻法》第9条规定没有明文使用“婚姻住所商定”或者“婚姻住所商定权”，但其立法精神和意涵显著，是调整婚姻住所的，且是对男女双方的平等要求。

结婚后，夫妻双方在哪儿居住？去到哪里安家？这是准备结婚的当事人双方和已婚夫妻必然面临并且必须回答的重要问题。根据《婚姻法》第9条规定，男女双方经协商确定其婚姻住所或者共同家庭住所。夫妻平等商定住所，意味着夫妻双方平等地享有婚姻住所决定权。婚后夫妻共同生活的住所，由夫妻双方平等协商，自愿约定；一方不得强迫另一方，第三人不得干涉。夫妻双方经过协商，既可以选择夫家或妻家的住所为婚姻住所，甚至成为对方家庭的家庭成员，也可以另择住所，不加入任何一方原有家庭。有关婚姻住所的协议，既可通过协商确立，也可通过协商予以变更或解除。

这条规定平等适用于男女任何一个性别群体，平等适用于夫妻双方。由于历史传统等原因，我国至今流行男娶女嫁的婚嫁方式，多数妇女结婚后，自愿迁往夫家或丈夫提供的房屋居住。同时，有部分婚姻缔结后，丈夫迁往妻子家或者妻子提供的房屋居住的；还有部分男女结婚后，居住在双方共同购买的房屋或者共同出资租赁的房屋中。只要双方自愿基础上，经平等协商确定的共同住所，均将获得法律的尊重、承认和保护。不过，第9条规定的立法侧重点，是支持有女无儿家庭就婚后居所作出不同于传统男娶女嫁模式的安排，即采用传统的入赘方式，丈夫到妻子家，成为上门女婿；特别是在农村，居所安排涉及婚后户籍迁移、

承包土地分配等与身份密不可分的重大财产利益分配。该条规定保障已婚男性迁入妻子家庭居住和共同生活后,不仅具有平等家庭成员地位,而且保障其平等享有村集体组织成员资格及其相关利益。

二、本条的基本理论

男女结婚之后,如何安排居住问题是婚姻共同生活中的一个重要问题。凡当事人结婚,都期待着一起共同生活。到哪里共同生活、居住问题如何解决或安排,需要当事人双方平等协商确定。

(一)第 9 条规定旨在调整婚后的居住地点和场所

夫妻应有权协商决定家庭住所,可选择男方或女方原来住所或另外的住所。婚姻住所是指夫妻共同居住和生活的主要处所地。婚姻住所商定权是指夫妻在平等协商基础上共同选择、决定婚后共同生活住所的权利。婚姻住所是夫妻共同生活中的一个重要问题,是夫妻共同生活的必需和当然效果。婚姻住所是维持婚姻关系的基本条件。婚姻关系成立后,男女当事人双方即以夫妻身份开始共同的婚姻生活,这是婚姻的效力。夫妻生活需要一个具有较强隐秘性的稳定场所,使夫妻的婚姻整体获得一定独立性,并与其他社会成员之间保持适当的距离与间隔,以实现婚姻的特有内容。婚姻住所是夫妻行使权利和履行法定义务的场所,对夫妻关系具有法律意义。夫妻作为婚姻当事人,在何处履行义务理当由法律加以规范。为方便生活,婚姻住所问题还与夫妻财产相联系。婚姻住所是婚生子女特别是未成年子女的基本生活条件与环境,法律规定婚姻住所也是保护未成年子女利益的需要。

立法审慎调整婚姻住所,在坚持男女平等原则下,赋权当事人协商确定婚姻住所。既然婚姻住所对于婚姻、家庭是如此重要,当事人无一例外将涉及其中,应尽早协商确定。然而,住所问题,既关乎平等,又受制于当事人的财力、风俗习惯等,当事人双方协商不一致的可能性客观存在。如果协商不成,当将如何?立法不仅应当赋权当事人协商确定,而且有必要在当事人协商不成时,介入干预。我国现行《婚姻法》未明文规定为当事人协商住所不成时的司法救济,似有不到之处。

(二)在我国法律框架下,家庭成员资格是法定而非约定的

《婚姻法》把"夫妻关系"规定在"家庭关系"专章中,作为家庭关系中的一种类型。夫妻互为家庭成员。夫妻之间互为家庭成员,并无必要约定的,相反,是由法律强行规定,而且不允许当事人通过约定或协议予以改变或排除。因为家庭成员相互之间享有一定权利,负担一定义务。例如,《中华人民共和国继承法》(以下简称《继承法》)第 10 条规定了继承人范围及继承顺序,"遗产按照下列顺序继承:第一顺序:配偶、子女、父母。第二顺序:兄弟姐妹、祖父母、外祖父母。继承开始后,由第一顺序继承人继承,第二顺序继承人不继承。没有第一顺序继承人继承的,由第二顺序继承人继承。本法所说的子女,包括婚生子女、非婚生子女、养子女和有扶养关系的继子女。本法所说的父母,包括生父母、养父母和有扶养关系的继父母。本法所说的兄弟姐妹,包括同父母的兄弟姐妹、同父异母或者同母异父的兄弟姐妹、养兄弟姐妹、有扶养关系的继兄弟姐妹"。换言之,被列入该条并被赋予继承对方亲属遗产的权利的人,他们之间是家庭成员关系。第二顺序中出现的"祖父母、外祖父母",他们继承的

遗产当然是指孙子女、外孙子女的遗产。儿媳、女婿成为公婆、岳父母遗产的继承人，《继承法》第12条设定了十分苛刻的条件，“丧偶儿媳对公、婆，丧偶女婿对岳父、岳母，尽了主要赡养义务的，作为第一顺序继承人”。无论是根据《中华人民共和国民法通则》、《中华人民共和国民法总则》和《婚姻法》有关家庭关系、监护制度的规定，还是根据《中华人民共和国民事诉讼法》和《中华人民共和国刑事诉讼法》有关近亲属权利的规定，家庭成员关系都是依法产生，由法律直接规定的，并且具有强制效力的。

（三）夫妻相互之间是法定的家庭成员关系

根据亲属法原理，亲属通常划分为下列三类：配偶、血亲、姻亲。其中，配偶是指合法婚姻关系的当事人双方。血亲是指相互之间具有血缘联系的亲属。姻亲是通过婚姻关系而相互发生亲属联系的亲属，但配偶除外。配偶，相互虽是通过婚姻而联系起来的亲属，但是，他们地位是如此重要和特殊，故将配偶单独列为一类亲属。通常情形下，婚姻是产生家庭的基础，男女结婚组成家庭，再生育出子女，产生父母子女关系。当代社会，婚姻的重要性不如过去了，但是，婚姻制度仍是人类社会基本结构制度之一。所以，无论古今中外，夫妻都是当然的家庭成员，而不论法律是否有明确宣告。

（四）配偶一方能否与配偶另一方的父母等家庭成员之间形成家庭成员关系

通常，配偶一方不可能与配偶另一方的父母等家人形成家庭成员关系，但是，特殊情形下，他们可以形成事实上的家庭成员关系。例如，我国农村地区，少数男女结婚时，实行女娶男嫁，丈夫迁居妻子家庭所在地，所谓做上门女婿，按习俗，当地村庄或村民小组同意他将户口迁入妻子所在村庄或村民小组落户，共同生活期间，该男子与其妻子的父母之间在一定社区范围内，会被视为是家庭成员关系，从而参与村庄或村民小组土地利益分配等；或者，无论农村人口或城镇人口，夫妻一方死亡后，另一方主动承担起赡养照顾已故配偶的父母之责任，无论是否居住在一起（通常是居住在一起的），该媳妇或女婿依据《继承法》有关规定，有权作为第一顺序继承人继承公婆或岳父母的遗产。此种情形下，该媳妇或女婿类似于取得了家庭成员资格。

（五）坚持男女平等，支持、鼓励丈夫成为妻子原生家庭的家庭成员

第9条规定主要是保障夫到妻家落户的婚姻形式。我国历史上长期实行男娶女嫁、妻从夫居。按照古代礼制和法律，出嫁女入夫家，成为夫家的家庭成员。女娶男嫁则是“入赘”，是迫于“家贫子壮出为赘”，赘夫以其本姓冠以妻姓、赘夫以妻之住所为住所，子女从母姓，故而备受社会歧视。现行《婚姻法》第9条规定平等地适用于男女双方，结婚后，丈夫或者妻子均在自愿基础上，根据双方约定，加入对方原生家庭。当代夫到妻家落户，在性质上不同于古代“入赘”。婚姻当事人双方被赋予自愿选择婚姻住所，双方根据各自需求和意愿，达成一致意见共同安排婚后居所；夫妻家庭地位平等，双方均不必改名更姓；所生子女可以从父姓，可以从母姓。男到女家落户，是在贯彻男女平等原则之下，主要是为了解决某些有女无儿家庭的实际生活困难的举措，是对男娶女嫁婚俗的一种补充，是对婚姻居住方式的某种改革，也是彻底抛弃以男子为中心的宗法传统意识，实现真正意义上的男女平等。《婚姻法》第9条规定不否认、不排斥、不妨碍夫妻双方建立自己的独立家庭。

三、本条的历史沿革

夫妻共同生活的居所如何确定,古今立法不同。在古代社会,实行夫妻一体主义,夫权至上,婚姻生活以夫为主,同居之制,当属委人夫家,妇从夫居被视为天经地义;婚后住所决定权专属于夫,已婚妇女服从于夫对居所的指定。中国古代社会的宗法制度下,已婚妇女加入夫的宗族,妻从夫居,赘婿从妻居。近代早期立法仍承袭传统,通例是明确将婚姻住所决定权授予丈夫,妻处于从属地位。《中华民国民法典》第 1002 条规定,妻以夫之住所为住所,赘婿以妻之住所为住所。

新中国成立后,不同时期婚姻立法调整婚姻住所的规定差异大。1950 年《婚姻法》未对婚姻住所作出明文规定。1980 年《婚姻法》原第 8 条规定,"登记结婚后,根据男女双方约定,女方可以成为男方家庭的成员,男方也可以成为女方家庭的成员"。从立法用意看,当初设定该条文主要是为提倡男到女家落户,解决独生子女政策实行后有女无儿户的实际困难。严格地讲,它不是对婚姻住所的直接规定。不过,该规定对于破除男娶女嫁、妇从夫居的传统具有积极意义,客观上赋予夫妻双方平等地享有婚姻住所决定权。2001 年《婚姻法修正案》未明文规定婚姻居所,为保障离婚妇女的居住权,第 42 条明确赋予离婚时住房困难一方请求帮助的权利。为尊重夫妻平等确定共同住所的意愿,促成婚姻和睦和幸福,未来立法有必要明文规定夫妻享有协商确定婚姻住所的权利。

居民住所变动涉及户籍管理。我国户籍管理法也与本条适用有关联。1958 年 1 月 9 日全国人民代表大会常务委员会第九十一次会议通过《中华人民共和国户口登记条例》(以下简称《户口登记条例》)。该条例第 5 条、第 6 条规定,"户口登记以户为单位。同主管人共同居住一处的立为一户,以主管人为户主。单身居住的自立一户,以本人为户主。居住在机关、团体、学校、企业、事业等单位内部和公共宿舍的户口共立一户或者分别立户。户主负责按照本条例的规定申报户口登记","公民应当在经常居住的地方登记为常住人口,一个公民只能在一个地方登记为常住人口"。

四、本条的法律渊源

调整或涉及婚姻住所的法律渊源,除了《婚姻法》第 9 条规定,我国《宪法》有关条款、相关法律法规和司法解释中的有关规定也是其法律渊源。

(一)《宪法》和法律法规有关规定

《宪法》第 39 条规定,"中华人民共和国公民的住宅不受侵犯。禁止非法搜查或者非法侵入公民的住宅"。

《妇女权益保障法》第 32 条、第 33 条、第 48 条分别规定,妇女在农村土地承包经营、集体经济组织收益分配、土地征收或者征用补偿费使用以及宅基地使用等方面,享有与男子平等的权利;"任何组织和个人不得以妇女未婚、结婚、离婚、丧偶等为由,侵害妇女在农村集体经济组织中的各项权益。因结婚男方到女方住所落户的,男方和子女享有与所在地农村集体经济组织成员平等的权益";"夫妻共有的房屋,离婚时,分割住房由双方协议解决;协议不成的,由人民法院根据双方具体情况,根据照顾子女和女方权益的原则判决。夫妻双方另有约定的除外。夫妻共同租用的房屋,离婚时,女方的住房应当按照照顾子女和女方权益的原

则解决”。

《民法总则》第15条规定，“自然人以户籍登记或者其他有效身份登记记载的居所为住所；经常居所与住所不一致的，经常居所视为住所”。

《户口登记条例》第2条、第4条、第6条、第10条、第13条、第17条等有关规定也涉及婚姻住所问题。例如，该条例第10条规定，“公民迁出本户口管辖区，由本人或者户主在迁出前向户口登记机关申报迁出登记，领取迁移证件，注销户口。公民由农村迁往城市，必须持有城市劳动部门的录用证明，学校的录取证明，或者城市户口登记机关的准予迁入的证明，向常住地户口登记机关申请办理迁出手续。公民迁往边防地区，必须经过常住地县、市、市辖区公安机关批准”。第19条规定，“公民因结婚、离婚、收养、认领、分户、并户、失踪、寻回或者其他事由引起户口变动的时候，由户主或者本人向户口登记机关申报变更登记”。

《中华人民共和国村民委员会组织法》①（以下简称《村委会组织法》），赋予村庄自治权，其第2条、第24条等相关条款规定涉及农村土地、山林等集体经济组织利益事务相关的决定权。该法第24条规定，“涉及村民利益的下列事项，经村民会议讨论决定方可办理：(一)本村享受误工补贴的人员及补贴标准；(二)从村集体经济所得收益的使用；(三)本村公益事业的兴办和筹资筹劳方案及建设承包方案；(四)土地承包经营方案；(五)村集体经济项目的立项、承包方案；(六)宅基地的使用方案；(七)征地补偿费的使用、分配方案；(八)以借贷、租赁或者其他方式处分村集体财产；(九)村民会议认为应当由村民会议讨论决定的涉及村民利益的其他事项。村民会议可以授权村民代表会议讨论决定前款规定的事项。法律对讨论决定村集体经济组织财产和成员权益的事项另有规定的，依照其规定”。

此外，《中华人民共和国继承法》（以下简称《继承法》）第12条规定，“丧偶儿媳对公、婆，丧偶女婿对岳父、岳母，尽了主要赡养义务的，作为第一顺序继承人”。如果儿媳或女婿与公婆或岳父母一起共同生活或者前者为后者尽了主要赡养义务，履行了主要责任者依法享有继承权。此规定与《婚姻法》第9条规定之间也有一定关联。

（二）有关司法解释规定

《最高法院适用〈婚姻法〉解释三》第6条、第7条、第10条、第11条、第12条等条款均调整房屋及其利益分配。如果所涉及房屋是当事人婚姻住所的，则也与本条有关。例如，该解释第7条规定，“婚后由一方父母出资为子女购买的不动产，产权登记在出资人子女名下的，可按照婚姻法第十八条第(三)项的规定，视为只对自己子女一方的赠与，该不动产应认定为夫妻一方的个人财产。由双方父母出资购买的不动产，产权登记在一方子女名下的，该不动产可认定为双方按照各自父母的出资份额按份共有，但当事人另有约定的除外”。

第10条规定，“夫妻一方婚前签订不动产买卖合同，以个人财产支付首付款并在银行贷款，婚后用夫妻共同财产还贷，不动产登记于首付款支付方名下的，离婚时该不动产由双方协议处理。依前款规定不能达成协议的，人民法院可以判决该不动产归产权登记一方，尚未归还的贷款为产权登记一方的个人债务。双方婚后共同还贷支付的款项及其相对应财产增值部分，离婚时应根据婚姻法第三十九条第一款规定的原则，由产权登记一方对另一方进行

---

① 《中华人民共和国村民委员会组织法》于1998年11月4日由第九届全国人民代表大会常务委员会第五次会议通过；于2010年、2018年先后完成两次修正。

补偿”。

第 11 条规定,“一方未经另一方同意出售夫妻共同共有的房屋,第三人善意购买、支付合理对价并办理产权登记手续,另一方主张追回该房屋的,人民法院不予支持。夫妻一方擅自处分共同共有的房屋造成另一方损失,离婚时另一方请求赔偿损失的,人民法院应予支持”。

第 12 条规定,“婚姻关系存续期间,双方用夫妻共同财产出资购买以一方父母名义参加房改的房屋,产权登记在一方父母名下,离婚时另一方主张按照夫妻共同财产对该房屋进行分割的,人民法院不予支持。购买该房屋时的出资,可以作为债权处理”。

第二节　本条之适用

一、适用本条的效果

男女结婚之后,居住安排通常有下列三种情形之一:女到男家落户、男到女家落户或者双方组建小家庭单独居住生活。理解和适用本条,应该注意下列四个方面问题:

首先,男女双方可以互为对方家庭的成员,是基于自愿,不得强迫。男女双方结婚前或者结婚后可以就此平等协商之后,双方达成一致意见而确定。任何一方不得强迫对方迁居到自己所在地方居住或生活。实际生活中,大多数结婚男女双方是自组小家庭生活,既不与丈夫的父母一起居住,也不与妻子的父母一起居住。当然,居住安排取决于婚姻当事人的经济条件和家庭生活方便的考虑。无论是哪一种居住安排,均应当由结婚当事人自行决定,协商解决,任何人不得干涉。

其次,夫妻一方成为另一方家庭的成员之后,其户籍变动应遵从户籍管理的相关行政法律法规。当夫妻一方成为另一方家庭的成员后,户籍变更应当依据《户口登记条例》等户籍管理有关规定办理。农村地区相互迁移户籍,通常无限制。所以,村庄或村民以种种理由或借口阻挠男到女家落户的行为,是不应该的,无法律依据的。农村户籍迁入城市落户,受公共政策限制多;除了北京、上海等少数超大城市外,城镇户籍在不同城市之间迁移,也不受限制,但是,城市户籍迁到农村落户,基本上还不可能。最近几年,国家实行中小城市户籍管理制度改革,鼓励人们到中小城镇落户。

再次,无论妻到夫家或夫到妻家落户,不导致双方亲属关系改变。当夫妻一方到另一方原生家庭落户,当然会导致家庭人口数量变化,带来家庭生活和消费上的一定变化,也会形成相互照顾扶助的事实,但是,各方当事人相互之间的权利与义务保持不变,或者说,共居事实不产生新的权利与义务,不终止法律上原来已形成的权利和义务关系。婚姻当事人双方与配偶另一方的家庭成员之间是通过婚姻媒介而形成的姻亲关系。姻亲,在我国《婚姻法》中没有权利和义务,但符合《继承法》第 12 条规定的情形除外。因此,无论夫妻双方商定采用哪一种居住方式,他们各自承担的相互扶养责任不变,各自赡养自己父母和扶养其他法定义务人的责任不变;同时,他们各自依据《继承法》享有的继承人资格不变。

最后,反对歧视到女家落户的男性。法律提倡男到女家落户,是在男女平等原则基础上,由当事人双方平等协商,自愿所作决定;住到妻家的男子与妻子之间,无论人身关系还是财产关系都是平等的。任何人、任何单位或组织都不得歧视该对夫妻或当事人任何一方。

在实际生活中,有部分男到女家落户的安排或决定,受到男方家庭成员反对或者受到女方家庭的其他家庭成员歧视,导致相关男性遭受不公平待遇。例如,有些村庄,出于土地利益、集体经济利益分配、宅基地分配、承包山林收益等因素考虑,制定歧视性的村规民约,要求男到女家落户的夫妻所生育的子女只能享受半份村民待遇甚至不允许享有村民待遇,或者不允许男方将户口迁入女方户籍所在地,或者即使允许男方户口迁入村庄,但不允许其平等享有村民待遇。这些做法或约定都是违法的,应当予以纠正。如果协商无果,相关当事人可以向当地人民政府投诉,申请解决;还可以向人民法院起诉,请求司法干预。

二、适用本条中存在的问题

该条存在的不足和问题,主要有两方面:

(一)文字和意思表述都不够清晰准确

第 9 条立法原意应该是鼓励已婚男性到妻子原生家庭所在地落户或者随妻居住生活,并不一定强调是否成为妻子原生家庭的成员。首先,成为“对方家庭的成员”,是什么意思?《婚姻法》其他条文十分明确地界定了哪些人具有家庭成员资格及他们相互之间享有的权利和义务。家庭成员资格不是当事人能够约定的,除了收养等法定特殊情形外。夫妻双方自愿约定成为对方家庭的成员,却不是家庭成员,该人的家庭法身份变得模糊不清。这种由当事人约定共居而长期共同生活的关系,如果不是家庭成员,更像一般民事契约关系,可是此意应该又非第 9 条立法欲达到的目的。如果仅是夫随妻居,不涉及家庭成员身份,是容易做到的,既是因为处在平等时代,越来越多的人们能够接受;又是因为不涉及身份变动,避开了“上门入赘”传统文化带来的心理和社会压力。其次,如果仅仅是婚后居住安排,夫迁居妻家一起共同生活,即使是妻子的父母一起生活,其实施难度减少许多。一方面,城镇地价上升,房价越来越高,本人拥有自己独立的住房越来越困难。所以,当事人双方结婚后,采取务实态度,谁有房或者谁家有房,就住到谁家,不十分在意是否会导致身份关系变更。另一方面,在农村地区,如果不涉及身份变动,男女当事人面对的社会压力也将小得多。当然,农村地区人口婚嫁,必然牵涉到承包土地分配、山林分配、宅基地分配等现实问题。不涉及身份变动,村庄基于现有村民利益就可能排斥或歧视因结婚将迁居入村的男性。

(二)该条规定内容与其他相关法律之间存在不协调

1.第 9 条规定与《婚姻法》相关其他条款和民事法律有关规定不一致

从我国《婚姻法》其他条文,关于家庭成员权利与义务的规定中,没有出现媳妇、女婿这两类亲属。这说明,这两类人没有被列入家庭成员名单。十分勉强地说,《继承法》第 12 条规定可能在一定程度上对“夫妻约定成为对方家庭的成员”有所体现。不过,严格讲,《继承法》没有考虑婚姻当事人双方约定成为对方家庭的成员之因素,因为该法关于继承人资格、顺序的通常安排中,均没有出现媳妇、女婿。《继承法》第 12 条享有第一顺序继承人地位并行使继承权的媳妇或女婿,与该人与其已故配偶生前是否签订了成为已故配偶生前所在家庭的成员之协议无关,因为此情形下,被赋予继承权是基于“尽了主要赡养义务”的事实。

结合《民法通则》《民法总则》相关法律的精神,夫妻双方自愿约定就可以成为对方家庭的成员,无相应法律条款对应。从监护制度看,媳妇、女婿没有明文出现在监护人名单中,尽

管他们可以被包含在《民法通则》第 17 条第(四)项“其他亲属”或者第(五)项“关系密切的其他亲属、朋友愿意承担监护责任……”中。媳妇或女婿也没有出现在《民法总则》第 28 条明文指定的监护人名单中,也不可能被包括在同条第(三)项规定的“其他近亲属”中,因为近亲属包括哪些人,通过《民事诉讼法》《刑事诉讼法》可以确定,其中就不包括媳妇、女婿,不论他们与配偶是否签订成为对方家庭的成员之协议。当然,媳妇、女婿可以被包括在《民法总则》第 28 条第(四)项“其他愿意担任监护人的个人或者组织……”中。

2.村民代表大会行使其法定权力导致部分上门女婿不能享有与其他村民同等待遇

涉及农村土地利益分配时,村民代表大会依法享有村自治权。实际生活中,部分村庄村民代表大会作出决定,不同意上门女婿享有与其他村民同等待遇,或者决定上门女婿只能享有一半村民待遇。由于《村委会组织法》赋予村民代表大会决定村庄集体经济利益分配等诸多重大事务的权利,相关当事人被村民代表大会决定其只能享受“半个待遇”甚至不能享有村民待遇时,不可能通过寻求村主任或村委调解解决。部分上门女婿将此类争议起诉到人民法院,寻求司法救济。不过,从法院相关裁判文书看,许多法院以村民代表大会有决定权为由,不支持原告的请求。例如,重庆市高级人民法院审理的廉某邦等与奉节县长安土家族乡五坝村 1 社等侵害集体经济组织成员权益纠纷案中,廉某邦等 4 人(均为上门女婿),请求撤销村庄相关利益分配决定,主张其对所在村庄的土地补偿费应享有平均分配的权利,认为五坝村 1 社制订的廉某邦等 4 人“参与分配土地补偿费的三分之一”的分配方案明显歧视入赘男性,违背了法律规定,侵犯了廉某邦等 4 人的集体经济组织成员权益;土地补偿费的分配不应实行差别待遇,一、二审法院认为平等分配权不是平均分配权,是对法律的错误理解。但是,重庆高级人民法院认为,“由村民委员会、村民小组依照法律规定的民主议定程序决定在该集体经济组织内部具体如何分配收到的土地补偿费,即土地补偿费的具体分配方案属于农村集体经济组织自治范畴,只要村民委员会、村民小组依照法定的民主议定程序形成的决议,即为合法的决议,全体村民和村民委员会或村民小组均应执行”。该案中,“五坝村 1 社于 2014 年 11 月 19 日作出的集体分配方案系依照村民委员会组织法等相关法律规定的民主议定程序,根据本集体经济组织成员的居住、生产及生活等状况,综合多方面的因素并平衡各方利益后,经村民代表大会通过,形成决议,进而作出的相应的分配方案。廉某邦等 4 人并无证据证明五坝村 1 社在制定分配方案的过程中违反了民主议定的程序,故五坝村 1 社于 2014 年 11 月 19 日作出的集体分配方案为合法的村民组织自治决议。原审认定五坝村 1 社作出的分配方案可作为分配依据并无不当,廉某邦等 4 人称分配方案侵犯其集体经济组织成员权益的理由不能成立”。“从廉某邦等 4 人实际获得的土地补偿款数额来讲,五坝村 1 社的分配方案也并未侵犯廉某邦等四人的合法权益”。① 在聂某芳、聂东新财产损害赔偿纠纷再审案件中,广东省高级人民法院认为,上门女婿聂某芳及其所生三名子女聂某新、聂某南及聂某金虽然长期与聂某芳的岳父母何某英、陈某芳生前共同生活,但是,“因聂某芳、聂某新、聂某南及聂某金并非吉董经济合作社的集体组织成员,在何某英、陈某芳户已消亡的情况下,聂某芳等主张其有权在承包期内继续承包涉案水田,缺乏法律依据,一、二审

① 重庆市高级人民法院(2018)渝民再 286 号民事判决书,中国裁判文书网,http://wenshu.court.gov.cn/website/wenshu/,下载日期:2019 年 10 月 2 日。

判决不予支持亦无不妥”。①

《妇女权益保障法》第33条规定，“任何组织和个人不得以妇女未婚、结婚、离婚、丧偶等为由，侵害妇女在农村集体经济组织中的各项权益。因结婚男方到女方住所落户的，男方和子女享有与所在地农村集体经济组织成员平等的权益”。该条是保障迁居夫家的已婚妇女在集体组织中的平等成员权。实质上，上门女婿遇到的问题就是外来媳妇容易遇上的问题。因为上门女婿是男性，第33条看似不适用，但是，其精神是相通的。

第三节　本条的典型案例

一、上门女婿与妻子及岳父母分家析产纠纷

潘某才、魏某琼分家析产纠纷再审民事案件，四川省高级人民法院（以下简称四川高院）民事判决书，〔2017〕川民再473号。②

【案情概要】

原告郑某政向一审法院起诉请求：①判决被告潘某芳、潘某才、魏某琼支付郑某政房款143000元（系原组房屋自己应得部分面积经拆迁安置折合人民币）；②判决潘某芳、潘某才、魏某琼支付郑某政原组房屋设施补偿款47038.38元。

一审法院认定事实：郑某政与潘某芳于××××年××月××日登记结婚。潘某才、魏某琼系潘某芳的父母。婚后，郑某政到原达县与潘某芳及其父母潘某才、魏某琼共同生活。2000年11月至2001年1月，郑某政与潘某芳、潘某才、魏某琼一起改建潘某才所有的原达县旧房，共同开支建房款9000余元，郑某政支付建房工人工资2550元。2008年12月30日，因国家建设需要，原达县国土资源局（简称县国土局）拆迁潘某才位于社原住房××号。潘某才与县国土局签订了拆字（2008）第8号《房屋拆迁补偿安置协议》，经双方协商，潘某才自愿选择统建还房方式安置。其后，经县国土局实地丈量，拆除潘某才原住房面积112.514 m^2，潘某才家6人，应享受基本住房面积60 m^2，并对过度安置补助费、搬家费等进行了约定。同日，双方签订《房屋拆迁安置卡》，该安置卡按3户6人计算，共安置80～90 m^2 房屋四套，住房补偿、设施补偿、搬家费、周转房费、奖金合计188153.553元，潘某才领取了38030.448元，剩余款项待安置房竣工后结算。2001年4月，郑某政外出务工，2004年潘某芳以夫妻感情破裂为由诉讼到原达县人民法院要求与郑某政离婚。一审法院于2004年12月10日作出（2004）达达民初字第920号民事判决，判决：“一、准许原、被告离婚；二、被告郑某政在郑某明处所借债务5500元由被告偿还。”宣判后，郑某政不服该判决，上诉至四川省达州市中级人民法院（以下简称达州中院）。达州中院查明：“上诉人郑某政与被上诉人潘某芳于2000年3月经人介绍相识，于同年10月12日结婚后，并到达县南外镇叶家湾社区与潘某芳的父母共同生活。2000年11月至2001年与潘某芳及其父母一起在潘某才的旧房

① 广东省高级人民法院（2016）粤民申7900号民事裁定书，中国裁判文书网，http://wenshu.court.gov.cn/website/wenshu/，下载日期：2018年2月10日。

② 四川省高级人民法院〔2017〕川民再473号民事判决书，中国裁判文书网，http://wenshu.court.gov.cn/website/wenshu/，下载日期：2018年4月1日。

的基础上改建 110 m^2 的房屋,共同开支建房款 9000 余元。上诉人郑某政从其弟郑某明处借款 5000 元,从中支付建房承办人陈某全房款 2550 元后外出务工。上诉人郑某政与被上诉人潘某芳在夫妻关系存续期间未发生过争吵及打架纠纷。"2005 年 3 月 22 日,潘某芳在与郑某政婚姻关系存续期间又与喻某贵签订了《申请结婚登记声明书》并以夫妻名义登记户口。现郑某政诉讼至一审法院,要求分割共有财产及安置补偿款。同时查明,潘某才、魏某琼育有一子潘某,一女即本案被告潘某芳。达州中院于 2005 年 4 月 11 日作出(2005)达中民终字第 166 号民事判决,判决不准许郑某政与潘某芳离婚。

一审法院认为,分家析产是指家庭成员之间因生产和生活上的需要,要求分割他们共同所有的财产的法律行为。《中华人民共和国物权法》(以下简称《物权法》)第 99 条规定:"共有人约定不得分割共有的不动产或者动产,以维持共有关系的,应当按照约定,但共有人有重大理由需要分割的,可以请求分割;没有约定或者约定不明确的,按份共有人可以随时请求分割,共同共有人在共有的基础丧失或者有重大理由需要分割时可以请求分割……"《最高法院适用〈婚姻法〉解释三》第 4 条规定:"婚姻关系存续期间,夫妻一方请求分割共同财产的,人民法院不予支持,但有下列重大理由且不损害债权人利益的除外:(一)一方有隐藏、转移、变卖、毁损、挥霍夫妻共同财产或者伪造夫妻共同债务等严重损害夫妻共同财产利益行为的;(二)一方负有法定扶养义务的人患重大疾病需要医治,另一方不同意支付相关医疗费用的。"郑某政与潘某芳的夫妻关系未解除之前,仍属合法夫妻,郑某政系潘某才、魏某琼的女婿,各方当事人对于诉争房屋的共有关系为共同共有,由于对诉争所涉房屋权利的共有基础仍然存在,且郑某政未提供证据证明具有分割共有财产的重大理由,故郑某政的诉求缺乏事实依据和法定理由,尚不具备分割共有财产的条件,其诉讼请求不予支持。一审法院判决:驳回郑某政的诉讼请求。

郑某政不服一审判决,向四川省达州市中级人民法院(以下简称达州中院)上诉,请求:①撤销一审判决;②判决潘某芳、潘某才、魏某琼支付郑某政原组房屋自己应得部分 28m^2 折款 145600 元;③判决潘某芳、潘某才、魏某琼支付郑某政原组房屋设施补偿款 47038 元;④判决潘某芳、潘某才、魏某琼支付郑某政原组房屋拆迁周转费 37653.988 元。

在二审中,法院认定的事实与一审法院认定的事实一致。达州中院认为,郑某政与潘某芳于××××年××月××日结婚后,与潘某芳的父母潘某才、魏某琼夫妇一起共同生活属实。其间,郑某政、潘某芳、潘某才、魏某琼 4 人对潘某才、魏某琼夫妇所有的旧房进行改建出资出力,事实清楚,有原二审法院在潘某芳与郑某政离婚上诉案件的庭审笔录予以证实,证据充分,予以认定。诉争房屋系家庭成员共同共有,郑某政作为家庭成员之一,对共有改建房屋享有一定份额,郑某政上诉分割共有房屋的诉讼请求,符合法律规定,予以支持。因本案所涉被拆迁的改建房系在潘某才、魏某琼夫妇原老房子基础上改建而成,故酌定潘某才、魏某琼夫妇原老房子的价值占改建后新房屋价值的一半,改建后的新房子剩下的另一半由郑某政、潘某芳、潘某才、魏某琼 4 人各占 1/4,因此,达州中院酌情认定郑某政对改建后新房价值享有 12.5%的产权份额。综上,一审判决认定事实清楚,但适用法律部分不当,应予改判。郑某政的上诉理由部分成立,予以支持。二审法院判决:①撤销一审判决;②郑某政对改建后的新房占 12.5%的产权份额;③驳回郑某政的其他诉讼请求。

潘某才(一审被告、二审被上诉人)、魏某琼(一审被告、二审被上诉人)、潘某芳(一审被告、二审被上诉人)因与被申请人郑某政(一审原告、二审上诉人)分家析产纠纷一案,不服达

州中院(2016)川17民终7号民事判决,向四川高院申请再审,于2017年5月12日获准受理。

潘某才、魏某琼、潘某芳申请再审请求:裁定撤销二审判决,驳回郑某政的诉讼请求。事实与理由如下:①涉案被拆迁房屋的土地使用者、被拆迁人(户主)为潘某才,被拆迁房屋补偿加其他设施补偿及周转费用合计18万余元。被安置的人员为6人,即当时户口簿上登记的人员,按每人60 m^2 安置80~90 m^2 住房四套。至今,安置房还未动工修建。根据上述事实,被拆迁的房屋面积不算隔热层和收购的违建房屋面积就有近260 m^2。郑某政起诉称其于2000年11月至2001年1月参与共同改建房屋110 m^2 的事实不实。客观真实的事实就是仅对该一楼一底的房屋的破损之处进行了维护修缮而已。②郑某政与潘某芳在婚后无共同房产。郑某政作为上门女婿,在潘某芳父母家居住生活不可能白吃白住,为其岳父母维护修缮祖业之旧房出点力、出点钱,本是理所应当之事,而不能被认定为对房产维建的投入或者对改建房屋的出资。该维修后的房屋产权仍为潘某才所有,郑某政依法不能享有该房屋的一定份额,其明显不具有提起分家析产诉讼的主体资格。③潘某芳现已与喻某贵结婚,并生有一子,如果对家庭财产分割则应当增加家庭成员。二审判决认定事实不清。

郑某政辩称:郑某政提供的证据已证实郑某政在与潘某芳二人夫妻关系存续期间出资出力改建房屋的事实,郑某政对诉争房屋享有所有权。潘某芳在与郑某政夫妻关系存续期间又与他人办理了结婚证,且诉争房屋已被拆迁,共同共有的基础已经丧失,二审法院改判郑某政对改建后的新房占12.5%的产权份额于法有据。请求驳回潘某才、魏某琼、潘某芳的再审请求,维持二审判决。

四川高院再审查明事实与二审法院审查明的一致。另查明:①2008年12月30日潘某才填报的《房屋拆迁安置卡》载明:常住人口为6人3户,被拆迁的原住房面积为319.034 m^2,其中,砖混结构112.514 m^2,拆迁补偿单价为480元/m^2;砖瓦结构为112.514 m^2,拆迁补偿单价为420元/m^2;砖木结构为34.006 m^2,拆迁补偿单价为420元/m^2,其他为院坝、堡坎等。被拆迁房屋补偿费115545.12元,设施补偿费45637.985元,搬家费3000元,周转房费22970.448元,奖金1000元,以上合计188153.553元。统建还房的,只付搬家费、周转房费及奖金,其他费用待还房时结算。②四川省达州市人民政府颁布的《达州市征地拆迁补偿安置办法》第30条规定:"被拆迁住房安置人员必须同时具备以下条件:①必须是本集体经济组织成员;②必须是持有合法房屋产权证和土地使用证的权利人所属户籍登记人员;③必须是在被拆迁住房内长期居住的家庭人员。"

四川高院认为,郑某政于××××年××月××日与潘某芳结婚后,即到原达县,与潘某芳的父母潘某才、魏某琼共同生活。2000年11月至2001年1月,郑某政与潘某芳、潘某才、魏某琼一起对潘某才原有旧房进行了改建,改建面积为110 m^2,花费建房款共计9000余元,其中郑某政支付建房款2550元。郑某政与潘某芳、潘某才、魏某琼4人共同出资出力改建房屋,对改建形成的110 m^2 房屋应属4人共同创造所产生的财产,属于家庭共同财产。后四人共有的110 m^2 房屋被拆迁,4人就房屋的共有关系消灭,但就该房屋拆迁所获取的相应房屋拆迁补偿费用仍应由4人共有。郑某政参与共同改建房屋的时间为其与潘某芳夫妻关系存续期间,其与潘某芳在夫妻关系存续期间所获得的财产应属夫妻共有财产,现郑某政起诉"要求对婚姻关系存续期间的共同财产进行分家析产,要求分割自己应得的部分",其实际是请求分割其与潘某芳夫妻关系存续期间所获得的财产,因二审法院作出的生效判决

判决其与潘某芳不准离婚，二人仍是合法夫妻，郑某政提出的要求对婚姻关系存续期间的共同财产进行分割的请求尚不符合分割夫妻共同财产的条件。故一审法院依照《物权法》第99条、《最高法院适用〈婚姻法〉解释三》第4条规定，认定郑某政与潘某芳的夫妻关系未解除之前，对共同共有财产的共有基础仍然存在，且郑某政未提供证据证明具有分割共有财产的重大理由，郑某政的诉求缺乏事实依据和法定理由，尚不具备分割共有财产的条件，并判决驳回郑某政的诉讼请求正确。此外，郑某政与潘某芳、潘某才、魏某琼4人共同出资出力改建的房屋因拆迁而消灭，二审法院在共有物已灭失的情况下，仍判决郑某政对改建后的新房占12.5%的产权份额，缺乏事实依据，同时，该判决也超出郑某政提出的诉讼请求，应当予以纠正。

四川高院认为，二审判决认定事实清楚，但适用法律不当，应予纠正。再审申请人潘某才、潘某芳、魏某琼的再审请求成立，应予以支持。2017年10月31日，四川高院依照《民事诉讼法》第207条第1款、第170条第1款第(2)项规定，判决如下：①撤销四川省达州市中级人民法院(2016)川17民终7号民事判决；②维持达州市达川区人民法院(2015)达达民初字第1827号民事判决。

二、上门女婿不同意离婚却请求两个孩子由其抚养，是否应支持

王某离婚纠纷申诉案，北京市高级人民法院(以下简称北京高院)民事裁定书，(2014)高民申字第01445号。①

【案情概要】

再审申请人王某(男，一审被告、二审上诉人)因与被申请人张×1(女，一审原告、二审被上诉人)离婚纠纷一案，不服北京市第二中级人民法院〔2013〕二中民终字第16387号民事判决，向北京高院申请再审。王某申请再审称：他不同意离婚。张×1有抑郁症，不能抚养孩子。两个孩子应由我抚养。他是妻子张×1家的上门女婿，养活张×1，并为她家操持了10年，还与张×1婚后一起建了房，但是，离婚时房屋没有分割。请求分割房产，两个孩子判归由其抚养。一审开庭时没有通知我到庭，没有给我传票。二审法院没有进行调解维持原判，问题没有解决。庭上不让我方说话，剥夺辩论权。请求北京市高级人民法院依法再审此案。该申请获准受理后，已审查终结。

【裁判意见】

北京高院认为：张×1曾以感情破裂为由起诉离婚后撤诉，现双方未能和好，夫妻感情确已破裂，判决离婚正确。考虑到张×3、张×4一直随张×1共同生活以及王某所述其在外务工的具体情况，从保护未成年人利益角度出发，应当维护未成年人生活环境的稳定，故原审法院确认双方婚生女张×3、张×4由张×1抚养并酌情确定了王某每月给付一定的子女抚养费，该项处理正确合法且符合未成年人的成长及生活需要，并无不当。

因王某在原审过程中经法院合法传唤未到庭参加诉讼，在此情形下，原审法院仅对双方解除婚姻关系及子女抚养问题作出判决正确，并未直接处理夫妻共同财产问题并无不当，经

---

① 北京市高级人民法院(2014)高民申字第01445号民事裁定书，中国裁判文书网，http://wenshu.court.gov.cn/website/wenshu/，下载日期：2016年6月2日。

二审法院调解双方无法达成一致意见，就夫妻共同财产问题王某可另案起诉。综上，王某的再审申请不符合《民事诉讼法》第200条规定的情形。2014年5月20日，北京高院依照《民事诉讼法》第204条第1款规定，裁定驳回王某的再审申请。

三、共同生活的岳父以上门女婿名义签订田土转让协议，是否有效

奚某军与黄某家、吴某艳确认合同无效纠纷再审复查与审判监督案件，湖北省高级人民法院民事裁定书，(2015)鄂民申字第01763号。①

【案情概要】

再审申请人奚某军，又名吴某军(一审原告、二审上诉人)因与被申请人黄某家(一审被告、二审被上诉人)、吴某艳(一审被告、二审被上诉人)确认合同无效纠纷一案，不服湖北省恩施土家族苗族自治州中级人民法院(2014)鄂恩施中民终字第00951号民事判决，向湖北省高级人民法院(以下简称湖北高院)申请再审。

奚某军申请再审称：(1)原判决认定事实不清、证据不足。①一、二审判决均未查明奚某军与黄某家分别向法院提交的《房屋买卖及田土转让协议》的真伪性，奚某军提交的协议系原件，且中没有龙潭村支书刘某析和村主任刘某安的签字，但黄某家提交的协议中有刘某析和刘某安的签字，该协议系伪造的，依法不能作为本案认定事实的主要证据。②吴某艳以吴某军的名义在签订《房屋买卖及田土转让协议》时有明确的前提条件，即关于田土转让问题，吴某艳不能做主，如果黄某家要受让奚某军的田土，必须经全体共有人 致同意，且必须在转让协议上签字才能生效，否则自始无效。③原判决均未依法查明吴某艳给予黄某家两年共计350元现金的用途，而是在没有任何证据证明的前提下，均认定系吴某艳代为领取奚某军的两年土地良种补贴款交给黄某家。事实上，吴某艳交给黄某家的350元现金是山林看守费，不是土地良种补贴款。④二审判决认定涉案土地系由吴某艳一家承包，带有明显的主观臆断，属事实不清，证据不足。吴某艳是国家退休教师，非农村户口，其户籍与奚某军不在一起，吴某艳依法不具有对涉案土地的承包经营资格。同时，从农村土地承包合同以及土地承包经营权证看，吴某艳也不享有涉案土地的承包经营权。(2)原判决程序违法。①一、二审法院审判人员均在庭审过程中非法剥夺奚某军和吴某艳的质证与法庭辩论权。②一审法院非经当事人申请主动收集证据，系无效证据，应依法予以排除。③……。④本案《房屋买卖及田土转让协议》系黄某家之外甥明某炮制的。(3)原判决适用法律错误。①原判决适用《民法通则》第66条、《合同法》第44条、第49条之规定而认定吴南艳的行为系表见代理，属于重大且明显的适用法律错误。②原判决在适用法律问题上违背了“特别法优先于一般法”原则，本案应当依法适用《中华人民共和国物权法》《中华人民共和国农村土地承包法》《农村土地承包经营权流转管理办法》《湖北省农村土地承包经营条例》。③吴某艳与黄某家之间所签订的《房屋买卖及田土转让协议》不符合合同的成立与生效要件，吴×军并非法律意义上的奚某军，依法不具有本案合同当事人资格。④奚某军没有稳定经济来源，一旦失去农村承包土地，将失去生存根基。但一、二审不顾奚某军的生存与生活安危，无视国家法律强制

① 湖北省高级人民法院(2015)鄂民申字第01763号民事裁定书，中国裁判文书网，http://wenshu.court.gov.cn/website/wenshu/，下载日期：2017年3月11日。

性规定,没有考虑社会长期稳定,其裁判行为严重违反了国家法律的立法宗旨,造成了不应当出现的社会不安定因素。综上,奚某军依据《民事诉讼法》第200条第1款第(一)项、第(二)项、第(三)项、第(四)项、第(六)项、第(七)项、第(九)项、第(十一)项、第(十三)项之规定,向湖北高院申请再审。

黄某家答辩称:(1)关于原判决认定事实的问题。①关于双方当事人向一审法院提交的《房屋买卖及田土转让协议》的真伪性的问题。一审中,奚某军提交的《房屋买卖及田土转让协议》系原件,内容也是真实的,而黄某家提交的是复印件,该两份协议的内容完全一致,仅仅黄某家提交的复印件后面多了龙潭村干部刘某安和刘某析的签字确认,但该签字确认是黄某家的代理人在调查取证过程中为保证原件的真实性,请刘某安和刘某析签名确认该复印件与原件内容一致,而非申请人所主张的共同伪造协议的行为。②奚某军称一、二审判决均未依法查明吴某艳给予黄某家350元现金的用途,其主张该350元现金是为了雇请黄某家为其看守山林的看守费,不是土地良种补贴款。但奚某军在原一、二审期间并未提出过该主张。(2)关于原判决程序问题。……(3)在双方签订《房屋买卖及田土转让协议》时,奚某军及其共同承包人均已成年,同时也知晓房屋及田土已经转让给黄某家这一事实,则其应当预见到没有田土带来的后果,况且奚某军一家本不以种地维持生活所需。黄某家在取得房屋和田土2年后为偿还购买此房的借款,以同样的方式于2009年将涉案房屋及全部承包地转让给了同村村民严某成。而且当地类似转让房屋和土地的情况比比皆是,如果这种基本的交易安全得不到保障,必然导致社会不稳定。综上,请求依法查清案件事实真相。

湖北高院认为,该案主要争议焦点系吴某艳以奚某军的名义与黄某家签订的《房屋买卖及田土转让协议》中关于田土转让部分协议内容是否有效。从原判决查明的事实看,奚某军系吴某艳的上门女婿,其与妻儿、岳父母吴某艳、奚某连共同生活多年,作为同村村民的黄某家与其岳母奚某连也系表兄妹关系,双方当事人之间的家庭关系特殊,彼此之间具有相互了解和信任的基础,黄某家有理由相信吴某艳有权代理奚某军处理其家庭事务。该案中,吴某艳是在将其所有的房屋出售给黄某家时一并转让了奚某军家庭所承包的土地,该种交易方式符合农村房屋买卖习惯,而且涉案承包地在奚某军入赘之前,系由吴某艳一家承包的,在签订转让协议时,其他在场的土地承包经营权共有人奚某连、吴某玲也均未表示反对,黄某家有理由相信吴某艳有权代理奚某军处分涉案承包地。协议签订后,龙潭村村委会在该协议上加盖公章予以了确认,黄某家也按照协议约定支付了对价并对房屋和土地进行了管理使用,协议内容已经实际履行。原判决综合上述事实,依据《合同法》第44条、第49条,《民法通则》第66条以及《农村土地承包法》第32条之规定认定吴某艳的行为构成表见代理且协议有效,具有事实和法律依据,原判决适用法律并无不当。奚某军认为原判决未查明吴某艳支付给黄某家的350元现金的用途并主张该款项实际为山林看守费,但未提交证据予以证明,法院不予支持。奚某军还认为原判决认定涉案土地系由吴某艳一家承包属认定事实不清。事实上,二审系认定奚某军入赘之前涉案土地由吴某艳一家承包,在奚某军取得土地承包经营权后,吴某艳已经不是该土地承包经营权的共有人,该事实认定与奚某军的主张不矛盾。故奚某军关于原判决认定事实不清的再审申请理由均不能成立,法院不予支持。关于原判决依据《房屋买卖及田土转让协议》是否系伪造的问题,奚某军和黄某家在原一审期间分别向法庭提交了该协议的原件和复印件,虽然黄某家提交的协议复印件中有龙潭村村支书刘某析和村主任刘某安的签字,但该复印件和奚某军提交的协议原件内容一致,且黄某家及其代理人已经对两者形式上的区别作出了合理解释，认为系其代理人在向刘某析和刘某安调查取证时，经刘某析和刘某安核对协议原件和复印件后，在协议复印件上签字确认与原件一致，该做法符合日常操作习惯。奚某军认为协议系伪造的再审申请理由不能成立，不予支持。关于一、二审程序是否违法的问题。……故奚某军关于一、二审程序违法的再审申请理由均不能成立，湖北高院不予支持。

2015 年 12 月 29 日，湖北高院认定奚某军的申请再审理由和请求不符合《民事诉讼法》第 200 条规定，根据《民事诉讼法》第 204 条规定，裁定驳回再审申请人奚某军的再审申请。

第四节　关于本条的争议

一、夫妻约定成为对方家庭成员协议的效力与村庄自治权之间冲突

夫妻依据《婚姻法》第 9 条，可以自愿约定任何一方成为对方家庭的成员。最常见的情形是，男娶女嫁，妻随夫居；少数情形下，达成此类约定的夫妻是因为妻无兄弟姐妹，为了便于未来履行赡养父母义务，双方一致同意丈夫到妻子原生家庭所在地或者妻子的父母所在地，一起共同生活，俗称上门女婿。无论前述情形中的任何一种，如果当事人一方或者双方是农村户籍居民，该约定的效力可能与《村委会组织法》赋予村庄的自治权之间产生不协调甚至冲突，主要原因则是村民自治过程中所作决定可能没有充分考虑到当事人的特殊情况而对其利益给予充分尊重，甚至不同意相关当事人享受平等村民待遇。现实生活中，因该两类权利行使冲突而遭遇到不平等待遇的，主要是下列三类人员：一是与城镇户籍男性结婚的农村户籍女性，婚后户籍继续保留在村庄的，其中有部分人实际生活在村庄中，她们被称为“外嫁女”；二是迁居妻子的村庄而与妻子及其岳父母共同生活的男性，他们被形象地称为“上门女婿”；三是前述两类人员所生的子女。主要原因无非是由于牵涉其中的利益重大，村庄的土地、山林资源有限，加之男女不平等等传统思想意识影响。有些村庄为了使已有村民利益最大化，对外嫁女和上门女婿享受村庄集体利益予以排斥、缩限甚至剥夺。

根据《村委会组织法》第 2 条规定，“村民委员会是村民自我管理、自我教育、自我服务的基层群众性自治组织，实行民主选举、民主决策、民主管理、民主监督。村民委员会办理本村的公共事务和公益事业，调解民间纠纷……。村民委员会向村民会议、村民代表会议负责并报告工作”。第 24 条进一步规定，“涉及村民利益的下列事项，经村民会议讨论决定方可办理：(一)本村享受误工补贴的人员及补贴标准；(二)从村集体经济所得收益的使用；(三)本村公益事业的兴办和筹资筹劳方案及建设承包方案；(四)土地承包经营方案；(五)村集体经济项目的立项、承包方案；(六)宅基地的使用方案；(七)征地补偿费的使用、分配方案；(八)以借贷、租赁或者其他方式处分村集体财产；(九)村民会议认为应当由村民会议讨论决定的涉及村民利益的其他事项。村民会议可以授权村民代表会议讨论决定前款规定的事项。法律对讨论决定村集体经济组织财产和成员权益的事项另有规定的，依照其规定”。根据第 22 条规定，“召开村民会议，应当有本村十八周岁以上村民的过半数，或者本村三分之二以上的户的代表参加，村民会议所作决定应当经到会人员的过半数通过。……”据此，村民会议所作决定或者村民委员会所作决定，村民均应当遵守。因夫妻双方商定一方迁居另一方所在村庄，与另一方及其父母等家人共同生活时，必然将受到村庄自治权约束。

村庄自治权过程中,在涉及土地承包、集体经济所得收益使用和分配、村集体财产处分等重要事务过程中,村委会或村民会议有权决定。由于乡村社会依旧深受传统习惯的影响,村民法律意识相对较弱,相关决定只同允许外嫁女或上门女婿享受减半待遇的情况,在实际生活中时有发生。特别是随着工业化、城市化的发展,城市周边或相隔不远的农村,征地拆迁频繁,利益巨大,前述三类人员不被允许享受同村村民相同待遇的故事,时常发生;其中,有部分外嫁女或上门女婿还诉之法院,寻求司法保护。虽然《妇女权益保障法》和《婚姻法》等法律均赋予夫妻协商确定居住地的权利,夫妻既然迁居到某村,由于生产、生活需要,加之乡村交通不发达,出行并不便捷,夫妻当然愿意选择在同一个村庄落户,分得承包地、山林等,然而,如果村庄自治行为或决定不考虑为该对夫妻提供公正的支持和同等村民待遇,必然极大地影响相关当事人的生产和生活。

二、涉及夫妻约定家庭成员资格约定的诉讼案例评析

从涉及外嫁女或上门女婿利益争议的诉讼案例看,人民法院对于村庄自治权与外嫁女或上门女婿要求平等村民待遇的主张之间发生的冲突,既有支持外嫁女或上门女婿主张的,也有认为村民委员会决定不违法,人民法院不应干涉。

(一)支持外嫁女或上门女婿是对方家庭成员的相关案件裁判之理由

在前述的湖北省高级人民法院(以下简称湖北高院)审结的奚某军与黄某家、吴某艳确认合同无效纠纷再审复查与审判监督案件中,湖北的三级法院不仅认定"奚某军系吴某艳的上门女婿,其与妻儿、岳父母吴某艳、奚某连共同生活多年,作为同村村民的黄某家与其岳母奚某连也系表兄妹关系,双方当事人之间的家庭关系特殊,彼此之间具有相互了解和信任的基础",而且承认奚某军的岳父吴某艳有权代理奚某军处理其家庭事务。在该案中,"吴某艳是在将其所有的房屋出售给黄某家时一并转让了奚某军家庭所承包的土地,该种交易方式符合农村房屋买卖习惯,而且涉案承包地在奚某军入赘之前,系由吴某艳一家承包的,在签订转让协议时,其他在场的土地承包经营权共有人奚某连、吴某玲也均未表示反对,黄某家有理由相信吴某艳有权代理奚某军处分涉案承包地。协议签订后,龙×村村委会在该协议上加盖公章予以了确认,黄某家也按照协议约定支付了对价并对房屋和土地进行了管理使用,协议内容已经实际履行"。因此,一、二、三审判决均依据《合同法》第44条、第49条,《民法通则》第66条以及《中华人民共和国农村土地承包法》第32条之规定认定吴某艳的行为构成表见代理且协议有效,具有事实和法律依据。

(二)认定村委会决定是依法而为,法院不予干涉的相关案件裁判之理由

在山东省高级人民法院(以下简称山东高院)审结的金某禄、平邑县平邑街道办事处西城居民委员会医疗保险待遇纠纷再审审查与审判监督案件中,金某禄等13位上门女婿在某村拥有合法户籍,在被申请人处有被申请人规划的住房,是标准的居民,要求依法享受居民同等待遇,但被申请人决定对本居民委员会(村改居)中的13位上门女婿自2016年起不再由居委会垫付医疗保险费,并在本居委会公告栏、县检察院公告栏及居委会其他街道内张贴公告,予以告知。为此,双方发生争议,诉至法院。经过二级人民法院裁决,金某禄的请求均被驳回。金某禄不服临沂市中级人民法院〔2017〕鲁13民终246号民事裁定,向山东高院申

请再审。山东高院认为,"居民参与新型农村合作医疗保险是居民自愿,对个人应负担部分应由个人支付。本案中,居委会利用集体收益为本居居民代为支付应由居民个人支付部分,系居委会对集体经济组织收益的自主分配,申请人起诉请求与其他村民享有同等权利,由居委会代其支付合作医疗保险费主要涉及居委会对集体经济组织收益款的支配问题,对此是否属于民事诉讼案件的受理范围,我国现行法律并无明确规定,根据《物权法》第 59 条、《村民委员会组织法》第 24 条规定,村集体收益款分配问题属于本集体成员决定的重大事项,应该属于村民自治的范畴,因此,原审法院裁定驳回申请人的起诉,并无不当"。① 换言之,山东高院以法无明文规定为由,不干预居委会不平等地对待本居委会的居民的行为。

(三)法院确认上门女婿有平等参与村集体经济利益分配的权利,又确认村民代表大会决议应得到所有村民执行

在重庆市高级人民法院(以下简称重庆高院)审结的廉某等与奉节县长安土家族乡五坝村 1 社等侵害集体经济组织成员权益纠纷案件中,②廉某等 4 人主张,他们均具有被申请人五坝村 1 社集体经济组织成员资格,4 人对土地补偿费应享有平均分配的权利,五坝村 1 社制定的廉某等 4 人"参与分配土地补偿费的三分之一"的分配方案,明显是对入赘男性的歧视,违背了法律规定,侵犯了廉某等 4 人的集体经济组织成员权益,应予撤销。

在一审中,奉节县人民法院认为,"本案中的土地补偿费分配方案系五坝村 1 社经过民主议定,且民主议定的程序及内容并未违反我国的村民委员会组织法、物权法等相关法律的规定,故可以作为分配的依据。另外,奉节县法院再审判决书判决廉某等 4 人对五坝村委会的征地补偿费、安置费享有与其他集体经济组织成员平等的分配权利。该平等分配的权利并不等于否认五坝村 1 社所作出的分配方案,在有可以作为分配依据的情况下,一审法院亦无权撤销原分配方案,要求村集体经济组织重新作出新的分配方案。综上,五坝村委会、五坝村 1 社并未侵犯廉某等 4 人的合法权益,故廉某等 4 人的诉讼请求一审法院不予支持"。

在二审中,重庆市第二中级人民法院认为,"虽然奉节县法院(2016)渝 0236 民再 2 号民事判决确认了廉某等 4 人对五坝村委会的征地补偿费、安置费享有与其他集体经济组织成员平等的分配权利,但平等分配权并不等于平均分配。五坝村 1 社作出的分配方案中,对土地安置费和土地补偿费确定了不同的分配原则,廉某等 4 人参与了土地安置费的全额分配。而对于土地补偿费,五坝村 1 社则根据不同情况制定了不同的分配细则。五坝村 1 社根据本集体经济组织成员的居住、生产及生活等状况,综合多方面的因素并平衡各方利益后,决定廉某等 4 人及其他 19 名集体经济组织成员享有土地补偿费三分之一的分配权利,并不违反公平原则。相反,廉某等 4 人与其他情况相似的 19 名集体经济组织成员一样,享有的是同等的分配权利,这也正是平等分配权的体现。同时,本案所涉土地补偿费分配方案系五坝村 1 社经过民主议定程序作出的,廉某等 4 人无证据证明民主议定的程序及内容违反我国《村民委员会组织法》、《物权法》等相关法律规定,故一审认定五坝村 1 社作出的分配方案可

① 参见山东省高级人民法院(2018)鲁民申 5443 号民事裁定书,中国裁判文书网,http://wenshu.court.gov.cn/website/wenshu/,下载日期:2019 年 7 月 10 日。

② 重庆市高级人民法院(2018)渝民再 286 号民事判决书,中国裁判文书网,http://wenshu.court.gov.cn/website/wenshu/,下载日期:2019 年 11 月 19 日。

作为分配依据并无不当,廉某等 4 人称分配方案侵犯其集体经济组织成员权益的理由不能成立”。

在再审中,重庆高院认为,依据《物权法》第 63 条第 2 款规定:“集体经济组织、村民委员会或者其负责人作出的决定侵害集体成员合法权益的,受侵害的集体成员可以请求人民法院予以撤销。”该案争议焦点是:五坝村 1 社制定的廉某等 4 人“参与分配土地补偿费的三分之一”的分配方案,是否侵害廉某等 4 人的合法权益、是否应被撤销的问题。首先,土地补偿费是对经由征收消灭集体土地所有权的补偿,而集体土地所有权的权利主体是农民集体,据此,土地补偿费的受益主体也只能是农民集体。只要具有该集体经济组织的成员资格,就应具有相应的分配权。但土地补偿费的具体分配方案,除已报全国人大常委会、国务院备案的地方性法规、自治条例和单行条例、地方政府规章对土地补偿费在农村集体经济组织内部的分配办法另有规定的外,由村民委员会、村民小组依照法律规定的民主议定程序决定在该集体经济组织内部具体如何分配收到的土地补偿费,即土地补偿费的具体分配方案属于农村集体经济组织自治范畴,只要村民委员会、村民小组依照法定的民主议定程序形成的决议,即为合法的决议,全体村民和村民委员会或村民小组均应执行。五坝村 1 社于 2014 年 11 月 19 日作出的集体分配方案系依照村民委员会组织法等相关法律规定的民主议定程序,根据本集体经济组织成员的居住、生产及生活等状况,综合多方面的因素并平衡各方利益后,经村民代表大会通过,形成决议,进而作出的相应的分配方案。廉某等 4 人并无证据证明五坝村 1 社在制定分配方案的过程中违反了民主议定的程序,故五坝村 1 社于 2014 年 11 月 19 日作出的集体分配方案为合法的村民组织自治决议。原审认定五坝村 1 社作出的分配方案可作为分配依据并无不当,廉某等 4 人称分配方案侵犯其集体经济组织成员权益的理由不能成立。其次,五坝村 1 社对土地安置费和土地补偿费确定了不同的分配原则,廉某等 4 人参与了土地安置费的全额分配。而对于土地补偿费,五坝村 1 社根据该集体经济组织成员的居住、生产及生活等状况,综合集体经济组织成员的人数、每个成员土地面积的差异以及成员失地面积多少等多方面的因素并平衡各方利益后,制定并经村民代表大会通过了不同的分配细则。决定按照五坝村 1 社的集体经济组织成员数,廉某等 4 人及其他情况类似的集体经济组织成员享有集体土地补偿费 1/3 的分配权利,其余人员享有集体土地补偿费的全额分配权利。按照五坝村 1 社与奉节县土地征收中心签订的土地征收协议约定的征地补偿款……廉某等 4 人实际领到征地补偿款金额已大于其依被征地面积而计算的土地补偿款总额,故五坝村 1 社的分配方案也并未侵犯廉某等 4 人的合法权益。原生效判决认定事实清楚,适用法律正确,重庆高院予以维持。再审申请人申请再审的理由及请求不能成立,重庆高院不予支持。决定维持重庆市第二中级人民法院〔2017〕渝 02 民终 1804 号民事判决。

第五节　域外相关立法例

无论大陆法传统或英美法传统,诸多国家和地区立法调整婚姻住所权或家庭住所权。

一、大陆法传统国家和地区民法典调整婚姻住所的立法例

绝大多数民法典都确认了婚姻住所权或者家庭住所权。《意大利民法典》对家庭住所的

规定最详尽。根据立法规范该项权利的范式和内容,可以划分为三种不同立法例。

(一)仅规定夫妻应协商确定婚姻住所或家庭住所

《巴西新民法典》第1569条规定,“夫妻的住所应由夫妻双方选择,但是,为了承担公职、开业或重大个人利益的需要,他们可离开此等婚姻住所”①。

(二)详细规定住所确定、离开居所的后果并将该权利设定为住所房屋所有权之负担

《法国民法典》第215条第2款规定,“家庭住所应在夫妻一致同意选定的住所”。根据法国最高法院的判例,当家庭住房与夫妻住所不一致时,法官有权自主决定夫妻双方的主要住房所在地。丈夫为了本人多些自由,安排妻子在另一处居住,而他仍可以自由出入妻子分开居住的住房的,该住房仍应受家庭住宅权调整。②

《最新阿根廷民法典》第200条、第206条第1款第211条分别规定,“夫妻应当共同确定家庭居住之地”。经确定的判决别居后,夫妻各方可以自由确定其住所或居所。如有共同子女由其照顾,则应适用亲权制度中的有关规定。对于作为家庭住所的不动产,即使在判决准许人身别居之后,在诉讼期间占居住房或者持续占用作为夫妻生活基地的不动产之配偶,只要其非导致人身别居的过错方,且该不动产因夫妻合伙解散而清算或分割将使其遭受重大损害的,或者别居是因配偶一方患严重疾病所致,且该不动产由患病一方占用的,可以请求不予清算和分割。在相同情形下,如果该不动产属于配偶他方个人所有的财产,法官可以考虑夫妻双方的经济能力和家庭利益,为了该方利益,就不动产的使用确定租赁期间和租金;该权利唯在配偶该方与他人姘居或严重亵渎他方时终止。③

(三)不仅确认婚姻住所商定权,还赋予当事人协商不成时寻求司法救济的权利

意大利、瑞士、西班牙、韩国民法典等均如此。④

《意大利民法典》第144条、第145条规定,“夫妻双方根据各自的需要和家庭的需要商定家庭的生活原则和居所”。双方无法达成一致时,“夫妻任何一方均可不拘形式地请求法官介入。法官在听取夫妻双方的意见,并在适当的情况下于听取与该夫妻共同生活的年满16岁的子女的意见后,找出双方能达成一致的解决方案。无法达成一致而该事项又涉及确定家庭居所或其他重要事项的,根据夫妻双方共同明确的请求,由法官提出不得上诉的裁决采取其认为最符合该家庭团圆和生活需要的解决方案”。夫妻离开家庭居所,将产生一定法律后果。在夫妻分居期间,“在可能的情况下,在原家庭居所居住的权利,优先属于抚养子女的配偶”。⑤

《瑞士民法典》第162条规定,“配偶双方共同决定其婚姻住宅”。第169条第1款进一

---

① 《巴西新民法典》,齐云译,徐国栋审校,中国法制出版社2009年版,第245页。

② 《法国民法典》(上册),罗结珍译,法律出版社2005年版,第201页。

③ 《最新阿根廷共和国民法典》,徐涤宇译注,法律出版社2007年,第54—56页。

④ 在德国司法实践中,婚姻空间也受保护。据此,夫妻任何一方都可以请求另一方,要求其情人离婚婚姻住宅,受害配偶还可以直接向另一方的情人行使请求权,要求其停止对婚姻共同生活的侵害。[德]迪德尔·施瓦布:《德国家庭法》,王葆莳译,法律出版社2010年版,第79页。

⑤ 《意大利民法典》,费安玲等译,中国政法大学出版社2004年版,第45页、第47页。

步规定,“配偶一方只有在取得配偶他方明示同意后始得解除使用租赁契约,转让家庭住宅或通过其他法律行为对家庭住房上的权利加以限制”。同第 2 款规定,“配偶一方无法得到前款的同意或他方未提出充分理由而拒绝同意的,其可诉请法官”①。

《西班牙民法典》第 70 条规定,“确定婚姻缔结双方居住地时,有分歧的,法官根据家庭利益确定居住地”。②

在亚洲,《韩国民法典》第 826 条第 2 款规定,“夫妻的同居场所,由夫妻协议确定。协议不成的,可应当事人的请求,由家事法院决定”③。中国《澳门民法典》第 1648 条规定“家庭居所”,“基于考虑夫妻中每一方之需要、子女利益及其他应予考虑之原因,法院得应任何一方之请求而命令将家庭居所之房屋租予该方,而不论此房屋属双方共有或属他方个人拥有。……”④

二、英美法调整家庭住所的立法例

(一)英国家庭法上的家庭住宅和婚姻住所权

英国《1996 年家庭法》第 30 条至第 41 条较详细地规定了家庭住宅和婚姻住所权,内容包括“非所有权人对婚姻住所的权利”“作为住宅负担的婚姻住所权之效力”“申请人享有所有权或使用权或婚姻住所权时的占有令”“第 33 条命令对住宅抵押权的效力”“不享有现存占有权的原配偶一方”等。⑤ 无论夫妻一方是否对作为家庭住宅或者婚姻住所的房屋享有所有权,均有权占有、使用该住所;对于作为该住所房屋所有权人的夫妻另一方,家庭住宅权或者婚姻住所权是其所有权之上的负担。特别是在身为非所有权人的夫妻一方遭遇另一方家庭暴力时,英国法禁止所有权人将对方驱逐出家庭住宅或者婚姻住所。

《1996 年家庭法》第 30 条规定了关于非所有权人占有婚姻住所等权利:

(1)具有下列事由之一的,适用本条:(A)具有下列事由之一的,配偶一方有权占有住宅:(a)……(b)任何法律授予该配偶继续占有的权利;(B)配偶的另一方无此权利的。

(2)除本章另有规定外,无此权利的配偶一方享有下列权利(“婚姻住所权”):(a)配偶一方已经占有的,享有所有权的配偶另一方不得将其从该家庭住宅或该家庭住宅之任何一部分中驱逐出去,但经第 33 条所述许可的除外;(b)配偶一方尚未占有的,经法院许可,享有进入并占有家庭住宅的权利。

(3)如果配偶一方根据本条规定有权占有家庭住宅或家庭住宅之任何部分,该方配偶为履行配偶另一方应当履行的支付租金……其对该家庭住宅的效力与配偶另一方对家庭住宅实施上述行为的效力相同,无论上述行为是否符合第 40 条规定的命令。

(4)配偶一方根据本条规定占有住宅的:(a)根据《1976 年(农业)租赁法》和《1977 年租赁法》……的宗旨,应视为配偶另一方对其住宅的占有;(b)根据《1985 年住宅法》……之宗

---

① 《瑞士民法典》,殷生根、王燕译,中国政法大学出版社 1999 年版,第 46 页。

② 《西班牙民法典》,潘灯、马琴译,中国政法大学出版社 2013 年版,第 36 页。

③ 《韩国最新民法典》,崔吉子译,北京大学出版社 2010 年版,第 236 页。

④ 赵秉志总编:《澳门民法典》,中国人民大学出版社 1999 年版,第 420 页。

⑤ 蒋月等译,《英国婚姻家庭制定法选集》,法律出版社 2008 年版,第 242～250 页。

旨,该配偶占有此住宅作为其唯一或主要住所的,应视为配偶另一方对其唯一或主要住宅的占有。

……

(8)有下列情形的,配偶一方继续享有婚姻住所权:(a)婚姻关系存续,但第 33 条第(5)款另有规定的除外;(b)配偶另一方根据第(1)款规定有权占有该家庭住宅,但依第 31 条规定,上述权利为该住宅的所有权或其他利益之负担的除外。

……

第 31 条规定了作为住宅负担的婚姻住所权之效力:

(1)在婚姻关系存续期间,无论何时,配偶一方基于所有权或收益权而有权占有家庭住宅的,适用第(2)款及第(3)款的规定。

(2)另一方配偶的婚姻住所权是该住宅的所有权或收益权之上的负担。

(3)第(2)款规定的负担与下列最近日期创设的权益,具有同等的优先效力:(a)有此权利的配偶一方取得所有权或收益权之日;(b)结婚日;(C)1968 年 1 月 1 日(《1967 年婚姻住所法》生效日)。

……

(8)除非法院根据第 33 条第(5)款规定签发命令发出不同指令,即使配偶一方的婚姻住所权是该住宅所有权或收益权,具有下列情形之一的,这些权利终止:(a)配偶另一方死亡;(b)婚姻关系因死亡以外的原因而终止。

(9)如果:(a)配偶一方享有的婚姻住所权是该住宅所有权或收益上的负担;(b)该所有权或收益权被让与,并与同住宅的其他预期权利或利益混合,或若非因为该混合,获得预期权利或利益之人将受到该负担约束

……

第 33 条规定申请人享有所有权或使用权或婚姻住所权时的占有令。可以请求法庭赋予申请人继续保持占有家庭住宅的权利,且该权利可以对抗相对人(被申请人);有权要求被告允许申请人进入并占有该家庭住宅或该住宅的一部分。

英国家庭法有关婚姻住所权对房屋所有权及收益权的负担之规定,充分考虑到作为非所有权人的婚姻配偶一方的居住需求,具有合理性。它显著地区别于大陆法传统国家和地区民法典相关规定,是颇有特色的立法规则。

(二)美国法中的婚姻住所

在美国,早期普通法上,丈夫的住所就是已婚妇女的住所。女性结婚后,没有建立、改变或保留自己住所的权利。1971 年《法律冲突法第二次整编》允许在特殊状况下,不跟丈夫一起居住的妻子可以有分别的住所。其后,立法和判例大幅度地修改了旧有普通法。1988 年修订后的《法律冲突法第二次整编》赋予女性选择自己住所的权利,不论其已婚与否。[①]

---

① 纪欣:《美国家事法》,五南图书出版公司 2009 年第 2 版,第 93 页。

第五章 评注第十三条(夫妻地位平等)

> 第 13 条　夫妻在家庭中地位平等。

第一节　本条的基本原理和依据

一、本条的基本内容

夫妻家庭地位平等是指夫妻在家庭中平等享有权利、平等地承担义务,凡家庭重要事务均应由夫妻双方平等协商确定和解决;任何一方不得未经另一方同意而径行单方面实施涉及婚姻家庭或者与婚姻家庭利益紧密关联的重要决定,否则,将可能导致该方的行为无效或者由行为人单方独自承担全部法律后果。

夫妻在家庭中的地位是由男女两性的社会地位决定的。夫妻之间是尊卑关系还是相互平等,取决于一定社会的经济、政治、文化、法律等综合因素。随着社会经济基础及与之相适应的婚姻制度发展,夫妻在家庭中的地位也随之变化。在不同社会历史阶段,夫妻家庭地位大不相同。

本条的立法侧重点在于保护已婚妇女享有与丈夫平等地位。基于历史原因、传统习俗影响和现实经济条件等因素,男尊女卑意识、歧视妇女的思想仍在一定程度上客观存在;男主外、女主内,作为农业社会的主流分工模式,在当代社会被部分人接受、认同并作为其言行的实际标准,男女平等尚未在事实上实现。法律赋予已婚妇女享有与丈夫平等地位,就是改造夫妻关系中的权力结构,保障双方之间无高低之分,强调夫妻相互是平等伴侣,平等合作伙伴关系。

二、本条的基本理论

(一)制约夫妻家庭地位的要素

制约夫妻家庭地位的要素,通常包括下列十大类:(1)经济因素;(2)情感因素;(3)性格;(4)受教育程度;(5)风俗习惯;(6)家庭出身;(7)职业;(8)家庭成员数量;(9)有无子女及子女数量;(10)行为习惯。按影响程度大小排列,占前三位的要素是经济因素、情感因素、性格。但是,它们各自所占比例在不同调查样本的研究成果中有所差异。在法律已确认夫妻家庭地位平等的社会环境中,造成夫妻不平等的原因或动力,来源于上述相关因素或方面。

（二）夫妻不平等的危害与坚持夫妻平等的必要性

夫妻不平等有多个层次，它们之间互为因果，形成“不平等陷阱”，严重影响了婚姻当事人双方。就现实而言，夫妻之间不平等，主要表现为不尊重妇女和针对妇女的歧视（直接和间接的歧视）、贬损、伤害。首先，夫妻不平等将显著地不利于婚姻当事人各自成长，不利于充分发挥各自的潜能，损害婚姻的持续稳定。其次，夫妻不平等将减少各自对婚姻的潜在贡献及其增长，损害当事人双方的综合收益。在充斥着不平等的婚姻中，对个人利益的追逐超出了对婚姻团体的关注。其三，夫妻不平等或者不平等程度较高，容易导致婚姻不稳定。其四，当夫妻不平等处于极端状态时，不仅会导致夫妻冲突危及婚姻存亡，而且还可能威胁到当事人健康乃至生命。在夫妻之间发生的故意伤害案件、故意杀人案件足可以说明不平等造成的社会危害之深重。在夫妻平等的婚姻中，家庭凝聚力水平较高，当事人容易相处，容易合作。

（三）促进夫妻平等的措施

减少夫妻不平等现象或情形的发生，应当针对不平等产生的原因，分析减少不平等的有效性，采取或者实施下列干预或保障措施与政策：

1.大力发展生产力。在财产或经济条件有限的情形下，强势一方总会想方设法优先满足本人的需求或利益，而置配偶对方需求或利益于不顾。应增加就业机会，增加婚姻当事人的收入，使得夫妻不仅具备基本的经济生存能力，能满足自身及其所抚养者的基本需求，免于贫困，免于物质匮乏，而且还有余力对自己的未来、对配偶他方和对家庭的未来进行投资，拥有更大的信心和行动自由，因此夫妻之间就能做到各取所需，应有尽有，享有体面生活。

2.加快传统文化改造。性别不平等的传统文化机制是制约当代社会性别平等实现的重要障碍。个体之间不平等现象，既可能源于不拥有正确性别观，错误地理解男女之间不平等的权力分配，也可能错误地相信男性比女性拥有更大社会文化价值的观点。因此必须大力改革文化，全面实施性别平等政策和法律；加大平等观的宣传教育，让人们认识到男女平等、夫妻平等应有之义；消除传统的、限制性的两性角色刻板印象，建构平等的夫妻角色。

3.加强监督、干预和矫正。对于夫妻之间不平等，无论是当事人还是社会舆论，都应当采取“零容忍”，尽早发现，尽早纠正。

简而言之，婚姻以爱情为基础，家庭建立在团结基础之上。夫妻应当相互包容，共同实现可持续发展。

三、本条的历史沿革

从立法史看，我国实行夫妻地位平等的时间并不长。从1910年《大清现行刑律》开始，改革传统男尊女卑、夫妻一体的婚姻制度，1930年《中华民国民法·亲属编》才首次确立男女平等法律原则。[①] 1950年《婚姻法》第7条规定，“夫妻为共同生活的伴侣，在家庭中地位平等”。该法第1条规定，“废除包办强迫、男尊女卑、漠视子女利益的封建主义婚姻制度。实行男女婚姻自由、一夫一妻、男女权利平等、保护妇女和子女合法权益的新民主主义婚姻

① 蒋月：《20世纪婚姻家庭法：从传统到现代化》，中国社会科学出版社2015年版，第228～263页。

制度”。1980 年《婚姻法》第 2 条规定,“实行婚姻自由、一夫一妻、男女平等的婚姻制度”;第 9 条规定,“夫妻在家庭中地位平等”。

在中国几千年历史时间里,妇女曾长期被歧视、遭贬损。中国古代哲学认为,天道为乾,地道为坤;乾为阳,坤为阴;阳成男,阴成女;故男性应刚,女性应柔;男子是主动的,女子是被动的。据此衍生出男尊女卑观念以及社会由男性支配的规则,形成宗法社会。从什么“惟女子与小人难养也”之类话语,到“天下易私而难化者惟妇人”,视女性有“天赋的弱点”;社会创制出“种种裁制妇女、驾驭妇女的方法”,使妇女服于人。例如,明代出现的“女子无才便是德”,这句话中的“才”,不是才智之才,而是狭义的识字知书;以所谓“妇人识字多诲淫”为由,不许女性识字,不让她有一点点知识,使她们思想浅狭,生活卑陋。“把一个人连手带脚的捆放地下,还说她不能够站起来同好人一样竞走的缘故,是她天生的弱点,这是什么逻辑?”① 以近现代科学观来衡量,先祖们的前述哲学观点和歧视妇女的思想意识明显是浅薄可笑的,然而,其残余影响至今尚在。夫妻关系不平等的事实或现象并不鲜见。所以,国家制定和实施《妇女权益保障法》,《婚姻法》规定夫妻家庭地位平等。

四、本条的法律渊源

关于夫妻地位平等的法律渊源,除了《婚姻法》第 13 条规定外,还有《宪法》有关条款和下列法律法规及司法解释有关规定。

(一)《宪法》和法律有关规定

《宪法》第 48 条规定,“中华人民共和国妇女在政治的、经济的、文化的、社会的和家庭的生活等各方面享有同男子平等的权利。国家保护妇女的权利和利益”。

《妇女权益保障法》第 43 条规定,“国家保障妇女享有与男子平等的婚姻家庭权利”。第 47 条规定,“妇女对依照法律规定的夫妻共同财产享有与其配偶平等的占有、使用、收益和处分的权利,不受双方收入状况的影响。夫妻书面约定婚姻关系存续期间所得的财产归各自所有,女方因抚育子女、照料老人、协助男方工作等承担较多义务的,有权在离婚时要求男方予以补偿”。

《婚姻法》第 2 条规定,“实行婚姻自由、一夫一妻、男女平等的婚姻制度”。第 14 条规定,夫妻各自都有独立姓名权;第 15 条规定,夫妻各自享有人身自由权;第 16 条规定,夫妻平等承担计划生育义务。第 17 条、第 18 条、第 19 条有关于夫妻平等财产关系的规定;第 20 条规定,夫妻相互扶养的平等义务。第 31 条、第 32 条规定,夫妻平等享有离婚自由权;等等。

(二)司法解释

《最高法院适用〈婚姻法〉解释一》第 17 条规定,《婚姻法》第 17 条关于“夫或妻对夫妻共同所有的财产,有平等的处理权”的规定,应当理解为:(1)夫或妻在处理夫妻共同财产上的权利是平等的。因日常生活需要而处理夫妻共同财产的,任何一方均有权决定。(2)夫或妻非因日常生活需要对夫妻共同财产做重要处理决定,夫妻双方应当平等协商,取得一致意

---

① 陈东原:《中国妇女生活史》,商务印书馆 2015 年版,第 13 页。

见。他人有理由相信其为夫妻双方共同意思表示的，另一方不得以不同意或不知道为由对抗善意第三人。

《最高法院关于夫妻债务适用法律的解释》第1条规定，“夫妻双方共同签字或者夫妻一方事后追认等共同意思表示所负的债务，应当认定为夫妻共同债务”。第2条规定，“夫妻一方在婚姻关系存续期间以个人名义为家庭日常生活需要所负的债务，债权人以属于夫妻共同债务为由主张权利的，人民法院应予支持”。

第二节　本条之适用

一、适用本条的效果

婚姻家庭法学研究和社会学研究都显示，当前我国夫妻的家庭地位还没有实现事实上平等。

社会学研究中，有数种不同理论学说来解释夫妻地位或家庭实权，其中影响最大的两个学说是资源决定论①和文化决定论②。具体评估和解释夫妻权力状态时，又产生了下列四种不同解释路径。第一，经常性管理权重说。从家庭经济支配、劳动分工、对外交往等家庭重要事务的经常性管理中，夫或妻谁“说了算”更多，推断谁掌握家庭实权。第二，重大事务决定权。从事何种生产、住房的选择或建筑、购买高档或大额商品、投资或贷款等家庭重大事务的决定权才是家庭实权的象征和真实体现。第三，多元指标综合说。把家庭重大事务、日常事务、子女事务决定权作为指标衡量夫妻实权。第四，家庭实权测量说。谁拥有更多家庭实权、谁承担更多家务作为主要评价指标。根据美国社会学家罗伯特·布拉德和唐纳德·沃尔夫等人于20世纪中期提出资源假设理论，认为在任何婚姻中，丈夫和妻子都能带给婚姻以资源，他们各自带来的资源的种类和多少决定了谁在婚姻中拥有权力大小。他们列出下列14项事务的决定权享有情况可作为测量夫妻权力关系的指标：丈夫职业选择、妻子是否外出工作、买车、买房、购买人寿保险、闲暇安排、看病选医生、每周食品开销由谁决定、家庭应酬、装饰房间、购买衣服、选广播电视节目、正餐食谱。

李静雅认为，夫妻权力分配以社会、经济、文化传统等背景为依据基础，市场化程度、文化规范、家庭结构等因素对夫妻关系和地位的影响不仅是现实的，还可能是决定性的；受到个体的性别、资源、性别文化规范、家庭结构、家庭生命周期、对家庭的贡献等因素共同影响。③ 她根据(2010年)第3期福建妇女地位调查数据得出结论：“男主外、女主内”模式且夫权大于妻权，仍是事实，男性在家庭实权上尤其是家庭重大事务决定权上拥有显著优势；与男性比较，女性掌握更多日常事务决定权。无论城市或农村，认为男性拥有家庭实权的比例皆大大超过认为女性拥有家庭实权的比例。32.4％的城市受访者和46.6％的农村受访者认为丈夫更有家庭实权；仅11.2％城市受访者和15.4％农村受访者认为妻子更有家庭实

---

① 该理论把夫妻各自拥有的资源及其优势视为决定夫妻权力格局的关键要素。该理论受到诸多质疑和批评，其中最激烈的批评来自文化规范决定论。

② 文化决定论强调社会环境中的文化规范对家庭决策权力的影响。

③ 李静雅：《夫妻关系研究》，厦门大学出版社2015年版，第34页、第37～38页。

权。婚龄越长久,家庭重大事务决定权程度相应提高。子女数量对个人家庭实权是负影响。在2010年,城市家庭的夫妻平权比农村同比高出18个百分点,农村家庭中的男性拥有家庭实权的比例高出城镇家庭同比16个百分点。① 李静雅通过建立丈夫权力的影响因素模型发现,文化和资源的因素对丈夫权力的重要性大于家庭结构及互动关系的影响,其中,家庭经济贡献以及固定资产是决定丈夫权力尤其是家庭重大事务决定权和家庭实权的重要保障;对家庭经济贡献越大,个人固定资产越多的男性,其家庭实权越大,"而从事越多家务劳动的男性,在家庭中的实权则越小"。个人性别观念越是传统的男性,对家庭重大事务的掌控就越多,相应地,对家庭日常事务的参与越少。可见,传统性别观念容易助长男性掌控家庭事务的欲望。家庭结构及互动关系、资源因素对女性在夫妻关系中的实权影响显著,但是,女性的实权主要来自伴侣的尊重、倾听和支持;而且从家庭生命周期看,妻子的实权随着子女数量增多和婚龄增长而下降,但丈夫的权力则呈现出相反趋势。影响两性在经济资源和社会地位上的性别差距与家务劳动分配之间形成了鲜明对比。女性承担家务劳动的时间超过男性的3倍。家庭成员的性别观越偏向传统,妻子拥有家庭实权、决策权就越少,地位就越低。②

由上可见,法律规定夫妻家庭地位为夫妻实现家庭地位平等提供了依据和支持,但不等于事实上的夫妻家庭地位平等。正因为事实上夫妻家庭地位没有完全实现平等,立法才需要特别设定条款强调夫妻家庭地位平等。

二、本条实施中存在的问题

受传统观念和性别角色规范的影响,我国部分家庭中(特别是部分农村家庭)存在夫妻地位不平等的现象。中国传统夫妻关系伦理中,认为理想夫妻关系是"相敬如宾,相成如友",达成超越亲情和情爱的终生之好。"贤妻"是对已婚妇女的伦理期待和道德规范要求。贤妻的内涵,除了孝敬公婆和父母、仁爱和善待子女和关爱其他家庭成员外,就是要求其对丈夫尽妇道;所谓尊敬柔顺,爱夫以正,即要本着"义以和亲,恩以好合",以尊敬之心、柔顺之情对待丈夫,用正确方法爱护丈夫,不仅要用智慧辅佐丈夫的事业,还要用巧妙方法谏夫之过,更要从一而终,不事二夫。如果丈夫是贤夫良父,夫妻互敬互爱,当是笃好。然而,古代文化中的性别观是男尊女卑,强调夫义妇顺和丈夫的威仪;分工合作模式是男主外、女主内;性忠贞上是偏面地单向要求妇女,男可多娶。这些旧传统中的不合理成分至今仍影响着部分国人的观念和生活。在部分婚姻中,丈夫总认为自己在外工作打拼,很辛苦,回到家里就是休息、放松的,什么家务都不做,还有些已婚男性甚至误以为妻子照顾孩子或老人再加上做做家务的全职主妇生活是享清福。回到家里,就呼唤妻子伺候。随着妇女社会性别意识提升,要求男女平等,就容易发生婚姻冲突甚至危机。诚然,在当代社会,不应否认贤妻良母这种传统婚姻家庭观中的合理成分,但是,传统婚姻观对已婚妇女人格的否定、歧视已婚妇女、排斥妇女利益等不合乎现当代社会价值观的因素必须予以剔除。

以社会性别为工具,主动改造不平等的性别文化。社会性别是指基于男女的生理差异

---

① 李静雅:《夫妻关系研究》,厦门大学出版社2015年版,第72页。

② 李静雅:《夫妻权力及其影响因素的性别比较——以福建省妇女社会地位调查数据为例》,载詹心丽主编:《妇女/性别研究》2014年第1辑,厦门大学出版社2014年版,第196~199页。

而进行社会文化建构所形成的性别特征，即社会文化对男女两性差异的解释及其在婚姻、家庭、经济、政治等领域所要扮演的性别角色的固定期待、要求和评价。它深刻地影响着两性在家庭领域中的互动关系及其形成的权力格局。人作为自主性的个体，是一个社会存在，只能通过与其他人相互联系来获得特定的身份，成为“我”，也必须从与他人交往中学习和增长自主性的能力。无论男女，都在社会化过程中建立和实现对自我角色的选择、认同、肯定等。因此，应更多更主动地倡导夫妻平等、性别平等。尊重每一个人的独立、尊严和自主权。男女、夫妻应该秉持男女平等观念，相互尊重，扮演好正确的性别角色，平等地履行各自职责。

第三节　适用本条的典型案例

夫妻相互尊重，本是夫妻平等的应有之义。很遗憾，有部分人结婚之后，却不尊重对方配偶。司法实践中，这类案例不少见。

一、夫妻双方地位平等并应相互尊重和关心

刘某甲诉徐某甲离婚纠纷案，参见湖南省桑植县人民法院(以下简称桑植县法院)民事判决书，〔2013〕桑法民一初字第229号。①

【案情概要】

原告刘某甲于2013年4月19日向桑植县法院起诉，要求与被告徐某甲离婚。刘某甲诉称：原、被告自2007年10月结婚，婚后感情不合，经常吵架、打架，因被告于2011年农历正月二十四日将原告赶出屋，其在外无处安身；此后，原告倍感心灰意冷，从此分居两地，原、被告再也没有见面；其间原告几次电话联系被告，希望能见面沟通协商婚姻事宜，均无回音，如今电话都打不通了。原告于2012年9月13日向桑植县人民法院起诉一次离婚，被告采取回避态度，没有到庭；原告自愿于2012年10月12日撤诉。据此，原告为摆脱痛苦与折磨，再次诉至法院，请求人民法院依法判决原、被告离婚。原告提交了结婚证明、民事调解书、村委会证明等七份证据。被告徐某甲未提交证据，无书面答辩，未到庭参加诉讼。该案于2013年8月22日审理终结。

【裁判意见】

桑植县法院认定：原告于2003年11月在广东佛山市务工时与被告相识。原、被告于2007年10月8日到桑植县民政局登记结婚号，结婚证号为桑结字0107021。婚后，原告因家庭原因于2012年9月13日诉至法院，要求与被告离婚，于2012年10月12日自愿撤回起诉；原告于2013年4月19日再次诉至该院，要求与被告离婚。

桑植县法院认为：夫妻应当互相忠实、互相尊重、互相信任，夫妻地位平等，平等地履行夫妻义务，和睦相处才能建立幸福家庭。根据《婚姻法》第32条规定，应准予离婚的法定条件：①重婚或有配偶者与他人同居；②实施家庭暴力或虐待、遗弃家庭成员的；③有赌博、吸毒等恶习屡教不改的；④因感情不合分居满2年的；⑤其他导致夫妻感情破裂的情形。据此，原告刘某甲要求与被告徐某甲离婚，未向法院提交《婚姻法》规定准予离婚法定条件的相

---

① 湖南省桑植县人民法院〔2013〕桑法民一初字第229号民事判决书，中国裁判文书网，http://wenshu.court.gov.cn/website/wenshu/，下载日期：2015年8月1日。

关证据,故原告起诉与被告离婚的理由不充分,证据不足,原告的诉讼请求,法院不予支持。依照《婚姻法》第32条第2款,《民事诉讼法》第64条、第144条,最高人民法院《关于民事诉讼证据的若干规定》第2条规定,判决不准予原告刘某甲与被告徐某甲离婚。

二、基于夫妻地位平等原则,未经双方协商的大额举债应为夫妻一方个人债务

刘某姿、程某民间借贷纠纷二审案件,江西省上饶市中级人民法院(以下简称上饶中院)民事判决书,(2019)赣11民终1576号。①

【案情概要】

上诉人刘某姿(原审原告)因与被上诉人程某(原审被告)、夏某(原审被告)民间借贷纠纷一案,不服江西省玉山县人民法院(2019)赣1123民初2011号民事判决,向上饶中院提起上诉。已审理终结。

上诉人刘英姿请求:①撤销(2019)赣1123民初2011号民事判决第二项,并依法改判由夏霖对程某与刘某姿之间的95万元借款本息承担共同偿还责任;②本案一、二审诉讼费用由被上诉人承担。事实和理由:刘某姿与程某之间的95万元借款发生在程某与夏某婚姻关系存续期间。95万元借款是基于程某与夏某共同意思表示所负债务,应当认定为夫妻共同债务。刘某姿与程某在借款发生前不认识,刘某姿与夏某是好朋友关系,之所以向程某出借95万元,是因为夏某与程某的夫妻关系。2013年1月2日的70万元"借条"内容除"程勇"签名之外均系夏某亲笔书写,稿纸也是夏某工作单位的信纸。第一次的利息是夏某直接向刘某姿支付,该事实可从一审对案外人黄某凡所作笔录相佐证。夏某在短信中明确表示"我们(即:其与程某)会采取以房或店面抵债的方式归还案涉借款",这是夏某对程某所负债务的一种事后追认或共同还债的意思表示。借款已被程某用于夫妻共同生产经营,依法也应当认定为夫妻共同债务。

被上诉人程某辩称,上诉请求缺乏事实依据,请求法院依法驳回,维持原判。借款是个人所借,没有用于家庭共同开支,是个人债务,非夫妻共同债务。借条没有共同签字,夏某确实不知情。被上诉人夏某辩称,本案从借条开始都没有体现出夏某主动借款,或者替程某还钱的意思表示。上诉人从来没有要求夏某在借条上签字,上诉人默认的借款人就是程某。这笔钱不是用于家庭开支,钱不应该判夏某承担。

刘某姿向一审法院起诉,请求判令二被告共同偿还原告借款本金人民币95万元及支付利息(其中70万元借款利息按月利率2%计算支付自2013年1月2日起至70万元借款全部还清之日止;25万元借款利息按月利率2%计算支付自2013年10月26日起至25万元借款全部还清之日止)。

一审法院查明,原告刘某姿与被告程某、夏某系上下楼邻居,被告程某、夏某于2011年10月17日办理结婚登记,于2018年6月28日办理离婚手续。2013年1月2日,被告程某因资金周转需要向原告借款70万元,原告通过银行转账方式向程某支付借款67.5万元,现金支付借款2.5万元,共计70万元。程某当日向原告出具了一张由被告夏某书写的借条,该借条载明:"今借到刘某姿人民币柒拾万元整,按贰分半利息,每季度结算壹次!特立此

---

① 江西省上饶市中级人民法院(2019)赣11民终1576号民事判决书,中国裁判文书网,http://wenshu.court.gov.cn/website/wenshu/,下载日期:2019年12月28日。

据！借款人：程某　2013.1.2。”同年10月26日，被告程某又向原告借款25万元，原告通过银行转账方式支付上述款项，该笔借款被告程某未出具借条，但承诺继续按月利率2.5%计算利息。借款后，被告程某陆续支付原告借款利息共计82000元，剩余借款本息经原告多次催收被告至今分文未付。

【裁判意见】

一审法院认为，原告刘某姿与被告程某签订的借款合同是双方真实意思表示，不违反法律、行政法规的强制性规定，系合法、有效的借贷关系，应受法律保护。双方当事人理应按约定全面履行各自义务，在原告履行借款义务后，被告程某经催收未在合理期限内偿还原告借款本息，已构成违约，故原告要求被告程某偿还借款本金95万元及按月利率2%计算利息的诉讼请求于法有据，该院予以支持。对被告程某辩称借款67.5万元的意见，法院不予支持。该两笔借款发生在被告程某与夏某婚姻关系存续期间，明显超出二被告日常家庭生活需要，根据《最高法院关于夫妻债务适用法律解释》第3条规定，“夫妻一方在婚姻关系存续期间以个人名义超出家庭日常生活需要所负的债务，债权人以属于夫妻共同债务为由主张权利的，人民法院不予支持，但债权人能够证明该债务用于夫妻共同生活、共同生产经营或者基于夫妻双方共同意思表示的除外”。涉案70万元借条虽然由被告夏某书写，但原告未提供证据证明该笔借款系用于二被告共同生活、共同生产经营或者基于夫妻双方共同意思表示，故该院对原告要求被告夏某对该笔借款承担还款责任的诉讼请求不予支持，对被告程某和夏某均辩称该笔借款不属于夫妻共同债务的意见该院予以支持。对于借款25万元，因原告未提供证据证明被告夏某对该笔借款知情，故该院对原告要求被告夏某共同偿还该笔借款的诉讼请求不予支持。据此，依照《中华人民共和国合同法》(以下简称《合同法》)第107条、第108条、第109条、第205条、第206条、第210条，《最高人民法院审理夫妻债务适用法律解释》第3条以及《最高人民法院关于审理民间借贷案件适用法律若干问题的规定》第26条规定，经该院审判委员会讨论决定，判决如下：①被告程某于本判决生效之日起5日内偿还原告刘某姿借款本金95万元及利息(其中70万元的借款利息按月利率2%计算支付自2013年1月2日起至该笔借款本金全部还清之日止；25万元的借款利息按月利率2%计算支付自2013年10月26日起至该笔借款本金全部还清之日止，扣除已支付的82000元利息)；②驳回原告刘某姿的其他诉讼请求。

二审查明的事实与一审查明的事实一致。

上饶中院认为，根据民法总则、合同法意思自治原则以及婚姻法规定的夫妻地位平等原则，男女结婚后不能否定夫妻双方的独立人格和独立民事主体地位，即使婚后夫妻财产共有，一方所负债务特别是超出了家庭日常生活需要所负的大额债务，也应当与另一方取得一致意见，或者用于夫妻共同生活，否则不能认定为夫妻共同债务。《最高法院关于夫妻债务适用法律解释》第1条开宗明义强调夫妻共同债务形成时的“共债共签”原则，这一规定意在引导债权人在形成债务尤其是大额债务时，为避免事后引发不必要的纷争，加强事前风险防范，尽可能要求夫妻共同签字。案涉70万元借条虽然由夏某书写，但是夏某并未签字，而且借款数额较大，刘某姿未提供证据证明借款用于程某和夏某夫妻共同生活、共同生产经营，也未提供证据证明夏某分享了该债务带来的利益。夏某未签字的借条不足以证明夏某与程某共同举债的意思表示，刘某姿提供的证人证言与短信不足以排他性地证明夏某支付过利息或具有共同还债的意思表示。综上所述，上诉人的上诉请求不能成立。2019年10月28

日,法院依照《民事诉讼法》第170条第1款第1项规定,判决如下:驳回上诉,维持原判。

三、夫妻地位平等和配偶双方保持各自独立人格

贺某义、贺某水民间借贷纠纷二审民事案件,参见河南省平顶山市中级人民法院(以下简称平顶山中院)民事判决书,(2019)豫04民终3289号。[①]

【案情概要】

贺某义向平顶山市卫东区人民法院起诉,请求判令二被告贺某义、李某霞共同偿还原告借款10万元及逾期利息(按年利率6%的标准支付)。

一审法院认定的事实,原告贺某义和被告贺某水系兄弟关系,被告贺某水向原告借款10万元,并于2017年4月13日向原告出具内容为:"贺某水欠贺老大(贺某义)拾万元,什么时候有钱就还,欠款人贺某水。2017.4.13",的欠条一份。原告依约履行了上述10万元借款的出借义务,经原告多次催要后被告贺某水未向原告贺某义归还该笔借款,双方形成纠纷,原告诉至该院。被告李某霞和贺某水于2015年2月12日办理复婚手续,后于2018年3月16日再次离婚。本案借款虽发生在二被告的夫妻关系存续期间,但欠条上仅有被告贺某水一人的签字,从原告提供的现有证据看,被告李某霞也未有事后追认、共同举债的意思表示,原告贺某义也未能提供有效证据证明该借款系用于夫妻共同生活、共同生产经营或者基于夫妻共同意思表示。

一审法院认为,合法的民间借贷关系受法律保护。自然人之间的借款合同,自借款人提供借款时生效。结合庭审中原告的陈述、原告提供的书证,可以认定原告已将借款实际出借给被告贺某水,双方成立真实合法的借贷关系。原告贺某义依约向被告贺某水履行10万元借款的出借义务,被告贺某水未依约履行还款义务,其行为已构成违约,对此形成的纠纷,被告贺某水应负全部责任;原告贺某义主张被告贺某水归还借款10万元的诉讼请求,理由正当,法院予以支持。根据《最高人民法院关于审理民间借贷案件适用法律若干问题的规定》第29条规定,因原告贺某义多次催要,被告贺某水未依约还款,应承担逾期还款的违约责任,逾期利息以借款本金10万元为基数自原告起诉之日即2019年1月17日起按年利率6%支付资金占用期间的利息至借款本金清偿完毕之日止,原告诉求过高部分,法院不予支持。本案借款虽发生在二被告的夫妻关系存续期间,但原告贺某义提供的欠条上仅有被告贺某水一人的签字,被告李某霞也未有事后追认、共同举债的意思表示。根据《民法总则》《合同法》规定的意思自治、责任自负原则及《婚姻法》规定的夫妻地位平等原则,男女结婚后在夫妻关系存续期间及共同生活期间从事各种民事法律行为中不能否定双方的独立人格和独立民事主体地位,一方所负超出家庭生活日常需要的债务,需要与另一方取得一致意见。本案案涉借款数额为10万,根据平顶山市当地生活水平,已超出了家庭日常生活需要的范围,原告贺某义应承担举证证明责任,证明该债务用于夫妻共同生活、共同经营或基于夫妻双方共同意思表示,但原告贺某义未能对此提供有效证据予以证明,应承担举证不能的不利后果。故原告贺某义要求被告李某霞偿还上述借款本金及利息的诉讼请求,因其提供的证

---

① 河南省平顶山市中级人民法院(2019)豫04民终3289号民事判决书,中国裁判文书网,http://wenshu.court.gov.cn/website/wenshu/181107ANFZ0BXSK4/index.html? docId = b22ff337c4fd4fc0a01aab1400911f90,下载日期:2019年12月28日。

据和理由不足，法院不予支持。根据《合同法》第196条、第206条、第207条，《最高人民法院审理民间借贷案件适用法律的规定》第29条，《民事诉讼法》第64条、第144条之规定，一审法院判决：①被告贺得水于本判决生效后10日内偿还原告贺深义借款本金10万及利息（利息以10万借款本金为基数，按照年利率6%自2019年1月17日起计算至借款本金偿还完毕之日止）；②驳回原告贺某义的其他诉讼请求。

贺某水（原审被告）因与被上诉人贺某义（原审原告）、原审被告李某霞民间借贷纠纷一案，不服平顶山市卫东区人民法院（2019）豫0403民初1020号民事判决，向平顶山中院提起上诉，于2019年10月17日获准立案。2019年11月18日审理终结。

贺某水上诉请求：依法撤销平顶山市卫东区人民法院作出的（2019）豫0403民初1020号民事判决；改判驳回被上诉人一审的诉讼请求。事实和理由：①一审判决认定事实错误。一审判决认定上诉人向被上诉人借款10万，并履行了出借义务，严重错误。上诉人与被上诉人之间并不存在真实的借款关系。真实情形是，2014年8月上诉人在甘肃××县因受骗陷入传销组织，2015年上诉人在传销头目胁迫下联系被上诉人，致使被上诉人也被骗，后上诉人和其他受害人一起维权时触犯法律，2016年8月被司法机关羁押，2017年4月11日出狱后，被上诉人将上诉人约至家中喝酒，酒后被上诉人要求上诉人对其被骗的钱打个借条，当时被上诉人说："这是骗的钱，你啥时间追回来的时候再给我，没追回来我也不会找你要。"考虑到是被上诉人的哥哥，就给他写了张借条，上诉人当时特意注明啥时间有钱还。试问如存在真实的借款关系，被上诉人会同意这样写吗？一审判决未能予以详查，以至于作出错误的认定。②一审判决程序违法。一审诉讼过程中，被上诉人在明知上诉人在家上班，为掩盖事实真相，在上诉人的联系电话、住址均没有变更的情况下，采用公告的方式向上诉人送达开庭传票，致使上诉人丧失了当庭答辩的机会。同样的地址上诉人能收到一审判决书，难道不能收到开庭传票？一审采用公告的方式向上诉人送达开庭传票程序违法。

贺某义辩称，一审法院认定事实清楚，本案所涉款项发生于2016年，与上诉人陈述的2014年间明显不是同一笔款项。上诉人因非法拘禁被追究刑事责任，刑事判决书也可以表明不包含本案被上诉人出借的10万元。在一审程序中，一审法院无法联系到上诉人，采用公告送达的方式符合法律规定，上诉人所称一审在被上诉人掩盖事实真相的情况下采用公告送达法律文书，明显与事实不符，被上诉人认为一审程序合法。请求驳回上诉，维持原判。李某霞述称，对贺某水的上诉请求和理由没有意见。

【裁判意见】

平顶山中院查明的事实与一审判决认定的事实一致。

平顶山中院认为，该案中，当事人在二审期间主要争议问题为本案双方是否存在真实的民间借贷关系。贺某义以其向贺某水出借10万元款项为由起诉贺某水，并提交贺某水出具的借条以及出借期间相应取款记录为证。贺某水对其向贺某义出具的10万元借条本身没有异议。贺某义辩称，该争议款项是贺某水受传销组织胁迫联系贺某义加入传销组织后贺某义交付传销组织的款项，事后，贺某义出具了借条，但并非借款。从双方陈述可知贺某义确实支付了款项，但双方对该支付款项是贺某水所借款项，还是支付传销组织的款项，当事人双方存在争议。贺某义为证明其主张出示了2016年9月至12月陆续大额取款10万元的银行交易记录，与借条借款数额及贺某义陈述出借期间基本一致，能够相互印证。贺某水认为案涉争议款项是贺某义支付给了传销组织、不是贺某水借款的理由，没有贺某义参加传

销组织将案涉争议款项交给传销组织的证据证明,事实依据不足,法院不予采信。贺某水及李某霞辩称李某霞并未到金昌市收到款项,不足以推翻借贷事实的认定,法院亦不采信。一审判决认定贺某水、贺某义之间存在民间借贷关系并无不当。……

综上,贺某义的上诉理由不能成立,其上诉请求应予驳回。一审判决认定事实清楚,审理程序合法,处理结果并无不当,应予维持。平顶山中院依照《民事诉讼法》第170条第1款第1项规定,判决驳回上诉,维持原判。

四、婚姻关系存续期间夫妻一方单方赠与他人巨额财产的行为无效,受赠人应当返还

湖南省高级人民法院审结的ZENGMEIYU、何某赠与合同纠纷二审案件,参见中华人民共和国湖南省高级人民法院(以下简称湖南高院)民事判决书,(2018)湘民终348号。①

【案情概要】

ZENGMEIYU(女,加拿大国籍)向湖南省常德市中级人民法院起诉,请求:①判决确认被告谢某章于2005年3月21日至2015年10月8日期间赠与被告何某(谢某章之父)人民币12274789元无效,并由何某返还上述款项及利息6917704.89元(按中国人民银行同期贷款利率从占有之日起计付至给付之日止)。②判决确认被告谢某章于2005年3月21日至2015年10月8日期间以支付房款的形式赠与被告何某、谢某人民币2552773.50元无效,并由何某返还上述款项及利息1077994.32元(按中国人民银行同期贷款利率从占有之日起计付至给付之日止)。③确认以下6套房产是原告与谢某章的夫妻共同财产并由何某、谢某承担连带责任立即返还:……。④判决确认何某于2006年4月12日至2015年11月13日与谢某章信用卡消费的710326.79元系原告与谢某章的夫妻共同财产,并由何某返还且按中国人民银行同期贷款利率从占有之日起计付至给付之日止。⑤判决确认谢某章在美国友邦保险(百慕达)有限公司为何某、谢某购买的价值600500美元(折合人民币400万元)的保单是原告与谢某章的夫妻共同财产,并由何某、谢某连带返还400万元人民币。

一审法院查明:原告ZENGMEIYU与谢某章于1983年11月登记结婚,婚后生育女儿谢某雯和儿子谢某轩。1998年8月,ZENGMEIYU移民加拿大。1997年被告何某与谢某章相识,此后两人逐渐发展成为情人关系。2004年9月,何某与谢某章生育一子,取名谢某。在谢某章与何某交往过程中,谢某章多次给何某转款。其中,2006年4月18日至2011年5月12日,通过工商银行肇庆分行尾号为1343的银行卡向何某转款4887719元;2009年3月18日至2011年11月2日,通过广发银行尾号为3079的银行卡向何某转款1450000元;2010年9月16日至2011年3月3日,通过建设银行尾号为5677的银行卡向何某转款3695000元。因何某需要购买房产,谢某章又多次直接向房产公司转款。其中2011年5月12日通过工商银行肇庆分行尾号为1343的银行卡向常德天利置业公司转款500013.50元;2011年11月11日通过尾号为0714的银行卡向常德天利置业公司转款32400元;2011年1月25日至2011年11月18日通过广发银行尾号为5665的银行卡向常德天利置业公

---

① 湖南省高级人民法院(2018)湘民终348号民事判决书,中国裁判文书网,http://wenshu.court.gov.cn/website/wenshu/181107ANFZ0BXSK4/index.html? docId=d85a480c18204143a0b7aa9c0096475a,下载日期:2019年12月20日。

司和湖南中德房地产开发有限公司转款2020360元。至此，谢某章直接向何某转款10032719元，向房产公司转款2552773.5元，共计12585492.50元。2011年1月20日至2011年12月9日，何某通过尾号为5444的银行卡向谢某章转款1900000元。2002年10月31日，何某与常德市安泰物业有限公司签订商品房预售合同，何某以161930元购买×豪苑商品房一套，该房产登记为何某单独所有。2007年12月19日何某与湖南金钻置业投资有限责任公司签订商品房预售合同，以352408元购买了滨湖公园×花城北城的商品房一套，该房产登记为何某单独所有。2010年9月17日，谢某与湖南中德房地产开发有限公司签订商品房预售合同，以1275780元的价格购买位于常德市滨湖路中路××广场商业办公用房一套，该房产登记为谢某单独所有。当日，何某与、谢某与湖南中德房地产开发有限公司签订商品房预售合同，以10027960元的价格购买位于常德市××路××时代广场商业用房一套，该房产登记为何某、谢某按份共有；其中何某占20%的份额，谢某占80%的份额。2012年11月1日，何某、谢某与常德天利置业公司有限公司签订商品房预售合同，以4508000元购买了××桃花源社区别墅一幢，该房产登记为何某、谢某按份共有；其中，何某占有40%的份额，谢某占有60%的份额。再查明，2015年11月4日，谢某章因病死亡，生前未留下遗嘱。原告ZENGMEIYU在清理遗物时发现上述赠与的事实。

一审法院认为：原告ZENGMEIYU系加拿大国籍，依照《最高人民法院关于适用〈中华人民共和国涉外民事关系法律适用法〉若干问题的解释（一）》第1条第1款第（一）项之规定，本案民事法律关系属于涉外民事法律关系，根据《最高人民法院关于涉外民商事案件诉讼管辖若干问题的规定》及（2010）民四他字第17号《最高人民法院关于〈对湖南省高级人民法院申请指定常德市中级人民法院受理一审涉外民商事案件的请示〉的批复》，一审法院依法享有对本案的管辖权。ZENGMEIYU与何某、谢某没有选择适用的法律，因本案涉及的赠与行为发生在中华人民共和国境内，根据《中华人民共和国涉外民事关系法律适用法》第41条规定的最密切联系地原则，应适用中华人民共和国法律作为处理该案的准据法。

根据双方当事人的陈述及一审法院查明的事实，该案争议焦点有三个问题：①本案是否超过诉讼时效；②谢某章赠与何某及谢某的现金是否应当返还，利息是否应当支持；③何某和谢某购买的房产是否属于原告与谢某章的夫妻共同财产，是否应予返还。

(一)关于诉讼时效

诉讼时效期间自权利人知道或者应当知道权利受到损害以及义务人之日起计算。《民法通则》第135条规定，向人民法院请求保护民事权利的诉讼时效期间为2年，法律另有规定的除外。本案在审理过程中，《民法总则》于2017年10月1日起施行。《民法总则》第188条规定，向人民法院请求保护民事权利的诉讼时效期间为3年。法律另有规定的，依照其规定。由于《民法通则》与《民法总则》均属于基本法，在效力等级上处于同一位阶，故根据新法优于旧法的原则，权利人知道其权利受到损害之日至2017年10月1日尚未超过2年的，其向人民法院请求保护民事权利的诉讼时效期间为3年。因此，本案应当适用3年的诉讼时效期间。本案中，谢某章于2015年11月4日死亡。原告在清理遗物时才发现谢某章向何某赠与财产的事实，诉讼时效应当自此开始计算。原告于2017年8月16日向一审法院提起诉讼，没有超过3年的诉讼时效期间。被告何某认为2010年9月16日至2011年3月3日，谢某章通过建设银行尾号为5677的银行卡向何某转款3695000元；2009年8月18

日至2011年11月2日,谢某章通过广发银行尾号为3079的银行卡向何某转款1450000元,诉讼时效应当从转款之日起计算,上述赠与行为已经超过诉讼时效。但何某没有提交证据证明原告在谢某章转款的当日即知道了权利被侵害的事实,故对于上述辩解意见,一审法院不予支持。

(二)关于赠与现金及利息的返还

1.谢某章赠与何某的大额现金无效。首先,《婚姻法》规定,夫妻之间应当相互忠实,禁止有配偶者与他人同居。谢某章在已有配偶的情况下,与何某婚外同居,并赠与其大额现金,违反法律禁止性规定,违背社会公序良俗。其次,谢某章与原告ZENGMEIYU在夫妻关系存续期间取得的财产是夫妻共同财产。由于谢某章与原告ZENGMEIYU未选择其他财产制,故夫妻双方对共同财产形成共同共有,而非按份共有。根据共同共有的一般原理,夫妻共同财产应当作为一个不可分割的整体,夫妻对全部共同财产不分份额地共同享有所有权,夫妻双方无法对共同财产划分个人份额,在没有重大理由时也无权在夫妻关系存续期间请求分割共同财产。因此,夫妻一方擅自将夫妻共同财产赠与他人,应当全部无效,而非部分无效。被告何某认为谢某章处分的财产仅为其所有财产的一小部分,远远没有超出夫妻共同财产的一半,系对自己权利的处分,没有损害原告合法权益的辩解理由,一审法院不予支持。再次,《婚姻法》第17条关于"夫妻对于夫妻所有的共同财产,有平等的处理权"的规定,应当理解为:①夫或妻在处理夫妻共同财产的权利是平等的。因日常生活需要而处理夫妻共同财产的,任何一方均有权决定。②夫或妻非因日常生活需要对夫妻共同财产作重要处理决定,夫妻双方应当平等协商,取得一致意见。他人有理由相信其为夫妻双方共同意思表示的,另一方不得以不同意或不知道为由对抗善意第三人。本案中,谢某章赠与何某大额现金,显然不是因为日常生活需要而处理夫妻共同财产的行为,侵犯了原告的合法财产权益。被告何某明知谢某章有配偶而与其婚外同居并接受其大额财产的赠与,显然亦非善意第三人。综上,谢某章赠与何某大额现金的行为无效。

2.谢某章支付给谢某的抚养教育费应当受到法律保护。《婚姻法》第25条规定,非婚生子享有与婚生子同等的权利,任何人不得加以危害和歧视。不直接抚养非婚生子的生父或生母,应当负担子女的生活教育费,直至子女能独立生活为止。本案中,谢某系谢某章与何某的非婚生子,谢某章作为生父,对其负有法定的抚养教育义务。从原告提交的证据来看,谢某章给何某转款的时间全部发生在2004年9月谢某出生之后,因此谢某章转给何某的大额现金应当包含有谢某的抚养教育费用。根据本地一般消费水平、谢某章的经济能力、何某的收入水平等参考因素,一审法院酌定谢某章每年支付谢某抚养教育费为10万元。从谢某2004年9月出生,至2015年11月谢某章死亡,一审法院确定谢某章共支付谢某抚养教育费为110万元(10万元/年×11年)。谢某章给谢某支付抚养教育费的行为不属于赠与行为,而是履行法定义务的行为,基于保护未成年人的合法权益的考虑,原告无权要求返还。被告何某要求按每年20万元计算至谢某18周岁的标准扣除谢某抚养教育费的辩解理由一审法院部分予以支持,对于超出部分不予支持。原告ZENGMEIYU的权益因此受到侵害,在谢某章死亡之后,对夫妻共同财产进行分割时,可以适当予以多分。

3.谢某章赠与何某的现金应予返还。《民法总则》第157条规定,民事法律行为无效、被撤销或者确定不发生效力后,行为人因该行为取得的财产,应当予以返还;不能返还或者没

有必要返还的,应当折价补偿。有过错的一方应当赔偿对方因此所受到的损失;双方均有过错的,应当各自承担相应的责任。何某因谢某章无效赠与行为而取得的大额现金,应予返还。其返还的金额为 9585492.50 元(12585492.50－1900000－1100000)。对于原告要求被告返还现金的诉讼请求,一审法院部分予以支持。本案赠与行为的发生,谢某章与何某均有过错,如果让何某返还利息,势必造成谢某章对于其过错行为不但没有承担任何责任,反而因此获利,违背了法律公平正义的基本原则。故对于原告要求何某支付利息的诉讼请求,一审法院不予支持。

(三)关于何某、谢某购买的房产权属

基于法律行为的不动产物权变动需要符合三个条件:买卖合同有效、出卖方具有处分权、买受方依法进行房屋产权登记。本案中,何某、谢某直接和房地产开发公司签订了有效的房屋买卖合同,房地产开发公司在签订合同时对其出卖的房产具有处分权,何某、谢某均在房产部门单独或共同办理了产权登记,符合不动产物权变动的构成要件。何某、谢某合法取得了涉案房屋的物权。虽然何某购买房屋的资金大部分实际来自谢某章的赠与,但谢某章赠与何某现金的行为,仅与何某之间构成债权债务关系,并不产生物权变动的法律效果。上述行为,与谢某章直接购买房产取得房屋产权后,将房产赠与何某、谢某并过户的行为,在法律上有本质的区别。原告 ZENGMEIYU 要求直接确认登记在何某、谢某名下的房产系原告与谢某章的夫妻共同财产的诉讼请求没有法律依据,一审法院不予支持。谢某章赠与何某的现金,因何某大部分用于购买房产,现金已经转化成资产。原告要求何某返还现金,同时又要求何某返还房产,如果其诉讼请求全部支持,则会构成双倍返还,造成显失公平的后果。故对于原告要求何某、谢某返还涉案房屋的诉讼请求,一审法院亦不予支持。

(四)关于原告其他诉讼请求

原告要求确认被告何某使用谢某章信用卡消费 710326 元并返还本金及利息、返还保单价值 400 万元的诉讼请求,因未提交合法有效证据,一审法院不予支持。

据此,依照《中华人民共和国涉外民事关系法律适用法》第 41 条,《最高人民法院关于适用〈中华人民共和国涉外民事关系法律适用法〉若干问题的解释(一)》第 1 条第 1 款第(一)项、第 19 条,《婚姻法》第 17 条、第 25 条,《民法总则》第 1157 条、第 188 条,《最高法院适用〈婚姻法〉解释一》第 17 条,《民事诉讼法》第 64 条之规定,判决如下:①确认谢某章赠与何某人民币 9585492.50 元的行为无效;②被告何某于本判决发生法律效力之日起 10 日内向原告 ZENGMEIYU 返还人民币 9585492.50 元。③驳回原告 ZENGMEIYU 的其他诉讼请求。

上诉人 ZENGMEIYU 因与被上诉人何某(一审被告)、谢某章(一审被告,系何某之子)确认赠与无效纠纷一案,不服湖南省常德市中级人民法院〔2017〕湘 07 民初 126 号民事判决,向湖南高院提起上诉。上诉人请求:(1)变更原审第一项判决。维持原审第一项判决中确认谢某章赠与何某人民币 9585492.50 元的行为无效的该部分判决,另增加确认谢某章赠与何某人民币 789386.50 元(12274879－9585492.50－1900000)的行为无效;(2)变更原审第二项判决。维持原审第二项判决中何某于本判决发生法律效力之日起 10 天内向 ZENGMEIYYU 返还人民币 9585492.50 元该部分判决,另增加判决何某于判决发生法律效力之

日起10天内向上诉人返还人民币789386.50元，并按同期人民银行贷款利率计算支付自占有款项之日起至付清本金之日止的利息；(3)撤销原审第三项判决，改判如下：①判决被上诉人何某以10374879元为本金(即12274879－1900000)，支付利息5958267.35元(按中国人民银行同期贷款利率从占有该款项日起计付至清还日止，暂计至起诉日的金额)给上诉人；②判决被上诉人谢某对第2项、第3项第⑴条(即本金10374879元＋利息5958267.35元)的上诉请求承担连带返还责任；③判决被上诉人何某、谢某连带责任返还2552773.50元购房款项给上诉人，并支付利息1077994.32元(按中国人民银行同期贷款利率从占有该款项日起计付至清还日止，暂计至起诉日的金额)；④判决确认以下六套不动产是上诉人与谢某章的夫妻共同财产：……⑤判决被上诉人何某、谢某承担连带返还责任，并立即将第4项上诉请求的不动产归还上诉人，如果法院认为不适宜返还房产，可以按照市场价格折抵成现金支付给上诉人；⑥判决确认被上诉人何某在2006年4月12日至2015年11月13日期间，使用谢某章信用卡消费合计710326.79元的款项是上诉人与谢某章的夫妻共同财产；⑦判令被上诉人何某立即返还上述第6项的款项710326.79元给上诉人，并按中国人民银行同期贷款利率，支付从起诉日起至实际付清日止的利息；⑧判决确认谢某章在美国友邦保险(百慕达)有限公司为二被上诉人投保购买的保险(共计五个保单)，价值600500美元(折合人民币为400万元，按2017年8月份汇率中间价6.6709计)是上诉人与谢某章的夫妻共同财产；⑨判令二被上诉人承担连带返还责任，返还第8项上诉请求的保险价值400万元(该价值是指投保本金价值，而非理赔价值)给上诉人。……

事实与理由：(1)一审判决部分事实认定错误。①关于涉案款项的连带返还责任。一审已经查明二被上诉人的购房款都是来源于谢某章，二被上诉人为共同受益人，对购房款或房产应承担共同的连带返还责任。但一审法院没有认定被上诉人谢某对诉争款项及房产承担连带返还责任，判决部分与认定事实相互矛盾，遗漏了诉讼请求。两被上诉人在本案中非善意取得的无论是现金、不动产，以及保险投保时支付的款项、信用卡消费产生的款项及上述财产产生的利息和孳息、权益、增值部分财产均需要承担连带返还责任。②关于涉诉房产权属的认定及连带返还义务。一审不确认涉诉房产为上诉人与谢某章的夫妻共同财产，及两被上诉人承担连带返还责任是错误的。一审已经确认本案谢某章的转款行为为无效赠予，且确认两被上诉人名下不动产购房的资金均来源谢某章的赠与，两被上诉人据此获得的房产理应为上诉人与谢某章的夫妻共同财产，两被上诉人理当承担连带返还责任。③关于信用卡费用问题。一审不予认定何某使用信用卡消费的款项为夫妻共有财产是错误的。该信用卡的主卡持有人为谢某章，何某为副卡持有人，诉争款项为何某副卡产生，且其在谢某章死亡后仍然继续使用该卡消费。④关于保险费问题。一审不予认定谢某章为两被上诉人投保购买的保险及保单为夫妻共同财产是错误的。现有证据互相印证，足以认定谢某章使用夫妻共有财产为两被上诉人购买了美国友邦保险(百慕达)有限公司的保险事实。⑤关于利息支付问题。根据《合同法》第58条等法律规定，“当事人因该行为取得的财产，应当返还给受损失的一方”。本案中，“取得的财产”包括何某和谢某取得款项的本金和本金当然产生的利息、孳息或财产增值部分、权益。且被上诉人对涉案款项的占有，属于非善意取得，其应予返还的范围除本金外，还应参照银行同类贷款利率给付利息，包括孳息。⑥关于亲子鉴定问题。一审确认亲子关系成立是错误的，被上诉人向一审法院提供的只是“亲缘关系鉴定”，并非严格意义上的“亲子鉴定”，其亲缘鉴定未能排除合理怀疑，不具有公允力。(2)一审法院

对抚养费的处理违反了程序法和实体法规定。谢某无权在本案中主张抚养费问题。本案案由是确认赠与无效和返还财产纠纷,并非抚养权纠纷。谢某如果认为其有权主张抚养费,应当另案向抚养义务人主张,法院不应当在本案中直接处理。

被上诉人何某、谢某共同答辩称:(1)谢某不应承担连带返还责任。谢某章主要赠与款项都是打给何某的,少部分是直接打给房产公司的,赠与行为的对象是何某并非谢某,要谢某负连带返还责任没有事实和法律依据。(2)涉诉房产并非上诉人夫妻共同财产。本案谢某章赠与行为的标的物是现金,而非房产。本案讼争的房产是两被上诉人购买取得,购房合同的主体、房产商收据的主体、税收主体等与房产有关的主体都是被上诉人。且购房支出中有近700万元购房资金都是何某自有理财资金及找亲戚朋友周转的。(3)上诉人主张信用卡消费支出是赠与财产缺乏事实依据。一审时除了上诉人自己制作的清单外,银行对账单上没有任何与何某有关的信息。二审补充的证据,也仅有一张未经银行签字盖章认可的打印件上的何某字样,缺乏充分证据支持。(4)上诉人主张被上诉人享有谢某章赠与的保险利益400万元没有事实依据。上诉人在一审提交和二审补充的相关证据,都来源于香港地区,该证据缺少证明手续,不具有合法性,也无法证实该保单的真实性,证据内容不能证实被告享有400万元的现金利益,也无法证实谢某章为被告购买了该保险。(5)一审认定谢某章给付谢某的抚养费不用返还,没有违反法律规定。谢某是谢某章的亲生儿子的事实,有户口薄、谢家人证言、谢家族谱、亲子鉴定结论等充分证据予以证实。谢某出生以后,谢某章也明确表示每年给20万元的抚养费。截至其去世,实际支付抚养费220万元,一审只认定110万元,少算了110万元。谢某章本人留下的遗产有数亿元之巨,在其财产范围内用极小的部分财产支付亲生儿子的抚养费,并没有侵犯上诉人的财产权利,也不存在强加私生子抚养义务给上诉人。因其属于已完成民事行为,无须诉讼请求,并没有违反诉讼程序规定。(6)利息请求无事实和法律依据。(7)上诉人第三项上诉请求第4点,超出一审的诉讼请求,不在本案审理范围。

二审期间,上诉人ZENGMEIYU提交了八组证据。上诉人ZENGMEIYU对一审法院查明的事实提出四项异议,即:①对于谢某与谢某章的父子关系,我方认为现有证据无法证明。②谢某章直接向何某转款数额实际是10032764元。③一审法院所查明的涉案房产价格是当时的购买价,不是现在的市场价值。④一审法院遗漏认定了信用卡消费和保险价值的事实。

被上诉人提供了质证意见。被上诉人何某、谢某对一审法院查明的事实提出一项异议,即:除了1900000元以外,何某还向谢某章转款608094元,一审法院未予认定。

湖南高院认为:上诉人第一组证据均系复印件,且对方不予认可,真实性无法确认,不能实现其证明目的,法院不予采信。上诉人第二组证据中的电子邮件并未载明何某向保险公司确认所有保单的保费均为谢某章支付的内容,与本案缺乏关联性,不能实现其证明目的,法院不予采信。上诉人第三组至第八组证据系美国友邦保险公司保单资料复印件,其没有提交原件,亦未履行相关公证认证手续,法院无法确认其三性,亦不予采信。

对于上诉人所提异议,湖南高院认为:第一,上诉人二审主张现有证据无法证明谢某与谢某章的父子关系,且不排除谢某是谢某章其他兄弟姐妹的孩子,但其并未提交相应证据证明其主张。相反,涉案直系血亲司法鉴定、户籍资料证明、谢氏家族族谱等证据相互印证,一审法院根据优势证据规则认定谢某与谢某章系父子关系并无不当,上诉人异议1缺乏事实

依据,法院不予支持。第二,上诉人主张谢某章直接向何某的实际转款数额应是10032764元,一审法院遗漏计算了45元,但并未提交相应证据予以证明,上诉人异议2缺乏事实依据,法院不予支持。但是,经法院依据一审时双方当事人均无异议的在案证据查明,谢某章应是于2006年12月7日至2015年10月8日,通过工商银行肇庆分行尾号为1343的银行卡向何某转款4887719元。一审法院查明"2006年4月18日至2011年5月12日,谢某章通过工商银行肇庆分行尾号为1343的银行卡向何某转款4887719元",该款项的转款金额正确,但转款时间与在案证据有误差,法院予以纠正。第三,上诉人并未就涉案房产现在的市场价值提供相应证据予以证明,一审法院仅依据上诉人的诉讼请求和现有证据查明涉案房产的购买价值,并无不当,上诉人异议3缺乏事实依据,法院不予支持。第四,一审法院认为,上诉人一审提交的有关信用卡消费和保险价值的相关证据缺乏关联性和合法性,故未认定相关事实,并非遗漏查明相关事实,上诉人异议4亦缺乏事实依据,法院亦不予支持。

对于被上诉人所提异议,湖南高院经审查认为:一审法院依据在案证据已经查明"2013年1月29日、2014年2月13日何某通过尾号为2007的银行卡分别转款304488元、303606元,但该银行转款记录上并没有显示对方户名",从而认为相应证据与本案缺乏关联性,不能达到何某为谢某章兑汇支出608094元的证明目的,符合证据规则,并无不当。被上诉人的该项异议亦缺乏事实依据,法院亦不予支持。根据原卷材料、当事人对本案事实的承认及二审庭审情况,一审法院认定的其他事实清楚,湖南高院依法予以确认。

【裁判意见】

湖南高院认为,该案是确认赠与合同无效纠纷。因ZENGMEIYU为加拿大公民,故本案具有涉外因素,双方当事人在本案二审中对适用中华人民共和国法律解决本案争议没有异议,法院依法予以确认。根据双方当事人的上诉答辩意见,结合二审庭审情况,确定该案二审争议焦点是下列四方面:(1)谢某章赠与何某的现金究竟为多少?这些现金应当如何返还?何某是否应当向ZENGMEIYU支付涉案款项的利息?(2)何某、谢某购买的涉案房产是否应当返还?(3)ZENGMEIYU要求确认何某使用谢某章信用卡消费710326元并返还本金及利息、以及返还保单价值400万元的诉讼请求是否应予支持?(4)谢某是否应当承担连带返还责任?

1.关于谢某章赠与何某的现金究竟为多少?这些现金应当如何返还?何某是否应当向ZENGMEIYU支付涉案款项利息

本案中,各方当事人对于一审法院关于"谢某章赠与何某的大额现金无效"的司法认定并无异议,何某、谢某亦未就一审的相关认定以及一审确定的返还金额提出上诉。ZENGMEIYU上诉主张,一审法院遗漏查明了谢某章赠与何某人民币789386.50元(12274879－9585492.50－1900000),二审应改判何某返还10374879元(9585492.50＋789386.50)的本金和相应利息,以及2552773.50元购房款和相应利息。经审查,一审法院依据双方当事人均无异议的在案证据查明,谢某章直接向何某转款10032719元,向房产公司转款2552773.50元,共计12585492.50元;何某向谢某章转款1900000元;谢某系谢某章与何某的非婚生子,并酌定谢某章应支付谢某抚养教育费为110万(10万元/年×11年)。一审法院据此最终认定何某因谢某章无效赠与行为而应予返还的现金为9585492.50元(12585492.50－1900000－1100000)。二审法院认为:①依据司法鉴定结论等在案证据,应当认定谢某系谢某章与何某的非婚生子,谢某章作为生父,对谢某负有法定的抚养教育义务，虽谢某在本案中并未就抚养费问题提出反诉，但考虑到对未成年人合法权益的保护，应从谢某章赠与何某的12585492.50元现金总数内，对谢某章应支付谢某的抚养教育费予以核减，一审法院的相关处理符合常理，并无不当。②2011年1月20日至2011年12月9日何某向谢某章的银行转款1900000元，亦应从谢某章赠与何某的12585492.50元现金总数内予以核减。③ZENGMEIYU在二审期间并未就一审法院遗漏查明谢某章赠与何某人民币789386.50元的上诉主张提交相应证据予以证明，且一审法院对于谢某章向房产公司的转款2552773.50元已予以认定。因此，一审法院确认谢某章赠与何某的现金人民币为9585492.50元(即：12585492.50－1900000－1100000元)正确，湖南高院予以维持，上诉人的相应上诉主张缺乏事实依据，湖南高院不予支持。

ZENGMEIYU主张何某应当全额返还谢某章赠与的现金(包括2552773.50元购房款)以及利息。本案中，谢某章向何某的转款发生于谢某章与ZENGMEIYU夫妻关系存续期间，该款项属夫妻共同财产，根据《婚姻法》第17条第2款规定，夫妻对共同所有的财产，有平等的处理权。而本案谢某章对何某的赠与并非谢某章与ZENGMEIYU因日常生活所需而对共同财产的处理，且未取得ZENGMEIYU的同意，本案亦没有证据显示何某取得涉案款项系属善意，故本案不符合《最高法院适用〈婚姻法〉解释一》第17条规定之情形。且谢某章因与何某存在婚外不正当关系而对其赠与财物，不仅损害了ZENGMEIYU的合法权益，也不符合民法之公序良俗原则，应认定无效。夫妻各方对夫妻共同财产系不分份额地共同享有所有权，且享有平等的处理权，故谢某章的涉案赠与行为应属全部无效，而非部分无效。因此，法院认为，一审法院认定谢某章赠与何某现金人民币9585492.50元的行为无效正确，法院予以维持。

根据《合同法》第58条规定，合同被认定无效后，一方因该行为取得的财产，应当返还给受损失的一方，有过错的一方应当赔偿对方因此所受的损失。涉案谢某章赠与何某9585492.50元现金的行为被认定无效后，何某应当返还受赠财产。谢某章死亡的事实发生后，涉案夫妻共同财产应根据《继承法》相关规定进行分割，ZENGMEIYU只享有一半财产权利，另一半属于谢某章的遗产。但综合考虑到以下因素：①本案仅为确认赠与合同无效之诉，相关谢某章的遗产应当如何继承和分配的问题，应当另行通过继承之诉解决；②何某在谢某章生前与之共同生活10余年且育有一子，本案各方当事人之间的纠纷处理还涉及家庭伦理道德等诸多问题，无法在本案确认赠与合同无效之诉中全部解决。故法院认为，依据在案证据和当事人的诉讼请求，法院不宜在本案确认赠与合同无效之诉中对涉案财产进行分配，本案仅能确定由何某将涉案谢某章赠与的9585492.50元现金作为谢某章和ZENG-MEIYU夫妻关系存续期间的夫妻共同财产，向ZENGMEIYU予以返还，至于这部分财产在谢某章的继承人中应当如何分配的问题，应当通过后续程序完成。一审法院关于由何某向ZENGMEIYU返还涉案谢某章赠与的人民币9585492.50元的处理正确，法院亦予以维持。

同时，ZENGMEIYU请求以按中国人民银行同期同类贷款利率支付利息的方式计算损失，法院经审查认为，本案系确认赠与合同无效之诉，且涉及家庭伦理道德，并非民间借贷纠纷，上诉人关于损失的主张与本案基本事实不符，其相应主张缺乏事实依据，法院不予支持。

湖南高院认为，上诉人ZENGMEIYU关于要求何某全额返还谢某章赠与的现金(包括2552773.5元购房款)以及利息部分的上诉请求，缺乏事实依据，均不予支持。一审法院对

ZENGMEIYU 该部分诉讼请求的相关处理,并无不当,予以维持。

2.关于何某、谢某购买的涉案房产是否应当返还

ZENGMEIYU 上诉要求确认登记在何某、谢某名下的涉案房产系其与谢某章的夫妻共同财产,并要求两被上诉人返还。经审查,涉案房产系何某、谢某直接与房地产开发公司签订了房屋买卖合同后,在房产部门单独或共同办理了产权登记。本案现有证据并无证明谢某章曾有将名下房产赠与何某、谢某并过户的行为。即便两被上诉人购买涉案房产的资金大部分来自谢某章的赠与,但谢某章赠与何某现金的行为,仅与何某之间构成债权债务关系,并不产生物权变动的法律效果。且谢某章赠与何某的现金,何某应已大部分用于购买房产,现金已转化成资产,现 ZENGMEIYU 要求何某返还现金的同时又返还房产,如其诉讼请求全部支持,则会构成双倍返还,造成显失公平的法律后果。综前,法院认为,一审法院的相关处理正确,法院予以维持,上诉人 ZENGMEIYU 的该项上诉请求缺乏事实依据和法律依据,法院不予支持。

3.关于 ZENGMEIYU 要求确认何某使用谢某章信用卡消费 710326 元并返还本金及利息、返还保单价值 400 万元的诉讼请求是否应予支持

ZENGMEIYU 上诉要求确认何某使用谢某章信用卡消费 710326 元并返还本金及利息,要求确认谢某章在美国友邦保险(百慕达)有限公司为两被上诉人购买保险价值 400 万元是其与谢某章的夫妻共同财产,并要求两被上诉人连带返还。经审查,法院认为,对于该诉讼请求,上诉人并未提交合法有效的证据予以证明,法院不予支持。一审法院的相关处理正确,湖南高院予以维持。

4.关于谢某是否应当承担连带返还责任

ZENGMEIYU 上诉要求谢某对谢某章赠与何某的所有现金、何某和谢某名下购买的涉案房产以及涉案保单价值均承担连带返还责任。经审查,本案现有证据证明,谢某章涉案赠与的主要款项均是通过银行账号打给何某,少部分款项是直接银行转账给房产公司,其涉案赠与行为的对象是何某并非谢某;本案现有证据也并不足以证明何某和谢某名下购买的涉案房产系谢某章赠与,以及何某和谢某名下的涉案保单的所有保费系谢某章支付;谢某系未满 18 周岁的未成年人。综前,法院认为,ZENGMEIYU 要求谢某承担连带返还责任,缺乏事实依据和法律依据,法院不予支持,一审法院的相关处理正确,法院予以维持。

综上,湖南高院认为,上诉人 ZENGMEIYU 的上诉请求均不能成立,均不予支持;一审判决认定事实清楚,适用法律正确,依法应予以维持。依照《民事诉讼法》第 170 条第 1 款第 1 项规定,判决驳回上诉,维持原判。

第四节　域外相关立法例

在域外民法典中,明文规定夫妻地位平等或者夫妻应相互尊重的,很少见。葡萄牙、西班牙、奥地利、巴西、中国澳门、埃塞俄比亚等民法典都明文规定夫妻应相互尊重。倒不是因为该问题不重要,而是因为法律面前人人平等是法律基本原则,男女平等受宪法保护。夫妻地位平等,相互尊重,无论婚姻家庭法是否明文确认,都应是必然法定要求。

一、若干欧洲国家民法典有关规定

在域外民法典中，极少见到明文规定“夫妻地位平等”条款，但是，大多数国家民法典规定的夫妻权利与义务清楚表明，夫妻地位是平等的，因为婚姻双方享有相同权利，履行相同义务。

《德国民法典》第1353条规定，“结婚以终身生活为目的。夫妻互负婚姻共同生活之义务，并相互负责。配偶之一方请求履行共同生活之义务时，其有滥用权利之情事或婚姻已破裂者，他方得拒绝之”。[①]《西班牙民法典》第66条、第67条规定，“婚姻缔结双方享有相同的权利，履行相同的义务”。“婚姻缔结双方应互敬互助，以谋家庭福祉”。[②] 此两句称得上是对夫妻平等的经典表达。

奥地利和葡萄牙民法典无夫妻平等的明文规定，但是，其夫妻人身关系平等要求十分清晰明确。《奥地利普通民法典》第90条规定，“配偶双方都有义务进行全面的婚后共同生活，尤其是共同居住、相互忠实、相互尊重和相互帮助”。同法第91条第1款又规定，“就婚后的共同生活，尤其是在家务料理、职业活动、相互帮助和子女照顾方面，配偶双方应当相互体谅……达成一致意见”。[③] 这条立法值得我国立法借鉴。《葡萄牙民法典》第1672条规定“夫妻双方互负尊重、忠诚、同居、合作及扶持之义务”。[④]

二、美洲国家民法典有关规定

根据《巴西新民法典》第1511条规定，婚姻确立完全的生活共同体，“其基础是配偶享有同样的权利并承担相同的义务”。从该法典有关婚姻的效力规定内容看，夫妻相互之间是平等关系。其第1566条第(5)款明文要求夫妻有“相互尊重和关心”之义务。[⑤]

根据《智利共和国民法典》第131条规定，“夫妻在所有生活环境中负相互忠实、救援、帮助的义务。夫妻应相互尊重和保护”。[⑥] 结合该民法典关于夫妻人身关系和财产关系的其他规定条款内容，均显示在该国法律上，夫妻双方的家庭地位是平等的。

三、《日本民法典》有关规定

《日本民法典》未明文规夫妻地位平等，但是，规定的夫妻之间权利与义务，显示夫妻相互之间是平等关系。例如，《日本民法典》第760条规定，“夫妻，根据其资产、收入及其他一切情况，分担因婚姻所生的费用”。[⑦]

---

① 《德国民法典》，台湾大学法律学院、台大法学基金会编译，北京大学出版社2017年版，第1060～1061页。

② 《西班牙民法典》，潘灯、马琴译，中国政法大学出版社2013年版，第35页。

③ 《奥地利普通民法典》，周友军、杨垠红译，周友军校，清华大学出版2013年版，第68～71页。

④ 《葡萄牙民法典》，唐晓晴等译，北京大学出版2009年版，第293页。

⑤ 《巴西新民法典》，齐云译，徐国栋审校，中国法制出版社2009年版，第234页、第245页。

⑥ 《智利共和国民法典》，徐涤宇译，北京大学出版社2014年，第21页。

⑦ 《最新日本民法·日本民法典》，渠涛编译，法律出版社2006年版，第161页。

第六章

评注第十四条(夫妻姓名权)

第 14 条　夫妻双方都有各用自己姓名的权利。

第一节　本条的基本原理

一、本条的基本内容

夫妻各自享有独立的姓名权,而且双方都有使用自己姓名的权利。准备结婚者、已婚男女不因结婚、离婚或配偶一方死亡而导致本人姓名发生变化。无论双方的民族、性别、年龄、职业、收入、财产如何,夫妻任何一方都享有使用自己姓名的权利。夫妻姓名权不因夫妻相互扶养关系而发生变化,不因居住方式变化而变化。

(一)姓名权是一个人独立人格的组成部分

姓名是区分自然人的社会识别符号,与一个人人身紧密结合,姓名权是人格权的组成部分。一个人取得姓名(特别是姓氏)后,就会形成姓名身份,不仅能够自我确认,而且能够被他人认识、确认和区别。是否拥有独立姓名权是判断一个人是否拥有独立人格的依据或标志之一。为保障已婚男女的独立人格和尊严,婚姻家庭法特别强调规定夫妻有各自使用本人姓名的权利。

《婚姻法》第 14 条规定平等地保护丈夫和妻子各自的姓名权。不过,其保护侧重点是赋予已婚妇女独立的姓名权,否定强制“冠夫姓”的旧传统,维护已婚妇女的独立人格。在中国古代社会,已婚妇女被强制冠以夫姓的实践延续了数千年。尽管从 20 世纪初以来,立法和社会主流观念引入男女平等价值,承认已婚妇女的独立自由,但是,旧传统在现实生活中仍有影响,男女平等并未完全实现。所以,无论法律、公共政策还是社会民众的观念,都承认妇女是弱势群体。

(二)夫妻双方经平等协商可以确定冠以对方姓氏

夫妻有各自独立的姓名权,不排斥夫妻双方在自愿基础上经过平等协商,就姓氏作出约定。只要当事人双方达成协议,无论是妻从夫姓或夫从妻姓,或者夫妻双方共同选定第三姓,均为法律所允许。按照《民法通则》规定,在婚姻关系存续期间,夫妻任何一方都有权使用或依法改变自己的姓名,他方不得干涉,不得盗用或假冒。诚然,夫妻改变姓氏,应当遵守法律调整自然人姓氏的相关规定。

对于已约定以对方姓氏为姓氏的夫妻而言,夫妻一方死亡或双方离婚后,生存配偶或已离异的前夫或前妻要求恢复本姓,在法律上当无障碍。夫妻离婚的,一方要求继续保留使用对方姓氏的,应由双方协商确定。

此外,夫妻姓名权还会涉及子女姓氏、夫妻双方各自父母的姓氏等问题,对此,应依据男女平等原则和夫妻人格独立的精神妥善处理。

二、本条的基本理论

(一)姓名与姓名权

姓名是自然人特定化的最显著的社会标志。它是自然人用于区别于他人的文字符号,使得自然人之间相互能够辨识区别。自然人参与民事活动,首先需要借助某种特定社会符号达到认识并固定彼此的效果,此种社会符号的最原始、最方便和最普通的表达形式就是人的姓名。"姓名是法律交易中用于区别人的最重要手段。一个科学家或艺术家能够以他的姓名著称于世。反之,一个债务人如能成功地变更他的姓名(以及住所),往往就能够摆脱其债权人的追讨。姓名的这种意义也适用于公法上的义务(税、兵役)。"[①]姓名是如此重要,对自然人的姓名权利,理当由法律法规加以规制。

姓名权是指自然人依法享有决定、使用、改变本人姓名并排除他人妨碍的权利。其客体是自然人的姓名。首先,自然人有权决定自己的姓名。诚然,欲为自己命姓名,应具备民事行为能力。具有完全民事行为能力者由本人决定自己的姓名;限制民事行为者决定姓名时,应征得监护人同意或许可;无民事行为能力人则由监护人决定其姓名。其次,使用姓名权。自然人有权依法使用自己姓名,以明确本人的身份。再次,自然人享有姓名变更权,可以依法改变自己的姓名。

(二)夫妻姓名权

夫妻姓名权是婚姻法特有的问题和现象。从古代社会已婚妇女从夫姓到近现代社会已婚妇女享有独立姓名权,夫妻姓氏规则发生了巨变。夫妻姓氏权反映出男女关系的巨大社会变迁。

在古代社会,一方面,男尊女卑,妇女始终从属于男性,实行在家从父,出嫁从夫,夫死从子的规则;另一方面,人类婚配实行男娶女嫁,已婚妇女离开娘家而入夫家,在宗法礼制下,已婚妇女改从夫姓或者冠以夫姓,从形式到实质均融入丈夫的宗族,实现同宗同姓。这种冠夫姓,既体现在家庭内部关系中,例如家族族谱记载,又反映在社会人际关系交往中,例如体现在户籍管理记载中。

近代社会以来,实行男女平等,婚姻法导入男女平等价值观,改革夫妻姓氏权规则。初期,废除妻从夫姓,允许夫妻双方协商确定夫妻双方婚后姓氏。尽管在绝大多数婚姻中,妻子仍然选择从夫姓,但是,毕竟法律已赋权已婚妇女自行选择确定其婚后是否保留原姓氏或改从夫姓。相比于过往强制妇女婚后改从夫姓或者冠以夫姓,已是很大进步。20世纪以来,立法改革进一步剔除婚姻家庭法领域男女不平等因素,夫妻各保留本人婚前姓氏,成为

---

① [德]迪特尔·梅迪库斯:《德国民法总论》,邵建东译,法律出版社2000年版,第794页。

大多数国家立法例。同时,依然有《德国民法典》第1355条规定等少数国家立法例允许夫妻设立联合姓氏或约定共同姓氏作为双方共同姓氏[①]。在当代社会,一方面,自然人人格独立,个人自由,个人有权决定、变更其婚前婚后的姓名;另一方面,婚姻是人身结合,是夫妻双方的法定共同生活体,婚姻姓氏或者夫妻姓名的确具有一定特殊性。所以,许多国家和地区的婚姻家庭法依然调整夫妻姓氏问题。新中国历部婚姻法均对夫妻姓氏有明文规定。

三、本条的历史沿革

姓名权是自然人享有的法定人身权利之一。我国《民法通则》第99条规定,"公民享有姓名权,有权决定、使用和依照法律规定改变自己的姓名,禁止他人干涉、盗用、假冒"。《民法总则》第110条规定,"自然人享有生命权、身体权、健康权、姓名权、肖像权、名誉权、荣誉权、隐私权、婚姻自主权等权利。法人、非法人组织享有名称权、名誉权、荣誉权等权利"。新中国的婚姻法,基于男女平等原则,均明确规定夫妻双方都有各用自己姓名的权利。

(一)中华人民共和国成立之初到改革开放之前

1950年《婚姻法》第11条规定,"夫妻有各用自己姓名的权利"。1949年9月29日中国人民政治协商会议第一届全体会议通过的《中国人民政治协商会议共同纲领》(以下简称《共同纲领》)第6条规定,"中华人民共和国废除束缚妇女的封建制度。妇女在政治的、经济的、文化教育的、社会的生活各方面,均有与男子平等的权利。实行男女婚姻自由"。《共同纲领》作为临时宪法,保障妇女各方面享有与男子平等权利。婚姻法赋予已婚妇女独立姓名权是贯彻《共同纲领》确立的男女平等精神。这既是鉴于旧文化传统对女性的不尊重,着力要破除落后婚姻习俗对妇女的负面影响,又在于承认女性的独立自由,解放妇女,不仅促进已婚妇女在家庭中享有与男子平等地位的实现,而且调动妇女的积极性,鼓励她们平等地参与社会各方面活动。

户籍登记相关法律也涉及姓名问题。1958年1月9日全国人民代表大会常务委员会第九十一次会议通过《中华人民共和国户口登记条例》(以下简称《户口登记条例》)。该条例第7条规定,"婴儿出生后一个月以内,由户主、亲属、抚养人或者邻居向婴儿常住地户口登记机关申报出生登记"。申报户籍,意味着该自然人已命名,其姓氏已确定。第18条规定,"公民变更姓名,依照下列规定办理:一、未满十八周岁的人需要变更姓名的时候,由本人或者父母、收养人向户口登记机关申请变更登记;二、十八周岁以上的人需要变更姓名的时候,由本人向户口登记机关申请变更登记"。"公民因结婚、离婚、收养、认领、分户、并户、失踪、寻回或者其他事由引起户口变动的时候,由户主或者本人向户口登记机关申报变更登记。"(第19条)"公民死亡,城市在葬前,农村在一个月以内,由户主、亲属、抚养人或者邻居向户口登记机关申报死亡登记,注销户口。公民如果在暂住地死亡,由暂住地户口登记机关通知常住地户口登记机关注销户口。"(第8条)

(二)改革开放以后

1978年实行改革开放政策以来,迄今有两部婚姻法案,它们均依然保留规定夫妻有各

---

① 《德国民法典》,台湾大学法律学院、台大法学基金会编译,北京大学出版社2017年版,第1062页。

自独立姓名权。1980 年《婚姻法》第 10 条规定,“夫妻双方都有各用自己姓名的权利”。2001 年《婚姻法》第 14 条规定,“夫妻双方都有各用自己姓名的权利”。当代我国婚姻法强调夫妻拥有独立姓名权,是充分肯定夫妻婚后各自继续具有独立人格、平等的人格。在已有《民法通则》明文规定公民拥有独立姓名权的情形下,婚姻法一如既往地调整夫妻的姓氏,主要应是基于下列三方面因素的考虑:其一,不尊重妇女的传统依旧存在,并有一定影响力;其二,男娶女嫁是占主流的婚嫁习俗,特别是在农村地区,已婚妇女离开娘家而入夫家的婚配模式是绝大多数民众喜闻乐见的;其三,考虑到父母姓对子女姓氏的制约。自然人享有的姓名权不受婚姻关系的影响。

2018 年 12 月 29 日,公安部公布《公安部关于〈户口居民身份证管理工作规范(公开征求意见稿)〉公开征求意见的公告》,[①]向社会公开征求意见。该意见稿第 17 条、第 18 条分别规定,“婴儿出生登记实行随父随母自愿原则,本规范另有规定的除外”。“婴儿出生后一个月以内,父亲、母亲或者其他监护人应当凭《出生医学证明》、父母一方的居民户口簿、结婚证或者非婚生育说明,向父亲或者母亲户口所在地公安派出所申报出生登记。非婚生育子女随父亲申报出生登记的,应当一并提供具有资质的鉴定机构出具的亲子鉴定证明”。(第 53 条)规定,“公民户口登记的姓名,不得违反公序良俗,不得损害社会公共利益”。第 54 条规定,“公民户口登记的姓氏原则上应当随父姓或者母姓。有下列情形之一的,可以在父姓和母姓之外选取姓氏:(一)选取其他直系长辈血亲的姓氏;(二)因由法定扶养人以外的人扶养而选取扶养人姓氏;(三)有不违反公序良俗的其他正当理由。少数民族公民的姓氏可以从本民族的文化传统和风俗习惯”。第 55 条至第 57 条规定,除姓氏外,公民姓名登记应当使用《通用规范汉字表》中的汉字。少数民族公民登记姓名使用本民族文字的,应当按照相关主管部门发布的少数民族人名汉字音译转写规则和有关规定转写对应的汉字译写姓名。少数民族姓名对应的汉字译写中的间隔符用“·”表示。佛教教职人员和出家、独身并在道教宫观修行的道教教职人员办理户口登记的,可以分别使用佛教法名和道教道名作为姓名。“公民申请变更姓名、符合法律政策规定的,本人或者监护人应当凭书面申请和相关证明材料,向户口所在地公安派出所申请”。该公告明确“有关意见建议可在 2019 年 1 月 29 日前发送”到指定电子邮箱。然而不知何故,后续再无关于该征求意见稿进展的消息。

四、法律渊源

关于夫妻姓名的法律渊源,除了《婚姻法》第 14 条规定以外,还有下列法律法规及司法解释的相关法律规定。

(一)法律有关规定

《婚姻法》第 14 条规定,“夫妻双方都有各用自己姓名的权利”。

《民法总则》第 110 条规定,“自然人享有生命权、身体权、健康权、姓名权、肖像权、名誉权、荣誉权、隐私权、婚姻自主权等权利。法人、非法人组织享有名称权、名誉权、荣誉权等权利”。

---

① 《公安部关于〈户口居民身份证管理工作规范(公开征求意见稿)〉公开征求意见的公告》,https://www.mps.gov.cn/n2254536/n4904355/c6334898/content.html,下载日期:2019 年 8 月 1 日。

(二)全国人大常委会的立法解释

2014 年 11 月 1 日,全国人民代表大会常务委员会首次公布关于公民姓名及姓名权的解释。最高人民法院向全国人民代表大会常务委员会提出,为使人民法院正确理解和适用法律,请求对《民法通则》第 99 条第 1 款“公民享有姓名权,有权决定、使用和依照规定改变自己的姓名”和《婚姻法》第 22 条“子女可以随父姓,可以随母姓”的规定作出解释,明确公民在父姓和母姓之外选取姓氏如何适用法律。2014 年 11 月 1 日,全国人民代表大会常务委员会讨论了上述规定的含义,认为公民依法享有姓名权。公民行使姓名权属于民事活动,既应当依照《民法通则》第 99 条第 1 款和《婚姻法》第 22 条的规定,又应当遵守《民法通则》第 7 条的规定,即应当尊重社会公德,不得损害社会公共利益。在中华传统文化中,“姓名”中的“姓”即姓氏,体现着血缘传承、伦理秩序和文化传统,公民选取姓氏涉及公序良俗。公民原则上随父姓或母姓符合中华传统文化和伦理观念,符合绝大多数公民的意愿和实际做法。同时,考虑到社会实际情况,公民有正当理由的,也可以选取其他姓氏。基于此,对《民法通则》第 99 条第 1 款、《婚姻法》第 22 条解释如下:“公民依法享有姓名权。公民行使姓名权,还应当尊重社会公德,不得损害社会公共利益。公民原则上应当随父姓或母姓。有下列情形之一的,可以在父姓或母姓之外选取姓氏:①选取其他直系长辈血亲的姓氏;②因由法定扶养人以外的人扶养而选取扶养人姓氏;③有不违反公序良俗的其他正当理由。④少数民族公民的姓氏可以从本民族的文化传统和风俗习惯”。

(三)法规有关规定

《户口登记条例》第 7 条规定,“婴儿出生后一个月内,由户主、亲属、抚养人或者邻居向婴儿常住地户口登记机关申报出生登记。弃婴,由收养人或者育婴机关向户口登记机关申报出生登记”。第 18 条规定,公民变更姓名的,依照下列规定办理:①未满 18 周岁的人需要变更姓名的时候,由本人或者父母、收养人向户口登记机关申请变更登记;②18 周岁以上的人需要变更姓名的时候,由本人向户口登记机关申请变更登记。

第二节　本条之适用

一、适用本条的效果

姓名权是夫妻的身份利益。《婚姻法》第 22 条规定,“子女可以从父姓,可以从母姓”。囿于传统观念,在绝大多数家庭,子女均从父姓。子女户籍登记,也多遵从“子从父籍”的惯例。仅有少数夫妻,子女姓氏从母。特别是实行独生子女政策的数十年间,城市家庭,一对夫妻只有一个孩子,子女姓氏从父,既是传统文化规则,也为夫妻默认。农村家庭,虽然有一半左右的家庭有 2 个或 2 个以上子女,但是,因为传统习惯影响更强烈,除了上门女婿的入赘婚姻以外,子女鲜有从母姓氏的。国家开放二孩生育政策之后,部分夫妻约定第二个孩子的姓氏从母,从母姓的子女数量增加。

子女姓氏,除了从父、从母外,还能不能有其他命名?轰动全国的“北雁云依”行政案件的法院裁决,意味着子女姓氏与父母姓氏之间应该有所联结。子女姓氏命名,应当顾虑社会公序良俗、社会常情常理，这是正常的；或者说，姓名权的行使是有边界的。不过，像首例姓名权行政诉讼中的当事人为子女所取姓名，并无明显不妥，维护不准许落户的行政行为，虽便于社会管理，却也有改进的必要。

二、适用本条时存在的问题

若需要裁决，应该如何处理？姓氏既是血缘传承的外在显性标志，又是家庭社会文化传承的符号，其重要性不言而喻。在男女平等时代，根据规定，子女可以从父姓，可以从母姓。但是，如果父母双方坚持子女应该冠以其本人姓氏的，该争议应如何解决？父母都希望孩子能从自己的姓氏，特别是在生育子女数量少的家庭中，发生这类纠纷的可能性客观存在。如果父母双方均坚持自己的主张，互不让步，的确可能使得子女姓氏难以确定。目前，除了调解，并无其他办法。

为此，有两种解决路径：其一，由法院酌情选定从父亲或母亲一方的姓氏；待孩子成年后，由其自行选择。这是目前裁决这类争议的思路。不过，该种解决办法实际上是让孩子从了法院选择确定的父母一方的姓，因为十几年后，孩子本人已经习惯于此姓名，其周围社会关系也认可了此姓名，各类毕业证上载明的也是该姓名，特别是身份证、户口簿上登记的是此姓名，将来若变更，成本比较大，多数情形下，当事人本人也无意再变更。其二，将父母姓氏合并为复姓。这是最近 20 余年社会生活中，部分夫妻为孩子命名的实践。

第三节　适用本条的典型案例

一、"北雁云依"能否获准登记为子女姓名案

"北雁云依"与济南市公安局历下区分局公安户口行政登记行政案件，山东省济南市历下区人民法院行政判决书(2010)历行初字第 4 号。[①] 该案件被媒体称为全国首例姓名权行政诉讼案件而报道，[②]引起了社会多方面关注。最高人民法院于 2017 年 11 月发布第 17 批指导性案例中，《"北雁云依"诉济南市公安局历下区分局燕山派出所公安行政登记案》入选其中。最高人民法院将该案件列入指导性案例，可见该案件的重要性。

【案情概要】

2009 年 12 月 17 日，原告"北雁云依"的法定代理人吕某峰以被监护人"北雁云依"的名义，向济南市历下区人民法院(以下简称历下区法院)提起行政诉讼，请求法院判令确认被告济南市公安局历下区分局燕山派出所拒绝以"北雁云依"为其女儿姓名办理户口登记的具体

---

① 山东省济南市历下区人民法院(2010)历行初字第 4 号行政判决书，中国裁判文书网，http://wenshu.court.gov.cn/website/wenshu/181107ANFZ0BXSK4/.html? docId = efe618ff42c34e2283d2a7d1cd5265bd，下载日期：2017 年 7 月 29 日。

② 《全国首例姓名权行政诉讼案原告诉求一审被驳回》，新浪网，http://news.sina.com.cn/o/2015/04/25/041931758570.shtml，下载日期：2016 年 4 月 10；马云云：《济南女孩不随父母姓起名"北雁云依"落户被拒案沉寂六年将有说法》，中国网·新山东，http://sd.china.com.cn/a/2015/rdtj_0422/221303.html，下载日期：2019 年 1 月 25 日；周科：《全国首例姓名权行政诉讼案恢复审理》，中国法院网，https://www.chinacourt.org/article/detail/2015/04/id/1600384.shtml，下载日期：2018 年 1 月 25 日。

行政行为侵犯其女儿合法权益。

原告"北雁云依"的法定代理人吕某峰诉称,2009年1月25日,其妻张某峥在济南军区总医院产下一女,取名"北雁云依",并办理了出生证明和计划生育服务手册新生儿落户备查登记。2009年2月,吕某峰到燕山派出所为女儿办理户口登记,派出所请示历下区分局及济南市公安局户籍科后,不予上户口。理由是孩子姓氏必须随父姓或母姓,即姓"吕"或姓"张",否则不能上户口。随后吕某峰反映到济南市公安局户籍科,据户籍科说又请示省公安厅有关部门,答复仍不能按此姓名上户口。根据《婚姻法》和《民法通则》关于姓名权的规定,经咨询有关法律人士和公安部业务人员,我们给孩子起的名字符合法律规定,公安机关应予上户口。《民法通则》第99条规定公民享有姓名权。《婚姻法》规定"子女可以随父姓,可以随母姓",是对男女平等的表达,而不是必须随父姓或母姓。凡是法律不禁止的,都是允许的,公民既可以随父姓,也可以随母姓,还可选用其他姓氏。《民法通则》和《婚姻法》是上位法,而《关于规范常住户口管理若干问题的意见(试行)》[鲁公通(2006)302号]和山东省公安厅、山东省卫生厅《关于进一步加强出生医学证明管理的通知》是下位法,下位法的有关规定与上位法不一致时,应当适用上位法。姓氏只是各民族的传统,是否让子女随父母姓是个人问题。我国的姓氏是不断增加的,而不是固定的、规范的,谁也没有规定哪个字不能用作姓氏,法律未规定公民不能改变姓氏,姓名只要不存在有损国家尊严、违反民族美德等情况,皆可自由选取。

被告辩称,"北雁云依"在未获得合法登记的情况下,不能以此名字提起诉讼;被告拒绝以"北雁云依"为姓名给吕某峰之女办理户口登记,事实证据充分,程序合法,恳请人民法院依法驳回原告的诉讼请求。事实与理由如下:原告之父吕某峰于2009年2月到我所申请为原告办理户口登记,因我所民警发现原告的父亲姓名是吕某峰,母亲姓名是张某峥,"北雁云依"既不随父姓也不随母姓,不符合《婚姻法》第22条,以及山东省公安厅鲁公通(2006)302号《关于规范常住户口管理若干问题的意见(试行)》中新生婴儿申报出生登记姓氏应当随父姓或母姓的户口登记的规定。我所遂当日口头告知吕某峰,新生婴儿申报出生登记其姓氏应当随父姓或母姓,吕某峰为原告申报的登记姓名不符合规定,不能登记。我所依据法律和上级文件规定不按"北雁云依"进行户口登记的行为是正确的。原告法定代理人在起诉状中称新生婴儿的姓名"北雁云依"符合《婚姻法》《民法通则》的规定。我所认为,《民法通则》规定公民享有姓名权,但没有具体规定。2009年12月23日最高人民法院举行新闻发布会,向媒体介绍收集的网民意见建议办理情况答复的第十三个问题,关于夫妻离异后子女更改姓氏问题的答复中称,《婚姻法》第22条是我国法律对子女姓氏问题作出的专门规定,该条规定子女可以随父姓、可以随母姓,没有规定可以随第三姓。作为行政机关应当依法行政,法律没有明确规定的行为,行政机关就不能实施,原告和行政机关都无权对法律作出扩大化解释,这就意味着子女只有随父姓或者随母姓两种选择,且《中华人民共和国人民警察法》第32条规定,人民警察必须执行上级的决定和命令。山东省公安厅鲁公通(2006)302号《关于规范常住户口管理若干问题的意见(试行)》的通知规定,新生婴儿申报出生登记,其姓氏应当随父姓或母姓,由于"北雁云依"一名不随父姓、不随母姓,因此我所不予办理户口登记的行为是正确的。2009年5月山东省卫生厅、山东省公安厅联合下发的鲁卫妇社发〔2009〕12号《山东省卫生厅关于进一步加强〈出生医学证明〉使用管理的通知》中,再次明确规定了新生儿姓氏应当随父姓或随母姓。从另一个角度讲,如果按照原告法定代理人的理论,《婚姻

法》规定了子女可以随父姓或者母姓,并不是必须,不是对姓氏的限制,那么既然没有限制是否也可以不要姓呢?若果真如此,《居民身份证法》第3条为什么要规定居民身份证登记的项目包括姓名、户口簿内页为什么还有姓名登记一项?法律确认姓名权是为了使公民能以文字符号即姓名明确区别于他人,实现自己的人格和权利。《户口登记条例》第1条明确规定了,制定条例是为了维持社会秩序,保护公民的权利和利益,服务于社会主义建设。如果公民滥用姓名权,会模糊他人和自己的区别,损害他人和社会的利益,妨碍社会的管理秩序。《户口登记条例》第22条还明确规定户口簿、册、表格公安部统一制定,而户口册中常住人口登记卡第一项就是姓名,既包含姓也包含名。因此,姓名权和其他权利一样,受到法律的限制而不可滥用。否则,将造成权利义务关系的主体不明确。新生婴儿随父姓、随母姓是中华民族的传统习俗。据文献记载,我们的祖先最初使用姓的目的是“别婚姻”“明世系”“别种族”,它产生的时间大约在原始社会的氏族公社时期。《当代汉语词典》中也将姓解释为表明家族的字。这种习俗标志着血缘关系,随父姓或者随母姓,都是有血缘关系的,可以在很大程度上避免近亲结婚,但是姓第三姓,则与这种传统习俗、与姓的本意相违背。全国各地公安机关在执行《婚姻法》第22条关于子女姓氏的问题上,标准都是一致的,即子女应当随父姓或者随母姓。天津、沈阳等地的公民倪某龙、律某等就曾经因申请登记更改的姓名不随父姓也不随母姓,而被当地公安机关的拒绝。综上所述,燕山派出所拒绝原告法定代理人以“北雁云依”的名字为原告申报户口登记的行为正确。被告燕山派出所认为:《民法通则》第99条虽然规定公民享有姓名权,但并未对公民如何行使姓名权作具体规定。《婚姻法》第22条系我国法律对姓氏问题的专门规定。《民法通则》是一般法,《婚姻法》是特别法,特别法优于一般法;《婚姻法》第22条规定“子女可以随父姓,可以随母姓”,行政机关无权对该规定作出解释;省里有关法规文件与《婚姻法》第22条规定并不冲突,都是规定了子女可以在父姓、母姓之间进行选择。吕某峰之女办理户口时要求登记的姓名“北雁云依”不符合办理户口登记的条件,遂作出拒绝以“北雁云依”为姓名办理户口登记的具体行政行为。被告燕山派出所于2010年3月5日向历下区法院提交了作出被诉具体行政行为的证据:①情况说明,被告以此证明其作出拒绝以“北雁云依”为姓名办理户口登记的行政行为;②常住人口登记表,被告以此证明“北雁云依”之姓名不随其父母姓。被告燕山派出所还提交了鲁公通(2006)302号《关于规范常住户口管理若干问题的意见(试行)》,《常住人口登记卡》,山东省公安厅、山东省卫生厅《关于进一步加强使用管理的通知》等适用的有关法律及规范文件。全国各地公安机关执行的标准都是一致的,即“子女‘应当’随父姓或者随母姓”。

历下区法院于2010年1月28日、3月8日两次公开开庭审理了该案件。在庭审中,原告“北雁云依”法定代理人吕某峰称,其为女儿选取的“北雁云依”之名,“北雁”是姓,“云依”是名。

历下区法院认为,法律规定了“可以”,公安机关对该条法律的理解是“应当”,那么,公民能否在父姓母姓之外取姓名问题,涉及法律适用问题,需要送请有权机关作出解释或者确认,于2010年3月11日裁定中止审理。其后,此案被逐级上报,从济南市中级人民法院到山东省高级人民法院,直到报到最高人民法院。

2015年1月19日,原告“北雁云依”法定代理人吕某峰向历下区法院提交书面材料,陈述了其为女儿取名为“北雁云依”的理由:我女儿姓名“北雁云依”四字,取自四首著名的中国古典诗词,寓意父母对女儿的美好祝愿。孩子姓氏既没有随其父姓,也未随母姓。吕某峰酷

爱古典文学,其解释"北雁云依"四个字的寓意:山东地属北方,古代有诗"北方有佳人,绝世而独立。一顾倾人城,再顾倾人国";"雁"是北方的鸟类,"问世间情为何物,直教人生死相许"这句诗的创作灵感,就是来自大雁;"云"是云彩,且在古诗词中频频使用;"依"则来自《诗经》,"昔我往矣,杨柳依依"。然而,向济南市公安局历下分局燕山派出所报户口时,因为姓名"北雁云依"既不随父姓也不随母姓,派出所以不符合办理户口登记的"依据法律和上级文件的规定"而拒绝将其登记落户。此举侵害了公民姓名权。随后,吕某峰相继找到济南市公安局、市公安局历下分局,得到的答复一个样。

2015 年 4 月,经有权机关作出解释,中止事由消除,历下区法院恢复审理该案件,办案法官以邮寄方式向原告法定代理人吕某峰送达了《恢复审理通知书》,并向被告当场送达了《恢复审理通知书》。这起轰动全国的姓名权行政诉讼案在历下区法院恢复审理。

【裁判意见】

历下区法院认定以下事实:原告"北雁云依"出生于 2009 年 1 月 25 日,其父亲名为吕某峰,母亲名为张某峥。吕某峰、张某峥二人共同决定为女儿取名为"北雁云依"。2009 年 2 月,吕某峰前往燕山派出所为女儿申请办理户口登记,被民警告知拟被登记人员的姓氏应当随父姓或者母姓,否则不符合办理出生登记条件。因吕某峰坚持以"北雁云依"为姓名为女儿申请户口登记,被告燕山派出所遂依照《婚姻法》第 22 条规定,于当日作出拒绝办理户口登记的具体行政行为。

历下区法院认为,原告"北雁云依"的法定代理人吕某峰对被告燕山派出所拒绝办理户口登记所认定的事实和遵循的程序均无异议,双方当事人主要对《民法通则》第 99 条第 1 款、《婚姻法》第 22 条的适用问题存有分歧。对这项法律适用问题,历下区法院层报至最高人民法院。2014 年 11 月 1 日,第十二届全国人民代表大会常务委员会第十一次会议通过了《关于第九十九条第一款、第二十二条的解释》,解释规定:"公民依法享有姓名权。公民行使姓名权,还应当尊重社会公德,不得损害社会公共利益。公民原则上应当随父姓或者母姓。有下列情形之一的,可以在父姓和母姓之外选取姓氏:(一)选取其他直系长辈血亲的姓氏;(二)因由法定扶养人以外的人扶养而选取扶养人姓氏;(三)有不违反公序良俗的其他正当理由。少数民族公民的姓氏可以从本民族的文化传统和风俗习惯。"该立法解释第 1 款重申了公民依法享有姓名权,同时指出,公民行使姓名权作为一项民事活动,应尊重社会公德,不得损害社会公共利益。第 2 款采用了"列举+一般条款"的形式,规定了可以在父姓和母姓之外选取姓氏的三种情形。第 3 款则针对少数民族公民,规定其姓氏可以遵从本民族传统和习惯。

本案的关键问题在于,原告法定代理人吕某峰提出的理由是否符合该立法解释第 2 款第(三)项规定的"有不违反公序良俗的其他正当理由",同时符合尊重社会公德、不得损害社会公共利益的前提。应当认为,该项规定设定了在父母姓氏之外选取其他姓氏的两个必备要件:一是不违反公序良俗,二是存在其他正当理由。其中,不违反公序良俗是选取其他姓氏时应当满足的最低规范要求和道德义务,存在其他正当理由要求在符合上述条件的基础上,还应当具有合目的性。

(一)所谓公序良俗,即指社会公共秩序和社会善良风俗,要求公民从事民事活动应当遵守公共秩序,符合善良风俗,不得损害社会公共利益,不得违反国家的公共秩序和社会的一般道德

关于"公序良俗"对姓名的规制问题。首先,从社会管理和发展的角度,子女承袭父母姓氏有利于提高社会管理效率,便于管理机关和其他社会成员对姓氏使用人的主要社会关系进行初步判断。倘若允许随意选取姓氏甚至恣意创造姓氏,则会增加社会管理成本,无利于社会和他人,而且极易使社会管理出现混乱,增加社会管理的风险性和不确定性。其次,姓氏主要来源于客观上的承袭,系先祖所传,名字则源于主观创造,为父母所授。在我国,姓氏承载了对血缘的传承、对先祖的敬重、对家庭的热爱等,而名字则承载了个人喜好、人格特征、长辈愿望等。中国人民对姓氏传承的重视和尊崇,不仅体现了血缘关系、亲属关系,更承载着丰富的文化传统、伦理观念、人文情怀,符合主流价值观念,是中华民族向心力、凝聚力的载体和镜像。反之,如果任由公民仅凭个人意愿喜好,随意选取姓氏甚至自创姓氏,则会造成对文化传统和伦理观念的冲击,既违背社会善良风俗和一般道德要求,也不利于维护社会秩序和实现社会的良性管控。故,本案中"北雁云依"的父母自创姓氏的做法,不符合公序良俗对姓名的规制要求。

(二)关于"存在其他正当理由",要求选取父母姓氏之外其他姓氏的行为,不仅不应违背社会公德、不损害社会公共利益,还应当具有合目的性

这种行为通常情况下主要存在于实际抚养关系发生变动、有利于未成年人身心健康、维护个人人格尊严等情形。本案中,原告"北雁云依"的父母自创"北雁"为姓氏,选取"北雁云依"为姓名给女儿办理户口登记的理由是"我女儿姓名'北雁云依'四字,取自四首著名的中国古典诗词,寓意父母对女儿的美好祝愿"。此理由仅凭个人喜好愿望并创设姓氏,具有明显的随意性,不符合立法解释第 2 款第(三)项所规定的正当理由,不应给予支持。

2015 年 4 月 22 日,历下区法院依照《最高法院执行〈行政诉讼法〉解释》第 56 条第(四)项、全国人民代表大会常务委员会《关于第九十九条第一款、第二十二条的解释》之规定,判决如下:驳回原告"北雁云依"要求确认被告燕山派出所拒绝以"北雁云依"为姓名办理户口登记行为违法的诉讼请求。

【简要评议】

历下区法院审理此案时,秉持对法律负责的态度,没有简单地以公安机关的"惯例"确定公民姓名权的外延。逐级上报,请示有权机关释法。

在最高人民法院,当年对此案的认识也有不同观点。最高人民法院审判委员会认为,姓名权涉及公民的基本权利,当前在司法部门、行政职能部门以及学术界持有两种不同观点,"只有上升到法律解释的高度才能获致根本解决",最高人民法院提出释法议案,请求全国人大常委会释法。2014 年 11 月,全国人大常委会通过了《关于〈中华人民共和国民法通则〉第九十九条第一款、〈中华人民共和国婚姻法〉第二十二条的解释》。明确指出:公民行使姓名权,还应当尊重社会公德,原则上应当随父姓或者母姓,但可以有一些例外情形,包括:选取其他直系长辈血亲的姓氏;因由法定扶养人以外的人扶养而选取扶养人姓氏;有不违反公序良俗的其他正当理由,可以取父母之外的姓氏。释法确定的取名范围,显然要比公安机关之

前掌握的标准灵活。最后,此案是依立法机关的释法作出判决的。这个案件的争议触动了省高级法院、最高人民法院,并由全国人大常委会罕见地通过释法一锤定音。释法本身彰显了法治的严肃性,重申了《立法法》明确的法律解释权限,体现了国家最高权力机关的常设机构珍视个案中公民权利。这是个重要案件:公民行使权利,应该尊重公序良俗;而公民的权利边界应该由法律来明确,不是由职能部门的内部规章来决定。[①] 也有观点认为,该案件的社会价值"在于划定了孩子姓名不能瞎取的红线",法院认可不予登记孩子的"花样名称",不是基于公安机关内部规章,而是基于全国人大常委会对于《婚姻法》《民法通则》的释法。

二、离婚父母双方同意才能更改未成年人子女姓名权,仅指公安户籍部门登记的姓名

天津市第一中级人民法院的判决书认为,在夫妻离婚之时,未成年子女若尚未登记户口的,此时其被用于称呼的名字并不具有法律效力。若在离婚后,一方擅自为未成年子女命名的,难以认定为实际上损害了离异配偶的合法权益,且若未成年子女学习生活已经使用了父母单方决定的姓名一段时间,宜保留孩子的姓名。[②] 因此,离婚夫妻须基于共同合意更改未成年人子女姓名权中的姓名仅指公安户籍部门登记的姓名,而不包含现实生活中用于称呼的姓名。

三、离婚后直接抚养子女的父母一方不得擅自更改子女姓名

父母双方同意是未成年人变更姓名的前提条件;未成年人本人同意改变姓名,但是,其监护人中有一人不同意的,未成年人无权更改其姓名。[③]

未成年人与一方监护人同意变更姓名但父母另一方不同意的,也不得变更孩子姓名。河南省洛阳市中级人民法院认为,"李某乙与朱某乙离婚后,未经朱某乙同意采用非法手段使公安机关将上诉人朱某甲的姓名变更为'李某甲',后经公证机关和公安机关依公权力予以纠正。因朱某甲系未成年人且变更姓名其父亲朱某乙不同意,朱某甲上诉提出要求变更姓名为'李某甲'的要求不符合法律规定,法院不予支持"。[④]

四、父母双方同意才能变更孩子姓名规则是否可在个案中突破

在常某与常某某姓名权纠纷一案中,二审法院认为:"本案上诉人常某的母亲李某与被上诉人常琳离婚时协议约定婚生之女常某由李某独自抚养,常某某自愿放弃抚养权、监护权和探视权,故上诉人的利益与其母李某的关系极为密切。现李某已再婚,如不改变上诉人的姓名,重组后的一家人出现三个姓氏,往往会受到来自外界的异样目光和非议,有悖于保护未成年人的合法权益,故将常某的姓名变更为李某,有利于上诉人的学习、生活和身心健康,亦符合相关法律规定,且上诉人使用该姓名,并不损害其生父、生母和他人的合法权益,法院

---

① 沈彬:《"北雁云依"姓名权案,法律价值不小》,新京报,转引自中国法院网,https://www.chinacourt.org/article/detail/2017/11/id/3087083.shtml,下载日期:2018年8月10日。

② 天津市第一中级人民法院〔2013〕一中民四终字第1206号民事判决书。

③ 四川省南充市中级人民法院(2016)川13民终1604号民事判决书。

④ 河南省洛阳市中级人民法院(2016)豫03民终3339号民事判决书。

予以准许。”[①]

五、父母一方擅自更改未成年人姓名是否恢复为原名应考虑因素

虽然根据公安部《关于父母离婚后子女姓名变更有关问题的批复》规定，对于离婚双方夫妻有一方擅自变更子女姓名的，另一方有权要求恢复其子女原姓名。[②]

浙江省宁波市中级人民法院就曾在认定某离异女士单独变更孩子姓名的行为不当的情况下，指出小孩子已经从幼儿园开始使用现在的姓名，该姓名已经成为其学习生活环境的一个重要组成部分，若再变更姓名则会对其造成不利影响，将影响其健康成长。[③]

六、父母一方单方面改变未成年子女姓名是否侵害另一方姓名权

山东省日照市中级人民法院认为，“在父母双方均健在的情况下，抚养一方不能单方面决定未成年子女的姓名，应当与未成年子女的生父或其生母协商决定姓名的更改，在不征得生父或生母的同意下，擅自将未成年子女的姓氏改为生父母以外的他人的姓氏，侵害亲生父母的姓名权”。[④]

第四节　域外相关立法例

一、德国法上的夫妻共同的家姓与婚姓

在德国，姓氏受宪法保护。[⑤] 姓氏的使用是使用人的人格权的一部分，保护姓氏权来源于保护人格权。联邦宪法法院认为，“个人取得姓氏后，就会产生姓氏身份，能够通过姓氏确认自我并为他人所识别。姓氏的身份认同效果无关其取得方式或取得原因。取得方式或原因都不能减损对姓氏的宪法保护”。[⑥]

在德国法上，夫妻姓氏是婚姻效力的重要事项，夫妻应有家姓和婚姓。《德国民法典》第1355条规定了“夫妻之婚姓”。夫妻应约定双方共同的家姓。夫妻以约定的家姓为双方的婚姓；无约定的，夫妻在婚姻关系中继续使用结婚前各自使用的姓氏。夫妻双方在户政机关面前，约定其中一方的本姓或其结婚时声明的姓氏为夫妻之婚姓。夫妻婚姓约定，应在结婚时为之。婚后始约定夫妻婚姓的，应以公证方式为之。夫妻一方的姓氏不是夫妻婚姓的，得向户政机关声明，将夫妻的婚姓冠于本姓或者结婚时声明的姓氏之前或之后。生存配偶或离婚配偶有权保留原先约定的婚姓；也可以经意思表示其恢复其本姓或结婚时声明的姓氏，但应在户政机关面前为之。[⑦] 德国法上的夫妻姓氏与中国旧传统中的冠姓有相似之处，与我国现行婚姻法律实践大不相同。

---

① 河北省廊坊市中级人民法院(2016)冀10民终3482号民事判决书。

② 湖南省郴州市中级人民法院(2016)湘10民终2289号民事判决书。

③ 浙江省宁波市中级人民法院(2015)浙甬民一终字第1119号民事判决书。

④ 山东省日照市中级人民法院〔2017〕鲁11民终562号民事判决书。

⑤ 王葆莳：《德国联邦最高法院典型判例研究·家庭法篇》，法律出版社2019年版，第34页。

⑥ 王葆莳：《德国联邦最高法院典型判例研究·家庭法篇》，法律出版社2019年版，第34页。

⑦ 《德国民法典》，台湾大学法律学院、台大法学基金会编译，北京大学出版社2017年版，第1062页。

德国法关于夫妻姓氏的上述规定，是1991年以后的姓名改革与修法的结果。德国联邦宪法法院1991年判决确认《德国民法典》原第1355条第2款第2句有关婚姻姓氏的规定违反《基本法》，要求立法者修改。1993年《家庭姓氏权利法》以此判决为依据实行了重大修改，删除了强制统一姓氏的原则，改为规定结婚者应当选择共同婚姻姓氏。当事人可以选择夫或妻的出生姓氏为他们的“婚姻姓氏”，但不得将双方姓氏合并为复姓。这次改革后的立法未允许当事人选择前婚姻姓氏为婚姻姓氏，又被联邦宪法法院判定违反《基本法》有关规定。立法者不得不再次修订婚姻姓名规则。根据新法，配偶双方既可以选择出生姓氏，又可以选择配偶一方原先婚姻或同居伴侣关系中取得的姓氏。①

二、瑞士民法上的夫妻姓氏

在瑞士法上，婚姻的一般效力涉及姓氏问题。立法将夫姓作为配偶双方共同的姓氏，新娘按法定程序发表特别声明的，可以保留其本姓。《瑞士民法典》第160条明文规定，“夫的姓氏为配偶双方之姓氏。但新娘可向户籍管理机关官员声明，愿将其原姓氏置于配偶双方的姓氏之前。新娘已使用前款的双姓氏的，其仅得将其第一个姓氏置于配偶双方的姓氏之前”。② 显然，瑞士法有关夫妻姓氏的规则未达成男女平等。

三、日本夫妻姓氏的立法例

在日本法上，夫妻的姓氏是婚姻效力之一。《日本民法典》规定了夫妻姓氏，涉及生存配偶姓氏恢复、因离婚回复姓氏时权利的承继、因离婚导致姻亲关系终止时涉及的姓氏问题等内容。夫妻，按照婚姻当时的约定，称丈夫或妻子的姓氏(第750条)；夫妻一方死亡时，生存配偶可以恢复婚姻前的姓氏(第751条)。因结婚而变更姓氏的丈夫或妻子，在承继了第897条第1款规定的“宗谱、祭祀用具及坟头墓的所有权”以后而协议离婚时，须经当事人及其他利害关系人协议，确定可承继其权利的人。前项协议未能或不能达成时，应承继前项权利的人，由家庭裁判所确定(第769条)。“姻亲关系，因离婚而终止。”夫妻一方死亡之情形，生存配偶表示终止姻亲关系之意思时，亦与前款同。(第728条)③

总而言之，婚姻家庭法不再调整婚姻姓氏或夫妻姓氏，是共同的发展趋势。域外法调整夫妻姓氏的立法例少。

四、美国普通法上的夫妻姓氏和家庭姓氏

在美国社会生活中，按照早期普通法，已婚妇女应冠以夫姓。后来，法律并无这类强制性规定，但是，依传统，妻子仍会冠以夫姓。妇女离婚时，欲改变已冠夫姓的姓氏，需征得前夫同意。到了当代，特别是近些年来，冠姓传统让位于新做法了，已婚妇女可以保留并使用自己的姓氏，也可以选择随夫姓，还可以使用以连字符连接的复姓。通常，只要不是故意欺

---

① 王葆莳：《德国联邦最高法院典型判例研究·家庭法篇》，法律出版社2019年版，第34页。

② 《瑞士民法典》，殷生根、王燕译，中国政法大学出版社1999年版，第44页。

③ 王融擎编译：《日本民法：条文与判例》(下册)，中国法制出版社2018年，第699—701页、第717页、第685页。

骗或冒犯他人，法律允许人们采用任何姓氏称呼自己。“对婚内姓氏的选择很少受到异议。”[①]离婚时，妇女有权恢复原姓氏。

夫妻姓氏将牵涉到子女的姓氏。很多州的现行法律允许父母确定采用父姓、采用母姓或者综合父母二人姓氏的复姓。如果父母双方协商不一致的，法院将依据子女最佳利益原则裁定子女的姓氏。法院裁决时，通常会考虑孩子的意愿、改变姓氏对父母权利的影响、父母命名姓氏时的动机或考虑因素。[②] 然而，考虑到父亲的责任和担心，某些法院在适用最佳利益原则时间，更倾向于使用父亲的姓氏。[③]

---

① [美]哈里 · D. 格劳斯、大卫 · D. 梅耶:《美国家庭法精要》，陈苇等译，中国政法大学出版社 2010 年第 5 版，第 69 页。

② 纪欣:《美国家事法》，五南图书有限公司 2009 年第 2 版，第 92～93 页。

③ [美]哈里 · D. 格劳斯、大卫 · D. 梅耶:《美国家庭法精要》，陈苇等译，中国政法大学出版社 2010 年第 5 版，第 70 页。

第七章

评注第十五条(夫妻各自人身自由权)

第 15 条　夫妻双方都有参加生产、工作、学习和社会活动的自由,一方不得对他方加以限制或干涉。

第一节　本条的基本原理

一、本条的基本内容

夫妻双方都有参加生产、工作、学习和社会活动的自由,一方不得对他方加以限制或干涉。这是对已婚男女人身自由权的法律保障。夫妻作为各自独立的个体,保有独立人格权、人身自由权、财产权,不因为结婚建立了亲密的夫妻关系而发生改变。《婚姻法》第 15 条规定平等地适用于婚姻当事人双方,但立法侧重点在于保障已婚妇女的独立姓名权和人身自由权。夫妻的人身自由特别是已婚妇女的人身自由问题,在古代社会和近代社会早期立法中均为婚姻效力之一。在我国现行法下,公民人身自由不因婚姻成立或解除而发生变化。

(一)夫妻任何一方均享有参加生产、工作的自由

此处的生产、工作是泛指社会劳动,通常是指从事有报酬或收入的劳动,但又不限于有酬劳动。生产是指一切社会生产性的项目和活动。工作是指社会工作,通常是指职业劳动。夫妻双方都有权参加生产,从事工作。无论男女,一律平等地有权参加生产、工作,配偶任何一方不得限制或干涉另一方参加生产、工作的自由。鉴于历史原因,立法侧重于鼓励和保障已婚妇女从事生产、参加工作的权利。

(二)夫妻任何一方均有参加学习的自由

此处的学习是指一切提高个人的文化、素质、能力和兴趣爱好的专门活动,既指接受学校教育、学历教育、职业培训等提高文化素质、劳动技术和技能的专业学习,又包括培养兴趣和丰富生活的爱好型学习,还包括参加扫盲班等学知识的学习活动。夫妻任何一方都有参加学习的自由。配偶任何一方不得限制或干涉另一方学习自由。

(三)夫妻任何一方均有参加社会活动的自由

社会活动是指生产、工作、学习以外的社会交往和行为,其内容可以是社会政治、经济、文化艺术、教育等任何一个方面。公民参加各种社会活动,不仅是其扮演各种社会角色,行

使其权利、履行社会责任，而且丰富自己，发展自己。配偶任何一方不得限制或干涉另一方参加社会活动的自由。

诚然，《婚姻法》保障夫妻的人身自由时，重在从容易在婚姻内部产生冲突或矛盾的方面加以强调。前述三方面的人身自由仅是公民人身自由的主要方面，而非全部。

二、本条的基本理论

在现代社会，夫妻作为平等个体依法平等地享有人身自由权。结婚事实、婚姻关系均不改变任何一方当事人的人格独立性，不会导致其自由权减等。同时，两个人自愿结为夫妻，组成家庭共同生活，不仅要保有和维护相互的情感信赖关系，而且有诸多共同生活事务需要双方分担，彼此客观上需要一定的行为配合、协调；否则，家庭共同生活将无法正常运行。正是基于此原因，婚姻家庭法有必要调整和保护夫妻的人身自由。

夫妻各行使人身自由权，夫妻有参加各种社会活动的自由，应当遵守法律规定，履行婚姻家庭义务。夫妻作为婚姻当事人、家庭成员，承担婚姻义务、家庭义务，而履行婚姻家庭义务需要时间、精力和财力投入。夫妻作为婚姻共同体的成员，应当相互合作，在诸多事务上有必要保持一致。夫妻应共建共享共同生活，应遵循法定的婚姻义务要求，共同建设和维护婚姻，不得置婚姻家庭于不顾。首先，婚姻义务要求夫妻双方结为一个共同体，在条件允许的情形下，居住在同一个场所。这种共同生活本身就是相互感情良好的夫妻期许和追求的生活。其次，有许多共同生活事务需要料理和完成。夫妻双方应该根据各自的能力、时间等协商确定分工，合作承担。夫妻相互都有义务协助对方完成所承担的家事。再次，夫妻任何一方都应该为对方完成本人事务提供力所能及的帮助或支援。例如，照料患病的父母、看护弟妹等，虽非婚姻义务或责任，但与配偶一方切身利益相关，若处理不当，该方配偶必然受到影响，并将反射性地影响到婚姻，故配偶另一方基于尊重和夫妻感情将积极提供协助。配偶一方承担并履行这些共同生活事务势必占用其时间、精力、财产，有些情形下，还可能与其参加生产、工作发生冲突（例如，请假留在家中照顾生病的配偶或孩子或者配偶的父母）。若夫妻不能协商完成合作，则婚姻冲突必然而生，甚至将危机重重。当事人选择结婚，愿意接受婚姻约束，就意味着他/她自愿让渡出一部分人身自由权，愿意与另一方配偶“共进退”。如果夫妻一方对配偶他方、子女漠不关心，不顾条件地、不考虑对方需要地参加凡想参加的社会活动，则是不符合本条的立法精神的。权利不得滥用，只能正当行使，否则，将损害他方和家庭的利益。

夫妻任何一方均不得实施有违公序良俗的行为，不得从事或参加违背社会主义道德的活动。涉及婚姻家庭的违反公序良俗的行为，主要有两大类型：一是违反公认的性道德的行为。例如，与婚外异性建立并保持超出友谊界线的关系。二是不尊重家庭成员的不文明言行。由于婚姻是一个共同体，对第三人而言，夫妻是一个利益共同体，配偶一方违背公序良俗的言行将损害另一方利益，以及损害婚姻。

三、本条的历史沿革

该条规定平等保障配偶双方各自的人身自由权。它是近现代男女平等价值观在婚姻家庭法中的体现，是对古代社会已婚妇女从属于丈夫的法律价值与规则否定。该立法宗旨侧重于保障妇女参加生产，从事工作和参加其他社会活动的权利。因为从历史和现实两方面

看，主要问题是妻子的人身自由受到丈夫的限制或干涉，也有极少数婚姻中，丈夫的人身自由权受到妻子干涉或限制的。

在古代社会，妇女受到各种歧视，在家庭中处于从属地位，更无独立社会地位。妇女深受“三从四德”束缚。所谓“男主外，女主内”，妇女的活动空间仅限于家庭。无论是礼制或法律上，妇女只能待在家里，料理家务，照顾老幼。没有受教育权，无学习机会。不能独立进入社会其他领域，没有参加社会活动的自由。

男女平等的历史并不长。现代女性主义先驱玛丽·沃斯通克拉夫特女士于1792年出版著作《女权辩护——关于政治和道德问题的批评》，认为应该“把女人作为具有理性的人来看待”，主张女性的权利同男性的权利应该是平等的，呼吁给予女性同男性一样的受教育权、工作权和政治权。[①] 玛丽的远见卓识，在她所处的社会和时代是惊世骇俗的。在此前的社会中，所有的文化和规则都重男轻女，把女性塑造成依附于男性的卑下之人，压制妇女，使妇女自甘沉沦于依附状况。此具有里程碑意义的巨著出版后，人类又经历了一个世纪多的时间，女权运动才在世界范围内兴起。美国于1920年才通过赋予妇女选举权的宪法第19修正案，比玛丽的倡议迟了整整128年。人区别于动物的优越之处是人的理性，以及人类的德行、知识引导人们客观地认识到男人和女人都是同样的人类，具有不可否认的相同价值。现代社会法律终于承认男女平等，并想方设法地追求男女平等的实现。为此，最近百余年的法律改革中，最显著的成就之一是剔除法律中一切不符合男女平等要求的因素，改革法律规则使之合乎男女平等。婚姻家庭法中的男女平等、夫妻平等是组成男女平等整体中的一部分。

婚姻家庭法确有必要规定夫妻人身自由权。1950年《婚姻法》第9条规定，“夫妻双方均有选择职业、参加工作和参加社会活动的自由”；第8条规定，“夫妻有互爱互敬、互相帮助、互相扶养、和睦团结、劳动生产、抚育子女，为家庭幸福和新社会建设而共同奋斗的义务”。1980年《婚姻法》第11条规定，“夫妻双方都有参加生产、工作、学习和社会活动的自由，一方不得对他方加以限制或干涉”。与30年前的规定相比，增加了后半句“一方不得对他方加以限制或干涉”。现行《婚姻法修正案》第15条规定保留了1980年《婚姻法》原第11条规定，夫妻均有独立参加生产、工作、学习和社会活动的自由的规定，为夫妻之间发生此类婚姻冲突提供了解决纠纷的原则方案。

四、法律渊源

(一)《宪法》

《宪法》第33条规定，我国公民在法律面前一律平等。“国家尊重和保障人权”。第37条、第38条规定，公民的人身自由不受侵犯。公民的人格尊严不受侵犯。任何公民，非经人民检察院批准或者决定或者人民法院决定，并由公安机关执行，不受逮捕。禁止非法拘禁和以其他方法非法剥夺或者限制公民的人身自由，禁止非法搜查公民的身体。禁止用任何方法对公民进行侮辱、诽谤和诬告陷害。

---

① [英]玛丽·沃斯通克拉夫特:《女权辩护——关于政治和道德问题的批评》，王瑛译，中央编译出版社2006年版。

（二）法律

《民法总则》第 3 条、第 4 条规定，“民事主体的人身权利、财产权利以及其他合法权益受法律保护，任何组织或个人不得侵犯”。“民事主体在民事活动中的法律地位一律平等”。第 5 条规定，“民事主体从事民事活动，应当遵循自愿原则，按照自己的意思设立、变更、终止民事法律关系”。

2009 年《侵权责任法》第 2 条规定，“侵害民事权益，应当依照本法承担侵权责任。本法所称民事权益，包括生命权、健康权、姓名权、名誉权、荣誉权、肖像权、隐私权、婚姻自主权、监护权、所有权、用益物权、担保物权、著作权、专利权、商标专用权、发现权、股权、继承权等人身、财产权益”。

第 15 条规定，“承担侵权责任的方式主要有：(一)停止侵害；(二)排除妨碍；(三)消除危险；(四)返还财产；(五)恢复原状；(六)赔偿损失；(七)赔礼道歉；(八)消除影响、恢复名誉。以上承担侵权责任的方式，可以单独适用，也可以合并适用”。

第 16 条规定，“侵害他人造成人身损害的，应当赔偿医疗费、护理费、交通费等为治疗和康复支出的合理费用，以及因误工减少的收入。造成残疾的，还应当赔偿残疾生活辅助具费和残疾赔偿金。造成死亡的，还应当赔偿丧葬费和死亡赔偿金”。

第 22 条规定，“侵害他人人身权益，造成他人严重精神损害的，被侵权人可以请求精神损害赔偿”。

《婚姻法》第 3 条规定，“……禁止家庭暴力。禁止家庭成员间的虐待和遗弃”。

第 4 条规定，“夫妻应当互相忠实，互相尊重；家庭成员间应当敬老爱幼，互相帮助，维护平等、和睦、文明的婚姻家庭关系”。

第 46 条规定，“有下列情形之一，导致离婚的，无过错方有权请求损害赔偿：(一)重婚的；(二)有配偶者与他人同居的；(三)实施家庭暴力的；(四)虐待、遗弃家庭成员的”。

我国《刑法》第 238 条规定了非法拘禁罪。非法拘禁他人或者以其他方法非法剥夺他人人身自由的，处 3 年以下有期徒刑、拘役、管制或者剥夺政治权利。具有殴打、侮辱情节的，从重处罚。犯前款罪，致人重伤的，处 3 年以上 10 年以下有期徒刑；致人死亡的，处 10 年以上有期徒刑。使用暴力致人伤残、死亡的，依照《刑法》第 234 条、第 232 条的规定定罪处罚。为索取债务非法扣押、拘禁他人的，依照前两款的规定处罚。国家机关工作人员利用职权犯前三款罪的，依照前三款的规定从重处罚。

（三）司法解释

《最高法院适用〈婚姻法〉解释一》第 28 条规定，“婚姻法第四十六条规定的‘损害赔偿’，包括物质损害赔偿和精神损害赔偿。涉及精神损害赔偿的，适用最高人民法院《关于确定民事侵权精神损害赔偿责任若干问题的解释》的有关规定”。

第 29 条规定，承担《婚姻法》第 46 条规定的损害赔偿责任的主体，为离婚诉讼当事人中无过错方的配偶。人民法院判决不准离婚的案件，对于当事人基于《婚姻法》第 46 条提出的损害赔偿请求，不予支持。

在婚姻关系存续期间，当事人不起诉离婚而单独依据该条规定提起损害赔偿请求的，人民法院不予受理。

第30条规定：

人民法院受理离婚案件时，应当将婚姻法第四十六条等规定中当事人的有关权利义务，书面告知当事人。在适用婚姻法第四十六条时，应当区分以下不同情况：

（一）符合婚姻法第四十六条规定的无过错方作为原告基于该条规定向人民法院提起损害赔偿请求的，必须在离婚诉讼的同时提出。

（二）符合婚姻法第四十六条规定的无过错方作为被告的离婚诉讼案件，如果被告不同意离婚也不基于该条规定提起损害赔偿请求的，可以在离婚后一年内就此单独提起诉讼。

（三）无过错方作为被告的离婚诉讼案件，一审时被告未基于婚姻法第四十六条规定提出损害赔偿请求，二审期间提出的，人民法院应当进行调解，调解不成的，告知当事人在离婚后一年内另行起诉。

第二节　本条之适用

一、夫妻一方人身自由权与另一方权利之间冲突问题

随着时代进步，人们权利意识不断增长，配偶一方人身自由权与另一方的人格利益和财产利益之间发生了冲突，是客观事实。配偶相互因此发生矛盾、冲突乃至导致婚姻危机是社会生活中的常见现象，夫妻之间因此发生激烈对抗而引发故意伤害、杀人犯罪也非个别，因此发生自残、自杀悲剧，从古到今数不胜数。在个人独立自由时代，一方面，夫妻双方在婚后保有各自独立人格和自由；另一方面，因结婚事实而缔结起来的婚姻关系中，当事人双方必须合作，在诸多涉及人身性的事务上与对方共享、共建亲密关系，在夫妻财产关系中依法分享财产利益，配偶一方的人身自由受到了已婚身份约束，负有对配偶另一方的义务和责任，并不能为所欲为。

（一）结婚表明当事人自愿接受婚姻约束，夫妻不得无视或违反该约束

婚姻作为一项制度，自有其法定禁忌。一夫一妻制度下，夫妻相互忠实，已婚者不得与配偶以外人同居或发生性关系，夫妻一方处分个人财产不得损害配偶另一方利益，处分夫妻共同财产应征得配偶另一方同意等，是婚姻当事人依法应当共同和各自遵守的规则。基于婚姻自由价值观和原则，是否结婚是一个人享有的自由权之一。达到法定婚龄者选择结婚，与人缔结婚姻关系，就意味着他或她自愿接受婚姻约束，愿意履行婚姻义务，承担婚姻责任，是"自愿缩限自由"，从而避免了冲突的实际发生。

当事人双方应合理克制，避免引发双方自由权行使的冲突。一方面，婚姻当事人应当遵守婚姻法规则，不实施违背婚姻法明文禁止的行为，不实施损害依据婚姻内在规律形成的配偶固有信赖之行为。另一方面，如果夫妻一方实施了损害配偶另一方权利或利益的行为，另一方有权寻求协商解决，及时制止过错方的过错行为。如果过错方坚持个人自由权，不愿意回归到合法婚姻关系中来，则极可能严重危及婚姻存续。所以，婚姻法规定的法定离婚事由中绝大多数情形均与配偶过错有关。我国《婚姻法》第32条规定也不例外。自然人一旦结婚，虽不丧失其人身自由权，但其人身自由的某些方面确受到了更多法定约束。诚然，如果当事人受不了这种婚姻约定，有权请求离婚，通过离婚而恢复其单身身份，从而摆脱婚姻义

务对其人身自由、财产自由权设定的合理负担或限制。

（二）夫妻一方人身自由权受到另一方侵犯的，有权寻求救济

夫妻一方因对方的行为而侵害婚姻或者直接导致本人利益受侵害时，有权寻求帮助。例如，夫妻一方调查另一方的交通出行记录或通信联络信息，或者利用手机监控另一方配偶的行踪，均侵害了另一方的人身自由权和个人隐私权。我国《宪法》第40条规定，公民的通信自由和通信秘密受法律保护，"除因国家安全或者追查刑事犯罪的需要，由公安机关或者检察机关依照法律规定的程序对通信进行检查外，任何组织或者个人不得以任何理由侵犯公民的通信自由和通信秘密"。即使是夫妻，也无权核查对方的通信情况。如果发生配偶一方侵犯另一方人身自由权的行为或情形，受损害方有权要求对方立即停止侵害；如果私力救济无果，有权向当事人所在单位、公安机关寻求支持直至向人民法院起诉，控告对方侵权，要求判令停止侵权。

二、夫妻一方隐私权与另一方知情权之间的冲突

隐私权是指自然人依法享有的私人生活安宁与私人信息秘密受到保护，并排除他人非法侵扰、知悉、收集、利用和公开的权利。个人隐私是指公民个人生活中不愿为他人公开或者知悉的秘密，一般包括姓名、肖像、住所、电话号码、家庭情况、亲属关系以及教育、职业、收入、健康等信息。权利主体对他人可以在何种程度上获知自己的隐私信息，对自己隐私是否向他人公开以及公开的人群范围和程度等享有决定权。同时，个人隐私公开也不得违背公序良俗原则，故意地过度暴露隐私，将有违公德和良俗，严重者将涉嫌违法甚至是犯罪。隐私权是一种基本人格权利。知情权是指知悉、获取信息的自由与权利。随着知情权外延扩展，知情权既有公法权利的属性，即了解知晓有关社会公众利益的信息之权利，又有民事权利的属性，特别是对个人信息的知情权，是公民作为民事主体享有的人格权的一部分。随着人们权利意识提高，个人隐私权、知情权被纳入法律保护范围，对公民隐私、知情权受侵犯时提供必要救济。夫妻作为各自独立的个体，彼此关系也受一般民法保护，同时，婚姻作为法律制度，对夫妻关系又有特殊规则。

（一）夫妻双方各自人身自由权的保有与平衡

首先，在夫妻关系中，配偶双方各人人身自由权之间的冲突在所难免。任何一方不因其结婚而丧失独立人格和独立人所享有的人格权，夫妻各自当然保有隐私权，但是，基于夫妻关系的特殊性，任何一方的行为和利益又与另一方的利益紧密相关，且一定范围内的行为事关配偶一方的重大利益，所以，夫妻一方隐私权与另一方知情权之间发生冲突在所难免。例如，配偶的隐私权可能与忠实义务履行发生冲突；配偶一方的财产信息保密与另一方对婚姻财产知情权之间发生冲突；配偶一方身体健康或患病（特别是性卫生与性健康）信息的隐私与另一方的健康安全利益之间可能发生冲突。

其次，凡是涉及配偶他方或家庭共同利益的，在夫妻之间不再属于个人隐私。婚内知情权可以分为人身知情权和财产知情权，夫妻之间基于配偶忠实请求权和涉及婚姻生活双方的共同利益而享有配偶间的知情权。我国地方法中，有明文赋予配偶知情权。例如，广东省

广州市于 2009 年颁布的《广州市妇女权益保障规定》[①]第 23 条设立了“婚内知情权”，规定“夫妻一方持身份证、户口本和结婚证等证明夫妻关系的有效证件，可以向工商行政管理部门、房地产行政管理部门、车辆管理部门等机构申请查询另一方的财产状况，有关行政管理部门或者单位应当受理，并且为其出具相应的书面材料”。观察域外法，配偶之间适度让度隐私是理所当然的。例如，《德国民法典》第 1580 条规定了配偶互负告知义务，“离婚配偶相互间，因一方之请求，而对他方有告知其收入及财产状况之义务”。[②] 在特定法律关系中，个人隐私权行使受到一定限制，这是人类社会生活正常化的必需。

再次，配偶隐私权和知情权均应有合理边界。该两项权利均受法律保护，但其保护是无限度的。作为自然人，其隐私权的合理边界是法律设定的，当涉及公共利益或有充分正当理由时，个人的隐私应当适度披露(例如，演艺圈的明星所作所为)。在婚姻内部，为了婚姻共同体利益和为了配偶另一方的正当权益，配偶一方同样应当适度披露其个人一定的人身和财产方面的信息，以维持婚姻关系正常运行；当然，相对应的，该方配偶也有权要求另一方作同等披露或告知。任何一方均不得过度强调其自由而损害另一方权利，或者过度强调知情而损害另一方自由。知情权行使的空间应止于隐私权行使的界限；反之亦然。否则，将构成权利滥用。例如，夫妻一方私拆他方的信件，偷看他方的日记等他方的私人文件内容的行为，或者夫妻一方为了解对方配偶究竟是否不忠于婚姻或者有婚外情而跟踪对方，是明显属于超越了法律界限的违法行为。

(二)夫妻双方因行使该两权发生冲突时的处理

此处的冲突，通常包括下列两种情形：第一，夫妻一方欲保有个人隐私，另一方则认为该信息事关婚姻重大利益，其有权获悉，当双方协商不成时，夫妻双方行使各自权利而发生冲突。第二，夫妻一方采取激烈方式调查了解另一方的隐私言行，遭到另一方投诉或反制的，双方可能发生激烈冲突。例如，近些年，随着互联网、手机、电脑使用的普及，夫妻一方在互联网上跟他人交流时言语暧昧，亲密过从，甚至称妻唤夫的，另一方欲查看其手机或者电脑以获知真相，为此，夫妻双方发生激烈矛盾冲突的事例不胜枚举。

依据现行法律法规规定，应尊重对方人格尊严原则，遵循不违反公序良俗原则，基于利益平衡考量进行协调，协商不成，提请人民法院予以裁决。当事人自行协商解决或者私力救济，不得违反法律强制性规定，不得侵害配偶另一方或者第三人的合法权益。如果自行解决不力的，可以考虑委托律师事务所等专业机构代理或寻求专业意见帮助。当事人双方协商不成，又因信息重大确有必要了解或干预对方不当行为的，可以根据情况和需要，向当事人所在单位、上级主管部门、公安机关等投诉或反映，寻求公力介入。也可以适时向人民法院起诉，寻求司法救济。有观点主张，人民法院审查配偶间隐私权与知情权冲突问题时，应秉持“隐私权先入原则”。应先明确是否存在婚内隐私权，审查争议的内容是不是在隐私权范围之内，在明确认定为隐私权范围内并应该给予保护基础上，再综合认定夫妻知情权的行使

---

① 广州市第十三届人民代表大会常务委员会第二十四次会议于 2009 年 12 月 17 日通过的《广州市妇女权益保障规定》，经广东省第十一届人民代表大会常务委员会第十八次会议于 2010 年 3 月 31 日批准，2010 年 4 月 19 日公布，自 2010 年 6 月 1 日起施行。

② 《德国民法典》，台湾大学法律学院、台大法学基金会编译，北京大学出版社 2017 年版，第 1164 页。

是否合理,采取这种方式会对兼顾夫妻双方的利益更为有利,既不会使正当的行使知情权的权利被忽视,又避免隐私权保护的虚化。①

第三节　适用本条的案例

一、夫妻一方查核另一方与他人不正当交往信息并告知他人,是否侵害了该方隐私和名誉权

蔡某梅与路某军、禹州市桃花源酒店有限公司名誉权纠纷,渭南市临渭区人民法院民事判决书,(2019)陕0502民初5136号。②

【案情概要】

原告蔡某梅(女)向渭南市临渭区人民法院(以下简称临渭法院)起诉,请求:①判令被告路某军(男)、禹州市桃花源酒店有限公司(以下简称桃花源酒店)立即停止侵权行为,公开赔礼道歉,消除影响,恢复原告名誉;②判令二被告向原告支付精神损失费50000元。于2019年8月21日立案。原告诉称的事实与理由:原告与被告路某军于2013年1月17日结婚,后因感情不和于2019年8月2日协议离婚,并在渭南市临渭区民政局办理了离婚登记。离婚后,被告路某军一直在网络上传播原告在被告桃花源酒店的开房视频并向周围亲朋好友污蔑原告出轨。此视频完全是在原告不知情的情况下由被告桃花源酒店违法向被告路某军提供,该行为严重侵犯原告隐私,损害了原告名誉。原告知晓后多次与二被告沟通该事宜,但二被告未采取任何改正措施。至原告起诉之日,被告路某军仍在传播上述视频,污蔑原告在婚姻关系存续期间出轨,给原告造成了巨大的精神压力,干扰原告正常工作生活。

被告路某军辩称:原告所述与事实不符,被告路某军是事件受害者,更应得到精神损害赔偿。原告使用的桃花源酒店VIP卡是被告路某军所有。2019年7月24日,因原告与被告发生矛盾,原告不让被告路某军回服装店的家里住,被告只能入住酒店。入住时发现自己不怎么使用的VIP卡余额不足,经查询是一个叫"王某某"的人消费。因该人非被告路某军近亲属,进而查询才发现是原告借用王某某身份证入住,并和一男士多次深夜出现在酒店前台、楼道房间门口等地。此时,被告路某军仍未断定原告婚内出轨。离婚后,被告无意间发现与原告同时出现在酒店的男士于2019年7月13日发布一条抖音,上面有原告和该男士的合影。因原告一直跟亲朋好友说被告路某军有问题,为了证实自己的清白,路某军将该男士发布的合影图片及原告的其他照片制作抖音发布。发布内容来源于该男士之前已发布的抖音,是事实的发布,而且被告路某军告知范围仅限亲戚朋友,不存在捏造事实,侮辱、诽谤原告的情形,也不侵犯原告隐私,更不会造成原告精神损失,故被告路某军无侵权的故意,也无侵权行为和事实,亦未对原告名誉造成影响,不应支付精神损失费。

被告桃花源酒店辩称:2019年7月24日,被告路某军准备用自己的VIP卡来桃花源酒店入住,登记过程中发现卡内余额不足,就怀疑有人冒用自己的卡消费,让桃花源酒店给其

① 张雪晶:《论配偶间隐私权与知情权的冲突与协调》,吉林大学硕士学位论文,2010年。

② 陕西省渭南市临渭区人民法院(2019)陕0502民初5136号民事判决书,中国裁判文书网,http://wenshu.court.gov.cn/website/wenshu/,下载日期:2019年12月29日。

查询。经查询,发现是王某某持卡消费,就要求进一步查询具体消费情况。查询时,发现原告一直与一名男士同行、住房及进行其他消费。被告路某军本人要求查询其名下 VIP 卡消费记录,桃花源酒店有义务配合,因为其对其消费明细有知情权,被告桃花源酒店认为自己有义务给路某军查看符合客观事实的消费记录和视频。但被告桃花源酒店未向被告路某军复制或提供视频,对于路某军发布视频,被告桃花源酒店不知情,也未参与,不存在过错,不应承担任何侵权责任。

在庭审中,原告明确第一项诉讼请求中要求停止的侵权行为是指被告路某军在网络上传播原告与他人在被告桃花源酒店的开房视频、被告桃花源酒店向被告路某军提供原告开房视频的行为,并表示二被告的侵权行为现在均已停止。"公开赔礼道歉,消除影响,恢复原告名誉"的方式为在被告路某军的微信朋友圈和抖音账号上发布声明,称原告出轨为虚假消息。

【裁判意见】

临渭法院认定如下事实:原告蔡某梅与被告路某军原系夫妻关系,双方于 2013 年 1 月 17 日登记结婚,2019 年 8 月 2 日在民政局协议离婚。2017 年 3 月 21 日,被告路某军在被告桃花源酒店办理一张 VIP 会员卡。2019 年 7 月 24 日,被告路某军在入住该酒店时发现案外人"王某某"使用该卡进行消费,进一步要求该酒店查询消费明细及消费视频。在被告桃花源酒店向被告路某军播放该卡消费时的监控视频时,未经该酒店同意,被告路某军对所观看的视频进行了录制。监控视频显示系原告蔡某梅 2019 年 7 月 19 日至 22 日使用该卡消费,先后以自己和王某某名义登记入住,一同入住的除了原告亲朋外,还有一名男子,原告数次与该男子同进同出。后被告路某军发现视频中出现的男子在 2019 年 7 月份在其抖音上发布原告蔡某梅与该男子的合拍,将该合拍配上"大家看看泾阳蒙家桥和泾阳燕王王尧的一对好"的文字在自己昵称为"从新设置"的抖音上发布。被告路某军还给原告和原告朋友张某敏发送该视频,称原告与他人开房。并在自己抖音上发布带有"平时给别人当月老,可是月老戏弄了,人世间天理何在?""不知到(道)珍惜家庭的人,等后悔时叫天天不应,叫地地不应,天地一切都不会原谅你的""出轨""绿帽子"等文字,还发布明星白百合和陈羽凡的合影,配文"越是看好的爱情,也到不了白头,越是不看好的爱情,都能走完人生,爱情一定要珍惜,后悔时晚了!"

临渭法院认为,《民法总则》第 109 条规定:"自然人的人身自由、人格尊严受法律保护。"第 110 条第 1 款规定:"自然人享有生命权、身体权、健康权、姓名权、肖像权、名誉权、荣誉权、隐私权、婚姻自主权等权利。"故公民对自己的名誉享有不受侵害的权利。《最高人民法院关于贯彻执行〈中华人民共和国民法通则〉若干问题的意见(试行)》第 140 条第 1 款规定:"以书面、口头等形式宣扬他人的隐私,或者捏造事实公然丑化他人人格,以及用侮辱、诽谤等方式损害他人名誉,造成一定影响的,应当认定为侵害公民名誉权的行为。"由此可见,构成名誉权侵害,行为人的行为必须具有"公然性",进而影响社会公众对公民的品德、声誉、形象等各方面的综合评价。

被告桃花源酒店向 VIP 卡的登记权利人路某军提供该卡的消费记录是履行商家对消费者的义务,根据二被告提供的证据,××酒店××路某军录制其查看的视频,也未授权或同意被告路某军发布,故被告桃花源酒店对原告蔡某梅无侵权行为,不应承担侵权责任。

《婚姻法》第 4 条规定:"夫妻应当相互忠实。"原告蔡某梅与被告路某军原系夫妻,被告

路某军查询和发布的原告蔡某梅与其他男子的酒店入住视频发生在其夫妻关系存续期间，而且抖音合拍系该案外男子首先发布，被告路某军向原告朋友诉说婚姻过程中的是是非非具有私密性，且发布的视频系真实存在的，故对原告不构成侵犯名誉权。被告路某军抖音发布原告入住酒店的视频虽然涉嫌宣扬原告隐私，但该隐私也涉及被告路某军作为原告蔡某梅合法配偶的权益，故不构成对原告名誉权或隐私权的侵犯。原告也无证据证明被告路某军的行为对其名誉造成了贬损的后果，故其要求被告路某军承担侵权责任的主张依法不予支持。

2019年11月20日，临渭法院依照《民法总则》第109条、第110条，《婚姻法》第4条，《最高人民法院执行〈民法通则〉意见（试行）》第140条第1款，《中华人民共和国民事诉讼法》第64条，《最高人民法院关于适用〈中华人民共和国民事诉讼法〉的解释》第90条规定，判决如下：驳回原告蔡某梅的诉讼请求。

二、夫妻一方对另一方卖房不知情，能否宣布买卖无效

王某1、周某1、范某1确认合同无效纠纷案件，北京市第一中级人民法院民事判决书，(2018)京01民终7026号。①

【案情概要】

王某1向一审法院起诉请求：请求确认周某1与范某1于1998年11月18日签订的《房屋买卖契约》无效，房屋价值8万元。

一审法院认定事实：王某1(曾用名王某骏)与范某1系夫妻。周某1与范某1系表兄妹。1995年1月7日，王某1通过与国有北京市西郊农场签订《房屋买卖契约》购买了涉诉房屋，并于1995年4月12日取得该房屋的房屋所有权证。1998年11月18日，王某1、范某1(卖方，甲方)与周某1(买方，乙方)签订《房屋买卖契约》，约定：甲方将涉诉房屋卖给乙方，房价为人民币8万元(已于1998年11月5日全部付给甲方)；甲方应在1998年12月底前腾空房屋交给乙方，协助乙方办理过户手续(过户费用由乙方承担)；乙方入住该房后的装修、维护保养及应交纳的各项费用均由乙方承担。该协议尾部甲方处只有范某1一人签字，乙方处周某1签字。合同签订后，周某1将8万元购房款交付给范某1，为此周某1提交1998年11月5日"收条"为证，内容为："今收到周某1交来购买范某1西郊农场楼房款总价捌万元整一次性结清。付款人：周某1。收款人：范某1。"王某1、范某1将房屋交付给周某1，但未办理房屋产权过户手续。

2015年1月，周某1在北京市海淀区人民法院对王某1、范某1提起了房屋买卖合同纠纷的诉讼，要求两人将涉诉房屋过户到周某1名下。该案审理中，范某1否认1998年11月18日的房屋买卖契约及1998年11月5日的收条中"范某1"的签名系本人所签，北京市海淀区人民法院委托中天司法鉴定中心对上述房屋买卖契约、收条中"范某1"签名与样本签名的同一性进行司法鉴定。鉴定机构经鉴定出具鉴定意见书，鉴定意见为：检材中两个"范某1"签名与样本签名均是同一人所写。之后，王某1提起本案诉讼，故该案因本案的审理

① 北京市第一中级人民法院(2018)京01民终7026号民事判决书，中国裁判文书网，http://wenshu.court.gov.cn/website/wenshu/181107ANFZ0BXSK4/index.html? docId = 14e0c2cbbbac4b07a2d3a964008441e6，下载日期：2019年6月28日。

而中止审理。

本案中,范某1仍否认1998年11月18日的房屋买卖契约及1998年11月5日的收条中“范某1”的签名系本人所签,周某1提交前案中鉴定机构作出的鉴定意见书对范某1的主张予以反驳。本案审理中,经询问,王某1明确表示其主张周某1与范某1于1998年11月18日签订的《房屋买卖契约》无效的法律依据为《合同法》第52条“恶意串通,损害国家、集体或者第三人利益的合同无效。”王某1主张《房屋买卖契约》中没有其本人签字,周某1、范某1是在其不知情的情况下签订的该合同,证明二人恶意串通损害了其利益。但王某1、范某1均认可1998年11月18日签订《房屋买卖契约》时涉诉房屋8万元的交易价格是合理的,周某1主张当时涉诉房屋的市场价为6万元,因范某1想要购买其他房屋需要用钱,交易价格8万元要比市场价格高。

【裁判意见】

一审法院认为,依法成立的合同,对当事人具有法律约束力。当事人对自己提出的诉讼请求所依据的事实或者反驳对方诉讼请求所依据的事实有责任提供证据加以证明。没有证据或者证据不足以证明当事人的事实主张的,由负有举证责任的当事人承担不利后果。本案中,范某1虽仍否认1998年11月18日的房屋买卖契约及1998年11月5日的收条中“范某1”的签名系本人所签,但根据一审法院在前案中委托鉴定机构出具的鉴定意见书可以确认该两个“范某1”签名均系范某1本人所签。周某1与范某1于1998年11月18日签订的房屋买卖契约系双方当事人的真实意思表示,不违反法律法规的强制性规定,应属有效,双方均应严格依据协议履行。王某1虽未在该协议上签字,但因其与范某1系夫妻,且周某1在协议签订前就已向范某1支付了8万元购房款,王某1、范某1亦认可当时涉诉房屋8万元的交易价格是合理的,综上没有任何证据可以证明周某1与范某1签订房屋买卖契约时存在恶意串通损害王某1利益的情形,故王某1以此为由主张房屋买卖契约无效的诉讼请求,缺乏事实依据,法院不予支持。综上,依据《中华人民共和国合同法》第八条、《民事诉讼法》第64条,判决:驳回王某1要求确认周某1与范某1于1998年11月18日签订的《房屋买卖契约》无效的诉讼请求。

上诉人王某1不服海淀区人民法院〔2017〕京0108民初2383号民事判决,向北京市第一中级人民法院提起上诉。于2018年8月7日获准立案。王某1上诉请求:①撤销一审判决,发回重审,或改判支持我的一审诉求,确认周某1与范某1于1998年11月18日签订的《房屋买卖契约》无效;②一、二审诉讼费由周某1负担。事实和理由:①一审认定事实错误,北京市海淀区502号房屋(以下简称涉诉房屋)系我所有,我对周某1与范某1是否商讨过或是否签订过房屋买卖协议全然不知情;依据《最高法院适用〈婚姻法〉解释三》第11条,涉诉房屋到目前还没有过户,所以应当确认合同无效;②周某1与范某1隐瞒我,未经我同意在未持有房屋产权证的情况下私自签订《房屋买卖契约》,且周某1从未主张过户,房屋至今未实际交易;③涉诉房屋的所有权至今仍是我的;④范某1至今否认与周某1签订过房屋买卖协议,范某1与周某1对房屋买卖事宜仍然欺瞒我,其二人恶意串通,双方合同应为无效。周某1辩称,我同意原审判决,不同意上诉人的上诉请求。一审认定事实清楚,适用法律正确。涉诉房屋是1998年我买的,没有过户的原因是因为我们双方是亲属关系,而且我想过户,但是对方一直拖延,直到今天。范某1辩称,其不同意原判,认可上诉人的意见,但是没上诉。

二审法院确认的事实与一审法院查明的事实一致。

北京一中院认为,有下列情形之一的,合同无效:(1)一方以欺诈、胁迫的手段订立合同,损害国家利益;(2)恶意串通,损害国家、集体或者第三人利益;(3)以合法形式掩盖非法目的;(4)损害社会公共利益;(5)违反法律、行政法规的强制性规定。当事人一方以出卖人在缔约时对标的物没有所有权或者处分权为由主张合同无效的,人民法院不予支持。本案中,王某1主张其系涉诉房屋所有权人,范某1在其不知情的情况下与周某1签订《房屋买卖契约》,属于无权处分,上述《房屋买卖契约》应属无效。但依据上述规定,无权处分并非合同无效的法定事由。王某1另主张周某1与范某1签订房屋买卖合同后未办理权属过户登记,但该理由亦非合同无效的法定事由。因此,王某1上述主张,均缺乏法律依据,不能成立,法院不予支持。

当事人对恶意串通事实的证明,人民法院确信该待证事实存在的可能性能够排除合理怀疑的,应当认定事实存在。本案中,王某1主张周某1与范某1签订房屋买卖协议未告知其且对其进行欺瞒,周某1与范某1构成恶意串通,但其并未提供充分有效的证据予以证明,故其该项上诉主张证据不足,不能成立,法院不予支持。

《最高法院适用〈婚姻法〉解释三》第11条规定:"一方未经另一方同意出售夫妻共同共有的房屋,第三人善意购买、支付合理对价并办理产权登记手续,另一方主张追回该房屋的,人民法院不予支持。夫妻一方擅自处分共同共有的房屋造成另一方损失,离婚时另一方请求赔偿损失的,人民法院应予支持。"王某1以此规定为由主张范某1与周某1的房屋买卖协议无效,但上述规定系关于夫妻一方未经另一方同意出售夫妻共同共有房屋的,另一方可以离婚损害赔偿的方式进行权利救济,并未涉及房屋买卖合同的效力问题。故王某1该项上诉主张,亦缺乏法律依据,不能成立,二审亦不予支持。

王某1的上诉请求不能成立,应予驳回;一审判决结果正确,应予维持。2018年9月12日,北京一中院依据《民事诉讼法》第170条第1款第1项规定,判决驳回上诉,维持原判。

第四节　有关本条的争议

一、是否有必要规定人身自由权条款

法学界主要有两种不同意见:有必要、不必要。肯定意见认为,夫妻人身自由权保护条款是近代以来婚姻家庭立法传统,其宗旨在于保护已婚妇女人身自由权不受丈夫或丈夫家庭其他成员的侵犯或不当干预。事实上,男女平等远未实现,任何国家或地区都有发生丈夫侵犯妻子人身自由权或不当干预妻子人身自由的行为,例如,因丈夫采用暴力不当干涉妻子言行的严重事件时常发生。否定观点认为,自然人的人身自由权受宪法保护,《民法通则》《民法总则》都有相关规定,婚姻家庭法不必再行设条文规定,否则,"多此一举",是浪费立法资源。

笔者以为,现阶段的婚姻家庭法仍有必要规定夫妻各享有人身自由权。新中国成立起始,我国实行男女平权已70周年,保障妇女在各方面享有与男子平等权利的《妇女权益保障法》于1992年实施至今已近30年了,无论男女,公民的人身自由保障水平和效果都较以往有很大进步和改善,但是,男尊女卑的旧传统并没有完全消失,不尊重妇女、歧视妇女的言行

依然时有所见。在社会公共生活领域,妇女受尊重的状况距离法律要求都有明显差距,在婚姻内部,由于其隐秘性,以及外力发现其存在问题的难度和干预的滞后性,夫妻平等水平无疑是低于公开的社会生活中的同类状况的。任何人都不能否认,夫妻不平等虽不常见,却也不少见。婚姻家庭法有此专条规定,对于保护婚姻中的弱势方特别是已婚妇女的人格尊严、人身权利,应该是有益而无害的。

二、是否应赋予配偶一方人身自由权受另一方不当干涉时寻求司法救济权

法学界主要有两种不同意见:应当、不应当。肯定观点认为,夫妻因行使各自人身自由权而引发冲突的情形十分常见,法律应当引导并适度干预冲突,而不是放任当事人双方自由博弈,否则,将使强者恒强而弱者恒弱。笔者持肯定观点。《宪法》第 49 条规定,婚姻、家庭受国家保护。夫妻任何一方违反婚姻义务的,另一方自力救济不足时,应允许寻求司法救济。这类判决,虽然不被赋予强制执行效力,但至少可以起到确认义务并敦促义务人履行义务之功效,缓和夫妻矛盾冲突。① 否定观点认为,自然人享有的人身自由权不因其结婚而缩减或丧失,即使法律规定了配偶人身自由权受限,如果已婚当事人不自觉遵守,夫妻另一方欲寻求司法救济也有困难,因为司法也仅能规定此人应于何时之前履行义务,而不得对一个人人身自由实施强制执行。

笔者主张赋予配偶一方人身自由受另一方不当干涉时寻求司法救济之权利。夫妻平等是法律要求,现实夫妻关系中,夫妻双方除了受到相互感情的制约外,还受到物质条件、文化教育水平等因素影响,以及受到个人性格、见识和能力等诸多因素影响。夫妻一方不当干涉另一方人身自由时,另一方有权置之不理,或者奋起与对方抗争,然而,个体之间的沟通、协商、谈判,可能成功,也可能不成功,把这类抗争放任由个体之间博弈,既不合理,也不公平。为避免这类矛盾激化而引起婚姻危机或者产生更大冲突,寻求第三方决断是一个通常能为当事人接受并实施的解决路径。尽管法院裁决并不能消除实施不当干涉行为当事人一方观念错误或者行为偏差问题,但是,至少让过错配偶认识到其行为是错的,夫妻关系不是任由当事人双方随心所欲为之的;至少可以期待部分过错配偶改正错误观念,减少行为偏差。在法治社会,让夫妻人身关系纷争有个依法公开说理的地方,有个依法公正裁决的场所,有个依法外力及时干预机制,是有益于婚姻双方的,也是多数人能够接受的。

三、夫妻一方将另一方婚外情信息传到网上,是否构成侵犯名誉权

假若夫妻一方发生婚外情,如何有效应对才能功到渠成而使婚姻化险为夷?古往今来,应该还没有出现能绝对解决天下已婚人此忧的“全能功夫秘籍”。夫妻一方发生婚外情,若另一方知悉,定十分委屈、气愤、苦不堪言,这与夫妻感情好坏有关,更关乎配偶的人格尊严。如果婚姻将继续维持,另一方配偶一定想方设法劝说过错配偶改过自新。如果过错配偶方一意孤行,多次劝说均无效的情形下,部分无过错配偶可能会采取激烈措施。例如,自从互联网普及之后,就有无过错夫妻一方将另一方婚外情信息发布到互联网上的;也有人把第三者信息发布到互联网上的,寻求社会舆论支持,向过错方施压。近几年,微信流行之后,也有人将过错配偶或第三者的相关信息发送到自己的微信朋友圈。毫无疑问,这类信息公开之

① 蒋月:《当代民法典中夫妻人身关系的立法选择》,载《法商研究》2019 年第 6 期。

后,定会影响过错配偶的社会形象、人际关系等。法律应当如何评价无过错配偶方将过错配偶方婚外情或者能让人与婚外情联想起来或者作此类可能性猜测的信息公开发布的这类行为呢?此处不讨论涉及第三者的同类行为。

关于无过错配偶披露过错配偶婚外情信息的这类行为,在法学评价上,大致会有四种观点:一是认为侵犯了过错配偶方的隐私权;二是认为侵犯了过错配偶的名誉侵权;三是认为该行为不妥,但不构成违法;四是认为应当根据具体情节酌情确定,不能一概而论。

(一)认为该类行为侵犯了过错配偶的隐私权

隐私是指个人生活中不愿为他人所知悉的秘密,包括私人日记、照片、录像、视频以及私人生活过程等。隐私内容因当事人不愿他人知悉而具有隐秘性,且该隐秘状态不损害公共利益或他人利益。隐私权是指自然人依法享有的私人生活安宁和私人生活信息受到法律保护,不受他人非法侵扰、知悉、使用、披露和公开的权利。隐私权的内容包括下列四方面:首先,个人生活安宁权,自然人有权保持其个人生活平静,不受他人非法侵扰。这是隐私权的主要方面。权利主体生活空间不受非法侵入或窥视,私人活动不受非法监视或跟踪,生活秩序不受非法干涉或骚扰等。其次,个人生活信息保密权。自然人对自己生活信息有权自行收集、储存、传播并有权使之处于保密状态,排除他人非法知悉、使用、收集或公开。再次,个人通信秘密权。自然人以书信、电报、电话、电子邮件、微信等方式与外界保持联系时,其内容属于个人隐私,任何人不得截取、留存、窃听,但与工作有关的信息除外。最后,个人隐私使用权。权利主体有权自己使用或许可他人使用其隐私信息,并有权决定使用其隐私信息的方式,他人不得非法干涉。①

我国《民法总则》第 109 条规定,"自然人的人身自由、人格尊严受法律保护"。第 110 条规定,"自然人享有生命权、身体权、健康权、姓名权、肖像权、名誉权、荣誉权、隐私权、婚姻自主权等权利。法人、非法人组织享有名称权、名誉权、荣誉权等权利"。第 111 条还规定,"自然人的个人信息受法律保护。任何组织和个人需要获取他人个人信息的,应当依法取得并确保信息安全,不得非法收集、使用、加工、传输他人个人信息,不得非法买卖、提供或者公开他人个人信息"。尽管过错配偶一方与婚外异性建立不正当关系,属于违法,但是,这毕竟涉及个人隐私,纵然是配偶另一方也无权将这类信息公开,特别是发布到互联网上,理论上互联网具有传遍全世界的可能。未征得信息拥有者本人同意,实施了发布行为的,则构成侵犯过错配偶的隐私权,发布者应当承担相应的法律后果。

(二)认为侵犯了过错配偶的名誉权

名誉是指人们对于自然人或法人的品德、才干、声望、信誉和形象等各方面的综合评价。名誉包括两方面内涵:一是他人对特定人的属性所给予的社会评价,即外部名誉或客观名誉;二是指自然人对其价值的内心感受,即内部名誉或主观名誉,也可称名誉感。② 名誉权是权利主体依法就自己获得的社会评价而享有利益,并排除他人侵害的权利。名誉权是人格权的一种。这些被维护的名誉是指具有人格尊严的名声,是人格的重要内容,受法律的保

① 谭启平主编:《中国民法学》,法律出版社 2015 年版,第 121~122 页。

② 谭启平主编:《中国民法学》,法律出版社 2015 年版,第 119 页。

护。侵害名誉权,是一种主观故意的违法行为,常见是采用侮辱、诽谤他人或者泄露他人重要隐私等方式实施的。侮辱是指用语言(包括书面和口头)或行动,公然损害他人人格、毁坏他人名誉而使他人蒙受羞辱的行为。诽谤是指捏造并散布某些虚假信息,破坏他人名誉的行为。为此,我国《民法通则》第 101 条规定,"公民、法人享有名誉权,公民的人格尊严受法律保护,禁止用侮辱、诽谤等方式损害公民、法人的名誉"。无过错配偶方将实施婚外情配偶的相关信息公开,会导致过错配偶方的社会评价降低。因而构成侵害配偶他方名誉权。无论是立法或者实务上,都不会允许这类损害他人人格、毁坏他人名誉的行为随意实施而不支付代价,否则,将有损社会善良风俗。

(三)认为不构成侵权

这种观点认为,这类发布或公开相关信息的行为既未侵犯过错配偶的隐私权,也未侵犯过错配偶的名誉权。发布者发布的是真实信息,是陈述已存在或已发生的事实,没有编造不客观信息,不是猜测,无歪曲事实,更非造谣;而且,发布者是在力图阻止不法行为继续,维护社会善良风俗。《民法总则》第 8 条规定,"民事主体从事民事活动,不得违反法律,不得违背公序良俗";第 10 条规定,"处理民事纠纷,应当依照法律;法律没有规定的,可以适用习惯,但是不得违背公序良俗"。过错配偶方实施婚外情的行为,才是违反《婚姻法》第 2 条规定"一夫一妻制"的,违反了《婚姻法》第 4 条关于"夫妻应当相互忠实"的要求;如果过错配偶与他人同居的,则进一步违反了《婚姻法》第 3 条关于"禁止有配偶者与他人同居"的法条。

指控无过错方发布行为构成侵权的观点,很可能是对自然人提出了过高的道德要求。从习惯上说,对待夫妻一方的过错行为,无过错配偶方除了自己亲力亲为欲使过错方改正外,经常还会向自己父母或者对方的父母等近亲属倾诉,寻求支持和帮助;也可能与知心好友探讨解决之道,这些行为都会在一定范围内公开过错方的信息。将过错方的相关信息发布于互联网,仅仅是扩大了信息传播范围。换个角度说,如果过错配偶方知错不改或者不承认错误在先的,无过错配偶纵然劝说千言万语,仍改变不了什么。请问,除了无过错方继续忍受痛苦,还有什么解决方案呢?

无过错配偶的这类行为,既不构成对配偶另一方隐私的侵犯,也不构成名誉侵权。如前所述,发布者陈述的信息是事实,既没有虚构情节,又没有恶意侮辱对方。造成对方配偶社会名誉降低,是其本人婚外情行为而非发布者的行为。根据《最高人民法院审理名誉权案件的解答》第 8 条规定,"问:因撰写、发表批评文章引起的名誉权纠纷,应如何认定是否构成侵权?答:因撰写、发表批评文章引起的名誉权纠纷,人民法院应根据不同情况处理:文章反映的问题基本真实,没有侮辱他人人格的内容的,不应认定为侵害他人名誉权。文章反映的问题虽基本属实,但有侮辱他人人格的内容,使他人名誉受到侵害的,应认定为侵害他人名誉权。文章的基本内容失实,使他人名誉受到损害的,应认定为侵害他人名誉权。"参照这种解答精神,对无过错配偶方如实陈述事实的行为,不宜认定为涉嫌构成名誉侵权或者认定其构成侵权。遭遇此类生活磨难经历的当事人,其婚姻受到不法行为伤害,人格受到不法行为打击,所有温和的干预行为均收效甚微甚至还可能是自取其辱,其应该如何作为呢?或许有人会说,"实在不行,可以离婚呀!"离婚是解决婚姻危机的最后方案,但是,当事人寻求在不离婚情形下的解决方案,不仅对其本人有利,有利于家庭,而且有利于社会。当然,如果无过错配偶发布的信息中,既有真实信息,也有虚假信息的,或者还有造谣中伤的,则对于这类不实

信息，应当另行认定。

笔者持此种观点。

(四)认为应根据具体情节酌情而定

这种观点认为，对无过错配偶实施的发布行为的定性，应当根据发布者的主观心态，所发布相关信息的深度、广度以及社会影响大小等情况，综合判定，不能一概而论。

发布者在社交平台等互联网上发布不利于过错配偶方的相关信息，其主观动机是要敦促过错配偶悬崖勒马，知错即改。只要其发布的信息是真实的，没有编造或者恶意中伤，可以理解是对过错配偶违反夫妻忠实义务的提醒、警告，原则上，应该属于保护合法婚姻的维权行为。即使发布的信息中包括了个别虚假信息，只要发布者及时纠正，考虑到事出有因，也不宜对发布者作过高要求。但是，如果发布方公开信息的目的是羞辱过错配偶，发布的信息里多数或关键信息是虚假的，发布行为又造成了较大影响的，则可以考虑侵权认定。

笔者以为，视具体情节而定的观点，实际上不构成一种独立观点，因为任何行为都涉及不同情节或不同后果而分别定论。

第五节　域外相关立法例

一、多数民法典明确赋予夫妻任何一方择业自由权

根据本人意愿选择、从事职业或活动的自由权。《法国民法典》第 223 条规定，“夫妻各方得自由从事职业，获得收益与工资，并且在分担婚姻所负担之后，得自由处分之”。① 《德国民法典》第 1356 条第 2 款规定，“夫妻双方均有就业之权”。② 《埃塞俄比亚民法典》第 645 条第 1 款规定，“配偶各方都可以从事其职业或其选择的活动”。③

中国澳门特区《澳门民法典》第 1542 条规定，“夫妻各得从事任何职业或活动，无须对方同意”。④

二、择业时应适当体谅配偶他方或家庭之义务

德国、瑞士法对行使择业权的夫妻温和地课加了“适当体谅”义务。《德国民法典》第 1356 条第 2 款规定，“夫妻之一方选择就业时，应考虑配他方配偶及家庭之利益”。⑤ 《瑞士民法典》第 167 条规定，“在选择和从事职业或事业中，配偶中任何一方均应充分顾及配偶他方以及婚姻共同生活之幸福”。⑥ 《埃塞俄比亚民法典》第 645 条第 2 款规定，“配偶一方可为了家庭利益反对他方从事特定的职业或活动”。⑦

---

① 《法国民法典》(上册)，罗结珍译，法律出版社 2005 年版，第 212 页。

② 《德国民法典》，台湾大学法律学院、台大法学基金会编译，北京大学出版社 2017 年版，第 1063 页。

③ 《埃塞俄比亚民法典》，薛军译，厦门大学出版社 2013 年，第 94 页。

④ 赵秉志总编《澳门民法典》，中国人民大学出版社 1999 年，第 387 页。

⑤ 《德国民法典》，台湾大学法律学院、台大法学基金会编译，北京大学出版社 2017 年版，第 1063 页。

⑥ 《瑞士民法典》，殷生根、王燕译，中国政法大学出版社 1999 年版，第 46 页。

⑦ 《埃塞俄比亚民法典》，薛军译，厦门大学出版社 2013 年，第 94 页。

婚姻法规定夫妻的从业权,不仅是考虑到公民的基本权利,而且是因为当事人负有扶养义务——家庭通常依靠劳动收入维持生活。对配偶从业给予一定限制,是基于夫妻平等承担家庭责任的需要。“若配偶一方完全不料理家务,在一定情况下就会限制料理家务的配偶另一方从事工作的自由”。[1] 在职业或社会活动越来越多元化的当代社会,特别是在全球化的时代,从业限制有其合理性,婚姻要求夫妻双方在一起共同生活,合作共赢。若夫妻一方完全不顾及另一方的需求和家庭利益,终究会影响婚姻和睦稳定乃至影响未成年子女抚育。

① [德]迪德尔·施瓦布:《德国家庭法》,王葆莳译,法律出版社 2010 年版,第 67 页。

第八章
评注第十六条(夫妻计划生育义务)

第 16 条　夫妻双方都有实行计划生育的义务。

第一节　本条的基本原理

一、本条的基本内容

(一)计划生育的概念和立法意义

对家庭而言,计划生育是指夫妻的生育活动应依法有计划地进行,包括是否生育、生育时间、生育子女数量、生育间隔、避孕或节育措施及对子女的抚育的事先谋划和安排。

人口的繁衍直接关系到人类的生存和社会发展,用法律手段调节人们的生育行为,确立相应的导向和要求,在历史上不鲜见。在当代,人口的增长与素质,与可持续发展密不可分,受到世界广泛关注,计划生育已经成为公认的概念和重要话题。1994 年在埃及开罗召开的国际人口与发展会议,以专节“计划生育”写进了《行动纲领》。许多国家都在从不同角度制定和完善人口与生育方面的法律。实行计划生育关系到我国国民经济发展和人民生活的改善。我国是世界上人口最多的国家,据第五次人口普查统计,我国人口已达 13 亿人,占世界人口总量的 1/5 还多,而社会经济发展水平比较低下,生产力不发达,基本上是农业国,底子薄、基础差,自然资源有限。而人口增长过速大大超过了国民经济发展速度。实行计划生育是要使人口增长与社会发展水平相适应,尽快提高人民的生活水平。

(二)计划生育是夫妻双方的权利与义务

《婚姻法》第 16 条规定,“夫妻双方都有实行计划生育的义务”;《妇女权益保障法》第 51 条规定,妇女有按照国家规定生育子女的权利,也有不生育的自由。《人口与计划生育法》第 17 条规定:“公民有生育的权利,也有依法实行计划生育的义务,夫妻双方在实行计划生育中负有共同的责任。”据此,夫妻的生育权受法律保护。计划生育,既是已婚当事人的权利,也是义务,夫妻同为生育主体,在生育问题上的权利和义务平等。

首先,生育是公民的权利。婚姻当事人双方共同享有按照国家有关规定生育子女的权利,该权利受国家法律保护,任何人不得侵犯。夫妻也有不生育的自由,任何人不得强迫或干涉。育龄夫妻双方按照国家有关规定计划生育,有关部门应当提供安全、有效的避孕药具

和技术,保障实施节育手术的夫妻健康和安全。其次,计划生育是夫妻的法定义务,必须严格履行。育龄夫妇应当按照国家有关计划生育的政策和法律规定生育子女,不得计划外生育。如果婚姻当事人的生育行为违背法律规定,应承担相应法律责任。实行计划生育是夫妻双方共同承担的法定义务。夫妻任何一方都不得拒绝履行该项义务,不得将计划生育视为女方单方面承担的义务。

公民应享有生育权,夫妻双方都有生育权。《妇女权益保障法》第 47 条把计划生育设定为夫妻双方共同义务的同时,也蕴含了对夫妻双方生育权的认可,《人口与计划生育法》明文规定公民享有生育权。计划生育只是对夫妻双方行使生育权的法律限制。关于是否生育孩子及何时生育,以及妻子怀孕后是继续妊娠或者人工终止妊娠,应该由夫妻双方协商决定。生育后代是人的正常合理需求。由于受传统意识影响,中国人婚后传宗接代意识较为强烈,男性尤其明显。关于婚后是否生育、何时生育等问题,夫妻应当充分考虑到本人意愿、配偶态度,本着对家庭、对未来孩子及对社会负责任的态度,由夫妻双方协商决定。[①] 针对我国历史上长期将妇女视为传宗接代工具,将生育责任单方面强加给妇女的情况,《妇女权益保障法》原规定及其修正案均规定,妇女有按照国家规定实行计划生育的权利,也有不生育的自由。丈夫或其亲属不得强迫妇女生育。

破除不平等的陈腐生育观。在我国数千年封建社会历史中,我们祖先的生育观是"多子多福""重男轻女""传宗接代"。这些与农业社会中的自给自足的生产方式、男娶女嫁的婚配模式、实行宗法统治的社会治理等紧密联系并相辅相成。当代社会,传统思想、习俗仍然在一定程度上存在,影响着人们生育选择和生育行为。部分人欠缺科学的生理知识,认为生育是妇女的事,将计划生育的责任错误地推给妇女单方面负担。这些陈腐的观念会阻碍着计划生育的贯彻,违反计划生育要求的行为时有发生。为此,《婚姻法》第 21 条第 4 款规定,"禁止溺婴、弃婴和其他残害婴儿的行为"。《人口与计划生育法》第 22 条规定,"禁止歧视、虐待生育女婴的妇女和不育妇女。禁止歧视、虐待、遗弃女婴"。育龄夫妻双方按照国家有关规定计划生育,有关部门应当提供安全、有效的避孕药具和技术,保障实施节育手术的妇女的健康和安全。凡违反国家法律和政策,侵犯婚姻当事人计划生育权的行为应负相应的法律责任。

二、本条的基本理论

生育是一项权利还是义务?在当代社会中,生育已被广泛理解为是一项公民权利:生育权。从 20 世纪 80 年代开始,我国实行少生、优生的人口政策,控制生育子女数量是法定义务。无论是实行独生子女政策时代还是"全面两孩"政策下,夫妻生育子女的数量都受到严格管理,过去原则上只能生育一名子女,从 2015 年开始是允许生育二名子女。

(一)生育权

在历史上,妇女长期被视为生育工具,在生育问题上受丈夫或夫家控制。在当代,由于

① 近年来,围绕丈夫的生育权曾引起讨论,还有人诉诸法律寻求司法保护。《生孩子究竟谁说了算》,载《人民法院报》2001 年 3 月 4 日第 4 版,转引自《华商报》2001 年 2 月 27 日报道。汪一新:《男人有没有生育权》,载《新民晚报》2001 年 2 月 23 日第 17 版。

传统影响,不尊重妇女生育自由权的情形,仍有发生。夫妻之间各自行使生育权而发生冲突的情况,也不鲜见。

在婚姻内部,夫妻双方生育权行使发生的冲突的情形,时有发生:①一方要求生育子女,另一方不同意生育;②妻子未经丈夫同意,采用欺骗、强迫等手段实现怀孕;③已经怀孕的妇女,未经丈夫同意或者知晓,单方终止妊娠。

法学界对此问题的认识,有明显意见分歧。大致有下列三种观点:其一,夫妻之间的生育问题应完全由妻子决定,妻子的任何决定都不构成对丈夫生育权的侵害,因为我国《妇女权益保障法》明定妇女有生育权,也有不生育自由权。其二,无论何种原因或情形,妻子拒绝怀孕、单方终止妊娠的行为均是合法的,尽管男女双方都享有生育权,但妇女享有"不生育的自由"。其三,夫妻双方平等地享有生育权,一方不能剥夺另一方配偶繁衍后代的权利。这三类观点的争议焦点在于丈夫是否享有生育权?夫妻各自的生育权是否存在谁优先受保护?

人人享有生育权。国家《人口与计划生育法》第 17 条规定,"公民有生育的权利。"《妇女权益保障法》仅赋予妇女生育自由权,而未规定男性享有生育权,因为该法案保护对象仅限于妇女;男性的合法权益不属于该法案的调整范围。这不等于否认男性享有生育权。那么,妇女的生育权是否享有优先保护待遇呢?有观点认为,女性在生育过程中的付出远远超过男性,身体经受巨大痛苦和磨难,有时还有生命危险。故两性的生育权行使发生冲突时,应当将妇女的权利置于优位,才能更接近公平。是否生育,应当受妇女本人控制。然而,也有意见反对将生育的选择决定权完全交给妇女而使得丈夫或男方在任何情形下均不得参与决定的价值取向,认为给男女两性的生育权排列出孰优孰劣,从实质上否定了男性的生育权,否定了男性作为公民、法律主体应享有的基本人权,批评这是从一个极端走向另一个极端!男性的生育权受制于女性控制,是对社会性别的误解或错判。在生育权保护上,不是"以妇女为中心",而应当是性别平等。如果不注意性别平等的价值观,男性也会受到社会性别制度的挤压。解决男女双方行使生育权时发生的冲突,应当让妇女生育权予以优位保护,同时,为男性生育权提供适当保护。提倡、鼓励夫妻双方通过协商达到一致。如果妻子坚持不怀孕或者单方终止妊娠,丈夫的生育权暂时无法实现。妻子单方终止妊娠,不构成对丈夫生育权的侵害,因为生育权具有人格权属性,妻子怀孕之后,胎儿已成为妻子身体的组成部分,除妻子本人外,其他人不能也无法享有控制权和决定权。丈夫的生育权,受到男女生理机制差异的影响,无法单方实现。在生育或不生育子女问题上,如果夫妻双方坚持己见,绝不妥协,则唯有通过离婚来化解冲突。

(二)计划生育是义务

我国现行法律规定计划生育作为夫妻的义务,主要是基于控制出生人口数量考虑和我国法律规则和主流道德观的要求。我国法律、公共政策以及主流道德观都将性关系严格限制在婚内;非婚的两性关系,无论是已婚者还是未婚者,都无法律依据。生育作为人的性行为的结果,因此必然与婚姻挂上钩。我国从 1980 年代开始实行计划生育,提倡晚婚晚育、少生优生,提倡一对夫妻只生育一个子女。直到 2013 年 11 月,才调整人口政策,实行"单独二孩",允许一方是独生子女的夫妻生育第二个孩子。2016 年 1 月起,实行"全面二孩"政策。

夫妻承担计划生育义务,既是要求婚姻当事人各自履行计划生育义务,又要求彼此相互

尊重,任何一方不妨碍另一方履行该义务。我国文化中,有多子多福的传统价值观,许多人还保留着生男孩的偏好。设定夫妻承担计划生育义务,有利于削弱传统生育观的影响,减少、防止夫妻一方强迫另一方生育的情形发生,减少、避免多生或超生。

确定夫妻计划生育义务,是基于人口管控,是国家任务和行政管理路径的考虑。一方面,有计划地控制人口增长,在 1979 年被确定为国民经济的主要任务之一。既然是国家行为,行政权力介入是必然的。后来,各省、自治区、直辖市都相继制订了本地区的计划生育立法,对生育行为实施强制干预。若非夫妻义务,则实行有奖有惩、以奖为主的行政管理,特别是对超生的夫妻实行惩处,就缺乏依据。另一方面,在婚姻内部或家庭内部,通常没有能够有效干预夫妻生育行为的第三人。这就显示《婚姻法》第 14 条规定的特别之处——夫妻双方都是义务人,权利人是谁呢,不明确;从婚姻关系、家庭关系内部,都找不到相对应的权利人。从这个角度讲,夫妻负有计划生育义务是我国公民的一项义务或责任。

三、本条的历史沿革

我国从 20 世纪 70 年代开始在城市实行计划生育,到 80 年代全面实行计划生育政策,提倡晚婚晚育、少生优生,强调一对夫妻生育一个孩子,要求农村想生育两个孩子的夫妻实行适当间隔。1979 年 6 月,第五届全国人民代表大会第二次会议上,时任国务院总理华国锋所作《政府工作报告》将做好计划生育、切实控制人口增长列入当时国民经济的十大主要任务之一,认为有计划地控制人口增长,是我国急需解决的重大问题。1980 年 9 月 25 日,中共中央发表《关于控制我国人口增长问题致全体共产党员、共青团员的公开信》提到,“在提倡一对夫妇只生育一个孩子的同时,还要适当强调晚婚晚育”。它标志着我国开始实行独生子女政策。从此,“晚婚、晚育,少生、优生”成了家喻户晓的流行口号。

《婚姻法》第 16 条规定是贯彻 1978 年《宪法》有关计划生育的要求。当时,国家总结了 1971 年开始实施控制人口增长的经验,其中提出“要立法,要规定必要的经济措施,实行有奖有惩,以奖为主的政策”;提出每个家庭承担不多生的义务。[①] 1978 年 3 月 5 日,第五届全国人民代表大会第一次会议通过《中华人民共和国宪法》,其中“公民的基本权利和义务”章中规定,“国家提倡和推行计划生育”。这是我国第一次将实行计划生育写入《宪法》中。1978 年 10 月,中共中央政法小组明确指出,在准备制定刑法、民法的同时,要着手修改婚姻法。同年 11 月,成立了修改婚姻法领导小组,成员包括杨大文、王德意、马原、巫昌祯、陈明侠等。同年 12 月,在中共第十一届三中全会上,时任全国人大常委会委员长叶剑英明确提议制定新的婚姻法。鉴于从 20 世纪 70 年代开始,国家把计划和管理人口作为一项新工作,制定新婚姻法时,计划生育入法就成了必然。第五届全国人民代表大会第三次会议于 1980 年 9 月 10 日通过《中华人民共和国婚姻法》。1980 年《婚姻法》总则中增加计划生育原则,与婚姻自由、男女平等、一夫一妻、保护妇女儿童和老人合法权益原则一起,共同构成该法的五大基本原则。人口再生产是家庭的职能之一,计划生育与婚姻家庭关系密切,将计划生育落实到每对夫妻,少生目标才能实现,故将公民承担的计划生育义务纳入婚姻家庭法中调整。应该说,1980 年《婚姻法》确立夫妻负有计划生育义务,是基于《宪法》关于国家实行计

---

① 陈慕华:《实现四个现代化,必须有计划地控制人口增长》,载西南政法学院民法教研室编:《中华人民共和国婚姻法教学参考资料》第一辑,未刊稿,第 376 页。

划生育的要求。[①]

四、不生育权

不生育权是指自然人享有不生育后代的权利。对妇女而言,它包括两种情形:不怀孕、怀孕后有选择人工终止妊娠的权利。

人工终止妊娠,即堕胎。人工流产术,通常包括负压吸引刮宫术(D&C)和扩张宫颈及清理宫腔术(D&E)。负压吸引术,简称吸刮术,通常用于怀孕5~13周的孕妇。孕妇注射麻醉,医生把金属仪器伸入孕妇体内,撑开阴道和子宫颈。随后使用一根透明的负压塑料吸管穿过宫颈口,伸入子宫,将子宫内的胚胎组织全部吸出体外。抽吸,有可能导致胚胎组织没有被彻底地吸出,还残留在子宫内。这时,医生将使用一把长柄的弧形刮匙去刮动子宫内壁,确保把子宫内的残留物全部刮空。扩张宫颈及清理宫腔术,简称扩张清宫术,一般在怀孕13~24周内进行。扩张清宫术与吸刮术过程相似,只是使用负压吸管吸出的是羊水,子宫内的胚胎组织需要使用一种13英寸长的清宫钳钳出,然后,同样使用刮匙将子宫内残留的胎盘清理干净。手术过程,孕妇因为麻醉,确实全程“无痛”。所谓无痛人流,是指用人工的方法加上静脉麻醉终止妊娠的手术流产。相比于传统的人流手术,无痛人流只多了一步——采用静脉麻醉的方式免除手术时的痛苦。“无痛”仅仅是指手术期间,让患者在手术过程中感受不到疼痛。在中国,每年有1300万女性接受人工流产手术,其中,25岁以下的女性占47.5%,重复流产的占55.9%。北京大学人口研究所等单位于2010年发布的《中国青少年生殖健康可及性调查基础数据报告》显示:在未婚妊娠的女性青少年中,90.9%有过人工流产的经历,有19%的怀孕女性青少年有过多次流产。有部分年轻人把无痛人流当成了一种避孕的方法,把紧急避孕药当成了一种常规的避孕药,这将会造成很大伤害,甚至后患无穷的。有部分女孩天真地认为“有了身孕,大不了打掉”,却不知道人流次数多了,可能会造成以后不能怀孕,甚至危及生命。无痛人流只是怀孕后不得已的补救措施,绝不是预防措施,这和避孕药等是完全不一样。

人工流产会伤害女性的生育能力。一项为期8年的研究显示,有流产史的不孕患者在全部不孕患者中占25%。手术过程中,有可能出现大出血、感染、宫颈损伤、子宫穿孔……甚至可能因为清宫不全而要再次手术。多次人流还有可能出现自然流产,发生宫外孕的风险会大大增加。在刮宫过程中,也有很大可能造成子宫内膜被过度搔刮。刮浅了,很可能没有刮干净从而导致二次刮宫。刮深了,又容易因为刮宫过度而伤害子宫内膜。子宫内膜就像一片肥沃的土地,是种子发芽生长的温床。人流过程的刮宫,其实就是在破坏这片土壤,运气好的,刮两下就清理干净,底下土壤还很多,不影响下次怀孕,运气不好的或者是反复人流的,多次刮宫,底下土壤变得很薄,再想怀孕就很难了。

夫妻应采取合理措施避免妇女受孕。当事男女双方均应有科学节育、避孕的观念;双方协商确定由男方或者女方采取正确的节育措施,协商决定采取哪一种节育方式,及时有效地避免妇女怀孕。不应该把避免怀孕的责任推卸给妇女一方独自承担。如果意外怀孕,应该尽早咨询妇产科医师,采取中止妊娠的措施。

---

① 蒋月:《20世纪婚姻家庭法:从传统到现代化》,中国社会科学出版社2015年版,第318~321页。

五、本条的法律渊源

调整计划生育的法律渊源，主要包括宪法、法律法规、司法解释和地方立法相关规定。

(一)宪法和法律有关规定

1.《宪法》有关规定

《宪法》第25条规定，“国家推行计划生育，使人口的增长同经济和社会发展计划相适应”。第49条第2款规定，“夫妻双方有实行计划生育的义务”。计划生育工作是国务院的职责之一(第89条)。各级地方政府承担计划生育的行政工作(第107条)。

2.有关法律规定

《妇女权益保障法》第47条等有关规定。该法第26条、27条规定，“任何单位均应根据妇女的特点，依法保护妇女在工作和劳动时的安全和健康，不得安排不适合妇女从事的工作和劳动。妇女在经期、孕期、产期、哺乳期受特殊保护”“任何单位不得因结婚、怀孕、产假、哺乳等情形，降低女职工的工资，辞退女职工，单方解除劳动(聘用)合同或者服务协议。但是，女职工要求终止劳动(聘用)合同或者服务协议的除外。各单位在执行国家退休制度时，不得以性别为由歧视妇女”。第38条规定，“……禁止歧视、虐待生育女婴的妇女和不育的妇女”。第45条规定，“女方在怀孕期间、分娩后一年内或者终止妊娠后六个月内，男方不得提出离婚。女方提出离婚的，或者人民法院认为确有必要受理男方离婚请求的，不在此限”。第51条规定，“妇女有按照国家有关规定生育子女的权利，也有不生育的自由。育龄夫妻双方按照国家有关规定计划生育，有关部门应当提供安全、有效的避孕药具和技术，保障实施节育手术的妇女的健康和安全。国家实行婚前保健、孕产期保健制度，发展母婴保健事业。各级人民政府应当采取措施，保障妇女享有计划生育技术服务，提高妇女的生殖健康水平”。离婚时，女方因实施绝育手术或者其他原因丧失生育能力的，处理子女抚养问题，应在有利子女权益的条件下，照顾女方的合理要求(第50条)。

《人口与计划生育法》有关规定。第17条、18条规定，“公民有生育的权利，也有依法实行计划生育的义务，夫妻双方在实行计划生育中负有共同的责任”“国家提倡一对夫妻生育两个子女。符合法律、法规规定条件的，可以要求安排再生育子女。具体办法由省、自治区、直辖市人民代表大会或者其常务委员会规定。少数民族也要实行计划生育，具体办法由省、自治区、直辖市人民代表大会或者其常务委员会规定。夫妻双方户籍所在地的省、自治区、直辖市之间关于再生育子女的规定不一致的，按照有利于当事人的原则适用”。等等。

除了《婚姻法》第16条规定外，第2条规定，“实行计划生育”。第34条规定，“女方在怀孕期间、分娩后一年内或中止妊娠后六个月内，男方不得提出离婚。女方提出离婚的，或人民法院认为确有必要受理男方离婚请求的，不在此限”。

(二)行政法规

主要是国务院《社会抚养费征收条例》。

社会抚养费，是指为调节自然资源的利用和保护环境，适当补偿政府的公共社会事业投入的经费，而对不符合法定条件生育子女的公民征收的费用。为了规范社会抚养费的征收

管理，维护计划生育基本国策，保护公民的合法权益，实现人口与经济、社会、资源、环境的协调发展，2002 年 8 月 2 日，国务院令第 357 号公布《社会抚养费征收管理办法》，自 2002 年 9 月 1 日起施行。该办法第 2 条第 1 款规定，“公民享有依法生育的权利，同时应当依法履行计划生育的义务，其生育行为应当符合人口与计划生育法的规定”。第 3 条规定，“不符合人口与计划生育法第十八条的规定生育子女的公民，应当依照本办法的规定缴纳社会抚养费。社会抚养费的征收标准，分别以当地城镇居民年人均可支配收入和农村居民年人均纯收入为计征的参考基本标准，结合当事人的实际收入水平和不符合法律、法规规定生育子女的情节，确定征收数额。社会抚养费的具体征收标准由省、自治区、直辖市规定”。社会抚养费的征收决定，自送达当事人之日起生效。当事人应当自收到征收决定之日起 30 日内一次性缴纳社会抚养费。当事人一次性缴纳社会抚养费确有实际困难的，可以申请分期缴纳。在天津、山东、河南、重庆、福建等多地规定，征收计征基数 3 倍以下的社会抚养费。上海市、北京市没有明确规定社会抚养费的比例，均要求按照基数 1～3 倍征收。浙江、贵州、吉林等部分省份将社会抚养费缴纳的基数上限提高到了 3 倍以上。辽宁省的社会抚养费征收标准是所有已明确征收标准省份里面最高的。《辽宁省人口与计划生育条例》(2016 年修正)第 42 条规定，凡不符合该条例规定生育子女的，“按照发现其生育行为时的计征标准计算征收社会抚养费。属于城镇居民的，以所在市上年城镇居民人均可支配收入为计征标准；属于农村居民的，以所在县农村居民上年人均纯收入为计征标准，具体缴纳标准按照下列规定执行：(一)不符合法定再生育条件多生育一个子女的夫妻，按照计征标准 5 倍以上 10 倍以下的标准缴纳，不具备法定再生育条件而多生育二个以上子女的，以多生育一个子女应征收的社会抚养费为标准，按照多生育子女数加倍征收社会抚养费……(三)未依法确立夫妻关系生育，已满法定婚龄，但在规定的期限内未履行婚姻登记手续的，按照计征标准 1 倍至 2 倍的标准缴纳，未满法定婚龄的，按照计征标准 3 倍至 4 倍的标准缴纳……”。[①]

社会抚养费征收制度，自从实施以来，一直是个争议较大的问题。这源于下列两方面原因。首先，社会抚养费征收多年，每年各地社会抚养费到底征收了多少，这部分费用用在了哪里？公众心存疑问。2012 年国家审计署《关于湖北省 5 个县社会抚养费征收管理办法实施情况的审计调查结果》显示，“社会抚养费制度的实施对稳定低生育水平发挥了一定作用，进一步规范了计划生育执法行为，但是，也发现，在社会抚养费征收管理办法实施中，该 5 个县存在计划外生育人口统计上报不实、征收单位自由裁量权过大，征收实际到位率低，管理不规范等突出问题”。例如，有“5 个乡镇计生办在征收过程中存在立案不规范、无调查取证记录、审查不到位、未作出并送达征收决定、征收档案不完整等违反征收程序的问题”。[②] 2013 年 9 月 18 日，审计署向社会公布了重庆、云南、陕西、江西、湖南等 9 省 45 个县(市、区)2009 年至 2012 年 5 月《社会抚养费征收管理办法》实施情况审计调查结果。各地社会抚养费征收管理不规范问题严重，计划外生育人口底数不清，少报、漏报问题严重，普遍存在社会抚养费未按规定及时缴入国库管理；征收标准不统一，自由裁量权偏大；违规下达征收

---

① 《辽宁省人口与计划生育条例》，辽宁省人民政府，http://www.ln.gov.cn/zfxx/fggz/gwyfg_3/gwyfg_2/201804/t20180416_3226875.html，下载日期：2019 年 8 月 3 日。

② 《关于湖北省 5 个县社会抚养费征收管理办法实施情况的审计调查结果》，上海市审计局，http://sjj.sh.gov.cn/sj2014/zwgk/dtyw/n388/userobject1ai18904.html，下载日期：2017 年 2 月 3 日。

任务,擅自挪用相关资金,部分资金在征收人员、计生部门和财政专户等环节被截留、挪用等问题。[①] 2014 年 11 月,国务院法制办公室公布《社会抚养费征收管理条例(送审稿)》,向社会公开征求意见。该送审稿规定,已生育一个子女,不符合法律法规规定再生育一个子女的,对双方当事人分别征收计征基本标准 3 倍以下的社会抚养费;已生育两个以上子女,不符合法律法规规定再生育的,加重征收社会抚养费。社会抚养费的具体征收标准由省、自治区、直辖市规定。随着"二孩政策"实施,各省份也在加紧修改地方的抚养费征收管理办法和人口与计划生育条例等文件。"全面两孩"政策实施以后,全国 30 个省份修改了计生条例,其中 20 余省份明确了社会抚养费的征收标准。其次,2016 年国家实行"全面两孩"政策以后,国家人口政策发生了大转变,开始鼓励国民生育二孩,却未取消社会抚养费征收,因此,社会抚养费再一次引发社会普遍关注。

(三)司法解释

《最高法院适用〈婚姻法〉解释三》第 9 条规定,夫以妻擅自中止妊娠侵犯其生育权为由请求损害赔偿的,人民法院不予支持;夫妻双方因是否生育发生纠纷,致使感情确已破裂,一方请求离婚的,人民法院经调解无效,应依照《婚姻法》第 32 条第 3 款第(五)项规定处理。

(四)地方有关计划生育的条例和规定

为了贯彻实施计划生育国策,各省、自治区、直辖市人民代表大会均颁行了本行政辖区范围内的计划生育条例或规定。这是涉及婚姻家庭立法中区别于其他部分的最大不同。地方计划生育条例主要内容有下列两类:其一,在国家提倡一对夫妻生育一个子女期间,自愿终身只生育一个子女的夫妻,给予奖励。奖励措施主要是增加婚假天数、增加产假天数;给予物质利益奖励或优待等。其二,对超计划生育的夫妻实行惩罚。惩戒措施有两类:一是征收社会抚养费;二是对国家机关工作人员给予行政处分,直至开除。

例如,《河南省人口与计划生育条例》(2016 年修正案)第 31 条规定,"凡领取《独生子女父母光荣证》的,凭证享受下列待遇:(一)从发证之月起至子女满十八周岁止,奖给独生子女父母每人每月奖励费二十元以上。(二)年满六十周岁后,住院治疗期间,给予其子女每年累计不超过二十日的护理假,护理假期间视为出勤。(三)农村在调整责任田时,对独生子女父母每人按二人(份)分给;按人分配城镇拆迁安置、移民搬迁安置、新农村建设安置、集体经济收入、集体福利、征地补偿等经济利益时,独生子女家庭多分一人份;在招收乡(镇)、村集体企业事业职工及农业经济发展、贷款、扶贫、救灾等方面给予优先照顾。(四)城镇无业人员、个体经营者和农村居民申请最低生活保障、保障性住房和其他社会保障时,应当优先保障,并给予优惠。其享受的各种计划生育奖励、扶助资金和其他优惠资金不计入家庭收入"。第 35 条、第 37 条规定,"违反法律、法规规定生育第三个及以上子女的,应当征收社会抚养费。每多生育一个子女,分别按发现违法行为时男方和女方户籍所在地县(市、区)上一年度城镇或者农村居民人均可支配收入的三倍征收社会抚养费"。"按照本条例规定缴纳社会抚养费的人员,是国家工作人员的,还应当依法给予记大过以上的行政处分;其他人员还应当由其

① 《审计署公布 9 个省 45 个县社会抚养费审计调查结果》,半月谈,http://www.banyuetan.org/chcontent/zx/yw/2013919/63932.shtml,下载日期:2016 年 8 月 10 日。

所在单位或者组织给予纪律处分。”①

第二节　本条的适用

一、适用本条的效果

控制出生人口数量为主要目标的计划达到了预期目标，实现了低出生率、人口低增长。到2013年，人口政策调整，允许双方都是独生子女的夫妻生育第二个孩子，生育子女数量控制有所放松。2016年开始，实行“全面两孩”政策，鼓励一对夫妻生育两个子女。应该说，迄今，我国仍实行计划生育，夫妻仍有计划生育义务。

《婚姻法》规定夫妻负有计划生育义务的条款，适用效果极其显著。这不是因为《婚姻法》本身，因为《婚姻法》没有关于违反该义务履行的法律责任规定，追究违反计划生育义务，也非婚姻法或民事法律问题，而是行政法问题。换言之，督促婚姻当事人履行计划生育义务的，是政府或代表政府的相关职能部门及其工作人员。在强有力的行政权干预下，夫妻履行计划生育义务的状况，应该是达到了立法预期。

二、本条适用中存在的问题

夫妻任何一方或双方履行计划生育义务，均将受到所在省、市、自治区人口与计划生育条例的约束。从实际发生纠纷特别是司法诉讼案件看，夫妻相互之间因履行计划生育义务而发生纠纷引发诉讼的，极少，更多争议是婚姻当事人与政府相关职责能部门履行职责或行政权行使发生关联，中国裁判文书网等专业数据库的检索结果表明，这类行政争议案件不少。从这个角度讲，夫妻履行计划生育义务，倒像是个行政法问题。

第三节　适用本条的诉讼案例

本节讨论三类诉讼案例，一是享有生育权主体资格与生育二孩资格；二是侵害生育权争议；三是征收社会抚养费争议案。

一、生育“二孩”资格争议的行政案

张某诉郑州市金水区人口和计划生育委员会计划生育行政管理（计划生育）行政案件，郑州市中级人民法院（以下简称郑州中院）行政判决书，（2012）郑行终字第358号。②

【案情概要】

上诉人张某、上诉人金水区计生委、上诉人庙里镇政府因张某诉金水区计生委、庙里镇

---

① 《河南省人大常务委员会关于修改〈河南省人口与计划生育条例〉的决定》，河南人大网，https://www.henanrd.gov.cn/2016/05-30/5228.html，下载日期：2018年6月28日。

② 河南省郑州市中级人民法院（2012）郑行终字第358号行政判决书，中国裁判文书网，http://wenshu.court.gov.cn/website/wenshu/181107ANFZ0BXSK4/index.html? docId = 7e4c8c6b01aa421d8bd4a7ad0114d63c，下载日期：2018年8月1日。

政府及第三人张家村村委会、第五村民组行政赔偿一案，不服郑州市金水区人民法院(以下简称金水法院)(2012)金行初字第12号行政判决，向郑州中院提起上诉。因案情复杂，本案报经河南省高级人民法院批准延长审理期限60日。

一审查明：原告系张家村村民，出嫁后户口未迁出该村。2003年起，张家村村委会及各村民组为村民发放青苗费、土地补偿款、生活福利等村民待遇，出嫁女及家庭成员不享受同等村民待遇。后经党员代表研究决定，从2004年9月，原告及其大女儿开始享受村、组的福利待遇，原告的二女儿未享受同等村民待遇。

一审法院认定：2000年9月，原告夫妻通过成人伤残鉴定，符合申请生育第二个子女的条件，所在单位均同意该夫妻申请二胎指标。2001年6月15日张家村村委会出具证明以原告不退回独生子女费要求将原告二胎指标作废，不再申报，庙里镇政府对原告的生育申请未予上报，原告的生育证存放在金水区计生委未发放，该生育证为2001年度农业二孩生育证，已填写的发证时间为2000年9月26日。2002年1月15日，张家村村委会收取原告退回的独生子女费，2002年4月，庙里镇政府以计划外怀孕6个月对原告夫妇征收计划外怀孕费2400元，该款2002年5月16日收取。2002年7月1日原告生育第二个子女。2002年7月30日，原告信访反映其符合二胎生育条件，未发放生育证的问题，2002年8月28日，被告金水区计生委认定原告符合二孩生育政策，但在未领取二胎生育证的情况下计划外怀孕，计划外生育，依据《河南省计划生育条例》有关规定处理。2002年10月原告以庙里镇政府拒绝履行法定职责提起行政诉讼，2002年12月15日法院作出(2002)金行初字第146号行政判决书，确认庙里镇政府对原告的生育申请未予上报的行为违法。此后金水区计生委于2003年8月、2003年9月、2004年11月对原告作出处理意见，均认定系计划外生育。2007年1月，原告起诉金水区计生委请求撤销上述文件中对原告第二个子女性质的认定，并要求被告返还原告的生育证。在诉讼过程中，金水区计生委于2007年9月11日作出金人口(2007)25号“关于对张某、韦××夫妇生育第二个子女的处理意见”，认定“生育的第二个子女符合生育政策，系政策内生育”，原告自愿申请撤诉。此后原告又认为该文件中同时还认定原告“未持生育证生育，应根据《郑州市生育证管理发放规定》及《河南省人口与计划生育条例》第37条第3项规定，给予500元以上2000元以下罚款处理”等内容，向郑州市金水区人民政府申请行政复议，复议机关维持处理意见。原告向法院提起行政诉讼的同时一并提出行政赔偿请求，法院于2008年4月15日作出(2008)金行初字第34号行政判决，确认被告2007年9月11日作出的金人口(2007)25号处理意见中对原告未持证生育应给予处罚的认定无效。

一审法院认为：《河南省计划生育条例》第18条第4款规定，符合生育第二个子女规定要求生育的，夫妻双方应向所在单位提出书面申请，经女方所在乡(镇)人民政府或街道办事处审核，报县级计划生育行政管理部门批准。县级计划生育行政管理部门应当自收到申请之日起30日内予以办理。批准生育的签订生育合同书，退回《独生子女父母光荣证》和已领取的独生子女保健费，发给生育证；不予批准的应书面通知申请人并告知理由。2002年12月15日，金水法院作出(2002)金行初字第146号行政判决书，确认庙里镇政府对原告的生育申请未予上报的行为违法，此生效判决认定的事实说明导致原告未持证生育的过错在庙里镇政府，同时被告没有书面通知申请人并告知理由，也存在过错。原告从2002年7月开始反映其二胎生育问题，被告金水区计生委直至2007年9月11日才依法认定原告生育第

二个子女系政策内生育，对于原告反映的问题没有及时正确处理，被告金水区计生委也有过错。原告在提起行政诉讼时一并要求行政赔偿符合规定，庙里镇政府征收原告夫妇计划外怀孕费2400元及利息损失应由二被告依法赔偿。生育二胎，需退回已领取的独生子女保健费，是否存在强制多退属于原告与发放主体张家村村委会之间的纠纷，原告要求行政机关赔偿没有依据。原告要求的村民待遇及利息损失，属于村民自治范畴，两第三人以经过本村党员代表研究只同意原告及其一个子女从2004年9月起享受村民待遇，不同意其第二个子女享受村民待遇，因此原告要求其本人及大女儿2003年至2004年9月以及其二女儿自出生以来的村民待遇与二被告的计划生育管理并没有必然的因果关系，原告要求二被告承担该项赔偿没有依据。至于第三人的村民自治章程、村民代表决议等是否违反宪法、法律和国家政策以及作为庙里镇政府如何行使监管职责与本案的计划生育管理不属同一法律关系，应当另行处理。依照《中华人民共和国国家赔偿法》第2条第1款，第36条第(一)、(七)项的规定，判决：①二被告返还征收原告的怀孕费2400元及利息，于该判决生效后十日内付清。②驳回原告的其他赔偿请求。

张某上诉请求二审撤销一审判决，依法支持上诉人的上诉请求。其上诉称：(1)一审法院程序违法。本案一审立案时间为2011年12月23日，上诉人领取一审判决的时间是2012年8月28日，一审超出审理期限5个月。此外，由于本案历经10年，一审法院判决多次被发回重审，故一审合议庭成员均参加过被撤销案件的审理，不具备再参加本案审理的资格。(2)一审判决实体违法。①一审判决认定事实相互矛盾。一审法院认定了庙里镇政府违法未对原告生育申请上报，导致生育证未实际发放的事实。而本上诉人提交的成人伤残及严重慢性病鉴定表、鉴定申请审批表，后边有上诉人的二胎生育证申请书、张家村计生负责人、镇计生办、金水区计生委、郑州市计生委等主管部门的签字盖章"同意申报"的意见，并加盖各部门的印章。与之前认定的事实相互矛盾。②一审对赔偿的认定相互矛盾。一审法院认定金水区计生委有"过错"，理应赔偿，庙里镇政府之所以对本上诉人罚款，依据的是被上诉人金水区计生委认定"计划外"，2400元应当由金水区计生委赔偿。张家村村委会扣押上诉人家庭福利款，仍然依据的是被上诉人金水区计生委认定的"计划外"。《河南省计划生育条例》第41条规定"按照本条例第三十八条规定缴纳社会抚养费的农村居民，生育第二个子女的，从发生违法行为之日起七年之内，少分一人(份)的集体经济收入、集体福利和责任田等；生育第三个子女的，从发现违法行为之日起十四年之内，少分二人(份)的集体经济收入、集体福利和责任田"。而所谓七年之后，以及被上诉人金水区计生委认定合法之后，村委会和村小组仍继续扣押上诉人土地补偿款，在本上诉人与第三人组长张小五2009年10月的一段视频中，组长张某五称"已经处理过了(指计划外)，不再讨论"，说明了一切。③关于追加庙里镇政府和张家村村委会和五组为共同被告和第三人的定性。上诉人二胎生育证的批准部门是金水区计生委，从最开始的申报，是最基本的村民自治组织"村民委员会"开始实施的，从此行为上证明在执行计划生育国策面前，村委会实际实施着特殊的"行政行为"。《河南省计划生育条例》第41条已经把村民的个人行为，和是否执行计划生育绑架在一起，这是法律条款赋予了村委会扣押和少分的"行政特权"。既然事实上法律已经赋予村委会与政府一起担当着执行计划生育的行政职责，如今要进行违法追责，单单把村委会"断裂"出来，与事实不符，于法理不通。综上，上诉人因金水区计生委扣押上诉人的二胎生育证，诬陷上诉人"计划外生育"遭受的所有损失，应当由金水区计生委承担。这是上诉人的直接损失，

并非间接损失。④一审法院认定的利息是同期银行的存款利息,与本上诉人的实际损失不符。上诉人在 2005 年建房时曾向信用社贷款,利息是月息百分之 0.081,假若不是因被告金水区计生委违法过错导致村委扣发土地款,上诉人不会资金紧张,无须向银行贷款,也就不会有缴纳利息损失,故一审法院按照存款利息计算损失是错误的。

上诉人金水区计生委诉称:请求二审法院查明事实,依法改判。一审判决认定部分事实不清,导致一审判决结果第一项错误,理由如下:(1)上诉人没有征收张某的计划外怀孕费 2400 元,上诉人在此问题上也不存在任何过错。根据当时实施的《河南省计划生育条例》的相关规定,计划外怀孕费的征收主体是各乡、镇人民政府,上诉人并非征收主体,上诉人也没有对其征收计划外怀孕费,所以不存在返还的问题,一审判决判令本上诉人返还张某计划外怀孕费及利息不当。(2)庙里镇政府征收张某的计划外怀孕费,与本上诉人没有及时处理张某反映问题之间没有任何因果关系。一审判决已经认定庙里镇政府 2002 年 5 月 16 日收取了张某的计划外怀孕费,张某从 2007 年开始反映二胎生育证问题。既然其向本上诉人反映时,该费用已经被征收,上诉人此后一系列的行为均与该征收行为之间没有任何因果关系,对庙里镇政府征收张某的计划外怀孕费,本上诉人没有任何过错。虽然上诉人对张某反映的问题处理不够及时,但没有给张某的实体权益造成任何影响,故不应当承担赔偿责任。

上诉人庙里镇政府诉称:(1)被上诉人张某未取得生育证时怀孕生育,违反国家的计划生育法规。(2)一审法院认为,本上诉人对张某的生育申请未予上报的行为,已经被生效判决确认存在过错,且对于张某的申请没有书面通知并告知理由,上诉人也存在过错。上诉人认为,该认定不符合事实和法律规定。理由如下:①虽然张某通过成残鉴定,在实体上符合生育二胎的政策,但是,依照当时的法律法规规定,还需要履行一定的审批手续,必须办理生育证。办理生育证是逐级申报,先由村里向镇里报,然后镇里向区里报。由于张某与其所在村委会、村民小组就退还独生子女费发生纠纷,于是,村委会在 2001 年 6 月 15 日决定并出具了张某生育指标不申报的证明,因村委会不申报,上诉人就没有张某的申请材料,没有办法向区里申报;而 2002 年度二胎生育指标的申报截止日期为 2001 年 6 月 20 日。因此,张某的二胎指标没有申报及张某没有生育证的情况不是本上诉人造成的。②在有证据证明村委会没有提交张某二胎生育指标的申请材料的情况下,(2002)金行初字第 146 号行政判决书推定张某向庙里镇政府递交二胎生育指标申请,不符合事实。③由于张某没有递交申请,张某不是申请人,也就不存在是否批准;一审判决称本上诉人因没有书面通知申请人并告知理由而有过错,不符合事实。(3)本上诉人向张某征收计划外怀孕费符合事实和法律规定。2002 年初,上诉人发现张某计划外怀孕已经 6 个月,经过教育仍不终止妊娠,依照《河南省计划生育条例》第 18 条"实行生育证制度,持有生育证的夫妻方可生育"及第 8 条规定"计划外怀孕经教育仍不终止妊娠的,每月征收男女双方各二百元的计划外怀孕费;终止妊娠的,原收费用原数退回"。上诉人征收张某计划外怀孕费 2400 元,完全是依法行政,没有任何过错,不应退回征收的怀孕费。(4)本案已经超过法定起诉期限,应驳回张某的起诉。张某在 2002 年 4 月 10 日收到征收决定书,至今其没有提起复议,提起诉讼,如今已经超过法定起诉期限。综上,请求二审依法撤销一审判决,依法驳回张某的诉讼请求或者起诉。

原审第三人张家村村委会及第五村民组未提交书面陈述意见,其在庭审中述称:①一审判决正确,应当予以维持。②本案是行政案件,村委会及村民组不是适格的主体。③村委会及村民组在所谓的是否是计划外生育这件事上无过错。④上诉人张某在一审明确表示不让

村委会和村民组承担责任，所以将村委会及村民组列为第三人不适格。⑤上诉人张某的第二个子女无论是否计划外生育，均不享受村民待遇。⑥计划生育管理工作应由居住地政府管理，村内无义务也无权力来管理或者申报。请求二审查清事实，维持一审判决。

郑州中院查明：各方当事人对一审查明部分认定的事实均无异议，二审亦予以确认。

【裁判观点】

郑州中院认为：(1)上诉人金水区计生委已经在2007年以(2007)25号文件的形式正式确认上诉人张某生育的第二个子女符合生育政策，系政策内生育，并且金水区人民法院(2008)金行初字第34号行政判决"确认被告(金水区计生委)2007年9月11日作出的金人口(2007)25号处理意见中对原告(张某)未持证生育应给予处罚的认定无效"。因此金水区计生委之前认定张某生育的第二个子女系计划外生育的结论已经被予以否定，因其原错误认定导致张某缴纳计划外怀孕费2400元，该项损失与金水区计生委的错误行政行为具有因果关系，应当与庙里镇政府一起承担赔偿责任。故一审判令金水区计生委承担连带赔偿责任并无不当，金水区计生委称其不应赔偿的上诉理由不能成立，二审不予支持。

(2)上诉人庙里镇政府未依法申报张某的二胎生育申请，致使张某没有依法取得二胎生育证，该违法事实已经金水区人民法院(2002)金行初字第146号行政判决予以确认，因其该违法行为导致张某在未取得生育证的情况下生育第二个子女，故与张某缴纳计划外怀孕费2400元的损失具有因果关系，其应当与金水区计生委一起承担赔偿责任。上诉人庙里镇政府称其不应承担赔偿责任的上诉理由，二审不予支持。

(3)关于上诉人张某称一审判令按照同期银行存款利息赔偿其损失错误的理由，由于按照《中华人民共和国国家赔偿法》第36条规定，返还执行的罚款或者罚金、追缴或者没收的金钱，解除冻结的存款或者汇款的，应当支付银行同期存款利息。故一审判决按照同期银行存款利息返还向其收取的罚款具有明确的法律依据，上诉人张某主张应按照同期银行贷款利息进行赔偿没有法律上的根据，法院不予支持。

(4)关于上诉人张某要求赔偿其本人及其两个子女不能享受村民待遇的损失问题，由于按照《村民委员会组织法》的规定，村民待遇属于村民自治范畴，是否应当享受村民待遇及如何享受村民待遇均由村民代表大会讨论才能决定。上诉人张某如果主张因"计划外生育"的认定或者"扣押"其生育证的行为使其本人及其两个子女均不能享受村民待遇，其需要提供二者之间具有直接因果关系的证据。本案中张某主张二者之间具有因果关系的证据有与五组组长张某五的谈话视频文字资料，从该资料显示的记录看，上诉人去反映其第二个子女的村民待遇问题，张某五组长只是说处理过了不再处理，既不能看出与张某及其大女儿的村民待遇有什么关系，也不能看出村里当初决定其二女儿不能享受村民待遇的处理意见是基于其二女儿系计划外出生的缘故；张某提交的《福利分配方案》，其中第四项规定"出门闺女以前在村内办有落户手续的，女方(包括子女)可享受村民待遇"，从该内容上看不显示计划外出生的人员与享受村民待遇之间存在联系；张某提交的《张家村集体经济股份制合作改革实施方案》，其内容显示该方案的制定时间在金水区计生委的"计划外认定"被否定之后，与上诉人主张的违法行为没有关系；张某提交的张某香的证言，因张某香与张某不在同一村民小组，且按照其陈述内容，2003年村里卖地后就不发给其本人及其两个子女的福利了，后经过集体上访，村里才给发，不能因此推定张某的第二个子女不能享受村民待遇就是因为计划生育的原因。故根据张某提供的证据，不能认定其所主张的违法行为与损失之间具有必然的

因果关系,其主张该部分损失不应予以支持。一审驳回其该部分的行政赔偿请求,符合法律规定。上诉人张某称2002年1月多退回张家村村委会的独生子女费1800元也应予赔偿的问题,因是否存在强制多退属于张某与张家村村委会之间的纠纷,要求行政机关予以赔偿没有依据,故二审亦不予支持。

(5)关于上诉人张某称一审合议庭成员不具备审理本案的资格问题。……上诉人张某称本案一审合议庭组成人员违反程序的理由,二审不予支持。

2012年12月28日,郑州中院决定上诉人的上诉理由均不能成立,一审判决认定事实清楚,适用法律正确,程序合法,二审应予维持。依照《中华人民共和国行政诉讼法》第61条第(一)项规定,判决驳回上诉,维持原判。

二、李某珍因不孕不育而诉某县卫生和计划生育局不履行法定职责及行政赔偿纠纷案

李某珍诉连山壮族瑶族自治县吉田镇人民政府乡政府行政案,广东省清远市中级人民法院(2018)粤18行终47号。[①]

【案情概要】

李某珍向清远市清新区人民法院请求判令确认被告连山壮族瑶族自治县卫生和计划生育局(以下简称:连山县卫计局)不履行法定职责并承担行政赔偿纠纷。

一审法院查明:原告李某珍于2003年6月生育了一个女儿。于2007年5月11日到连山壮族瑶族自治县人民医院施行了“上环”节育措施手术。原告自施行“上环”节育措施手术后,一直身体不适。2010年7月28日,在连州市人民医院治疗期间,原告被诊断为患“盆腔炎”疾病,并实施了取出宫内节育器手术。2010年8月23日,原告李某珍提交《节育手术术后并发症申请表》。连山××自治县计划生育医疗技术鉴定小组于2010年10月21日出具《节育手术并发症医学鉴定书》,原告被诊断为患“盆腔炎”疾病,并符合远期并发症。2010年12月13日,连山××自治县计划生育医疗技术鉴定小组将鉴定结论以《节育手术并发症医学鉴定通知书》通知了原告李某珍,并通知其到吉田镇计划生育办公室办理医疗费用的核报手续。之后,被告吉田镇政府为原告李某珍核销了相关治疗的医疗费用。2011年1月10日,原告李某珍在广东省人民医院施行了“肠粘连松解+双侧输卵管切除术”。

国家于2016年1月1日实施全面两孩政策,原告李某珍符合生育两孩条件。为此,原告李某珍于2016年12月9日在清远市人民医院施行了“人类辅助生殖技术”,支付医疗费35537.21元。2017年3月27日,原告李某珍向被告连山县卫计局提交《计划生育手术并发症人员扶助金申请表》,经被告连山县卫计局审核同意后,从2017年5月开始,按计划生育手术并发症三级人员发放每月100元的扶助金给原告李某珍。2017年8月9日,原告李某珍向被告连山县卫计局递交《关于李某珍生育辅助费用报销的申请》《关于李某珍输卵管复通手术的申请》《关于李某珍计生并发症困难补助的申请》。被告连山县卫计局于2017年8月21日作出《关于〈关于李某珍生育辅助费用报销的申请〉等问题的复函》,告知原告根据《广东省人口与计划生育条例》的有关精神,应将有关申请材料递交管辖镇人民政府调处。

---

① 广东省清远市中级人民法院(2018)粤18行终47号行政判决书,中国裁判文书网,http://wenshu.court.gov.cn/website/wenshu/,下载日期:2019年8月10日。

2017年9月1日,原告向吉田镇政府递交《关于李某珍生育辅助费用报销的申请》《关于李某珍输卵管复通手术的申请》《关于李某珍计生并发症困难补助的申请》。被告吉田镇政府于2017年10月17日对原告李某珍作出吉府函〔2017〕10号《关于〈关于李某珍"盆腔炎"报销的申请〉等问题的复函》:根据《广东省人口与计划生育条例》第26条至第28条规定,您的手术并发症盆腔炎后续治疗费用,我镇可以根据相关政策按一定比例报销,但您所申请的生育辅助费用一项,目前国家、省、市、县均没有相关政策,所以无法解决您所提的相关申请。

一审庭审中,原告增加诉讼请求,要求两被告赔偿补发计生并发症扶助金5400元,赔偿治疗并发症误工费19500元、2000元,住宿费1600元,必需生活开支1000元,来回车费以及城内交通600元,营养费3000元,精神抚慰金5000元;赔偿生育辅助治疗手术的医疗费以及房租、部分路途费用43000元,生育辅助期间误工费61500元,伙食费6000元,本案诉讼费以及参加诉讼的实际支出3000元,以上合计151600元。一审法院告知原告依据《最高人民法院关于执行〈中华人民共和国行政诉讼法〉若干问题的解释》第45条的规定,不予准许。一审庭审中,原告明确表示其已选择接受生殖辅助治疗手术,复通手术已无意义,不需要两被告对《关于李某珍输卵管复通手术的申请》的问题进行答复,只要求两被告承担原告因生殖辅助治疗产生的费用。

一审法院认为,本案是不履行法定职责及行政赔偿纠纷。原告李某珍于2017年8月9日递交申请,要求被告履行其职责,2017年10月30日向法院提起诉讼,符合《中华人民共和国行政诉讼法》第12条第1款第(六)项"人民法院受理公民、法人或者其他组织提起的下列诉讼:……(六)申请行政机关履行保护人身权、财产权等合法权益的法定职责,行政机关拒绝履行或者不予答复的;……"和第47条第1款"公民、法人或者其他组织申请行政机关履行保护其人身权、财产权等合法权益的法定职责,行政机关在接到申请之日起两个月内不履行的,公民、法人或者其他组织可以向人民法院提起诉讼。法律、法规对行政机关履行职责的期限另有规定的,从其规定"的规定。根据原告的起诉、被告的答辩、庭审情况以及各方当事人的举证与质证等综合分析,本案争议的焦点是:①被告吉田镇政府、被告连山县卫计局作出的涉案复函是否违法的问题。②原告的赔偿请求应否得到支持。

1.关于争议焦点一。依据《人口与计划生育法》第10条,"县级以上各级人民政府根据人口发展规划,制定人口与计划生育实施方案并组织实施。县级以上各级人民政府计划生育行政部门负责实施人口与计划生育实施方案的日常工作。乡、民族乡、镇的人民政府和城市街道办事处负责本管辖区域内的人口与计划生育工作,贯彻落实人口与计划生育实施方案";《广东省人口与计划生育条例》第6条第1款,"县级以上人民政府卫生和计划生育行政部门主管计划生育工作,在本行政区域内负责本条例的具体实施和监督检查";第12条第1款"乡镇人民政府、街道办事处设立卫生和计划生育工作机构,按人口规模配备人口与计划生育工作专职管理人员,负责本辖区内人口与计划生育的管理工作"等的规定,被告吉田镇政府、连山县卫计局对本辖区内的计划生育工作赋有法定管理职责。本案是原告因计划生育手术并发症而引起的纠纷。原告李某珍向被告吉田镇政府、被告连山县卫计局分别递交《关于李某珍生育辅助费用报销的申请》《关于李某珍输卵管复通手术的申请》《关于李某珍计生并发症困难补助的申请》要求其履行职责,被告连山县卫计局于2017年8月21日作出的《关于〈关于李某珍生育辅助费用报销的申请〉等问题的复函》,建议原告向负责本辖区内计划生育管理工作的镇人民政府申请处理,符合《连山××自治县计划生育节育手术并发症

管理办法》第15条"并发症患者的治疗一律由当地人民政府计生办负责组织实施"的规定，并无不妥；被告吉田镇政府于2017年10月17日作出的吉府函〔2017〕10号《关于〈关于李某珍"盆腔炎"报销的申请〉等问题的复函》，对于生育辅助费用的申请，已经对原告进行了答复；对于计生并发症困难补助的申请，已经按计划生育手术并发症三级人员发放了扶助金给原告李某珍；但对于输卵管复通手术的申请，被告吉田镇政府并没有就该请求是否事实清楚，是否符合法律、法规、规章或者其他有关规定在60日内对原告进行予以答复，没有履行其管理的法定职责，属于违法行为。依据《广东省人口与计划生育条例》第22条"已采取绝育手术的夫妻，符合法律、法规再生育规定的，办理再生育审批手续后，可施行输精(卵)管复通手术"的规定，原告李某珍只是施行了上环节育手术，并未采取绝育手术，故原告李某珍申请施行输卵管复通手术不符合法律法规的规定；且在庭审中原告认为其已经进行生殖辅助治疗手术，复通手术已经没有意义，不需要两被告对《关于李某珍输卵管复通手术的申请》的问题进行答复。因此，要求被告吉田镇政府对《关于李某珍输卵管复通手术的申请》进行答复已经没有意义。

2.关于争议焦点二，原告的赔偿请求应否得到支持的问题。实行计划生育是我国的一项基本国策。实施全面两孩政策，改革完善计划生育服务是新形势下坚持计划生育基本国策的重大战略部署。按照《人口与计划生育法》第21条第1款"实行计划生育的育龄夫妻免费享受国家规定的基本项目的计划生育技术服务"，国家人口和计划生育委员会制定的《计划生育手术并发症鉴定管理办法(试行)》第35条"经鉴定属于并发症的人员，提供免费治疗和特别扶助"的规定，原告李某珍因实行计划生育手术而引起并发症，可以享受免费治疗和特别扶助。被告吉田镇政府、被告连山县卫计局已经为原告李某珍提供了免费治疗和特别扶助，符合法律法规。原告李某珍因实行计划生育施行的是"上环"节育手术，并非采取绝育手术，原告李某珍施行的"肠粘连松解＋双侧输卵管切除术"是治疗"盆腔炎"的治疗方法，原告李某珍并不满足计划生育免费施行输卵管复通手术的条件，因此原告李某珍要求两被告对双侧输卵管进行复通负赔偿责任的请求于法无据。原告李某珍施行"人类辅助生殖技术"，是其自主选择的甜蜜事业，不构成造成公民身体伤害，原告李某珍要求赔偿或者报销生殖辅助治疗费、手术费、住宿费、伙食费、误工费等共78000元的请求也不符合《中华人民共和国国家赔偿法》(以下简称《国家赔偿法》)第3条"行政机关及其工作人员在行使行政职权时有下列侵犯人身权情形之一的，受害人有取得赔偿的权利：(一)违法拘留或者违法采取限制公民人身自由的行政强制措施的；(二)非法拘禁或者以其他方法非法剥夺公民人身自由的；(三)以殴打、虐待等行为或者唆使、放纵他人以殴打、虐待等行为造成公民身体伤害或者死亡的；(四)违法使用武器、警械造成公民身体伤害或者死亡的；(五)造成公民身体伤害或者死亡的其他违法行为"规定的赔偿范围。综上，原告的赔偿请求没有法律依据，法院不予以支持。依照《中华人民共和国行政诉讼法》第69条、第74条第2款第(三)项，《国家赔偿法》第3条规定，广东省清远市清新区人民法院作出〔2017〕粤1803行初151号行政判决，判决如下：①确认被告连山××自治县吉田镇人民政府对原告李某珍所提交的《关于李某珍输卵管复通手术的申请》的申请在60日内没有予以答复的行为违法。②驳回原告李某珍的其他诉讼请求。

李某珍不服上述判决，向广东省清远市中级人民法院(以下简称清远中院)提出上诉，上诉请求：①撤销广东省清远市清新区人民法院〔2017〕粤1803行初字151号行政判决书的部

分判决，即判决二“驳回原告李某珍的其他诉讼请求”的判决。②判决两被上诉人对上诉人双侧输卵管复通负全部责任。③判决两被上诉人赔偿本人做生殖辅助治疗所产生的辅助治疗费等共计人民币78000元整。……事实与理由如下：(1)上诉人于2003年6月生育了一个女儿后，计生办人员叫她去上环；经检查，医生说身体原因要迟一些再行手术，当时不能上环。间隔了几个月，计生办人员再次追去叫她上环，她又去检查，医生还是说身体原因不给她手术。计生办的人反复催着她上环，她一共去了医院五六次，还是没有手术。过了4年，身体一直不大适合做手术，但是，有按时到计生办查孕。在2007年5月，吉田镇计生办再次叫她去“上环”，这次去县人民医院人很多，医生没有多问一会就给她做了“上环”手术。自从上环以后，她身体一直不舒服，向当地计生办工作人员反映，他们说刚刚上环有一点点胀痛是正常现象，看看医生就没事了。她是第一次上环，不知道上环后是什么情况，以为胀痛是正常，就一直是看看门诊，开一些药吃。2010年10月左右，她肚子确实疼得厉害，县人民医院建议去连州人民医院看一下，在连州市人民医院住院六七天，诊断是盆腔炎，腹部输卵管部位有较大脓肿包块，建议到省人民医院进一步治疗，并建议报告计生管理部门立即取环，她当时报告了卫计局副局长莫某芳，同意后立即取了环，同时也报销了部分费用。后来，在省人民医院住院10多天进行了手术治疗，由于是双侧输卵管化脓严重粘连在一起，做了双侧输卵管松解术，仍然无法松解，只好把双侧输卵管切除治疗，防止病情恶化。县节育手术并发症医学鉴定小于2010年12月30日鉴定为节育手术并发症。按照《国家计划生育手术并发症鉴定管理办法(试行)》规定，双侧输卵管切除已经达到三级并发症，县卫计局2017年5月才开始按照二级并发症发放补贴。国家在2016年1月1日全面实施二孩政策，她符合生育二孩条件，因为计生并发症双侧输卵管切除，无法正常怀孕，经过咨询省人民医院医生，做复通手术复杂、需要钱也多，建议用最简单、费用低的方法，即做生殖辅助，她如实向当时的县卫计局虞某敏、莫某芳两位局长汇报，他们没有说什么意见，都是说你先做了看看多少钱再说，她选择了简单、费用少的生育辅助，她在他们长时间不答复的情况下采取自我保护，一边催促以上两个被告行政职能单位，一边在清远市人民医院做生殖辅助治疗，但一直没有报销费用。与现任局长赵某萍也沟通了差不多一年时间也没有明确答复，直到今年8月份出了一份《复函》。她在清远市人民医院做生殖辅助治疗，治疗费、手术费、住宿费、伙食费、误工费合计人民币78000元整一直得不到解决。根据我国的相关法律规定，被告单位不履行法定职责导致她直接经济损失，依法应该得到赔偿。

(2)一审法院认定事实不清，适用法律不当。上诉人称：①根据《国家赔偿法》第4条第(四)款之规定“造成财产损害的其他违法行为”，本人在被告单位不履行法定职责，行政行为违法所导致的本人经济损失，依法在赔偿范围之内。②本人做生殖辅助治疗的时间和第一次向该局申请的时间，均是在2016年，也就是说案件发生在2016年，应该适用2016版《广东省人口与计划生育条例》，该条例第26条规定，“实行计划生育的育龄夫妇免费享受国家规定的基本项目的计划生育技术服务”。因此，本人依法享受免费复通的权利，而不是一审法院适用的2017版《广东省人口与计划生育条例》第22条，这也是一审法院适用法律的错误。③根据《人口与计划生育法》第21条以及2016年修正版《广东省人口与计划生育条例》第26条之规定，本人在2016年1月1日放开二孩政策后就依法享有免费复通的权利。在被告单位对本人申请书不予答复的情况下和在该局领导回答本人“你做了看看多少钱再说”的情况下，本人就有权依照医生的建议结合本人情况进行手术。其理由之一，切除双侧输卵

管是上环手术的并发症所导致。理由之二,广东省人民医院和清远市人民医院都建议做生殖辅助代替输卵管复通。理由之三,做生殖辅助费用少、效率高、对人体伤害也不大。做输卵管接通手术费用非常高而且手术是否可做成功都无法保证。理由之四,被告单位不履行法定职责,无故拖延时间,负责不履行法定职责侵权责任。一审法院对于这些重要案件事实认定不清,导致部分判决结果错误。④虽然本人刚开始时是做上环手术,但这上环手术造成严重的计生并发症,在治疗过程中切除了本人双侧输卵管,事实上是等于做了绝育手术,况且当时的相关法律规定免费享受复通的对象是"实行计划生育的育龄夫妇";被告单位不履行复通本人输卵管的责任,本人迫不得已才做生殖辅助治疗,不是一审法院认定的"自主选择的甜蜜事业",这也是一审法院认定事实错误。一审法院对案件事实认定不清、适用法律不当,判决二"驳回原告李某珍的其他诉讼请求"的判决是错误的,应予撤销。

二审中,被上诉人连山××自治县吉田镇人民政府答辩称,一审法院(2017)粤1803行初151号《行政判决书》判决事实清楚,证据充分,适用法律正确;李某珍的上诉理由不成立,请求人民法院依法驳回李某珍的诉讼请求。事实与理由如下:①一审法院认定"原告李某珍因实行计划生育施行"的是"上环"节育手术,并非采取绝育手术,原告李某珍施行的"肠粘连松解+双侧输卵管切除术"是治疗"盆腔炎"的治疗方法,原告李某珍并不满足计划生育免费施行输卵管复通手术的条例,因此原告李某珍要求两被告对其双侧输卵管进行复通负赔偿责任的请求于法无据,该认定事实清楚。②适用法律正确。李某珍提出的赔偿或者报销生殖辅助治疗费、手术费、住宿费、伙食费、误工费不符合《中华人民共和国国家赔偿法》(以下简称《国家赔偿法》)第3条规定是正确的。根据《中华人民共和国侵权责任法》的规定,计生并发症不属侵权,因此也不属侵权赔偿范围,计生并发症导致辅助生育费用就更不属侵权赔偿范围。③李某珍的上诉理由不成立。李某珍认为根据《中华人民共和国国家赔偿法》第4条第(4)款规定"造成财产损害的其他违法行为"被告单位不履行法定职责,导致其本人经济损失应当赔偿。此理由是不成立的,(A)他理解法律错误,答辩人从来没有造成李某珍的财产损害。(B)李某珍没有所谓的经济损失,辅助生育费用不是经济损失,而是其自己选择辅助生育的必要费用,应由其自己承担。李某珍还认为根据《中华人民共和国人口与计划生育法》第21条规定"实行计划生育的育龄夫妻免费享受国家规定的基本项目的计划生育技术服务",根据《广东省人口与计划生育条例》第26条规定"实行计划生育的育龄夫妻免费享受国家规定的基本项目的计划生育技术服务,具体办法按省有关规定执行"要求卫计局、答辩人为其支付78000元的辅助生育费用,这是曲解了法律法规,"生殖辅助费用"(申请书是写生育辅助)没有列入基本生育技术服务,因此答辩人无法依据有关的法律法规给予李某珍生殖辅助费用的报销。

被告连山××自治县卫生和计划生育局答辩,提出下列四条意见:①上诉人主张的无论是双侧输卵管复通还是生殖辅助治疗与节育手术并发症的治疗所产生的费用没有必然的联系。答辩人在原审时已经阐明上诉人的手术并发症还有待进一步鉴定。退一步来讲,即使上诉人已符合节育手术并发症,那么治疗并发症,法律已有明确的规定,纳入国家授权的单位核报的范围。上诉人无论是进行输卵管的复通还是进行生殖辅助治疗都不是为了治疗并发症的问题,而是为了生育第二胎;生育还是不生育第二胎完全是上诉人自己选择的范围,这与治疗还是不治疗并发症有明显的不同;不治疗并发症必然危及健康或生命,复不复通输卵管,是否进行生殖辅助治疗并不必然危及健康或生命,前者有必然的联系,后者没有必然

的联系。况且目前现行的法律、法规并没有规定没有必然联系的即不具备因果关系的也纳入国家赔偿法的赔偿范围。②原审判决适用法律并无不当，上诉人称原审判决应当适用2016年的《广东省人口与计划生育条例》而不能适用2017年的《广东省人口与计划生育条例》是错误的。大家知道，适用法律只能适用最新的法律，特殊情况除外。本案中两个版本的《广东省人口与计划生育条例》，对于处理本案的纠纷的相关规定没有实质的改变。如果2016年的法律法规有利于上诉人的主张，我们认为可以适用从旧的原则，但先后版本的"条例"都没有将输卵管复通和生殖辅助治疗的费用纳入国家赔偿的范围。输卵管复通可以补偿一点即可报销2000元而不是全部费用，生育辅助治疗没有报销的依据。因此，原审判决适用法律并无不当。③上诉人继续坚持原审的部分主张实在是没有法律依据。(A)上诉人适用《中华人民共和国国家赔偿法》第4条第4款的规定"造成财产损害的其他违法行为"来主张其诉请是错误的，该条款规定的是造成财产损害的而不是造成人身损害的，本案属于人身的范畴而不是属于财产的范畴。(B)2016年1月1日起实施的《广东省人口与计划生育条例》(两个版本，即省人大常委会于2015年12月30日、2016年9月29日分别修订通过)第26条或第27条规定："实行计划生育的育龄夫妇免费享受国家规定的基本项目的计划生育技术服务。具体办法按省有关规定执行。"这里请特别注意基本项目不是全部项目，而且基本项目也有法律法规的明文规定。广东省财政厅、省计生委等部门联合印发的《落实国家计生委财政部卫生部国家计生委关于向农村实行计划生育的育龄夫妻免费提供避孕节育技术服务的通知》(粤计生委〔2002〕55号)对基本项目的内容和各项费用报销作了明确规定，输卵管复通手术每例报销2000元。而上诉人主张的两项诉请不纳入全部免费的范围。④被上诉人单位不存在上诉人称"不履行法定职责、行政行为违法"的问题。上诉人称"本人在被告单位不履行法定职责、行政行为违法所导致的本人经济损失"。我们认为与事实不符，2016年，上诉人向县卫计局的两位局长口头咨询时，虞某敏局长已向上诉人明确说明："是否做生殖辅助由你本人决定，但费用问题，上级部门没有政策规定给予补助。目前，我局只能向上级有关部门反映、争取，如上级有新政策规定，我局认真按政策执行。"直到2017年8月9日，县卫计局才收到《关于李某珍生育辅助费用报销的申请》的书面申请，并于2017年8月21日作了回复，即：建议李某珍将有关申请材料递交管辖镇人民政府调处。2017年9月1日，上诉人向吉田镇政府递交了书面申请，2017年10月17日吉田镇政府作了回复。即不存在不予答复的问题。另外，根据上诉人在原审递交法院的材料显示，上诉人从2015年11月开始已在清远市人民医院做生殖辅助生育了。上诉人的所谓损失与我局无法律上的因果关系。原审判决认定事实清楚，证据充分，适用法律正确，实体问题的处理并无不当。为了维护我局的合法权益和法律法规的正确实施，根据我国现行的有关法律法规政策的有关规定，请求上级法院依法认准，判决驳回上诉人的上诉请求，维持原审的判决。

【裁判意见】

二审法院查明原审判决查明的事实属实，予以确认。在二审庭审中，原告表示对一审判决查明的事实没有意见，只是对部分判决有意见，即对"驳回原告李某珍的其他诉讼请求"的判决有意见。

清远中院认为，本案是不履行法定职责及行政赔偿纠纷。虽然上诉人李某珍只是对部分判决有意见，根据《中华人民共和国行政诉讼法》第87条规定，法院对原审人民法院的判决和被诉行政行为进行全面审查。本案争议的焦点是：①被上诉人吉田镇政府、连山县卫计

局作出的复函是否违法的问题;②上诉人李某珍的赔偿请求应否支持的问题。

1.关于争议焦点一。被上诉人连山县卫计局于2017年8月21日作出的《关于〈关于李某珍生育辅助费用申请报销的申请〉等问题的复函》建议上诉人李某珍向负责本辖区内计划生育管理工作的镇人民政府申请处理,符合当地政府作出的有关规定。被上诉人吉田镇政府于2017年10月17日作出的吉府函〔2017〕10号《关于〈关于李某珍"盆腔炎"报销的申请〉等问题的复函》,该复函已经就生育辅助费用的申请对上诉人李某珍进行了答复,但对于输卵管复通手术的申请,该复函没有就该请求事实是否清楚、是否符合法律、法规、规章或者其他有关规定在60日内对上诉人李某珍予以答复,该行为属于没有履行管理的法定职责。由于上诉人李某珍在原审庭审中明确表示已经进行了生殖辅助治疗手术,输卵管复通手术已经没有意义,不需要两被上诉人对《关于李某珍输卵管复通手术的申请》进行答复,被上诉人吉田镇政府再对该申请作出答复已无实际意义和必要。因此,原审判决认定被上诉人吉田镇政府对《关于李某珍输卵管复通手术的申请》在60日内没有予以答复的行为违法正确,法院予以维持。

2.关于争议焦点二。根据《国家赔偿法》第3条规定:"行政机关及其工作人员在行使行政职权时有下列侵犯人身权情形之一的,受害人有取得赔偿的权利:(一)违法拘留或者违法采取限制公民人身自由的行政强制措施的;(二)非法拘禁或者以其他方法非法剥夺公民人身自由的;(三)以殴打、虐待等行为或者唆使、放纵他人以殴打、虐待等行为造成公民身体伤害或者死亡的;(四)违法使用武器、警械造成公民身体伤害或者死亡的;(五)造成公民身体伤害或者死亡的其他违法行为。"按照上述法律规定,上诉人李某珍要求国家赔偿的前提应当是两被上诉人在行使职权时存在违法行为。被上诉人吉田镇政府督促上诉人李某珍实施节育手术是依法履行有关规定的行政管理职责,其行政行为合法,上诉人李某珍患的"盆腔炎"疾病是因实行计划生育施行上环节育手术产生的并发症,与被上诉人吉田镇政府被诉行政行为没有法律上的因果关系,没有对上诉人李某珍构成侵权行为,与其为治疗"盆腔炎"而施行"肠粘连松解+双侧输卵管切除术"结果的产生没有联系。况且,上诉人李某珍进行输卵管复通和进行生殖辅助治疗,主要是为了生育第二胎,而不是为了治疗并发症,其提出的国家赔偿请求不符合法律规定。因此,原审判决认为上诉人李某珍的赔偿请求没有法律根据,予以驳回正确,法院予以维持。

综上所述,原审判决认定事实清楚,适用法律正确,程序合法,法院依法应予维持。上诉人李某珍上诉理由不成立,法院不予采纳。2018年8月6日,法院依照《中华人民共和国行政诉讼法》第89条第1款第(一)项规定,判决驳回上诉,维持原判。

三、生育权受侵害赔偿争议案

杨某香与汉滨区人口和计划生育局计划生育行政赔偿一案二审行政赔偿案,陕西省安康市中级人民法院行政判决书,(2015)安中行终字第00033号。①

---

① 陕西省安康市中级人民法院(2015)安中行终字第00033号行政判决书,中国裁判文书网,http://wenshu.court.gov.cn/website/wenshu/181107ANFZ0BXSK4/index.html? docId = a9a1ff604bcd4afd90ed78f721db6871,下载日期:2017年3月11日。

【案情概要】

杨某香向安康市汉滨区人民法院提起行政赔偿诉讼，要求汉滨区人口和计划生育局赔偿因计划生育手术造成其并发症的损失210203.01元。

一审查明，杨某香共育三个子女，1983年12月响应政策号召，自愿接受计划生育节育手术，其手术费用由政府承担，共住院25天。1995年9月3日，杨某香因感右下腹剧烈疼痛而到安康铁路医院住院治疗，经诊断为：①粘连性肠梗阻；②盆腔炎；③慢性阑尾炎。行肠梗阻松解术及肠切除吻合术、阑尾切除术，住院治疗54天后治愈出院，共花住院医疗费2099.30元。后杨某香以其于1983年做计划生育手术后出现不适，找关庙镇人民政府反映，要求解决1995年在铁路医院做肠梗阻手术的住院医疗费用。2012年1月17日，汉滨区关庙镇计生站支付给杨某香治疗费2000元整，以解决其计划生育手术后遗症问题。2013年10月9日，杨某香再次因腹部疼痛，到安康市人民医院住院治疗9天，诊断为粘连性肠梗阻，住院花医疗费2302.31元。2013年11月，杨某香以医疗事故赔偿向汉滨区人民法院提起民事诉讼，要求汉滨区关庙中心卫生院对其人身损害依法赔偿。汉滨区人民法院审理后，驳回了杨某香的起诉。2014年3月，经安康市人口和计划生育局鉴定，杨某香为输卵管结扎术后三级戊等计划生育手术并发症，杨某香即向汉滨区人口和计划生育局申请国家赔偿。2015年2月，汉滨区人口和计划生育局作出了不予赔偿决定书。

一审法院认为，实行计划生育是我国的一项基本国策。依据1983年计划生育相关法律、法规及政策规定，杨某香属于接受节育手术的对象，对此杨某香并无争议。汉滨区人口和计划生育局作为计划生育的行政管理职能部门，依照法律、法规和政策规定，通知杨某香实行计划生育节育手术的行为属行政管理行为，不违反计划生育相关法律、法规及政策规定。现杨某香患计划生育手术并发症属实，但无证据证实其并发症是因计划生育管理行为造成。故杨某香要求汉滨区人口和计划生育局行政赔偿的诉请，于法无据，不予支持。至于杨某香因计划生育手术引起的并发症，按照《计划生育手术并发症鉴定管理办法（试行）》之规定，应不属行政赔偿的范围，对此，汉滨区人口和计划生育局已依法积极履行职责，除已支付给杨某香2000元治疗费外，已将其纳入计划生育家庭特别扶助范围，给予行政救济和扶助，并从2015年1月1日起每月给予100元扶助金。原审判决：驳回杨某香的赔偿请求。

宣判后，杨某香不服安康市汉滨区人民法院（2015）汉滨行初字第00011号行政赔偿判决书，向陕西省安康市中级人民法院（以下简称安康中院）提起上诉，请求二审法院依法撤销原判，判决被上诉人对上诉人承担国家赔偿责任，赔偿因计划生育手术事故对上诉人造成的损失309873.16元。上诉人称：1983年，上诉人响应国家号召，到劳动乡医院接受计划生育手术。手术过程中，被上诉人组织的手术队有2名实习生，因不具备资质，在手术时而误将上诉人直肠割破，造成肠系膜血肿，针眼出血，导致手术后遗症多发病痛。计生手术人员、手术对象都是计生办管理部门通知、任用、监管、调动的，管理部门疏忽了对手术人员资质、技能、临床经验等方面的考量、管理等，偏偏就是这一疏忽，给上诉人带来了终生的痛苦。多年来，上诉人一直找有关领导处理，但无结果，不得已向法院提起诉讼。然而，原审判决不顾客观事实，认为上诉人的手术并发症不是行政机关组织的手术队过错导致，不予行政赔偿。如果不是节育手术失败，上诉人为何在手术后的第四年又生育了小女赵某？该案是由于被上诉人组织的手术队在手术过程中用人不当，造成手术失误产生的严重后果，原审偏听偏信，作出错误判决。

被上诉人汉滨区人口和计划生育局辩称:(1)答辩人无违法行为和事实存在。经腹输卵管结扎术是我国应用最广泛的绝育手术,具有切口小、组织损伤小、操作简易、安全方便等优点。上诉人无证据证明劳动乡卫生院在1983年对上诉人实行计划生育手术过程中,施术者违反技术服务操作、护理规范行为,也无证据证明手术给上诉人造成机体组织器官、功能损害。因此劳动乡卫生院对上诉人实施手术未造成医疗事故。上诉人"粘连性肠梗阻"与计划生育手术无关。上诉人于1995年9月3日因腹痛收入原安康铁路医院,主诉:"右下腹疼痛5年",诊断为:①粘连性肠梗阻;②盆腔炎;③慢性阑尾炎。上诉人在手术12年后出现的"粘连性肠梗阻"与计划生育手术无直接因果关系。计划生育是我国的一项基本国策,每个公民都应遵守,答辩人无过错、无侵权行为,未侵犯上诉人合法权益,上诉人提出的国家赔偿申请适用法律错误。(2)关于实施结扎术后生育情况说明。从医学角度讲,个别妇女实行了输卵管结扎术后又会怀孕生育,是因为当时全国统一使用的单纯结扎法,结扎部位可能出现自然脱落,有腔管再通的可能,出现生育不能说成是节育手术失败。(3)上诉人系计划生育手术并发症对象,应按手术并发症处理。2014年上诉人申请计划生育手术并发症鉴定,答辩人根据上诉人提供的申请、病历资料,按国家《计划生育手术并发症鉴定管理办法(试行)》规定进行审查,安康市人口计生局作出鉴定结论,鉴定上诉人属于输卵管结扎术后三级戊等计划生育手术并发症,上诉人对此鉴定无异议,并于2015年1月办理了计划生育奖励扶助,说明上诉人认定其系计划生育手术并发症对象。综上,请二审法院依法驳回上诉人的国家赔偿请求,维持原判。

【裁判意见】

安康中院经二审公开开庭审理查明的事实与一审一致,予以确认。

安康中院认为,被上诉人汉滨区人口和计划生育局作为计划生育行政管理部门,其法定职责是组织、宣传、开展计划生育相关工作。依据1983年计划生育相关法律、法规及政策规定,因上诉人杨某香符合计划生育手术条件并自愿接受计划生育手术,故被上诉人汉滨区人口和计划生育局依法组织上诉人杨某香接受计划生育手术,是其履行法定职责的具体体现,并无违法行为。对于上诉人杨某香因接受计划生育手术后,被鉴定为输卵管结扎术后三级戊等计划生育手术并发症,根据国家人口计生委《计划生育手术并发症鉴定管理办法(试行)》第2条"本办法所称并发症,是指计划生育技术服务机构及其技术人员,依照法律、法规、规章、诊疗护理规范、手术常规等,实施规定的计划生育手术,而造成受术者机体组织器官、功能损害,相关各方均无过错的不良后果"和第35条"经鉴定属于并发症的人员,提供免费治疗和特别扶助"规定,应给予免费治疗和特别扶助,其主张由被上诉人汉滨区人口和计划生育局对其因计划生育手术并发症而造成的各项经济损失,承担国家赔偿责任的请求,因无事实和法律依据,二审不予支持。关于上诉人杨某香称由于当年为其实施手术人员不具备资质,对其造成医疗事故的上诉理由和请求,因无相关证据证实,依法不属于本案审理范围。综上,原审判决认定事实清楚,适用法律正确,应予维持。2015年11月6日,陕西省安康市中级人民法院依照《行政诉讼法》第89条1款第(一)项规定,判决驳回上诉,维持原判。

四、征收社会抚养费争议行政案件之一

袁某龙与上杭县人口和计划生育局计划生育行政征收二审行政案件,福建省龙岩市中

级人民法院行政判决书,(2015)岩行终字第48号。①

【案情概要】

袁某龙因与上杭县人口和计划生育局计划生育行政征收一案,不服上杭县人民法院(2015)杭行初字第1号行政判决,提起上诉。被上诉人于2014年8月1日对上诉人作出杭人口计生征决字(2014)第207-23号征收社会抚养费决定。该决定查明被征收人袁某龙于1994年1月与华某某办理结婚登记,1994年10月政策内生育一女,在婚姻关系存续期间与武平县中山镇阳民村钟某甲于2013年3月22日在龙岩牡丹妇产医院政策外生育一男孩,违反了《福建省人口与计划生育条例》第14条第1款、第2款的规定,属婚外生育一个子女,根据《社会抚养费管理办法》第3条和《福建省人口与计划生育条例》第46条第1款第(三)项规定,决定对被征收人袁某龙征收社会抚养费181600元。

原审查明,2013年3月22日钟某甲(未婚)在龙岩牡丹妇产医院婚外生育一个男婴,取名钟某乙。武平县中山镇计生办工作人员经调查取证后,于2013年11月9日向上杭县人口与计划生育局(本案被告)发函通报了《关于钟某甲生育情况的说明》并附有2013年11月9日调查钟某甲笔录和钟某甲提供2013年10月15日龙岩牡丹医院出具《出生医学证明》,此证明父亲一栏填写袁某龙(本案原告,上杭县蛟洋镇司法所干部,已婚)。2013年12月26日被告对原告涉嫌婚外生育违法行为进行了立案调查。2014年1月3日对原告调查询问中,原告仅承认认识钟某甲。2014年1月14日到龙岩牡丹妇产科医院查阅并用手机拍摄到有关钟某甲住院分娩生育的档案资料,其中《产妇住院告知书》、《产科知情通知书》等6份材料中均有原告在家属一栏中签名,并有注明家属与产妇(患者)关系为夫妻或丈夫。特别是《产科知情同意书》中注明"理解以上风险,要求阴道分娩(夫妻)袁某龙"。2014年1月21日再次对原告作调查核实,调查中出示了《产妇住院告知书》《产科知情通知书》等8份证据材料,原告承认以上材料上的本人名字是其亲笔签名。2014年3月10日原告为更改原出生证信息,携带"钟某乙"到福建南方司法鉴定中心做亲子鉴定。2014年3月18日福建南方司法鉴定中心出具鉴定结论,可以排除袁某龙与"钟某乙"亲生血缘关系。2014年4月14日龙岩牡丹妇产医院以此根据重新出具《出生医学证明》,此证明父亲一栏空白。被告知晓后,通知要求原告、钟某甲携带钟某乙重新做亲子鉴定。2014年5月31日福建南方司法鉴定中心出具鉴定结论可以排除原告、钟某甲和送检"钟某乙"亲生血缘关系。被告于2014年6月20日再次对被调查人钟某甲进行调查,经核实送检的是原告从别处抱来的小孩作为替代并非钟某甲分娩的孩子;同时还提供了2014年5月23日袁某龙与钟某甲签订的有关解除同居关系、孩子抚养、人身损害赔偿的《协议书》,及袁某龙书写的内容有"……亲子鉴定所抱去小孩为声明人袁某龙由别处抱来的……由此产生的一切后果由本人袁某龙承担"的《特别声明》,此处袁某龙的签名与被调查时签名属同一人笔迹。根据以上证据材料,可以证实原告有婚外生育违法事实,为此,被告于2014年6月27日向原告发送《告知书》,同时听取申辩意见。2014年8月1日作出杭人口计生征字(2014)第207-23号《征收社会抚养费决定书》并送达给原告。原告不服申请复议,上杭县人民政府于2014年12月1日作出杭政复

① 福建省龙岩市中级人民法院(2015)岩行终字第48号行政判决书,中国裁判文书网,http://wenshu.court.gov.cn/website/wenshu/181107ANFZ0BXSK4/index.html? docId=382ab61072c747d296534cbd3e82d1bf,下载日期:2017年6月15日。

(2014)8 号行政复议决定书,维持原决定。原告仍不服,以被告认定事实不清、证据不足为由诉至法院,请求撤销被告作出的杭人口计生征决字(2014)第 207-23 号《征收社会抚养费决定书》。

一审法院认为,依照《行政诉讼法》第 5 条、第 54 条规定,被告征收职权由法律、法规设定,未超越职权;在征收程序上,执法人员对案件进行了调查取证,发送了拟作出征收决定的告知书,听取原告陈述和申辩后,作出征收决定书并送达给原告,符合行政法规和行政规章规定的程序,未违反法定程序;在征收标准上,适用的法律、地方性法规正确,同时未存在滥用职权。本案的争议焦点是被告在征收决定书中认定原告有婚外生育一个子女的事实是否清楚,证据是否确实、充分。从被告提供证据材料中,既有原告在婚外第三人钟某甲住院分娩生育档案资料上的系列签名及事后被调查时认可,也有被调查人钟某甲的陈述,还有《协议书》及《特别声明》有关内容印证,上述证据能形成完整的证据链,据此,被告认定原告有婚外生育一个子女的违法行为事实清楚、证据充分。在诉讼中,原告虽然否认这一事实,并提供了原告与新生儿"钟某乙"两方不具有亲子血缘关系的首次《亲子鉴定书》和以此更换的《出生医学证明》(此证明父亲一栏空白)二份证据,但结合应被告要求作出的第二次原告、钟某甲与新生儿"钟某乙"三方《亲子鉴定意见书》及被调查人钟某甲陈述,可以证实原告送检的新生儿"钟某乙"是冒名顶替的,同时也可证明为规避法律责任拒绝做亲子鉴定,据此,原告提供二份证据不足以否定被告认定的事实根据。被告提供证据材料中,虽然有使用手机拍摄的证据及未有提供人签名的复印件,但均是由于客观原因造成的且未违反法律禁止性规定,并不能否认其证据资格和证明效力。综上所述,被告作出的征收社会抚养费决定认定事实清楚、证据充分、程序合法,不存在违法情形。原告以被告取证方式不合法、复印件没有真实性及没有鉴定结论证明存在亲子关系的抗辩理由,法院不予采纳,以被告认定事实不清、证据不足,要求撤销的诉讼请求,法院不予支持。依照《最高人民法院关于执行若干问题的解释》第 56 条第(四)项之规定,遂判决:驳回原告袁某龙要求撤销被告上杭县人口和计划生育局于 2014 年 8 月 1 日作出的杭人口计生征决字(2014)第 207-23 号《征收社会抚养费决定书》的诉讼请求。

宣判后,原审原告袁某龙不服,向龙岩市中级人民法院(以下简称龙岩中院)上诉请求:①撤销原判;②改判支持上诉人一审诉讼请求。上诉人称:原审法院认定事实不清,证据不足,钟某乙与上诉人没有血缘关系,被上诉人仅仅是根据推定,没有确凿证据证明上诉人有婚外生育行为,因此,被上诉人无权向上诉人征收社会抚养费。被上诉人上杭县人口和计划生育局答辩称:上诉人婚外生育事实清楚,被上诉人执法程序正确,使用法律正确,一审判决正确。请求:驳回上诉,维持原判。

二审查明,上诉人对一审判决认定的事实有异议的是:①对一审判决书第 5 页第 13-15 行中"6 份材料中均有原告在家属一栏签名,并有注明家属与产妇(患者)关系为夫妻或丈夫"。有异议,认为"6 份材料中有 2 份并不是上诉人的签名,包括 1 份《家属咨询同意书》,在家属栏并有注明与产妇的关系,这个注明并不是上诉人标注的"。②对一审判决书第 6 页第 1 段第 4～9 行中"同时还提供了 2014 年 5 月 23 日袁某龙与钟某甲签订的有关解除同居关系、孩子抚养、人身损害赔偿的《协议书》,及袁某龙书写的内容有'……亲子鉴定所抱去小孩为声明人袁某龙由别处抱来的……由此产生的一切后果由本人袁某龙承担'的《特别声明》,此处袁某龙的签名与被调查时签名属同一人笔迹"。有异议,认为"这并不是上诉人的

签名笔迹,上诉人没有签过《协议书》和《特别声明》”。被上诉人对一审判决认定的事实无异议,法院对双方无异议的事实予以确认。被上诉人在一审举证期限内提交的证据足以证明上诉人异议的事实不成立,法院对其异议的事实不予采纳。综上,法院查明的事实与原审法院查明的事实和采纳的证据相同。

【裁判观点】

龙岩中院认为,第一,上诉人对被上诉人的执法主体资格和执法程序均无异议,法院经审查,被上诉人的执法主体适格和执法程序合法,予以确认。第二,联系本案而言,一方面,从被上诉人提供证据材料来看,既有上诉人在婚外第三人钟某甲住院分娩生育档案资料上的系列签名及事后被调查时认可,也有婚外第三人钟某甲的陈述,还有《协议书》及《特别声明》有关内容印证,上述证据能够形成完整的证据链,这些证据足以认定上诉人有婚外生育一个子女的违法行为事实清楚、证据充分;另一方面,上诉人提供其与新生儿“钟某乙”两方不具有亲子血缘关系的首次《亲子鉴定书》和以此更换的《出生医学证明》(此证明父亲一栏空白)两份证据,结合被上诉人要求上诉人作出的第二次上诉人、钟某甲与新生儿“钟某乙”三方《亲子鉴定意见书》及婚外第三人钟某甲陈述,可以证实上诉人送检的新生儿“钟某乙”是冒名顶替的,同时也可证明上诉人为规避法律责任拒绝做亲子鉴定。依前述,被上诉人作出的征收社会抚养费决定认定“袁某龙在婚姻关系存续期间与武平县中山镇阳民村钟某甲于 2013 年 3 月 22 日在龙岩牡丹妇产医院政策外生育一男孩”事实清楚、证据充分,上诉人主张被上诉人没有确凿证据证明钟某乙与上诉人存在亲子关系的理由不成立,依法不予采纳。被上诉人作出的被诉行政行为,适用法律正确,程序合法,应予以维持。原判认定事实清楚,适用法律正确,上诉人的上诉理由,法院不予采纳。2015 年 7 月 14 日,福建省龙岩中院依照修改前《行政诉讼法》第 61 条第(一)项规定,判决驳回上诉,维持原判。

五、征收社会抚养费争议行政案件之二

余某、林某珠与福州市晋安区人口和计划生育局计划生育行政征收案,参见福建省福州市晋安区人民法院(2015)晋行初字第 13 号。①

【案情概要】

2014 年 7 月 17 日,被告福州市晋安区人口和计划生育局对原告余某、林某珠作出晋计生征决(2014)鼓山 004 号《社会抚养费征收决定书》(以下简称 004 号征收决定),主要内容为:经调查核实,原告余某、林某珠均为农民、非独生子女,两人于 2007 年 2 月 9 日结婚,于 2007 年 9 月 10 日生育一男孩,取名余甲;于 2014 年 2 月 16 日生育一女孩,取名余乙,两原告的生育行为不符合《福建省人口与计划生育条例》第二章规定的生育第二个子女的法定情形,属多生育一个子女,根据《社会抚养费征收管理办法》和《福建省人口与计划生育条例》第 46 条第 1 款第 2 项规定,决定征收社会抚养费 67068 元。被告于 2015 年 1 月 15 日向法院提供了作出被诉具体行政行为的证据和依据:①榕晋计生(2012)86 号《征收社会抚养费委托书》,证明被告依法将执法权委托给基层计生管理组织实施。②立案审批表,证明被告办

---

① 福建省福州市晋安区人民法院(2015)晋行初字第 13 号行政判决书,中国裁判文书网,http://wenshu.court.gov.cn/website/wenshu/181107ANFZ0BXSK4/index.html? docId = 4493d53dd2454b129498b5a17a072560,下载日期:2017 年 8 月 12 日。

理了立案审批手续。③2014 年 4 月 17 日调查询问笔录,证明 2014 年 4 月 17 日被告向原告余建调查。④户籍登记证等复印件,证明 2014 年 4 月 17 日原告余某向被告提供户口簿、结婚证、身份证、余乙出生证复印件。⑤鼓山镇五坝村委会出具的《证明》,证明 2014 年 6 月 20 日被告向鼓山镇五坝村委会调查两原告的家庭情况。⑥榕晋计生(2014)13 号《关于 2014 年度社会抚养费征收标准的通知》,证明被告根据统计局数据向全区发出的征收标准及计算数据。⑦征收社会抚养费调查报告,证明 2014 年 6 月 20 日被告工作人员对本案出具初步的调查意见。⑧征收社会抚养费告知审批表,证明 2014 年 6 月 29 日被告对拟告知的内容办理的内部审批。⑨社会抚养费征收告知书及送达回证,证明 2014 年 6 月 30 日被告作出并送达了社会抚养费征收告知书。⑩2014 年 7 月 1 日调查询问笔录,证明 2014 年 7 月 1 日原告余某就被告告知内容向被告所作的陈述申辩意见。⑪2014 年 7 月 1 日收取的户籍登记证等复印件,证明 2014 年 7 月 1 日原告余某就其申辩内容向被告所提供的书证。⑫2014 年 7 月 9 日社会抚养费征收审批表,证明 2014 年 7 月 9 日被告经集体合议,采纳了原告部分陈述申辩意见而作出征收决定。⑬004 号征收决定及送达回证,证明被告作出并送达了 004 号征收决定。⑭榕晋政行复(2014)66 号《行政复议决定书》,证明复议机关维持了被告的征收决定。⑮行政执法证,证明被告执法人员具有合法行政执法资格。被告提供的法律依据有:《人口与计划生育法》《社会抚养费征收管理办法》《福建省人口与计划生育条例》。

余某、林某珠不服被告福州市晋安区人口和计划生育局计划生育行政征收一案,于 2014 年 12 月 9 日向福州市晋安区人民法院提起行政诉讼,认为被告作出的 004 号征收决定,没有法律依据,请求法院依法判决予以撤销。2015 年 1 月 6 日获准受理。

原告余某、林某珠诉称,2007 年 2 月 9 日,两原告依法登记结婚,2007 年 9 月 10 日生育一男孩,取名余甲。婚后,两原告均赡养原告林某珠的父母。由于原告林某珠父母未育有男孩,希望原告再生育一胎过继给其。2013 年 5 月,原告依照《福建省人口与计划生育条例》第 10 条第 1 款第(三)项的规定向五坝村委会提出再生一胎申请,并要求村委会开具证明。但由于户口政策(同一辖区内户口不能迁移)问题,以及村委会拒绝给两原告开具本村村民证明,因此,村计生办拒绝给原告办理相关准生手续。2013 年 6 月,迫于原告林某珠父母的一再要求,原告林某珠再次怀孕,并于 2014 年 2 月 16 日又生育一女孩,取名余乙。两原告均为农村户口,原告林某珠只有姐姐一人,出于赡养女方父母的要求,两原告才生育二胎,符合法律规定。但由于公安户籍管理机关根据福州市公安局榕公综(2009)611 号《关于印发福州市公安局办理户口居民身份证有关权限时限和程序的规定修订稿的通知》中“夫妻投靠的,凭《结婚证》,夫妻双方《户口簿》、《房产证》或政府房管部门直管的租赁房、政府廉租房的租赁凭证或国有土地使用证、集体土地建设用地使用证或有效住房证明方可办理落户手续”的规定,而原告林某珠家房屋属祖屋,没有产权证明,故无法成就上述条件。户籍管理机关的落户规定违反了福建省公安厅闽公综(2009)205 号《关于进一步放宽直系亲属户口登记迁移条件的通知》中“夫妻投靠的,不受年龄、婚龄、职业、固定住所、户口类别等限制,即可办理户口相互投靠迁移落户”的规定。原告就落户问题也在生育前咨询了户籍管理机关鼓山镇派出所、村计生员、镇计生办和被告,请求予以妥善处理和答复,但公安机关和被告只顾于自身职能,对存在的业务交叉矛盾问题相互推诿,未能妥善沟通协调解决,也拒绝给原告作出答复,致使对专业法律认识不足的原告受到处罚,该损害应由户籍管理机关和被告承担,

人民法院应公平看待案情，妥善作出合理裁定。征收社会抚养费涉及数额巨大，影响到原告最基本的民生问题，被告在作出决定前，未告知原告听证权，对原告提出余某属农村户口的申辩后，未考虑“户口落户”是属于原告自身问题还是管理机关制定法律存在纰漏问题，未再次向原告告知申辩权，程序违法。《福建省人口与计划生育条例》第 10 条第 1 款第（五）项“只生育一个女孩”的规定违反了《宪法》规定的“男女平等权”，第 10 条第 1 款第（三）项“男方到女方家落户”的规定，亦违反了“公民享有自主选择落户”的权利。原告林某珠家庭情况符合《福建省人口与计划生育条例》的有关规定，被告不能因有关部门的法规冲突矛盾问题及强迫性的落户规定而处罚原告。两原告向法院提交了榕晋政行复（2014）66 号《行政复议决定书》和邮件查询单，证明两原告诉权和起诉期限合法。

被告辩称，根据《社会抚养费征收管理办法》和《福建省人口与计划生育条例》的规定，被告有权委托乡（镇）人民政府、街道办事处征收社会抚养费。被告发现两原告存在违法生育行为后，依法办理了立案审批，并进行调查取证、拟定处理意见、向当事人告知，在听取了当事人意见后，采纳了原告部分陈述申辩意见，经内部集体审批作出了 004 号征收决定，程序合法。社会抚养费属于行政收费而非行政处罚，不存在原告所质疑的需处罚前告知听证权程序。被告所调取的证据可以证明，两原告婚后于 2007 年 9 月 10 日生育一男孩，取名余甲，于 2014 年 2 月 16 日又生育一女孩，取名余乙，且两原告不具备《福建省人口与计划生育条例》第 9 条至第 13 条规定“可生育二孩”例外情形，故两原告应被征收社会抚养费。被告按照当事人违法行为被查出的上一年度 2013 年晋安区农民人均纯收入 16767 元数据，决定予以征收社会抚养费 67068 元，事实清楚、证据确凿、程序合法、适用法律正确，请求法院驳回两原告诉讼请求。

法院认定以下事实：原告余某、林某珠均为农民、非独生子女，两人于 2007 年 2 月 9 日登记结婚，于 2007 年 9 月 10 日生育一男孩，取名余甲；于 2014 年 2 月 16 日生育一女孩，取名余乙。2014 年 4 月 13 日，被告就两原告违反计生法律法规多生育一个子女的行为予以立案，并进行调查取证；6 月 30 日，被告向原告送达社会抚养费征收告知书，原告进行了陈述申辩，后经内部集体研究，7 月 17 日，被告对两原告作出 004 号征收决定。两原告不服，向晋安区人民政府申请行政复议。2014 年 11 月 13 日，晋安区人民政府作出榕晋政行复（2014）66 号《行政复议决定书》，维持了被告 004 号征收决定。2014 年 11 月 26 日，两原告收到复议决定仍然不服；2014 年 12 月 9 日，两原告提起行政诉讼。

【裁判观点】

福州市晋安区人民法院认为，《社会抚养费征收管理办法》第 4 条、第 5 条规定“社会抚养费的征收，由县级人民政府计划生育行政部门作出书面征收决定；县级人民政府计划生育行政部门可以委托乡（镇）人民政府或者街道办事处作出书面征收决定”；“不符合人口与计划生育法第十八条规定生育子女的流动人口的社会抚养费的征收，按照下列规定办理：（一）当事人的生育行为发生在其现居住地的，由现居住地县级人民政府计划生育行政部门按照现居住地的征收标准作出征收决定；（二）当事人的生育行为发生在其户籍所在地的，由户籍所在地县级人民政府计划生育行政部门按照户籍所在地的征收标准作出征收决定；（三）当事人的生育行为发生时，其现居住地或者户籍所在地县级人民政府计划生育行政部门均未发现的，此后由首先发现其生育行为的县级人民政府计划生育行政部门按照当地的征收标准作出征收决定。当事人在一地已经被征收社会抚养费的，在另一地不因同一事实再次被

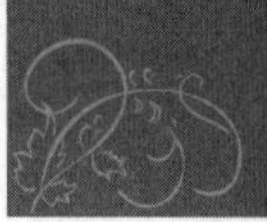

征收社会抚养费”,《福建省人口与计划生育条例》第 46 条第 3 款规定“县(市、区)人民政府人口和计划生育行政部门可以依照国家和本省有关规定,委托乡(镇)人民政府、街道办事处征收社会抚养费”,被告作为福州市晋安区人口和计划生育行政部门,有权对户籍在本辖区内的两原告违反计生法律法规的生育行为作出征收社会抚养费决定。被告所作具体行政行为,涉及两原告的合法权益,两原告经行政复议后在法定期限内对该征收决定提起行政诉讼,符合《中华人民共和国行政诉讼法》的相关规定。

被告作出被诉征收决定前已履行立案审批、调查取证、询问、告知等行政程序,并给予原告陈述、申辩的权利,在听取当事人陈述后,经内部审批作出决定,行政程序并无不当。《全国人大常委会法制工作委员会就社会抚育费征收时效等相关问题的复函》(法工委复字[96]2 号)指出“征收计划外生育费不是罚款,不属于行政处罚法的调整范围”,《财政部、国家发展计划委员会、国家计划生育委员会关于变更计划外生育费名称的通知》[财规(2000)29 号]指出“经研究决定,将目前使用的‘计划外生育费’名称变更为‘社会抚养费’”,《财政部、国家发展计划委员会、国家计划生育委员会关于计划外生育费改社会抚养费的通知》指出“‘社会抚养费’的性质应视为对违背地方计划生育法规规定多生育子女、较多占用社会资源的夫妻征收的补偿性的行政性收费”,故社会抚养费属行政征收,不属行政处罚范畴。原告主张被告未进行处罚前告知听证权,未再次向原告告知陈述申辩权,程序违法,缺乏依据,法院不予支持。

被告向法院提交的 2014 年 4 月 17 日调查询问笔录、户口簿、结婚证、身份证、余乙出生证复印件、鼓山镇五坝村委会出具的《证明》、2014 年 7 月 1 日调查询问笔录等证据材料,可以证明被告认定的原告余某、林某珠均为汉族、农民、非独生子女,两人于 2007 年 2 月 9 日结婚,于 2007 年 9 月 10 日生育一男孩,取名余甲,公民身份号为……于 2014 年 2 月 16 日生育一女孩,取名余乙;原告余某于 2005 年 6 月 29 日落户五坝村父亲家中至今的事实,两原告对此亦无异议。被告据此认定两原告的生育行为不符合《福建省人口与计划生育条例》第二章规定的生育第二个子女的法定情形,属多生育一个子女,可以成立。

《人口与计划生育法》第 41 条第 1 款规定“不符合本法第十八条规定生育子女的公民,应当依法缴纳社会抚养费”,《福建省人口与计划生育条例》第 46 条第 1 款规定“违反本条例规定生育的,由县(市、区)人民政府人口和计划生育行政部门按当事人违法行为被查出的上一年县(市、区)城镇居民人均可支配收入或者农民人均纯收入的以下倍数征收社会抚养费:……(二)多生育一个子女的,按二倍至三倍征收”。本案中,被告提供了福州市晋安区统计局提供的 2013 年晋安区农民人均纯收入数据,被告据此决定予以征收社会抚养费 67068 元,适用法律法规正确。《福建省人口与计划生育条例》第 10 条第 1 款规定“夫妻双方均为农村居民,已有一个子女,符合下列情形之一的,经批准可以再生育一个子女:……(三)女方无兄弟且只有一个姐妹,男方到女方家结婚落户,赡养女方父母……(五)只有一个女孩”,两原告主张原告林某珠家庭情况符合法律规定,可以多生育一个孩子,缺乏事实及法律依据,法院不予支持。综上所述,原告的诉讼主张及理由不足以否定被诉具体行政行为的法律效力。2015 年 4 月 1 日,法院依据《最高人民法院关于执行〈中华人民共和国行政诉讼法〉若干问题的解释》第 56 条第(四)项的规定,判决如下:驳回原告余某、林某珠要求撤销 2014 年 7 月 17 日被告福州市晋安区人口和计划生育局所作的晋计生征决(2014)鼓山 004 号《社会抚养费征收决定书》的诉讼请求。

六、计划生育奖励争议案

赵某与桓台县卫生和计划生育局等计划生育家庭奖励扶助待遇案，参见山东省淄博市中级人民法院行政判决书，〔2017〕鲁 03 行终 173 号。

【案情概要】

2014 年 7 月 30 日，赵某向法院起诉，请求判令被告桓台县卫生和计划生育局等为原告提供计划生育家庭奖励扶助待遇。法院于 2017 年 3 月 7 日立案。赵某于 1998 年 5 月 27 日登记结婚，其子于 1996 年 11 月 13 日出生于青海。2008 年 8 月 5 日，赵某被桓台县卫生和计划生育局征收社会抚养费 1000 元。2012 年始，赵某逐级向村、镇申请享受农村部分计划生育家庭奖励扶助政策，未获准。2013 年 5 月 21 日，赵某向桓台县卫生和计划生育局提交了申请，材料退回马桥镇计生办，桓台县卫生和计划生育局未予答复。2014 年 5 月 27 日，赵某以桓台县卫生和计划生育局不作为为由，向桓台县人民政府提起行政复议，2014 年 7 月 17 日，桓台县人民政府作出维持复议决定，并送达双方当事人。

一审法院认为，行政机关对公民、法人和其他组织提出的申请，应当根据不同情况分别作出处理，其受理或者不受理申请，应当出具加盖本行政机关印章和注明日期的书面凭证。本案中，赵某自 2012—2014 年，逐级向村、镇、县卫计局申请农村部分计划生育家庭奖励扶助待遇，各级部门的答复均不符合行政程序规定。在行政复议过程中，复议机关根据桓台县卫生和计划生育局的有关依据作出维持的决定，在事实审查方面有所欠妥。鉴于本案的事实情况，其应站在历史的角度，实事求是地综合考虑其下属的各个行政部门在各自的行政行为中对本案产生的影响，积极妥善处理，以达到政府职责目的。故原审法院要求桓台县卫生和计划生育局重新依据行政程序履行职责并撤销桓台县人民政府的复议决定。按照"一案一诉"的诉讼原则，对于赵某要求追加桓台县公安局、桓台县民政局为共同被告，要求一并作出赔偿的请求，不予支持。山东省桓台县人民法院依照《行政诉讼法》第 70 条规定，作出〔2017〕鲁 0321 行初 5 号行政判决，判决：①责令桓台县卫生和计划生育局于判决生效后 15 日内重新对赵某申请的农村部分计划生育家庭奖励扶助待遇作出决定。②撤销桓台县人民政府作出的桓政复议字(2014)第 2 号行政复议决定书。③驳回赵某的其他诉讼请求。

上诉人赵某不服前述判决，向淄博市中级人民法院(以下简称淄博中院)提起上诉，请求：①撤销原审判决，依法改判；②由人民法院追加其他侵权机关为共同被告一并给予上诉人赔偿；③责令辛桥村委教唆公安机关注销我的户籍违法行为，履行口头协议，给上诉人补偿；④判决复议程序违法，对上诉人加重损害一并予以赔偿，对直接责任人依法处分；⑤原审法院……

被上诉人桓台县卫生和计划生育局、被上诉人桓台县人民政府未提供书面答辩状。

二审查明的事实与原审判决认定的事实一致，淄博中院依法予以确认。

【裁判观点】

淄博中院认为，被上诉人桓台县人口和计划生育局对上诉人赵某的申请未予书面答复，口头答复亦不符合法律规定；被上诉人桓台县人民政府作出的桓政复议字(2014)第 2 号行政复议决定维持原行政行为，自然应当撤销该复议决定，原审判决责令桓台县卫生和计划生育局重新对赵某申请的农村部分计划生育家庭奖励扶助待遇作出决定；撤销桓台县人民政府作出的桓政复议字(2014)第 2 号行政复议决定，并无不当。本案是上诉人赵某不服被上

诉人桓台县人口和计划生育局不予发放农村部分计划生育家庭奖励扶助及独生子女待遇的行政行为所提的行政诉讼,赵某要求一并追加其他行政机关为侵权对象一并审理本案,因本案审理的是计划生育待遇问题,与赵某要求的其他机关无关,不属于遗漏当事人。赵某要求法院责令辛桥村委教唆公安机关注销其户籍违法行为,履行口头协议,给赵某补偿,因本案系行政诉讼,辛桥村不能作为本案的被告。赵某要求判决被上诉人桓台县人民政府作出的桓政复议字(2014)第2号行政复议决定违法并对责任人处分,但原审判决已撤销该复议决定,无判决违法的必要,且处分责任人不是行政诉讼受案范围。赵某要求原审法院处分责任人给予赔偿的请求,不是行政诉讼受案范围,二审不予审理。综上,赵某所提上诉请求及理由不能成立,二审不予支持。原审判决认定事实清楚,适用法律法规正确,审判程序合法,二审依法予以维持。2017年10月23日,淄博中院依照《行政诉讼法》第89条第1款第(一)项规定,判决驳回上诉,维持原判。

第四节 单身者生育权与行使的争议

一、单身人口生育权之论辩

关于单身人是否享有生育权,答案是肯定的。我国《人口与计划生育法》第17条、18条规定,“公民有生育的权利,也有依法实行计划生育的义务……”。但是,人类无单亲繁殖机制,一个人想生育后代,还需要另一异性的生育遗传材料。尽管当代生殖科技已经解决了精子冷冻储存、卵子冷冻保存和人工生殖技术,实现卵子在人体外的受精,但是,毕竟涉及实施人工生殖技术辅助生育的条件。我国《人类辅助生殖技术管理办法》仅允许为已婚男女提供此类服务,不得为单身人提供生殖技术辅助助孕服务;明文禁止代孕。

关于单身人生育权的争辩,有两个时期讨论比较热烈。其一,吉林省于2012年立法允许单身妇女生育;其二,2016年国家实行“全面二孩”政策以后。

(一)吉林立法引起的争论

《吉林省人口与计划生育条例》于2002年9月27日吉林省第九届人民代表大会常务委员会第三十二次会议通过,此后,经过2004年、2011年和2014年三次修正,现行法案是2016年修正案。该条例第28条规定,“公民应当依法生育,提倡一对夫妻只生育一个子女,鼓励晚婚晚育。达到法定婚龄决定不再结婚并无子女的妇女,可以采取合法的医学辅助生育技术手段生育一个子女。按照法定婚龄推迟三年以上初婚的为晚婚;夫妻双方年龄达到晚婚年龄后怀孕生育第一个子女的为晚育”。该条第2款允许单身妇女行使生育权,并明确批定采取“合法的医学辅助生育技术手段生育一个子女”。此款是从该条例第一次通过时就存在的。这是中华人民共和国历史上,立法第一次明确允许单身妇女行使生育权。该条例一经公布,立即引起了法学界关注,也引发社会有关方面关于单身人生育权及其行使问题的讨论。[①]

---

① 参见孙欣:《吉林允许单身女生育起风波 地方立法过多易混乱?》,http://news.sohu.com/57/31/news205513157.shtml,访问日期2019-08-19。

赞成者认为，生育是个人权利。每个人都有权利生育自己的后代。[①] 而结婚与否，在婚姻自由时代，不完全是个人意志所能决定的，因为近现代社会，提倡以感情为基础，以互爱为前提的双方自愿结婚。《人口与计划生育法》赋予每个公民享有生育权，没有任何法律规定只有夫妻才能生育。事实上，未婚或者无婚姻关系却生育子女的大有人在。吉林立法只是贯彻了国家法关于公民有生育权的精神，并非地方全新造法。

质疑、反对者认为，生育权是公民基本权利，不是地方立法所调整的范围，否则将会导致区域之间不平衡。在我国严格实行计划生育，提倡一对夫妻只生一个孩子的环境下，允许单身公民利用人工生殖技术辅助生育自己的后代，不符合国家现行计划生育大政。从吉林立法规定本身看，"达到法定婚龄决定不再结婚并无子女的妇女，可以采取合法的医学辅助生育技术手段生育一个子女"，存在明显法律逻辑问题。一个人，无论男女，只要达到或者超过法定结婚年龄，遇到愿意结婚的对象，一拍两合，任何时候都可能申请结婚，并且原则上都会获得民政机关批准。个人关于结婚与否的意愿是可变的，而非固定不变的。按照吉林省立法，单身女性利用技术辅助生育了一个子女后，她遇到了适当的结婚对象而决定结婚时，任何人或单位都无权阻止，不可能因为她曾经保证"不再结婚"就禁止或不批准其结婚申请。事实上，迄今为止，大陆地区，只有吉林省一个地方立法如此规定，其他省份均无此类立法，所以，一名单身妇女在吉林省利用人工生殖技术辅助生育了一名子女后，移居其他省份时，其在吉林时所作的"不再结婚"保证，还有约束力吗？更重要的是，根据婚姻自由原则，要求任何人提供"不再结婚"保证，明显错误！

（二）2016年以来的讨论

随着个人生活观念多元、生活方式多元化的发展，不婚人口数量越来越大，尽管不婚原因，各不相同，但是，选择单身生活的人中，有一部分希望有自己的孩子。2014年，国家调整人口政策，实行"单独二孩"，允许双方均是独生子女的夫妻生育第二个孩子；2016年，国家实行"全面二孩"政策，允许所有夫妻生育两个孩子。这说明，国家对生育人口的控制放松了。值国家人口政策调整之机，生育问题再次引发社会持续关注。[②] 其中，最突出或者典型的人口群体是单身女性中，不愿将就结婚却想要孩子的人们。一个文明社会，应该能够正视个体生育的自由。特别是生殖科学与技术发展为人类避免单身生育陷入伦理争议创造了条件，是否应该考虑在制度上为个体单人生育后代提供法律保护？从国家户口管理政策看，从2016年开始，非婚生育的子女申报户口登记已经没有法律制度障碍了。

1.单身行使生育权之不易与相关管理政策逐渐放宽

任何人都不否认，的确有部分人没有遇到合适结婚对象，不愿意将就结婚，或者"以后结不结婚不好说，但想要有自己的孩子，希望有机会做母亲"。第六次全国人口普查数据显示，30岁及以上女性人口中，有2.47%未婚；而此前的第五次人口普查中，同比仅有0.92%未

① 例如，张伟：《从吉林省"独身女性可生育子女"谈对公民生育权的法律保护》，《河北法学》2003年第3期。

② 李妹妍、林昭仪：《求"生"不能？单身女性生育权是否应该"松绑"？》，载《羊城晚报》，转引自人民网健康卫生频道，http://health.people.com.cn/n1/2016/1117/c398004-28875404.html，下载日期：2017年8月8日。

婚。10年间,同比增加了近2倍。从国家统计局的国家数据中可以看到,我国结婚夫妻对数于2018年开始明显下降。在单身未婚的人口中,呈现出的性别差异值得关注。单身男性,大多数是自身外在形象不属于受欢迎类的、经济比较拮据的或者家庭负担重的;而单身女性中,绝大部分拥有高学历、高收入。由于我国主流婚配模式是男高女低、男强女弱,这两类单身人口基本上不可能互生好感而缔结婚姻。以城市里的单身女性群体为例,她们收入比较高,且稳定,大多数还受过良好的教育,具有较好或者良好的抚养子女的条件。但是,单身女性生育,在我国实行计划生育的背景下,可能遇到"孩子报不上户口"的法律障碍。因为在我国,生育仍然限制在婚姻框架内,对"公民享有生育权"的认识,并未达到应有状态。传统上,把生育与婚姻联系在一起,但是,当代法律不仅允许自主决定自己的婚姻,而且允许自主决定生育。

单身女性生育,首要面临问题是精子的来源。根据原卫生部(现改为国家卫健委)发布的《人类辅助生殖技术管理办法》《人类辅助生殖技术规范》等文件,医疗机构在实施试管婴儿技术中,"禁止给不符合国家人口和计划生育法规和条例规定的夫妇和单身妇女实施人工辅助生殖技术"。据此,精子库均表示,必须夫妻双方申请才可以提供精子。申请人需要提交的申请材料里就包括结婚证。单身女性依法不可能获得精子库提供的精子。其次,单身女性生育,申报孩子户口问题。有些地方规定,生育不跟结婚挂钩,户口不跟生育挂钩。但是,也有更多地区规定,户口申报与婚姻挂钩。在保护儿童利益原则下,因为生育者没有婚姻而不让孩子申报户籍的规定,是明显不合理的。在国家修改《人口与计划生育法》以后,各省市自治区相继修改了本地区的人口与计划生育条例,对于户籍与生育捆绑的问题逐渐被突破,一般情况下,生孩子、上户口,已不像过去年代那样受到严苛的管控。2016年1月14日,国办发〔2015〕96号《国务院办公厅关于解决无户口人员登记户口问题的意见》[①]发布。该意见开宗明义指出,"依法登记户口是法律赋予公民的一项基本权利",但是,"一些地方和部门还存在政策性障碍等因素,部分公民无户口的问题仍然比较突出,不利于保护公民合法权益";"为解决无户口人员登记户口问题"而公布此意见。据此规定,政策外生育、非婚生育的无户口人员,本人或者其监护人可以凭《出生医学证明》和父母一方的居民户口簿、结婚证或者非婚生育说明,按照随父随母落户自愿的政策,申请办理常住户口登记。申请随父落户的非婚生育无户口人员,需一并提供具有资质的鉴定机构出具的亲子鉴定证明。再次,单身生育孩子者,应缴纳社会抚养费。单身人士顺利为孩子申报了户籍登记的,她们势必会被要求缴纳计划外生育的社会抚养费。不符合计划生育的生育行为应缴纳的社会抚养费,是一笔很大的金额。如果单身生育不再被征收社会抚养费,能够享有生育保险待遇等夫妻生育的同等待遇,相信单身者生育子女的顾虑和负担将大大减少。

此外,也有意见认为,从我国人口老龄化、高龄化结构的现实出发,也应当尽快开放单身女性生育的政策限制了。建议立法尽快将结婚与生育两个问题脱钩,切实承认行使生育权的主体公民个人,而不是夫妻。

2.对单身者行使生育权与婚姻分离问题,应谨言慎行

这种意见认为,单身者行使生育权,将遇到下列两个问题。首先,是否与计划生育政策和法律之间发生冲突?我国社会依然实行计划生育,允许单身女性生育,必然冲击计划生育

① 《国务院办公厅关于解决无户口人员登记户口问题的意见》,中央人民政府政府信息公开专栏,http://www.gov.cn/zhengce/content/2016-01/14/content_10595.htm,下载日期:2017年7月16日。

政策实施。两者如何协调？其次，性别平等问题。单身生育，从可能性上看，只能是女性通过人工生殖技术辅助，利用人类遗传材料库的精子实现受孕而生育，而男性做不到，因为若男性单身想生育，涉及代孕，将触犯我国现行禁止代孕政策底线。如果只一个性别群体可行，另一个性别群体不可行，相关政策一旦实施，是否将会产生新的性别不平等问题？若没有深入讨论这两个问题，从而达成社会共识，匆忙开放单身生育，很可能达不到预期效果，相反，会引发种种社会问题。吉林省允许单身女性生育一个子女的政策实施以来，近二十年间，到底有多少位女性适用这个条款而生育了子女的？这些孩子成长情况如何？迄今查不到公开信息。所以，很难评估该条地方立法的实施效果。如果全国放开单身女性生育，又将是个什么状况？迄今为止的相关研究，都没有实证或模型推算，媒体报道仅仅披露被采访个体的认识和感受，缺乏整体观。此外，对单身女性生育子女的社会文化生态是不是会给这个群体带来压力而导致相关个体难以承受之重问题？

社会观念、社会环境改变需要一个过程，若允许单身者行使生育权，也需要创造些条件，使得相关群体能够承受得起单身生育的结果；特别是应保障单身生育者参加生育保险而享有生育保险待遇，保障她们所生的子女健康成长。

二、单身母亲行使生育权争议：上海单身母亲申请生育保险待遇被拒案

【案情概要】

2017 年 7 月 11 日，当事人张某办理申请享受生育保险待遇计划生育情况审核表，计划向上海市浦东新区某街道办事处申请生育保险。同年 7 月 14 日，张某收到街道办签发的享受生育保险待遇计划生育情况审核申请不予受理通知书。当地街道办决定不予受理张某的生育保险申请。2017 年 7 月 28 日，张某不服当地街道办的行政决定，向上海市浦东新区人民政府申请行政复议。2017 年 11 月 30 日，浦东新区政府维持当地街道办不予受理的决定，并将上海市浦东新区人民政府送达的行政复议决定书送达张某。

2017 年 12 月 7 日，张某以上海市浦东新区人民政府金杨新村街道办事处与浦东新区政府为共同被告，向上海市浦东新区人民法院提起行政诉讼。获准受理。上海市浦东新区人民法院经审理，于 2018 年 4 月 24 日作出一审行政判决，驳回了当事人张某的诉讼请求。

2018 年 1 月 23 日，张某直接向上海市社会保险事业管理中心申请生育保险，书面说明申请人属于未婚生育第一胎。管理中心以申请人未能提供《计划生育情况证明》为由，拒绝向申请人发放生育保险待遇，并出具了办理情况回执，回执中说明因申请人提供的材料缺少《计划生育情况证明》而不能办理。

2018 年 7 月 3 日，张某以上海市社会保险事业管理中心为被告向上海市浦东新区人民法院提起行政诉讼，提出三项诉讼请求：①发放生育保险待遇；②涉及生育保险，将严重影响申请人母子最低生活保障，申请先予执行；③请求一并审查规范性文件《上海市申请享受生育保险待遇计划生育情况审核办法》第 2 条、第 3 条规定的合法性。2018 年 10 月 8 日，上海市浦东新区人民法院作出一审判决，驳回原告张某的诉讼请求。

2018 年 10 月 17 日，张某不服一审行政判决，向上海市第三中级人民法院提起上诉。2019 年 2 月 15 日，上海市第三中级人民法院作出二审判决，驳回张某的上诉请求，维持原判。

2019 年 7 月 2 日，张某向上海市高级人民法院申请再审。2019 年 8 月 14 日，上海市高级人民法院受理了张某提起的再审案件申请。

2019 年 11 月 26 日，上海市高级人民法院就该案再审事宜组织听证。

【裁判意见】

两级法院均认为,公民有生育权。同时,公民应当遵守有关计划生育法律法规确定的义务和责任。《上海市人口与计划生育条例》第41条第1项规定,"对违反本条例规定生育子女的公民,除征收社会抚养费外,给予以下处理:(一)分娩的住院费和医药费自理,不享受生育保险待遇和产假期间的工资待遇"。张某认为自己参加了生育保险,且是第一胎生育和第一个孩子,有权享受生育保险,这种观点与现行法律不一致。被诉行政行为在事实认定、法律适用和程序方面均无不当,应予维持。申请人的再审申请不符合《中华人民共和国行政诉讼法》第91条规定的情形。根据《最高法院适用〈行政诉讼法〉解释》第116条第2款规定,裁定驳回申请人的再审申请。

【点评】

该案件反映出单身人士享有的生育权之行使,在现有法律框架中,遭遇到明显的法律障碍。在本书交付出版时,该案件再审程序尚未终结,但是,可以推测,该案再审申请人的请求仍将会被驳回,因为上海市地方有关生育保险待遇的规定在该案件诉讼过程中并未修改。根据《中华人民共和国行政诉讼法》第63条规定,"人民法院审理行政案件,以法律和行政法规、地方性法规为依据。地方性法规适用于本行政区域内发生的行政案件。人民法院审理民族自治地方的行政案件,并以该民族自治地方的自治条例和单行条例为依据。人民法院审理行政案件,参照规章"。

第五节　域外法中的生育权及生育争议裁判

从现有资料检索中很难见到域外立法调整生育问题。《巴西新民法典》在"婚姻的效力"专章中明文规定了"计划生育",是个难得一见的外国立法例。根据该国民法典第1565条第2款规定,"计划生育由夫妻自由决定之,州有义务提供教育和财政资源帮助行使此种权利,禁止任何私人机构或公共机构强制他人节育"。① 生育权是由怀孕权、避孕权、堕胎权、结扎权等一系列权利组成的。此处仅介绍美国、德国法中的生育权及司法裁判涉及生育争议时的立场。

(一)美国法上的生育权

美国联邦最高法院于1942年在Skinner v. Oklahoma案件中,判决确认生育权是一项基本人权。从此,美国妇女的生育权受到联邦宪法保护。但是,由于下列三个因素的影响:美国宪法未明文规定生育权是基本人权;避孕、堕胎及工人协助生育与人们的道德及信仰之间具有极其复杂的联系;人工生殖科技的进步对社会带来的极大冲击,生育权一直备受争议。②

首先,按照美国法,怀孕是一种特殊生理状况,雇主应该为孕妇提供友善的工作安排,以维护孕妇和胎儿的安全,同时保障妇女享有平等工作机会。联邦于1978年通过《怀孕歧视法》,禁止歧视工作场所中的孕妇或生产后的女性;雇主应对所有员工一视同仁。其次,妇女有避孕权。避孕权是指妇女有避免受孕的权利。联邦最高法院在1965年Griswold诉

① 《巴西新民法典》,齐云译,徐国栋审校,中国法制出版社2009年版,第245页。

② 纪欣:《美国家事法》,五南图书出版公司2009年第2版,第165页。

Connecticut 案件中,判决康尼狄克州法律禁止已婚夫妻使用避孕药,侵犯了已婚人士的隐私权。法官确认,隐私权为当事人建立了一个隐私空间,如果一个人不能决定自己重大事情特别是已婚人士在自己卧室中的行为,或者采以他认为必要的行动,则所有宪法保障均属枉然。再次,妇女有堕胎权。堕胎是人工终止妊娠的措施。联邦最高法院于 1973 年罗伊诉伍德案(Roe v. Wade)中,确认妇女选择堕胎是一项基本权利,应当受到宪法和法律程序的保障。当时,得克萨斯州法律限制妇女堕胎,其理由有三:减少不合法的性行为;保护母体;政府有保护潜在生命的利益。联邦最高法院未采纳得州的意见,尽管同意得州的后两条理由。联邦最高法院认为,立法应当在政府的利益与妇女权利之间保持平衡。[①] 从此,美国妇女享有了堕胎权。起初阶段,妇女行使堕胎权时,受到胎儿月份(把胎儿月份划分为三个不同阶段)的限制,但是,10 多年后,美国联邦最高法院的立场发生了改变。在 1989 年韦伯斯特诉生殖健康服务案(Webster v. Reproductive Health Service 1989)中,联邦最高法院判决认定,"罗伊判例的三阶段标准超出了法院违宪审查的范围,限制了州政府立法权,予以推翻"。在 1992 年宾夕法尼亚州父母计划诉卡西案(Planned parenthood of Pennsylvania v. Casey)中,联邦最高法院确认"罗伊判例的核心内容应当维持",但是,"罗伊判例的三阶段标准准予推翻"。[②] 从此,政府不得再干预妇女享有的堕胎权。美国联邦最高法院确认,妇女选择堕胎无须征得丈夫同意。1976 年,联邦最高法院就州法律是否可以规定妻子接受人工流产须征得丈夫同意,答复意见明确持否定立场,"我们不是没有意识到丈夫对妻子怀孕和妻子孕育中的胎儿的生长和发展所持续有深切的和适当的关注和利益。……我们认识到,是否接受人工流产,可能会影响部分婚姻关系的发展,包括物质的和精神的影响,而且这种影响是不利的。尽管如此,我们不认为各州享有宪法所授予的权利——可以准许男方单方面行使权利阻止妻子终止妊娠"。妻子接受流产之前,无义务通知丈夫,否则,会使一部分妇女无法接受人工流产。[③] 当然,法律也要保护丈夫的生育权。丈夫有权知道妻子是否愿意与他共同生育子女,或者有权寻找一位愿意与他共育后代的妇女为妻。[④] 最后,男女都享有结扎权。

(二)德国的生育权与生育争议裁判

在德国,对于夫妻有关生育协议的法律约束力,有法院经司法审查而作出裁判的案例。例如德国联邦最高法院曾就下列争议作出裁决:男女双方基于私密关系而作出的约定,例如,采取避免措施的约定,是属于有约束力的法律行为还是情谊行为?服用避孕药的约定是否有拘束力?是否违反善良风俗?在 P 男起诉 S 女士损害赔偿案件中,P 与时年 18 岁的 S 于 1977 年底开始共同生活,双方关系类似于婚姻共同生活。在 1980 年底之前,双方同意不生育子女,并由 S 服用避孕药。1980 年 12 月,S 停止服药,但未将该事实告知 P。1981 年 3 月,P 得知 S 怀孕时,双方关系即告破裂。1981 年 11 月 3 日,两人的孩子 S1 出生。经生效判决确认,P 是 S1 的生父,应当支付抚养费。S 在法庭上表示,她无论如何想要与 P 有个孩

① 纪欣:《美国家事法》,五南图书出版公司 2009 年第 2 版,第 165~173 页。

② 转引自方流芳:《1973—1992 年美国联邦最高法院关于堕胎问题的主要判例和持不同观点法官人数对比的变化》,载梁治平编:《法律解释问题》,法律出版社 1998 年版,第 318 页。

③ Harry D. Krause,Family Law,法律出版社 1999 年版,第 143~144 页。

④ Harry D. Krause,Family Law,法律出版社 1999 年版,第 144 页。

子,就停服了避孕药。P认为,S违反了合同义务,他有权要求S给予损害赔偿,赔偿其支付给孩子的抚养费,因为他与S之间达成了不生育子女的约定,该约定在S受孕时仍然有效;S停服避孕药,目的要与其生个孩子,据此敦促其与之结婚。P提出,S曾经向一位友人承认,自己是在男方不知情且违背其意志的情况下停止服用避孕药的,并"完善地骗过了他"。一审法院认为,S女士是否具有法律上的拘束意思以及此种法律行为是否与《德国民法典》第138条规定相符,存在疑问,即使此种法律行为能够成立,依据第306条也应当属于无效,因为服用避孕药并非万无一失的保护措施。法院认为,此争议中,不存在《德国民法典》第823条规定中的请求权,驳回了P的起诉。P不服一审判决,曾经上诉,但后来因故撤回。

败诉的P拒不支付律师费,其代理律师L发动诉讼,要求P支付律师费。P则反诉,要求L支付其在与S之间争讼的前案中的诉讼费(以下简称此案为"药丸案")。地方法院驳回了L的起诉,支持了P的反诉。法院认为,根据《德国民法典》第242条,P不负有履行L诉请的律师报酬给付义务;原告有过错,而且违反律师义务,对P负有损害赔偿义务,因为律师须充分研究当事人陈述的案情,如认为诉讼没有获胜希望,应当向当事人说明,并劝说其放弃通过诉讼主张权利的计划。法院认定"前案即属于此种无望获胜的情形",在此情形下,"如果赋予一方损害赔偿请求权,意味着以不当方式侵入当事人受一般人格权框架保护的隐私领域",P的利益不能高于全面保护人格尊严这一利益。因此,无须讨论类婚姻生活共同体中的男女避孕约定在法律上是否有效,抑或根据《德国民法典》第306条或第138条属于无效。L在其咨询意见中没有提及这些显而易见的法律观点,违反了《德国民法典》第276条规定的适当注意义务。L本应当劝阻P不提起这种毫无胜诉希望的诉讼,但是,他不仅没有劝阻,甚至没有向P指出该诉讼中存在的特别风险①。

1986年4月17日德国联邦最高法院裁决"药丸案"中,认定:"①非婚共同生活的当事人约定由女方服用避孕药,该约定涉及最核心的个人自由领域,不能适用有关法律行为的规定。一方当事人不遵守约定且不通知对方的,也不发生合同法意义上的损害赔偿请求权。"否则,就会对一方的隐私领域造成难以接受的影响。"②成年当事人自愿发生性关系的,应为由此诞生的新生命承担责任;若事实上生育了子女,即使一方在采取避孕措施方面欺骗了另一方,他们的私密领域原则上也不受侵权法调整。"对于具有性关系的双方当事人而言,关于孩子问题,可能不断地会有新的想法和决定,这属于双方的人格尊严和人格权。他们各自应始终享有是否采取避孕措施的自由。而且该决定权涉及其人格及其自主决定发展的最核心部分。伴侣一方不得事先以具有法律拘束力的方式有效地承担定期服用某种避孕药物的义务。根据《德国民法典》第823条和后续条款规定,只有违反共同生活的基本道德观念和秩序原则的行为,才会产生责任后果。②

此外,《巴西新民法典》第1565条第2款规定,"计划生育由夫妻自由决定之,州有义务提供教育和财政资源帮助行使此种权利,禁止任何私人机构或公共机构强制他人节育"③。

---

① 王葆莳:《德国联邦最高法院典型判例研究·家庭法篇》,法律出版社2019年版,第38页。

② 王葆莳:《德国联邦最高法院典型判例研究·家庭法篇》,法律出版社2019年版,第35~43页。

③ 《巴西新民法典》,齐云译,徐国栋审校,中国法制出版社2009年版,第245页。

第九章
评注第十七条(法定夫妻财产制·婚后所得共同制)

> 第17条　夫妻在婚姻关系存续期间所得的下列财产,归夫妻共同所有:
> (一)工资、奖金;
> (二)生产、经营的收益;
> (三)知识产权的收益;
> (四)继承或赠与所得的财产,但本法第十八条第三项规定的除外;
> (五)其他应当归共同所有的财产。
> 夫妻对共同所有的财产,有平等的处理权。

第一节　本条的基本原理

一、本条的基本内容

夫妻财产制是指规范夫妻婚前财产和婚后所得财产的归属、管理、使用、收益和处分,婚姻对外财产责任,婚姻终止时财产的分割与清算,以及夫妻财产制的设立、变更与废止的法律制度。夫妻财产制事关婚姻家庭基本物质生活条件,同时与民事交易安全密切相关,因而受到各国和地区婚姻家庭法的重视。夫妻财产制的确立,实行法定原则。夫妻财产制是通过法律而固定的,有关夫妻财产制的规定大多属于强制性规范,当事人自由创设夫妻财产关系的空间较小。

确立夫妻财产制度,通常有法律直接规定和当事人依法约定两种途径。相应地,夫妻财产制度有法定夫妻财产制与个人特有财产制、夫妻约定财产制。夫妻未以契约订立夫妻财产制的,以法定财产制为其夫妻财产制。法定财产制是法律强制婚姻当事人适用的明确指定的夫妻财产制度。有了法定财产制,婚姻当事人未就夫妻财产关系作出约定或者约定无效时,其夫妻财产关系一律适用法定财产制。法定财产制原则上是对婚姻当事人双方最公平的财产规则。法定财产制的内容由法律详细规定,且不允许当事人自行变更,当事人任何一方都不可能利用自身的财产、职业、知识背景等优势从制度上为自己谋得比对方更多的利益,实施法定财产制的后果对婚姻当事人是相同的。实施法定财产制简单方便,成本节省。

我国法定夫妻财产制是婚后所得共同制。婚后所得共同制是指在婚姻关系存续期间,夫妻一方所得和双方共同所得的收入和财产,均归夫妻双方共同共有,但特有财产除外的夫妻财产制度。按照这种制度,夫妻共同共有开始于婚姻成立之时。婚姻的合法缔结是夫妻共同财产制开始的标志,婚姻成立之前男女各自所有的财产在婚后依法属于个人财产。夫

妻共有财产的范围是婚姻关系存续期间所得的全部财产和收入,但特有财产除外。夫妻共有的形式是共同共有,即共有人对共有财产不区分份额大小,平等地享有所有权,夫妻双方对共有财产的权利相同,而不考虑各方对共同财产积累的贡献大小。诚然,如果婚姻当事人曾经实行约定夫妻财产制,其后,又变更实行法定夫妻财产制的,其法定夫妻共同财产制开始的时间应是当事人双方约定终止约定财产制之日之次日;相关夫妻共同财产范围也会有所不同。

(一)夫妻共同财产的范围

夫妻共同财产来源包括婚后夫妻一方或双方共同劳动所得及其他合法收入和财产,但法律另有规定的除外。根据《婚姻法修正案》第 17 条规定,夫妻在婚姻关系存续期间所得的下列财产,归夫妻共同所有:工资、奖金;生产经营的收益;知识产权的收益;因继承或赠与所得的财产,但遗嘱或赠与合同确定只归夫妻一方的财产除外;其他应当归共同所有的财产。

1.劳动报酬。劳动报酬是劳动者为他人劳动应得并从他人处得到的金钱或实物。其形式种类多样,通常形式有工资、奖金、津贴、福利等。婚姻是夫妻共同经营的事业,无论是配偶双方参加职业劳动谋得收入,还是一方劳动所得而另一方料理家事、养育子女,同样是为共同事业作贡献。一方劳动所得,与另一方的感情、生活、事业等各方面的支持分不开。劳动所得由夫妻共享的安排,是婚姻共同性的体现,也是对家事劳动价值的承认。用劳动报酬添置的财产,只是转化了财产的外在形式,并没有改变财产的法律性质或地位。

2.从事生产、经营所得的收益。从事生产活动、商业活动获得的收益或增值,依法属夫妻双方共有。鉴于我国社会主义市场经济的进一步发展,从事生产、商业经营性活动的公民个人、家庭或者由个人或者家庭投资的法人或非法人组织越来越多,这类财产或收入也将提高其在夫妻共同财产中可能占据的比重。

3.知识产权的收益。知识产权是指人们可以依法就其智力创造的成果享有的专有权利。知识产权是人身权与财产权的结合,其中的财产权是指知识产权人依法通过各种方式利用其智力成果给权利人带来经济利益的权利。知识产权的收益是指知识产权中的财产权带来的实际利益。作为夫妻共同财产的知识产权是指其中的财产权和收益。

4.因继承得到的财产,但遗嘱确定归一方所有的除外。继承是指继承人依法取得死者生前所有的财产和财产权益。继承发生在继承人的婚姻关系存续期间,继承人通过继承得到的死者的遗产依法归夫妻双方共有。我国继承制度规定的继承人,均是与死者具有近亲属关系的自然人。这些继承人在继承遗产之前,往往对被继承人尽过抚养、扶养或赡养义务,无论是时间、精力和财产的投入,扶养义务的履行都是夫妻共同财产积累的某种减少,是婚姻整体对死者生前的一种贡献。因此,不能说继承人继承得到的财产与配偶他方完全无关。

但是,如果被继承人事先通过遗嘱确定只归继承人个人所有的,夫妻一方继承得到的财产依法不纳入夫妻共同财产。被继承人生前作为财产的所有者,依法享有财产处分权。被继承人通过遗嘱确定财产只能归继承人个人所有,是对其财产的某种处分,理应得到法律的尊重和保护。所谓遗嘱确定,按照立法本意,应该理解为适用于所有继承,即包括法定继承或遗嘱继承。

5.因赠与得到的财产,但赠与合同指明归一方所有的除外。通常,夫妻一方因赠与得到的财产,归夫妻共同共有;但只要赠与人和受赠人以书面形式确定受赠财物不归夫妻共有,所得受赠财产依法归受赠人个人所有。一方面,赠与人作为原财产所有者,赠与是其依法处分财产的一种形式,理当受到法律保护,赠与人有权为其财产的命运或去向作出安排。另一方面,赠与的发生通常是基于赠与人与受赠人之间存在充分信任和私人感情,受赠人是否已婚及其婚姻状况如何,往往与赠与人的赠与行为实施无关联。

6.其他应当归夫妻共有的财产。这项规定作为兜底条款,将法律无法详尽列举婚姻关系存续期间得到并应归夫妻共有的财产的具体情形,统统纳入其中。结合第17条和第18条规定,凡依法不属于夫妻一方个人所有的财产,依法应无例外地全部属于夫妻双方共同共有。如夫妻一方或双方受雇单位分发的福利;偶然中奖所得的奖品和奖金;股票、债券买卖所得收益等。

(二)夫妻对共同财产享有平等的权利

《婚姻法》第17条规定,夫妻在婚姻关系存续期间所得的财产,归夫妻共同所有,但法律另有规定的除外;夫妻对共同所有的财产,有平等的处理权。所有权是指所有人对其所有物依法享有的权利。我国《民法通则》第71条规定:"财产所有权是指所有人依法对自己的财产享有占有、使用、收益和处分的权利。"根据这些规定,夫妻对共同财产依法享有平等的占有权、使用权、管理权、收益权和处分权五方面权利。

1.夫妻双方对共同财产有平等的占有权。占有是指对财产的实际掌握和控制。对物的占有是行使使用权能的前提条件。夫妻双方对共同财产有平等的占有权,意味着夫妻二人都有权占有共有财产。

2.夫妻对共有财产享有平等使用权。使用权是指按照物的性能和用途对物加以利用,以满足生产或生活需要的权能。行使使用权是实现物的使用价值的手段。夫妻任何一方均有权使用共有财产,不受他方的限制或排斥。

3.夫妻对共同财产有平等管理权。管理是保管和料理之意。任何一方单方面要求掌管全部共同财产,不允许另一方插手的想法和做法,都不符合法律要求。

4.夫妻对共同财产有平等的收益权。收益权是指收取原物所生的新增经济利益的权能。夫妻对共同财产的孳息或新增价值有同样的收取权、享有权。通常,夫妻财产由夫妻自己占有、使用从而收益。由于种种原因有可能将部分夫妻共有财产交给他人占有、使用,以谋取更多利润。

5.夫妻对共同财产有平等处分权。处分权是指依法对物进行处置以决定物的命运的权能,包括事实上的处分和法律上的处分两种形式。夫妻对共同财产的处分,主要是满足生活需要的消费行为,也有相当处分是为了通过商品交换谋取利润。随着夫妻共同财产积累不断增加,夫妻为实现利益增值而实施的处分行为将更多。根据《最高法院适用〈婚姻法〉解释一》第17条、第18条规定,夫和妻在处理夫妻共同财产上的权利是平等的;对夫妻共同财产做重要处理时,双方应当平等协商,取得一致意见,但因日常生活需要而处理夫妻共同财产的,任何一方均有权决定。现实生活中,夫妻双方在自愿基础上,经协商一致确定由夫妻一方单独承担管理共同财产之责,或者由夫妻双方轮流管理,或者区分共同财产的情况由双方分别管理的模式,只要不违背管理权平等原则,均为法律所允许。经夫妻协商一致处分权主要由一方行使的,也为法律所允许。夫妻一方独自管理全部或者大部分共同财产的,应尽心

尽职地履行管理职责,有义务定期或者不定期地向对方报告财产状况;对于未实际管理或处分财产的配偶一方提出的合理建议,应予考虑。如果管理财产一方行为明显不利于共同利益,另一方可以要求管理者放弃实施该行为,已实施的,应及时采取补救措施,尽可能地减少损失或者挽回损失。管理者利用管理之便为本人谋私利,未经对方同意擅自对共同财产作重大处分等行为,不符合法律精神。

(三)夫妻对共同财产的义务

夫妻对共同财产的义务是指婚姻当事人依照婚姻法规定负担的为保障一方或者双方共同实现婚姻家庭利益而为一定行为或不为一定行为的约束。这种义务由婚姻法确认,也可由夫妻双方依约定而生,其核心在于为满足婚姻家庭共同利益或者对方合法利益而为一定行为或者不为一定行为。作为义务,对婚姻当事人双方都是一种约束或限制,如果义务人未履行其对共同财产的法定或者约定的负担,或者履行义务不符合相应要求,义务人应当承担相应的民事法律责任。

在共同财产制下,婚姻双方的权利与义务是相对应的,夫妻双方对共同财产平等地享有上述的五方面权利,相应地夫妻各方的义务是:不得妨碍配偶他方平等地享有和行使对共同财产的占有权、使用权、管理权、收益权、处分权。夫妻一方对共同财产行使占有、使用、管理、收益和处分权时,遇到另一方的非法干涉或者妨碍,该方有权根据其所受干涉或者妨害的具体情况,请求排除妨碍。夫妻一方或双方行使对共同财产的权利时,受到了第三人的非法干涉或者妨碍,婚姻当事人同样有权利请求排除干涉或妨碍、恢复原状、返还原物、赔偿损失等。

在婚姻对外财产责任上,他人有理由相信夫妻一方的行为为该方夫妻双方共同意思表示的,夫妻另一方不得以不同意或不知道为由对抗善意第三人。

二、婚后所得共同财产制的依据、用途和终止

无论学理上还是域外法实践中,法定财产制区分为普通法定财产制和非常法定财产制。前者是指依法律直接规定普遍适用于婚姻当事人的夫妻财产制度;后者是指在特殊情形下,具备法定事由时,依据法律规定强制适用于婚姻当事人的夫妻财产制。非常法定财产制又可区分为当然非常法定财产制和宣告非常法定财产制,前者是指在适用通常法定财产制或约定财产制期间,因发生特定情事,依法律规定直接适用某一种财产制;后者是指出现法定事由时,经夫妻一方或债权人的请求,由法院裁决宣告婚姻当事人改采分别财产制。法定财产制的意义在于推定婚姻当事人的意愿,为处理夫妻财产关系提供明确的法律依据。由于婚姻特点和传统影响,世界上大多数国家和地区的居民,多数人结婚前或结婚后不约定夫妻财产制。

(一)采纳婚后所得共同制为法定财产制的理由和依据

婚后所得共同制在伦理上与夫妻关系较为吻合。夫妻作为共同生活伴侣,无论何方所得财产归夫妻双方共有共享,有助于加强婚姻内部的凝聚力,又便于财产的使用和管理。在婚姻当事人收入有限的情形下,共同共有是满足家庭生活必需并有计划地逐步提高家庭生活水平的有力手段。

婚后所得共同制作为我国法定夫妻财产制，主要理由如下[①]：

1.这是由我国生产力发展水平所决定的。我国绝大多数公民的个人财产不多，婚后家庭共同生活正常运作有赖于双方财产共有共享。婚后所得共同制使夫妻的经济生活和身份生活趋于一致，鼓励夫妻同甘共苦，增加夫妻间的凝聚力，促进婚姻的稳定。同时，实行婚后所得共同制，承认家事劳动的社会价值，有助于保障因长期从事家事劳动致使经济收入减少或无收入配偶一方的合法权益。婚后所得共同制，使婚姻共同体内差异消减到最小限度，较合乎国人传统婚姻心理。

2.是比较各种夫妻财产制后作出的选择。各种夫妻财产制均各有所长又各有所短。我国现实是，男女事实上的平等远未实现，从整体看，妇女受教育程度、就业收入明显低于男性，已婚妇女在生育子女和操持家务上付出更多。婚后大部分财产共同所有对婚姻当事人双方才是尽可能公平。

3.它充分考虑了传统婚姻文化因素影响。在我国文化传统中，夫妻是一种比其他任何关系都更为密切的关系，在财产上不区分得一清二楚。在共同生活期间，通常情况下，一方配偶在婚姻存续期间所取得的财产，都是双方共同努力的结果。现实生活中，几乎不可能判断配偶一方在获得财产收益时，另一方配偶提供了多少帮助。婚后所得共同制为在婚姻期间献身于家庭和孩子抚育的配偶一方提供了有力保护，在各种财产制中，其适应性更强。

4.顺应夫妻财产制立法潮流的需要。夫妻财产制立法既应重视国人的传统与习惯，又应尊重夫妻财产法发展的轨迹。如前所述，共同财产制特别是婚后所得共同制和所得共享制是当今国际上被最广泛地采用的夫妻财产制度。2001 年婚姻法修订正赶上 20 世纪 90 年代以来婚姻家庭法的又一波改革潮流，婚后所得共同制较好地体现了传统与发展的融合。

（二）夫妻共同财产的支出与用途

夫妻共同财产首先应用于负担家庭生活费用。家庭生活费是指为维持家庭生活正常运行及进一步提高生活水平所作的支出，主要包括维持共同生活的费用，抚育子女的费用，家庭成员所需的医疗费用，夫妻一方或者双方及其子女所需的教育费、职业培训费，在家事范围与第三人交往时所需的经济支出以及其他属于维持家庭正常生活所需的费用。其次应用于负担婚姻生活期间的对外财产责任，如作为夫妻共同财产管理人的配偶一方，为了家庭共同利益，或夫妻双方共同或夫妻一方经另一方同意缔结的债务或财产责任，夫妻共同财产上的所有税费支出，维护由家庭使用的个人财产而支出的税费，夫妻共同赠与或共同承担的其他合理支出等。

夫妻一方在本次婚姻存续期间所生的非婚生子女的抚养费，夫妻一方因其违法行为或犯罪行为所应承担的财产责任，通常不应由夫妻共同财产负担。作为债务人的配偶，无个人特有财产或个人财产不足的，可以从共同财产中属于债务人配偶应得份额的财产中垫付，所垫付财产应在分割或清算夫妻共同财产时予以扣除。

婚后所得共同制下，夫妻对家庭生活费用的负担是平等的，应由夫妻共同承担。有共同财产的，首先应由共同财产负担；共同财产不足时，应由夫妻以个人财产分担。诚然，夫妻各方由于资产、收入、健康状况、年龄及能力等各方面情况不同，夫妻双方应该合理地负担家庭

① 参见蒋月、何丽新著《婚姻家庭与继承法》（第四版），厦门大学出版社 2013 年，第 141～142 页。

生活费用。如果婚姻当事人一方专职从事家事劳动,婚后无收入或者无个人财产,其完成的家事劳动应当视为其对婚姻家庭生活费用的负担。如果夫妻一方因健康原因或者无经济能力分担家庭生活费用责任,另一方理当负担家庭生活费用的全部,并扶助对方。夫妻共同财产不足以履行上述开支义务的,夫妻双方应以个人财产共同承担支付责任。夫妻有权约定家庭生活费用负担的具体安排。夫妻双方在自愿基础上,根据双方的具体情况,协商一致确定不均等地分担家庭生活费用,为法律允许。

夫妻一方有能力而拒不履行对家庭生活费用的分担义务,将损害配偶他方的财产利益,可能危及子女的生活,应该设法及时予以纠正。及时履行了自己义务的一方,有权要求对方履行义务;因义务人没有及时履行法定经济供养义务而受到损害的权利人,有权提起诉讼,要求强制义务人履行义务。夫妻一方以其个人财产单独垫付了全部家庭生活费用的,该方享有依法向另一方追讨超过其本人份额部分的支出费用。

(三)婚后所得共同制的终止

1.终止原因

婚后所得共同制作为法定夫妻财产制度,适用于具体婚姻关系。发生下列情形之一的,该制度终止:第一,夫妻一方或双方死亡。夫妻一方或双方死亡,包括自然死亡和宣告死亡,夫妻财产关系的主体一方或双方不复存在,则该财产制度终止。第二,夫妻离婚。夫妻双方依照法定程序解除婚姻关系时,夫妻婚后所得共同财产应依法予以分割;分割完毕,共有财产关系随离婚生效而终止。当然,少数夫妻离婚时,约定夫妻共同财产分割另行处理,或者法院裁决另案处理的,其夫妻财产制的终止与离婚将不同步。第三,夫妻双方商定改行约定财产制。一个现实的婚姻只能适用一种夫妻财产制度调整婚姻双方的财产关系。如果男女婚前没有达成财产协议,婚后当然适用法定婚后所得共同财产制。但经过一定时间的共同生活,由于种种原因,夫妻双方自愿商定采用约定财产制中的某种夫妻财产制度,则自约定生效之日起婚后所得共同制终止。

2.终止的法律后果

婚后所得共同制终止后,原属夫妻双方共同所有的财产依法应当进行分割。

夫妻分割法定共同财产,应在自愿基础上协商解决;协商不成,任何一方均可向人民法院提起民事诉讼,请求依法分割夫妻共同财产。根据夫妻对共同财产有平等所有权的规定,分割夫妻共同财产,应坚持夫妻平等原则,原则上应均等分割,夫和妻应分得相同的份额,而不论夫妻各方对财产贡献的大小或收入多少。同时,应坚持照顾妇女利益和照顾未成年子女利益原则,根据财产具体情况予以分割。凡是与未成年子女共同生活的一方,分割夫妻财产时应予以适当照顾,尽可能地为未成年子女的健康成长创造良好的生活环境与条件。

在婚姻关系存续期间,改采约定财产制之一种而不再实行法定共同财产制的,夫妻可以协商分割原共同财产,协商不成的,可就分割法定共同财产提起诉讼,请求司法分割。如果夫妻一方死亡或双方均死亡,其夫妻共同财产依法应予以分割或清算。如果是一方死亡,则夫妻共同财产原则上均等分成两份,一份为生存一方应得的夫妻共同财产份额,另一份才是死者生前应得的夫妻共同财产的份额,构成死者的遗产,由其合法继承人继承。如果夫妻双方均死亡,则夫妻共同财产制分成均等两份后,由他们各自的合法继承人继承。如果死者生前负有债务的,应在遗产价值范围内先行清偿债务,清偿有余的,剩余财产才是死者遗产,由

其合法继承人继承。

三、本条的历史沿革

婚后所得共同制作为法定夫妻财产制，是沿袭1980年《婚姻法》原第13条基础上，有所改革和完善。1980年《婚姻法》原第13条规定，"夫妻在婚姻关系存续期间所得的财产，归夫妻共同所有，双方另有约定的除外。夫妻对共同所有的财产，有平等的处理权"。而本条规定不仅规定了婚姻关系存续期间所得财产归夫妻共同所有，而且进一步列举规定了属于共同财产范围的五类财产。本条第2款规定与1980年《婚姻法》第13条第2款内容和文字表述均完全相同。由于《婚姻法》第19条专条规定了夫妻约定财产制，故法定夫妻财产制不再与约定财产制合并在同一个条文规定里。

中华人民共和国成立以后，法定夫妻财产制中的夫妻共同财产的范围呈现出由大变小的渐变过程。1950年《婚姻法》没有明文规定夫妻财产制，但是，该法第23条规定"离婚时，除女方婚前财产归女方所有外，其他家庭财产如何处理，由双方协议；协议不成时，由人民法院根据家庭财产具体情况、照顾女方及子女利益和有利发展生产的原则判决"；第24条规定"离婚时，原为夫妻共同生活所负担的债务，以共同生活时所得财产偿还；如无共同生活时所得财产或共同生活时所得财产不足清偿时，由男方清偿。男女一方单独所负的债务，由本人偿还"。可见，共和国第一部婚姻法中的法定夫妻财产制是部分共同制，即男方婚前婚后所得财产均归夫妻共同共有，妻子婚后所得财产归夫妻共同共有。到了1980年《婚姻法》，已将法定夫妻共同财产范围限定于婚后所得财产，换言之，男女婚前各自所有的财产仍然归各自个人所有。到了2001年修订婚姻法之后，不仅明确采用婚后所得共同制为法定夫妻财产制，而且共同财产范围中排除了法定应归夫妻个人所有的几种来源的财产。这是因为随着我国经济社会发展，自然人拥有的个人财产越来越多，财产的种类增多，财产价值增大，除了满足夫妻共同生活需要之外，还可以有积余了；也因为随着个人财产增多，人心开始复杂化，对夫妻财产关系的需要多样化，某些来源类型的财产归入夫妻双方共同共有似乎欠公平合理了。因此，现行《婚姻法》第18条确立了夫妻个人特有财产制度，把五大类财产列入夫妻一方个人特有财产，排斥夫妻另一方共有。本条规定的夫妻共同财产范围远远小于1980年《婚姻法》第13条规定的共有范围。

四、法律渊源

关于夫妻共同财产与夫妻共同财产制的法律渊源，除了《婚姻法》第17条规定外，还有《宪法》有关条款和下列法律法规及司法解释规定。

（一）宪法和法律有关规定

《宪法》第48条规定，中华人民共和国妇女在政治的、经济的、文化的、社会的和家庭的生活等各方面享有同男子平等的权利。国家保护妇女的权利和利益。……

《妇女权益保障法》有关规定。该法第47条、第48条规定，"妇女对依照法律规定的夫妻共同财产享有与其配偶平等的占有、使用、收益和处分的权利，不受双方收入状况的影响。夫妻书面约定婚姻关系存续期间所得的财产归各自所有，女方因抚育子女、照料老人、协助男方工作等承担较多义务的，有权在离婚时要求男方予以补偿"。第48条规定，"夫妻共有

的房屋,离婚时,分割住房由双方协议解决;协议不成的,由人民法院根据双方的具体情况,按照照顾子女和女方权益的原则判决。夫妻双方另有约定的除外。夫妻共同租用的房屋,离婚时,女方的住房应当按照照顾子女和女方权益的原则解决”。第31条规定,“在婚姻、家庭共有财产关系中,不得侵害妇女依法享有的权益”。

《民法总则》第154条至第157条规定,“行为人与相对人恶意串通,损害他人合法权益的民事法律行为无效。无效的或者被撤销的民事法律行为自始没有法律约束力。民事法律行为部分无效,不影响其他部分效力的,其他部分仍然有效。民事法律行为无效、被撤销或者确定不发生效力后,行为人因该行为取得的财产,应当予以返还;不能返还或者没有必要返还的,应当折价补偿。有过错的一方应当赔偿对方由此所受到的损失;各方都有过错的,应当各自承担相应的责任。法律另有规定的,依照其规定”。

(二)司法解释

1.《最高法院适用〈婚姻法〉解释一》

《最高人民法院关于审理民间借贷案件适用法律若干问题的规定》第2条规定,“出借人向人民法院起诉时,应当提供借据、收据、欠条等债权凭证以及其他能够证明借贷法律关系存在的证据”。

3.《最高法院审理离婚案件财产分割的意见》

该意见第2条、第3条、第4条、第5条、第8条、第9条、第11条等。例如,第2条规定,“夫妻双方在婚姻关系存续期间所得的财产,为夫妻共同财产,包括:①一方或双方劳动所得的收入和购置的财产;②一方或双方继承、受赠的财产;③一方或双方由知识产权取得的经济利益;④一方或双方从事承包、租赁等生产、经营活动的收益;⑤一方或双方取得的债权;⑥一方或双方的其他合法所得。”“已登记结婚,尚未共同生活,一方或双方受赠的礼金、礼物应认定为夫妻共同财产,具体处理时应考虑财产来源、数量等情况合理分割。各自出资购置、各自使用的财物,原则上归各自所有”(第5条)。“夫妻分居两地分别管理、使用的婚后所得财产,应认定为夫妻共同财产。在分割财产时,各自分别管理、使用的财产归各自所有。双方所分财产相差悬殊的,差额部分,由多得财产的一方以与差额相当的财产抵偿另一方”(第4条)。

第二节　本条的适用

一、土地征收补偿款是否属于夫妻共同财产以及应如何分割?

(一)案情简介

张某(男)和李某(女)于2014年1月结婚,两人均系再婚。结婚后,李某到张某家中生活,但李某的户口一直未迁到张某家中。2018年,张某承包的耕地(种植着稻谷)被政府征收,张某获得土地征收补偿款26万元。2019年5月,张某提起诉讼,欲与李某离婚。李某

认为，如果离婚，26 万元土地征收补偿款应当作为夫妻共同财产进行分割。①

（二）争议观点

关于案件中的土地征收补偿款是否应为夫妻共同财产，有两种不同观点。第一种观点认为，土地征收补偿款具有人身专属性，应当属于原承包土地的夫妻一方所有，不属于夫妻共同财产。取得土地征收补偿款的前提是拥有作为该土地所有人的集体经济组织之成员资格。在所承包土地被征用时，发放的土地征收补偿款是夫妻一方原承包土地利益的延续，是失地者另行创业的生产补助费用。故不应归入夫妻共同财产。第二种观点认为，土地征收补偿款是否属于夫妻共同财产不能一概而论。土地征收补偿款包括土地补偿款、安置补偿费、地上附着物和青苗补偿费，其中土地补偿款和安置补偿费应当属于夫妻一方所有，而地上附着物和青苗补偿费应当根据具体案情确定是否属于夫妻共同财产。笔者赞同上述第二种意见。

该案中，张某和李某无夫妻财产约定，故应当适用法定夫妻财产制度。按照婚后所得共同财产制，凡夫妻一方或双方在婚姻关系存续期间取得的收入和财产，属于夫妻双方共同共有，但法定特有财产除外。土地征收补偿款未列入我国现行法律及司法解释明文确定的夫妻共同财产类型。判断某项财产是否属于夫妻共同财产，一是考虑财产取得时间，二是考虑财产的性质。从时间看，张某取得土地征收补偿款是在夫妻关系存续期间，这一事实，无争议。从财产性质看，根据《物权法》第 42 条第 2 款规定，“征收集体所有的土地，应当依法足额支付土地补偿费、安置补助费、地上附着物和青苗的补偿费等费用，安排被征地农民的社会保障费用，保障被征地农民的生活，维护被征地农民的合法权益。”故土地征地补偿款主要分为土地补偿费、安置补助费、地上附着物和青苗的补偿费。其中，土地补偿费是对集体土地所有权丧失的一种补偿。土地是农民最基本的生产资料，土地被征收，意味着农民集体经济组织永久丧失对被征收土地的所有权。所以，土地补偿费仅限于被征收土地所在的集体经济组织的成员，故具有专属性，应当属于所承包的土地被征收的夫妻一方个人所有。安置补偿费是指为安置以承包土地为主要生产资料和依赖之获得生活来源的农民的生活，给予的补助费用，是对农民失地后的一种保障。《最高法院审理离婚案件处理财产分割意见》第 3 条规定，“……复员军人从部队带回的医药补助费和回乡生产补助费，应归本人所有。”根据这条规定的精神，对个人的生产生活补助应当属于该方个人所有。地上附着物是指地上的各种建筑物、构筑物等。地上附着物如果是夫妻共同财产，地上附着物的补偿款应属于夫妻共同财产；若地上附着物如果系夫妻一方个人财产的，则地上附着物的补偿款理当属于夫妻该方的个人财产。青苗补助费是对正在生长的农作物将来收成的补偿。如果农作物是由夫妻一方婚前种植的，该农作物应当属于种植方所有。《最高法院适用〈婚姻法〉解释三》第 5 条规定：“夫妻一方个人财产在婚后产生的收益，除孳息和自然增值外，应认定为夫妻共同财产。”农作物未来的收成是需要种植者继续付出劳动的，故不是“孳息”或“自然增值”，青苗补助费应当属于夫妻共同所有；如果农作物是在婚后种植，该农作物产生的收益应当属于夫妻共同财产，该青苗补助费也应当属于夫妻共同财产。

① 景来：《土地征收补偿款是否属于夫妻共同财产？应如何分割？》，聚法案例，https://mp.weixin.qq.com/s/YCscV9smQxsDeA3rQq9_cw，下载日期：2019 年 12 月 14 日。

综上,该案的张某获得的土地补偿费、安置补偿费应当属于张某个人所有;农作物系张某和李某婚后种植,故青苗补助费应当属于张某和李某共同所有。

二、身为公司股东的夫妻一方是否有权单方转让股权

最高人民法院(2017)最高法民终281号裁判文书中,认为股权作为一项特殊的财产权,除具有财产权益内容外,还具有与股东个人的社会属性及其特质、品格密不可分的人格权、身份权等内容。如无特别约定,对于自然人股东而言,股权仍属于商法规范内的私权范畴,其各项具体权能应由股东本人独立行使,不受他人干涉。在股权流转方面,我国《公司法》确认的合法转让主体也是股东本人,而不是其所在的家庭。

三、登记为公司股东的夫妻一方是否有权单方质押股权

王艳荣与陈英、秦啸波股权质押纠纷案,参见最高人民法院(2017)最高法民申3807号。

最高人民法院根据《中华人民共和国公司法》第32条第3款关于"公司应当将股东的姓名或者名称向公司登记机关登记;登记事项发生变更的,应当办理变更登记。未经登记或者变更登记的,不得对抗第三人"的规定,债权人有权根据股权外观公示主张权利。陈英、秦啸波基于对股权外观公示的合理信赖,接受了曾晓世以其持有的阀门公司80%股权提供的质押担保,并依法办理了股权质押登记手续,该股权质押行为并不违反我国合同法、公司法的强制性规定,原审判决认定质权依法设立,可强制执行曾晓世质押的80%股权,适用法律并无不当。

王艳荣不是案涉股权外观公示的所有权人,不能对抗陈英、秦啸波作为善意第三人的质押权利。王艳荣以曾晓世未经其同意设定案涉股权质押无效的主张,亦缺乏法律依据。鉴于此,原审认定王艳荣不享有足以排除对案涉股权强制执行的民事权益,判决驳回其诉讼请求,并不存在认定案件基本事实缺乏证据证明、适用法律错误而应予再审的情形。

四、夫妻一方无权撤销登记为公司股东的夫妻另一方对外签订的股权转让协议

张洪杰与中城建公司股权纠纷案。参见最高人民法院(2015)民申字第1342号。

【裁判要旨】《合同法》第54条规定:"下列合同,当事人一方有权请求人民法院或者仲裁机构变更或者撤销:(一)因重大误解订立的;(二)在订立合同时显失公平的。一方以欺诈、胁迫的手段或者乘人之危,使对方在违背真实意思的情况下订立的合同,受损害方有权请求人民法院或者仲裁机构变更或者撤销"。该规定表明,当事人撤销权是指合同成立后,因当事人意思表示不真实或不自由,赋予一方当事人向仲裁机构或人民法院申请撤销,使合同自始归于无效的权利。

当事人撤销权的主体仅限于意思与表示不一致的合同当事人。合同法所称当事人,是指以合同一方主体身份出现,并与对方当事人进行要约和承诺活动的人。就本案而言,案涉股权转让协议的出让方为李殿忠和李忠华,受让方为中城建公司,张洪杰不属于任何一方当事人,基于前述法律规定,张洪杰不能以合同当事人身份撤销其他民事主体之间达成的合同。至于其又称,其是案涉股权的共有权人而有权撤销案涉合同,混淆了负担行为和处分行为的不同概念。也就是说,即使张洪杰对于案涉股权的共有权能够成立,参照《最高人民法

院关于审理买卖合同纠纷案件适用法律问题的解释》第3条的规定精神，买卖不具有处分权的标的物的行为，对于负担行为即买卖合同仍然有效，只不过转移标的物权属的处分行为无效，不发生股权变动的效力而已。股权虽非物权法意义上的物，但以股权为买卖标的的合同与受让物之所有权的合同在性质上相同，均以权属变动为合同目的。

据此，如果张洪杰认为，中城建公司和李殿忠及李忠华处分股权的行为侵犯了其共有权，可以参照《物权法》第106条关于"无处分权人将不动产或者动产转让给受让人的，所有权人有权追回，但受让人善意取得的除外"之规定，另行向有管辖权的法院提起返还股权之诉。

五、夫妻一方擅自将共同财产赠与他人，其效力应如何认定？

（一）夫妻一方擅自处分共同共有财产并将该财产给予婚外第三者的，婚外第三者取得该财产并无合法依据，构成不当得利

孙某某诉徐某某不当得利纠纷案件。参见山东省淄博市中级人民法院民事判决书，〔2017〕鲁03民终3662号。

淄博中院认为，夫妻在婚姻关系存续期间所取得的财产除法定应当归夫妻一方的情形外，原则上均属于夫妻共同财产。夫妻对其共同财产有平等的处理权。夫妻一方在婚姻关系存续期间与婚外异性进行感情交往并将共同存款等夫妻共同财产给予该第三者的行为系擅自处分夫妻共同财产，该行为侵害了夫妻另一方对该共同财产的合法权利。而婚外第三者取得该财产并无合法依据，构成不当得利，此时夫妻另一方可基于其对该共同财产的合法权利向婚外第三者主张不当得利请求权，要求其返还该财产，法院对此依法应当予以支持。

（二）夫妻一方非因日常所需将共同财产赠与他人的行为无效，另一方有权要求返还相应财产

北京市海淀区人民法院审结的陈倩诉刘强、韩梅赠与合同纠纷案。①

【案情概要】

2017年11月，陈倩发现丈夫刘强与韩梅同居一处，存在不正当男女关系。经陈倩反复质询，刘强承认其在2013年10月开始与韩梅发生不正当男女关系，其间陆续通过现金、转账、赠与礼物等方式，将大量夫妻共同财产擅自赠与韩梅。可查明的钱财共有200余万元。陈倩认为，刘强和韩梅的行为破坏了其家庭，违背了社会伦理道德。因此，向北京市海淀区人民法院提起诉请，请求法院确认该赠与行为无效，判令韩梅返还夫妻共同财产200余万元并支付相应利息。

刘强不同意陈倩的请求，并辩称他们夫妻双方没有约定分别财产制。在夫妻关系存续期间，其虽未与陈倩商量便陆续将婚后赚取的200余万元送给韩梅，但其与韩梅是工作合作关系，其做进口医疗器械和化妆品的生意，需要了解医疗器械和化妆品的材料，韩梅是材料

---

① 参见刘吟秋：《情人赠款"原物退还"判决后的省思》，《人民法院报》2019年5月28日，第6版。人民法院报，http://rmfyb.chinacourt.org/paper/html/2019-05/28/content_155835.htm? div=-1，访问日期2019-10-11。

专业的学生,聘用她做公司顾问,给她转的钱是4年的工资和奖励,工资每个月2万余元。因为韩梅是学生,无法签订劳动合同,所以,才以个人名义向其发工资。另有一部分钱是通过韩梅的卡向自己境外账户的汇款。

韩梅拒绝返还钱款,辩称她是在网上找兼职时认识了刘强。刘强的公司招聘技术咨询,她应聘后,一直在该公司做兼职,从事的工作包括打包发货、换包装、进口文件的处理、样品送检、取送文件、审核相关产品是否对人体有害、能否经受高温等。在校期间,她抽空来京工作,工资是按项目计算的,单个项目5万元。韩梅自称,其收到的3笔共计近百万元的款项中,第一笔系代该公司进货的货款,已于当日汇至国外的医药公司;后两笔系为代刘强向境外账户汇款而收取,已于当日转汇至刘强的境外账户,其并未实际取得相应款项。韩梅还主张其经常帮助刘强或其公司购物,并就此提交银行账户流水单、网上支付凭证截图等为证。法院认为,上述消费记录的时间跨度大、金额较小,无法体现与刘强所转款项的关联性。

【裁判意见】

经审理后,法院认为,在婚姻关系存续期间,夫妻双方对共同财产具有平等的权利,对于非因日常生活需要对夫妻共同财产做重要处理决定的,夫妻双方应当平等协商,取得一致意见。夫妻一方非因日常生活需要而将共同财产无偿赠与他人,严重损害了另一方的财产权益,有违民法上的公平原则,这种赠与行为应属无效。法院认为,韩梅提交的证据与所诉事项的关联性不足,上述证据无法证明其自身主张。

法院认定,刘强在夫妻关系存续期间擅自将200余万元的夫妻共同财产转至韩梅名下。刘强及韩梅虽主张双方存在雇佣等法律关系,但未就此提交充分证据,亦未对明显异常的汇款情况作出合乎常理的解释,根据现有证据,确认刘强的上述转款均系其擅自作出的无偿赠与,该赠与行为应属无效,因此,判令韩梅向陈倩返还200余万元。

(三)夫妻一方擅自将共同财产赠与情人,因违反公序良俗而无效

李某诉冯某某、张某某赠与合同纠纷案。参见最高人民法院民事判决书,〔2013〕民一他字第5号。

最高人民法院认为,夫妻一方擅自将共同财产赠与与其有不正当婚外同居关系的第三人,该行为违反了公序良俗的法律原则,依法应当认定为无效。①

(四)婚姻关系存续期间,夫妻一方超出日常生活需要擅自将共同财产赠与他人,该赠与行为应认定为无效

邓青芳诉田雪、郭田平赠与合同纠纷案。参见广东省高级人民法院民事判决书,(2016)粤民再310号。

广东省高级人民法院认为,婚姻关系存续期间,夫妻双方对共同财产不分份额地共同享有所有权,夫或妻非因日常生活需要处分夫妻共同财产时,应当协商一致,任何一方无权单独处分夫妻共同财产;如果夫妻一方超出日常生活需要擅自将共同财产赠与他人,这种赠与行为应认定为无效。②

---

① 《人民法院案例选》2016年第5辑(总第99辑)。

② 广东法院网2017年5月9日版。

(五)夫妻一方擅自将夫妻共同财产赠与他人的行为无效,另一方有权要求返还相关钱款及利息

上海市长宁区人民法院审结的林女士诉柳某某、梅女士赠与合同纠纷案。①

【案情概要】

2016年7月,林女士向上海市长宁区人民法院起诉,请求撤销其夫柳某某以转账及现金方式赠与梅女士的钱款,并要求梅女士支付相应利息。其理由,是在婚姻关系存续期间,丈夫柳某某与梅女士之间发生婚外情,瞒着妻子向梅女士赠与钱财,该赠与行为有违公序良俗,应当判定为无效。梅女士辩称,其确曾收到柳某转账支付款项,但这是两人合作经营茶叶生意所得,部分钱款可以退还,但二人之间无情人关系。

法院审理后查明,柳某某于2015年7月和8月分别以现金方式交付给梅女士30万元、13.8万元。在交付30万元当日,梅女士与柳某的对通话中表示"我感动死了"等。2013年7月至2015年12月间,柳某陆续以银行、"支付宝"转账等方式向梅女士支付15.64万元。2016年1月,柳某以向妻子"交差"为由,要求梅女士出具借条,遭到梅女士拒绝。柳梅二人之间确存在不正当男女关系。

【裁判意见】

长宁区人民法院于2016年10月作出判决。

法院认为,夫妻一方在婚姻关系存续期间与他人建立不正当男女关系,并在另一方不知情的情况下将夫妻共同财产赠与他人的,属无权处分,另一方拒绝追认且该赠与行为明显违背了社会公德,该赠与行为无效,另一方有权要求返还相关钱款及利息。

六、最高法院:丈夫赠给"情人"的财产,妻子有权要求返还

妻子索要丈夫送情人的房子、车子和款项一案三判。一审法院判决应退还房、车、钱;二审法院判不还车、不还房、还钱;检察院抗诉,再审判:还钱,车房只还购买款。

(一)基本案情

李某与程某某系夫妻关系。程某某与冯某某于2004年11月开始婚外同居,当月程某某给冯某某20万元现金购买轿车,冯某某用该款购买轿车一辆且登记在自己名下。2004年6月,程某某购买蓝湾俊园住房一套,向开发商支付530500元购房款。2005年4月,程某某以合同更名的方式将该套房屋赠与冯某某,房屋产权登记在冯某某名下。2005年10月至2006年期间,冯某某以办公司需要注册资金为由向程某某索要资金,程某某共给付冯某某3049928元。2005年7月2日,冯某某与张某签订《借款协议》,张某承认实际收到290万元借款。

2006年7月,李某诉至一审法院,请求判令:确认程某某赠与冯某某财产的行为无效,要求冯某某返还304.90万元、车牌号鄂A-FL385轿车一辆、蓝湾俊园住房一套,要求张某返还290万元。

---

① 章伟聪:《婚姻关系存续期间丈夫擅自赠与他人钱是否无效》,中国法院网,https://www.chinacourt.org/article/detail/2017/03/id/2630093.shtml,下载时间2018年10月12日。

(二)争议焦点:赠与行为是有效还是无效

在本案审理过程中,对夫妻一方擅自将共同财产赠与他人的效力问题,存在两种不同观点。

1. 赠与有效

首先,程某某和冯某某婚外同居有违公序良俗,但该行为无效不能等同于赠与无效,对程某某向冯某某的赠与行为应依合同法的规定单独判断。而依合同法的相关规定,程某某对冯某某就车辆和房产的赠与行为已完成了所有权转移登记,故该赠与行为不应予以撤销。首先,程某某的赠与并不必然侵犯李某的夫妻共有财产权。虽然婚姻关系存续期间所得的财产一般属于夫妻共同共有,但程某某作为夫妻一方应享有部分财产的独立处分权。程某某与李某的夫妻共同财产总额较大,程某某在本案中单独处分的部分财产较之于夫妻共同财产比例较小,故该赠与并不必然损害李某的夫妻共有财产权。而且,即使程某某侵犯了李某的夫妻共有财产权,也应由程某某对李某承担责任,而不应由冯某某承担责任。其次,程某某的社会地位和经济地位均高于冯某某,其与冯某某婚外同居,虽双方均有过错,但程某某应属主要过错方。如果判令冯某某将程某某赠与的财产完全返还,不能体现对于程某某作为主要过错一方的惩罚。故在判令冯某某已返还货币财产的情况下,鉴于程某某赠与给冯某某的房屋和车辆均已登记在冯某某名下,该赠与行为应认定为合法有效,冯某某对诉争房屋和车辆享有所有权。

2. 赠与无效

首先,程某某赠与给冯某某的购车款和房产均系程某某与李某的夫妻共同财产,程某某未征得李某的同意将上述财产赠与给冯某某,侵犯了李某的财产权。其次,程某某基于与冯某某之间存在的不正当婚外同居关系将诉争房屋和车辆赠与冯某某,该行为违反了公序良俗的法律原则,依法无效。其三,冯某某取得诉争房屋和车辆并非善意、有偿取得,而程某某非因日常生活需要、在未与其妻李某协商一致的情形下,擅自将诉争房屋和车辆赠与冯某某,应认定无效。其四,从保证裁决结果之间一致性上考虑,既然认定程某某赠与冯某某货币财产的行为无效,那么赠与冯某某房产和车辆的行为亦同属无效。其五,从良好的社会导向考虑,亦应当认定程某某在未与李某协商一致情形下、非因日常生活需要、对基于不正当婚外同居关系向冯某某无偿赠与的擅自处分行为无效。其六,二审判决认定赠与行为有效的依据不足,其抛开我国民法通则规定民事行为应遵循的公序良俗原则,仅依合同法规定单独判断赠与行为的效力显属不当。

(三)一审法院意见

一审法院经审理认为,冯某某与程某某年龄相差悬殊,明知其有配偶而以情人身份与之同居生活,并向程某某索取汽车、房产及将近305万元的钱款,其行为违反了社会公德,主观上并非出自善意。程某某未经李某同意,将夫妻共有巨额财产赠与冯某某,侵害了李某的合法财产权益,其赠与行为无效。第三人张某明知冯某某是通过不正当手段获得上述财产,却与冯某某恶意串通,以所谓长期借款的形式将290万元转移到自己名下,其应将该款项返还给李某。据此判决:(一)冯某某向李某返还轿车及房屋,过户费用由程某某承担;(二)冯某某向李某返还3049928元;(三)张某对其中的290万元承担连带返还责任;(四)驳回李某其

他诉讼请求。

(四)二审意见

冯某某、张某不服提起上诉。

二审法院认为,程某某向冯某某的赠与行为应依合同法的规定单独判断,赠与行为是程某某的真实意思表示,且已办理过户登记,故应当认定为有效,冯某某向程某某索取资金3049928元应予返还。二审判决维持一审判决第(二)、(三)项,撤销了第一项,即冯某某返还现金但不返还轿车和房屋。

(五)检察院抗诉意见

某检察院抗诉认为:程某某将夫妻共同财产赠与冯某某的行为违反了公序良俗的法律原则,冯某某取得诉争房屋和车辆是基于其与程某某之间不正当的婚外同居关系,其取得财产主观上并非善意,且不是有偿取得,不符合善意取得的法定条件。终审判决认定程某某赠与给冯某某房产与车辆的行为有效,系适用法律错误。

(六)再审法院意见

再审法院认为,程某某擅自处分夫妻共同财产的赠与行为无效,冯某某应返还当时购买车辆和房屋的对价730500元以及其索取的资金3049928元,张某应对其收到的290万元承担连带返还责任。

(七)观点评析

该案是典型的有配偶者与他人婚外同居发生的赠与纠纷,处理时应从法律、情理与当事人之间利益平衡方面综合考虑。首先,《婚姻法》第3条"禁止有配偶者与他人同居",程某某已有配偶,仍与冯某某婚外同居,其行为违反了婚姻法的禁止性规定,其与冯某某的同居关系属于违法关系。其次,夫妻共同财产是基于法律的规定,因夫妻关系的存在而产生的。在夫妻双方未选择其他财产制的情形下,夫妻对共同财产形成共同共有,而非按份共有。根据共同共有一般原理,在婚姻关系存续期间,夫妻共同财产应作为一个不可分割的整体,夫妻对全部共同财产不分份额地共同享有所有权,夫妻双方无法对共同财产划分个人份额,在没有重大理由时也无权于共有期间请求分割共同财产。夫妻对共同财产享有平等的处理权,并不意味着夫妻各自对共同财产享有一半的处分权。只有在共同共有关系终止时,才可对共同财产进行分割,确定各自份额。因此夫妻一方擅自将共同财产赠与他人的赠与行为应为全部无效,而非部分无效。其三,虽然我国婚姻法缺乏有针对性的明确规定,但《最高法院适用〈婚姻法〉解释一》第17条规定:婚姻法第17条关于"夫或妻对夫妻共同所有的财产,有平等的处理权"的规定,应当理解为:(一)夫或妻在处理夫妻共同财产上的权利是平等的,因日常生活需要而处理夫妻共同财产的,任何一方均有权决定。(二)夫或妻非因日常生活需要对夫妻共同财产做重要处理决定,夫妻双方应当平等协商,取得一致意见。他人有理由相信其为夫妻双方共同意思表示的,另一方不得以不同意或不知道为由对抗善意第三人。本案中,程某某赠与冯某某大额财产,显然不是因日常生活需要而处理夫妻共同财产的行为,其未经妻子李某同意赠与冯某某车辆、房屋及钱款,侵犯了李某的财产权益,该赠与行为应

认定为无效;冯某某明知程某某有配偶而与其婚外同居并接受大额财产的赠与,显然也不能视为善意第三人。其四,超出日常生活需要对夫妻共同财产进行处分,双方应当协商一致,程某某单独将大额夫妻共同财产赠与他人,也是一种无权处分行为。《物权法》第 106 条规定:如无善意取得的情形,“无处分权人将不动产或者动产转让给受让人的,所有权人有权追回”。当财产被他人无合法依据占有时,所有权人有权根据物权的追及效力要求非法占有人返还财产,夫妻中的受害方可以行使物上请求权,以配偶和婚外同居者为共同被告,请求法院判令其返还财产。其五,涉及到具体处理问题,对于程某某赠与冯某某的轿车和房产,究竟是返还原物还是返还相应的款项,审判实践中做法不一。我们认为,一般可分为两种情况:如果赠与人给受赠人钱款让其购房、购车等且登记在受赠人名下,赠与行为被确认无效后,受赠人应返还相应的钱款;如果赠与人是把原来登记在自己名下的房屋、车辆等变更登记为受赠人,受赠人应返还原房屋或车辆等。

程某某给冯某某 20 万元现金购买轿车,登记在冯某某名下,判令冯某某返还 20 万元应该争议不大;诉争房屋的情况有些特别,2004 年 6 月程某某与开发商签订购房合同并支付购房款 530500 元,2005 年 4 月程某某以合同更名的方式将房屋赠与冯某某且登记在冯某某名下。如果单纯从法律角度考虑,程某某 2004 年 6 月签订购房合同并支付购房款,可以说已经享有了房屋的准物权,以后房产登记时顺理成章地应以购房合同上的购买人为准。因此,一审法院判令冯某某向李某返还房屋也有一定道理。但是,程某某给付冯某某 20 万元购车,赠与冯某某的房屋当时是以 530500 元的价格购买,现房价已大幅度增长,从不应让负有主要过错的程某某在与他人婚外同居过程中不合理受益的角度考虑,即使判令冯某某返还,亦只应返还当时已支付的对价 730500 元,而不应判令将房屋和车辆实物返还。如果判令冯某某返还诉争房屋,程某某不仅没有财产损失,反而可以从房屋增值部分获利,这种“人财两得”的示范效应不利于婚姻家庭的和谐稳定,亦与婚姻法的立法本意相悖。有观点认为,实际生活中一方不知道对方有配偶而“被小三”的情况也不鲜见,此种情况应区别处理,对“被小三”一方的利益该保护也得保护。笔者不赞同这种观点,审判实践中对一方是否属于“被小三”的事实,认定难度比较大。另外,感情问题不是商业行为,有付出未必一定有收获,在当事人双方均为成年人的情况下,其应当明确预知自己行为的法律后果。

有人提出这样的问题,即夫妻一方擅自赠与婚外情人大额财产,是否属于《适用婚姻法解释三》第 4 条“转移夫妻共同财产”的情形?在辞典解释中,“转移”一词是指改换位置,从一方移到另一方;另外还有“改变”之意。笔者认为,一方擅自赠与婚外情人大额夫妻共同财产的行为与“转移”夫妻共同财产的概念有重合之处,应当认定属于《适用婚姻法解释三》第 4 条规定的情形,即构成分割夫妻共同财产的“重大理由”,另一方可以要求在婚姻关系存续期间分割夫妻共同财产。

(八)最高人民法院民一庭倾向性意见

夫妻一方与他人婚外同居违反了《婚姻法》的禁止性规定,这种婚外同居关系属于违法关系。在婚姻关系存续期间,夫妻双方对共同财产不分份额地共同享有所有权,夫或妻非因日常生活需要处分夫妻共同财产时,应当协商一致,任何一方无权单独处分夫妻共同财产;如果夫妻一方超出日常生活需要擅自将共同财产赠与他人,这种赠与行为应认定为无效;夫妻中的另一方以侵犯共有财产权为由请求返还的,人民法院应予支持。[①]

七、最高法院指导案例:夫妻一方隐藏、转移、变卖、毁损夫妻共同财产或伪造债务企图侵占另一方财产的,分割夫妻共同财产时可以少分或者不分

雷某某诉宋某某离婚纠纷案。参见最高人民法院于 2016 年 9 月 19 日发布指导案例 66 号[②]。

【基本案情】

原告雷某某(女)和被告宋某某于 2003 年 5 月 19 日登记结婚,双方均系再婚,婚后未生育子女。双方婚后因琐事而致感情失和,于 2013 年上半年产生矛盾,并于 2014 年 2 月分居。雷某某曾于 2014 年 3 月起诉要求与宋某某离婚,经法院驳回后,双方感情未见好转。2015 年 1 月,雷某某再次诉至法院要求离婚并依法分割夫妻共同财产。宋某某认为夫妻感情并未破裂,不同意离婚。

雷某某称,宋某某名下在中国邮政储蓄银行的账户内有共同存款 37 万元并提交存取款凭单、转账凭单作为证据。宋某某称,该 37 万元,来源于婚前房屋拆迁补偿款及养老金,现尚剩余 20 万元左右(含养老金14 322.48元),并提交账户记录、判决书、案款收据等证据。

宋某某称,雷某某名下有共同存款 25 万元,要求依法分割。雷某某对此不予认可,一审庭审中其提交在中国工商银行尾号为 4179 账户自 2014 年 1 月 26 日起的交易明细,显示至 2014 年 12 月 21 日该账户余额为 262.37 元。二审审理期间,应宋某某的申请,法院调取了雷某某上述中国工商银行账号自 2012 年 11 月 26 日开户后的银行流水明细,显示雷某某于 2013 年 4 月 30 日通过 ATM 转账及卡取的方式将该账户内的195 000元转至案外人雷某齐名下。宋某某认为该存款是其婚前房屋出租所得,应归双方共同所有,雷某某在离婚之前即将夫妻共同存款转移。雷某某提出该笔存款是其经营饭店所得收益,开始称该笔款已用于夫妻共同开销,后又称用于偿还其外甥女的借款,但雷某某对其主张均未提供相应证据证明。另,雷某某在庭审中曾同意各自名下存款归各自所有,其另行支付宋某某 10 万元存款,后雷某某反悔,不同意支付。

【裁判意见】

一审法院裁判认为:婚姻关系以夫妻感情为基础。宋某某、雷某某共同生活过程中因琐事产生矛盾,在法院判决不准离婚后,双方感情仍未好转,经法院调解不能和好,双方夫妻感情确已破裂,应当判决准予双方离婚。

二审期间,双方争议的焦点在于雷某某是否转移夫妻共同财产和夫妻双方名下的存款应如何分割。《婚姻法》第 17 条第 2 款规定:“夫妻对共同所有的财产,有平等的处理权。”第 47 条规定:“离婚时,一方隐藏、转移、变卖、毁损夫妻共同财产,或伪造债务企图侵占另一方财产的,分割夫妻共同财产时,对隐藏、转移、变卖、毁损夫妻共同财产或伪造债务的一方,可以少分或不分。离婚后,另一方发现有上述行为的,可以向人民法院提起诉讼,请求再次分

---

① 转引自《最高院:丈夫给“情人”的财产,妻子该要回全部还是部分?》,沪法网,https://mp.weixin.qq.com/s/C6OnORqqxcgoHwMjgP6b6Q,下载日期:2019 年 10 月 10 日。

② 《最高人民法院发布第十四批指导性案例 65-69 号》,http://hzjcfy.sdcourt.gov.cn/hzjcfy/382095/382096/1783121/index.html,下载日期:2017 年 2 月 3 日。

割夫妻共同财产。”这就是说,一方在离婚诉讼期间或离婚诉讼前,隐藏、转移、变卖、毁损夫妻共同财产,或伪造债务企图侵占另一方财产的,侵害了夫妻对共同财产的平等处理权,离婚分割夫妻共同财产时,应当依照《婚姻法》第47条的规定少分或不分财产。

本案中,关于双方名下存款的分割,结合相关证据,宋某某婚前房屋拆迁款转化的存款,应归宋某某个人所有,宋某某婚后所得养老保险金,应属夫妻共同财产。雷某某名下中国工商银行尾号为4179账户内的存款为夫妻关系存续期间的收入,应作为夫妻共同财产予以分割。雷某某于2013年4月30日通过ATM转账及卡取的方式,将尾号为4179账户内的195000元转至案外人名下。雷某某始称该款用于家庭开销,后又称用于偿还外债,前后陈述明显矛盾,对其主张亦未提供证据证明,对钱款的去向不能作出合理的解释和说明。结合案件事实及相关证据,认定雷某某存在转移、隐藏夫妻共同财产的情节。根据上述法律规定,对雷某某名下中国工商银行尾号4179账户内的存款,雷某某可以少分。宋某某主张对雷某某名下存款进行分割,符合法律规定,予以支持。故判决宋某某婚后养老保险金14322.48元归宋某某所有,对于雷某某转移的19.5万元存款,由雷某某补偿宋某某12万元。

北京市朝阳区人民法院于2015年4月16日作出(2015)朝民初字第04854号民事判决:准予雷某某与宋某某离婚;雷某某名下中国工商银行尾号为4179账户内的存款归雷某某所有,宋某某名下中国邮政储蓄银行账号尾号为7101、9389及1156账户内的存款归宋某某所有,并对其他财产和债务问题进行了处理。宣判后,宋某某提出上诉,提出对夫妻共同财产雷某某名下存款分割等请求。

北京市第三中级人民法院于2015年10月19日作出(2015)三中民终字第08205号民事判决:维持一审判决其他判项,撤销一审判决第三项,改判雷某某名下中国工商银行尾号为4179账户内的存款归雷某某所有,宋某某名下中国邮政储蓄银行尾号为7101账户、9389账户及1156账户内的存款归宋某某所有,雷某某于本判决生效之日起七日内支付宋某某12万元。

第三节 适用本条的典型案例

一、法定夫妻共同财产制起始生效时间应是结婚登记日

张某与郭某离婚后财产纠纷二审民事案。参见北京市第二中级人民法院民事判决书,(2018)京02民终12284号。①

【案情概要】

郭某向北京市西城区人民法院起诉,请求:1.判令张某偿还郭某个人婚前财产50万元;2.判令张某承担前述款项自2016年9月1日起至实际付清之日止的利息。

一审法院认定事实:郭某、张某于2015年8月15日登记结婚,2016年9月1日协议离婚。离婚协议书关于夫妻财产分割写明:“1.房产:婚前各自名下的房产仍由各自持有,婚后

---

① 北京市第二中级人民法院(2018)京02民终12284号民事判决书,中国裁判文书网,http://wenshu.court.gov.cn/website/wenshu/,下载日期:2019年7月6日。

无共同房产。2.债权与债务:无。"法院询问双方离婚协议中的"债权与债务:无。"系何意,郭某表示当初以为是假离婚,没有在意,张某表示是指双方没有对外的债权债务。

2015 年 8 月 6 日,张某之父张某英向郭某名下中国工商银行卡号为×××的账户转账 20 万元,2015 年 8 月 26 日郭某将该 20 万元转入郭某名下招商银行账号为×××的账户内。对于张某英为何转给郭某该 20 万元,张某表示:"用于筹办郭某和张某婚礼。"郭某第一次陈述:"张某父亲张某英确实转给我 20 万元,当初说是彩礼,但是确实用于了筹办婚礼。"在后续庭审中,法院要求郭某明确具体如何使用时,郭某又陈述:"我当时没有用该 20 万元,用的是我名下卡里的其他钱。当初说是结婚用,赠与给郭某的。伴娘服装、酒、喜糖、婚庆的钱、婚纱、鞋是我支付的。婚礼场地费用、宴席费用是张某家支付的。"

经查,郭某名下招商银行账号为×××的账户 2015 年 6 月 12 日至 2016 年 9 月 5 日之间存在如下 32 笔交易:……。关于是否存在郭某主张的给张某 50 万元用于理财一事,审理中,张某陈述:"确实有 50 万元用于理财,但是已经给了郭某 25 万元,双方已经分割了,不存在郭某所述转给张某父亲用于理财的事情。"2017 年 2 月 16 日张某给郭某发短信:"再说之前内内利息 5 万呢,还不够啊,你是真养不起么。"审理中,张某表示"'内内利息'是指双方共同理财期间所得,买了一点股票,后来很快就卖掉了,实际利息没有 5 万元"。2015 年 8 月 14 日,张某出资 157668 元为郭某购买结婚用钻戒一个。

审理中,双方对部分共同财产的分割达成一致意见。

一审法院认为,离婚时,夫妻共同财产由双方协议处理;协议不成时,由人民法院根据财产的具体情况,照顾子女和女方权益的原则判决。郭某主张婚后,将其婚前个人财产 50 万元转给张某用于炒股,从郭某提供的招商银行账号×××的账户交易记录可以看出 2015 年 8 月 27 日,2015 年 12 月 15 日,2015 年 12 月 18 日郭某分三次给张某共计转账 50 万元,张某亦认可收到郭某转给的 50 万元用于理财,故对郭某转给张某 50 万元用于理财一事,法院予以认定。

对于该 50 万元的来源,从法院查明的相关账户资金往来情况可见,其中 20 万元系张某之父张某英于 2015 年 8 月 6 日转入郭某名下工商银行账户,郭某又从该工商银行账户转入其名下招商银行账户,后又从该招商银行账户转给张某,故该 20 万元来源于张某之父张某英。根据郭某、张某双方陈述,结合郭某、张某结婚时间,转账时间,可以认定,该 20 万元系张某之父张继英转给郭某,用于郭某、张某筹备结婚,故该 20 万元应认定为张继英对郭某、张某双方的赠与,现因郭某未将其用于婚礼消费而得以保留,保留后仍应属于双方共同财产。剩余 30 万元,从资金走向看,郭某婚前将其招商银行账号×××的账户内资金转入郭某名下唐小僧理财平台账户进行理财,婚后将其中的部分理财资金赎回后又转入郭某名下小牛理财平台账户进行理财。2015 年 12 月,郭某从其名下小牛理财平台账户和唐小僧理财平台账户赎回资金共计 40 余万元,后又将其中的 30 万元转给张某。故从资金来源上看,该 30 万元来源于郭某名下招商银行账号×××的账户内的婚前资金,法院对该 30 万元系郭某婚前财产予以确认。因双方离婚协议中未对诉争的 50 万元进行处理,且无其他证据证明双方离婚后已就该 50 万元分割达成一致意见,故法院对该 50 万元予以分割,属于夫妻共同财产的 20 万元,由郭某、张某各分得一半,属于郭某婚前个人的 30 万元,归郭某所有。

关于张某主张已经转给郭某 25 万元,上述 50 万元已经分割一节,根据郭某名下招商银行账号为×××的账户交易明细,张某确于 2016 年 6 月 9 日给郭某转账 5 万元,2016 年 9

月5日给郭某转账20万元。对于2016年6月9日张某转给郭某的5万元,张某主张系转给郭某经营翡翠,但未提供证据证明,郭某主张系50万元理财产生的利息,根据郭某提交的双方短信记录,张某在短信中确实提到给了郭某5万元利息一事,故法院对郭某主张的该5万元系利息一节予以认可。对于2016年9月5日张某转给郭某的20万元,郭某表示系用于双方共同生活开支的费用,但未向法院提供证据予以证明,因给付上述20万元时双方已经协议离婚,现无证据证明系基于其他法律关系发生的给付,法院认定为张某已经支付给郭某的财产补偿,在计算张某应当给付郭某的财产数额时予以扣除。对于郭某主张的利息,因郭某、张某双方在离婚时未对共同财产和个人财产进行分割和处理,未确定给付的时间、数额,故郭某主张要求张某支付利息一节,法院不予支持。

审理中双方协商一致部分财产归属,法院予以照准。

关于张某主张返还的个人物品苹果ipad(显示屏破碎)1个,郭某同意返还张某,法院对此亦不持异议。双方婚后购买吊灯5个、桌子1张、椅子4把,现无证据证明其具体去向,无法予以分割,对郭某该部分请求不予支持。2015年8月14日,张某出资157668元为郭某购买的结婚用的钻戒,应视为张某以结婚为目的对郭某的赠与,双方已经登记结婚,且共同生活,故赠与目的已经达到,张某现要求予以分割缺乏事实及法律依据。

北京市西城区人民法院作出〔2017〕京0102民初26256号民事判决书,判决:(一)判决生效后七日内,张某支付郭某20万元。(二)判决生效后七日内,郭某返还张某苹果ipad一个(显示屏破碎)。(三)美的牌微波炉1台、美的牌洗衣机1台、银色移动硬盘1个(已损坏)归张某所有;美的牌空调1台、热水器1台、冰箱1台、大宇洗衣机1部、苹果6plus手机1部、苹果7手机1部归郭某所有;判决生效后七日内,郭某将上述美的牌微波炉1台、美的牌洗衣机1台、银色移动硬盘1个(已损坏)交付张某。(四)驳回郭某的其他诉讼请求。(五)驳回张某的其他诉讼请求。

张某不服一审判决,向北京市第二中级人民法院(以下简称北京二中院)提起上诉。请求:维持一审判决第(二)、(三)、(四)项,撤销一审判决第(五)项,依法改判第(一)项为张某支付郭某10万元;并判令郭某返还我钻戒一枚。上诉主要理由:(一)一审法院认定事实错误。我父亲张某英转给对方的20万元不是对双方的赠与。该款系为办理婚事而汇转,后并未使用。而涉诉的钻戒价值157668元,是我对对方的附义务赠与。即以双方结婚且对方成为我配偶为前提条件,现在双方离婚,对方已经不再履行赠与所附义务,我方有权索回。(二)一审法院适用法律错误。对诉争钻戒的处理,应依照《合同法》第190条规定,认定我方有权撤销赠与,对方应予返还。另外,我父亲张某英于双方结婚登记前转入对方银行账户的20万元,此款来源于结婚登记之前,我父母未明确表示赠与双方,应认定此款为我的婚前财产。一审法院适用《婚姻法》第17条予以分割不当,应依该法第18条第(一)项规定,判决归我方所有。2018年11月21日获准立案。郭某答辩称,我不同意对方的上诉请求和理由。钻戒和20万元都是赠与我个人的。我不同意返还。

二审期间,张某为证明其上诉主张,向法院提交以下证据:2017年1月6日郭某发送的手机短信,欲证明郭某曾承诺要返还钻戒。除争议款项性质和钻戒权属外,双方对于一审查明的事实无异议。对双方无异议的部分事实,法院当庭予以确认。经法院组织调解,并与双方进行深入交流与沟通,经多番努力,双方最终仍未能就本案争议问题达成一致意见。

【裁判意见】

北京二中院认为，该案争议焦点是郭某是否应当返还张某本案诉争的钻戒，以及张某是否应当给付郭某20万元。

关于第一个焦点问题。首先，根据本案一审查明的事实，张某主张返还的钻石戒指系张某于2015年8月14日为郭某所购买，而双方登记结婚的日期系2015年8月15日。即该枚戒指赠与的时间是在婚前。经询，张某亦认可该戒指系自己为对方订制的。而经核实，双方均认可在婚姻缔结之时及婚姻关系存续期间并未实行夫妻约定财产制。故对此项财产之权属应依法定归置。根据《婚姻法》第18条规定，"有下列情形之一的，为夫妻一方的财产：(一)一方的婚前财产……(三)遗嘱或赠与合同中确定只归夫或妻一方的财产；(四)一方专用的生活用品……"。本案中，张某所赠钻戒在结婚前夕订制并完成赠与行为，结合该行为发生的时间，同时考虑到戒指对于缔结婚姻这一人身关系的昭示作用和其在一般公众认知领域及民俗习惯中所具有的特殊属性，该赠与对象明显亦仅系结婚的对象即配偶个人。故在婚前，郭某已经取得了该钻戒的所有权。根据前述法律规定，该钻戒应为郭某的婚前个人财产。其次，关于是否应予返还一节，张某上诉提出该戒指系附条件赠与的标的物，且郭某曾明确表示会交还给张某，故仍主张返还。经询，在法院审理中，郭某仍然坚持自己的答辩意见，不同意予以返还。法院认为，张某就其所称附条件赠与中的条件之内容并未提供证据予以证明，且即使系以结婚为目的的赠与，郭某与张某亦曾已登记结婚，并共同生活，婚姻的实质内容在夫妻关系的形成和存续中充分体现。而该戒指亦并非法律规定需在离婚时予以返还的财产。加之其就郭某所发的短信内容的背景情况呈现得并不完整，不能排除系在双方就具体问题的处理的磋商中所提出的方案或承诺，但其前提亦不明确，是否双务合同无法确定，而经询，双方亦未就此达成书面协议，故法院认为，仅依上述证据不足以认定张某返还钻戒之主张。再次，在法院审理中，经询，张某称该钻戒没有品牌，对物品的具体细节未能详尽描述，故对于诉争钻戒这一标的物的唯一性和排他性亦无法确定。综上，北京二中院法院认为张某的上诉理由不能成立。郭某对其主张的钻戒并不负有返还之义务。

关于第二个争议焦点。首先，根据本案中已经查明的相关款项转账和给付过程，张某之父张某英于双方婚前向郭某账户转款20万元。张某一方认为该款本欲用于婚礼所需，后未作该用途。郭某虽主张为彩礼，即认为是对其个人的赠与，但在一审法院审理中亦认可筹办婚礼之用途。故法院认为，该20万元的给付虽发生于郭某、张某婚前，但婚礼是双方结婚程序的一部分，不能直接割裂成两个个体的活动，故结合该款项用途等考虑，一审法院认定此款项性质属夫妻共同财产符合本案实际。即此款项中郭某、张某各有50%的所有权。其次，根据本案中已经查明的事实，在双方婚后，2015年12月间，自郭某账户至张某账户确曾分两笔共转款30万元。该资金来源于其个人账户内资金赎回。现张某对该款项性质虽有异议，但金钱系属种类物，张某未能提供有效证据证明该转款系基于双方之间的其他债权债务的清偿或给付，亦未能证实郭某在转款之时账户内的钱款均系夫妻共同财产，加之双方并未约定账户内上述往来的资金性质，故法院认为一审法院认定此款项为郭某相应账户内的婚前资金即婚前个人财产并无不当。再次，关于张某主张已给付的25万元一节，法院认为，该款项中前5万元的给付，有张某的陈述和短信予以佐证，故一审法院认定为利息较为适当。另20万元，因转账事实已经证明，而郭某并无充分证据证明收到的该款项是双方其他协议约定的履行或其他原因的赠与等，在双方当时并未背书的情况下，一审法院认定该款作

为张某对郭某的财产补偿较为公允。鉴于此,在诉争的50万元中,郭某个人财产为30万元,张某与郭某夫妻共同财产为20万元,分割伊始,郭某应获得40万元,张某应获得10万元;而在考虑上述补偿款已经给付,郭某应获得的40万元应再减除20万元,即张某最终就上述诉争款项应给付郭某20万元。一审法院对此所作认定无误,法院予以确认。

此外,根据张某上诉提出的诉讼请求,其对一审判决中20万元的给付和认为价值157668元的钻戒权属存在异议,经释明,其在庭审辩论结束前坚持诉讼主张。根据其不服一审判决的诉讼标的额,经核定,其依法应交纳的二审案件受理费为5165元。一审法院预收时对此核定有误,法院予以纠正。

二审审理中,北京二中院了解到双方育有一子,现不满3周岁,目前随郭某一起生活。为保证未成年子女利益最大化和维护其合法权益,双方之间处理解决争议问题应顺平和之势。如过于关注和放任双方矛盾的发展,将易对子女问题的协商解决产生不利影响。本案虽未能调解解决,但法院仍建议双方保持充分理性的沟通,互相多予理解包容。尽最大努力不使彼此分歧矛盾影响孩子的身心健康成长,避免已因双方离婚而缺失部分关爱的幼子再受到不必要的伤害和影响。

综上,北京二中院决定张某的上诉请求不能成立,应予驳回;一审判决,应予维持。2018年11月30日,依照《民事诉讼法》第170条第1款第(一)项规定,判决驳回上诉,维持原判。

二、婚前确定财产权利的实物于婚后取得,不是夫妻共同财产

王某1、贾某1继承纠纷二审民事案,河南省开封市中级人民法院民事判决书,(2018)豫02民终225号。①

【案情概要】

上诉人王某1(原审原告)、贾某1(原审原告)、王某2(原审原告)与上诉人贾某2(原审被告)继承纠纷一案,河南省开封市龙亭区人民法院作出(2015)龙法民初字282号民事判决,双方均不服该判决,向河南省开封市中级人民法院(以下简称开封中院)提起上诉。开封中院经审理后作出(2016)汴民终710号民事裁定,认为一审判决书认定基本事实不清、证据不足,将本案发回重审。原一审院重审后作出〔2017〕豫0202民初512号民事判决。双方均不服向开封中院提起上诉,获准受理。该案已审理终结。

王某1、贾某1、王某2上诉请求:撤销原判,改判三人继承贾某2名下位于龙亭区体育路××号的拆迁补偿款及权益的四分之三,继承龙亭区体育路××号房产租金205100元的四分之三。事实与理由:1. 涉案房产应为王某生的遗产。一审判决将涉案房产认定为贾某2与王某生的共同房产系适用法律错误。该房产是开封市××××区北道门办事处为清偿债务折抵给王某生个人出资成立的开封市××××区经协贸易公司(下称龙亭经协贸易公司)的,其对价736016.86元早在贾某2与王某生结婚前的1999年3月5日就已确定,虽然折抵时间在双方结婚后的2002年8月,但是双方并没有为折抵该房产向开封市××××区北道门办事处(下称北道门办事处)支付额外房款。736016.86元的房产对价款,系婚前财

① 河南省开封市中级人民法院(2018)豫02民终225号民事判决书,中国裁判文书网,http://wenshu.court.gov.cn/website/wenshu/181107ANFZ0BXSK4/index.html? docId = c4b11f6c59f84b4a9c4da98500cf10bb,下载日期:2019年5月1日。

产，现金变成房产，是财产在形式上的转化，并非新的所得。一审法院将涉案房产的折抵时间或登记时间作为财产的取得时间，与我国婚姻法规定相悖。2. 王某1、贾某1、王某2应与贾某2均为王某生的第一顺序法定继承人，应平均分割涉案房屋拆迁补偿款、拆迁权益及涉案房产的租金。故一审判决适用法律错误，请求依法改判。

贾某2答辩并上诉称：1. 一审法院将涉案房产认定为贾某2与王某生的夫妻共同财产错误，王某生在1998年7月10日之前向贾某2借款6.3万元，并在2003年3月12日和北道门办事处签订了一份《协议书》，约定将该房产抵给贾某2用于偿还借款本息。后王某生又于2003年3月27日与贾某2签订了抵账协议，于2007年2月1日书写《决定书》，决定将他的一切房产、财产全部归贾某2所有并全权支配，家庭成员任何人无权干涉，此决定书的真实性亦被西南政法大学鉴定中心确定，同时也印证王某生将六间房抵给贾某2的真实性。2. 一审法院适用法律错误。涉案房产已折抵给贾某2，不属于王某生的遗产，不应适用继承法的规定。请求撤销原判，改判驳回王某1、贾某1、王某2的诉讼请求。

王某1、贾某1、王某2辩称：1.贾某2不能证明争议遗产属于贾某2的个人财产。贾某2所说的王某生将价值70余万元的争议房产抵偿了在婚前欠她的6.3万元借款的理由不符合一般人的交易观念，且夫妻之间也不存在抵偿问题。王某生书写的《决定书》与贾某2前面所说的抵偿行为不存在相互印证问题，且贾某2在先前的案件中，将该《决定书》作为王某生的遗嘱，要求按照“遗嘱”继承，没有被生效判决支持。现又主张是对抵偿“行为”的印证，这样相互矛盾的主张不应得到法庭采信。2.争议遗产是王某生婚前个人财产。争议遗产是王某生用婚前70多万元的债权折抵过来的，与王某生和贾某2婚后所得没有任何关系。贾某2主张“抵偿”有效、《决定书》有效，这样的主张应当是建立在争议房产是王某生婚前财产的基础之上的，这也可以说明贾某2也认可争议房产原本是王某生的婚前财产。综上所述贾某2的上诉理由不能成立，应当予以驳回。

王某1、贾某1、王某2向一审法院起诉请求：(1)三人继承贾某2名下位于龙亭区体育路××号的拆迁补偿款及权益的四分之三；(2)继承龙亭区体育路××号房产租金205100元的四分之三。

一审法院认定事实：贾某2与被继承人王某生于××××年××月登记结婚，王某生系再婚，婚后无子女。王某生因病于2007年5月13日死亡。王某生再婚前生育有一女王某2。王某1、贾某1是王某生的父母。本案起诉前，贾某2曾因与张华共有物分割案，于2011年8月1日诉至一审法院，请求确认位于本市体育路25号楼一楼营业房8间中的7间归贾某2所有，并判令张华返还2007年4月至2011年8月期间上述7间房的租金及利息，张华反诉请求判令贾某2归还借款9万元及利息，并返还垫付的购房款及办证费用共计121962元。一审法院于2012年8月14日作出(2011)龙民初字第313号民事判决。张华不服，提起上诉，开封中院于2012年12月10日作出(2012)汴民终字第1037号民事裁定，撤销一审法院(2011)龙民初字第313号民事判决，发回一审法院重审。一审法院于2014年8月26日作出〔2013〕龙法民初字第109号民事判决，贾某2不服，上诉至法院。2015年3月24日，开封中院作出(2015)汴民终字第54号民事判决：(一)撤销开封市龙亭区人民法院〔2013〕龙法民初字第109号民事判决；(二)位于本市体育路25号房产(产权证号汴房地权证字××号)自北向南六间所有权归贾某2所有；以第六间和第七间房为界其余2间所有权归张华所有；(三)张华于判决生效后十日内应支付贾某2自2007年4月至2011年8月份

之前的房租(共计156050元,扣除张华垫付的办证费19705元、借款7500元、维修费405元、鉴定费1985元)126050元;(四)本市体育路××号房产2011年11月份以后的租金,自北向南6间的租金归贾某2收取并所有,其余2间及无证房租金归张华收取所有;(五)驳回贾某2的其他诉讼请求;(六)驳回张华的其他反诉请求。该民事判决书认定,本案所涉龙亭区体育路××号房产中自北向南的6间房屋系贾某2的丈夫王某生生前因创办的经协贸易公司享有对北道门办事处736016.86元的债权折抵而来。该判决生效后,王某1、贾某1、王某2诉至一审法院,要求对涉案6间房屋的征收补偿款及房租依法继承。

另查明,经一审法院调取贾某2申请执行租金一案的卷宗,双方均认可贾某2实际领取的房屋租金为205100元。2014年7月份,涉案6间房屋因房屋征收已被拆除,房屋征收补偿款数额尚未确定,且未签订房屋征收补偿协议。

一审法院认为,(一)涉案的龙亭区体育路××号自北向南的6间房产是王某生与贾某2的夫妻共同财产。从房产来源分析,1994年5月,王某生个人出资成立龙亭经协贸易公司,挂靠在北道门办事处名下,因北道门办事处共欠龙亭经协贸易公司本金516016.86元及滞纳金22万元共计736016.86元,经开封中院主持调解并执行,2002年8月27日,北道门办事处与龙亭经协贸易公司达成协议约定,北道门办事处将其所有的位于体育路25号一楼自北向南6间营业房过户给龙亭经协贸易公司,另再给龙亭经协贸易公司现金5万元;如龙亭经协贸易公司转卖他人北道门办事处不予干涉,并协助龙亭经协贸易公司通过法院直接过户给第三方。由此,涉案6间房屋取得的最基础原因缘于王某生个人出资所成立的龙亭经协贸易公司的债权。从贾某2提交的证据《决定》来看,王某生虽然出具有《决定》,但该决定因不符合自书遗嘱亲笔书写的有效要件,不具有遗嘱的效力。一审法院(2011)龙民初字第246号民事判决书对贾某2提交的王某生的自书决定的效力予以否定。涉及被继承人王某生的遗产不适用遗嘱继承。从贾某2辩解意见分析,贾某2辩称,婚前借给王某生的借款63000元及之后陆续给王某生借款,所以王某生决定将涉案房产抵账给贾某2。从贾某2实际取得该涉案房产的时间来看,王某生个人出资成立的龙亭经协贸易公司通过折抵债权从北道门办事处协议取得体育路25号一楼自北向南6间营业房是在2002年8月,而该涉案房屋实际变更到张华和贾某2个人名下的时间为2004年1月8日,王某生和贾某2结婚的时间为××××年××月,即该财产的实际取得时间为被继承人王某生和贾某2婚姻关系存续期间。

贾某2辩解涉案房产是其从王某生处通过债权折抵得到,但涉案房产涉及债权数额为736016.86元,而贾某2举证的王某生欠其债权数额为63000元,贾某2以此价格取得涉案房产,显然不符合交易习惯。且贾某2的该辩解意见与之后其向法院起诉要求王某生的继承人偿还该63000元的借款相互矛盾,如当时已经抵债,何来再行起诉主张借款,因此,贾某2对此不能自圆其说。况且因为婚姻关系的存在,双方的债权债务关系已经混同,在没有对各自财产进行公证的情况下,同样不应认定以房抵债关系的成立。综上,对此亦应认定为贾某2与王某生的夫妻共同财产。因此,对本次诉讼中,王某1、贾某1、王某2仍以此证据来证明本案涉案房产属于其个人财产或应按遗嘱继承的意见,一审法院不予采纳。尽管中院判决已确定该8间房屋中的6间产权归贾某2,但与该六间房产为贾某2与王某生的夫妻共同财产并不矛盾。因王某生生前所留决定,不符合自书遗嘱的要求,故本案不适用遗嘱继承,应对该房产析产后予以法定继承。

(二)对涉案房产被征收尚未赔偿的情况下遗产范围如何确定、能否按补偿份额进行分割。涉案遗产被征收后,各继承人对被征收房产的赔偿价值在析产后,应依法按比例分割。因该房产被征收后尚未进行赔偿,因此,从定纷止争的角度出发,继承人应以被征收房产中属于遗产部分的实际赔偿价值为基数,各继承人按照应分得的法定份额确认应当分割的比例。

依照《中华人民共和国继承法》第26条第1款规定,夫妻在婚姻关系存续期间所得的共同所有的财产,除有约定的以外,如果分割遗产,应当先将共同所有的财产的一半分出为配偶所有,其余的为被继承人的遗产。贾某2作为被继承人王某生的妻子,对该夫妻共同财产部分即被征收房产的实际赔偿价值应析出50%的份额,对下余部分按法定继承由第一顺序继承人按份分割,由当事人各分得相应款项的四分之一,即每人12.5%,贾某2共分得12.5%+50%=62.5%。

(三)对王某1、贾某1、王某2要求分得205100元租金中的四分之三请求的处理。依照《继承法》第26条第1款规定,夫妻在婚姻关系存续期间所得的共同所有的财产,除有约定的以外,如果分割遗产,应当先将共同所有的财产的一半分出为配偶所有,其余的为被继承人的遗产。本案中,王某1、贾某1、王某2称贾某2领取的205100元租金是王某生的个人财产无事实和法律依据,一审法院不予采信。应认定该租金是贾某2与被继承人王某生的共同财产,贾某2作为被继承人王某生的妻子,对该租金应享有一半的份额(205100元÷2=102550元),下余的102550元遗产作为按法定继承由第一顺序继承人即本案各方当事人四人按份分割,应各分得相应款项的四分之一(102550元÷4=25637.5元),因该款已由贾某2领取,故其应按各人应分份额给付王某1、贾某1、王某2。

综上,依照《继承法》第2条、第3条、第5条、第10条、第26条及《民事诉讼法》第64条规定,判决:(一)对位于本市体育路××号房产(产权证号汴房地权证字××号)自北向南六间房屋所有权因征收所应赔偿的拆迁补偿款及拆迁权益的62.5%归贾某2所有;王某1、贾某1、王某2各分得拆迁补偿款及拆迁权益的12.5%。(二)贾某2于判决生效后十日内给付王某1、贾某1、王某2每人龙亭区体育路××号房屋的租金25637.5元。(三)驳回王某1、贾某1、王某2的其他诉讼请求。

开封中院二审期间,当事人未提交新的证据,对一审认定的事实法院予以确认。另查明,在贾某2与王某生结婚之前的1998年7月10日,王某生与北道门办事处向贾某2出具借据一份,载明"因北道门办事处欠龙亭经协贸易公司债务,无能力及时偿还,造成公司资金周转困难,王某生多次向贾某2借款,截至1998年4月22日,借款人王某生借贾某2人民币陆万元整,现王某生再次向贾某2借款叁仟元整,王某生借贾某2资金总计人民币陆万叁仟元整,此前打的借条作废,以此据为准,王某生同意支付借款利息每元月息壹分伍厘。北道门办事处以信誉担保,王某生以其开办的龙亭经协贸易公司的全部资产担保。以此为据"。2002年8月27日,北道门办事处与龙亭经协贸易公司签订协议书一份,主要内容为根据开封市中级人民法院的生效调解书,北道门办事处欠龙亭经协贸易公司本金及罚金97万元。北道门办事处同意将其所有的位于开封市体育路25号营业房6间折抵债务,并另付现金5万元,北道门办事处欠债全部结清。2002年11月7日,王某生、贾某2为甲方与王林、张华为乙方签订协议一份,协议主要内容有:甲乙双方共同投资购进体育路25号营业房8间。其中6间由法院执行北道门办事处抵给龙亭经协贸易公司后甲乙双方购进,2间与办

事处协议购进。房屋面积约280平方米,每平方米1500元,约42万元。龙亭经协贸易公司的6间约30万元。上述房产与北道门办事处、龙亭经协贸易公司协商同意,并报请法院后,将该房直接过户登记在张华名下,贾某2为共有人。约定该房产为双方共同投资的实体等。2002年12月19日,北道门办事处、张华、龙亭经协贸易公司分别为甲乙丙方签订协议书,主要内容有:甲方在体育路25号有独立产权营业房8间,其中6间经法院执行给丙方,其余2间甲乙商定以每平方米1500元价格卖给乙方。上述两间房面积约80平方米,房款约12万元。三方协商同意将上述8间房过户到乙方名下。还约定了2间房购房款的支付形式等。2003年3月12日,龙亭经协贸易公司与北道门办事处签订协议一份,协议主要内容:根据2002年8月27日双方协议约定,龙亭经协贸易公司将北道门办事处抵债的体育路25号的六间营业房全部抵欠贾某2的借款本息。六间房全部归贾某2所有,任何人不享有该房屋份额,如其他协议与本条款不一致的以本条款为准。北道门办事处积极配合协助龙亭经协贸易公司通过法院直接过户给贾某2。2003年3月27日,王某生为甲方与贾某2为乙方签订协议书一份,显示:甲乙双方经协商一致,在北道门办事处和原主任的见证下特签订如下协议:(一)龙亭经协贸易公司是甲方独自出资成立的公司,名集体实个体,根据2003年3月12日甲方同北道门办事处协议的约定,现甲方自愿将体育路25号北道门办事处一楼自北向南陆间营业房全部抵欠贾某2的借款及利息。(二)该房屋的过户手续由北道门办事处协助甲方将产权证办到乙方名下,该房产的所有权、使用权全部归乙方所有。(三)本协议一式三份,甲乙双方及见证人各一份,本协议自甲乙双方及见证方签字盖章之日起生效,具有法律效力。王某生、贾某2分别签名,加盖有北道门办事处印章和王长才个人印章。2017年9月3日,王长才出具证明称,“一、我于1999年10月已调离北道门办事处,之后再没有与王某生和贾某2接触过。二人所签协议我完全不知情,更没有参与他们分家之事。二、本协议第三条言明三方签字、盖章生效,可我作为见证人并没有签字,这说明我没有参与此事。三、我的私章为什么出现在协议上,这个问题,如果造成严重后果,我保留追究责任的权利。”2003年10月,上述体育路25号8间营业房登记在张华、贾某2名下。房产证号为:汴房地权证字第(3175067)号。

还查明,2002年8月27日王某生、龙亭经协贸易公司与北道门办事处签订协议书一份,北道门办事处愿将慈善街6号后院东屋三间过户给龙亭经协贸易公司,过户手续由龙亭经协贸易公司办理,北道门办事处积极协助(该房产权归房管所所有),过户价为15000元整(已从北道门办事处欠龙亭经协贸易公司欠款扣除),现追加5000元整,过户前应一次性交清给北道门办事处。后案外人王某建与该房屋产权人开封市工商行政事业用房管理处签订了租赁合同。

王某生与前妻于1999年3月25日在开封市龙亭区人民法院调解离婚,约定本市延寿寺街98号房连同王某生个人的债权债务归王某生所有。2001年7月,该房屋拆迁安置开封市富辰小区房屋一套,后王某生转让给案外人张×宇。因拆迁还安置开封市东京大道—火车站一期临建路西营业房112号(二层,面积88.53平方米)。

2011年6月9日,王某1、贾某1、王某2向龙亭区人民法院起诉贾某2,请求依法分割被继承人王某生的上述临建路西营业房和体育路××号营业房。贾某2向法庭提交了王某生生前于2007年2月1日的《决定》:“一、我本人的一切房产、财产,全部归我妻所有并全权支配,家庭成员任何人无权干涉。二、任何时候以本决定为准。”主张王某生的遗嘱有效,请

求驳回王某1、贾某1、王某2的诉讼请求。另慈善街6号东屋系王某生生前从北道门办事处支付102545元购买所得,被案外人王永建占有,也应作为遗产进行分割。一审法院审理认为,贾某2提交的王某生生前的《决定》虽具有遗嘱的内容但不符合自书遗嘱亲笔书写的有效要件,因此该决定不具有遗嘱的效力。慈善街6号东屋因该房系公房且案外人王永建已与房屋产权人开封市工商行政事业用房管理处签订租赁合同,贾某2提交的证据不能证明该房屋的使用权归王某生,因此贾某2主张追回该房屋使用权或认定王某建欠款的证据不足。同时,诉争体育路25号营业房尚在诉讼中,暂不做处理。该院作出(2011)龙民初字第246号民事判决,判决开封市东京大道—火车站一期临建路西营业房112号(二层,面积88.53平方米)归王某1、贾某1、王某2和贾某2共同继承所有,租赁费四人平分。四人均不服上诉至法院。法院经审理后维持了一审判决。随后,贾某2于2013年3月14日向龙亭区人民法院起诉王某1、贾某1、王某2,由于王某生向其出具的《决定》被认定为不具有遗嘱效力,请求判令王某生的三个继承人王某1、贾某1、王某2偿还王某生的欠款77300元及利息。一审法院作出了〔2013〕龙民初字第216号民事判决,认定王某生在开办公司期间,因资金周转困难,多次向贾某2借款,截至1998年7月,王某生共向贾某2借款63000元,并同意支付每月壹分伍厘的借款利息。××××年××月,贾某2与王某生登记结婚。2003年至2006年婚姻关系存续期间,王某生又先后向贾某2借款14300元。王某生去世后,王某1、贾某1、王某2与贾某2共同继承了王某生的遗产。王某1、贾某1、王某2继承王某生的遗产后,贾某2要求王某1、贾某1、王某2偿还上述欠款,王某1、贾某1、王某2拒不偿还,故诉至一审法院,纠纷成讼。一审法院以超诉讼时效为由驳回了贾某2的诉讼请求。该判决一审生效。

2013年12月31日,开封国有资产管理有限公司向一审法院起诉北道门办事处和龙亭经协贸易公司,第三人贾某2,请求判令北道门办事处承担龙亭经协贸易公司的清算责任,龙亭经协贸易公司偿还债务598280元及利息50万元,贾某2返还公司财产即体育路25号房产。龙亭区人民法院作出〔2013〕龙民初字第35号民事判决以起诉超诉讼时效为由,判决驳回了开封国有资产管理有限公司的诉讼请求。该一审判决生效。

【裁判意见】

开封中院认为,该案争议焦点是诉争的体育路25号六间营业房是贾某2的个人财产还是王某生的个人遗产,贾某2主张王某生生前已将该房产折抵债务是否成立。王某1、贾某1、王某2在诉讼中主张,已生效的开封市龙亭区人民法院(2011)龙民初字第246号民事判决和中级人民法院(2012)汴民终字第818号民事判决均认定贾某2提交的王某生生前的《决定》虽具有遗嘱的内容,但不符合自书遗嘱的有效要件,不具有遗嘱的效力。诉争的体育路25号营业房因贾某2与张华存有争议,份额未确定,未作处理,可待份额确定后另行主张。因此,对该营业房应当按照生效判决确定的法定继承原则,平等分配王某生的该遗产。法院认为,已生效的(2011)龙民初字第246号民事判决和(2012)汴民终字第818号民事判决均对诉争体育路25号营业房的继承表述为本案不作处理,待份额确定后另行主张。因此,一、二审法院仅作了程序审查而未作实体审理。王某1、贾某1、王某2要求按照上述生效判决确定的原则,分割该房产的请求法院不予支持。王某1、贾某1、王某2主张诉争房产来自于王某生开办的龙亭经协贸易公司在北道门办事处的债权,符合客观事实。但是龙亭区人民法院生效判决〔2013〕龙民初字第216号认定的王某生欠贾某二十七万七千三百元未

还的事实,以及贾某2提交的1998年7月10日王某生签名,并加盖有北道门办事处印章的借据、2003年3月12日龙亭经协贸易公司与北道门办事处的协议、2003年3月27日王某生与贾某2的协议,能够证明王某生以体育路25号房产折抵贾某2的欠款的真实意思表示。王长才否认参与了2003年3月27日王某生与贾某2签订协议,但对北道门办事处印章及其本人印章的真实性未提出异议,且由于北道门办事处是该笔债务的担保人,也是协助将体育路25号房产直接过户给贾某2的义务人,北道门办事处参与并签章也在情理之中。王某2称知道其父亲王某生生前有盖有北道门办事处印章的空白纸,但未提交证据印证。王某生是挂靠在北道门办事处的企业主,而非北道门办事处的工作人员,更不是北道门办事处印章的管理人,北道门办事处作为开封市龙亭区人民政府的派出机构,其机关印章应当有严格的管理制度,王某生不可能取得盖有北道门办事处印章的空白纸张。王某1、贾某1、王某2也未对几份相关协议中王某生的签名提出异议。事实上也是按照上述协议已将该房产登记在贾某2的名下。

关于折抵是否符合交易习惯的问题。从2002年8月27日北道门办事处与龙亭经协贸易公司的折抵协议看,确实是北道门办事处以体育路25号的6间营业房加5万元现金折抵97万欠款。但是从2002年11月7日王某生、贾某2与王林、张华的合作协议看,该6间营业房的实际价值为30万元。王某生以6间营业房折抵贾某2债务应当是63000元本金及自借款以来产生的利息。双方协商折抵时王某生与贾某2为夫妻关系,即便存在不对等,个中是否有夫妻感情的因素无法考证。另外,从2007年2月1日的《决定》看,虽被生效判决认定因不符合手书遗嘱的形式要件,不具有遗嘱的效力。但经鉴定机构鉴定,王某生签名是真实的,与上述协议综合考察,王某生生前将诉争房产折抵给贾某2更接近客观事实。

我国法律不禁止婚内财产约定。根据《婚姻法》第19条第1款对夫妻约定财产制的规定,夫妻可以约定婚姻关系存续期间所得的财产以及婚前财产归各自所有、共同所有或者部分各自所有、部分共同所有。夫妻之间达成的婚内财产分割协议是双方通过订立契约对采取何种夫妻财产制所做的约定,是双方协商一致对家庭财产进行内部分配的结果,在不涉及婚姻家庭外第三人利益的情况下,应当尊重夫妻之间的意思表示,按照双方达成的婚内财产分割协议履行,优先保护事实物权人。本案中的被继承人王某生生前与其妻子贾某2对婚内财产体育路××号6间营业房予以折抵,进行了分割并实际履行(已登记在贾某2名下),符合法律规定。继承人王某1、贾某1、王某2请求按法定继承分割该房产及租金证据不足,依法应予驳回。

综上所述,王某1、贾某1、王某2的上诉请求不成立,予以驳回。贾某2的上诉请求成立,予以支持。2018年9月30日,中院依照《婚姻法》第19条第1款,《民事诉讼法》第170条第1款第2项规定,判决如下:(一)撤销河南省开封市龙亭区人民法院〔2017〕豫0202民初512号民事判决;(二)驳回王某1、贾某1、王某2的诉讼请求。

三、最高法院:配偶双方各得夫妻共同财产的一半份额

案外人执行异议之诉。2019年11月28日,最高人民法院就(2019)最高法民终1868号案件案外人执行异议之诉,判决确定因夫妻一方个人债务执行,法院可以查封拍卖夫妻共同房产,但夫妻共同房屋变价款一半份额属于配偶另一方,不得执行配偶另一方所享有的一

半变价款份额。①

（一）案情概要

章某向原审法院提出三项诉讼请求：(1)确认1288号房屋的所有权归章某所有，停止对该房屋执行；(2)将102号房屋一半的拍卖款分配给章某；(3)诉讼费由陈某承担。

原审法院经审理查明：2014年5月14日，该院就(2014)青民一初字第1号陈某与山东绿岛公司、宁某1、宁某2借款合同纠纷一案作出民事判决，确认山东绿岛公司、宁某1、宁某2连带偿还陈某剩余欠款3768万元，滞纳金30.5万元。该案上诉后，最高人民法院判决维持原判。因山东绿岛公司、宁某1、宁某2未履行法律文书确定的义务，陈某于2015年2月申请强制执行。执行中，该院查封了登记在宁某1之妻章某名下的1288号房屋和登记在宁某1名下的102号房屋，将查封公告张贴在章某居住的1288号房屋门口，并拍照入卷。2018年6月28日，该院裁定拍卖102号房屋。2018年11月1日，102号房屋以4684134.3元的价格成功卖出，拍卖款于当月给付了申请执行人陈某。2018年12月5日，该院通知北京市西城区不动产登记事务中心协助给买受人办理产权手续。2019年3月5日，案外人章某就已查封的登记在其名下的1288号房屋和已拍卖的登记在宁某1名下的102号房屋提出书面异议。该院审查后，裁定驳回章某异议。章某遂提起案外人执行异议之诉。另查明，1987年12月4日，章某与宁某1登记结婚。在夫妻关系存续期间，购得1288号房屋，建筑面积177.72平方米，于2010年1月29日登记在章某名下；购得102号房屋，建筑面积55.86平方米，登记在宁某1名下。

（二）一审争议焦点和审理意见

一审争议焦点是章某就案涉房产是否享有足以排除强制执行的民事权益。

原审法院审理认为，本案的争议焦点为章某就案涉房产有无足以排除强制执行的民事权益。该院从以下几个方面分析认定：

1.关于宁某1所负债务的性质。《最高法院审理夫妻债务案件适用法律解释》第1条规定，夫妻双方共同签字或者夫妻一方事后追认等共同意思表示所负的债务，应当认定为夫妻共同债务；第三条规定，夫妻一方在婚姻关系存续期间，以个人名义超出家庭日常生活需要所负的债务，债权人以属于夫妻共同债务为由主张权利的，人民法院不予支持，但债权人能够证明该债务用于夫妻共同生活、共同生产经营或者基于夫妻双方共同意思表示的除外。涉及本案债务的《借款合同》的借款人为山东绿岛公司，借款金额为5000万元，借款用途为土地开发流动资金，借款期限为2011年11月25日至2012年2月24日。因《借款合同》的借款未全部清偿，故(2014)青民一初字第1号民事判决确定：山东绿岛公司、宁某1、宁某2在本判决生效后连带偿还陈某剩余欠款3768万元及滞纳金30.5万元。章某提交的《按账号查询账户交易明细》显示，山东绿岛公司自借款后直至账面余额仅剩4635.63元期间，即2011年11月2日至2011年12月31日，未向章某名下的账户转过任何款项。虽然，陈某主张该债务为夫妻共同债务，但没有提交能够证明是夫妻共同债务的证据。因此，根据上述法

① 最高人民法院(2019)最高法民终1868号民事判决书，中国裁判文书网，http://wenshu.court.gov.cn/website/wenshu/，下载日期：2019年12月30日。

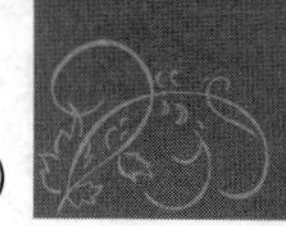

律规定、生效判决确定的内容及本案事实，不能认定该债务系夫妻共同债务。

2.案涉1288号房屋的权属性质。针对案涉1288号房屋，章某提交了《房屋所有权证》、章某的说明、章某民证言、《银行现金交款单》等证据，拟证明该房屋是其父母资助购买，属章某个人财产。但上述证据中，除章某的说明及章某民的证言外，《银行现金交款单》仅证明章某缴纳购房款，反映不出其父母向其转款或直接缴纳购房款的事实，《房屋所有权证》仅证明该房屋登记在章某名下。而陈某提交章某与宁某1的《结婚证》《户口本》等证据，证明案涉1288号房屋系章某与宁某1婚姻关系存续期间的夫妻共同财产。因此，章某请求确认1288号房屋为其个人财产的证据不足，不予支持。案涉1288号房屋应当认定为章某、宁某1的夫妻共同财产。案涉1288号房屋于2015年2月被法院查封。庭审中，章某提交的《离婚证》《离婚协议》的日期是2019年7月1日，《离婚协议》约定1288号房屋归章某所有。但《最高人民法院关于人民法院民事执行中查封、扣押、冻结财产的规定》第26条规定，被执行人就已经查封、扣押、冻结的财产所作的移转、设定权利负担或者其他有碍执行的行为，不能对抗申请执行人。根据上述法律规定，章某与宁某1《离婚协议》对案涉1288号房屋的约定不得对抗申请执行人，该房屋仍属夫妻共同财产，章某享有该房屋的一半份额，在执行该房屋时应当保留章某享有的一半变现份额。

3.章某能否对已拍卖的102号房屋拍卖价款主张权利。《最高人民法院关于人民法院办理执行异议和复议案件若干问题规定》第6条第2款规定，案外人依照《民事诉讼法》第270条规定提出异议的，应当在异议指向的执行标的执行终结之前提出；执行标的由当事人受让的，应当在执行程序终结之前提出。案涉房产查封后，法院在章某居住的1288号房屋门口张贴查封公告。2018年11月1日，102号房屋以4684134.3元的价格被法院拍卖，并通知不动产登记事务中心办理产权变更手续，拍卖款也已支付申请执行人。2019年3月5日，章某提出案外人执行异议时，执行标的执行终结，该房屋已由第三人受让，受让人通过司法拍卖程序已经取得102号房屋的所有权，章某不能按照《民事诉讼法》第227条规定的异议程序进行救济，不能在本案中对已支付给申请执行人的房屋拍卖款主张权利。在拍卖款项已全部支付给申请执行人的情况下，章某就分配拍卖款份额的诉求，可另行对申请执行人提起不当得利之诉请求。综上所述，案涉1288号房屋系章某和宁某1的夫妻共同财产，章某请求确认1288号房屋所有权归其所有，并停止执行的诉求不能成立，该院不予支持。但章某系1288号房屋的共有人，在宁某1所负债务不能认定为夫妻共同债务的情况下，该房屋的执行变现款项中应当保留章某的一半份额。案涉102号房屋已执行终结，章某请求分配一半拍卖款的诉求，不属于本案审理范围。

依照《最高法院审理夫妻债务案件适律解释》第1条、第3条，《最高人民法院关于人民法院民事执行中查封、扣押、冻结财产的规定》第26条，《最高人民法院关于人民法院办理执行异议和复议案件若干问题规定》第6条第2款及《民事诉讼法》第227条、《最高法院适用〈民事诉讼法〉解释》第312条规定，判决如下：(一)不得执行位于北京市海淀区房屋变价款中章某所享有的一半变价款份额；(二)驳回章某的其他诉讼请求。该院(2019)青执异4号执行异议裁定于本判决生效时自动失效。

(三)上诉意见

章某上诉，请求：1. 确认章某名下1288号房屋的所有权归章某所有，并停止对该财产

的执行;2. 将已拍卖的102号房屋一半的拍卖款分配给章某。事实和理由:第一,案涉1288号房屋登记在章某名下,系章某父母出资购买,属于章某父母对章某的赠予,属章某的个人财产,且宁某1也承认该房产与其无关。宁某1依法应承担的债务,应由其名下的股权及其他财产优先清偿,不应将章某1个人名下的1288号房屋予以执行。第二,已拍卖的102号房屋属于章某与宁某1的夫妻共同财产,原审法院擅自将102号房屋进行拍卖,并将拍卖款支付给陈某,但该房产尚未办理产权变更登记手续,所有权尚未发生转移,依法应当执行回转并保留章某一半的执行款。第三,本案中执行依据应当为最高人民法院作出的(2014)民一终字第245号民事判决,该判决对(2014)青民一初字第1号民事判决中相应的债权本金和利息已作出了改判,故原审法院执行依据的判决有误。

陈某上诉请求:1. 撤销一审判决,依法驳回章某的诉讼请求;2. 由章某承担本案的诉讼费用。事实和理由:1. 宁某1作为自然人,不可能有经济实力购买如此多的房屋和别墅,原审法院查明山东绿岛公司的账号仅仅为公司的部分账户,不能推定山东绿岛公司没有对章某支付相关款项,故宁某1所负担的债务,属于夫妻共同债务,原审法院没有认定宁某1的债务为夫妻共同债务,属认定事实错误。2. 原审法院依法对案涉102号房屋进行拍卖,在执行该标的期间,章某没有依法提出执行异议,应当视为其放弃该部分权利,在执行标的执行完成后,章某无权提起执行异议之诉,原审法院判令章某可以提起不当得利之诉,属认定事实和适用法律错误。3. 原审审理期间,章某提出三项诉讼请求,但原审法院判决驳回章某的其他诉讼请求,故原审法院认定的“案件受理费130080.53元,由章某、陈某各负担65040.26元”错误。

针对章某的上诉,陈某辩称,1. 案涉1288号房屋系章某与宁某1婚姻关系存续期间的夫妻共同财产,该房产虽然登记在章某名下,但其没有证据证明该房产系其个人财产,在生效判决已经确定债权债务时,陈某依法申请执行1288号房屋,章某无权排除执行。2. 对于案涉102号房屋,已经司法程序依法拍卖,根据执行异议的相关规定,章某应当在执行标的执行终结之前提出异议,但其未在法律规定的时间内主张权利,依法不能对拍卖款主张权利。3. 被执行人宁某1所负债务系夫妻共同债务,该债务发生在宁某1与章某婚姻存续期间,而且宁某1和章某也没有经济实力购置如此多的财产,故宁某1所负债务应当系夫妻共同债务。

针对陈某的上诉,章某辩称,案涉1288号房屋系个人财产,由章某父母实际出资购买,系章某父母对章某的赠予,不属于夫妻共同财产,陈某无权申请执行该房产。案涉102号房屋属于夫妻共同财产,原审法院执行该房产时,存在程序错误,章某对于执行该房产并不知情,而且目前该房产尚未办理产权过户手续,不应认定执行程序的终结,章某有权申请已拍卖价款的一半份额归章某所有。关于宁某1的债务是否属于夫妻共同债务问题,并不属于本案案外人执行异议之诉的审理范围。原审第三人宁某1提交书面意见称,案涉1288号房屋系章某的唯一住房,确系章某父母出资购买,案涉102号房屋属于婚后财产,应当有章某一半的份额。另外,宁某1的债务在积极偿还中,山东绿岛公司也正在筹备开工建设中,并对陈某的债权偿还进行以房抵债等安排。

(四)二审争议焦点和审理意见

二审法院认为,该案争议焦点有下列四个:1.宁某1所负债务是否属于夫妻共同债务;

2.案涉1288号房屋是否属于夫妻共同财产;3.被拍卖的案涉102号房屋,是否应当保留章某一半的执行款份额,章某是否需要另行提起不当得利之诉;4.原审法院的诉讼费认定是否正确。

1.关于陈某申请执行的案涉债务是否属于夫妻共同债务问题。法院认为,本案章某提起的系案外人执行异议之诉,请求排除陈某对自己及宁某1名下的房产执行,依法应当按照案外人执行异议之诉的相关规定加以审理,认定案涉执行财产是否足以排除执行。宁某1所负的债务属于夫妻共同债务还是属于其个人债务,不属于案外人执行异议之诉的审理范围。故原审法院将宁某1的债务是否属于夫妻共同债务加以审理,不妥,法院依法予以纠正。

2.关于案涉1288号房屋是否属于夫妻共同财产问题。章某认为该房产登记在其名下,并且是由其父母出资购买并赠予章某,属于其个人财产,应当排除陈某的申请执行。法院认为,1288号房屋登记在章某名下,且该房产系在章某与宁某1婚姻存续期间购买,依法应当属于夫妻共同财产。虽然章某提交《银行现金交款单》等证据,证明案涉房产实际是由其父母出资,但并不能充分证明该房产系其父母的房产或其父母购买后赠予章某,故章某关于该房产系其个人财产并请求排除执行,没有事实和法律依据。原审法院判令执行该房产并保留该房产一半变价款份额归章某所有,并无不当。

3.关于被拍卖的案涉102号房屋,是否应当保留章某一半的执行款份额,章某是否需要另行提起不当得利之诉的问题。法院认为,案涉102号房屋登记在宁某1名下,但该房屋系在章某与宁某1婚姻存续期间取得,依法应当认定为夫妻共同财产,原审法院执行该房产时,应当保留属于章某的一半份额。根据《最高人民法院关于人民法院办理执行异议和复议案件若干问题规定》第6条第2款的规定,案外人依照《民事诉讼法》第227条规定提出异议的,应当在异议指向的执行标的执行终结之前提出;执行标的由当事人受让的,应当在执行程序终结之前提出。陈某认为,章某未在执行标的执行终结之前提出,故应当视为章某放弃该部分权利。法院认为,在执行程序过程中,虽然当事人没有在执行程序规定的期间内提出异议,但其实体权利并未丧失,章某依然享有夫妻共同财产的相应份额,故案涉102号房屋在执行过程中依法应当保留属于章某的一半份额,原审法院将102号房屋的拍卖款全部支付给陈某,属于执行错误。虽然原审法院赋予章某另案提起不当得利之诉的救济途径,但陈某申请执行的案涉两套房产系基于同一执行依据,该案执行程序并未终结。在案涉1288号房屋尚未开始执行时,可以对此一并予以处理,即执行案涉1288号房屋时,对于拍卖价款的一半应归属于章某所有,执行属于宁某1的另一半执行款时,应扣除102号房屋拍卖款4684134.3元的一半2342067.15元。原审法院判令章某另行提起不当得利之诉,并驳回章某此部分诉讼请求,不妥,法院依法予以纠正。

4.关于原审诉讼费计算是否错误问题。章某起诉三项请求中:第一项为停止对1288号房屋的执行;第二项为请求将102号房屋拍卖款的一半分配给章某;第三项为诉讼费由陈某承担。如前所述,章某两项实体请求均应当在本案中一并处理,即驳回章某关于停止执行1288号房屋的请求,支持章某关于返还102号房屋拍卖款一半的请求,故原审法院判令诉讼费由章某和陈某各承担一半,并无不当。综上,章某的上诉请求部分成立,原审法院在认定事实方面存在错误,依法应予纠正。

最高人民法院依照《民事诉讼法》第170条第1款第2项规定,判决:(一)维持青海省高

级人民法院(2019)青民初 51 号民事判决第一项;(二)变更青海省高级人民法院(2019)青民初 51 号民事判决第二项为:在执行本判决第一项时,从应向申请执行人陈某支付的款项中扣除 2342067.15 元并支付给章某。青海省高级人民法院(2019)青执异 4 号执行异议裁定于本判决生效时自动失效。

四、夫妻一方擅自将共同财产赠与他人,应属无效

夫妻共同财产是因夫妻关系存在而产生,而且是基于法律直接规定或者当事人双方书面约定形成。如果夫妻双方未选择其他财产制的,夫妻婚后各自所得或共同所得的财产构成夫妻共同财产,由双方共同共有,不区分份额地共有。根据共同共有的一般原理,在婚姻关系存续期间,夫妻共同财产应作为一个不可分割的整体,夫妻对全部共同财产不分份额地共同享有所有权,夫妻双方无法对共同财产划分个人份额,在没有重大理由时也无权在共有期间请求分割共同财产。《婚姻法》第 17 条规定,“夫或妻对夫妻共同所有的财产,有平等的处理权”。夫妻对共同财产享有平等的处理权,并不意味着夫妻各自对共同财产享有一半的处分权。只有在共同共有关系终止时,才可对共同财产进行分割,确定各自应得的份额。据此,夫妻一方擅自将共同财产赠与他人的,该赠与行为应属无效,“应属全部无效,而非部分无效”①。

如何理解夫妻双方对共同财产的平等处分权?根据《物权法》第 106 条规定,“无处分权人将不动产或者动产转让给受让人的,所有权人有权追回”。按照《合同法》第 51 条规定精神,除非权利人追认或处分人事后取得处分权,否则,该处分行为无效。我国《婚姻法》没有明文规定夫妻怎样行使平等处分权。根据婚姻家庭生活实际,夫妻处分共同财产通常是下列两种情形:其一,因为日常生活需要,例如,一日三顿餐饮需要的采购和安排;为未成年孩子提供零用钱或因接受义务教育的孩子因学校相关活动而缴纳费用;夫妻一方支付电信服务、物业服务等费用;为家庭成员购买家庭消费能力能承受范围内的服饰;通常社交礼仪开支;等。这些费用开支,通常一次性支付金额不大。按照日常家事代理权,夫妻任何一方均有权单独代表双方为相关意思表示或者实施相关行为,并对夫妻双方产生拘束力。其二,超出家庭日常生活需要的大额开支或者大宗财产处分。该项开支或者处分应事先经夫妻双方协商确定;协商不成的,夫妻任何一方单方均无权实施。根据《最高法院适用〈婚姻法〉解释一》第 17 条规定,应理解为:“(一)夫或妻在处理夫妻共同财产上的权利是平等的,因日常生活需要而处理夫妻共同财产的,任何一方均有权决定。(二)夫或妻非因日常生活需要对夫妻共同财产做重要处理决定,夫妻双方应当平等协商,取得一致意见。他人有理由相信其为夫妻双方共同意思表示的,另一方不得以不同意或不知道为由对抗善意第三人。”《北京市高级人民法院民一庭关于审理婚姻纠纷案件若干疑难问题的参考意见》第 48 条规定,“婚姻关系存续期间,夫妻一方未经另一方许可将大额共同财物赠与第三人的,另一方可主张请求确认该赠与行为无效,返还财物;或在离婚诉讼中就该赠与行为主张损害赔偿”。

超出日常生活需要而欲处分夫妻共同财产的,夫妻双方应当协商;协商一致的,可以处分,协商不成,一方单独将大额夫妻共同财产赠与他人,是一种无权处分行为。在夫妻另一方事先不知情、事后未追认的情况下,当财产被他人无合法依据地占有时,所有权人有权根

① 吴晓芳:《〈婚姻法〉司法解释(三)适用中的疑难问题》,载于《法律适用》2014 年第 1 期。

据物权的追及效力要求非法占有人返还财产,夫妻中的受害方可以行使物上请求权,以配偶和受赠人为共同被告,请求法院判令其返还财产。

涉及具体处理问题,比如,夫妻一方赠与婚外情人的房产,究竟是返还房屋还是返还相应的购房款。一般可区分为两种情形:如果赠与人给受赠人钱款让其购房、购车等且登记在受赠人名下,赠与行为被确认无效后,受赠人应返还相应的钱款;如果赠与人是把原来登记在自己名下的房屋、车辆等变更登记为受赠人,受赠人应返还原房屋或车辆等。①

五、分割夫妻共同财产中以一方名义在有限责任公司的出资额,应折价补偿另一方应得股份之价值

刘奕、王军卿离婚后财产纠纷案,最高人民法院民事判决书,(2018)最高法民申 796 号。

人民法院审理离婚案件时,涉及分割夫妻共同财产中以一方名义在有限责任公司的出资额,另一方不是该公司股东的,若夫妻双方不能就股权分割问题达成一致意见,为了保证公司的人合性,应对另一方请求分割的股份折价补偿。因在本案二审审理过程中,出资一方配偶坚持要求分割股权,不同意折价补偿,也不同意评估股权价值,故法院对其要求分割股权的诉讼请求不予支持。

六、妻子是否有权要求对方返还已故丈夫生前转予的钱财

某返还原物纠纷案件,广东省广州市中级人民法院民事判决书,(2019)粤 01 民终 10030 号。确认对于已故丈夫生前转给婚外异性的钱财,妻子要求返还请求,不予支持。

【案情概要】

欧某、游某向一审法院起诉,请求判令被告李某返还欧某、游某人民币 583700 元及逾期利息。

一审法院认定事实:欧某与案外人游某民于 1990 年 11 月 14 日登记结婚生育一女游某。2016 年 3 月 17 日至 2018 年 3 月 24 日期间,昵称为 s 游的微信号向昵称为“半分回忆”的微信号转账 25 次,共计 93700 元。2017 年 4 月 17 日,案外人游某民通过其中国银行账号向李某的中国建设银行账号转账 350000 元。2017 年 5 月 9 日,案外人游某民通过其中国银行账号向李某的中国建设银行账号转账 140000 元。2018 年 7 月 20 日,广东省广州市南方公证处出具《公证书》,载明:被继承人游某民于 2018 年 3 月 31 日在广州市死亡,其生前未立遗嘱,亦未与他人签订遗赠抚养协议;欧某和游某是继承人,欧某放弃继承,故游某民的遗产由游某一人继承等。

【一审裁决意见】

一审法院认为,该案件争议焦点是游某民向李某转账上述款项是否属于赠与行为。一审法院认为,欧某、游某主张游某民与李某之间存在长达三年的不正当男女关系,上述款项是游某民转给李某用于其生活及购买房产等等。但是,欧某、游某没有提交证据证实游某民当时有赠与的意思表示,没有提交涉案款项的赠与合同,也没有提交其他足以证明上述款项属于游某民向李某赠与的证据,故欧某、游某认为涉案款项的转移属于游某民的赠与行为以及游某民与李某之间系不正当关系,缺乏事实根据,一审法院不予采信。由于欧某、游某不

① 吴晓芳:《〈婚姻法〉司法解释(三)适用中的疑难问题》,载于《法律适用》2014 年第 1 期。

能证明涉案款项是游某民向李某赠与的,欧某、游某主张赠与行为无效的诉讼请求,一审法院不予采纳;欧某、游某以赠与行为无效为由,要求李某返还583700元的诉讼请求,亦没有事实根据和法律依据,一审法院不予支持。李某经一审法院合法传唤,无正当理由拒不到庭参加诉讼,一审法院依法作出缺席判决。

一审判决驳回欧某、游某的全部诉讼请求。

【当事人上诉意见】

欧某、游某不服一审判决提起上诉。主要事实和理由如下:

1.一审判决认为欧某、游某主张的游某民与李某之间的赠与行为和不正当关系无事实根据,属于认定事实错误,欧某、游某提交的证据材料足以证明存在上述事实。游某民与李某之间的微信聊天记录显示,游某民与李某之间存在不正当情人关系,两人之间属于赠与合同关系。游某民在2016年至2018年期间,共向李某转账多达二十七笔,共计583700元。上述转账事实有游某民与李某之间的银行转账单据和微信转账记录证明。其中有两笔微信转账记录备注用途为"买点东西、回家用吧""圣诞买买买"。依据《合同法》第185条规定,赠与合同是赠与人将自己的财产无偿给予受赠人,受赠人表示接受赠与的合同。在2015至2018年期间,游某民与欧某是夫妻关系,游某民身为有妇之夫还与李某进行不正当的情人关系交往,是不合法的。

2.一审判决适用法律错误。依据本案现有证据材料,应支持欧某、游某要求返还赠与财物的主张。本案欧某、游某已就相关事实进行举证,所罗列的证据已有较充分的证明效力,而李某无正当理由拒不到庭,应承担不利的后果。而且本案欧某、游某是在游某民去世后,整理遗物才发现游某民赠与李某财产及不正当情人关系的事实,婚姻关系期间游某民一直隐瞒欧某、游某,游某民未经过家人同意私自向李某转赠财产,欧某、游某调取相关证据存在严重的困难。婚外情违背公序良俗,具有一定隐蔽性,法律不能过分苛责忠实于婚姻的欧某、游某承担全部的举证责任。基于本案的特殊性,依据公平原则,李某缺席庭审,也应视为其放弃抗辩,本案应作出有利于欧某、游某主张的解释。一审适用法律错误,当事人对欧某、游某提出的诉讼请求及事实应当加以证实。一审判决在开庭后就出了判决书,遗漏了欧某、游某提交的李某实名电话的证据。李某一、二审故意缺席,试图逃避法律的追究。

3.一审判决存在程序错误,遗漏了欧某、游某庭后提交的发票重要证据。欧某、游某在2018年12月25日一审庭审后,根据一审法院开具的补充材料通知要求,已于当天到通信公司调取证明游某民电话信息和李某电话信息的发票,并于2018年12月26日提交到一审法院的诉讼服务中心。无论一审法院是否采纳欧某、游某庭后补充提交的证据材料,均应依法在判决书中说明理由,但一审判决书却遗漏上述重要证据材料,违反民事诉讼程序法律规定。李某未到庭答辩,未提交书面意见。

【二审裁决意见】

二审法院认为,根据《民事诉讼法》第168条、《最高法院适用〈民事诉讼法〉解释》第323条规定,第二审人民法院应当围绕当事人的上诉请求进行审理,当事人没有提出请求的,不予审理。欧某、游某上诉认为,案外人游某民与李某之间存在赠与合同关系,游某民多次向李某转账款项,且双方之间存在不正当情人关系,故李某应返还所取得的相应款项。对此,法院认为,欧某、游某未能提交充分证据证明游某民与李某之间存在赠与的意思表示,虽然游某民向李某支付款项,但欧某、游某提交的微信聊天记录,也无法反映出每笔款项的具体

性质和用途。实践中,个人之间支付款项的原因可能有很多,包括借款、周转、往来款等,本案中欧某、游某所举证据,并不足以证明其所主张的款项赠与的事实。微信转账记录中的部分备注,也不足以认定涉案款项的性质系赠与。欧某、游某二审提交的通话录音记录亦不足以证明赠与关系的成立。综上所述,法院认为,欧某、游某的举证不足以证明涉案款项性质系赠与以及游某民与李某之间的不正当情人关系,故对欧某、游某主张李某返还款项的诉讼请求,一审法院不予支持是正确的,二审予以维持。对欧某、游某调取微信及手机实名信息的申请,二审不予准许。2019 年 11 月 5 日,广州中院决定欧某、游某的上诉请求不能成立,应予驳回;一审判决认定事实清楚,适用法律正确,应予维持。判决驳回上诉,维持原判。

七、夫妻一方不知另一方出卖房产而请求宣布买卖无效

王某 1、周某 1、范某 1 确认合同无效纠纷,北京市第一中级人民法院民事判决书,(2018)京 01 民终 7026 号。①

【案情概要】

上诉人王某 1(原审原告)因与被上诉人周某 1(原审被告)、被上诉人范某 1(原审被告)确认合同无效纠纷一案,不服北京市海淀区人民法院〔2017〕京 0108 民初 2383 号民事判决,向北京市第一中级人民法院提起上诉。已审理终结。

王某 1 上诉请求:1.撤销一审判决,发回重审,或改判支持我的一审诉求,确认周某 1 与范某 1 于 1998 年 11 月 18 日签订的《房屋买卖契约》无效;2.一、二审诉讼费由周某 1 负担。事实和理由:1.一审认定事实错误,北京市海淀区某路 502 号房屋(以下简称涉诉房屋)系我所有,我对周某 1 与范某 1 是否商讨过或是否签订过房屋买卖协议全然不知情;依据《最高法院适用〈婚姻法〉解释三》第 11 条,涉诉房屋到目前还没有过户,所以应当确认合同无效;2.周某 1 与范某 1 隐瞒我,未经我同意在未持有房屋产权证的情况下私自签订《房屋买卖契约》,且周某 1 从未主张过户,房屋至今未实际交易;3.涉诉房屋的所有权至今仍是我的;4.范某 1 至今否认与周某 1 签订过房屋买卖协议,范某 1 与周某 1 二人恶意串通房屋买卖,欺瞒我,双方合同应为无效。

周某 1 辩称,其同意原审判决,不同意上诉人的上诉请求。一审认定事实清楚,适用法律正确。涉诉房屋是 1998 年我买的,没有过户的原因是因为我们双方是亲属关系,而且我想过户,但是对方一直拖延,直到今天。范某 1 辩称,我不同意原判,但是没上诉,我认可上诉人的意见。

王某 1 向一审法院起诉请求:1.请求确认周某 1 与范某 1 于 1998 年 11 月 18 日签订的《房屋买卖契约》无效,房屋价值 8 万元;2.本案诉讼费由周某 1、范某 1 承担。

一审法院认定事实:王某 1(曾用名王某骏)与范某 1 系夫妻。周某 1 与范某 1 系表兄妹。1995 年 1 月 7 日,王某 1 通过与国营北京市西郊农场签订《房屋买卖契约》购买了涉诉房屋,并于 1995 年 4 月 12 日取得该房屋的房屋所有权证。1998 年 11 月 18 日,王某 1、范某 1(卖方,甲方)与周某 1(买方,乙方)签订《房屋买卖契约》,约定:甲方将涉诉房屋卖给乙

---

① 北京市第一中级人民法院(2018)京 01 民终 7026 号民事判决书,中国裁判文书网,http://wenshu.court.gov.cn/website/wenshu/181107ANFZ0BXSK4/index.html? docId=14e0c2cbbbac4b07a2d3a964008441e6,下载日期:2019 年 7 月 21 日。

方,房价为人民币8万元(已于1998年11月5日全部付给甲方);甲方应在1998年12月底前腾空房屋交给乙方,协助乙方办理过户手续(过户费用由乙方承担);乙方入住该房后的装修、维护保养及应交纳的各项费用均由乙方承担。在该协议尾部,甲方处只有范某1一人签字,乙方处周某1签字。合同签订后,周某1将8万元购房款交付给范某1,为此周某1提交1998年11月5日"收条"为证,内容为:"今收到周某1交来购买范某1西郊农场楼房款总价捌万元正一次性结清。付款人:周某1。收款人:范某1。"王某1、范某1将房屋交付给周某1,但未办理房屋产权过户手续。

2015年1月,周某1在北京市海淀区人民法院对王某1、范某1提起了房屋买卖合同纠纷的诉讼,要求两人将涉诉房屋过户到周某1名下。该案审理中范某1否认1998年11月18日的房屋买卖契约及1998年11月5日的收条中"范某1"的签名系本人所签,北京市海淀区人民法院委托中天司法鉴定中心对上述房屋买卖契约、收条中"范某1"签名与样本签名的同一性进行司法鉴定。鉴定机构经鉴定出具鉴定意见书,鉴定意见为:检材中两个"范某1"签名与样本签名均是同一人所写。之后,王某1提起本案诉讼,故该案因本案的审理而中止审理。

本案中,范某1仍否认1998年11月18日的房屋买卖契约及1998年11月5日的收条中"范某1"的签名系本人所签,周某1提交前案中鉴定机构作出的鉴定意见书对范某1的主张予以反驳。本案审理中,经询问,王某1明确表示其主张周某1与范某1于1998年11月18日签订的《房屋买卖契约》无效的法律依据为《合同法》第52条"恶意串通,损害国家、集体或者第三人利益的合同无效"。王某1主张《房屋买卖契约》中没有其本人签字,周某1、范某1是在其不知情的情况下签订的该合同,证明二人恶意串通损害了其利益。但王某1、范某1均认可1998年11月18日签订《房屋买卖契约》时涉诉房屋8万元的交易价格是合理的,周某1主张当时涉诉房屋的市场价为6万元,因范某1想要购买其他房屋需要用钱,交易价格8万元要比市场价格高。

【裁判意见】

一审法院认为,依法成立的合同,对当事人具有法律约束力。当事人对自己提出的诉讼请求所依据的事实或者反驳对方诉讼请求所依据的事实有责任提供证据加以证明。没有证据或者证据不足以证明当事人的事实主张的,由负有举证责任的当事人承担不利后果。本案中,范某1虽仍否认1998年11月18日的房屋买卖契约及1998年11月5日的收条中"范某1"的签名系本人所签,但根据一审法院在前案中委托鉴定机构出具的鉴定意见书可以确认该两个"范某1"签名均系范某1本人所签。周某1与范某1于1998年11月18日签订的房屋买卖契约系双方当事人的真实意思表示,不违反法律法规的强制性规定,应属有效,双方均应严格依据协议履行。王某1虽未在该协议上签字,但因其与范某1系夫妻,且周某1在协议签订前就已向范某1支付了8万元购房款,王某1、范某1亦认可当时涉诉房屋8万元的交易价格是合理的,综上没有任何证据可以证明周某1与范某1签订房屋买卖契约时存在恶意串通损害王某1利益的情形,故王某1以此为由主张房屋买卖契约无效的诉讼请求,缺乏事实依据,法院不予支持。综上,依据《合同法》第8条、《民事诉讼法》第64条,判决:驳回王某1要求确认周某1与范某1于1998年11月18日签订的《房屋买卖契约》无效的诉讼请求。

二审中,当事人均未提交新证据。法院查明的事实与一审法院查明的事实一致,法院予

以确认。

一中院认为,有下列情形之一的,合同无效:(一)一方以欺诈、胁迫的手段订立合同,损害国家利益;(二)恶意串通,损害国家、集体或者第三人利益;(三)以合法形式掩盖非法目的;(四)损害社会公共利益;(五)违反法律、行政法规的强制性规定。当事人一方以出卖人在缔约时对标的物没有所有权或者处分权为由主张合同无效的,人民法院不予支持。本案中,王某 1 主张其系涉诉房屋所有权人,范某 1 在其不知情的情况下与周某 1 签订《房屋买卖契约》,属于无权处分,上述《房屋买卖契约》应属无效。但依据上述规定,无权处分并非合同无效的法定事由。王某 1 另主张周某 1 与范某 1 签订房屋买卖合同后未办理权属过户登记,但该理由亦非合同无效的法定事由。因此,王某 1 上述主张,均缺乏法律依据,不能成立,法院不予支持。当事人对恶意串通事实的证明,人民法院确信该待证事实存在的可能性能够排除合理怀疑的,应当认定事实存在。本案中,王某 1 主张周某 1 与范某 1 签订房屋买卖协议未告知其且对其进行欺瞒,周某 1 与范某 1 构成恶意串通,但其并未提供充分有效的证据予以证明,故其该项上诉主张证据不足,不能成立,法院不予支持。

《最高法院适用〈婚姻法〉解释三》第 11 条规定:"一方未经另一方同意出售夫妻共同共有的房屋,第三人善意购买、支付合理对价并办理产权登记手续,另一方主张追回该房屋的,人民法院不予支持。夫妻一方擅自处分共同共有的房屋造成另一方损失,离婚时另一方请求赔偿损失的,人民法院应予支持。"王某 1 以此规定为由主张范某 1 与周某 1 的房屋买卖协议无效,但上述规定系关于夫妻一方未经另一方同意出售夫妻共同共有房屋的,另一方可以离婚损害赔偿的方式进行权利救济,并未涉及房屋买卖合同的效力问题。故王某 1 该项上诉主张,亦缺乏法律依据,不能成立,法院亦不予支持。

北京市第一中级人民法院决定,王某 1 的上诉请求不能成立,应予驳回;一审判决结果正确,应予维持。2018 年 9 月 12 日,依据《民事诉讼法》第 170 条第 1 款第 1 项之规定,判决驳回上诉,维持原判。

第四节　夫妻债务

一、夫妻共同债务与夫妻个人债务争议

最近三十年间,围绕夫妻债务问题,法学界和社会相关方面的认识分歧较大,其中争议焦点是夫妻共同债务范围。

(一)司法裁判立场的重大变化

自从 2001 年《最高法院适用〈婚姻法〉解释一》到 2018 年 1 月 18 日,最高人民法院发布 4 个司法解释,围绕夫妻债务争议的裁判规则,发生了重大变化。

2017 年 2 月 28 日,最高人民法院印发法〔2017〕48 号《最高人民法院关于依法妥善审理涉及夫妻债务案件有关问题的通知》。正确处理夫妻债务,事关夫妻双方和债权人合法权益的保护,事关婚姻家庭稳定和市场交易安全的维护。最高人民法院审判委员会第 1710 次会议讨论通过了《最高法院适用〈婚姻法〉解释二的补充规定》,对该司法解释第 24 条增加规定了第二款和第三款。2017 年 2 月 28 日,最高人民法院公布了修正后的《最高法院适用〈婚

姻法〉解释二》。该通知强调"保护夫妻双方和债权人的合法权益，……增强法律和司法解释适用的社会效果，以达到真正化解矛盾纠纷、维护婚姻家庭稳定、促进交易安全、推动经济社会和谐健康发展的目的"。提出了下列七个方面要求。一是坚持法治和德治相结合原则；二是保障未具名举债夫妻一方的诉讼权利；三是审查夫妻债务是否真实发生；四是区分合法债务和非法债务，对非法债务不予保护；五是把握不同阶段夫妻债务的认定标准；六是保护被执行夫妻双方基本生存权益不受影响；七是制裁夫妻一方与第三人串通伪造债务的虚假诉讼。①

2018 年 1 月 8 日最高人民法院审判委员会第 1731 次会议通过法释〔2018〕2 号《最高法院关于夫妻债务适用法律解释》，并自 2018 年 1 月 18 日起施行。

（二）争议透示的社会大变迁与价值取向

在市场经济环境中，民众对于个体、团体、国家和社会关系的认识是不统一的，呈现出多样性。具体到个体、婚姻、家庭关系上，利我与利他之间的平衡，同样呈现出纷繁复杂的情况。面对个人财产利益与婚姻共同利益、个人前途与家庭责任之间冲突时，何去何从，不同当事人的选择不尽相同。

对于夫妻债务争议的认识分歧，即夫妻一方以个人名义对外所负债务在哪些情形下构成夫妻共同债务、在哪些情形下构成举债人个人债务，基本上反映出社会人口区分为三个 1/3。1/3 的人口较快地向前迈进了，双脚都走在其他 2/3 人口的前头，他们不是最利他者，而是相反。1/3 的人口使劲地走，才缓慢地跟上时代步伐，是处于利我与利他关系平衡实现得"恰恰好"的社会群体。剩余 1/3 人口基本上没有跟上市场经济环境的脚步，他们的认识和选择都停留在过去社会阶段，更强调利他，不仅强调利我成分相对少，而且认为不应该过多地强调个体利益，而更强调团体利益实现。

最高法院关于夫妻债务裁判规则四次重大变化，正好反映出价值取向的改变，从个体主义—团体主义—个体主义—团体主义与个体主义相结合，从较多地保护婚姻共同体利益到更多地尊重婚姻当事人个体利益需要和更偏重保护夫妻任何一方个人财产利益。

二、最高法院：夫妻一方借贷赚利差用于夫妻生活，是夫妻共同债务

崔某花、杨某义民间借贷纠纷案，最高人民法院民事判决书，(2018)最高法民申 634 号。

【基本案情】

最高人民法院查明以下两方面的事实：(1)关于马某中的借款用途。杨某义称，马某中所做生意是将钱借给第三方，从中赚取利息，这部分利息用于日常家庭生活。崔某花则称，马某中是个体户，有正当经营生意，但其未能提供营业执照、业务单据等证据支持。崔某花称马某中与借款人杨某义是朋友关系，所借款项未用于家庭生活，未收取高额利息。对此，杨某义提供了银川中院(2017)宁 01 民初 281 号调解书，证明马某中自 2007 年 9 月 4 日至 2015 年 4 月 15 日分 18 次向田林东、田成旺转账借款本金 4416 万元，该借款属于借给宁夏东宇实业有限公司的借款，田某东、田某旺系该公司股东。2016 年 11 月 14 日，马某中与田

① 《最高人民法院关于依法妥善审理涉及夫妻债务案件有关问题的通知》，最高人民法院网，http://www.court.gov.cn/fabu-xiangqing-36982.html，下载日期：2017 年 5 月 1 日。

某东、田某旺、宁夏东宇民族饮食文化有限公司达成还款协议，确认宁夏东宇实业有限公司借马某中4416万元，按月息2%计算已经收取了920万利息，赚取了利息差。关于剩余本金利息双方自愿达成了一份和解协议。杨某义提供了银川中院(2016)宁01民初415号民事案件审理过程中，马某中曾向法院提供的一份借款协议。该协议约定，马某中与田某东、田某旺的借款月息为4%，马某中在起诉状中请求按月息3%计算利息。(2)关于法院保全的马某中名下的2辆宝马车、1辆路虎车及3处房产和在崔某花名下的位于宁夏某×自治区吴忠市的一处房产的购买资金来源(崔某花自述1辆轿车购买价为102.8万元、2辆越野车购买价分别为143万元、98.5万元)。杨某义称，马某中、崔某花均60多岁，无正常收入，间接证明了马某中所借巨款是为了放贷收取利息差，而所得收益均用于夫妻共同生活。对此，崔某花称，其是家庭妇女，不知道丈夫马某中做生意的事情，且房产与车辆均在借款前已购得。但崔某花未能提供证明马某中和崔某花的其他收入足以支持其购买车辆及多处房产的证据。

【裁判意见】

最高人民法院认为，夫妻一方主要从事民间借贷赚取利息差的生意，虽其以个人名义借贷了超出日常开支所需债务，但该行为属于赚取利差的投资经营行为，所获利息亦用于夫妻共同生活，故该债务属于夫妻共同债务。根据再审申请人的再审事由及事实和理由，法院对案涉借款是否为夫妻共同债务进行审查。评析如下：

《最高法院适用〈婚姻法〉解释二》第24条第1款规定："债权人就婚姻关系存续期间夫妻一方以个人名义所负债务主张权利的，应当按夫妻共同债务处理。但夫妻一方能够证明债权人与债务人明确约定为个人债务，或者能够证明属于婚姻法第十九条第三款规定情形的除外。"据此，本案的借款发生在崔某花与马某中的婚姻关系存续期间，对于崔某花与马某中任何一方以个人名义所借的债务，原则上应当由崔某花与马某中夫妻双方共同承担。本案中，崔某花既没有提供证明杨某义与马某中明确约定案涉借款为马某中的个人债务的证据，也无证据证明本案属于《婚姻法》第19条第3款"夫妻对婚姻关系存续期间所得的财产约定归各自所有的，夫或妻一方对外所负的债务，第三人知道该约定的，以夫或妻一方所有的财产清偿"规定的情形，故本案债务应当认定为马某中与崔某花的夫妻共同债务。崔某花提出的申请再审的法律依据是《最高法院审理夫妻债务案件适用法律解释》。经查，该解释自2018年1月18日起施行。本案二审判决日期是2017年9月14日，本案发生和判决时该解释并未施行。故二审法院根据《婚姻法》第19条、《最高法院适用〈婚姻法〉解释二》第24条作出判决，适用法律正确。并且，《最高法院关于夫妻债务适用法律解释》第3条规定："夫妻一方在婚姻关系存续期间以个人名义超出家庭日常生活需要所负的债务，债权人以属于夫妻共同债务为由主张权利的，人民法院不予支持，但债权人能够证明该债务用于夫妻共同生活、共同生产经营或者基于夫妻双方共同意思表示的除外。"根据被申请人提供的生效民事调解书等证据足以证实，马某中主要从事民间借贷赚取利息差的生意。本案中，马某中虽然以个人名义借贷了超出日常开支所需债务，但该行为属于赚取利差的投资经营行为，所获利息亦用于夫妻共同生活，崔某花无证据证明其和马某中有其他的收入足以支持其购买车辆及多处房产。由于杨某义已经证明案涉借款系马某中赚取利差的投资经营行为，利息用于夫妻共同生活，故该债务属于夫妻共同债务，应由马某中和崔某花夫妻共同偿还。至于崔某花在申请再审时提出其和马某中名下的车辆和房产是在案涉借款前购买，但这些财产

购买的时间并不影响其应当承担的本案的还款责任。也就是说,即使是在案涉借款之前购买的,这些财产也应当用来偿还案涉借款。只要案涉借款不还,马某中和崔某花名下的任何财产均系案涉借款的责任财产。故崔某花的此点申请再审理由不能成立[①]。

三、父母为子女买房的出资是借贷还是赠与?

关于此类争议案件,各地人民法院裁决结果不尽相同,其中,在绝大多数案件中,法院确认其为借贷关系,仅个别法院确认为赠与。此处选择 8 个不同地区法院判决的案件,以比较和释明。

(一)四川高院:除书面明确表示赠与外,应视为临时性资金出借

余某、毛某诉黄某、余某莎民间借贷纠纷案件,四川省高级人民法院民事裁定书,(2017)川民申 4120 号。

【基本案情】

毛某、余某为余某莎的父母,余某莎与黄某为夫妻关系。余某莎、黄某婚后打算购房,2013 年 3 月 9 日,毛某在女儿和女婿购房的开发商处刷卡 8 万元作为购房定金。3 月 21 日,毛某向黄某银行转账汇款 2 万元。3 月 22 日,毛某向重庆农村商业银行提交贷款申请,申请书载明毛某向银行贷款 60 万元,贷款期限 24 月,委托支付给黄某,该笔贷款获批后,相应款项 60 万元划入黄某账户,后黄某将以上 62 万元均用于购房。2016 年 6 月,因原借条遗失,在余某、毛某的要求下,余某莎向余某、毛某出具借条,载明:余某莎、黄某现向毛某、余某借款柒拾万元,用于购买成都南城都汇 4 期房屋。落款为:"借款人:余某莎 2013 年 3 月 6 日"。购房后,房屋登记在黄某名下。

2016 年,余某莎、黄某夫妻离婚,余某向黄某、余某莎主张 70 万元的借款,黄某认可收到 70 万元,但主张该款项是余某、毛某赠与黄某和余某莎的购房款,没有还款义务。余某、毛某不服,诉至法院,请求黄某、余某莎还款。本案历经一审、二审、再审,黄某承认借条遗失的事实,黄某父亲黄某康也于 2016 年 6 月 28 日对上述借款事实予以证实。

本案争议焦点是案涉 70 万元款项的性质是赠与还是借款。

《最高法院适用〈婚姻法〉解释二》第 22 条和《最高法院适用〈婚姻法〉解释三》第 7 条均围绕这一问题作出规定,但在司法实践中争议依然存在。对于一方父母为子女购房出资,没有赠与意思表示,且房屋登记在夫妻双方名下,是否可以视为父母对夫妻双方的赠与?在司法实践中,存在两种截然不同的观点。

第一,认为应当认定为赠与。此种赠与是建立在血缘、姻亲关系上而成立,往往带有很强的身份色彩,出于为了让自己子女生活更好的目的将自己的部分财产赠与子女作为对子女买房的资助,是赠与合同关系。

第二,认为应当认定为借款。即子女婚后买房时父母出资,除书面明确表示赠与外,应视为以帮助为目的的临时性资金出借,子女负有偿还义务。理由如下:首先,《最高法院适用〈婚姻法〉解释二》和《最高法院适用〈婚姻法〉解释三》相关规定并不适用于本案类似情况。《最高法院适用〈婚姻法〉解释二》第 22 条第 2 款"当事人结婚后,父母为双方购置房屋出资

---

① 崔某花、杨某义民间借贷纠纷案,最高人民法院(2018)最高法民申 634 号民事判决书。

的，该出资应当认定为对夫妻双方的赠与，但父母明确表示赠与一方的除外”的规定，系基于父母有赠与意思表示的前提下，赠与对象不明确时的认定依据，并不适用于本案的情况。《最高法院适用〈婚姻法〉解释三》第7条“婚后由一方父母出资为子女购买的不动产，产权登记在出资人子女名下的，可按照婚姻法第十八条第(三)项的规定，视为只对自己子女一方的赠与，该不动产应认定为夫妻一方的个人财产。由双方父母出资购买的不动产，产权登记在一方子女名下的，该不动产可认定为双方按照各自父母的出资份额按份共有，但当事人另有约定的除外”，本案购房款全部为余某莎父母出资，房屋登记在黄某名下，也并不适用于本案情况。对于婚后子女购房，父母出资未明确出资性质时，应如何评定，法律无明确规定。其次，认定赠与事实应高于一般证明标准。根据《最高法院适用〈民事诉讼法〉解释》第109条规定，“当事人对欺诈、胁迫、恶意串通事实的证明，以及对口头遗嘱或者赠与事实的证明，人民法院确信该待证事实存在的可能性能够排除合理怀疑的，应当认定该事实存在”，表明对赠与事实的认定高于一般事实“具有高度可能性的”的证明标准。本案原告所提出的证据，能够证明款项交付真实存在，在出借人一方没有明确赠与意思表示的情况下，应根据《最高人民法院关于审理民间借贷案件适用法律若干问题的规定》第17条规定，借款人应承担款项系赠与的举证责任。再次，从公序良俗角度，不宜将父母出资一般认定为理所应当的赠与。敬老慈幼为人伦之本，也应法律所倡导。慈幼对于父母来讲，依法而言为养育义务的负担。子女一旦成年，应自立生活，父母续以关心关爱，子女受之应感念之，但此时并非父母所应当负担的法律义务，子女应图感恩。因此，在父母出资时未明确表示出资系赠与的情况下，应认定购房出资款为对子女的临时性资金出借，目的在于帮助子女渡过经济困窘期，子女理应负有偿还义务，如此可保障父母自身权益，也可避免子女成家反而使父母陷于经济困窘之境地，此亦为敬老之应有道义。至于事后父母是否要求子女偿还，系父母行使自己债权或放弃债权的范畴，与债权本身的客观存在无关。①

【裁判意见】

四川省成都市高新区人民法院经审理认为，子女婚后买房时父母出资，除书面明确表示赠与外，应视为以帮助为目的的临时性资金出借，子女负有偿还义务；确认借贷关系成立。判决被告黄某、余某莎偿还原告余某、毛某借款本金70万元。②

黄某不服一审判决，提出上诉。成都市中级人民法院经审理后判决：驳回上诉，维持原判。③

黄某不服二审判决，向四川省高级人民法院申请再审。四川高院裁定：驳回黄某的再审申请。④

(二)山东省青岛市中级人民法院：借贷关系+夫妻共同债务

某民间借贷纠纷案，山东省青岛市中级人民法院民事判决书，(2019)鲁02民终

---

① 《婚后子女购房，父母出资性质的认定(赠与还是借款?)》，搜狐网，https://www.sohu.com/a/238660677_355187，下载日期：2019年5月2日。

② (2016)川0191民初10102号民事判决书。

③ (2017)川01民终4796号民事判决书。

④ (2017)川民申4120号民事裁定书。

6291号。

【基本案情】

王某和张某系母子关系，张某、胡某原系夫妻关系，2013年6月17日王某通过银行账户向张某转款10万元。2014年5月底，胡某向王某出具收条一份，内载明："今收到卖房款壹佰陆拾万元整，用于购大河东房款，及翻新房屋款壹佰万元整，儿媳：胡某，2014.5月底"。张某、胡某于2017年2月4日离婚。王某主张本案所涉70万元款项系张某、胡某向其借款，请求判令张某、胡某偿还借款。

本案争议焦点是70万元在法律性质上是民间借贷关系还是赠与合同关系？

【裁判意见】

法院认为，从法律层面而言，结合王某提供的转账凭证、收条等相关证据及张某的当庭陈述，可以认定王某作为出借人已经完成了初步举证责任，双方之间存在借贷合意以及借贷关系真实发生。胡某主张该款系赠与，应承担涉案款项不是借贷而是赠与的举证责任。《中华人民共和国合同法》第185条规定"赠与合同是赠与人将自己的财产无偿给予受赠人，受赠人表示接受赠与的合同"，赠与是双方的法律行为，需要当事人双方一致的意思表示才能成立。虽然，王某与张某之间是母子关系，但本案中王某在庭审中明确表示其从未有过向张某、胡某赠与的意思表示，胡某未提供证据证明上述款项系赠与，应依法承担举证不能的法律后果。从道德及公序良俗层面而言，父母的出资一般也不宜认定为理所当然的赠与。子女一旦成年，应自立生活，父母续以关心关爱，子女受之应感念之，但此时并非所应当负担的法律义务，子女应图感恩。在父母出资时未明确表示该出资系赠与的情况下，应认定为出资款为对子女的临时性资金出借，目的在于帮助子女渡过经济困窘期，子女理应负有偿还的义务，如此才可以保障父母自身的权益，也可避免子女成家立业反而使父母陷于经济困窘之境地，此亦为敬老之应有的道义。至于事后父母是否要求子女返还，是父母对其债权的处理，并不影响其后父母主张其权益。

综上，胡某抗辩本案所涉款项为父母赠与，证据不足。鉴于该借款行为发生在张某、胡某婚姻存续期间，并且用于夫妻共同生活，故王某请求判令张某、胡某对以上借款承担共同还款责任，符合法律规定，一审法院予以支持。2019年8月15日，一审法院判决：胡某、张某于判决生效之日起十日内，向王某偿还借款70万元。

胡某不服一审判决提起上诉。二审法院判决驳回上诉，维持原判。

（三）山东省济南市中级人民法院裁决：认定是借款

某民间借贷纠纷案，参见山东省济南市中级人民法院民事判决书，(2019)鲁01民终7746号。

【基本案情】

孟某1、刘某于2016年12月19日向吴某账户转款50万元，于2016年12月23日向吴某账户转款20万元，共计70万元。孟某1、刘某提交借条一张，载明"今借到孟某1、刘某人民币700000元，所有现金已经全部汇入吴某账户，利息按银行同期定期存款计算（一年期）"。落款处有"孟某2、吴某"字样的签字。孟某1、刘某与孟某2均认可"吴某"签字系在吴某不在场的情况下由孟某2书写。刘某、孟某1向一审法院起诉请求：1. 判令孟某2、吴某向刘某、孟某1偿还借款人民币700000元及利息。

【裁判意见】

一审法院认为,《最高法院适用〈婚姻法〉解释二》第22条规定"当事人结婚后,父母为双方购置房屋出资的,该出资应当认定为对夫妻双方的赠与,但父母明确表示赠与一方的除外"。吴某主张,孟某1、刘某的该70万元应视为对吴某与孟某2的赠与。一审法院认为,赠与合同系单务合同,在吴某无证据证明孟某1、刘某在汇款时有赠与意思表示的情况下,不能仅以该规定就认定父母为双方出资购房的行为系赠予行为。本案中,出借人孟某1、刘某与借款人孟某2均主张该款项系借款,吴某虽主张系赠与,但未提交证据予以证明,故一审法院对该70万元系借款的事实予以认定。但是,孟某2出具的借条中吴某未签字,故该借条中约定的还款期限、利息等不是吴某的真实意思表示,视为未约定还款期限和借期内利息,故应视为自孟某1、刘某主张之日起该借款到期,孟某1、刘某未提交其他证据证明其向孟某1、吴某主张过该借款,故自立案之日为主张之日,即孟某2、吴某应于2019年4月9日向孟某1、刘某偿还该借款,因未偿还,故孟某1、刘某主张的自2019年4月10日起至实际付清之日止,按中国人民银行一年期定期存款利率计算的诉求符合相关法律规定,一审法院予以支持,对多出部分因于法无据,予以驳回。2019年11月4日,一审法院判决:(一)吴某、孟某2于判决生效之日起十日内向孟某1、刘某偿还借款本金70万元;(二)吴某、孟某2于判决生效之日起十日内向孟某1、刘某支付逾期付款利息,自2019年4月10日起至实际付清之日止,按中国人民银行一年期定期存款利率计算;(三)驳回孟某1、刘某的其他诉讼请求。

吴某不服一审判决提起上诉。二审法院判决驳回上诉,维持原判。

(四)山东省淄博市中级人民法院认定:出资款为临时出借给子女的资金

某民间借贷纠纷案。参见山东省淄博市中级人民法院民事判决书,(2019)鲁03民终843号。

【案情概要】

郑某提交欠条一份,该欠条中载明,"今欠父亲郑某现金280000元(贰拾捌万圆整),用于购买坐落在淄博高新区房产。特此证明郑某1　2013年6月6日"。据此证实2013年6月6日,郑某1与王某因购买房屋从郑某处借款280000元,当时郑某是以现金方式将款项交付给房产中介,在场人有郑某、郑某1、王某与房产中介公司的负责人刘某。交完房款后,郑某1在房产中介公司为郑某书写了借款280000元现金的欠条一份。郑某让郑某1书写欠款手续时,王某不同意并且为此还回娘家居住了半年左右,之后经过劝说才回家。

郑某1没有异议,认为涉案房产的首付款是380000元,还支付了一定的中介费,其中向王某的母亲借款10万,向郑某借款280000元,王某的姨父出了20000元。合同签订后,因郑某让房产中介公司的负责人刘某出具了买房的出资证明,王某就闹着离婚,为了平息这个事,郑某1给王某的母亲出具了购房出资10万的欠条,并交给了王某,同时,还书写了涉案的欠条交给郑某。

王某对证据的真实性及证明的问题有异议,认为涉案房产的首付款是380000元,其中自王某母亲处借款10万,自王某姨父借款20000元,剩余280000元系郑某1与王某婚后的共同存款及郑某所资助的部分款项,因此,郑某所陈述的其所支付的购房款280000元,并不是郑某1与王某向郑某所借,而是郑某对于郑某1与王某的赠与行为。涉案欠条应是郑某

在2017年9月5日王某起诉郑某1离婚后而伪造的，并不是2013年6月6日形成的，要求对该欠条的形成时间申请鉴定。2018年2月23日，陕西蓝图司法鉴定中心根据法院委托作出陕蓝司鉴中心〔2018〕文鉴字第6号司法鉴定意见书，鉴定意见为：检材《欠条》中的文字与样本中手写笔迹的形成时间均不同。郑某和郑某1对鉴定意见书持有异议，认为该鉴定意见书不能排除形成时间为2013年6月6日。

本案争议焦点两个：一是涉案款项280000元是赠与款还是借贷款；二是涉案借款是属于被告郑某1的个人债务还是其与被告王某夫妻关系存续期间的共同债务，被告王某是否应当承担共同偿还责任？

【裁判意见】

一审法院认为，《最高法院适用〈婚姻法〉解释二》第22条第2款规定，"当事人结婚后，父母为双方购置房屋出资的，该出资应当认定为对夫妻双方的赠与，但父母明确表示赠与一方的除外"。该条款适用于夫妻离婚分割共同财产之时，解决的是赠与夫妻双方还是一方的问题，但是前提是父母出资款能够被认定为赠与性质，反言之，父母出资款并非必然就应定性为赠与性质，父母子女之间的款项往来可以基于赠与，也可以基于借贷，在父母出资之时未明确表示出资系赠与的情况下，应认定出资款为对子女的临时性资金出借，目的在于帮助子女渡过经济困难。至于事后父母是否要求子女偿还，则是父母行使自己债权的范畴，与债权本身的客观存在无关。

就本案而言，原告郑某依据被告郑某1所出具的欠条向法院起诉主张权利，同时还提供了银行交易明细、证人刘某出具的证明、借条等证据，结合原、被告陈述，能够证明原告郑某有一定的经济能力，在两被告婚姻关系存续期间，其为两被告购买房屋曾出资280000元的事实，且被告郑某1认可该事实，被告王某虽然对于款项由原告实际交付的事实不予认可，辩称涉案所涉购房款来源于其与被告郑某1的积蓄，但并未提交任何证据证实其主张，对其该辩称意见，不予支持。

关于涉案欠条中文字相对形成时间，虽然经陕西蓝图司法鉴定中心鉴定欠条的形成时间并不是原告郑某与被告郑某1所称的时间，但是作为欠条出具人的被告郑某1对于借款事实也明确表示认可，说明原告郑某与被告郑某1对于涉案借款存在借贷合意。同时，根据法律对于赠与行为举证责任的分配，被告王某未能举证证实原告郑某曾作出将涉案出资款赠与两被告的明确意思表示，在其没有证据可以证明原告郑某赠与意思表示存在的前提下，涉案出资款应认定为借款。另外，关于涉案房屋首付款380000元的支付，两被告认可其中的10万是向被告王某的母亲所借，并且还为被告王某的母亲出具了欠条，在双方将房屋出卖后，两被告已将款项还给被告王某母亲，通过这一点也可以印证原告郑某作为被告郑某1的父亲为两被告购买房屋出资，被告郑某1为原告出具欠条的合理性。

综上，从涉案借款的用途、交付过程及借贷合意审查，原告的出资行为符合借贷关系成立的法定要件。因此，被告郑某1与原告郑某之间的借贷关系合法有效，对于涉案借款的真实性，原审法院予以确认。

争议焦点之二是涉案借款是属于被告郑某1的个人债务还是其与被告王某夫妻关系存续期间的共同债务，被告王某是否应当承担共同偿还责任。根据《中华人民共和国婚姻法》及《最高人民法院关于审理涉及夫妻债务纠纷案件适用法律有关问题的解释》的相关规定，婚姻关系存续期间，夫妻一方以个人名义所负债务是否属于夫妻共同债务，还需审查夫妻双

方是否存在举债的合意、借款是否用于家庭生活、夫妻双方是否共同分享了该债务所带来的利益等。

就本案而言,被告郑某1向其父亲郑某借款的起因系家庭建设需要,所借款项实际用于婚后的购房,被告郑某1与被告王某虽对是否存在举债合意存在争议,但鉴于购房时原告王某也分享了该债务所带来的利益即所购房屋的一半产权,涉案借款应认定为被告郑某1与被告王某夫妻关系存续期间的共同债务,被告王某依法应当承担共同偿还的责任。2019年5月16日,一审法院作出判决:被告郑某1与被告王某偿还原告郑某借款本金280000元,于判决生效后十日内付清。

王某不服一审判决提起上诉。二审法院判决:驳回上诉,维持原判。

(五)辽宁省沈阳市中级人民法院的裁决:借贷关系+夫妻共同债务

某民间借贷纠纷案,参见辽宁省沈阳市中级人民法院民事裁定书(2019)辽01民终10996号。

【基本案情】

唐某某、李某某系夫妻关系,何某某系唐某某、李某某儿媳,何某某与唐某某、李某某儿子李某于2012年10月8日登记结婚。唐某某、李某某、何某某均称,因案外人李某有不良信用记录,无法办理购房贷款,故以何某某的名义购买婚房,即沈阳市皇姑区明廉路房屋。2012年8月6日,何某某交纳房屋首付款,唐某某、李某将175000元通过银行转账至开发商账户,同日何某某出具"协议"一份,载明:"首付款175000元由唐某某、李某支付。"协议尾部有何某某签名及日期。唐某某、李某向一审法院起诉请求:一、判令何某某立即偿还欠款人民币175000元及欠款利息。

【裁判意见】

一审法院认为,敬老慈幼为人伦之本,也应法律所倡导。慈幼对于父母来讲,依法而言为养育义务的负担,子女一旦成年,应自立生活,父母续以关心关爱,子女受之应感念之,但此时并非父母所应当的法律义务,子女应图感恩。因此,在父母出资为子女购买婚房未明确表示出资系赠与的情况下,应认定购房出资款为对子女的临时性资金出借,目的在于帮助子女渡过经济困窘期,子女理应负有偿还义务,如此可保障父母自身权益,也可避免子女成家反而使父母陷于经济困窘之地,此亦为敬老之应有道义。

根据《最高法院适用〈民事诉讼法〉解释》第109条,当事人对欺诈、胁迫、恶意串通事实的证明,以及对口头遗嘱或者赠与事实的证明,人民法院确信该待证事实存在的可能性能够排除合理怀疑的,应当认定该事实存在。表明对赠与事实的认定应高于一般事实"具有高度可能性的"的证明标准。本案唐某某、李某所提出的证据,能够证明款项交付真实存在,且何某某出具"协议"一份,表明房屋首付款系由唐某某、李某所支付,何某某主张该借款为赠与应承担相应的举证证明责任,未能充分证明该款为赠与性质的,应承担不利后果。关于何某某抗辩出资款系彩礼问题,根据社会经验法则,如该款系唐某某、李某给付何某某的彩礼,则无需让何某某出具相应凭证,何某某亦无需书写"协议",故该项抗辩一审法院不予采纳。关于何某某抗辩应将案外人李某追加为被告的问题,因该款支付于何某某结婚登记前,争议房屋登记在何某某名下,且"协议"由何某某一人出具,何某某与案外人李某处于婚姻状态中,故何某某的该项抗辩一审法院不予采纳。合法的借贷关系受法律保护,唐某某、李某与何某

某借贷关系成立，何某某应履行还款的义务。故对唐某某、李某要求何某某偿还借款及利息的诉讼请求一审法院予以支持。2019 年 8 月 20 日，一审法院作出判决：(一)何某某于本判决生效之日起十日内偿还唐某某、李某借款 175000 元；(二)何某某于本判决生效之日起十日内向唐某某、李某支付借款利息(以 175000 元为基数，按同期银行贷款利率，自 2018 年 11 月 23 日起计算至全部还清之日止)；(三)驳回唐某某、李某、何某某其他诉讼请求。

何某某不服一审判决提起上诉。二审法院判决：驳回上诉，维持原判。

(六)江苏省镇江市中级人民法院的裁决：借贷关系＋夫妻共同债务

某民间借贷纠纷案，参见江苏省镇江市中级人民法院民事裁定书，(2019)苏 11 民终 976 号。

【基本案情】

荆某 1 与荆某 2 系父子关系。荆某 2、华某于 2016 年 5 月 5 日登记结婚，后双方因感情不和，2017 年 11 月经一审法院调解离婚。2016 年 7 月，荆某 2、华某为了购买位于上海的婚房，分别向双方父母筹资购房。其中，荆某 1 通过向亲戚朋友及向银行贷款的方式，合计筹资 125 万元，分别于 2016 年 5 月 7 日，2016 年 7 月 2 日将上述款项以刷卡的方式打入房屋开发公司账户。2016 年 7 月 2 日，荆某 2 向荆某 1 出具了 125 万元的借据一份。同日，为了配合荆某 2、华某购买房屋办理贷款，荆某 1 曾在上海浦东发展银行宝山支行签署放弃首付款权益及该房产权益的承诺书。荆某 1 向一审法院起诉，要求荆某 2 和华某偿还以上借款。

【裁判意见】

该案争议焦点为：荆某 1 出资为荆某 2、华某购买婚房是属于赠与款还是属于借贷款？

荆某 2、华某因购买婚房，由于双方经济条件有限，荆某 1 作为男方父母帮助出资购房属人之常情，华某不能认为父母出资购房是天经地义的，应该知道荆某 1 作为父母没有责任在荆某 2 成年之后继续无条件付出，这是为法律所不能支持的。赠与是一种合意，需要双方当事人一致的意思表示才能成立，因此荆某 1 在出资之时没有明确表示出资赠与的情况下，应视为荆某 1 基于父母子女之情向荆某 2、华某临时性资金出借，目的是帮助荆某 2、华某渡过经济困难的时期，作为子女理应承担偿还的义务。

华某主张依据《最高法院适用〈婚姻法〉解释二》第 22 条"当事人结婚前，父母为双方购置房屋出资的，该出资应当认定为对自己子女的个人赠与，但父母明确表示赠与双方的除外。当事人结婚后，父母为双方购置房屋出资的，该出资应当认定为对夫妻双方的赠与，但父母明确表示赠与一方的除外"之规定，由此认为荆某 1 支付的款项应视为是对荆某 2、华某的赠与。对此一审法院认为，《最高法院适用〈婚姻法〉解释二》所要解决的是父母为夫妻双方购置房屋是对子女一方的赠与还是对夫妻双方的赠与问题，该条款适用的条件是父母为夫妻双方购置房屋，该条款并不解决父母向子女转账的款项是赠与还是借款的问题，并不能由该条款得出只要父母向夫妻双方转账、夫妻双方用该款项购买房屋，则父母向夫妻双方的转账即是对夫妻双方的赠与的结论。

关于华某辩称的荆某 1 曾签署了放弃产权承诺书，该承诺书中荆某 1 对首付款权益及房产权益做了明确的放弃，故而涉案款项是荆某 1 赠与给荆某 2、华某购房款的观点，一审法院认为，该承诺书中，荆某 1 放弃的权益仅仅是房产权益，本案荆某 1 只是向荆某 2、华某

主张债权,故荆某1签署的该份承诺,不能得出涉案款项是荆某1赠与给荆某2、华某的观点,对华某的此辩解意见,一审法院依法不予支持。

本案中,荆某2的借款行为发生在荆某2、华某的夫妻关系存续期间,且上述借款用于支付荆某2、华某的购房款,故该债务依法应认定为夫妻共同债务,应由荆某1、华某承担共同还款的责任。2019年8月1日,一审法院判决如下:荆某2、华某偿还荆某1借款125万元,并按年利率6%的标准承担自2018年6月21日起至实际还款之日止的利息。

华某不服一审判决提起上诉。二审法院判决驳回上诉,维持原判。

(七)安徽省安庆市中级人民法院裁决:确认为赠与

某民间借贷纠纷案,参见安徽省安庆市中级人民法院民事裁定书,(2019)皖08民终997号。

【基本案情】

马某1系马某2的父亲,马某2、刘某于2015年5月22日登记结婚。马某1为支持马某2、刘某购买位于安庆市的房屋,向开发商支付了购房款384854元(2015年5月6日支付184854元,2015年6月27日支付20万元),该房产登记在马某2、刘某两人名下。为房屋装修需要,马某1又先后向马某2给付相关款项20万元,刘某于2016年5月7日向马某1转账10万元。2017年11月,马某2向马某1出具借条两份,合计金额为50万元。2018年1月2日,刘某向安庆市大观区人民法院提起离婚诉讼,经法院审理,判决驳回了其关于离婚的诉讼请求。马某1起诉要求两被告偿还借款。

本案争议焦点是马某1向马某2所给付的款项性质是赠与还是借贷?

【裁判意见】

一审法院认为,本案中马某1向马某2支付款项的事实清楚,有转账记录和马某2出具的借条为证,足以认定。婚姻法相关司法解释关于父母为子女购置房屋出资归属的相关规定,其立法目的是解决赠与双方还是赠与一方的问题,而无将父母出资直接定性为赠与的目的,其前提是父母出资足以认定为赠与。本案中,马某2、刘某并无证据证明马某1给付款项时系赠与双方,现马某1主张所给付款项系出借,且马某2对此认可,则所给付款项系借贷性质的主张具有事实和法律依据,一审法院予以支持。事后出具借条并不能否认讼争款项系借款的性质,且马某2亦承认该借条系2017年11月所补,因此对借条形成时间进行鉴定实无必要。马某1所出借的款项中,2015年5月6日所支付的184854元虽然系于马某2、刘某婚前支付,但该支付时间与马某2、刘某结婚登记时间相差较近,且该款项确系用于马某2、刘某购置共同的房屋,刘某关于该款项系马某2个人债务的主张,一审法院不予采纳。判决:一、被告刘某、马某2于判决生效之日起十日内向原告马某1偿还借款本金500000元及利息(利息按年利率6%自2018年8月21日起计算至款项付清之日止);二、驳回原告马某1的其他诉讼请求。

二审法院认为,合同是当事人之间设立、变更、终止民事关系的协议。借贷关系的成立,需要借贷双方当事人意思表示一致。本案当事人之间与一般民间借贷中当事人之间关系不同,马某1与马某2为父子关系,马某2、刘某为夫妻关系,马某1与刘某为翁媳关系,各方当事人存在法律上的利害关系;马某1起诉要求马某2、刘某共同归还借款时间点存在特殊性,为马某2、刘某夫妻感情不和,刘某已提起离婚诉讼之后。综合考虑上述区别于一般民间借贷案件的特殊情况，法院认为就马某1关于涉案款项为借款之主张，应赋予其相较于一般民间借贷中之债权人更高证明责任。

本案中，借条是马某2事后补写，刘某未签名且不认可借贷关系的存在。通常情况下，涉案款项在用于购房时如确系借贷性质，理应要求刘某同时在借条中予以签字确认，避免将来可能产生的风险和争议。根据《最高法院适用〈民事诉讼法〉解释》第92条，主张法律关系存在的当事人，应当对产生该法律关系的基本事实承担举证证明责任。马某1在无充分的证据证明其出资是借贷的情况下，依据《最高法院适用〈婚姻法〉解释二》第22条"当事人结婚前，父母为双方购置房屋出资的，该出资应当认定为对自己子女的个人赠与，但父母明确表示赠与双方的除外。当事人结婚后，父母为双方购置房屋出资的，该出资应当认定为对夫妻双方的赠与，但父母明确表示赠与一方的除外"之规定，马某1为马某2、刘某购置房屋而转款的行为，应当根据马某2、刘某结婚登记时间，认定为对马某2个人或者马某2、刘某夫妻双方的赠与。综上分析，法院认定仅凭马某2单方出具的借条及自认不足以证明就涉案款项之间形成借贷合意，对于马某1要求马某2、刘某共同偿还借款之主张，法院不予支持。考虑到本案诉讼请求权基础为要求马某2、刘某承担共同还款责任，如马某2今后愿意归还上述款项，由其自行履行，本案对此不予理涉。需要说明的是，马某1确实在购房中存在大量出资的行为，如马某2、刘某夫妻关系不能改善导致离婚，从衡平家庭成员各方利益的角度出发，应将一方父母出资情况作为离婚双方当事人分割分配夫妻共同财产份额的重要考量因素。综上，刘某的上诉请求成立，应予改判。原审适用法律不当，应予纠正。依照《合同法》第2条第1款、《最高法院适用〈婚姻法〉解释二》第22条、《最高法院适用〈民事诉讼法〉解释》第91条第1款第1项、《最高人民法院关于民事诉讼证据的若干规定》第2条、《民事诉讼法》第170条第1款第(2)项规定，2019年6月13日，二审法院作出如下判决：1.撤销安徽省安庆市宜秀区人民法院(2018)皖0811民初2252号民事判决；2.驳回马某1的诉讼请求。

(八)江苏省南通市中级人民法院裁决：父母为子女买房的出资不能直接推定为借款[①]

某民间借贷纠纷。参见江苏省南通市中级人民法院民事判决书，(2019)苏06民终4630号认定。法院认定父母为子女买房的出资不能直接推定为借款。

【案情概要】

梁一、俞某向一审法院起诉，请求判令被告梁二、曹某返还借款568488.74元。

---

① 江苏省高级人民法院《家事纠纷案件审理指南(婚姻家庭部分)》第37条规定：父母为子女出全资购置不动产的性质应当如何认定？父母为子女出全资购置不动产，除当事人另有约定外，可以按以下情形分别处理：(1)一方父母出全资购置的不动产，无论该出资行为发生在婚前还是婚后，所有权登记在自己子女名下的，该出资可以认定为对自己子女的赠与，该不动产可以认定为出资方子女的个人财产。(2)一方父母出全资购置的不动产，无论该出资行为发生在婚前还是婚后，所有权登记在子女双方名下或者另一方子女名下，该出资可以认定为对子女双方的赠与，该不动产可以认定为共同共有。(3)婚前双方父母共同出全资购置的不动产，所有权无论登记在一方子女或者子女双方名下，该出资可以认定为父母对各自子女的赠与，该不动产可以认定为双方按照各自父母出资份额按份共有。(4)婚后双方父母共同出全资购置的不动产，所有权登记在一方子女名下，该出资可以认定为父母对各自子女的赠与，该不动产可以认定为双方按照各自父母出资份额按份共有。(5)婚后双方父母共同出全资购置的不动产，所有权登记在子女双方名下，该出资可以认定为对子女双方的赠与，该不动产可以认定为共同共有。

一审法院认定:原告梁一、俞某系夫妻,被告梁二、曹某系夫妻,被告梁二系原告梁一、俞某之子。2015年3月12日、16日、24日,启东市美丽家园房地产代理公司分别向俞某出具收条,收到俞某交纳购买车城公寓意向金1万元、房款8万元、12万元合计21万元及中介费0.5万元。2015年3月24日,陆某、薛某作为出卖方,梁二、曹某作为买受方签订《房屋买卖合同》,梁二、曹某以32万元的价格购买陆某、薛某位于启东市的车城公寓。2015年3月31日,车城公寓登记于梁二、曹某名下,为两人按份共有,各占50%。2015年4月18日,俞某向江苏省农村信用社贷款29万元,用途为装修。同月20日,俞某向陆某某(陆某之子)汇款29.75万元。2015年6月21日起,俞某每月向江苏省农村信用社归还相应贷款本息。另查明,2015年1月24日、2月7日、2月13日曹某从其父母名下取款。还查明,梁二、曹某于2015年6月30日登记结婚。曹某于2019年3月22日向一审法院提起诉讼,要求与梁二离婚。经调解,双方于2019年4月15日达成协议,维持婚姻现状,如六个月内夫妻关系未得到明显改善,再考虑离婚,一审法院作出(2019)苏0681民初2332号民事调解书。再查明,梁二向梁一、俞某出具承诺书,主要内容为:我马上要与女朋友曹某结婚了,因我没有能力购买婚房,无奈迫于现实且女朋友也强烈要求购买,有房才愿意结婚,所以请求父母为我代购房子,有我父母出资。现已签署好了购房合同,因曹某强烈要求加上她的名字,我觉得对不起父母,不体恤父母,立字据以保障父母:1. 承认房子实际是我父母所有,房屋产权证上登记我和曹某只是名义上的;2. 承诺我与曹某以后有能力时,会将购房全部费用归还父母;3. 以后我结婚后,以上房屋的性质不会发生改变,如不能善待父母,未全款归还买房费。发生离婚时,父母可以收回房子。梁二在承诺人栏内签名并签署日期为2016年3月29日。

【一审裁判意见】

本案争议焦点是梁二、曹某与梁一、俞某之间是否存在借款合意?

一审法院认为,不动产权属是权利人享有该不动产物权的证明。梁二、曹某于2015年6月30日登记结婚,而涉案车城公寓登记在梁二、曹某名下,该房屋应属梁二、曹某的婚前财产。本案争议焦点为梁二、曹某与梁一、俞某之间是否存在借款合意?本案中,首先,虽然中介公司出具收取购房意向金、购房款的收条均向俞某出具,但梁二、俞某未提供资金来源;而且曹某提供其及父母名下的2015年2份的大额存款取款凭条,与3月份的购房时间相差不长,梁一、俞某及梁二又未提供证据证明曹某家该段时间有重大必须支出,而婚前购房如女方一分未出而登记于女方名下且占50%份额也不符合常理。其次,梁二向其父母出具的承诺书,曹某未签名确认且承诺书内容明显偏向其自身及父母,涉嫌串通损害曹某的利益,在父母为子女购买房屋出资的情况下,对于是否属于赠与,还是借款,从本案情况看,视为梁一、俞某对儿子的赠与更符合常理,故涉案承诺书对本案不具有证据力。综上,子女结婚时,由一方或双方父母出资购买婚房登记于子女一方或双方名下视为对子女一方或双方赠与系普遍存在的社会现象,梁一、俞某对借款合意及资金来源未进一步举证,应承担不利的法律后果。据此,依照《民法总则》第176条、《民事诉讼法》第64条规定,判决:驳回梁一、俞某的诉讼请求。

【上诉意见】

梁一、俞某不服一审判决,提起上诉。请求二审法院撤销一审判决,依法改判或发回重审。事实和理由如下:1. 一审法院认定数额错误,曹某及其父母并未出资购房,两上诉人出

资51万元为梁二、曹某购房并登记在两人名下，一审法院仅凭2015年1、2月份曹某及其父母的取款凭证，就认定曹某方取款就是为了买房，认定事实错误。2. 一审法院认定上诉人支付的购房款是对梁一、曹某的赠与，没有任何依据，51万元购房款数额巨大，大部分是两上诉人贷款而来，在没有明确表示赠与的情况下应当视为借款。

梁二辩称，同意梁一、俞某的上诉意见。

曹某辩称，请求二审法院维持原判。其一，在2019年4月15日第一次离婚诉讼开庭前，其从未听说有承诺书，承诺书的落款时间为2016年6月30日，但该承诺书的内容与事实严重不符的表述，而且在尚未登记结婚时就考虑离婚，不符合结婚当事人的正常心态。其二，曹某与梁二恋爱结婚，按照风俗，两家都要为子女购置房屋，经过商议，确定由曹某父母出资21万元，曹某父母先后从银行取出19万元，加上曹某本人的2万元合计21万元，该21万元由曹某及其母亲交到俞某手上。上诉人在一审中陈述21万元中，7、8万元是家中的现金，而其余的钱是向亲戚借的，明显属于虚假陈述。其三，本案的承诺书是在曹某与梁二离婚的背景下出现的，不排除梁二与其父母恶意串通的可能性，根据江苏省高级人民法院《家事纠纷案件审理指南（婚姻家庭部分）》第37条规定，本案应当认定为赠与。综上，一审法院认定事实清楚，适用法律正确。

【二审裁判意见】

南通市中级人民法院认为，梁一、俞某与梁二、曹某之间无借贷合意。

首先，案涉承诺书的落款时间为2016年3月29日，仅有梁二本人的签字，并无证据证明曹某对该承诺书知晓并同意。承诺书中的多处表述与事实和情理严重不符。实际上，梁二与曹某2015年3月31进行房产登记、2015年6月30日登记结婚，2016年3月29日结婚已有9个月之久，但承诺书的内容表述为梁二与曹某即将结婚且房屋尚未登记到梁二与曹某名下。同时，梁二与曹某在他人介绍后恋爱结婚，双方一致确认感情发生问题的时间为曹某患脑肿瘤之后，2016年两人并无感情问题，梁二新婚不久即在书面承诺书中明确如果离婚房屋可以由父母收回，明显不符人之常情。梁二在二审中陈述，其在非常生气时写了承诺书，所以，出现表述错误，该陈述严重违背常理，显非诚信。且根据梁二个人出具的承诺书内容可以看出，其一方面承诺在经济条件允许时将购房的费用归还其父母梁一、俞某，另一方面认为房屋实际上属于梁一、俞某所有，梁二、曹某只是名义登记人，自相矛盾。该承诺书仅有梁二签字，其无权代理曹某作出承诺，故无论该承诺书是否真实，对曹某都不产生法律效力。

其次，在我国，子女结婚时，父母出资为子女购买房屋较为常见，难以推定父母的出资为借款，如父母出资购买房屋系借款，应当在出资时明确约定。而案涉房屋无论首付款21万元为曹某方支付还是梁一、俞某支付，均与双方是否存在借贷合意无关。梁一在一审中陈述该21万元中大部分系从亲戚中借款，二审中却陈述该21万元中的14万元系所返还彩礼，而该14万元彩礼源自梁一在工地上的打工收入，梁一一、二审陈述前后矛盾，有违诚信。案涉房屋在梁二和曹某登记结婚前已登记在双方名下，如有上诉人出资亦应推定为对梁二和曹某的赠与，现梁一、俞某主张并非赠与而是借贷，应就存在借贷合意的事实承担相应的举证责任，但梁一、俞某未能就此举证，应承担举证不能的法律后果。

二审法院决定，梁一、俞某的上诉请求不能成立，应予驳回；一审判决认定事实清楚，适用法律正确，应予维持。2020年1月6日，判决驳回上诉，维持原判。

四、夫妻一方为持股公司借款提供担保所生债务，是否为夫妻共同债务？

赵某、姬某某金融借款合同纠纷案。参见最高人民法院民事判决书，(2019)最高法民申2302号。

【裁判意见】

最高法院认为，本案争议焦点是夫妻一方为其所持股公司之借款提供担保所形成的债务是否属于夫妻共同债务？虽然夫妻一方系以其个人名义为其所持股公司贷款提供担保，但该笔贷款系用于公司经营，而且其时任该公司法定代表人，并持有该公司50%的股权，故其为公司提供担保不仅为了公司经营，也为个人收益，所得收益已形成夫妻共同财产，债务亦应以夫妻共有财产清偿。确认该债务应以担保人姬某某和其妻赵某的夫妻共同债务，可由夫妻共同财产以及姬某某的个人财产清偿。

最高人民法院认为，《婚姻法》第41条规定“离婚时，原为夫妻共同生活所负的债务，应当共同偿还。共同财产不足清偿的，或财产归各自所有的，由双方协议清偿；协议不成的，由人民法院判决”。认定为夫妻共同生活所负的债务应具备两个基本特征，一是须发生在夫妻婚姻关系存续期间；二是须用于夫妻共同生活或共同生产经营活动。本案中，案涉贷款发生于姬某某和赵某婚姻关系存续期间，虽然姬某某系以其个人名义为该笔贷款提供担保，但该笔贷款系用于青岭公司，而姬某某时任该公司法定代表人，且持有该公司50%的股权，二审法院据此认定姬某某为青岭公司提供担保不仅为了公司经营，也为个人收益，并无不当。因青岭公司系赵某与姬某某婚后设立的公司，所得收益已形成夫妻共同财产，二审法院认定青岭公司的经营状况同时与赵某、姬某某的夫妻共同财产有直接关系，亦无不当。法院询问中，姬某某提交其与赵某的离婚协议书，根据该协议书的约定，可以认定获嘉农商行申请法院查封的赵某名下三套房产，均系赵某与姬某某离婚前的夫妻共同财产，只是在离婚时双方约定归赵某所有。《最高法院执行〈民法通则〉试行意见》第43条规定：“在夫妻关系存续期间，一方从事个体经营或者承包经营的，其收入为夫妻共有财产，债务亦应以夫妻共有财产清偿。”本案中，姬某某虽非从事个体经营或者承包经营，但其经营青岭公司的收入已形成夫妻共同财产，其为经营青岭公司所产生的债务承担方式应参照该规定。故在赵某未提供证据证明青岭公司的收益未形成夫妻共同财产的情况下，本案债务应以赵某与姬某某的夫妻共同财产以及姬某某的个人财产清偿。二审法院认定案涉债务应由赵某与姬某某共同偿还，虽然未明确赵某应以夫妻共同财产为限承担责任，但获嘉农商行已经向法院出具书面承诺书，明确表示如本案进入执行程序，只会申请执行已经查封的原属于夫妻共同财产的房产，放弃再执行赵某其他财产的权利，因此二审判决在执行过程中并不会加重赵某的负担。赵某提出本案应适用9号复函，但该复函系针对个案作出的回复，不具有普遍适用的效力，且本案情形与复函答复的案件情形并不相同，故对赵某该主张不予支持。赵某另提出本案应适用《夫妻债务案件适用法律解释》，该解释第3条规定：“夫妻一方在婚姻关系存续期间以个人名义超出家庭日常生活需要所负的债务，债权人以属于夫妻共同债务为由主张权利的，人民法院不予支持，但债权人能够证明该债务用于夫妻共同生活、共同生产经营或者基于夫妻双方共同意思表示的除外。”该解释规定精神与《婚姻法》第41条以及《最高法院执行〈民法通则〉试行意见》第43条的规定精神并不冲突。可以认定青岭公司的经营收益已形成夫妻共同财产，而债务又系为青岭公司的经营所负，二审法院综合认定案涉债务属于夫妻共

同债务，适用法律并无不当。

五、最高法院：夫妻一方以个人名义借款所得金钱经过夫妻另一方银行账户的，应视为夫妻共同债务

黄某霞与被申请人王某红民间借贷纠纷再审申案，参见最高人民法院民事裁定书，〔2017〕最高法民申3507号。

【基本案情】

再审申请人黄某霞（一审被告）因与被申请人王某红（一审原告、二审被上诉人）、一审被告黄栋梁、联邦印染（泉州）有限公司（二审上诉人，以下简称联邦印染公司）民间借贷纠纷一案，不服福建省高级人民法院（2015）闽民终字第843号民事判决，向最高人民法院申请再审。

黄某霞申请再审称：（一）原审送达程序违法，导致黄某霞无法行使辩论及上诉权利。原审将黄某霞、黄某梁的应诉材料邮寄给联邦印染公司，联邦印染公司发现后立即将材料退回法院，黄某霞始终未收到应诉材料。黄某霞、黄某梁、联邦印染公司对诉争款项如何分担存在利害冲突，黄某霞从未向法院确认以联邦印染公司为送达地址，因此原审送达程序违法。（二）原审错误适用法律导致将案涉债务认定为夫妻共同债务。原审法院依据《最高法院适用〈婚姻法〉解释二》第24条认定黄某梁的债务为夫妻共同债务，是错误的。《法院审理离婚案件处理财产分割的意见》第17条规定："夫妻为共同生活或为履行抚养、赡养义务等所负债务，应认定为夫妻共同债务，离婚时应当以夫妻共同财产清偿。下列债务不能认定为夫妻共同债务，应由一方个人财产清偿：(1)夫妻双方约定由个人负担的债务，但以逃避债务为目的的除外；(2)一方未经对方同意，擅自资助与其没有抚养义务的亲朋所负的债务；(3)一方未经对方同意，独自筹资从事经营活动，其收入确未用于共同生活所负的债务；(4)其他应由个人承担的债务"。福建省高级人民法院审委会《存续期间夫妻一方以个人名义对外借款责任承担问题的会议纪要》（闽高法〔2015〕426号）第二条规定："在夫妻一方以个人名义对外借款，债权人请求夫妻共同偿还的案件中，对于债务性质的认定，应当依照《最高法院适用〈婚姻法〉解释二》第24条规定处理。但夫妻一方有证据证明或者根据人民法院已查明的事实可以认定借款非用于日常生活开支、履行抚养和赡养义务等家庭共同生活或者家庭生产经营的，应认定为夫妻借款一方的个人债务。"

最高人民法院民一庭《关于婚姻关系存续期间夫妻一方以个人名义所负债务性质如何认定的答复》（〔2014〕民一他字第10号）规定："在债权人以夫妻一方为被告起诉的债务纠纷中，对于案涉债务是否属于夫妻共同债务，应当按照《最高法院适用〈婚姻法〉解释二》第24条规定认定。如果举债人的配偶举证证明所借债务并非用于夫妻共同生活，则其不承担偿还责任。"《最高人民法院关于当前民事审判工作中的若干具体问题》（2015）提出："在涉及夫妻债务的外部法律关系时，应按照婚姻法司法解释（二）第二十四条的规定进行认定。但是，在该条'但书'规定的两种情形外，可以考虑增加一种情形，即如果配偶一方举证证明所借债务没有用于夫妻共同生活的，配偶一方也不承担偿还责任"。

司法实践中，广东省广州市中级人民法院（2005）穗中法民一终字第3509号案件以及江苏省盐城市中级人民法院（2014）盐民终字第02439号案件均认为：对于《最高法院适用〈婚姻法〉解释二》第24条规定的"夫妻一方以个人名义所负债务"不能完全按照字面理解，从立

法体系和目的出发,应理解为是夫妻一方以个人名义为夫妻双方谋取利益时所负的债务。主张为夫妻共同债务的一方应作出合理的解释,另一方对此应享有抗辩权。如经查所借款项并非用于夫妻共同生活的,不应当认定为夫妻共同债务。

一审已认定黄某梁借款的实际用途是为联邦印染公司归还福建海峡银行的到期贷款,故不应认定为夫妻共同债务。依据《民事诉讼法》第 200 条第六项、第九项,《最高法院适用〈民事诉讼法〉解释》第 391 条第 3 项规定,请求依法再审本案。

【裁判意见】

最高人民法院认为,关于原审法院送达程序是否符合法律规定问题。虽然本案中黄某梁、黄某霞夫妇并未向法院提供送达地址,但由于在原审法院审理的若干涉及黄某梁的民商事案件中,黄某梁均以联邦印染公司即福建省晋江市安海镇坑边工业小区的地址作为其内地联系地址,因此原审法院将黄某梁及其配偶黄某霞的应诉材料送达联邦印染公司,该送达方式能够保障黄某梁夫妻的诉讼权利,符合本案实际情况,并无不妥。

根据《最高人民法院关于以法院专递方式邮寄送达民事诉讼文书的若干规定》第 11 条规定,"因受送达人自己提供或者确认的送达地址不准确、拒不提供送达地址、送达地址变更未及时告知人民法院、受送达人本人或者受送达人指定的代收人拒绝签收,导致诉讼文书未能被受送达人实际接收的,文书退回之日视为送达之日",虽然联邦印染公司将法院送达给黄某霞、黄某梁的应诉材料退回,但其退回行为并不影响本案法律文书已经向黄某梁、黄某霞送达的效力。在黄某梁、黄某霞未出庭应诉的情况下,原审法院依法缺席判决,审理程序并无不当。黄某霞认为原审送达程序违法导致诉讼权利被剥夺的申请理由,与事实不符,法院不予支持。

关于黄某梁的借款是否属于夫妻共同债务问题。本案中,虽然黄某梁是以个人名义向王某红借款以偿还联邦印染公司的债务,但从资金流向上看,王某红将款项汇入黄某梁账户后,黄某梁随即将款项汇给黄某霞,经由黄某霞账户汇给联邦印染公司,由此可知黄某霞对该笔借款应为明知并实际参与。因此原审依据《最高法院适用〈婚姻法〉解释二》第 24 条关于"债务人就婚姻存续期间夫妻一方以个人名义所负债务主张权利的,应当按夫妻共同债务处理"的规定,认定黄某梁的借款为夫妻共同债务,符合本案实际情况。黄某霞认为原审适用法律错误的申请理由,与本案事实不符,法院不予支持。

最高人民法院认为,黄某霞的再审申请不符合《民事诉讼法》第 200 条第 6 项、第 9 项,《最高法院适用〈民事诉讼法〉解释》第 391 条第 3 项规定的情形。依照《民事诉讼法》第 204 条第 1 款、《最高法院适用〈民事诉讼法〉解释》第 395 条第 2 款规定,于 2017 年 9 月 25 日裁定:驳回黄某霞的再审申请。①

六、北京小马奔腾文化传媒股份有限公司夫妻共债案

2019 年 10 月 22 日,备受关注的北京小马奔腾文化传媒股份有限公司(简称"小马奔腾公司")②夫妻共债案二审审结,北京市高级人民法院判决驳回小马奔腾公司创始人、原董事

① 该再审案件合议庭成员是审判员周伦军(审判长)、毛宜全、汪军。

② 北京小马奔腾文化传媒股份有限公司是国内著名影视文化公司,曾投资拍摄《越光宝盒》《剑雨》《将爱情进行到底》《机器侠》《花木兰》《无人区》等电影及《甜蜜蜜》《我的兄弟叫顺溜》《三国》等电视剧。

长李某的遗孀金某的上诉请求，维持一审判决。这意味着金某应为亡夫李某因对赌协议产生的两亿元债务承担清偿责任。因该案争议标的额巨大，且是俗称的“对赌协议”约定的，故受到多方面关注，引发了广泛讨论。

【案情概要】

2011年，小马奔腾实际控制人李某与其他两位实际控制人李1、李2与建银文化产业股权投资基金（天津）有限公司（以下简称建银投资公司）签署了《关于北京新雷明顿广告有限公司的增资及股权转让协议》，约定小马奔腾获投建银文化4.5亿元融资；建银投资公司以受让北京新雷明顿广告有限公司（该公司于2011年12月改制并更名为北京小马奔腾传媒股份有限公司），占股15%。同日，小马奔腾公司以及作为公司实际控制人的李1、李2、李某与建银投资公司签署了《建银文化产业股权投资基金（天津）有限公司于北京新雷明顿广告有限公司及李1、李2、李某之投资补充协议》（以下简称《投资补充协议》），也即俗称的“对赌协议”。根据该协议第7条规定，若小马奔腾未能在2013年12月31日之前合格上市，建银投资公司有权要求小马奔腾实际控制人中的任一方在2013年12月31日后的任何时间一次性收购建银投资公司所持有的所有股权。

小马奔腾未在2013年12月31日前上市。2014年1月2日，李某因病突然离世。小马奔腾公司经营陷入停滞。建银投资公司作为财务投资人眼看其对小马奔腾的投资将无法获得收益并且将会严重亏损，在与公司实际控制人李1、李2无法达成一致的情况下，为给其投资者一个交代，将李1、李2、金某等起诉至北京市第一中级人民法院。根据对赌协议，小马奔腾实际控制人回购建银投资公司所持股权的费用是4.5亿本金和“利滚利”的利息，共计6.35亿。金某被告上了法庭，因其是已故实际控制人李某的继承人，既非小马奔腾的股东，更非实际控制人。媒体形象地报道金某被“要求其为夫还债”。

【裁决意见】

一审中，北京市第一中级人民法院认为，该案争议焦点主要集中在投资协议所生债务是否属于李某、金某夫妻共同经营所负债务。

根据《最高法院适用〈婚姻法〉解释二》第24条规定，“债权人就婚姻关系存续期间夫妻一方以个人名义所负债务主张权利的，应当按夫妻共同债务处理”。2017年10月，北京一中院判决该笔债务是李某与金某的夫妻共同债务，金某应在2亿元范围内承担连带清偿责任。

金某不服一审判决，上诉至北京市高级人民法院。

二审审理期间，最高人民法院于2018年1月17日发布《审理夫妻债务案件适用法律的解释》，修正了《最高法院适用〈婚姻法〉解释二》第24条，规定“夫妻一方在婚姻关系存续期间以个人名义超出家庭日常生活需要所负的债务，债权人以属于夫妻共同债务为由主张权利的，人民法院不予支持，但债权人能够证明该债务用于夫妻共同生活、共同生产经营或者基于夫妻双方共同意思表示的除外”。

2019年5月7日，北京高院不公开审理小马奔腾股东要求公司已故创始人遗孀回购2亿元债务案件。二审审理的争议焦点主要集中在本案中投资协议的债务是否属于李某、金某夫妻共同经营所负债务。二审法院认定案涉债务属于夫妻共同经营所负债务，并以此判决金某承担清偿责任。

【简要评议】

法院根据《最高法院适用〈婚姻法〉解释二》第 24 条规定和《审理夫妻债务案件适用法律的解释》,判定李某生前对赌协议所生债务是其与金某的夫妻共同债务。但是,对于本案的判决结论,学术上有不同评价。

肯定终审判决合理的意见。该观点认为,李某生前签署对赌协议是在李某与金某夫妻关系存续期间完成,即该笔债务是在夫妻关系存续期间产生的。而根据《婚姻法》司法解释二第 24 条规定:债权人就婚姻关系存续期间夫妻一方以个人名义所负债务主张权利的,应当按照夫妻共同债务处理,所以金某应替其夫李某偿还应承担的 2 亿元债务。

认为该终审判决结论欠妥的。这种意见认为,终审判决李某生前此债务为夫妻共同债务并不合理。首先,在未经任何告知金某或经金某同意的情况下,李某单方决定与建银投资公司签署带有极大风险的对赌协议,是李某基于其商业判断而愿承担的风险,但这个风险对不是小马奔腾股东也不参与公司经营的金某来说绝对是无法承担的债务,并且金某实际上也无法归还。其次,《最高法院适用〈婚姻法〉解释二》第 24 条当时立法的背景是为了打击"假离婚,真逃债"或与婚姻一方与第三方串通恶意多获取夫妻财产的不诚信行为,让夫妻一方承担债务的重要前提就是要合理合法界定夫妻共同债务。在本案中,超过金某合理预期并且无法预期的债务,法院应充分考虑当事人的经济能力、当地或者当事人之间的交易方式、交易习惯、当事人财产变动情况等各项因素判断认定为夫妻共同债务的合理性。机械套用法律规定可能会产生不能实现立法目的并且给夫妻一方带来不合理债务的结果。但也不能完全不考虑投资人的利益,比较合理的方式是李某的遗产应用来偿还其应承担的对建银投资公司的债务,如果金某和其女儿继承李某的遗产,金某应在其继承的遗产范围内向建银投资公司承担偿付责任,而非 2 亿债务。①

七、母亲起诉儿子媳妇还钱,法院判原告涉嫌虚假诉讼而移送公安机关

某民间借贷纠纷案,参见江苏省镇江市中级人民法院民事判决书,(2019)苏 11 民终 1976 号。

【基本案情】

2018 年,雷某向句容市人民法院(以下简称句容法院)起诉,请求被告刘某、石某共同偿还借款 799000 元。

原告雷某与被告刘某系母子关系。被告刘某、石某原系夫妻关系,二人于 2011 年 3 月 10 日登记结婚,同年 12 月 14 日生育一子。2016 年 6 月 14 日、2017 年 7 月 3 日,刘某两次向法院提起诉讼,要求判决其与石某离婚,法院皆判决不准离婚。2018 年 3 月 13 日,刘某再次就离婚事宜向法院提起诉讼,法院于 2019 年 1 月 18 日判决准予刘某、石某离婚。2012 年年底,刘某为购买由正大公司开发的房产,于 2012 年 12 月 15 日向正大公司交纳房屋认购金 2 万元,并于 2013 年 2 月 6 日使用雷某的工商银行卡交纳了房屋首付款 183395 元。2015 年 2 月 15 日,刘某持雷某的身份证以及工商银行卡,将卡内的 599000 元转入自己的

① 张洪海:《律师解读:金某应该替夫偿还 2 亿巨债吗?判决合理?》,新浪财经,http://finance.sina.com.cn/chanjing/gsnews/2018-01-09/doc-ifyqnici7699894.shtml,下载日期:2018 年 6 月 9 日。

银行账户。转账当日，刘某向雷某出具借条一张，借条载明“今借到雷某伍拾玖万玖仟元整用于上书房花园3#还房贷、装修房子及欠别人钱”。同日，刘某还向雷某出具欠条一张，欠条落款日期为2013年2月10日，欠条载明“今借到雷某200000元(贰拾万元正)用于买上书房的房子”。雷某与正大公司法定代表人雷某1系兄妹关系，刘某及雷某均在正大公司工作。刘某工作期间亦以个人名义承接防水等建筑工程。

【一审裁判意见】

本案争议焦点：雷某是否实际向刘某出借了799000元？石某是否应当承担共同还款责任？

一审法院认为：本案中，雷某要求刘某、石某共同偿还借款799000元，刘某认可借款事实，同意偿还，属其自认，故法院对雷某要求刘某偿还借款799000元的诉讼请求予以支持。那么，石某是否应当承担共同还款责任？句容法院认为，首先，本案系家庭成员间的借贷纠纷，雷某与刘某系亲母子关系，刘某与石某系夫妻关系但感情不和且多次诉讼离婚，雷某、刘某、石某三方之间存在法律上的利害关系；刘某出具给雷某的欠条落款时间与实际形成时间并不一致，系事后补写，而刘某在工作及生活中存在使用雷某银行卡的情形，不能排除雷某与刘某的财产有混同的可能，故案涉借条与欠条不能证明双方发生了真实的、足额的借贷关系。其次，刘某出具给雷某的欠条及借条上均无石某的签名，雷某及刘某均无证据证明石某对案涉借款应属明知或予以追认，根据我国民间习惯，多有父母出资为子女购房或支付首付款的情形，故不能认定石某有与刘某共同向雷某举债的合意。再次，从借款用途上看，刘某出具给雷某的借条载明“借款用于还房贷、装修房子及欠别人钱”，而刘某未能合理说明还房贷、装修、还款的数额分别是多少，也未能举证证明所还的他人借款系用于其与石某的家庭生活，刘某在取得599000元后向石某转账了部分款项，但款项基本是用于支付对石某、刘某婚生子的抚养费，该费用系刘某的法定义务而非石某的夫妻共同债务。综上，案涉欠款不能认定为石某的夫妻共同债务，雷某对于石某的诉讼请求不能成立，依法应予以驳回。判决：(一)刘某于本判决生效后十日内偿还雷某借款人民币799000元；(二)驳回雷某对石某的诉讼请求。

【二审裁判意见】

石某不服一审判决，向江苏省镇江市中级人民法院提起上诉，要求撤销一审判决；改判驳回被上诉人雷某的诉讼请求并将本案移送公安机关追究被上诉人涉嫌虚假诉讼的刑事责任。上诉人认为，雷某既没有经济能力更不会借钱给上诉人，被上诉人刘某是从事承包工程的老板，也一直用被上诉人雷某银行卡用于工程款结算。599000元也是其工程款，该款项是上诉人和被上诉人刘某的夫妻共同财产，根本不存在和被上诉人雷某财产存在混同的可能。两被上诉人之间也根本不存在借贷法律关系，两被上诉人恶意串通，伪造证据，提起的虚假诉讼，以便被上诉人刘某在离婚过程中达到侵占上诉人财产的目的。根据法律规定，应当驳回被上诉人雷某的诉讼请求，并将本案移送公安机关处理。

镇江中院认为：雷某主张与刘某存在借款关系，虽然提供了刘某出具的借条及银行转账凭证，但根据刘某曾经使用雷某银行卡及本案诉讼前刘某、石某夫妻关系不和、两次离婚诉讼的事实，雷某提供的证据尚不能认定雷某与刘某存在民间借贷关系，雷某、刘某可能涉嫌虚假诉讼。根据法律规定，应当裁定驳回雷某的起诉，由一审法院将有关材料移送公安机关处理。如公安机关不予立案或立案侦查后撤销案件或者认为不存在犯罪行为的，雷某可再

行诉讼主张权利。依照最高人民法院《关于在审理经济纠纷案件中涉及经济犯罪嫌疑若干问题的规定》第 11 条之规定，2019 年 10 月 14 日作出如下裁定：(一)撤销句容市人民法院(2018)苏 1183 民初 4835 号民事判决。(二)驳回雷某的起诉。

八、离婚协议或法院判决确认债务分担不影响债权人向离婚双方追债

上诉人柏某某为与被上诉人方某债权纠纷，参见广东省深圳市中级人民法院民事判决书，(2011)深中法民一终字第 135 号。①

【案情概要】

一审法院查明：案外人郭某与被告柏某某于 2008 年 5 月 9 日登记离婚，双方签订的离婚协议书约定，婚姻关系存续期间的所有债务由男方郭某负责偿还。原告诉郭某不当得利纠纷一案，经(2008)深中法民一终字第 41 号民事判决书认定，郭某占有原告的款项 60 万元构成不当得利，郭某应当返还原告 600000 元并支付利息(其中 200000、150000 元、250000 元的利息分别从 2004 年 3 月 6 日、2004 年 6 月 18 日、2004 年 6 月 30 日起按照中国人民银行同期贷款利率计至判决确定的还款之日止)。判决生效后，原告向深圳市福田区人民法院申请强制执行，福田区人民法院于 2008 年 11 月 6 日作出(2008)深福法执字第 2651 号结案通知书，通知原告：依法扣划郭某的银行存款 3500 元，扣除执行费 50 元后，剩余款项 3450 元支付给原告；对于剩余部分债务，郭某名下没有可供执行的财产，执行程序暂无法继续进行，待继续执行的条件成就后再重新启动，该案予以执行结案。2008 年 11 月 13 日，原告诉至法院，向被告主张权利。

一审判决认为，本案双方当事人争议主要有二：一是郭某向原告所负的债务是否属于夫妻共同债务；二是原告向被告主张权利是否超过诉讼时效。首先，关于当事人争议的第一个问题，即郭某向原告所负之债是否属夫妻共同债务。在夫妻共同生活期间，除非从该债务的形成过程可以明显推断不属夫妻共同债务的外，应由夫妻的另一方对该债务不属夫妻共同债务承担举证责任。本案原告已将款项汇入郭某的个人账号，而被告柏某某未提供任何证据证明郭某收受的款项未用于家庭共同生活，故应推定该债务为夫妻共同债务。被告在与郭某的离婚协议中约定郭某经手所欠的债务由郭某负责偿还，此约定在郭某与被告之间有效，但不具有对抗第三人的效力。其次，关于当事人争议的第二个问题，即法院是否超过诉讼时效。原告已在诉讼时效之内向郭某主张权利并已获得法院的判决支持。在案件的执行过程中，执行法院对郭某中止执行，原告在中止执行一周后起诉至法院，向被告主张权利，故原告向被告主张权利的时间并未超过诉讼时效。综上所述，对于原告要求被告承担郭某所负债务本金及利息的连带责任请求，法院予以支持。依据《婚姻法》第 41 条、《最高法院适用〈婚姻法〉解释二》第 24 条规定，判决：被告柏某某对其前夫郭某向原告方某所负的债务人民币 596550 元及利息负连带清偿责任[具体利息以(2008)深中法民一终字第 41 号民事判决书所确认的为准]。

---

① 广东省深圳市中级人民法院(2011)深中法民一终字第 135 号民事判决书，中国裁判文书网，http://wenshu. court. gov. cn/website/wenshu/181107ANFZ0BXSK4/index. html? docId = e-567fa36ffae4683b50f592bc7314912，下载日期：2017 年 8 月 16 日。

柏某某不服广东省深圳市龙岗区人民法院(2008)深龙法民初字第10218号民事判决，向深圳市中级人民法院(以下简称深圳中院)提起上诉，请求：撤销一审判决，驳回被上诉人的全部诉讼请求。认为一审判决认定事实不清，适用法律错误，请求依法予以撤销。事实与理由有如下两方面：

1.郭某不当得利之债，纯系其个人债务，一审法院推定为夫妻共同债务，认定事实不清，适用法律错误。(1)《最高法院适用〈婚姻法〉解释二》第42条规定“债权人就婚姻关系存续期间夫妻一方以个人名义所负债务主张权利的，应按夫妻共同债务处理。”上诉人认为，该规定所谓“夫妻一方以个人名义所负债务”是指夫妻一方以个人名义对外负债所产生的债务，即由于夫妻一方以个人名义对外主动举债的行为而形成的夫妻共同债务关系。本案中，被上诉人与郭某的债务纠纷性质为不当得利之债，并非郭某以个人名义主动向被上诉人举债所产生的债务，是一种消极债务，明显不属于该解释关于“婚姻关系存续期间夫妻一方以个人名义所负债务”的规定。一审法院以该规定推定本案所涉债务为夫妻共同债务，适用法律错误，依法应予纠正。(2)根据省高级法院关于审理婚姻纠纷案件若干问题的指导意见，上诉人认为，该案应按个人债务处理，上诉人依法不承担连带清偿责任。其一，郭某与被上诉人的债务纠纷是不当得利之债，不具有夫妻双方举债的合意，且有证据证明涉案账户用于双方业务资金结算，账户资金也并非用于夫妻家庭共同生活；其二，该债务为不当得利之债，也不是用于夫妻双方应履行的法定义务或道德义务；其三，债务形成时，被上诉人与郭某之间业务往来已有多年，郭某原为深圳市万××公司副总经理，争讼双方存在运用涉案账户多次进行资金结算的事实；再者，正是由于涉案账户存在双方用于资金结算的事实，涉案款项被上诉人分三次汇入郭某涉案账户绝非偶然。尽管历经多次诉讼，被上诉人最终以不当得利之债胜诉，但应当说被上诉人有理由相信，该债务不是为郭某家庭共同利益而设立。作为不当得利之债，也不可能为郭某家庭共同利益而设立。如果被上诉人主张该不当得利之债为夫妻共同债务，其应当对该款项用于上诉人家庭共同生活承担举证责任，而不是要求上诉人自证其责。或者说不分何等债务，不分青红皂白，一律以夫妻共同债务要求上诉人承担连带清偿责任。然而，一审法院仅以所谓被上诉人已将款项汇入郭某账户，上诉人未能证明收受的款项未用于家庭共同生活为由，将不当得利之债推定为夫妻共同债务，完全是主观臆断，对案件事实视而不见。

2.一审法院确认诉讼时效期间错误，依法应予纠正。上诉人认为，如果所谓“夫妻共同债务”能够成立，那么郭某不当得利形成之日，即是夫妻共同债务成立之时，原告须在两年的诉讼时效内对上诉人行使权利。根据深圳市中级人民法院(2008)深中法民一终字第41号生效判决所述，被上诉人对郭某的诉讼时效从借款纠纷的判决生效之日(即原告知道郭某取得款项属于不当得利)起计算[驳回原告借款请求的(2006)深福法民一初字第711、712、713号生效民事判决，生效时间是2006年4月30日]，由此推断，被上诉人最迟应于2008年5月起诉上诉人，而不是一审法院确认的被上诉人“在执行法院对郭某中止执行后的一周内”即起诉至法院而未有超过诉讼时效。事实上，被上诉人从未向上诉人主张权利，在起诉郭某时不仅未将上诉人列为共同被告，在执行程序中也未追加上诉人。因此，上诉人认为，被上诉人的起诉时间已经超过了诉讼时效，应当依法驳回起诉。

被上诉人方某口头答辩称，一审法院认定事实清楚，适用法律正确，上诉人的上诉理由

不能成立,请求二审法院依法驳回上诉人的上诉请求。

二审法院经审理查明,原审判决查明的事实清楚,亦予以认定。

【裁判意见】

深圳中院认为,夫妻共同债务涉及双重法律关系,一是离婚时共同债务在夫妻之间如何承担的内部关系,二是债权人向夫妻双方求偿时形成的外部法律关系。正是基于以上夫妻债务法律关系的两重性,《最高法院适用〈婚姻法〉解释二》第25条第1款规定,“当事人的离婚协议或者人民法院的判决书、裁定书、调解书已经对夫妻财产分割问题作出处理的,债权人仍有权就夫妻共同债务向男女双方主张权利”。就本案而言,上诉人柏某某与其前夫郭某以离婚协议的形式约定婚姻关系存续期间所有债务由郭某负责偿还,解决的是其两人内部债务分担问题,而被上诉人方某起诉要求上诉人对郭某的债务承担连带责任,解决的是夫妻对外承担债务的问题,两者并行不悖,原审判决对此认定准确,法院予以确认。

关于郭某所负不当得利之债应否按夫妻共同债务处理问题。《婚姻法》第19条第3款规定,“夫妻对婚姻关系存续期间所得的财产约定归各自所有的,夫或妻一方对外所负的债务,第三人知道该约定的,以夫或妻一方所有的财产清偿”。也就是说,第三人不知道夫妻约定财产制的,夫或妻一方对外所负的债务不管用在何方,应由夫妻共同对外清偿。《最高法院适用〈婚姻法〉解释二》第24条进一步明确规定,“债权人就婚姻关系存续期间夫妻一方以个人名义所欠债务主张权利的,应当按夫妻共同债务处理。但夫妻一方能够证明债权人与债务人明确约定为个人债务,或者能够证明属于婚姻法第十九条第三款规定情形的除外”。即婚姻关系存续期间一方以个人名义所欠债务是否为该方个人债务,举证责任在于夫妻一方,不属于债权人,且只在两种情况下可认定为个人债务:一是债权人与债务人明确约定为个人债务;二是属于婚姻法第十九条第三款规定的情形。由此可见,婚姻法的精神与司法解释的上述规定一脉相承,其目的在于注重交易安全的维护。当对交易安全的维护与对所有权的保护发生冲突时,婚姻法和司法解释优先保护交易安全,这无疑更符合现代民法理念。就本案而言,郭某所负不当得利之债已经法院生效判决确认,上诉人对此亦无异议,在上诉人不能举证证明该笔债务存在上述两种情况下,依法应按夫妻共同债务处理。由于不当得利属于债的内容之一,我国《民法通则》亦将其列入债权一节之中,依法认定为郭某个人名义对外所欠之债,当无异议。上诉人认为此种债务不是郭某主动所欠,是一种消极债务,因而不适用上述法律和司法解释的规定,没有法律依据,法院难以采信。至于上诉人所述依照广东省高级法院《关于审理婚姻纠纷案件若干问题的指导意见》第七条规定,本案“可按个人债务处理”。经查,该规定须同时具备三个条件,而被上诉人汇给郭某的60万元是其个人账户,个人账户的存款由开户人自由支配,即郭某完全可以用于家庭开支,上诉人未举证证明郭某将上述款项用于其任职公司,且根据国家财经法律制度,公司业务往来是严禁通过私人账户进行的。因此,上诉人称其没有享受上述债务所带来的利益、被上诉人有理由相信上述债务不为郭某家庭共同利益而设立,没有证据证明,法院难以采信。

关于诉讼时效问题。被上诉人已在诉讼时效期间内不断地通过诉讼方式向实际行为人郭某主张权利,直到深圳中院于2008年3月24日作出(2008)深中法民一终字第41号民事判决,其对郭某的诉讼时效一直处于中断期间。最高人民法院《关于审理民事案件适用诉讼时效制度若干问题的规定》第17条规定,“对于连带债务人中的一人发生诉讼时效中

断效力的事由,应当认定对其他连带债务人也发生诉讼时效中断的效力”。上诉人作为郭某的连带债务人,应当适用上述规定,因此,被上诉人于2008年11月起诉,并未超过诉讼时效。

2010年12月19日,深圳中院决定,原审判决认定事实清楚,适用法律和处理结果正确,应予维持。依照《民事诉讼法》第153条第1款第(1)项规定,判决驳回上诉,维持原判。

九、夫妻债务清偿的执行程序中能否追加(原)配偶为被执行人

关于强制执行程序中能否追加(原)配偶为被执行人问题,中央与地方的司法实践呈现出多元化现象。一方面,规范文件的立场不一,有允许追加的,也有不允许追加的。最高人民法院在《执行工作指导》第46辑中,就“夫妻一方为被执行人案件,能否执行夫妻共同财产或配偶的个人财产”问题时提出如下指导意见:“执行依据未明确债务为夫妻一方个人债务的,如果债务发生在夫妻关系存续期间,配偶不能证明非夫妻共同债务的,可以推定为夫妻共同债务,并可以直接执行夫妻共同财产、配偶(包括已离婚的原配偶)的个人财产。配偶有异议的,可以根据《民事诉讼法》第227条的规定(即案外人异议、异议之诉等实体性执行救济方式)进行救济。”①

《上海市高级人民法院关于执行夫妻个人债务及共同债务案件法律适用若干问题的解答》规定:除应当认定为个人债务和执行中不直接判断债务性质的情形外,可以认定为夫妻共同债务,裁定追加被执行人配偶为被执行人。北京高院《北京市法院执行工作规范》第539条明文规定:执行依据确定的债务人为夫妻一方的,根据现行法律和司法解释的规定,不得裁定追加被执行人的配偶为被执行人。申请执行人主张执行依据确定的债务为夫妻共同债务,申请追加被执行人的配偶为被执行人的,告知其通过其他程序另行主张。浙江高院《关于执行生效法律文书确定夫妻一方为债务人案件的相关法律问题解答》规定:执行机构可直接作出裁定查封、扣押、冻结、变价夫妻共同财产或者非被执行人的夫妻另一方名下的财产,而无需裁定追加夫妻另一方为被执行人;申请执行人要求执行原夫妻另一方离婚时分得的财产或者其个人财产的情况下,应裁定执行原夫妻另一方离婚时分得的财产或者其个人财产,而无需追加其为被执行人。另一方面,检索相关裁判文书,最高人民法院、江西省高级人民法院、广东省高级人民法院、福建省高级人民法院均对追加配偶为被执行人的做法表示过支持。②

但是,到了2016年3月3日,最高院杜万华大法官受访时明确表示,“夫妻共同债务的认定只能在审判阶段不能在执行阶段”,即“在2015年12月召开的第八次全国法院民事商事审判工作会议上,我们专门强调,夫妻共同债务应当通过审判程序来认定,不能由执行程序认定”的态度。③ 同年4月,最高院《(2015)执申字第111号执行裁定书》(下简称《111号裁定书》)成为裁判文书网公告案例,重申不得以共同债务为由,在执行程序中追加被执行人

① 最高人民法院执行局编:《执行工作指导(总第46辑)》,人民法院出版社2013年版,第47～48页。

② 最高人民法院(2015)执复字第3号裁定书、(2014)赣执异字第1号裁定书、(2014)赣执复字第39号裁定书、〔2013〕粤高法民一执复字第5号裁定书、(2014)闽执复字第14号裁定书。

③ 王春霞、罗书臻:《家事审判改革为相关立法提供实践依据——专访最高人民法院审判委员会专职委员杜万华》,载《人民法院报》2016年03月03日第1版。

的配偶为被执行人。由此可见,最高法院的裁判立场产生了变化。

表 9-1　关于能否追加原配偶为被执行人的情况

类别	法院名称	规定或做法
规范、指导文件	最高人民法院	不需要追加,而直接执行
	上海高级法院	可以追加
	北京高级法院	不得追加
	浙江高级法院	无需追加,直接执行
裁判文书	最高人民法院	支持追加
	江西法院	支持追加
	广东法院	支持追加
	福建法院	支持追加

资料来源:太昊:《执行程序中追加配偶为被执行人制度研究》,北京审判,https://mp.weixin.qq.com/s/-CtoxDNF_iaj2BESfmmj1A,下载日期:2019 年 11 月 29 日。

第五节　域外相关立法例

一、《德国民法典》有关规定

《德国民法典》确立的法定夫妻财产制包括两种:净益共同财产制与分别财产制。净益共同财产制是通常法定财产制;分别财产制则是净益财产共同制及共同财产制终止后的补充财产制。《德国民法典》第 1363 条至第 1390 条规定了净益共同财产制。① 规定内容周详,设置合理,特摘录于此:

第 1363 条(净益共同财产制)夫妻未以合意另订财产制契约者,以净益共同财产制为其夫妻财产制。夫之财产及妻之财产,均非夫妻之共同财产;夫妻于婚姻关系存续中所取得之财产,亦同。夫妻于婚姻关系存续中所取得之净益,于净益共同财产制终了时,应分配之。

第 1364 条(财产之管理)财产之管理,由夫妻各自为之;但夫妻之一方管理财产者,应受本条以下规定之限制。

第 1365 条(全部财产之处分)夫妻之一方应经他方之允许,始得就其全部财产,负有处分之义务。夫妻一方未经他方同意而负担该义务者,应经他方之允许,始得履行其义务。

法律行为不违反通常管理之原则者,家事法院因夫妻一方之申请,得代他方为同意之表示;但以他方配偶无正当理由而拒绝同意,或因疾病或不在而无法为表示,且如此迟延即有危险之虞者为限。

第 1366 条(对契约之承认)夫妻之一方所订定之契约,未得他方所必要之同意者,应经其承认,始生效力。

未承认前,第三人得撤回契约。第三人明知契约当事人之男性或女性已结婚者,除该男

① 《德国民法典》,台湾大学法律学院、台大法学基金会编,北京大学出版社 2017 年版,第 1070～1087 页。

性或女性违反事实而声明其已获他方配偶同意者外，不得撤回之。第三人于契约订定时，明知他方当事人未得其配偶之同意者，亦不得撤回之。

第三人对夫妻之一方，催告其应取得他方所必要之承认者，其承认应由他方对第三人表示之；他方于催告前，即使已向其配偶为承认之表示时，该表示不生效力。承认之表示，应于受催告之日起两星期内为之；于该期限内未表示承认者，视为拒绝承认。家事法院代为承认者，在夫妻一方将法院之裁定，于两星期内通知第三人时，始生效力；于其他情形，视为拒绝承认。

契约经拒绝承认者，不生效力。

第 1368 条（无效之主张）夫妻之一方未得他方所必要之允许而处分财产者，他方于诉讼上，得以该处分行为之不生效力，对第三人主张之。

第 1369 条（家庭用具之处分）夫妻之一方应得他方之同意，始得处分其因婚姻所需之家庭用具；亦在他方同意时，始负有处分之义务。

夫妻之一方无正当理由而拒绝同意，或因疾病、不在而无法表示同意者，家事法院因他方之申请，得代为同意之表示。

于此情形，准用第 1366 条至第 1368 条规定。

第 1371 条（死亡时之净益分配）财产制关系，因夫妻一方之死亡而终了者，在分配净益时，不问夫妻在具体情形有无净益，生存配偶之应继份，除其法定应继份外，另增加遗产之四分之一。

生存配偶非继承人，且未受遗赠者，得依第 1373 条至第 1383 条及第 1390 条规定，请求净益之分配；于此情形，生存配偶或其他特留份权利人之特留份，依配偶原来未提高之法定应继份决定之。

生存配偶抛弃继承者，即使该配偶依继承法规定，不享有特留份时，除得请求分配净益之外，并得为特留份之请求；但生存配偶曾与他方以契约抛弃法定应继份或特留份者，不在此限。

死亡配偶之一方，遗留有继承权之直系血亲卑亲属，且其非由该配偶死亡而解消婚姻所出生者，生存配偶对该直系血亲卑亲属，于需要之限度，且于必要时，负有依第一款所定提高四分之一数额内，给与相当教育费用之义务。

第 1372 条（其他情形之净益分配）夫妻财产制因配偶死亡以外之其他原因终子者，其净益之分配，依第 1373 条至第 1390 条规定为之。

第 1373 条（净益之定义）配偶一方之终结财产超过其开始财产者，其超过数额为净益。

第 1374 条（开始财产）开始财产系配偶于夫妻财产关系开始时，扣除债务后所剩余之财产。

夫妻财产制关系开始后，配偶因死因处分、就将来继承所付之赠与或婚嫁立业而取得之财产，于扣除债务后，应算入开始财产之内。但按其情形，应认为非其所得者，不在此限。

债务应由剩余财产之总值扣除。

第 1375 条（终结财产）终结财产系配偶于夫妻财产制终了时，扣除债务后所剩余之财产。……

夫妻之一方，于夫妻财产制关系开始后，有下列情形之一，致终结财产减少者，该数额仍应算入终结财产之内：

1. 非基于履行道德上之义务,或不合礼仪上所为之考虑,而为无偿给与者;

2. 有浪费财产之情事者;

3. 故意以损害他方为目的所为之行为者。夫妻一方之终结财产,少于其于分居开始时所告知者,应对他方配偶举证,以说明其减少财产之原因,非出于前款第一项至第三项所定之行为。

前款财产之减少,在夫妻财产制关系消灭前已逾十年,或他方配偶对于其无偿给予或浪费财产之情事,已予谅解者,其减少数额不算入终结财产之内。

……

第 1377 条(开始财产之目录)夫妻一方之开始财产,及应算入开始财产之财产,其数量及价值,经双方同意登载于财产目录者,于配偶内部关系,推定该目录为正确。

夫妻之一方作成财产目录时,得请求他方协助。于作成财产目录时,适用第 1035 条关于用益权规定。夫妻之任何一方,得以自己之费用,聘请专家估算各个财产与债务之价值。

未作成财产目录者,推定夫妻一方之终结财产,即为其净益。

第 1378 条(平衡债权)夫妻一方之净益超过他方之净益者,其超过部分之半数为平衡债权,应归属于他方。

平衡债权之数额以夫妻财产制关系终了时,扣除债务财产价值为限。依第一款所限制之平衡债权之数额,有第 1375 条第二款第一段之情形者,应将该财产价值额加入终结财产内,以提高平衡债权数额。

平衡债权仅能于夫妻财产制终了时,始能发生;并自此时起,始得让与或继承。以离婚为目的之诉讼,夫妻于诉讼系属中协议有关剩余财产分配之事项者,应经公证;第 127 条之一规定,夫妻在婚姻事件诉讼系属中,于法院和解作成笔录时,亦适用之。于通常情形,在夫妻财产制关系终了前,任何一方配偶不负担处分平衡债权之义务。

第 1379 条(通知义务)夫妻财产制终了,或夫妻之一方提出离婚、结婚之废止、于提前废止净益共同财产制而提早为净益财产分配之请求,或提前废止净益共同财产制者,夫妻任何一方对他方得请求:

1. 告知分居时之财产状况。

2. 告知为计算开始财产及终结财产所必要之财产状况。被请求告知时,应提出证明资料。夫妻之一方,依第 260 条之规定,作成财产目录时,得请求他方之协助,并得请求他方告知财产及债务之价值。夫妻之一方亦得以自己之费用,请求行政主管机关或由主管公务员或公证人作成财产目录。

夫妻分居者,任何一方对他方得请求告知于开始分居时之财产状况。第一款第二段至第四段之规定准用之。

第 1380 条(净益分配之计算)计算配偶一方之平衡债权时,该配偶曾受他方配偶生前处分之赠与,并经指定其数额应算入净益内者,亦应算入。配偶一方所为之赠与,其价值超出夫妻间通常赠与之价值者,有疑义时,亦算入其平衡债权内。

赠与之价值,于计算平衡债权时,应算入赠与一方配偶之平衡债权内。该款价值,按赠与时之价值计算。

第 1381 条(因显失公平而拒绝给付)……

第 1382 条(缓期清偿)……

第1383条(财产标的物之让与)……

第1384条(离婚时净益之计算及分配请求权之数额)……

第1385条(分配权利人之配偶一方于事先终止法定财产制时之事先平衡净益)有下列情事之一者,净益分配权利之夫妻一方,得事先终止净益共同财产制而早日为净益之分配:

1. 夫妻之间至少已分居满三年者。

2. 夫妻之一方有为民法第1365条或第1375条第二款所定行为之虞,致对于履行净益分配请求权有重大危险者。

3. 夫妻之一方因婚姻共同生活所生之义务,因可归责于己之事由,致长期未能履行,且预期日后亦无实现之可能者。

4. 夫妻之一方无充分理由而执意拒绝报告其财产状况,或直至提起告知之申请前,无充分理由执意拒绝报告其财产状况者。

第1386条(法定财产制之事先终止)夫妻之一方得准用民法第1385条规定,请求事先适用终止净益共同财产制。

第1387条(事先分配剩余财产之计算时点及其分配请求权之数额)……

第1388条(分别财产制之改用)法定财产制事先终止之裁定已确定者,夫妻间改采分别财产制。

第1390条(平衡债权之权利人对第三人之请求权)有下列情事之一者,平衡债权权利人之夫妻一方,得就平衡债权义务人之他方对第三人所为之无偿处分财产,对第三人请求返还该财产之价额:

1. 平衡债权之义务人以意图损害平衡债权之权利人为目的,对第三人为无偿处分财产之行为。

2. 夫妻财产制终了时,平衡债权之数额,超出平衡债权义务人以其财产扣除债务后所剩余之财产。

有关请求权人就请求价值之补偿,依不当得利规定,请求返还之。

第三人得以价金取代处分物之返还。平衡债权义务人之夫妻他方与第三人共同负连带责任。

其他法律行为,于第三人明知夫妻之一方意图损害他方之情事者,亦适用之。

请求权之时效,自夫妻财产制终了时开始计算。夫妻财产制因夫妻一方之死亡而终了者,生存之一方纵使抛弃继承或遗赠,始得请求平衡债权,其时效不因此不完成。

二、瑞士和意大利的夫妻共同财产制的立法例

(一)瑞士的夫妻共同财产制

《瑞士民法典》第121条至第146条规定了“夫妻共同财产制”,包括一般共同财产制、限定的共同财产制两种类型。[①] “一般共同财产制是将配偶双方的财产和收入合并为共同财产,但依法应为自有财产的物品除外。共同财产不可分割地属于配偶双方。任何配偶一方

① 《瑞士民法典》,殷生根、王燕译,中国政法大学出版社1999年版,第60~65页。

不得处分共在共同财产中的应得部分”(第 122 条)。限定的共同财产制又区分为下列两种类型:所得共同财产制、其他共同财产制。所得共同财产制是指“配偶双方可通过婚姻契约将夫妻财产制限定在所得以内。自有财产的收益归入共同财产”(第 123 条)。其他共同财产制是指配偶双方可通过婚姻契约将某些财产或某种财产排除在共同财产制之外,但若无其他约定的,该财产的收益不归入共同财产(第 124 条)。自有财产包括下列三个来源:一是指通过婚姻契约、第三人赠与或依法成就的财产;二是配偶任何一方依法仅供其个人使用的物品以及慰抚金的请求权;三是配偶一方有权作为特留份得到的财产(第 125 条)。“所有财产,在未被证明为配偶一方的自有财产时,被视为共同财产”(第 126 条)。

《瑞士民法典》第 196 条至第 220 条还规定了“普通的夫妻财产所得参与制”。①

(二)意大利和智利有关立法例

意大利的夫妻法定财产制是共同财产制。《意大利民法典》第 159 条、第 177 条至第 197 条详细规定了共同财产的标的、共同财产的管理、共同财产的分割、共同财产的对外责任、共同财产制的解除等内容。②

《智利共和国民法典》第 131 条至第 150 条,规定了“夫妻间的义务和权利”之总则、家庭财产、有关妻之职业或工作的例外。③

三、英国法定夫妻共同财产立法例

英国法上,没有大陆法意义的夫妻财产制,但是,基于对已婚妇女财产权利的保护,涉及婚姻家庭制定法中,也有关于某些财产或者某些情形下的财产归夫妻共有或者配偶另一方有权共享的规定。

(一)夫妻一方对另一方财产的改善做出贡献的,法定将享有公正份额

根据《1970 年婚姻诉讼和财产法》第 37 条规定,配偶一方以金钱或金钱价值投入另一方的财产改善并作出贡献的,即产生法定共享利益。“兹宣告,当丈夫或妻子投入金钱或金钱价值为动产或不动产的改善做出贡献的,就该项被改善的动产或不动产或其出售所得,夫妻一方或双方均享有利益时,若该贡献意义重大,且夫妻间有协议存在,除了夫妻间有明示或默示的相反协议以外,应当认定贡献方因其贡献行为而取得视同当事人双方应协商一致而能取得之受益份额或份额增加;如无此类协议的,夫妻就该份额或份额增加或者就受益权是否存在及份额大小发生争议(此等争议可为当事人间的争议或其他争议)的,任何法院,在任何情况下,均应当确认公正的数额”④。

(二)因家居费衍生的金钱或财产构成共同共有财产

根据《1964 年已婚妇女财产法》第 1 条规定,“任何就丈夫因婚姻家庭开销或类似目的

① 《瑞士民法典》,殷生根、王燕译,中国政法大学出版社 1999 年版,第 53～59 页。

② 《意大利民法典》,费安玲等译,中国政法大学出版社 2004 年版,第 49 页、第 53～58 页。

③ 《智利共和国民法典(2000 年修订本)》,徐涤宇译,北京大学出版社 2014 年版,第 21～25 页。

④ 《英国婚姻家庭制定法选集》,蒋月等译,法律出版社 2008 年版,第 50～51 页。

所做补贴而衍生金钱，或就此金钱而获得的财产而发生的权利争议，如无夫妻间相反的约定，该金钱或财产应被看做夫妻享有平等份额”①。

（三）分割养老金

根据《1996年家庭法》第16条、第17条规定，在英格兰和威尔士、苏格兰，法庭均有权决定养老金分割。法庭可以命令将配偶一方养老金权利规定为配偶另一方的应计权利，以便当事人双方可以分割养老金，使夫妻一方减少享有养老金的份额，相应地增加另一方有权获得的养老金份额②。

关于英国夫妻财产关系，可参见第一章第五节“域外法中的夫妻关系”中，“四、英美法中的夫妻财产关系”。

① 《英国婚姻家庭制定法选集》，蒋月等译，法律出版社2008年版，第42页。

② 《英国婚姻家庭制定法选集》，蒋月等译，法律出版社2008年版，第237～238页。

第十章 评注第十八条(个人特有财产制)

第 18 条　有下列情形之一的，为夫妻一方的财产：
(一)一方的婚前财产；
(二)一方因身体受到伤害获得的医疗费、残疾人生活补助费等费用；
(三)遗嘱或赠与合同中确定只归夫或妻一方的财产；
(四)一方专用的生活用品；
(五)其他应当归一方的财产。

第一节　本条的基本原理

一、本条的基本内涵

(一)个人特有财产制的概念

夫妻一方个人特有财产是指实行夫妻共同财产制期间，依照法律规定或者夫妻约定，允许夫妻各自保留一定范围的财产归一方个人所有的财产。个人特有财产专属于配偶一方个人所有并排斥配偶共有。根据产生原因不同，个人特有财产可分为法定特有财产和约定特有财产。前者是指法律直接规定一定范围内财产归所得者个人所有，并排斥其配偶共有的财产制度；后者是指夫妻双方约定归一方个人所有的财产。

个人特有财产制是与财产共同制相匹配的财产制度，是对共同财产范围的缩小与限制。由于婚姻当事人的财产中，部分财产具有严格个人性质，或者财物价值不大却具有特别意义，纳入共同财产分割有所不妥。为方便婚姻当事人保持个人生活的连续性与完整，多数国家和地区立法确认特有财产制度。各国规定的个人特有财产范围并不一致。确定哪些财产为夫妻一方个人特有财产，既要考虑婚姻和家庭生活的物质保证和正常运作，又应适当尊重财产原所有人的意愿及公民个人生活方便。设立个人特有财产制，就相应地缩小了法定夫妻共同财产制的适用范围。确定夫妻共同财产范围时，既要考虑婚姻和家庭生活的物质保证和正常运作，也应适当尊重财产原所有人的意愿及公民个人生活的方便。

(二)我国现行夫妻一方个人特有财产范围

《婚姻法》第 18 条规定了个人特有财产范围。下列财产，均为夫妻一方的个人特有财产：

1. 一方的婚前财产。男女双方结婚前各自的财产,无论是动产、不动产,在婚后均归原财产所有人个人所有。

2. 夫妻一方因身体受到伤害得到的医疗费、残疾人生活补助费等费用。夫妻一方因本人身体受到伤害所得到的各种赔偿金,特别是其中的医疗费、残疾人生活补助费包含着未来时间医疗和生活的必要支出,作为身体受到伤害的夫妻一方的个人财产,合乎情理。

3. 遗嘱或者赠与合同中确定只归夫或妻一方的财产。遗嘱或者赠与合同中确定为夫妻一方个人所有的财产,应认定为所得者个人财产。凡能确定是遗嘱确定为只归夫妻一方个人的,或者能确定赠与合同确定只归夫妻一方个人的,均符合特有财产归类要求。

4. 夫妻一方专用的生活用品。这类财产要成为个人特有财产,必须同时具备两个条件:一是须是生活用品,二是须是这些生活用品为夫妻一方专用。个人专用的生活用品主要指满足日常生活所需的个人必要用品。

5. 其他应当归夫妻一方的财产。例如夫妻一方因其特殊贡献而获得的奖章、带有明显纪念意义的奖品。

二、本条的基本理论

(一)我国确立个人特有财产制度确有必要

在法理上,婚后所得共同制不排斥夫妻一方对某些财产的个人所有权。确认个人特有财产与划定夫妻共有财产范围,是一个问题的两个方面,相辅相成。从社会生活实际看,婚姻当事人的财产中,确有部分财产具有严格个人性质,或者对一方当事人具有特别意义,一概强制纳入共同财产分割确有不妥。为方便婚姻当事人以及尽量保持个人生活的连续与完整,有必要不改变某些财产的个人所有性质。婚姻当事人要求某些财产不与配偶发生法律联系的意愿较为迫切。设立个人特有财产制度,能为婚姻当事人提供灵活处理财产关系的空间,减少纠纷。在司法实践中,明确夫妻共同财产范围和个人财产界限,既可使婚姻当事人明确财产权益的范围,又可使司法裁决夫妻财产权益争议有明确的法律依据,提高了司法审判的透明度和效率。

(二)夫妻个人特有财产的效力

也即特有财产的法律责任。特有财产所负债务,应由特有财产负责清偿。夫妻双方协商确定以一方个人特有财产承担清偿责任的协议,对婚姻当事人双方具有法律拘束力。如果债权人事先知道这个约定的,或者事后同意的,也可以对抗第三人;否则,夫妻约定债务清偿责任由一方个人特有财产承担的协议,对债权人不产生对抗效力。设立特有财产制度,是为方便婚姻当事人个人生活。凡利用特有财产制度规避法律责任特别是对外财产责任的做法,都违背特有财产制度设立的宗旨。

三、本条的历史沿革

1980 年《婚姻法》原法案并无明文确立特有财产制度,但承认特有财产。按照 1980 年《婚姻法》原第 13 条规定,男女双方婚前财产依法归个人所有;约定婚后财产为个人所有的,也归个人所有。这种个人所有的财产,性质上就是特有财产。贯彻 1980 年《婚姻法》过程

中,最高人民法院有关司法解释就直接确定婚姻当事人的某些财产为其特有财产。例如,《法院审理离婚案件处理财产分割的意见》第3条规定:"婚姻关系存续期间,复员、转业军人所得的复员费、转业费,结婚时间10年以上的,应按夫妻共同财产进行分割。复员军人从部队带回的医药补助费和回乡生产补助费,应归本人所有。"换言之,复员、转业军人的婚姻存续期间未满10年的,其所得复员费、转业费归本人个人所有;复员军人从部队带回的医药补助费和回乡生产补助费,归其本人所有。这就将两种情形下原应纳入夫妻共同财产的财产排除在共同财产之外,成了复员转业军人的个人特有财产。到了2001年,《婚姻法》明文建立个人特有财产制度。

1950年《婚姻法》也明文承认个人特有财产。该法没有明文确立夫妻财产制,而是使用了"家庭财产"一词,但是,明文确认已婚妇女婚前的财产为其个人特有财产。该法第23条第1款规定,"离婚时,除女方婚前财产归女方所有外,其他家庭财产如何处理,由双方协议;协议不成时,由人民法院根据家庭财产具体情况、照顾女方及子女利益和有利发展生产的原则判决"。第24条规定,"离婚时,原为夫妻共同生活所负担的债务,以共同生活时所得财产偿还;如无共同生活时所得财产或共同生活时所得财产不足清偿时,由男方清偿。男女一方单独所负的债务,由本人偿还"。由此可见,当时,个人特有财产的范围极小,而且是仅限于妻子一方,丈夫无权保有个人特有财产。究其原因,主要有两方面:其一,基于婚嫁传统中的嫁妆习惯的尊重和考虑。中国自古代以来有嫁妆制度,妇女嫁入夫家时带着一定嫁妆。承认妇女婚前财产为其个人特有财产,就是承认妇女嫁资的独特性。如此,妇女离婚时,可以带走其嫁妆。其二,当时妇女获得解放不久,进入社会劳动领域的妇女人数有限,她们的经济收入很少,个人财产更少。允许她们享有婚前财产所有权,是对妇女的特别照顾。

在1980年《婚姻法》原法案实施期间,最高法院于1993年发布《法院审理离婚案件处理财产分割意见》第6条规定,"一方婚前个人所有的财产,婚后由双方共同使用、经营、管理的,房屋和其他价值较大的生产资料经过8年,贵重的生活资料经过4年,可视为夫妻共同财产"。尽管该司法解释对于农村地区夫妻离婚时,保护离婚妇女财产利益有明显帮助,但是,毕竟所有权因时效转长的规则,无论是在财产法理论上还是中外婚姻家庭法实践中,都非常罕见,故也受到部分学者质疑。在2001年修订婚姻法时,该条司法解释的内容或精神均没有被吸收进法案中。到2001年公布《最高法院适用〈婚姻法〉解释一》时,已明确表示,不因婚姻存续期间较长而将个人财产转化为夫妻共同财产了。

从域外法看,多数国家和地区的婚姻法确认特有财产制度,对个人专有财产有明确完整规定。但各国规定的特有财产范围不同。例如,《法国民法典》第1404条规定,下列财产,即使在婚姻期间取得,仍为个人自有财产:"属于夫妻一方使用的衣、被及其他布织品;对本人受到的身体或精神伤害请求赔偿的诉权;不得让与的债权与抚恤金;一般而言具有人身性质的所有财产以及专与人身相关的一切权利;夫妻一方从事职业所必需的劳动工具。"①《瑞士民法典》规定,特有财产是"特为配偶一方使用的财产,妻经营职业所需要的财产,妻自己的劳动所得"。②

① 《法国民法典——民事诉讼法典》,罗结珍译,国际文化出版公司1997年版,第307页。

② 《瑞士民法典》,殷生根译,法律出版社1987年第1版。

四、法律渊源

关于个人特有财产的法律渊源，除了《婚姻法》第 18 条规定，还包括下列法律法规和司法解释中的有关规定。

(一)法律法规

《民法总则》有关规定。例如，第 114 条规定，“民事主体依法享有物权。物权是权利人依法对特定的物享有直接支配和排他的权利，包括所有权、用益物权和担保物权”。第 115 条、第 116 条规定，“物包括不动产和动产。法律规定权利作为物权客体的，依照其规定”；“物权的种类和内容，由法律规定”。第 123 条规定，“民事主体依法享有知识产权。知识产权是权利人依法就下列客体享有的专有的权利：(一)作品；(二)发明、实用新型、外观设计；(三)商标；(四)地理标志；(五)商业秘密；(六)集成电路布图设计；(七)植物新品种；(八)法律规定的其他客体”。

(二)司法解释

《最高法院适用〈婚姻法〉解释一》第 19 条规定，“婚姻法第十八条规定为夫妻一方所有的财产，不因婚姻关系的延续而转化为夫妻共同财产。但当事人另有约定的除外”。

《最高法院适用〈婚姻法〉解释三》第 10 条规定，“夫妻一方婚前签订不动产买卖合同，以个人财产支付首付款并在银行贷款，婚后用夫妻共同财产还贷，不动产登记于首付款支付方名下的，离婚时该不动产由双方协议处理。依前款规定不能达成协议的，人民法院可以判决该不动产归产权登记一方，尚未归还的贷款为产权登记一方的个人债务。双方婚后共同还贷支付的款项及其相对应财产增值部分，离婚时应根据婚姻法第三十九条第一款规定的原则，由产权登记一方对另一方进行补偿”。

《最高法院审理离婚案件处理财产分割意见》第 3 规定，“在婚姻关系存续期间，复员、转业军人所得的复员费、转业费，结婚时间 10 年以上的，应按夫妻共同财产进行分割。复员军人从部队带回的医药补助费和回乡生产补助费，应归本人所有”。

第二节　本条之适用

一、适用本条的效果

夫妻一方个人特有财产制度实施至今，鲜有争议或批评。首先，它有利于保护公民个人财产所有权。将婚前财产和部分婚后所得财产归所得者个人所有，不仅符合婚姻是因结婚而成立之时间界限，保护当事人婚前财产的个人属性；而且将部分婚后与个人人身或特定身份密不可分的特定来源的财产归该身份拥有者个人所有，也合乎伦理和人性。其次，该制度的施行说明了我国经济社会发展已达到公民个人依靠本人财产自立或收入已无大碍的水平。特别是随着社会保障制度建设与完善，公民遇到经济困难，能够寻求帮助的途径已多样化，背靠社会这棵大树，其生存权保障已基本无忧，令人安心。当事人两眼就不会总盯着配偶对方的财产。再次，越向前看，该制度对经济社会发展之后情况的适应度越高。经济社会

越发展,个人对自我独立性的追求度越高,相应地,在财产利益上的你我他之间分界越清晰,自我独占财产的意识增强,个人财产制度满足高度发展的自我需求之可能性就越大。

二、本条适用中存在的问题

(一)"专用生活用品"界定不明晰

《婚姻法》第18条规定,夫妻一方专用生活用品归个人所有。通常,夫妻一方专用生活用品是指该方为其本人日常生活需要而购买、配置或得到的价值不大的个人生活用品,且平时与另一方不共享共用的。该类物品具有明显的个人使用特性。但是,不同收入水平的个人、不同生活习惯的家庭、不同地区风俗、不同民族传统等,使得"专用生活用品"概念理解将产生差异。是否一定排除夫妻单方使用的价值较大的物品,容易有争议。

(二)因无婚前财产登记制而导致财产属于婚前或婚后之争

婚姻共同生活期间,通常当事人会将婚前个人财产用于婚后家庭生活中。假若离婚时,该财物还在,但因为婚姻存续多年,财物又经家庭成员反复使用,其究竟是属于一方婚前个人所有还是属于婚后所得财产,容易产生争议。因为我国《婚姻法》未实行个人财产登记制。当事人结婚时,法律没有要求当事人双方就其财产造册登记;婚后所得财产,除了不动产外,也无登记或备案。若事过境迁,或者年代久远以后,一旦发生争议,对真正的个人财产所有权人不利。

(三)未建立被消耗个人财产补偿制度

在婚姻共同生活中,夫妻一方主动将其个人财产用于家庭成员共同使用,或者因家庭生活需要不得不动用个人财产的,离婚时,若有夫妻共同财产积累的,按理应当从夫妻共同财产中提取适当比例或财产给予该方补偿,以鼓励良善,显失公平。然而,我国现行《婚姻法》没有确立对个人财产的补偿制度,因为它容易导致奖懒罚勤苦的效果,此乃一大缺陷。

第三节　适用本条的典型案例

实行社会主义市场经济体制以后,部分国民先富起来了,拥有巨额个人私有财产。其中,上市公司股东、高级管理人员,互联网投资人等部分人口是拥有巨额个人财富的群体典型。他们拥有的个人财富,通常不为外人所知,但是,一旦离婚,涉及夫妻共同财产分割,按照上市公司信息披露制度的要求,大股东离婚分割财产,必然涉及上市公司股权变动,会依法披露相关信息。从中,一般民众或者研究者可以窥见一斑。也有些拥有个人巨额财产的人,也非上市公司股东,但因为其离婚财产分割涉及价值巨大,易成为新闻事件而被媒体报道,让研究者有机会了解其中一二。

一、医疗保险账户余额是否属于夫妻一方个人特有财产

何某莲与罗某林离婚后财产纠纷二审案件,湖南省郴州市中级人民法院民事判决书

(2019)湘10民终2765号。[①]

上诉人何某莲(原审原告)因与被上诉人罗某林(原审被告)离婚后财产纠纷一案,不服湖南省汝城县人民法院(2019)湘1026民初642号民事判决,向郴州市中级人民法院提起上诉。2019年7月30日立案受理。已审理终结。

一审法院认定事实:何某莲、罗某林于1993年8月27日登记结婚,婚前双方均育有子女。婚后不久何某莲便长期在外务工,后双方因感情不和,罗某林于2018年10月23日向一审法院起诉要求离婚,一审法院经审理后判决准予双方离婚,但未对双方的夫妻共同财产做实质分割。离婚判决生效后,何某莲诉至一审法院,要求依法分割夫妻共同财产。何某莲陈述其不清楚。而对于罗某林是否存在银行存款何某莲未举证证实。另查明,罗某林系教师,于2009年3月退休,现每月有养老金4666.28元,截至2018年12月,其医疗保险个人账户尚有余额12508.1元。

一审法院认为,本案属离婚后财产纠纷,针对的是离婚时双方尚存在的夫妻共同财产。何某莲主张分割罗某林的五险一金,其提交的证据证明罗某林账户尚有医疗保险金12508.1元,罗某林辩称医疗保险金具有一定的人身属性,不应予以分割,一审法院认为通常情况下医疗保险金主要是从职工个人工资中扣缴所得,具有工资属性,不是夫妻一方个人特有财产,按照夫妻共同财产处理更符合实际,故对何某莲主张的要求分割医疗保险金的诉讼请求依法予以支持,即可对罗某林医保账户中的12508.1元予以分割,何某莲可分得6254.05元(12508.1元÷2=6254.05元)。

一审法院依照《婚姻法》第17条第1款第1项、第5项,第39条、第42条,《物权法》第9条,《最高法院适用〈婚姻法〉解释二》第11条,《最高法院适用〈婚姻法〉解释三》第18条,《民事诉讼法》第142条规定,判决:(一)原告何某莲与被告罗某林婚姻关系存续期间所购置的电冰箱、摩托车等家具家电归被告罗某林所有,由被告罗某林补偿原告何某莲家电家具折价款5000元,限判决生效后十日内支付;(二)被告罗某林个人医保账户余额归其所有,被告罗某林在本判决生效后十日内支付何某莲分配款6254.05元;(三)驳回原告何某莲的其他诉讼请求。

二审除对一审查明的事实予以确认外,另查明:小地名为斋公坑的《林地林权登记申请表》、《森林、林木、林地状况登记表》载明,森林或林木所有权、使用权权利人为罗本良,共有人包括罗某泉等人。

上诉人何某莲的上诉请求不能成立,应予驳回;一审判决认定事实清楚,适用法律正确,应予维持。2019年9月17日,依照《民事诉讼法》第170条第1款第1项规定,判决如下:驳回上诉,维持原判。

二、主张父母出资为其购买的房屋属于个人特有财产,应举证

上诉人孟某与被上诉人陈某离婚后财产纠纷再审案,辽宁省沈阳市中级人民法院民事

---

① 湖南省郴州市中级人民法院(2019)湘10民终2765号民事判决书,中国裁判文书网,http://wenshu.court.gov.cn/website/wenshu/,下载日期:2019年12月10日。

判决书,(2018)辽 01 民再 49 号。[①]

【案情概要】

一审中,陈某起诉请求:1. 依法分割登记为孟某所有的坐落于沈阳市沈河区金党寺街×号×门和沈阳市沈河区金党寺街×号×轴房产所有权;2. 依法分割上述房产出租取得收益 336415 元(2002 年 11 月 15 日至 2014 年 6 月 18 日)。陈某与孟某原为夫妻关系,于 2005 年 9 月 15 日经民政部门办理了协议离婚手续。但近期陈某发现孟某隐瞒了与陈某婚姻关系存续期间的财产,即诉请分割的两处房产。

一审法院重审认定事实:(一)针对诉争房屋,孟某提供了其母亲车某某于 1999 年 6 月 15 日,与辽宁澳普房地产开发公司签订的商品住宅订购协议书,购买沈河祥顺小区金党寺巷×网点×门房屋,面积 230.5 平方米,总金额 600000 元,该协议书为复印件,未提供购房收据;陈某提供了房产局房屋档案,有孟某与辽宁澳普房地产开发公司签订商品房购销合同(房产局备案合同),约定由孟某购买该房屋,单价 2000 元每平方米,总金额 461000 元,除争议处理方式外其余未作约定。1999 年 9 月 24 日,辽宁澳普房地产开发公司向孟某开具该房屋的购房款金额为 461000 元的发票并向孟某出具该房屋的准住通知书。2001 年 12 月,孟某办理了该房屋的所有权证。(二)针对购房资金来源,孟某提供其母亲车某某名下的五张定期存单,证明曾以此抵押,在 1999 年向银行贷款 60 万元,购买诉争房屋,但未提供借款合同及缴纳购房款的收据。陈某没有提供诉争房屋系孟某或陈某用自有资金购买的相关证据。(三)针对双方当事人有无购买涉案房屋的能力的问题,有多名邻居及其女儿的证言、孟某的工资收入,证明孟某不具备购买房屋的能力。陈某也承认没有付过房款,也未能提出证据证明孟某具有购买该房屋的能力。(四)重审过程中,双方当事人针对诉争房屋的价值,均表示不需再次评估,可按照原审鉴定结论确定房屋价值。

【裁判意见】

一审法院重审认为,夫妻在婚姻关系存续期间所得的工资、奖金、生产、经营的收益、知识产权的收益、继承或赠与所得的财产,除特殊情况外,应归夫妻双方共同所有,有平等的处分权。离婚后,一方以尚有夫妻共同财产未处理为由向人民法院起诉请求分割的,经审查该财产确属离婚时未涉及的夫妻共同财产,人民法院应当依法予以分割。本案诉争房产中,沈河区金党寺街×号×门车库的购买时间在 1994 年,因双方当事人在 1995 年结婚,故该车库应为孟某的婚前个人财产,对陈某要求分配该车库的诉讼请求,一审法院不予支持。

关于孟某提出沈河区金党寺街 X 号房屋系其母亲车某某用五张存单抵押,在银行贷款 600000 元购买,登记在孟某个人名下,是对孟某个人的赠予,不属于夫妻共同财产,应认定为孟某个人财产的主张。一审法院认为,当事人对自己提出的主张,有责任提供证据,所提供证据应为原件或原物。再审过程中,孟某虽然提供了其母亲购买沈河祥顺小区金党寺巷×网点×门房屋的商品房订购协议书复印件,但未能提供原件及交款收据,入住通知,也未能提供贷款 600000 元用于购买诉争房屋的贷款合同,所提供的 5 张存单只有 2 张能够证明曾用于贷款,面值为 550000 元。而房产局的房屋档案中,证明该房屋初始登记在孟某个人名下,且商品房购销合同、准住通知单、购房发票所指向的购房人均是孟某,且房屋购买时间

---

① 辽宁省沈阳市中级人民法院(2018)辽 01 民再 49 号民事判决书,中国裁判文书网,http://wenshu.court.gov.cn/website/wenshu/,下载日期:2019 年 2 月 18 日。

为1999年,系双方当事人婚姻关系存续期间购买。在此期间,孟某母亲车某某还购买沈河区望云寺路×号甲面积为97.39平方米的网点一处,金额为247135.80元。故孟某主张,证据不足,一审法院不予支持。关于陈某要求分配沈河区金觉寺街×号房屋2002年至2014年出租收益336415元的问题。一审法院认为,陈某虽提供孟某兄长孟某某与案外人杨某某签订的租赁合同,但未能提供收款收据及杨某某入住使用该房屋的证据,并不能证明该合同已经履行,故对陈某的此项诉讼请求不予支持。

综上,孟某主张诉争房屋沈河区金觉寺街×号房屋系其母亲车某某购买,登记在孟某个人名下,证据不足。虽然陈某、孟某表示对购买该房屋未出资,孟某亦认为是其父母财产,并提供工资证明、女儿及邻居证言表示其无购买涉案房屋的能力,但婚姻关系存续期间购置共同财产的资金除工资外,还可以有奖金、生产、经营的收益、知识产权的收益、继承或赠与所得的财产,也可以有借款或其他合法方式。另外,孟某父母曾就诉争房屋的所有权提起诉讼,后撤诉,未再主张权利。故诉争房产为夫妻关系存续期间购买,在当事人没有提供充分的证据,证明是他人财产的情况下,应认定其为夫妻共有财产进行分割,陈某对该房屋享有50%份额,其价格以双方当事人确认的价格为准。一审法院依照《民事诉讼法》第64条、第207条,《婚姻法》第17条、第18条,《最高法院适用〈婚姻法〉解释三》第18条规定,判决:(一)位于沈阳市沈河区金觉寺街×号×幢×轴房屋(建筑面积230.5平方米)归孟某所有;(二)孟某于判决生效之日起10日内给付陈某沈阳市沈河区金觉寺街×号×幢×轴房屋折价款1787850元;(三)驳回双方当事人的其他诉讼请求。

孟某(原审被告,男)不服前述判决,上诉请求:1. 撤销沈阳市沈河区人民法院〔2017〕辽0103民再19号民事判决;2. 认定涉案房屋系孟某的个人财产,陈某无权分割。事实与理由:1.孟某没有在离婚时隐匿财产。涉案房屋于1999年购买,并办理了房产证,房产证是孟某的名字。该房屋就在孟某与陈某所住房屋楼下,距离不过几十米,有多名邻居出庭作证说看到过陈某去过该房屋,双方婚生女儿也作证说小时候妈妈曾带她到过该房屋,还曾收过房屋租金。陈某在离婚时是明知有这个房子,没有要求分割的原因是知道孟某母亲出资购买,不可能让她参与分割,才放弃的。2.该房屋是孟某母亲出资购买,产权登记在孟某名下,是对孟某个人的赠予,不属于夫妻共同财产,应认定为孟某个人财产。(1)向法院提供了孟某母亲车某某五张定期存单,车某某在1999年用存单作抵押,向银行借款60万元,在存单到期后,车某某还清了银行借款。(2)向法院提供了车某某与开发商签订的房屋买卖协议复印件,房款也是60万元,与涉案房屋能对应。这两份证据相互认证,足以证明涉案房屋是车某某出资购买。因车某某将产权办理在孟某名下,在办理产权证时,车某某与开发商的买卖协议和收款收据被开发商收回,开发商出具了与孟某的买卖合同和收款收据才能办理产权证。但出资人是车某某,她将房屋赠予孟某,故产权人是孟某个人。(3)孟某没有购买涉案房屋的能力,有邻居、女儿和工资收入证明。陈某承认没有付过房款,因此涉案房屋不是用夫妻共同财产购买的,也不是孟某个人出资购买的。因此不应认定为夫妻共同财产,陈某无权分割。3.位于沈河区望云寺路×号面积为97.39平方米的网点是车某某于1996年购买的,有购房协议和提出窗改门斗申请的原件证明房屋是1996年购买,1999年办理的房产证。一审法院以此房屋证明车某某1999年的银行贷款可能购买了此房是错误的,交款时间是1996年不是1999年。

被上诉人陈某(原审原告,女)辩称,我方向法庭提供的离婚证及离婚协议书等证据证明

陈某与孟某离婚时对诉争房屋不知情;商品房购销合同、房屋准住通知书及购房发票等证明孟某在与陈某婚姻存续期间出资购买的房屋属夫妻共同共有的财产。人口身份信息表、沈阳市金杯汽校汽车修理厂等企业档案、生育证证明孟某先后在其父任法人代表的沈阳金杯汽车总公司任销售部经理,在金杯汽车驾驶员培训学校下属金杯汽车培训中心担任实际经营者,具有购买涉案房屋的经济能力。我方提供的购房合同能证明孟某母亲的存单未用于购买涉案房屋。另外,孟某父母曾提起虚假诉讼,起诉孟某及陈某要求确认诉争房屋归其父母所有,并提交了假证据,后来撤诉。该事实能证明其母的存单证明不了涉案房屋系其母亲为孟某购买。故请求驳回上诉,维持原判。

二审法院查明的事实与一审法院重审查明的事实基本一致。另查明,孟某与陈某于1995年××月××日登记结婚,2005年××月××日双方在民政局办理离婚登记。离婚协议书内容为:子女归男方抚养并负担抚养费,男方一次性付给女方人民币五万元,无房产处理,无债务分割。1994年孟某与辽宁澳普房地产开发公司签订商品房住宅订购协议书,购买祥顺小区×楼仓库一间,实际面积24.7平方米,单价3000元每平方米,总金额74100元,1994年6月10日交齐,1996年12月5日,开发单位向孟某开具该房屋的发票及入住通知书。2009年,办理该房屋的房产证,沈河区地名办出具的说明中记载该房屋地址为沈河区金觉寺街×号×门。2013年9月,孟某将该房屋转让给案外人杜某、牛某某。孟某与辽宁澳普房地产开发公司签订商品房购销合同(房产局备案合同,没有签订时间),约定由孟某购买沈河祥顺小区金觉寺巷×网点×门房屋(第×栋×层×轴),面积230.5平方米,单价2000元每平方米,总金额461000元,除争议处理方式外其余未作约定。1999年9月24日,辽宁澳普房地产开发公司向孟某开具该房屋的购房款金额为461000元的发票并向孟某出具该房屋的准住通知书。2001年12月,孟某办理了该房屋的所有权证,所有权证上房屋坐落为沈河区金觉寺街×号,幢号×,房号×轴。2011年9月1日,陈某以孟某离婚时隐匿财产为由诉讼至法院,要求分割上述两处登记在孟某名下的房产及2002年11月15日至2014年6月18日期间的租金收入。孟某以上述两处房产系其母亲出资,应为其父母财产为由拒绝分配。审理中,一审法院委托辽宁世信房地产土地与资产评估有限公司于2013年5月26日对沈河区金觉寺街×号(×轴)×门房屋进行评估,评估结论是3575700元。该鉴定报告的有效期为一年,有效期至2014年5月25日。陈某支出鉴定费11439元。经法院向双方当事人释明,陈某认可该价值,孟某虽不认可该报告中的评估价值,但在一审法院指定期限内未提交重新鉴定申请。

原审中,孟某提供其母亲车某某名下的中国工商银行沈阳市五爱支行大南大街储蓄所整存整取定期存款单5份,其中30万存单存期为1998年11月14日至1999年11月14日,22万存单存期为1998年7月15日至1999年7月15日。该两张存单盖有抵押贷款和撤销贷款字样。其余三张存单金额及期限为:3万元存单存期为1998年10月20日至1999年10月20日;另一个3万元存单存期为1998年12月26日至1999年12月26日,2万元存单存期为1998年7月20日至1999年7月20日。孟某主张其母亲车某某为避免利息损失将2张存单抵押银行贷款购买涉案房屋,存单到期后提取现金偿还贷款。

原审案件诉讼期间,孟某父亲孟某某、母亲车某某以孟某为被告、陈某为第三人起诉确权纠纷,要求确认诉争房屋归其二人所有,后孟某父母申请撤回起诉,一审法院作出(2012)沈河民二初字第1849号民事裁定,予以准许。2002年5月24日至2005年6月8日,孟某

居住在美国。

法院认为，关于本案诉争房屋沈河区金觉寺街×号是否为夫妻共有财产的问题。根据《婚姻法》第17条、第18条规定，夫妻在婚姻关系存续期间取得的财产，除夫妻个人特有财产外，归夫妻共同所有。本案诉争房屋，系在孟某与陈某婚姻关系存续期间取得，除非存在法定或约定的特殊情形，应属夫妻共有财产，夫妻双方享有平等的处理权，离婚时应依法分割。孟某主张该房屋系其母亲出资购买，产权登记在其名下，是对其个人的赠予，不属于夫妻共同财产，应认定为孟某个人财产，陈某无权分割。根据《最高法院适用〈婚姻法〉解释三》第7条第1款"婚后由一方父母出资为子女购买的不动产，产权登记在出资人子女名下的，可按照婚姻法第十八条第(三)项的规定，视为只对自己子女一方的赠与，该不动产应认定为夫妻一方的个人财产"的规定，适用该条款的前提之一是必须存在父母出资的事实，孟某应就此事实提供证据予以证明。孟某提交其母亲车某某名下五张存单主张以存单进行抵押贷款，贷款款项用于购买本案涉案房屋。但该存单上标注的"抵押贷款"及"撤销贷款"字样仅能证明存在贷款的事实，不能证明该贷款款项用于支付了涉案房屋的购房款。该存单及孟某提交的采暖费票据、其母亲签订的商品房认购协议书复印件等证据均不足以证明涉案房屋的购房款由其母亲出资的事实。根据《中华人民共和国民事诉讼法》第64条"当事人对自己提出的主张，有责任提供证据"的规定，原审对孟某的主张不予认定，对涉案房屋认定为夫妻共有财产并予以分割并无不当，应予维持。孟某主张陈某知道涉案房产的存在并在离婚时予以放弃，但提供的证人证言是就陈某去过涉案房屋予以证明，不能证明陈某当时已知道该房屋在孟某名下。且双方认可的离婚协议书在房产处理处标注"无"，亦不能证明陈某离婚时知晓该房屋的存在并予以放弃。陈某的起诉符合《最高法院适用〈婚姻法〉解释三》第18条"离婚后，一方以尚有夫妻共同财产未处理为由向人民法院起诉请求分割的，经审查该财产确属离婚时未涉及的夫妻共同财产，人民法院应当依法予以分割"的规定。故对孟某该主张不予支持。

综上所述，孟某的上诉请求不能成立，应予驳回；一审判决认定事实清楚，适用法律正确，应予维持。2018年6月13日，沈阳市中级人民法院依照《民事诉讼法》第170条第1款第(一)项规定，判决驳回上诉，维持原判。

第四节　域外相关立法例

一、德国法上的净益共同财产制

在德国，如果夫妻之间未约定财产制的，任何一方的财产，无论婚前婚后，均属于个人所有的财产，但是，所有权人处分部分个人财产的权利受到配偶另一方制约，而且婚姻终止或者财产清算时，一方财产多于另一方财产之部分，应当由双方分享。《德国民法典》第1363条规定，夫妻未达成财产制契约的，实行净益共同财产制。按照该制度，"夫之财产及妻之财产，均非夫妻之共同财产；夫妻于婚姻关系存续期间所取得的财产，亦同。夫妻于婚姻关系存续中所得到之净益，于净益共同财产制终了时，应分配之"。德民第1364条至第1390条

详细规定了财产的管理、全部财产的处分、家庭用具、净益分配等。①

二、瑞士法上的个人自有财产制

在瑞士法上,个人自有财产是指夫妻因未订定婚姻财产契约而适用法定的普通的夫妻财产所得参与制为夫妻财产制时,或者因婚姻契约约定实行共同财产制时,依据法律规定和双方约定应属于夫妻任何一方个人所有的特定财产。法律明文规定了自有财产的范围和来源,同时,配偶还可以契约约定自有财产。

(一)夫妻法定财产制下的个人自有财产

此种情形下,个人自有财产制是与法定夫妻财产制相配合适用的。根据《瑞士民法典》第 181 条规定,配偶可以婚姻契约约定夫妻财产制;若未约定的,则适用所得参与制。《瑞士民法典》第 198 条规定,法定自有财产包括下列四类:(1)仅供配偶一方个人使用的物品;(2)夫妻财产所得参与制开始实行时已属于配偶一方的,或此后其通过继承或其他无偿方式得到的财产;(3)慰抚金请求权;(4)为赔偿自有财产而购置的财产。配偶还可以通过婚姻契约将被规定用于从事职业或经营事业的所得的财产宣布为自有财产。配偶也可以通过婚姻契约约定使自有财产的收益不成为所得,以免其适用所得参与制的有关规定。第 196 条至第 220 条规定了所得参与制下的财产权利和义务,②个人自有财产的权利和义务受到所得参与制相关规定约束。

(二)约定共同财产制下的自有财产制

未婚双方或者夫妻依法可以订立契约选择共同财产制为其夫妻财产制。无论当事人选择适用三种共同财产制中的任何一种,依法均有自有财产制度相配合适用。此种情形下,根据《瑞士民法典》第 225 条、第 226 条规定,自有财产范围包括下列三方面:(1)自有财产通过婚姻契约、第三人赠与或者依法成就;(2)根据法律,配偶任何一方个人使用的物品以及慰抚金的请求权;(3)配偶一方有权作为特留份得到的财产,但婚姻契约规定其为共同财产的除外。该法第 226 条至第 246 条规定了共同财产的管理与处分、对第三人承担的责任、夫妻财产制的解散及分割等。③

三、日本民法上的配偶个人特有财产立法例

在日本,依据《日本民法典》第 755 条、第 762 条规定,夫妻任何一方婚前即为其所有的财产和婚后以本人名义取得并且属于该方单独所有的财产,为其特有财产。若属于夫妻何方不明的财产,则推定为夫妻双方共同共有。④

---

① 《德国民法典》,台湾大学法律学院、台大法学基金会编译,北京大学出版社 2017 年版,第 1071～1087 页。

② 《瑞士民法典》,殷生根、王燕译,中国政法大学出版社 1999 年版,第 50 页、第 53～59 页。

③ 《瑞士民法典》,殷生根、王燕译,中国政法大学出版社 1999 年版,第 60～65 页。

④ 《最新日本民法》,渠涛编译,法律出版社 2006 年版,第 161～162 页。

第十一章
评注第十九条(约定财产制)

第十九条　夫妻可以约定婚姻关系存续期间所得的财产以及婚前财产归各自所有、共同所有或部分各自所有、部分共同所有。约定应当采用书面形式。没有约定或约定不明确的,适用本法第十七条、第十八条的规定。

夫妻对婚姻关系存续期间所得的财产以及婚前财产的约定,对双方具有约束力。

夫妻对婚姻关系存续期间所得的财产约定归各自所有的,夫或妻一方对外所负的债务,第三人知道该约定的,以夫或妻一方所有的财产清偿。

第一节　本条的基本原理

一、本条的基本内容

约定财产制是指当事人在自愿基础上协商一致,于结婚前或者结婚后,以协议从法律所规定的夫妻财产制中,选择适用某一种夫妻财产制为现实财产制并排斥法定夫妻财产制适用的制度。约定财产制的效力高于法定财产制,只要当事人有夫妻财产约定,且约定制有效,其夫妻财产关系的处理优先适用约定而排斥法定财产制的适用。我国约定夫妻财产制采半封闭型立法模式,当事人只能在一般共同制、限定共同制和分别财产制三种制度之中选择其一。

(一)一般共同制

一般共同财产制,亦称一般共同制,是指夫妻婚前婚后财产及所得,除特有财产外,合并为共同财产,归夫妻共同共有。一般共同制下,夫妻共同共有财产制的范围最大。其他夫妻财产共同制,包括所得共同制,即婚后所得共同制,动产及所得共同制,劳动所得共同制,剩余共同制,亦称净益共同制、所得参与制、婚后所得共享制等,各自的共同财产范围均小于一般共同制。

(二)部分共同制

部分共同制,顾名思义,是指一部分财产归夫妻共同共有,另一部分财产归夫妻各自所有。常见的部分共同制包括下列几种类型:所得共同制、动产及所得共同制、劳动所得共同制、剩余共同制等。

所得共同制,即婚后所得共同制,是指婚姻关系存续期间夫妻所得财产归双方共同共

有,法律另有规定的除外。动产及所得共同制是指夫妻婚前动产及婚后所得财产归夫妻共同所有。劳动所得共同制,是指夫妻婚后一方或双方劳动所得归夫妻共同共有,因继承、受赠等非劳动所得归所得者个人所有的夫妻财产制。剩余共同制,亦称净益共同制、所得参与制、婚后所得共享制等,是指在婚姻关系存续期间,夫妻所得归各自分别所有,但归夫妻双方共同享有而不分割;待婚姻终止时,配偶各方所得的财产扣除当初财产之后,剩余财产较少的一方对剩余财产较多的一方有多余差额二分之一的请求权。

(三)分别财产制

分别财产制是指夫妻各自婚前婚后所得财产归本人所有,并各自独立享有管理、收益、使用和处分的权利,不受对方的支配和干涉的财产制度。按此制度,夫和妻各自所得财产及其孳息都归各自所有,配偶没有婚前财产、婚后财产之分,也无所谓特有财产。婚姻成立不改变彼此的财产关系,婚姻共同生活所生费用由夫和妻共同分担。分别财产制不否认夫妻因配偶身份带来的伦理变化,肯定夫妻有相互扶养的义务。长期共同生活使夫妻权属不明的财产,推定为夫妻共有,以免失之偏颇。资产阶级在建立国家过程中,倡导人生而平等,人人具有独立人格,不受他人的支配和干涉。在婚姻家庭领域,没有夫权,只有男女平权,妻与夫处于同等法律地位,各自拥有独立人格,互不干涉。以夫妻别体主义为理论基础的分别财产制正符合此价值观,分别财产制也与资本主义私有财产神圣不可侵犯原则相符合,因而得到不少国家法律的肯定,影响日益扩大。分别财产制源自英国。① 随着历史上英国对世界影响的扩大,英国法观念传播到许多地区。至今,分别财产制是英美法传统国家和地区的法定夫妻财产制。

分别财产制保障已婚妇女独立的财产权,从理论上看,它是最典型的夫妻平等的财产制度。但是,由于妇女就业机会和经济收入多低于男子,单纯实行这种制度,对配偶(多数情况下是妇女)从事的家务劳动无适当评价,使得法律赋予的男女平等权利无法真正实现。为了弥补分别财产制的不足,保护家庭主妇利益,即使在普通法国家,也有采用婚姻财产制取代分别财产制,或在离婚分割财产时采用公平分割原则,而不问是否为分别财产。

二、本条的基本理论

约定财产制有开放型和封闭型两种。开放型约定制是指法律未限制财产制的种类,允许婚姻当事人以契约方式自由选择任何一种夫妻财产制处理婚姻关系存续期间的财产关系的立法模式。在此模式下,只要当事人具备完全民事行为能力,自愿达成的夫妻财产协议,其内容不损害国家、集体和他人利益,协议都将得到法律的尊重和承认。这种模式赋予当事人充分自由,但也导致现实的夫妻财产关系种类繁多,不仅当事人自身识别、掌握困难,还可能对民事交易安全构成潜在威胁。封闭型约定制是指法律允许当事人以契约方式协商选定法律明确规定的若干种财产制度之一种为现实的夫妻财产制,超出法律允许范围的约定无效。这种立法模式下,契约夫妻财产制度脉络清晰,后果能够预知和预期,当事人只要选定财产制名称,其权利与义务即明确,不必事无巨细一一协商。以此,封闭型约定财产制是世

① 中国台湾地区"民法"第1016条至第1030条。林纪东、郑玉波、蔡墩铭等:《新编六法全书》,五南图书出版有限公司1998年1月修订版。

界上多数国家或地区夫妻财产制立法所采用的模式。

共同财产制的根本，在于谋求夫妻经济生活与身份生活的一致，内部与外部的一体，既符合婚姻共同生活的本质目的，又保障因从事家务劳动而无收入或收入较低配偶一方的权益，有助于实现实质意义的夫妻平等。所得共同制是共同财产制中的基本形态，剩余共同制或所得参与共同制等是分别财产制与共同财产制的折中或复合形态。共同财产制一方面确保夫妻经济独立，另一方面公平合理保护在家庭中承担不同分工的配偶双方。从夫妻财产制进化演变角度看，共同财产制是最具有现代意义的财产制度。

三、本条的历史沿革

夫妻财产约定制度在我国已有较长历史。我国历史上正式有夫妻财产约定立法，始于1930年的《中华民国民法亲属编》。依其规定，夫妻得于结婚前或结婚后以契约形式约定夫妻财产制；该项契约的订立、变更或者废止，非经登记不发生对抗第三人的效力；夫妻须在共同财产制、统一财产制和分别财产制中选择其一为约定财产制。中华人民共和国成立后，1950年《婚姻法》虽未对夫妻财产约定作明文规定，却允许实行夫妻约定财产制。中央人民政府法制委员会《关于中华人民共和国婚姻法起草经过和起草理由的报告》指出，婚姻法关于夫妻财产关系的“概括性的规定，不妨碍夫妻间根据男女权利平等和地位平等原则作出对于任何种类家庭财产的所有权处理权与管理权相互自由的约定；对一切种类的家庭财产问题，都可以用夫妻双方平等的自由自愿的约定方法来解决”。该立法解释，明确了1950年《婚姻法》允许夫妻就财产问题进行约定。由于建国初期社会条件的制约，及受传统习惯的影响，实际生活中进行财产约定的人极少，发生财产约定纠纷诉诸法律的更难见，以至于在相当长的一个时期里，该立法解释的精神没有再以其他法律文件重述。

新中国成立30年后，我国经济有了长足发展，人们的婚姻家庭观念有了一定变化，部分婚姻当事人产生了夫妻财产关系多样化的要求。1980年《婚姻法》为适应社会政治、经济、家庭关系发展需要，因应婚姻生活特殊性，在原第13条第1款规定“双方另有约定的除外”，约定财产制作为法定财产制的必要补充正式确立。2001年《婚姻法修正案》进一步完善了我国的夫妻约定财产制度。

四、法律渊源

关于夫妻约定财产制的法律渊源，除了《婚姻法》第19条规定外，还有下列法律法规及司法解释有关规定。

（一）法律法规

《合同法》第2条规定，合同是平等主体的自然人、法人、其他组织之间设立、变更、终止民事权利义务关系的协议。婚姻、收养、监护等有关身份关系的协议，适用其他法律的规定。第3条规定了平等原则，“合同当事人的法律地位平等，一方不得将自己的意志强加给另一方”。

（二）司法解释

《最高法院适用〈婚姻法〉解释三》有关规定。其第6条规定，“婚前或者婚姻关系存续期

间,当事人约定将一方所有的房产赠与另一方,赠与方在赠与房产变更登记之前撤销赠与,另一方请求判令继续履行的,人民法院可以按照《合同法》第186条的规定处理。

第7条第2款规定,“由双方父母出资购买的不动产,产权登记在一方子女名下的,该不动产可认定为双方按照各自父母的出资份额按份共有,但当事人另有约定的除外”。第10条规定,“夫妻一方婚前签订不动产买卖合同,以个人财产支付首付款并在银行贷款,婚后用夫妻共同财产还贷,不动产登记于首付款支付方名下的,离婚时该不动产由双方协议处理”。

第二节　本条之适用

一、适用本条的效果

随着社会观念变迁,更因为个人私有财产增多,国人对夫妻财产约定的认识增多,接受度变大。采用约定夫妻财产制的人数在增多,涉及的财产价值极大地增大了,故而因财产约定而发生的争议显著地增多了。中国大陆地区公证机关办理夫妻财产协议公证办证件数(件)2010年,52521件;2011年,48831件。①

(一)从公证业务看,夫妻财产公证是其业务之一

夫妻财产公证是指公证机构依法对准备结婚的男女或夫妻双方就婚姻关系存续期间所得的财产以及各自婚前财产的归属等事宜达成的书面协议的真实性、合法性给予证明的活动。《中华人民共和国公证法》(2017年修正案)第11条规定,“根据自然人、法人或者其他组织的申请,公证机构办理下列公证事项:(一)合同;(二)继承;(三)委托、声明、赠与、遗嘱;(四)财产分割;……(六)婚姻状况、亲属关系、收养关系;……(九)保全证据;(十)文书上的签名、印鉴、日期,文书的副本、影印本与原本相符;(十一)自然人、法人或者其他组织自愿申请办理的其他公证事项。法律、行政法规规定应当公证的事项,有关自然人、法人或者其他组织应当向公证机构申请办理公证”。

夫妻财产公证包括下列两类:

1. 婚前财产协议公证。婚前财产协议公证是指公证机构依法对准备结婚的男女或夫妻双方就各自婚前财产和债务的范围、权利归属等问题所达成的协议的真实性、合法性给予证明的活动。该协议自双方当事人签字之日起成立,自双方登记结婚之日起生效。根据当事人就婚前财产协议达成时间,婚前财产公证有下列两种形式:一是未婚夫妻在结婚登记前达成协议,办理婚前财产公证;一是夫妻双方在婚姻关系存续期间达成协议,办理婚前财产公证。

2. 夫妻财产协议公证。夫妻财产约定协议公证是指公证机构依法对夫妻双方就婚姻关系存续期间所得的财产以及各自婚前财产的归属等事宜达成的书面协议的真实性、合法性给予证明的活动。

诚然,夫妻财产约定依法仅需要采用书面形式,即可具备法定形件,公证不是其法定程

---

① 国家数据,国家统计局,http://data.stats.gov.cn/easyquery.htm?cn=C01,下载日期:2016年11月19日。

序，故去申请办理公证的夫妻财产协议肯定只占夫妻财产约定中的极少部分。

(二)司法审判实践

从司法审判实践看，夫妻之间就某项或某几项财产约定发生争议的诉讼案件比较常见。这类争议涉及下列三个问题：是否存在这类约定，这类约定内容的理解，这类约定的效力等。夫妻之间就夫妻约定财产制引发的争议，很少见。

1. 关于是否存在夫妻财产约定

当事人争议是否曾经有过财产约定，通常有三种不同情形：其一，一方当事人主张曾约定夫妻财产处理，另一方坚持不曾有过财产约定。主张有约定一方提出，当年的财产约定是口头的，或者曾经有过书面约定，但事后遗失等。此种情形下，主张者提供不了证据，承担举证不利后果。其二，确有书面财产约定，但对于该约定的来由和性质，夫妻双方各执一端。一方称，这就是夫妻双方对财产处理的约定，应当照此执行；另一方声称，此约定是对方逼迫写下的，纯粹是为了缓和夫妻紧张关系而为，并非其真实意思表示。此种情形下，同样主张者应举证。其三，夫妻一方提供了书面的内容涉及有夫妻财产处分的约定，要求照办，但是，另一方声称该约定是开玩笑时所为，并非认真的。此种情形下，主张者同样应负举证责任。当然，如果是开玩笑时所为，则文件的外观形式、内容表述等方面也应该会有所反映。

2. 关于约定内容的理解

夫妻双方都同意有财产约定，但是对该财产约定条款内容的理解，各执一端，任何一方均力图将内容朝对自己最有利的方向进行解释。例如，一方主张该约定是对夫妻财产制的约定，凡约定中写明的财产归共同，未写明的财产则归个人；或者是反之，但是，另一方主张该约定只处理约定中写明的某种或某几种财产，不涉及其余财产，其余财产处理应按照法律规定处理。对此类争端，应基于该协议书面表述、结合签订协议当时的情况，依据《婚姻法》有关夫妻约定财产制或者夫妻财产约定的相关规定及其精神公平解决。

3. 关于夫妻财产约定的效力

夫妻财产约定之效力，涉及婚姻内部效力和对外效力两方面。常见有下列两类争端：其一，夫妻一方主张该协议对婚姻内部有效，对第三人也有约束力，特别是当第三人是夫妻一方的父母或兄弟姐妹时，一方主张他们都知情，故也应受到该财产协议约束；另一方则主张该约定仅仅是夫妻之间的财产处理，第三人不知情或者不涉及第三人。其二，第三人(通常是债权人)向夫妻双方(有时候是已离婚的原配偶双方)请求清偿债务或者返还财产，此时，夫妻一方主张该债务是另一方的个人债务；夫妻另一方认为该债务是夫妻共同债务，应由双方共同负责。最近十五年间，这类争议高发。

有关内容，还可参阅本书第九章第四节、第十一章相关内容。

二、本条适用中存在的问题

适用夫妻约定财产制时，主要会遇到下列两类问题：一是观念上的，契约意识不强；二是约定不规范、不明确而致执行争议。

(一)契约意识不强，约定了夫妻财产制却未签订书面协议

在我国，夫妻之间签订契约，白纸黑字写下来，这实施起来难度很大。一方面，民众契约

意识弱,夫妻之间很少会就婚姻关系存续期间财产关系实行约定处理,即使口头达成协议,大多数也不会书面记录下来,双方签上姓名并署上日期。另一方面,中国人的面子观念,夫妻关系好的时候,抹不开脸子来谈财产;夫妻关系不睦时,双方又不太可能心平气和地讨论钱物分配或处理安排。

(二)夫妻财产约定内容不完整、不规范

夫妻财产制约定,是一项重要而复杂的法律事务,婚姻当事人若未接受过法学专业培训,想自行把财产约定写规范、内容写完整,不容易的。当事人因为节约金钱考虑,或者为不让他人知晓,或者其他原因,自行书写的夫妻财产契约,很可能导致内容不完整,或者表意不明确,导致将来执行过程中,双方理解产生分歧。

基于夫妻约定财产制是十分重要的法律行为,也为避免理解错误或歧义,凡准备或拟订定夫妻约定财产制的,建议至少寻找法律专业人士咨询,如果经济条件允许的,建议请专业律师把关,起草相关文件。

客观来说,我国《婚姻法》第19条关于夫妻约定财产制的规定,内容过于简洁,且不完整,也是导致实践中,婚姻当事人适用之处理自身财产关系时,易生困惑。这有待于夫妻财产制立法完善。

第三节　适用本条的典型案例

一、夫妻约定财产制应采用书面形式,否则,法院不认可

吴某1与张某离婚后财产纠纷一审案件。参见湖北省黄石市西塞山区人民法院民事判决书,(2018)鄂0203民初252号。①

【案情概要】

原告吴某1(男)诉被告张某(女)离婚后财产纠纷一案,于2018年2月11日由黄石市西塞山区人民法院立案受理。

原告吴某1的诉讼请求:1.判令被告给付原告坐落于黄石大道××后河堤××支队商铺(建筑面积3263平方米)10%份额产权价值50%的折价款161万元;2.判令被告给付原告黄石大道××后河堤××支队商铺承租权及转租收益折价款30万元;3.判令被告给付原告黄石港区春天商务宾馆及黄石港区春天商务宾馆胜阳港店以及黄石大道××后河堤××支队商铺10%份额的装饰装修、添附、增值价值100万元;4.判令被告给付原告其在广发证券开户的账户及兴业银行理财产品的收益13万元;5.判令被告给付原告黄石市红霞物业服务有限公司、黄石市红霞市场开发服务有限公司的经营收益14万元;6.判令被告给付原告武汉路富豪集贸市场婚后租金收益、西塞山区磁湖农贸市场租金收益30万元;7.判令被告给付原告黄石港区春天商务宾馆及黄石港区春天商务宾馆胜阳港店的经营权及收益25万元;

① 湖北省黄石市西塞山区人民法院(2018)鄂0203民初252号民事判决书,中国裁判文书网,http://wenshu.court.gov.cn/website/wenshu/181107ANFZ0BXSK4/index.html? docId=7a335f56cd014fb6bb23a906012dc3d1,下载日期:2018年12月11日。

8.判令被告给付原告黄石××区××(××)房屋承租权的折价款10万元;9.判令被告给付原告车牌号为鄂B×××××的奥迪轿车价值的折价款10万元;10.本案诉讼费用由被告承担。事实与理由:原、被告于××××年××月××日办理结婚登记手续,双方均系再婚。婚后于××××年××月××日生育一女,取名吴某2。婚后原、被告共同筹资从事生产经营活动,积累了价值不菲的夫妻共同财产。2015年9月双方共同经营西塞山区磁湖农贸市场,为了吸引商户,原告起早摸黑在市场摆摊卖鱼卖菜,直至小市场经营有起色。2016年6月原、被告承租了黄石大道××后河堤××支队商铺,承租期8年。承租后,原、被告对门面装修后进行转租,2017年1月又出资322万元购买了前述商铺10%份额的产权。2016年4月原、被告开办并经营黄石港区春天商务宾馆。2017年3月,原、被告承租了王某珍坐落于黄石××区××(××)房屋,建筑面积1537.44平方米,租赁期限6年,从2017年3月1日至2023年3月1日止,承租后进行了重新装修。2017年4月开办并经营黄石港区春天商务宾馆胜阳港店。2016年3月1日原、被告共同购买车牌为鄂B×××××的奥迪轿车。另被告婚前设立的黄石市红霞物业服务有限公司、黄石市红霞市场开发服务有限公司在婚后的经营收益亦属于夫妻共同财产。2015年12月3日,被告售卖房屋,为免交二套房税费,要原告配合协议离婚,原、被告签订《离婚协议》并领取离婚证,但是双方仍然以夫妻名义共同生活。××××年××月××日,原、被告复婚。2017年7月21日,被告以原告同意离婚才答应偿还以原告名义向邓瑛借的10万元借款为由,逼迫原告签订其拟定好的离婚协议书,并办理离婚登记。离婚后双方仍然以夫妻名义共同生活至2017年11月25日,当天因被告将其与原告谈话录音发至家族微信群,羞辱原告,导致双方发生争执,后原告离家出走。原、被告两次协议离婚均未对上述夫妻共同财产进行分割。2017年7月原、被告签订的《离婚协议》中约定"夫妻关系存续期间无共同财产分割",该内容与事实不符,实际上原、被告婚姻关系期间取得了大量的婚后共同财产,且以上财产至今由被告占有使用,所得收益亦由被告处分,严重损害了原告的合法权益。原告认为双方尚有夫妻共同财产未处理。

被告张某辩称:(1)双方2017年7月21日离婚协议第2条约定"夫妻关系存续期间无共同财产分割",第3条约定"夫妻关系存续期间男女双方各自名下债权及债务由各自承担",已明确无共同财产分割。此条款是双方真实意思表示,证明离婚后双方无需要分割的共同财产。(2)双方实行的是婚姻财产各自所有制。原告婚内收入及其个人资产变现增值收入均未用于家庭共同生活,被告的资金管理均由被告自行处理。双方的资金往来均按借贷关系处理,婚内双方并无共同财产。(3)原告诉请分割的财产系被告婚前财产及婚前财产用于婚后投资所形成的资产,其中部分资产在离婚时处于债权或债务状态,部分资产在婚内未有收益。原告的诉请无事实和法律依据,请求人民法院依法判决驳回原告的诉讼请求。

西塞山区人民法院认定事实如下:原告吴某1与被告张某登记结婚,婚后生育一女吴某2。2015年12月3日,原、被告协议离婚,离婚协议书约定:吴某2由男方负责抚养,女方不承担任何费用;位于西塞山区枣子山路××室及西塞山区××湖月色××室男女双方同意共同赠予婚生女吴某2;婚前各自财产归各自所有;双方无债权债务。离婚后,双方仍一起共同生活。××××年××月××日,原、被告复婚,办理了结婚登记手续。2017年7月21日,原、被告再次协议离婚,离婚协议书约定:吴某2由女方负责抚养,男方不承担任何费用;女方如有意外,女方名下所有财产归吴某2所有;夫妻关系存续期间无共同财产分割;夫妻关系存续期间男女双方各自名下债权债务由各自承担。离婚后,双方仍一起共同生活,直至

2017年11月双方才分开生活。

2008年11月21日,张某与刘合伍签订了一份《房屋及场地租赁合同》,约定刘合伍将其位于黄石市武汉路326号房屋和场地(建筑面积约5000平方米)出租给张某经营农贸市场,即原告主张的武汉路富豪集贸市场。2009年3月,张某注册成立了黄石市红霞市场开发服务有限公司,法定代表人为张某,公司类型为一人有限责任公司。2011年12月,张某注册成立了黄石市红霞物业服务有限公司,法定代表人为张某,公司类型为有限责任公司,张某为公司股东之一。2015年9月11日,张某注册登记了西塞山区磁湖农贸市场,类型个体工商户,经营者张某。2016年3月1日,原、被告花费26万元购买奥迪牌小轿车一辆,车牌号鄂B×××××,车辆登记在张某名下。2016年3月8日,张某与柯立时、叶某明、周某珍签订了一份《商铺租赁合同》,约定:柯立时、叶某明、周某珍将其所有的位于黄石大道××后河堤××巡警支队的商铺(面积约3263平方米)出租给张某,租赁期限2016年6月3日至2024年6月2日。2017年1月24日,张某与柯立时、叶某明、周某珍又签订了一份《商铺买卖合同权利转让协议书》,约定:柯立时、叶某明、周某珍共同出资购买的坐落于黄石大道××后河堤××巡警支队商铺面积约3263平方米,其中柯立时占有10%份额;柯立时将其10%份额转让给张某,转让价格为322万元。协议签订后,张某支付给了柯立时322万元。2016年4月13日,张某注册登记了黄石港区春天商务宾馆,类型个体工商户,经营者张某。宾馆所用房屋系承租而来。2017年3月7日,张某又注册登记了黄石港区春天商务宾馆胜阳港店,类型个体工商户,经营者张某。该宾馆位于黄石市黄石××区××(××),宾馆所用房屋系承租而来。另查明,原、被告共同经营管理黄石港区春天商务宾馆、黄石港区春天商务宾馆胜阳港店、西塞山区磁湖农贸市场和位于黄石大道××后河堤××巡警支队的商铺。原、被告一致认可,截至2017年7月21日,张某在兴业银行黄石支行的账户余额为60094.9元,张某证券账户内持有价值约50万元的股票。

【裁判意见】

法院认为,《最高法院适用〈婚姻法〉解释三》第18条规定:离婚后,一方以尚有夫妻共同财产未处理为由向人民法院起诉请求分割的,经审查该财产确属离婚时未涉及的夫妻共同财产,人民法院应当依法予以分割。原、被告于2015年12月3日协议离婚,当时双方仅对位于西塞山区枣子山路××室及西塞山区××湖月色××室两处房产进行了处理,其他夫妻共同财产未予分割。双方虽办理了离婚登记手续,但仍一起共同生活,后复婚。2017年7月21日,双方再次协议离婚,但离婚后仍一起共同生活。三年多时间,原、被告结婚、离婚、复婚、离婚,离婚后仍在一起生活,可见双方对婚姻的态度草率,缺乏应有的严肃、审慎。原、被告虽两次离婚,但从双方的微信聊天记录、银行资金往来流水及共同经营家庭产业等事实来看,两次离婚前后双方生活状况并无改变。在第一次结婚后,双方共同付出、经营家庭产业,积累了不少共同财产。第二次离婚协议约定夫妻关系存续期间无共同财产分割,与事实不符。原告主张分割未处理的夫妻共同财产,符合法律规定,法院予以支持。

关于夫妻共同财产的认定。原、被告从××××年××月××日结婚至2017年7月21日离婚,其间一直在一起共同生活,共同经营家庭产业,该期间取得的财产应属于夫妻共同财产。尚未处理的夫妻共同财产有:1.奥迪牌小轿车一辆,车牌号鄂B×××××;2.银行存款60094.9元;3.价值约50万元的股票;4.黄石港区春天商务宾馆经营权及宾馆装饰装修物、店内物品;5.黄石港区春天商务宾馆胜阳港店经营权及宾馆装饰装修物、店内物品;6.位

于黄石大道××后河堤××巡警支队的商铺租赁经营权及装饰装修物；7.被告张某与柯立时、叶某明、周某珍签订的《商铺买卖合同权利转让协议书》(原、被告出资 322 万元)；8.西塞山区磁湖农贸市场经营权。①

关于夫妻共同财产的分割。根据适当照顾子女和女方权益的原则，考虑到小孩由被告负责抚养，原告不承担任何费用，而小孩才三岁多，被告将小孩抚养成人还需付出大量的心血和金钱，故在分割夫妻共同财产时，被告应适当多分。1.鉴于宾馆、商铺等日常经营管理都是以被告为主，被告的贡献度大于原告，且原告也不主张宾馆、商铺等的经营权，只主张折价款，法院认为将黄石港区春天商务宾馆经营权、黄石港区春天商务宾馆胜阳港店经营权、位于黄石大道××后河堤××巡警支队的商铺租赁经营权、西塞山区磁湖农贸市场经营权判归被告更具合理性。同时，两家宾馆、商铺的装饰装修物及店内物品亦归被告所有。2.原告主张广发证券开户的账户及兴业银行理财产品的收益 13 万元，因离婚时，被告名下有存款和股票，属于夫妻共同财产，对原告该项诉讼请求法院予以支持。3.奥迪轿车一辆，因车辆登记在被告名下，原告也只主张车辆折价款，故该车辆归被告所有，法院酌情判令被告支付原告车辆折价款 9 万元。4.原告主张位于黄石大道××后河堤××支队商铺 10%份额产权价值 50%的折价款 161 万元，为购置该商铺，原、被告出资了 322 万元，以被告名义签订了《商铺买卖合同权利转让协议书》，虽该商铺暂未办理产权证，但该《商铺买卖合同权利转让协议书》中的合同权利义务是有经济价值的，故该《商铺买卖合同权利转让协议书》的合同权利义务归被告享有，被告支付原告补偿款 161 万元。综上，被告应支付原告补偿款共计 183 万元(13+9+161)。

武汉路富豪集贸市场、黄石市红霞市场开发服务有限公司、黄石市红霞物业服务有限公司均是张某在××××年××月××日结婚前取得的财产，属于张某婚前个人财产，不属于夫妻共同财产。原告主张武汉路富豪集贸市场婚后租金收益 15 万元、黄石市红霞市场开发服务有限公司和黄石市红霞物业服务有限公司经营收益 14 万元，虽婚后夫妻共同经营取得的收益属于夫妻共同财产，但人民法院只对离婚时客观存在的夫妻共同财产进行分割，原、被告离婚时银行账户资金余额仅为 60094.9 元，原告并未提供证据证明这些收益在离婚时还客观存在，故对原告这些主张法院不予支持。原告还主张西塞山区磁湖农贸市场租金收益 30 万元，但原告亦未提供证据予以证明，法院对其该项诉讼请求亦不予支持。原告主张黄石××区××(××)房屋承租权的折价款 10 万元，该项诉讼请求主张的承租权与其第七项诉讼请求主张的黄石港区春天商务宾馆胜阳港店经营权相重复，法院不予支持。

被告虽抗辩双方曾口头约定婚姻期间实行夫妻约定财产制，但根据《婚姻法》的规定，该约定应当采用书面形式，对被告的抗辩，法院不予支持。

综上，依照《婚姻法》第 17 条、第 19 条、第 39 条和《最高法院适用〈婚姻法〉解释三》第 18 条规定，2018 年 5 月 29 日，法院判决如下：(一)被告张某于本判决书生效之日起十日内支付原告吴某 183 万元。(二)经营者登记为被告张某的黄石港区春天商务宾馆经营权、黄石港区春天商务宾馆胜阳港店经营权及宾馆装饰装修物、店内物品归被告张某所有。(三)经营者登记为被告张某的西塞山区磁湖农贸市场经营权归被告张某享有。(四)位于黄石大道 1260 号后河堤黄石交巡警支队的商铺租赁经营权归被告张某享有。(五)《商铺买卖合同

① 最高人民法院民事审判第一庭：《民事审判指导与参考》2009 年第 3 集(总第 39 集)。

权利转让协议书》中的合同权利义务归被告张某享有。(六)车牌号为鄂B×××××奥迪牌小轿车一辆归被告张某所有。(七)驳回原告吴某1的其他诉讼请求。

二、离婚协议所附条件未成就时不得根据协议分割财产

戴某诉秦某夫妻财产约定纠纷案。

【基本案情】

原告戴某(男)与被告秦某(女)是夫妻关系。双方于2006年12月30日签订离婚协议书一份,该协议书主要内容载明:双方应去民政部门登记离婚;婚生子由女方抚养,男方不承担抚养费;商品房1套归男方所有,自2007年1月至2012年12月,女方每月给男方1000元等等。后因种种原因,双方未去民政部门申办登记离婚手续。2007年5月,戴某向法院起诉要求离婚,声称:双方于2004年10月1日登记结婚,婚后夫妻感情一直较好,2006年12月,秦某要求分手,并与其签订了离婚协议书,双方的夫妻感情已彻底破裂,请求判决:(1)原、被告离婚;(2)婚生子由原告抚养,被告承担抚养费;(3)夫妻共同财产根据双方诉前签订的离婚协议书进行分割。秦某答辩称,同意与原告离婚,但要求婚生子由自己抚养,因离婚协议书是约定到民政部门办理登记离婚,不能作为诉讼中分割财产的依据,不同意按离婚协议书分割财产。

【裁判意见】

法院认为,本案争议焦点是双方于2006年12月30日签订的离婚协议书的效力问题,是否应当按照该协议书的内容分割财产?夫妻双方在婚姻关系存续期间签订了办理离婚后才生效的附条件离婚协议,此后双方未办理离婚登记,而通过诉讼方式离婚,此时,该附条件的离婚协议是否有效,能否依据该离婚协议处理财产分割和子女抚养问题?

法院认为,该离婚协议书是以双方协议离婚为前提的,一方或者双方为了达到离婚的目的,可能在子女抚养、财产分割等方面作出有条件的让步。在双方未能在婚姻登记机关协议离婚的情况下,该离婚协议书并没有生效,对原、被告均不产生法律约束力,其约定不能当然作为人民法院处理离婚案件的直接依据。且如果按照该离婚协议书分割财产也有悖于公平原则,违背保护妇女和儿童合法权益的法律精神。因此,对原告要求按照该离婚协议书分割财产的主张不予支持,原、被告的夫妻共同财产应依法进行分割。

一审法院认为,夫妻约定财产制中的约定本质上区别于附登记离婚条件财产分割协议的约定,前者的约定既包括对夫妻一方或双方已经取得财产归属的约定,也包括对夫妻一方或双方将来取得财产权利归属的约定,而后者的约定一般是针对已经取得的现存财产的处置,两者不能等同。判断一份夫妻财产处理的协议是附登记离婚条件的财产分割协议还是一般的夫妻财产约定协议,关键在于审查订立协议的目的,如果是以登记离婚为目的而对财产归属作出的约定,则属于附登记离婚条件的财产分割协议;如果夫妻双方没有离婚的意思表示,而仅仅是对婚前财产或者婚后财产作出约定,或者该类约定以婚姻关系为生效条件,则属于一般的夫妻财产约定。当事人通过订立附条件的协议,在行为开始时并不使协议立即生效,而等到一定的条件成就后,才使其生效,就能够尽量减少当事人可能遇到的风险和损失,使协议更好地达到当事人所预期的效果。离婚问题事关重大,应当允许当事人反复考虑、协商。随着时间、环境、对方言行、自我认识等各种因素的变化,一方或双方对婚姻现状或未来前途的判断可能会有所不同,甚至作出相反的决定,故应当允许一方或双方当事人在

签订离婚财产分割协议后反悔。在婚姻登记机关确认离婚之前，任何一方当事人均有权决定其是否成就，任何一方均可以使协议不产生约束力甚至故意使其不成就而不必承担法律责任。只有在双方最终意见一致并办理离婚登记手续、取得离婚证的情况下，才能充分反映出双方当事人的真实意思表示。

我国《民法通则》第 62 条规定："民事法律行为可以附条件，附条件的民事法律行为在符合所附条件时生效。"附登记离婚条件的财产分割协议从表现形式来看，无论是"离婚协议"还是"财产分割协议"，当事人一般都不会明确写明什么是所附条件，但从本质上来看，登记离婚是财产分割的前提，该财产分割协议属于附条件的合同，故理论界将其界定为"附登记离婚条件的财产分割协议"。在实际生活中，一方当事人为了尽快解除婚姻关系，可能会在财产分割等问题上作出重大让步甚至放弃一切财产，目的是希望顺利离婚，以期最大限度地减少离婚带来的负面影响。但双方因为种种原因并没有到婚姻登记部门协议离婚，在时过境迁一方起诉到法院进行诉讼离婚时，再拿出以前签订的离婚财产分割协议，要求法院完全按照协议约定的内容进行判决，此时双方当事人的心态会发生变化，财产状况也可能发生变化，当事人所期待的成本利益可能无法实现。人民法院应根据诉讼时离婚当事人的具体情况，依照《婚姻法》的有关规定，对财产分割、子女抚养等问题作出妥善处理。

人民法院审理该类案件，对诉前离婚当事人所达成的附登记离婚条件的财产分割协议，除非双方当事人追认，该协议未生效，对双方当事人均不产生法律约束力，无论是离婚本身，还是涉及子女抚养、财产分割的约定，不能作为人民法院处理离婚案件的直接依据。附登记离婚条件的财产分割协议是以双方协议离婚为前提的，在双方未能在婚姻登记机关协议离婚的情况下，该离婚协议并没有生效，对夫妻双方均不产生法律约束力，不能作为人民法院处理离婚案件的直接依据。

一审法院判决：准予戴某、秦某离婚；婚生子由戴某抚养，秦某承担抚养费；对戴某要求按照离婚协议书分割财产的主张不予支持。

宣判后，双方当事人均未提起上诉，判决已发生法律效力。

【简要评析】

婚内离婚协议，是指男女双方在婚姻关系存续期间，以解除婚姻关系为基本目的，并就财产分割及子女抚养达成的协议。在离婚协议中，男女双方可以对财产分割条款附加一定的条件。根据《民法通则》第 62 条规定：民事法律行为可以附条件，附条件的民事法律行为在符合所附条件时生效。因此，在夫妻双方以离婚为目的签订的涉及财产分割的离婚协议附条件的情况下，在条件成就时，离婚协议才可生效，夫妻双方才可依据该协议分割共有财产；条件不成就时，受理离婚诉讼的法院应根据夫妻双方的具体情况，依照《婚姻法》有关规定，妥善处理财产分割、子女抚养等问题。

夫妻双方在婚姻关系存续期间签订的离婚协议约定，双方到民政部门办理离婚登记手续，同时还约定了财产分割和子女抚养问题。据此，应认定上述离婚协议是附登记离婚条件的离婚协议，协议的前提是双方前往民政部门办理离婚登记手续，故只有在该前提实现时，双方才可依据该协议分割财产。后一方提起离婚诉讼的，应认定离婚协议中约定的前往民政部门办理离婚登记手续的条件并未成就，协议对双方不发生效力，不能按照协议分割财产，而应根据《婚姻法》的相关规定处理财产分割和子女抚养问题。

三、如何区分夫妻财产制约定与离婚时财产分割协议

李某、王某物权确认纠纷二审民事案件。参见辽宁省锦州市中级人民法院民事判决书，(2019)辽 07 民终 814 号。①

【案情概要】

上诉人李某(原审被告)因与被上诉人王某(原审原告)物权确认纠纷一案，不服辽宁省锦州市凌河区人民法院(2018)辽 0703 民初 2274 号民事判决，向锦州市中级人民法院(以下简称锦州中院)提起上诉。于 2019 年 3 月 18 日立案。已审理终结。

李某上诉请求：1. 撤销一审判决，将此案发回重审或依法改判；2. 一、二审诉讼相关费用由被上诉人承担。事实与理由：1.原审认定事实不清，被上诉人所诉没有事实依据。被上诉人与上诉人在××××年×月结婚后，于××××年×月×日签订了所谓的离婚协议书，从离婚协议书上的具体内容看，此协议书不符合离婚协议书的内容特征，仅有对财产的约定，其名为离婚协议实为夫妻双方对婚姻关系存续期间所得的财产进行分配的约定，是双方依据《婚姻法》第 19 条规定作出的处分夫妻共同财产的约定，该约定是双方的真实意思表示，内容合法且采用书面形式，没有违反法律法规，对夫妻双方均有约束力。其中协议书中第三条明确约定："院内小房无房照，归女方所有。"此协议书是夫妻双方在婚内对所得财产的分配协议，系双方合意，合法有效且协议签订后此无照房已归上诉人实际占有使用，协议已实际履行完毕。因此，此房的所有权应归上诉人所有，因房屋动迁产生的合法权益应由上诉人享有。2.原审适用法律错误。(1)根据本案事实，本案不应适用《最高法院适用〈婚姻法〉解释三》第 14 条规定，而应适用《婚姻法》第十九条规定。(2)夫妻约定财产制比法定财产制具有优先效力。《婚姻法》中规定了法定财产制和约定财产制，但就其适用上来看，夫妻间的财产关系只有当夫妻关系没有约定时或约定无效或被撤销时，始得适用法定财产制。本案中，夫妻双方财产约定在先，离婚在后，夫妻约定财产的协议已实际履行完毕，因此不应适用法定财产制，即不应适用《婚姻法》第十七条的规定。综上，请求二审法院支持上诉人的上诉请求。

王某辩称，一审法院认定事实及适用法律均正确，建议依法维持原判。被上诉人与上诉人原系夫妻关系，××××年×月经锦州市凌河区人民法院依法判决离婚，在婚姻关系存续期间，由被上诉人在高亮处以一万元价格购买无照门房一户，坐落于锦州市凌河区，在离婚诉讼过程中，上诉人提出要求依法共同分割该户门房，当时法院没有分割是因为没有产权证明，该户门房系双方婚姻关系存续期间取得的，应认定为夫妻共同财产，由锦州市凌河区门房动迁安置取得的锦州市凌河区房屋相关财产权益应由上诉人与被上诉人共同享有，故一审法院认定事实及适用法律均正确。至于上诉人提出的离婚协议，婚姻法解释对此有明确规定，离婚协议是以离婚为条件的，当时没有离婚，后在离婚诉讼中反悔的，人民法院应当认定该财产分割协议没有生效，并根据实际情况依法对共同财产进行分割。在上诉人与被上诉人离婚诉讼的案件中对共同财产重新进行了分割，没有按照协议履行，故此协议没有生

① 辽宁省锦州市中级人民法院(2019)辽 07 民终 814 号民事判决书，中国裁判文书网，http://wenshu.court.gov.cn/website/wenshu/181107ANFZ0BXSK4/index.html? docId=e012a88b7864464b9 bfcaa6300920c30，下载日期：2019 年 9 月 11 日。

效。综上，请依法维持原判。

王某向一审法院起诉请求：1. 请求人民法院依法确认原动迁现被安置在锦州市凌河区动迁的相关权益归原、被告共有；2. 诉讼费由被告承担。

一审法院认定事实：原告王某与被告李某原系夫妻关系。××××年×月××日，法院作出〔2013〕凌河民一初字第00672号民事判决书，判决准予原、被告离婚。该判决审理查明部分载明，原、被告婚姻关系存续期间，原告（王某）与高亮签订协议，以10000元购买了门房（小房）。另查明，2013年10月17日，被告李某与锦州市凌河区房屋征收办公室签订城市房屋征收产权调换安置协议书，以凌河区门房产权调换安置于凌河区房屋，现该房屋未办理产权登记手续。再查明，××××年×月×日，原、被告签订离婚协议书一份，对原、被告相关财产进行协议分配。后，原、被告协议离婚未成。一审法院认为，原坐落于凌河区门房系原、被告夫妻关系存续期间取得，应认定为原、被告夫妻共同财产，由凌河区门房动迁安置取得的凌河区房屋相关财产权益亦应由原、被告共同享有，故对原告的诉讼请求予以支持。被告虽提交了离婚协议书并辩称经原、被告协议凌河区门房已归被告所有，但根据婚姻法相关司法解释，当事人达成的以登记离婚或者到人民法院协议离婚为条件的财产分割协议，如果双方协议离婚未成，一方在离婚诉讼中反悔的，人民法院应当认定该财产分割协议没有生效，并根据实际情况依法对夫妻共同财产进行分割，故对被告该辩解不予支持。依照《物权法》第33条、《婚姻法》第17条、《最高法院适用〈婚姻法〉解释三》第14条规定，判决如下：坐落于锦州市凌河区房屋财产权益归原、被告共同享有。

二审中，当事人没有提交新证据。对二审当事人争议的事实，锦州中院认定一审法院认定的事实属实。

【裁判意见】

锦州中院认为，该案争议焦点是，案涉房屋的财产权益是否应属于上诉人与被上诉人共同享有。《最高法院适用〈婚姻法〉解释三》第14条规定，当事人达成的以登记离婚或者到人民法院协议离婚为条件的财产分割协议，如果双方协议离婚未成，一方在离婚诉讼中反悔的，人民法院应当认定该财产分割协议没有生效，并根据实际情况依法对夫妻共同财产进行分割。上诉人主张其与被上诉人已达成离婚协议书，根据离婚协议书的约定，锦州市凌河区门房归上诉人所有，因此以该门房动迁所得房屋亦应属于上诉人所有。本案中，上诉人与被上诉人所达成的离婚协议，是以离婚为目的，但是在该离婚协议书签字以后，双方既未以该协议为约定条件，到婚姻登记机关办理登记离婚，又未在此后的离婚诉讼中，以此协议进行财产分割。因此，锦州市凌河区门房仍属于上诉人与被上诉人夫妻关系存续期间的共同财产，以该门房动迁安置所得锦州市凌河区房屋亦应属于上诉人与被上诉人的夫妻共同财产，故一审判决锦州市凌河区房屋的财产权益归上诉人与被上诉人共同享有正确，法院予以维持。

综上所述，李某的上诉请求不能成立，应予驳回；一审判决认定事实清楚，适用法律正确，应予维持。2019年6月3日，锦州中院依照《民事诉讼法》第170条第1款第1项规定，判决驳回上诉，维持原判。

四、如何区分夫妻财产约定与夫妻之间财产赠与协议

郭某某与翁某某夫妻财产约定纠纷二审民事案件。参见福建省龙岩市中级人民法院民

事判决书,(2016)闽08民终1496号①。

【案情概要】

翁某某向一审法院起诉请求:判令郭某某协助翁某某办理坐落于龙岩市新罗区莲西路319号(桃源小区二期)3幢403室(含负2层72号车位)及1幢305室(含负1层169号车位)房屋产权变更至翁某某名下。

一审法院认定事实:翁某某与郭某某于1970年6月25日登记结婚。结婚后,经原、被告共同努力建造了坐落于龙岩市新罗区西陂镇条围村3组房屋。1993年,以原告名义办理土地使用权证的土地面积为181.48 m^2,以被告名义办理土地使用权证的土地面积为246.76 m^2。后因政府征用,原告翁某某及被告郭某某分别与龙岩市土地收购储备中心于2013年6月26日签订了《龙岩市城市房屋拆迁补偿安置协议》。因此,以原告名义产权置换取得新罗区莲西小区合计六套房屋及六个车位,以被告名义产权置换取得包含新罗区桃源小区1号楼305室及负1层169号车位、3号楼403室及负2层72号车位等十套房屋及十个车位。2015年4月25日,原告与被告签订《协议书》二份,二份《协议书》主要内容为:"郭某某、翁某某夫妻共有桃源小区9套房屋和莲西小区7套房屋。经双方协议,翁某某有权单独出售龙岩市新罗区桃源小区1号楼305室及3号楼403室,收入为翁某某个人财产。郭某某不得干涉,并积极及时协助翁某某办理房产证、过户等。此协议是夫妻房产分割证明。是基于自愿、公平原则。签字日开始生效。"2015年5月15日,原、被告再次签订《协议书》一份,其中约定将坐落于龙岩市新罗区莲西路桃源小区1号楼305室(含车位一个)、3号楼403室(含车位一个)归原告所有,在办理产权证时上述房屋登记在原告名下。2015年7、8月,被告将坐落于龙岩市新罗区西陂镇条围村莲西路319号(桃源小区二期)3幢403室及负2层R72号车位(所有权证号20152××××)、1幢305室(所有权证号20152××××)及负1层C169号车位(所有权证号20152××××)的产权登记在其名下。原告认为被告违约,遂诉至法院。

一审法院认为,《婚姻法》第19条第1款规定,夫妻可以约定婚姻关系存续期间所得的财产以及婚前财产归各自所有、共同所有或部分各自所有、部分共同所有。约定应当采用书面形式。本案双方即是采用书面形式分别于2015年4月25日、于2015年5月15日签订《协议书》对婚后取得财产的归属进行约定,其本质是对家庭财产进行内部分配,并非赠与行为,且该约定系双方真实意思表示,又未损害第三人利益,双方均应按约履行。被告主张原、被告已于1993年办理土地使用权证时进行财产分割并口头约定之后所得财产归各自所有,原告予以否认,被告没有提供相应的证据予以证明其主张,故对被告的上述抗辩,法院不予采纳。被告关于本案三份《协议书》系赠与协议且其已向原告口头宣告撤销赠与的主张缺乏依据,不予采纳。综上所述,原告要求被告郭某某协助办理坐落于龙岩市新罗区莲西路319号(桃源小区二期)3幢403室(含负2层72号车位)及1幢305室(含负1层169号车位)房屋产权变更至原告名下的请求,有事实和法律依据,予以支持。依照《婚姻法》第17条、第19条规定,判决:(一)被告郭某某应于本判决生效之日起十五日内协助原告翁某某办理坐

① 福建省龙岩市中级人民法院(2016)闽08民终1496号民事判决书,中国裁判文书网,http://wenshu.court.gov.cn/website/wenshu/181107ANFZ0BXSK4/index.html? docId = 4e02e85958134270bd07a414fdbafabc,下载日期:2018年7月22日。

落于龙岩市新罗区西陂镇条围村莲西路319号(桃源小区二期)3幢403室及负2层R72号车位(所有权证号20152××××)的产权转移登记手续。(二)被告郭某某应于本判决生效之日起十五日内协助原告翁某某办理坐落于龙岩市新罗区西陂镇条围村莲西路319号(桃源小区)1幢305室(所有权证号20152××××)及负1层C169号车位(所有权证号20152××××)的产权转移登记手续。

上诉人郭某某(原审被告)因与被上诉人翁某某(原审原告)夫妻财产约定纠纷一案,不服龙岩市新罗区人民法院(2016)闽0802民初2209号民事判决,向福建省龙岩市中级人民法院(以下简称龙岩中院)提起上诉,于2016年10月18日立案。已审理终结。

郭某某上诉请求:撤销原判,依法改判驳回翁某某的一审诉请。事实和理由:1. 郭某某系民间发明家,翁某某用诬告离婚等手段得到讼争房,其目的是冻结上诉人的科研本钱,其行为严重违背习主席的号召及违反《中华人民共和国科学技术进步法》的规定。2. 郭某某是用独自编织法建造出的房子,翁某某未出一分钱,该房子得到拆迁安置后有一半1045平方米给妻儿作生活保障,已是绰绰有余,翁某某是贪心不足要1317平方米房子,郭某某只有883平方米可卖出当科研经费,实在是不公平,不自愿。根据《合同法》第52条、第54条、第58条规定,双方于2015年4月25日、2015年5月15日签订的《协议书》无效。3. 2013年6月26日在西陂司法所参与下上诉人与被上诉人签订了《龙岩市城市房屋拆迁补偿安置协议》,且有析产分户,双方均签字已经生效。讼争房屋经夫妻析产后是郭某某所有。4. 双方共同创业于1993年结束,两人都接近退休,孩儿也已长大成人,翁某某怕上诉人科研失败就分割房产,有土地证为据。土地证上翁某某登记了181.48 m²,其店面比上诉人长。上诉人登记了246平方米但店面短,其总价是一样的。后双方开始各管各的财产。各自都靠房租收入过日子。被上诉人把收入剩余7万多元投入社保。而上诉人把钱投入再建设房产,所以拆迁时多一些。5. 上诉人一审时向法院申请调查被上诉人将7万多元投入交社保及被上诉人独自占有补偿款50多万元一事,而一审法院不准调查收集是错误的。6. 2015年5月15日协议书生效后,被上诉人可以马上去办房产证,但其放弃办证机会。两次不管上诉人反对,离上诉人出国而去,也不管其脚痛半年之久。被上诉人一向反对上诉人搞科研,一听要继续搞科研就偷走上诉人的银行卡9张和身份证,当上诉人发现后向其要回,不但不肯,还拿起菜刀威胁上诉人致使上诉人当天离开自家去岳母家躲过一晚。于是上诉人就于去年7月宣告撤销赠与,被上诉人和儿女们已默认,没有起诉。所以讼争房产才顺利办成归上诉人所有。到本案起诉的时间已超过撤销房产证时效。7. 新罗区人民法院经审理认定事实如下:……以被告名义产权置换取得包含……等十套房屋及十个车位错误。已有析产分户表是九套房九个车位,共1155平方米(包括讼争房272平方米)。上诉人分得的面积只比总面积2200的一半多出了55平方米,被上诉人共有1045平方米房子,只少了55平方米,但多了每月退休工资一千多元。8. 一审法院遗漏写明被上诉人未出庭的事实。

翁某某辩称,1. 答辩人与上诉人于2015年4月25日签订的《协议书》是夫妻双方的真实意思表示,不是上诉人所述的"反对被告搞创新发明"。2. 上诉人认为2015年4月25日和2015年5月15日所订立的《协议书》是上诉人将讼争房赠与答辩人,属乱套法律关系。讼争房属夫妻共同财产,在婚内夫妻对夫妻共同财产约定财产归男方或女方所有是《婚姻法》相关规定所允许的,不存在一方赠与另一方的问题,更不存在可撤销的情形。3. 答辩人在一审时已委托律师代理诉讼,不存在上诉人说的"原告无正当理由拒不到庭"的情形。综

上,上诉人的上诉理由无事实和法律依据,请求驳回上诉,维持一审判决。

二审中,郭某某向法院提供了如下证据:1. 调查取证申请书一份,证明被上诉人在1993年之后有把租房的收入缴纳社保,现在每月领取一千多的社保费,而上诉人的收入投入到房屋再建设中,所以上诉人在拆迁安置的时候分的房屋多一些;2. 报纸一份(9张)、博客记一份,证明争议房屋是上诉人的科研成果;3. 翁某某安置协议发票一份,证明1993年的分房有效,1993年的协议虽然是口头说的但是有效;4. 提供讼争房屋的房产证两份(六张),证明办证的时间是在协议定后的半年,被上诉人自动放弃协议内容,默认上诉人的口头协议,讼争房屋系上诉人单独所有。经过质证,被上诉人认为:1. 对申请书的真实性没有异议,但与本案没有关联;2. 对报纸的真实性有异议,与本案没有关联,上诉人的博客没有经过有关部门单位认证,与本案没有关联;3. 对发票真实性没有异议,只能证明是夫妻共同财产的一部分,不能证明夫妻财产在1993年就分割清楚了;4. 上诉人去办证时,被上诉人是不知情的,是上诉人违约了,不能证明上诉人的主张。翁某某未向法院提供新的证据。

【裁判意见】

龙岩中院经审查认为,上诉人提供的证据一、证据二、证据三,与本案无关联,法院不予采纳。对证据四,不能用已经转移登记来反推即为默认,应结合案情具体适用法律划分产权,故不能证明上诉人的主张,对证据四法院不予采纳。经审理查明,郭某某对原审查明认定的事实有异议,其异议详见上诉状一至八条。翁某某对于原审查明认定的事实无异议。法院对双方无异议的事实予以确认。

龙岩中院认为,本案争议的焦点在于双方应否履行2015年5月15日签订的《协议书》,该《协议书》是否是赠与协议。《婚姻法》第19条:"夫妻可以约定婚姻关系存续期间所得的财产以及婚前财产归各自所有、共同所有或部分各自所有、部分共同所有。约定应当采用书面形式。没有约定或约定不明确的,适用本法第十七条、第十八条的规定。"本条是关于夫妻约定财产制的规定。夫妻对财产关系的约定,体现当事人的真实意愿和个性化的需要,有利于减少家庭纠纷,对双方具有约束力,双方按照约定享有财产所有权以及管理权等其他权利,并承担相应的义务。本案中郭某某与翁某某于2015年5月15日签订的《协议书》即是对婚后取得的财产归属进行约定,双方按照约定享有财产所有权。郭某某主张系赠与协议,所谓赠与合同,是指赠与人将自己的财产无偿给予受赠人,受赠人愿意接受赠与的合同。现郭某某认为1993年办理土地证时已经有口头协议对财产进行分割并约定之后所得的财产归各自所有。但正如前述法律规定夫妻对财产进行分割需要书面形式,无书面形式的属于没有约定仍采用夫妻共同财产制。故郭某某主张讼争财产系其所有且其在2015年5月15日订协议时属于赠与房产给翁某某缺乏事实依据,法院不予支持。郭某某上诉主张其2015年7月又口头撤销赠与亦不成立,法院不予支持。郭某某上诉主张其需要继续搞科研,需要讼争房产的经费,不能成为其主张房屋权属的依据,法院不予支持。根据2015年5月15日签订的《协议书》,翁某某对讼争房产享有所有权,故一审判决上诉人郭某某应协助办理产权转移登记手续并无不当。综上所述,郭某某的上诉请求不能成立,应予驳回;一审判决认定事实清楚,适用法律正确,应予维持。2016年11月24日,龙岩市中级法院依照《民事诉讼法》第170条第1款第(1)项规定,判决驳回上诉,维持原判。

五、夫妻约定将某医院(夫妻共同财产之一)赠与两个儿子是否有效

刘某与王×文离婚后财产纠纷案件。参见湖北省咸宁市咸安区人民法院民事判决书,〔2013〕鄂咸安民初字第03263号。①

【案情概要】

原告刘某(医师)诉被告王×文(医师)、第三人王某乙(学生,系原、被告之长子)、王某丙(学生,系原、被告之次子)离婚后财产纠纷中,原告刘某诉称:原、被告于××××年登记结婚,婚后生育长子王某乙和次子王某丙。2013年原、被告因夫妻感情破裂在咸安区人民法院调解离婚,并就子女抚养和部分夫妻共有财产分割达成了一致意见,但对夫妻共有财产咸宁谱爱医院的资产未能按原、被告婚姻关系存续期间的约定协商处妥。为此原告诉至法院,请求按原、被告约定的协议内容依法分割咸宁谱爱医院的资产。原告提交了结婚证复印件等18份相关证据,证明咸安区永安东路9号房产即咸宁谱爱医院系原、被告夫妻婚姻关系存续期间投资建成,并办理了房屋产权,登记在被告王×文名下,咸宁谱爱医院所在房产应属夫妻共同财产。被告王×文辩称:咸宁谱爱医院系父亲王某丁生前提供全部资金建成。原、被告具体负责建设、经营和发展事宜,并已取得相应的物质回报。父亲王某丁生前出具分家字和分家字补充协议,已明确表示提供资金建设医院并将医院资产赠与长孙即本案第三人王某乙。虽然当时因客观原因咸宁谱爱医院房产所有权人以及法定代表人均登记为被告,但不能据此认定谱爱医院的资产为原、被告共同财产,否则违背了客观事实和父亲的遗愿,严重侵害了谱爱医院资产的实际权利人王某乙的合法权益,咸宁谱爱医院资产应由第三人王某乙处分。为此,请求驳回原告的诉讼请求。被告提交了4份证据。第三人王某乙述称:爷爷生前赠送我的财产,我同意拿出来大家平分,爸爸和妈妈即本案原、被告2011年签订的对咸宁谱爱医院资产的处置我没有意见,我赞同我们一家四口即爸爸、妈妈、弟弟和我来平均分配谱爱医院的资产。第三人王某乙未提交证据。第三人王某丙述称:咸宁谱爱医院资产只能由我和哥哥王某乙来分配。第三人王某丙未提交证据。

经庭审质证,对原、被告有异议的证据,结合原、被告的质证意见和第三人陈述意见,法院归纳和认定该案的争议焦点问题如下:1.现有谱爱医院大楼(共六层)一至四层主体建筑工程的资金来源问题;2.现有咸宁谱爱医院大楼的权属争议问题;3.咸宁谱爱医院现有资产的处理依据问题。根据庭审中当事人的陈述及以上有效证据,法院可以确认如下事实:

原告刘某与被告王×文于××××年××月登记结婚,婚后于××××年××月××日生育长子王某乙,××××年××月生育次子王某丙。原、被告婚前婚后均从事医务工作。2002年,在被告父亲王某丁(已故)赠与原、被告婚生子王某乙的资金150万余元的支持下,原、被告共同开始筹建博爱医疗(谱爱医院大楼前身)大楼主体工程建设工作。2003年,原、被告设立"王×文西医内科诊所"开始对外营业,同时继续筹建博爱医疗大楼的后期扩大工作。2004年,博爱医疗大楼主体建筑工程和附属工程竣工,被告王×文将建成的大楼四层房产及其所占土地权属登记在自己名下。2006年,"王×文西医内科诊所"升级为

---

① 湖北省咸宁市咸安区人民法院〔2013〕鄂咸安民初字第03263号民事判决书,中国裁判文书网,http://wenshu.court.gov.cn/website/wenshu/181107ANFZ0BXSK4/index.html? docId=eb074ec509114c5aa8190650e5231544,下载日期:2016年7月28日。

"咸安谱爱门诊"。在原、被告的不断努力经营下，咸安谱爱门诊大楼也不断发展壮大。2009年，原、被告将咸安谱爱门诊大楼进行了加建第五层和第六层工程，同时原、被告将门诊经营部分收入用于添置医疗设备和大楼装修工程，咸宁谱爱医院大楼初具规模。2010年，"咸安谱爱门诊"升级为"咸宁谱爱医院"，法定代表人为被告王×文，原告刘某为医院主要负责人。咸宁谱爱医院经营步入正轨后，积累了相应的资产。2011年原、被告以合同协议的方式对谱爱医院资产进行了约定："咸宁谱爱医院现有的一切固定资产和无形资产均为夫妻共同财产"和"咸宁谱爱医院现有的和以后经营产生的固定资产、无形资产、资金、债权等扣除债务后的净资产虽为双方共同财产，但双方一致同意上述净资产的所有权由双方及儿子王某乙、王某丙四人等份共有"。2011年12月27日，咸宁谱爱医院(甲方)与武汉华夏时代投资有限公司(乙方)签订了医院托管合同，将医院的经营管理权托管给乙方，托管期限从2012年3月1日至2022年2月28日，乙方每年向甲方交纳托管费：第一、二年每年100万元，第三、四年每年110万元，第五、六年每年120万元，第七、八年每年130万元，第九、十年每年140万元。合同签订后，武汉华夏时代投资有限公司接管了咸宁谱爱医院，并按约定交纳了托管费用。截至判决之日，原、被告已从法院代管的托管费用中分别领取了60万元。

虽然在咸宁谱爱医院筹建到成立及经营步入正轨过程中，原、被告付出了共同的努力和智慧，也积累了相应的共同财产。但是在夫妻关系上，原、被告却未共同努力经营。在共同资产不断得到积累的同时，原、被告的婚姻关系也濒临破裂。2012年，被告王×文向法院提出离婚诉讼。2013年8月，原、被告以调解方式协议离婚，同时就子女抚养、部分财产分割和债务承担问题达成了一致意见。但双方因对咸宁谱爱医院资产归属问题未能协商处妥，为此原告刘某诉至法院，请求依法按原、被告约定的协议内容分割咸宁谱爱医院的资产。

另查明，王某丁系被告王×文的父亲，育有两个儿子，长子王建东，次子王×文。咸宁谱爱医院大楼初期建设资金来源依据于王某丁、王建东、王×文三父子签订的分家字和分家字补充协议：2002年9月1日签字的分家字第2条"分给次子长孙王某乙伍拾万元整，王某乙尚年幼，由次子王×文主持发展。款分二次付清。第一次征地叁拾万元于2002年5月已付清，第二次贰拾万元在房屋建成后，由肝病医院(王某丁生前创建)日生积累一次付清"；第3条"王建东付款伍万元给王某乙补助建房不足部分"。2003年11月3日分家字补充协议的第6条：分家字的第二条"分给次子长孙王某乙伍拾万元整即长子王建东另付给王某乙建房资金伍万元整，因材料和人工工资上涨，医院建设资金仍有较大缺口，王某丁继续追加投资至医院完全竣工交付使用，预算还需投入壹佰贰拾贰万元。其中从王某丁存款中陆续支取建房款和医院办证款约捌拾贰万元，余下肆拾万元从养老金中支付，房屋建成后，由次子王×文主持博爱医院的设立和发展"。随后，原、被告陆续从王某丁处领取了150余万元用于医院初期建设，在建设资金管理中，原告刘某负责现金的掌管收支，王×文负责账目记账。

还查明，王某丁生前在分家字及分家字补充协议中表示赠与次子长孙王某乙资金，由次子王×文主持医院设立和发展，并实际出资了150余万元。对王×文将上述王某丁出资建立的房产登记到其名下的行为，相关权利利害关系人王某丁生前和本案第三人王某乙成年后并未表示异议，并且王某乙还当庭表示同意原、被告2011年共同签订协议的约定："咸宁谱爱医院现有的一切固定资产和无形资产均为夫妻共同财产"和"咸宁谱爱医院现有的和以后经营产生的固定资产、无形资产、资金、债权等扣除债务后的净资产虽为双方共同财产，但双方一致同意上述净资产的所有权由双方及儿子王某乙、王某丙四人等份共有"。

审理过程中,经原告刘某申请,法院对咸宁谱爱医院托管费用采取了财产保全措施。

【裁判意见】

咸安法院认为,当事人有权在法律规定的范围内处分自己的民事权利和诉讼权利。夫妻对婚姻关系存续期间所得的财产的约定,对双方具有约束力。本案中,咸宁谱爱医院从筹建初期到逐渐发展壮大,既离不开第三人王某乙获赠的资金支持,还饱含了原告刘某和被告王×文持续的努力和杰出的智慧。第三人王某乙年幼时获得爷爷王某丁的赠与,对咸宁谱爱医院大楼的房产依法享有权利,但其成年后却自愿将这部分财产作为原、被告的夫妻共同财产进行处置,这是其自主行使处分权的体现,不违反法律规定,法院予以确认。原告刘某和被告王×文在夫妻关系存续期间对咸宁谱爱医院的资产归属进行的协议约定"由原、被告及两个儿子等份共有",符合《婚姻法》第 19 条夫妻约定财产制的规定,该约定对原、被告双方均有约束力,故对原告刘某要求按原、被告协议约定分割咸宁谱爱医院资产的诉求,法院予以支持。对被告王×文关于咸宁谱爱医院大楼建设资金来源于第三人王某乙获赠的王某丁资金,咸宁谱爱医院资产应属王某乙个人财产的辩解,因王某乙已当庭行使处分权,故法院对该辩解不予支持。对第三人王某丙述称咸宁谱爱医院资产应由其和王某乙两人分配的说法,因王某丙在本案中仅为咸宁谱爱医院资产受益人的身份,除了表示接受和不接受受益资产的意见外,对咸宁谱爱医院的整体资产无处置权,故对其述称意见法院不予支持。2015 年 8 月 10 日,法院依据《婚姻法》第 18 条,《中华人民共和国物权法》第 9 条、第 14 条、第 17 条,《合同法》第 185 条,《民事诉讼法》第 13 条、第 142 条规定,判决如下:咸宁谱爱医院现有的一切固定资产和无形资产由原告刘某、被告王×文、第三人王某乙和王某丙四人等份共有。

第四节 域外约定财产制立法例

一、瑞士的夫妻约定财产制

根据《瑞士民法典》第 181 条至第 184 条规定,配偶有权以婚姻契约作财产约定。"婚姻契约可在婚前或婚后缔结。未婚双方或配偶双方仅可在法律的范围内选择、终止或变更其财产制。"婚姻契约须作成书面文件,由缔约人签字确认。未成年人或禁治产人取得其法定代理人同意而达成的婚姻契约,还须由法定代理人签字。①

未婚双方或者配偶依法可以通过婚姻契约选择夫妻共同财产制或者财产分离制为其婚姻财产制。《瑞士民法典》确立普通的夫妻所得参与制是法定夫妻财产制,相应地,契约约定的婚姻财产制是共同财产制或者分离财产制。根据《瑞士民法典》第 221 条至第 224 条规定,共同财产制又区分为下列三种类型:一般共同财产制、所得共同财产制、其他共同财产制。该法第 225 条至第 246 条规定了共同财产制下的权利与义务、共同财产制的解散、共同财产的分割等。② 财产分离制是指"在法律允许的范围内,任何配偶一方均可管理、使用并处分其财产"(第 247 条)。配偶任何一方以其个人全部财产就本人对第三人的债务承担全

① 《瑞士民法典》,殷生根、王燕译,中国政法大学出版社 1999 年版,第 50 页。

② 《瑞士民法典》,殷生根、王燕译,中国政法大学出版社 1999 年版,第 60～65 页。

部责任(第249条)。法律还规定了配偶相互之间债务,以及不能证明为个人财产所有时被推定为共有财产之分割等。①

二、日本法上的约定财产制

根据《日本民法典》第755条规定,夫妻在结婚登记之前,有权订定夫妻财产契约,从而排斥法定财产制的适用。日本民法仅强调夫妻财产契约只在婚前订立,以及约定内容与"法定财产制相异";既未限定当事人可约定选择的财产制种类,又未限定契约约定财产的范围。鉴于《日本民法典》第760条至第762条确定的法定财产制是分别财产制,②可以推定约定财产制应是共同财产制,对于选择约定财产制的不同婚姻而言,区别的只是共同财产范围的大小。立法规定约定财产制的效力。夫妻订立了财产制契约的,未在婚姻登记之前申报登记的,不得以该契约对抗夫妻的承继人和第三人(第756条)。夫妻财产关系,在婚姻登记之后,不得变更,但是经家事法院批准管理权变更的除外(第758条)。管理人变更应当登记;若未经登记的,不得对抗夫妻的承继人及第三人(第759条)。③ 可以说,若将允许夫妻约定财产制的立法例进行比较,日本法上的夫妻约定财产制可谓是最简洁型的立法例之一。

三、阿根廷的夫妻合伙制

在阿根廷,夫妻依法有权在结婚之前达成婚姻财产协议。禁止婚后成立任何婚姻财产契约,否则归于无效。《阿根廷共和国民法典》第1217条至第1322条详细规定了下列八个方面内容:"婚姻财产协议"、"对妻的赠与"、妻的嫁资、"合伙的开始、夫妻各方的资本额以及构成合伙的资产"、"合伙承受的负担"、"合伙的管理"、"合伙的解散"和"嫁资财产的返还"。④

---

① 《瑞士民法典》,殷生根、王燕译,中国政法大学出版社1999年版,第65~66页。

② 王融擎编译:《日本民法:条文与判例》(下册),中国法制出版社2018年,第704~707页。

③ 王融擎编译:《日本民法:条文与判例》(下册),中国法制出版社2018年,第704~705页。

④ 《最新阿根廷共和国民法典》,徐涤宇译注,法律出版社2007年版,第296~313页。

第十二章 评注第二十条(夫妻扶养义务)

第 20 条　夫妻有互相扶养的义务。

一方不履行扶养义务时,需要扶养的一方,有要求对方付给扶养费的权利。

第一节　本条的基本原理

一、本条的基本内容

夫妻扶养,通常应包括一切按夫妻关系为必要的扶养、负担家庭开支以及满足配偶个人的或双方共同的合理需要。配偶之间的扶养请求权是多方面的,具有强烈的个人因素,并要视个人的生活情况而定。“扶养义务的承担形式,既包括人身性的给付,也包括为适当的生活需要提供经济帮助。”[①]夫妻之间的扶养,带有明显身份特征,既是义务,也是权利。夫妻都有扶养对方的法定义务,同时有权要求和接受对方的扶养。《婚姻法》第 20 条规定,“夫妻有相互扶养的义务。一方不履行扶养义务时,需要扶养的一方,有要求对方付给扶养费的权利”。

(一)夫妻相互扶养之内涵

首先,夫妻扶养是基于婚姻效力而生。配偶在经济上相互供养、在生活上相互扶助,是在婚姻共同生活中实现的。从程度上讲,配偶间扶养应理解为生活保持义务。夫妻间在扶养上具有优先受扶养的权利和率先为扶养的义务。其次,扶养是夫妻的法定权利。夫妻任何一方均有权要求对方扶养。当一方不主动履行扶养时,需要扶养的一方有权要求对方付给扶养费。根据《婚姻法》第 44 条规定,受遗弃配偶有权请求居民委员会、村民委员会以及所在单位予以劝阻、调解。受害人有权通过诉讼强令另一方履行扶养义务。第三,扶养是夫妻的法定义务,具有强制性。夫妻一方没有生活来源或者无独立生活能力,或者因其他原因需要扶养时,另一方必须履行扶养义务。义务人无故拒不履行扶养配偶另一方的义务,应承担相应法律责任。第四,夫妻有相互扶养的权利与义务,对于夫妻双方是对等的,但就立法的侧重点及实际需要而言,更在于保护已婚妇女的受扶养权。配偶的扶养是对自我扶养不足的补充和保障。如果夫妻一方具备劳动能力并有劳动岗位,却不愿意劳动,一味依赖对方扶养,这与我国婚姻法规定的精神不相吻合。

---

① [德]迪德尔・施瓦布:《德国家庭法》,王葆莳译,法律出版社 2010 年版,第 84 页。

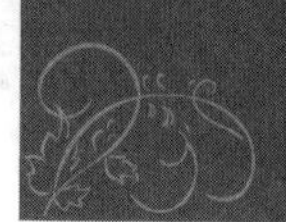

(二)夫妻扶养的内容、程度和方式

1. 扶养内容。夫妻在经济上相互供养、生活上相互扶助和精神上相互尊重与慰藉。

2. 扶养程度。这是指应给予扶养权利人的扶养水平与标准。扶养程度应按照扶养权利人的需要和扶养义务人的能力等均衡确定。这里所称需要,以全部生活的正当且必要的需求为限。如果扶养权利人提出过高要求,即使扶养义务人有此能力,也是不合理的。

综观世界多数国家法律,扶养标准有下列三种立法例:一是扶养包括供给全部生活必需费用,例如德国。二是无具体内容的概括性规定,通常文字表述为"适当的扶养"或类似之意。三是依协议确定扶养程度,必要时由法院裁决,如日本。

我国《婚姻法》对扶养程度向来无规定。根据夫妻家庭地位平等的精神,应理解为包括供给被扶养人全部生活必需费用以及精神和生活上的扶助。在具体婚姻关系中,家庭生活水平及费用,应与夫妻双方的收入、财产、年龄、健康状况及需要供养人口数等相适应。夫妻应该尽力扶养对方,扶养义务人与受扶养人的生活水平应该基本相当或接近。

3. 扶养方式。世界各国关于扶养方式的规定,主要有两种情形:(1)共同生活扶养。即扶养义务人与扶养权利人同住,在共同生活中实现扶养。通常情形下,夫妻相互扶养是在共同生活中实现的。(2)定期支付扶养费、探视和提供扶助。也可以采用定期提供实物履行扶养义务。不在一起共同生活的扶养义务人还应定期探望扶养权利人,提供体力上的扶助,给予精神上的慰藉等。

夫妻相互扶养理当以第一种扶养方式为主。不过,当事人也有自行协商确定扶养方式的权利。在少数国家,有特别理由时,扶养义务人有权请求采用其他方法获得扶养。中国台湾地区"民法"对扶养方法规定,允许当事人协议外,亲属会议也有决定权。

我国《婚姻法》没有明确规定扶养方式。但一方不履行扶养义务时,需要扶养的一方有要求对方给付扶养费的权利。

(三)扶养权请求权及其救济

通常,夫妻能够主动履行扶养义务。但是,少数夫妻因种种原因为扶养问题发生争议。发生此等情形,需要扶养一方,可以通过有关组织或者部门进行调解,要求对方给付扶养费;也可以直接向对方户籍所在地或者常住地的人民法院起诉,请求司法保护。人民法院审理此类纠纷,可以先行调解,调解无效时,应依法尽速判决责令扶养义务人给付扶养费。对情况紧急的受扶养人,人民法院应依法先予执行扶养费。对于拒不执行有关扶养费判决或裁定的当事人,人民法院得依法强制执行,有关单位负有协助执行的义务。《婚姻法修正案》第32条第3款规定,遗弃配偶的,构成诉请离婚的法定理由;第46条规定,遗弃配偶的,无过错一方享有离婚损害赔偿权。拒不履行扶养义务,情节严重构成遗弃犯罪的,依据《中华人民共和国刑法》(以下简称《刑法》)第261条的规定,追究其刑事责任。

二、本条的基本理论

在日常生活中相互照顾、相互扶养,对夫妻而言是非常重要的,因为婚姻是生活共同体,夫妻互为生活伴侣。我国《婚姻法》应当规定,夫妻在共同生活中负有相互照顾、相互扶持、相互帮助的义务。

(一)相互扶养确定为夫妻法定义务的基础和依据

首先,是基于婚姻当事人意愿和利益的推定。男女结为夫妻共同生活,任何一方都期待和追求从今往后,二人彼此相扶相持,白头偕老。夫妻是终身伴侣,古往今来,始终是期待"有福同享,有难共当"的伙伴。因此,日常生活上相互照顾,在经济上相互供养,在情感上相互满足,在精神上相互支持和慰抚,是人们走过婚姻时的向往,也是婚姻当事人期待的收益。特别是夫妻一方因残障、疾病或无收入陷入经济困难或其他困境时,另一方配偶应主动承担起扶助供养的责任,助对方走出困境或人生低谷。其次,是基于婚姻制度本身的定位和功能的要求。无论是古代生产力发展水平低下的时期,还是经济发展已经过到较高水平的现当代社会,婚姻是一男一女结为夫妻的制度,既立足于个体提供陪伴者和照料人,从而安定社会,发挥 $1+1\geqslant2$ 的效果,又满足繁衍人口实现种族、民族和国家传宗接代的目标。无论何者,都必须满足婚姻当事人生存、发展需要,扶养是其中必不可少的重要组成部分。再次,夫妻扶养与社会保障之间不冲突。现代社会特别是当代社会,保障个体生存和发展是国家责任,社会保障制度已经为个体提供了从摇篮到坟墓之一生的物质保障,这是公民权利和社会福利。而作为婚姻配偶之间的扶养,是婚姻家庭法领域的特定任务和行动,在夫妻一方能够履行扶养责任且能够满足另一方需求时,另一方可以不申请社会救助,或者不具备申请社会救助的条件。对于个体而言,既有夫妻扶养,又有社会保障,多支柱保障,人生抵御风险的能力将会更强。反之,对配偶另一方而言,亦如此。夫妻扶养是互惠互利的。

(二)法律不容忍夫妻有能力扶养而拒不履行扶养义务

夫妻一方需要对方扶养,有权要求另一方履行扶养义务。若另一方无正当理由拒不履行义务的,需要扶养的配偶一方有权向人民法院起诉,请求法院判令另一方给付扶养费。如果需要扶养的夫妻一方因日常生活需要向他借款的,所产生债务属于夫妻共同债务,另一方有义务共同清偿。有能力履行扶养义务却拒不履行义务的行为,涉嫌遗弃或虐待,是我国法律明文禁止的。我国《婚姻法》第 3 条第 2 款规定,"禁止家庭成员间的虐待和遗弃"。虐待、遗弃是家庭暴力,根据《反家庭暴力法》第 13 条规定,"家庭暴力受害人及其法定代理人、近亲属可以向加害人或者受害人所在单位、居民委员会、村民委员会、妇女联合会等单位投诉、反映或者求助。有关单位接到家庭暴力投诉、反映或者求助后,应当给予帮助、处理。家庭暴力受害人及其法定代理人、近亲属也可以向公安机关报案或者依法向人民法院起诉。单位、个人发现正在发生的家庭暴力行为,有权及时劝阻"。依据该法第 15 条、第 16 条和第 17 条规定,受害配偶有权报警,寻求警察帮助和干预。

如果夫妻一方患病或者没有独立生活能力,有扶养能力的配偶另一方拒绝扶养,情节恶劣,将构成遗弃罪,将会被追究刑事责任。夫妻一方受到另一方虐待、遗弃的,我国《刑法》第 261 条规定了遗弃罪,对于年老、年幼、患病或者其他没有独立生活能力的人,负有扶养义务而拒绝扶养,情节恶劣的,处五年以下有期徒刑、拘役或者管制。"情节恶劣"包括但不限于下列情形:遗弃而致被害人重伤、死亡的;被害人因被遗弃而生活无着,流离失所,被迫乞讨的;因遗弃而使被害人走投无路被迫自杀的;行为人屡经教育,拒绝改正而使被害人的生活陷一危难境地的;虐待手段恶劣的,例如,有打骂等直接伤害对方身体和精神的违法行为。

三、本条的历史沿革

在现代法上,夫妻间的扶养义务是相互的、对等的。夫妻双方均应自觉地履行,特别是在一方年老、多病或丧失劳动能力、生活困难的情况下,有负担能力的另一方,更应主动承担扶养义务。一方不履行扶养义务时,需要扶养的一方,有权要求对方给予扶养。夫妻相互扶养义务,是从1980年《婚姻法》开始赋予配偶双方的法定权利与义务。1950年《婚姻法》未规定配偶扶养权。新中国之初,妇女摆脱被压迫状况时间较短,经济能力和个人财产都很有限。如果仅从经济供养角度说,当时的多数已婚妇女还不具备扶养丈夫的能力,因为她们中的大多数还没有进入社会劳动领域,其承担的家务劳动没有价格,更没有被折算成货币,故多数属于无经济收入者。

在古代法中,夫负有供养妻的义务,妻无供养夫之义务。在古代社会,妇女没有独立人格,没有独立财产权。例如,中国古代宗法制度下,妇女在家从父,出嫁从夫,夫死从子,一切受制于男性,处于被支配地位;法律当不可能课以妻子扶养丈夫的义务或责任。但是,实际上,在"男主外、女主内"分工合作模式下,妇女生育子女,承担家事劳动,同样是贡献于婚姻、贡献于家庭的。古人同样期待夫妻相濡以沫的,只是古代人们和法律把其留给道德去规范,没有像现当代社会的法律那样去认识和调整夫妻之间的照顾扶助。现代社会里,经济学家运用经济学理论和分析方法去计算人类婚姻行为、家庭行为和家事劳动的价值。市场经济也教育人们学会计算行为的价格,关注价值。

近代以来,个体独立、自由获得承认和保护,女性的独立和自由在当代获得了全面承认和保护,或者说,在当代法律上,男女是平等的。所以,当代婚姻家庭法对于夫的要求,同样地课加于妻。夫妻相互扶养是理所当然之举。

四、法律渊源

关于夫妻扶养的法律渊源,除了前述《婚姻法》第20条,还包括宪法和法律法规及司法解释有关规定。

(一)宪法和法律有关规定

《婚姻法》第45条规定,"女方在怀孕期间、分娩后一年内或者终止妊娠后六个月内,男方不得提出离婚。……"。

《反家庭暴力法》有关规定。例如,第2条规定,家庭暴力是指家庭成员之间以殴打、捆绑、残害、限制人身自由以及经常性谩骂、恐吓等方式实施的身体、精神等侵害行为。第3条规定,"家庭成员之间应当互相帮助,互相关爱,和睦相处,履行家庭义务。……国家禁止任何形式的家庭暴力"。

《老年人权益保障法》有关规定。该法第18条规定,"家庭成员应当关心老年人的精神需求,不得忽视、冷落老年人。与老年人分开居住的家庭成员,应当经常看望或者问候老年人。用人单位应当按照国家有关规定保障赡养人探亲休假的权利"。第23条规定,老年人与配偶有相互扶养的义务。第24条规定,"赡养人、扶养人不履行赡养、扶养义务的,基层群众性自治组织、老年人组织或者赡养人、扶养人所在单位应当督促其履行"。第27条规定,国家建立健全家庭养老支持政策,鼓励家庭成员与老年人共同生活或者就近居住,为老年人

随配偶或者赡养人迁徙提供条件，为家庭成员照料老年人提供帮助。

《刑法》①有关条款规定。例如，该法第 261 条规定了遗弃罪，“对于年老、年幼、患病或者其他没有独立生活能力的人，负有扶养义务而拒绝扶养，情节恶劣的，处五年以下有期徒刑、拘役或者管制”。第 260 条规定了虐待罪，“虐待家庭成员，情节恶劣的，处二年以下有期徒刑、拘役或者管制。犯前款罪，致使被害人重伤、死亡的，处二年以上七年以下有期徒刑。第一款罪，告诉的才处理，但被害人没有能力告诉，或者因受到强制、威吓无法告诉的除外”。

（二）法规

1999 年 10 月 1 日起施行的国务院《城市居民最低生活保障条例》有关规定。例如，第 2 条规定，“持有非农业户口的城市居民，凡共同生活的家庭成员人均收入低于当地城市居民最低生活保障标准的，均有从当地人民政府获得基本生活物质帮助的权利。前款所称收入，是指共同生活的家庭成员的全部货币收入和实物收入，包括法定赡养人、扶养人或者抚养人应当给付的赡养费、扶养费或者抚养费，不包括优抚对象按照国家规定享受的抚恤金、补助金”。

（三）司法解释

《最高人民法院关于审理人身损害赔偿案件适用法律若干问题的解释》（以下简称《最高法院关于人身损害赔偿法律的解释》）有关规定。例如，第 17 条第 2 款、第 3 款规定，遭受人身损害，“受害人因伤致残的，其因增加生活上需要所支出的必要费用以及因丧失劳动能力导致的收入损失，包括残疾赔偿金、残疾辅助器具费、被扶养人生活费，以及因康复护理、继续治疗实际发生的必要的康复费、护理费、后续治疗费，赔偿义务人也应当予以赔偿。受害人死亡的，赔偿义务人除应当根据抢救治疗情况赔偿本条第一款规定的相关费用外，还应当赔偿丧葬费、被扶养人生活费、死亡补偿费以及受害人亲属办理丧葬事宜支出的交通费、住宿费和误工损失等其他合理费用”。第 18 条规定“受害人或者死者近亲属遭受精神损害，赔偿权利人向人民法院请求赔偿精神损害抚慰金的，适用《最高人民法院关于确定民事侵权精神损害赔偿责任若干问题的解释》（以下简称《最高法院关于精神损害赔偿法律的解释》）予以确定。精神损害抚慰金的请求权，不得让与或者继承。但赔偿义务人已经以书面方式承诺给予金钱赔偿，或者赔偿权利人已经向人民法院起诉的除外”。第 28 条规定，“被扶养人生活费根据扶养人丧失劳动能力程度，按照受诉法院所在地上一年度城镇居民人均消费性支出和农村居民人均年生活消费支出标准计算。……。被扶养人是指受害人依法应当承担扶养义务的未成年人或者丧失劳动能力又无其他生活来源的成年近亲属。被扶养人还有其他扶养人的，赔偿义务人只赔偿受害人依法应当负担的部分。被扶养人有数人的，年赔偿总额累计不超过上一年度城镇居民人均消费性支出额或者农村居民人均年生活消费支出额”。

---

① 《中华人民共和国刑法》于 1979 年 7 月 1 日第五届全国人民代表大会第二次会议通过；现行刑法是 2017 年修正案。

第二节　本条之适用

一、适用本条的效果

在婚姻关系存续期间,夫妻双方应当在物质上相互供养、日常生活中相互扶助,精神上相互抚慰。夫妻之间接受对方扶养的权利和义务平等,双方均应自觉履行扶养义务。特别是当夫妻一方遭遇疾病、伤残等困难,行动自由不便或者受限时,另一方应给予照顾,必要时,将患病配偶送院治疗,并承担相应的医疗费支付和护理责任;如果配偶一方丧失部分或者全部劳动能力时,另一方负有照顾义务,减轻该方的生活困难。当夫妻一方因病或伤导致无行为能力或者限制行为能力时,另一方有权利和义务担任其法定的监护人。夫妻双方因扶养发生纠纷时,需要扶养一方有权向人民法院起诉,要求法院判令对方履行扶养义务。扶养义务人拒不履行对无独立生活能力的配偶的扶养义务,情节恶劣的,将触犯《刑法》第 260 条构成虐待罪,或者触犯《刑法》第 261 条,构成遗弃罪,应承担相应刑事责任。

夫妻互养权利义务条款为婚姻共同体正常运行提供基本保障。日常生活满足、精神安定和愉悦,是一个人作为人有尊严地生存的基本条件。尽管近现代社会以来,人都是独立自由之人,但是,同时,人是社会之人,通过缔结亲密伴侣关系获得基本结构稳定和利益满足,是人们决定结婚的主要考虑。夫妻扶养承担着此功能。

二、本条适用中存在的问题

本条适用中,主要遇到下列两大类问题:

(一)关于扶养权能的理解

首先,夫妻相互扶养的内容事项应包括物质、日常、精神三方面。无论是从字面看还是从婚姻生活实际衡量,均应当包括物质供养、日常生活照顾、精神抚慰三方面。然而,《婚姻法》第 20 条关于夫妻一方不履行扶养义务时,仅明文赋予请求权人"要求对方给付扶养费的权利",明显过于狭义地缩限了扶养权的权能。这使得需要扶养配偶一方,请求对方日常提供帮助、照料和精神抚慰,如果另一方无正当理由而拒不履行的,请求权人似乎无法诉诸法律,请求人民法院判令对方履行亲自照顾帮助等义务。这不利于保障扶养权人的权益,特别是当夫妻一方因疾病、残障等原因特别需要配偶另一方给予安慰,或者导致日常生活自理困难或者移动不便的,按照第 20 条规定,难以获得司法救济。

其次,夫妻扶养是自我扶养之补充。一方面,夫妻扶养是以夫妻一方需要扶养为限,即要求对方配偶提供物质供养或者给付扶养费,是该方配偶自我扶养能力不足为前提的。夫妻任何一方均不应将自己的钱财统统"私藏"起来或者送给他人,一味要求对方承担全部扶养责任。另一方面,扶养义务履行是以配偶另一方的扶养能力为条件,如果另一方自身难保,无力扶养,则不得逼迫对方为所不能为之事。实际生活中,确有部分婚姻当事人以夫妻有扶养义务为由,不尽自我照顾责任,不谋求生活独立,甚至无所事事或者"好吃懒做",要求对方扶养。如果对方配偶愿意且有能力,倒无大碍;如果对方经济能力有限或者不愿意,双方就可能发生严重矛盾冲突,婚姻和睦将难以为继。

(二)工商业化发展导致夫妻一方容易找借口逃避扶养义务履行

人口频繁流动导致部分夫妻长期两地分居,少部分夫妻可能数年不碰面,全靠手机、微信、电话等通信保持联络。原本夫妻双方外出不同地区做工,是因为生活所迫;不得不分居两地是因为谋生需要,但是,分居时间长久以后,各人可能会慢慢习惯于"一个人说了算"的日子,有些人因为工作忙碌,甚至想不起关心配偶对方。与对方相处时相互体谅和妥协淡化。如此这般,夫妻相互扶养几乎落空。更不说各自在不同环境长期生活之后,当双方共处时,可能导致相互理解上的困难,甚至产生"无话可说"。对此类现象,无论是婚姻当事人双方还是相关公共政策或者公共服务部门,都应予以重视。

朝夕相处,是夫妻关系保持稳定的基本模式。夫妻之间,若是客观原因而分开生活,应当保持适度频率的联络,应相互关心,多交流,保持共同成长。公共服务应当提供针对性的产品和服务改变,满足分居已婚人口群体的需求,引导他们合理安排生活和工作,尽早促成夫妻稳定团聚。

第三节　适用本条的典型案例

一、长期分居的夫妻一方是否有权请求对方给付扶养费

王某锋、李某梅扶养纠纷二审案。参见河南省漯河市中级人民法院民事判决书,(2018)豫11民终1345号。[①]

李某梅与王某峰扶养纠纷一审案件,参见河南省临颍县人民法院民事判决书,(2018)豫1122民初284号[②]。

【案情概要】

李某梅向河南省临颍县人民法院起诉,要求判令被告王某锋对李某梅履行扶养义务,判令王某锋支付李某梅扶养费每月1500元。

一审法院认定事实:李某梅与王某锋属老年人再婚。双方自2001年开始共同生活,于2007年2月18日补办结婚登记手续,2017年4月双方居住的房屋因旧城改造被拆迁,王某锋由其家人接回老家生活,李某梅经常借住在亲戚朋友家。李某梅诉称其年事已高,没有住所,无经济来源,生活困难。而王某锋虽是八十多岁的老人,但其系离退休人员,每月有3000多元固定工资,所需医疗费能报销。王某锋作为李某梅的合法丈夫,应对李某梅履行扶养义务,支付相应的扶养费用,但王某锋却不履行相关义务,无奈,李某梅诉至法院,要求王某锋对李某梅履行扶养义务,判令王某锋支付给李某梅扶养费每月1500元。另查明:李某梅曾于2017年起诉,请求与王某锋离婚,后撤回起诉。王某锋曾于2018年起诉与李某梅离婚,后判决不准离婚,该离婚判决已生效。李某梅有四个子女,李某梅每月有80元的国家

① 河南省漯河市中级人民法院(2018)豫11民终1345号民事判决书,中国裁判文书网,http://wenshu.court.gov.cn/website/wenshu/181107ANFZ0BXSK4/index.html?,下载日期:2018年12月12日。

② 河南省临颍县人民法院(2018)豫1122民初284号民事判决书,中国裁判文书网,http://wenshu.court.gov.cn/website/wenshu/181107ANFZ0BXSK4/index.html?,下载日期:2018年12月12日。

养老补助。王某锋月工资为 2820 元。

一审法院认为,李某梅、王某锋属合法夫妻关系。夫妻有互相扶养的义务。一方不履行扶养义务时,需要扶养的一方,有要求对方付给扶养费的权利。本案李某梅年事已高,没有住所,且无其他固定收入,故王某锋应对李某梅履行扶养义务。王某锋虽有固定收入(月工资 2820 元),但同样年事已高,故对李某梅要求王俊锋履行扶养义务,判令王某锋支付李某梅扶养费每月 1500 元的诉讼请求,一审法院综合考虑予以合理的部分支持。据此,依照《婚姻法》第 20 条、《民事诉讼法》第 144 条规定,判决如下:被告王某锋于判决生效后次月起每月 15 日前支付原告李某梅当月的扶养费 800 元。

上诉人王某锋(原审被告,男,1934 年出生)因与被上诉人李某梅(原审原告,女,1938 年出生)扶养权纠纷一案,不服河南省临颍县人民法院(2018)豫 1122 民初 284 号民事判决,向河南省漯河市中级人民法院(以下简称漯河中院)提起上诉。请求撤销临颍县人民法院(2018)豫 1122 民初 284 号民事判决,依法改判或将案件发回重审。事实与理由:(一)一审判决王某锋每月支付李某梅扶养费 800 元明显不当。夫妻间履行扶养义务的前提条件有两个:一是一方确实需要抚养;二是对方确定有扶养能力。李某梅有四个子女,其应先由其子女尽赡养义务,且李某梅每月领取 80 元国家养老补助,李某梅完全有自主生活能力。王某锋与李某梅已经分居,履行扶养义务是相互的,李某梅未履行对王某锋的扶养义务,王某锋亦不应履行对李某梅的扶养义务。一审判决王某锋每月支付李某梅 800 元扶养费没有依据。(二)一审判决适用法律不当,本案一审无《民事诉讼法》第 144 条规定的情形。李某梅辩称,一审判决认定事实清楚,证据充分,实体处理合理合法,上诉人的上诉理由不能成立。关于一审判决适用法律错误的问题,请二审法院依法对此予以纠正。于 2018 年 5 月 18 日立案。

双方当事人二审均未提交新证据,法院经审理查明对一审法院查明的事实予以确认。

【裁判意见】

漯河中院认为,《婚姻法》第 20 条规定:"夫妻有互相扶养的义务,一方不履行扶养义务时,需要扶养的一方,有要求对方给付扶养费的权利。"本案中,李某梅、王某锋系夫妻,虽然分居生活,但是婚姻关系并未解除,故李某梅、王某锋之间有相互扶养的义务。现李某梅年事已高,没有住所,也无经济来源,生活困难,王某锋作为丈夫在经济上承担扶助和供养义务,这不仅是道义上的责任,更是法律上的义务。王某锋上诉称李某梅有四个子女,其不应承担李某梅的扶养费。子女依法应承担对父母的赡养义务,但子女的赡养义务不能免除夫妻之间的相互扶养义务。一审法院综合本案实际情况,判决王某锋每月支付李某梅 800 元扶养费并无不当,法院予以维持。本案一审审理过程中,李某梅的委托代理人李某彩、王某锋的委托代理人孙某辉到庭参加诉讼,不存在《民事诉讼法》第 144 条规定的情形,一审判决依据该规定作出判决明显不当。根据《最高法院适用〈民事诉讼法〉的解释》第 334 条规定:"原判决、裁定认定事实或者适用法律虽有瑕疵,但裁判结果正确的,第二审人民法院可以在判决、裁定中纠正瑕疵后,依照《民事诉讼法》第 170 条第 1 款第 1 项规定予以维持",故法院对此予以纠正。

2018 年 6 月 29 日,漯河中院决定上诉人王某锋未向法院提供充分证据证明其上诉主张,对其上诉请求不予支持。一审判决认定事实清楚,适用法律虽有瑕疵,但裁判结果正确。依照《民事诉讼法》第 170 条第 1 款第 1 项、《最高法院适用〈民事诉讼法〉的解释》第 334 条

规定，判决驳回上诉，维持原判。

二、有养老金并接受子女赡养的夫妻一方是否有权要求对方配偶履行扶养义务

上诉人刘某（原审原告）与被上诉人王某（原审被告）扶养纠纷案。参见吉林省吉林市中级人民法院民事裁定书〔2017〕吉02民终2862号[①]。

【案情概要】

一审法院认定事实：2006年12月4日，刘某与王某登记结婚，婚后无婚生子女。2015年1月10日，刘某因病在磐石市医院住院治疗19天（2015年1月10日入院至2015年1月29日出院），诊断为：脑梗死，高脂血症，低蛋白血症，心律失常-窦性心动过缓。出院医嘱为：做好脑血管病二级预防，定期复查血脂、心电图，病情变化再诊。刘某出院后自愿被其子（刘某与前夫婚生子女）接走赡养，后与王某分居至今。刘某现每月领取养老金996.36元，王某每月领取养老金3245.40元。2016年8月5日，刘某被图们市人民医院诊断为脑梗死。王某当庭表示，其与刘某分居后未给付刘某生活费。

一审法院认为，夫妻有互相扶养的义务，夫妻间的扶养义务是相互的、对等的，双方均应自觉履行。一方不履行扶养义务时，需要扶养的一方，有要求对方付给扶养费的权利。要求给付扶养费的一方，只有在“需要扶养”时，才能行使该项请求权。这里的需要是指要求扶养的一方丧失劳动能力、无固定收入、缺乏生活来源、年老、患病等，生活水平将急剧下降，不能维持当地居民一般生活水平。而一方主张扶养权在具备上述条件的同时，还必须具备对方具有扶养能力这个条件，否则不能主张该项权利。本案中，刘某现享受社会保险待遇（每月996.36元），能维持当地居民一般生活水平。刘某自愿与其子女李国军一起生活，其与王某已于2015年起分居生活至今，双方均未履行夫妻义务。刘某虽身患疾病，但其一直由子女赡养，可见，其不具备“需要扶养”法定要件。故对刘某要求王某支付扶养费的诉讼请求不予支持。一审法院依照《婚姻法》第20条规定作出判决。

一审法院吉林省磐石市人民法院作出〔2017〕吉0284民初491号民事判决，判决：驳回刘某的诉讼请求。

上诉人刘某（原审原告）与被上诉人王某（原审被告）因扶养纠纷一案，不服上述一审判决，向吉林市中级人民法院（以下简称吉林中院）提起上诉。

吉林中院查明，本案一审起诉状、二审上诉状及授权委托书均为李国军签字。图们市月宫街富民社区委员会出具的证明载明刘某现患脑梗死，语言不清，活动受限，生活需护理，其社区经研究同意李国军为刘某的监护人，代刘某履行权利、义务。刘某之子李国军以刘某法定代理人的名义上诉请求，依法撤销一审判决，支持刘某的诉讼请求。事实与理由：一审判决违反了法律规定，认为双方婚姻关系存续期间工资就已经分开，王某工资为3245.40元，刘某工资为996.36元，都为自用，夫妻间没有经济关系，明显是错误的。吉林市最低生活标准为每月1480元，磐石市为每月1280元，刘某工资低于该标准，应享受扶养费。一审法院对《婚姻法》第20条理解及适用均有误。事实能够证明王某对妻子刘某有遗弃行为。本案曾经审理判决支持刘某扶养费500元，本次被驳回是错误的。王某辩称，一审认定事实清

---

① 吉林省吉林市中级人民法院〔2017〕吉02民终2862号民事裁定书，中国裁判文书网，http://wenshu.court.gov.cn/website/wenshu/，下载日期：2018年7月10日。

楚,适用法律准确,程序合法,应予维持。其没有遗弃的行为,其所述的判决已经被中级法院撤销。刘某之子李国军以刘某法定代理人的名义向一审法院起诉请求:要求王某对刘某履行扶养义务,每月支付给刘某扶养费 1372 元(从 2015 年 2 月起至婚姻关系终止止,起诉日止为 30184 元)。

【裁判意见】

吉林中院认为,《民法通则》第 13 条规定:“不能辨认自己行为的精神病人是无民事行为能力人,由他的法定代理人代理民事活动。不能完全辨认自己行为的精神病人是限制民事行为能力人,可以进行与他的精神健康状况相适应的民事活动;其他民事活动由他的法定代理人代理,或者征得他的法定代理人的同意。”第 14 条规定:“无民事行为能力人、限制民事行为能力人的监护人是他的法定代理人。”本案中,刘某为成年人,现无证据证明刘某系不能辨认自己行为的精神病人,刘某未经法定程序或相关医疗鉴定认定其为无民事行为能力人或限制行为能力人,在此情况下图们市月宫街富民社区委员会无权为刘某指定监护人,故现无法认定李国军是刘某的法定代理人。本案一审起诉状、二审上诉状及授权委托书均为李国军签字,现无法证明上述文书系刘某的真实意思表示,故本案起诉不符合《民事诉讼法》第 119 条规定,应驳回本案的起诉。2017 年 10 月 31 日,吉林中院依照《最高人民法院适用〈民事诉讼法〉解释》第 330 条规定,裁定如下:(一)撤销吉林省磐石市人民法院〔2017〕吉 0284 民初 491 号民事判决;(二)驳回刘某的起诉。

三、已有子女赡养的夫妻一方是否依然有权请求另一方配偶扶养

焦某某因与被申请人赵某某扶养权纠纷再审案。参见山西省运城市中级人民法院民事裁定书(2016)晋 08 民申 93 号①。

【案情概要】

再审申请人焦某某(一审被告、二审上诉人,1968 年出生)因与被申请人赵某某(一审原告、二审被上诉人,1966 年出生)扶养权纠纷一案,不服山西省运城市中级人民法院(以下简称运城中院)(2015)运中民终字第 1605 号民事判决书,申请再审。焦某某申请再审称:有新的证据足以推翻二审判决,其理由,一是赵某某现办辅导部,有收入;二是两个女儿均已参加工作,可以承担赡养义务;三是赵某某收受小女儿彩礼 68000 元,有能力养活自己;四是焦某某现被查出食道癌早期,无能力扶养赵某某。

赵某某提交意见称:二审判决事实清楚、证据充分,应依法予以维持。

【裁判意见】

运城中院认为,焦某某与赵某某为夫妻关系,本案是因赵某某生病残疾后,其丈夫焦某某不履行扶养义务而产生的家庭纠纷。二审判决焦某某每月给付赵某某 1000 元扶养费,焦某某不服,又申请再审。对于焦某某的再审申请理由,法院认为,关于赵某某承办学生辅导部有收入的理由,焦某某提交的新证据是其在辅导部门前的照片,该照片反映了辅导部有学生出入,由于赵某某现有民政部门颁发的肢体残疾一级的残疾证,该照片是否为 2016 年拍摄,现在该辅导部的实际经营人是否仍是赵某某,焦某某没有提交相应证据证实,仅凭该照

① 山西省运城市中级人民法院(2016)晋 08 民申 93 号民事裁定书,中国裁判文书网,http://wenshu.court.gov.cn/website/wenshu/,下载日期:2018 年 7 月 13 日。

片无法认定赵某某仍然经营辅导部；关于两个女儿均已参加工作，可以承担赡养义务的理由，焦某某提交了其两个女儿大学毕业，参加工作的证据，子女是否有能力赡养赵某某，与焦某某作为赵某某的配偶是否应当承担对赵某某的扶养义务没有必然联系，对该证据，法院不予审查；焦某某提出其同学丁某某证明，焦某某和赵某某的二女儿出嫁时，赵某某收取彩礼68000元，赵某某有存款一事，赵某某和其二女儿焦某京否认，焦某某无其他证据予以佐证，对该理由，法院不予采信；至于焦某某提交的其患有食道癌早期，需要治疗费用，无能力再扶养赵某某的理由，由于焦某某仅提交了运城市中心医院的《胃镜检查报告》和《病理图文报告》，而没有提交相应的诊疗病历，且该报告形成于2016年4月29日，即二审判决生效以后，即使该事实客观存在，焦某某亦可通过另行诉讼的方式解决，而不能以此作为生效裁判再审的依据。

2016年12月6日，运城中院依照《民事诉讼法》第204条第1款《最高法院关于〈民事诉讼法〉解释》第395条第2款规定，裁定驳回焦某某的再审申请。

四、夫妻已订立婚姻财产约定并约定生活费用负担的，一方是否有权要求对方支付超出约定负担的扶养费

吴某米与姜某寿扶养费纠纷二审案件，安徽省铜陵市中级人民法院民事判决书，(2016)皖07民终344号。①

【案情概要】

一审法院查明：姜某寿与吴某米于2009年2月12日在民政部门登记结婚。此前，姜某寿与吴某米有过多次结婚、离婚和复婚经历。2010年11月1日双方就婚姻财产约定书在安徽省淮南市求是公证处办理了公证手续。该婚姻财产约定书除对各自的婚前财产及婚后财产归属问题作出约定外，还包含如下内容："甲方（姜某寿）每月支付乙方（吴某米）壹仟元(1000元)归乙方（吴某米）所有"；"双方婚后在外租房居住，租金及一切生活费用均由姜某寿负担"。2015年2月10日，在双方争吵过程中，吴某米摔倒导致右股骨颈骨折，后吴某米被送入铜陵市立医院住院治疗，20天后出院，发生医疗费16604元（个人支付）以及护理费、交通费、营养费等3800元，各项合计20404元，吴某米称其向他人借款支付了此费用，吴某米请求姜某寿承担此款的一半10202元。吴某米出院后，在铜官区××人联合会领取了××症（××）。姜某寿与吴某米曾共同生活在铜陵市自来水厂旁边的出租房内，房租半年一交，由姜某寿交纳。2015年6月15日姜某寿离开租住的房屋，至今未再与吴某米一起生活。姜某寿自出走之日起未再如从前向吴某米每月支付1000元，吴某米因此请求姜某寿支付从2015年6月15日离家出走之日至2016年3月17日起诉之日共计10个月的款项共计10000元。2015年8月12日，预交的房屋租金期满，吴某米自租住的房屋内搬出，住到自己女儿家中，未再在外租房。吴某米每月退休工资为1979.40元，姜某寿每月退休工资为4131元。吴某米有2个女儿，都有工作。姜某寿有3个子女。

一审法院认为：夫妻有互相扶养的义务。一方不履行扶养义务时，需要扶养的一方，有

① 安徽省铜陵市中级人民法院(2016)皖07民终344号民事判决书，中国裁判文书网，http://wenshu.court.gov.cn/website/wenshu/181107ANFZ0BXSK4/index.html? docId = c8f8970bc47b4db5959bcc056190842b，下载日期：2017年8月2日。

要求对方给付扶养费的权利。夫妻间的扶养义务是基于夫妻特定的人身关系而产生,始于婚姻关系产生之日,终于夫妻离婚或一方死亡时。扶养责任的承担,既是婚姻关系得以维持和存续的前提,也是夫妻共同生活的保障。夫妻间的扶养义务是强制性的,并不因为子女的赡养而取消,也不因为相互分居而免除。当然,夫妻间的扶养是有条件的。根据《婚姻法》的上述规定,要求给付扶养费的一方,只有在"需要扶养"时才能行使要求对方给付扶养费的请求权。这里的"需要"是指要求扶养的一方年老、病残、丧失劳动能力又无其他经济来源,生活发生困难的情况。而一方主张扶养权在具备上述条件的同时,还必须具备对方具有扶养能力这个条件,否则不能主张这项权利。综上所述,双方已书面约定财产分别所有,依据姜某寿与吴某米均有子女、各自的收入状况以及吴某米受伤住院、××等事实,吴某米的第一项和第三项诉讼请求,于法有据,法院予以支持。房屋租金并未实际支出,故吴某米请求的房屋租金及每月1000元以外的生活费于法无据,法院不予支持。2016年5月11日,安徽省铜陵市铜官山区人民法院依照《婚姻法》第20条规定,作出(2016)皖0705民初1341号民事判决,判决:(一)姜某寿于本判决生效之日起十日内向吴某米支付个人生活费10000元(2015年6月15日至2016年3月17日);(二)姜某寿于本判决生效之日起十日内向吴某米支付10202元医疗费用等支出;(三)驳回吴某米的其他诉讼请求。

上诉人姜某寿(原审被告,男,1937年出生)因与被上诉人吴某米(原审原告,女,1944年出生)扶养费纠纷一案,不服上述一审判决,向安徽省铜陵市中级人民法院(以下简称铜陵中院)提起上诉。姜某寿上诉称:一审判决认定事实不清,请求二审法院:依法撤销安徽省铜陵市铜官山区人民法院(2016)皖0705民初1341号民事判决第一项和第二项,改判上诉人姜某寿不支付被上诉人吴某米生活费10000元和医疗费等10202元。

吴某米答辩称:一审判决认定事实清楚,适用法律正确,请求二审法院维持原判,驳回上诉人的上诉请求。

二审中,铜陵中院对一审法院审理查明的事实予以确认。

【裁判意见】

铜陵中院认为,该案争议焦点如下:一审判决认定事实是否清楚,适用法律是否正确?

铜陵中院认为,依据法律规定,夫妻有互相扶养的义务。一方不履行扶养义务时,需要扶养的一方,有要求对方给付扶养费的权利。本案吴某米与姜某寿于2010年11月1日在安徽省淮南市求是公证处办理了婚姻财产约定的公证,双方公证约定:姜某寿每月支付吴某米壹仟元归吴某米所有;2015年2月10日,双方因家庭矛盾发生分歧,吴某米摔倒导致右股骨颈骨折,后经住院治疗共发生医疗费等共计20404元,吴某米后在安徽省铜官区××人联合会领取了××症(××),原审法院结合双方各自的收入状况据此认定姜某寿向吴某米支付个人生活费10000元(2015年6月15日至2016年3月17日)及医疗费等支出10202元,符合法律规定,法院予以认可。姜某寿上诉主张不应支付该两项费用,因其未提交证据予以反驳,法院不予支持。综上所述,一审判决认定事实清楚,适用法律正确。姜某寿的上诉请求不能成立,法院不予支持。2016年7月25日,铜陵中院依据《民事诉讼法》第170条第1款第(一)项规定,判决驳回上诉,维持原判。

五、事实婚姻存续37年的当事人双方是否应承担相互扶养义务

原告白某某与被告李某扶养权纠纷案,参见陕西省靖边县人民法院民事判决书,〔2017〕

陕0824民初73号。①

【案情概要】

原告白某某(女,1950年出生)向陕西省靖边县人民法院(以下简称靖边法院)起诉,请求依法判令被告李某(男,1944年出生)每月向原告支付扶养费1500元。原告诉称,原、被告于1974年结婚,婚后生育二子一女,均已成年。原告没有工作,婚后在家务农,抚养三个孩子。被告婚后前十年在汉中略阳钢厂上班,照顾家庭的负担全部落在原告一人身上。后被告调回靖边石油公司上班,原告仍在农村种地供养三个孩子上学。原告年龄越来越大,又有疾病,故逐渐失去了劳动能力。后来原告离开农村,随被告住在靖边县城,自身没有经济来源。2010年,被告因家庭琐事打架,从此被告将原告赶出家门,拒绝对原告尽扶养照顾义务。原告体弱多病,居无定所,双眼患严重白内障,身患糖尿病,生活困难,被告始终没有对其尽到夫妻间的扶养照顾义务。原告提交了村委会证明、工作及住房证明、工资条、房屋租赁合同、医疗费票据、医院诊断证明、《陕西省最低工资标准及适用范围》等6组证据。靖边法院于2017年1月4日立案受理。被告李某未答辩,亦未向法庭提交证据。

法院查明以下事实:原告白某某与被告李某于1974年12月按照当地风俗举行结婚仪式后同居生活,双方婚后生育三个子女。被告李某系中国石油天然气股份有限公司退休职工,现月工资2984.61元,生活补助每月260元,工龄工资每年4元。2011年原、被告双方发生矛盾后分居生活,被告居住在单位集资建房中,原告租房居住在靖边县南关。原告现无收入来源。原告将被告诉至法院,要求被告向其支付扶养费。

法院认为,本案争议的焦点为:被告是否具有对原告的扶养义务。

【裁判意见】

本案中,原告白某某与被告李某于1974年12月开始同居生活。庭审中原告虽未提交结婚证,但在1994年2月1日民政部《婚姻登记管理条例》公布实施以前,原、被告双方已经符合结婚实质要件,构成事实婚姻,故原告白某某与被告李某系合法的婚姻关系,受法律保护。《婚姻法》第20条规定:夫妻有互相扶养的义务。一方不履行扶养义务时,需要扶养的一方,有要求对方付给扶养费的权利。本案中,原、被告双方都已年满六十五周岁,原告白某某无收入来源且无劳动能力,故需要被告扶养,被告李某有固定收入,应当履行扶养原告的义务,故对原告要求被告给付扶养费的诉请法院依法予以支持。至于扶养费金额,应当根据原、被告双方生活状况及被告李某收入情况确定。因被告李某月收入3224.94元,年龄七十周岁以上,一人独居,生活起居也需要照顾,故本案酌情确认被告向原告每月给付扶养费900元。

2017年5月3日,陕西省靖边县人民法院依据《婚姻法》第20条、《最高法院适用〈婚姻法〉解释一》第5条第1款第1项、《民事诉讼法》第144条规定,判决如下:被告李某于本判决生效之日起每月1日前向原告白某某给付扶养费900元。……

六、已享受低保补助的夫妻一方是否有权请求另一方给付扶养费

叶某珍与周某贤扶养纠纷。参见湖北省武汉市新洲区人民法院民事判决书,(2016)鄂

---

① 陕西省靖边县人民法院〔2017〕陕0824民初73号民事判决书,中国裁判文书网,http://wenshu.court.gov.cn/website/wenshu/,下载日期:2018年7月24日。

0117 民初 1131 号①。

【案情概要】

原告叶某珍诉被告周某贤扶养权纠纷案于 2016 年 5 月 13 日立案受理。原告叶某珍诉称,叶某珍与被告周某贤于 1996 年正月初六按农村习俗举办婚礼,1996 年 12 月生育一子周某。1997 年 2 月 13 日,原、被告到民政部门办理结婚登记,结婚证字号为新阳字第 970××号。自 2005 年原告做脑手术残废后,被告对原告漠不关心,近几年对被告更是不闻不问,遗弃原告。原告现重病缠身,丧失劳动力,仅靠每月几百元的低保维持生活,入不敷出。为此,特诉来法院要求判令被告周某贤每月支付原告扶养费 1500 元。原告叶某珍向法院提交了四组证据以证明主张其完全丧失劳动能力、无生活来源等事实与理由。

被告周某贤答辩称:"原告所说不属实,我没有不管原告。我家中房屋拆迁款,原告领了都不告诉我。家中装修房屋原告只拿了 60000 元钱出来,我借款 80000 元将房屋装修完。房屋装修好后,原告自己不回家住。"被告周某贤对其抗辩理由,未向法院提交证据。被告周某贤对原告叶某珍提交的证据的真实性均无异议。

【裁判意见】

法院查明如下事实:原告叶某珍与被告周某贤于 1996 年正月初六按农村习俗举办婚礼,1996 年 12 月生育一子周某。1997 年 2 月 13 日,双方到民政部门办理结婚登记,夫妻感情尚好。自 2005 年 10 月,原告叶某珍因脑部垂体瘤手术后,肢体残疾,丧失劳动能力。2009 年 11 月,原告叶某珍经中国残疾人联合会评定为肢体二级伤残。2015 年,原、被告分居生活,原告叶某珍搬至其妹妹开的副食店(武汉市新洲区××街 102 号)居住生活。原告叶某珍每月靠领取 700 元低保费维持生活。

法院认为,原、被告系夫妻关系。《婚姻法》第 20 条规定,夫妻有互助扶养的义务。一方不履行扶养义务时,需要扶养的一方,有要求对方给付扶养费的权利。原、被告系合法夫妻关系,双方有相互扶养的义务。现原告叶某珍系二级肢体残疾人,其每月仅靠 700 元低保生活,无其他经济来源,被告周某贤应尽扶助义务。法院对原告要求被告支付扶养费的主张予以支持。根据原告的病情及生活需要,结合被告周某贤的经济支付能力,法院酌定被告周某贤每月支付原告叶某珍扶养费 800 元为宜。2016 年 6 月 26 日,法院依照《婚姻法》第 20 条、《民事诉讼法》第 142 条规定,判决如下:(一)被告周某贤于本判决书生效之日起十五日内支付原告叶某珍自起诉之日起(2016 年 5 月 13 日)至 2016 年 8 月 13 日止扶养费共计人民币 2400 元;(二)被告周某贤自 2016 年 8 月开始,每月 13 日前支付原告叶某珍当月扶养费 800 元;(三)驳回原告叶某珍的其他诉讼请求。

七、因照顾孩子无法从业的夫妻一方有权要求另一方给付扶养费

孙某某与修某某扶养权纠纷,参见山东省邹城市人民法院民事判决书,(2015)邹民初字

---

① 湖北省武汉市新洲区人民法院(2016)鄂 0117 民初 1131 号民事判决书,中国裁判文书网,http://wenshu.court.gov.cn/website/wenshu/,下载日期:2017 年 8 月 11 日。

第 2621 号。[①]

【案情概要】

孙某某(女,1985 年出生)向山东省邹城市人民法院起诉,请求判令被告修某某(男,1984 年出生)从 2014 年 6 月起每月支付给原告 1500 元扶养费。

被告修某某辩称,原告无法定依赖答辩人扶助生活的情形,应驳回其诉讼请求。首先,原告系完全民事行为能力人,并未丧失劳动能力,不存在需要扶养的法定情形。《婚姻法》第 20 条规定夫妻有互相扶养的义务,但前提是被扶养一方确有扶养的必要,原告不能仅凭答辩人有收入,就认为答辩人应给付原告扶养费。原告作为一名完全民事行为能力人,亦未丧失劳动能力,应靠自己的劳动取得收入,自食其力。抚养孩子并不是不劳动的理由,原告也应像其他孩子母亲一样,通过自身努力用自己的劳动换取报酬。原告具有劳动能力,亦无任何需要答辩人扶助的法定情形,答辩人不应给付原告扶养费。其次,答辩人已尽到夫妻间相互扶助的义务。自双方结婚登记以来,答辩人的收入均用于夫妻共同生活,答辩人的父母亦多次补贴,在答辩人父母的帮助下,贷款购置了现在原告居住房屋,每月按揭贷款由答辩人承担;购置的大众轿车,业已被原告私自处分变卖,所得款项由原告掌握。婚后所购置财产,现仍由原告掌握,即便是在双方分居后,答辩人的工资收入大部分用于偿还购房款(2000 元/月),其余均用于日常家庭生活消费。答辩人是负责任的男人,对家庭责任从未松懈;但原告在双方分居期间,未经答辩人同意擅自处分夫妻共同财产,现又在双方离婚诉讼过程中以扶养费为由诉至法院,原告滥用诉讼权利的行为有悖于情理、法理。

法院查明,原、被告系夫妻关系,双方于 2010 年 10 月 10 日在邹城市民政局登记结婚,于 2013 年 9 月 18 日生女儿修某某,2014 年 6 月双方分居,婚生女一直跟随原告生活。原告从女儿出生后就辞职在家照顾女儿,没有任何生活来源,被告对原告母女也不予以经济上的照顾。后双方酿成纠纷,原告诉至我院。另查,被告系兖矿集团职工,2014 年度实发工资为 49949 元,2015 年度实发工资为 25778 元,2016 年 1 月 20 日经邹城市人民法院(2015)邹民初字第 86 号民事调解书调解,被告修某某给付修某某 2014 年 6 月至 2015 年 12 月的抚养费 1 万元。2016 年 1 月 30 日前付 4000 元,2016 年 3 月 30 日前付 6000 元。

【裁判意见】

法院认为,夫妻之间有互相扶养的义务,夫妻一方不履行扶养义务时,需要扶养的一方,有要求对方给付扶养费的权利。原被告的婚生女儿修某某生于 2013 年 9 月 18 日,到目前为止两岁四个月,尚不能入托,必须有亲属全天照顾其日常生活。在原、被告分居的期间,由于婚生女修某某一直跟随原告生活,虽然原告系完全民事行为能力人,也并未丧失劳动能力,但因要全天照顾女儿,必然不能外出工作,而被告有固定工作和固定的收入,就应尽到作为丈夫和父亲的责任。因此被告每月应给付原告一定的扶养费。综合被告 2014 年度和 2015 年度的收入情况,2014 年 6 月至 12 月,被告每月应给付原告扶养费 49949 元÷12 月×20%≈832 元,合计 832 元×7=5824 元;2015 年 1 月至 12 月,被告每月应给付原告扶养费 25778 元÷12 月×20%≈430 元,合计 430 元×12=5160 元,共计 5824 元+5160 元=

① 山东省邹城市人民法院(2015)邹民初字第 2621 号民事判决书,中国裁判文书网,http://wenshu.court.gov.cn/website/wenshu/181107ANFZ0BXSK4/index.html? docId = b5fe0d70d29d4d4dbde99221352bb079,下载日期:2017 年 2 月 10 日。

10984元。2016年2月2日,邹城市人民法院依照《婚姻法》第20条规定,判决如下:被告修某某于判决生效之日起十日内给付原告孙某某2014年6月至2015年12月的扶养费10984元。

八、有劳动收入的夫妻一方是否应自行承担医疗费

王某与高某扶养纠纷,参见甘肃省民勤县人民法院民事判决书(2015)民民初字第5号①。

【案情概要】

原告王某(女)向甘肃省民勤县人民法院(以下简称民勤法院)起诉,请求与被告高某(男)给付原告2013年5月至起诉日的医药费、生活费16000元;给付原告监护人的监护费6000元;从此每月继续承担原告生活费、医药费、监护费1600元。原告诉称,被告长期对原告实施家庭暴力,致使原告身患精神疾病。被告不但不予关心和治疗,反而遗弃了原告,并转移夫妻共同财产,伪造债务,提出离婚。原告为支持其诉讼请求,提交了四组证据,欲证明因被告转移财产、虐待原告,导致原告患有精神疾病。

被告辩称,应当驳回原告的诉讼请求。原告所述不实。被告并未对原告实施家庭暴力,现原告生活完全能够自理,具有独立生活能力,收入稳定可观,不需要被告履行扶养义务,且原告神志清楚,系完全行为能力之人,不需要监护人。被告高某提交刻录光盘1张,拟证明原告有独立行为能力,生活能够自理。

【裁判意见】

民勤法院认定:原告提供的第一组证据中,除有两张票据的署名与原告的姓名用字不一致外,其他票据内容真实,来源合法,能够证明原告患病治疗的事实;原告提供的第二组证据,能够与第一组证据相互印证,证明原告因患病治疗支出交通费用的事实;原告提供的第三组证据,只能证明原告系精神二级残疾病人,仅以该证据无法证明原告系无民事行为能力之人;原告提供的第四组证据,虽客观真实,来源合法,但不能证明原告患病与被告的行为有因果关系。被告提供的证据,系录像资料,原告代理人对该证据的来源及真实性均有异议,被告未提供其他有效证据相印证,对其证明效力,不予认定。根据双方当事人的陈述及上述有效证据,法院确认以下事实:原、被告经人介绍相识后,于2004年农历六月二十八日举行结婚仪式开始同居生活,2007年9月21日补办了结婚登记手续。婚后,被告在民勤县第三中学任教,原告在民勤县县城经营文化用品生意。2013年5月,原、被告因生活琐事发生矛盾,分居至今。在共同生活期间,原告因精神障碍,于2010年在武威市红十字精神病院住院治疗,并于同年7月27日办理了残疾证书,残疾类别为:精神二级残疾。2012年5月31日原告再次住院治疗,两次住院产生医疗费用8257.94元。分居后,原告因精神疾病在武威市红十字精神病医院门诊治疗,陆续花去医疗费用2321.4元,交通费120元。在本案审理过程中,法庭向原告代理人释明,原告是否属于无民事行为能力人,要通过其他诉讼程序申请认定,还需鉴定机构进行鉴定,原告代理人明确表示不申请。

民勤法院认为,《婚姻法》第20条规定:"夫妻有互相扶助的义务。一方不履行扶养义务

---

① 甘肃省民勤县人民法院(2015)民民初字第5号民事判决书,中国裁判文书网,http://wenshu.court.gov.cn/website/wenshu/,下载日期:2017年0月15日。

时,需要扶养的一方,有要求对方给付扶养费的权利”。一方确实需要扶养,是指一方无独立生活能力,具体包括:丧失劳动能力、无固定收入、缺乏生活来源、年老、患病等,生活水平急剧下降、不能维持当地一般生活水平。本案中原、被告系夫妻关系,在双方共同生活期间,因原告患病所花费的医疗费用,应由夫妻双方共同财产支付,原告用其个人收入支付医疗费,符合法律规定;分居后,原告实际支付医疗费用 2321.4 元,但原告未能提供足够证据证明因患病已失去劳动能力,且没有任何经济来源,故原告要求被告给付医疗费、生活费的诉讼请求,法院不予支持。双方有关夫妻共同财产的争议,属另一法律关系,需另行起诉。关于原告要求被告给付监护费、后续医疗费、生活费的诉讼请求,因原告未能提供证据证明已完全丧失民事行为能力,且后续医疗费属未发生之费用,故该诉讼请求法院不予支持。

2015 年 6 月 18 日,民勤法院根据《婚姻法》第 20 条、《民事诉讼法》第 64 条、《最高法院适用〈民事诉讼法〉解释》第 90 条规定,判决如下:驳回原告王某的诉讼请求。

九、夫妻一方死亡后,生前照顾者是否有权向生存配偶追索扶养费

葛某平、杨某珍与朱某梁追偿权纠纷一审民事案件。参见上海市青浦区人民法院民事判决书,〔2013〕青民一(民)初字第 2530 号①。

【案情概要】

原告葛某平(第一原告,男,1963 年出生)、杨某珍(第二原告,女,1966 年出生)诉被告追偿权纠纷一案,于 2013 年 11 月 26 日获准立案。

原告葛某平、杨某珍向上海市青浦区人民法院(以下简称青浦法院)起诉,要求判令朱某梁(男,1986 年出生):1.偿还原告垫付葛某某医疗费 329694.13 元(不包含被告支付的 56000 元以及保险赔付 40000 元);2.被告向原告归还垫付葛某某丧葬费 34453 元;3.向原告归还垫付葛某某社会保险费 21730.80 元;4.向原告归还垫付葛某某交通费 3805 元。审理中原告增加诉讼请求,认为案外人葛某某在生病期间均生活在原告处,并由原告方进行照顾,故增加请求判令被告向原告归还垫付其妻的伙食费、营养费 37800 元;请求判令被告向原告支付对葛某某的护理费 45763 元。原告诉称的事实与理由如下:原告一与原告二系夫妻关系,两人的女儿案外人葛某某生前系被告朱某梁的妻子。2011 年 11 月 28 日,案外人葛某某在上海市同济医院被诊断出患×××疾病,此后原告女儿相继多次住院进行化疗等治疗,花掉巨额医疗费用。葛某某在没有工作收入和生活来源的困境下,被告只支付少量医疗费后,便抛弃妻子,对病情不管不问。迫于无奈,葛某某于 2013 年 1 月 21 日向被告提起了追索扶养费纠纷(2013)青民一(民)初字第 385 号诉讼,在诉讼期间葛某某不幸去世,该案终结诉讼。葛某某除在医院治疗外均生活在父母家中,由原告一和原告二悉心照料,原告二因此辞去工作,以陪护女儿。葛某某因医治无效于 2013 年 9 月 1 日去世,其间为挽救女儿性命,两原告前后通过借款等共为被告垫付医药费人民币 329694.13 元(以下币种均为人民币),丧葬费 34453 元,社会保险费 21730.80 元,交通费 3805 元。原告认为,被告妻子病重期间,本应依法履行救治与照料义务,然而被告却在有经济收益来源的情况下,放弃对妻子

① 上海市青浦区人民法院〔2013〕青民一(民)初字第 2530 号民事判决书,中国裁判文书网,http://wenshu.court.gov.cn/website/wenshu/181107ANFZ0BXSK4/index.html? docId = 796ab926544c4054a6b657f1877ff0e4,下载日期:2017 年 8 月 15 日。

的救治,严重违反《婚姻法》夫妻间相互扶养的义务,原告为证明其主张,提供了户籍、身份、结婚登记证明等 21 组证据。

被告朱某梁辩称:不同意原告的诉讼请求。对于原告的第一项诉讼请求,被告方认为根据原告提供的医疗费发票,原告计算有误差,并且扣除社会捐助、保险和原告单位的费用后,原告方并没有支付过医疗费;对于原告的第二项诉讼请求,被告支付了 2 万元的丧葬费用,由葛某某的舅舅收取,没有书面证据;对于原告的第三项诉讼请求被告认为原告提供的是缴费的单据,但是看不出是原告支付的,被告认为是由葛某某自己支付的,不是由原告垫付的;对于第四项诉讼请求被告认为对于交通费的数额被告方不清楚,要求由法院认定;对于原告增加的两项诉讼请求,被告认为本案是追偿权纠纷,追偿的是扶养权义务,原告增加的诉讼请求与扶养义务不符,且葛某某本身有一定的资金,对于自身的生活需求是没有问题的,并且护理费不是直接支出,不属于追偿权范围,且夫妻双方的扶养义务是存在的,但是应考虑被告本身的经济条件。被告为证明其主张,提供了所在单位证明等 17 组证据。

针对两原告的证据,被告质证意见为:证据 1 真实性、关联性无异议;证据 2 真实性无异议,但是对证明内容有异议,葛某某是向被告主张过扶养费,但是因为葛某某的去世,法院并没有最终判决,不能证明两原告为葛某某垫付医疗费的事实;证据 3 真实性无异议;证据 4 真实性无异议;证据 5 真实性无异议,但被告方对自付部分的计算金额为 220436.73 元,其认为分类自付和自付部分是有报销比例的;证据 6、7 真实性无异议,但是对于 2012 年 1 月 30 日和 2013 年 5 月 6 日,5 月 7 日的三张仅有收银条没有发票的不予确认;证据 8 真实性无异议,但是证明内容有异议,中国工商银行的 2 万元银行凭证是从葛某某个人账户中转出的,不能证明是两原告垫付的,其他两份也不确认是由两原告垫付的;证据 9 真实性无异议,被告认为总计计算金额为 184760.7 元,被告对葛某某的陪护时间是初发病时的一个月,后双方家庭共同决定由两原告对葛某某进行照顾,被告的一张卡也放在两原告处,被告父母也给了两原告 2 万元的现金,两原告应提供被告给付的卡的明细。且如果其中有葛某某的银行卡支付的被告也认为不是两原告的垫付;证据 10 被告认为是无偿献血,不应当支付费用;证据 11 被告认为与本案无关联性,上述款项是通过葛某某的账户支付的;证据 12 形式上的真实性无异议,但对于交通费无法核实,由法院核实认定;证据 13 真实性无异议,对金额予以确认,但是被告支付了 2 万元丧葬费给两原告;证据 14 对客户回单真实性无异议,但是对关联性有异议,不能证明存款来源;证据 15 对于所有的借条的真实性无法确认,借条存在出借人处不符合常理,且有必胜客的纸张,但是书写的时间却不一样,有些是情况说明,不属于借条,对于这些借款是否有归还被告方不清楚。对交易明细单的对应性被告方不认可,对于钱款的来源被告方也不确认,对于原告确认的被告支付的金额,都没有在证据中予以体现,是原告的拼凑行为;证据 16 对证据的真实性无异议,对证明内容有异议,结合之后的签单来看,其中部分是由原告葛某平签署的,有的是其代签署的,也有葛某某本人签署的;证据 17 真实性无异议,但是对款项的资金来源被告方不清楚;证据 18 的真实性无异议,对朱某勤的签署被告方不确认是其签署的,但是对葛某某自己的签署被告方认为是其本人签字。我们坚持是葛某某方收到了款项;证据 19 大众 4S 店出具的证明的真实性不予以确认,对保安大队出具的证明予以认可,但是认为也是应当的,是探望不是护理,不能作为护理费计算的依据;证据 20 的真实性不予认可,从时间来看是后补的,即使是其本人书写的,也不能证明葛某某与徐某萍之间的购买车辆的资金来源;证据 21 被告认为捐款系大众 4S 店的员工捐的,

大众4S店出具的证明不能对捐款用途予以证明。针对被告的证据两原告质证意见为：对于证据1到证据8，只对证据3有异议，原告方及葛某某没有收到，其他证据无异议；对于证据9无异议，证据10中对于葛某某身故保险金12万元原告认为这是原告为葛某某缴纳的，以葛某某为被保险人，以杨某珍为受益人的具有特殊的人身性质的保险金，不应当作为葛某某相应费用的抵扣；对于证据11真实性和关联性不予以确认，不能作为排除和降低被告扶养义务的依据；对于证据12原告认为银行网点号原告方并不知情，需要被告举证网点具体地址，从交易清单上显示，00349有消费，但大多数是被告用于取现，对于具体的用途被告没有陈述，且被告说取款的用途是购买进口药，但是没有相应的发票，且没有证据证明，我方不予认可；对于证据13被告向大众4S店的借款3万元我方予以确认，且我方在诉请中已经将其扣除。单位捐助的时候被告已经不在那里工作了，20726.5元是单位职工向原告的生活资助，用于其生活和照顾葛某某所用，提供证明复印件1份，原件在法院。对于被告提供的1)、2)、3)不予以确认，我方没有收到。对于5)，这辆车是葛某某婚前借款购买的，是个人财产，卖车的钱用于归还借款人；对于证据14签购单的2.6万元，我方予以确认，但是我方从未接到过被告的银行卡，被告应提供签单和发票；对于证据15原告确认；对于证据16原告从未收到过被告的亲戚礼金，原告知道被告收到了被告亲戚的礼金，但是原告从未收到过；证据17证人证言，原告认为对于出庭作证的亲戚的礼金没有异议，但是当时被告亲戚是将钱款交给葛某某的，葛某某收到后就将礼金交给了其丈夫，也就是被告，所以，原告未收到被告亲戚的礼金。

关于原告提供的证据，法院认为：对于原告提供的证据1、2、3、4真实性予以确认；对于证据5、6、7的住院及门诊和外购药等医药费，真实性予以确认，对于具体数额以发票数额为准；对于证据8的银行回单，法院予以确认；对于证据9的真实性予以确认，具体数额凭签购单的金额予以确认；对于证据10的购买血液的8000元予以确认；对于证据11社保缴款记录，虽原告仅提供部分发票，但社会保险费的缴纳必须按月缴纳，故对2012年1月至12月、2013年1月至8月的缴费金额凭发票予以确认，原告主张金额低于发票金额，系其对自己权利的处分，按照原告主张的金额予以确认；对于证据12交通费用法院将结合就医情况以及交通费发票予以酌定；对于证据13予以确认；证据14、15与本案缺乏必要关联，法院不予采纳；证据16法院予以确认；证据17法院予以确认；对于证据18，2011年与2012年度俞家埭村的补助名单，2012年签收人系被告母亲，故不能证明葛某某收到该项款项3000元，2011年签收人系葛某某，原告虽指出非葛某某签名，但未提供相关证据予以证明，故对2011年收到4000元补助予以确认；对于证据19、20与本案无必要关联，法院不予采纳；对于证据21予以采纳。根据被告的证据，法院认为：对于证据1、2予以确认；对于证据3结合原告提出的证据，确认葛某某收到俞家埭村捐助4000元；对于证据4-9予以确认；对于证据10法院认为身故保险金具有特殊的人身性质，不能作为保险予以抵扣；证据11法院认为与本案无必要关联，不予采纳；对于证据12被告现所提交的证据不足以支持被告的观点，根据谁主张谁举证的证据规则，被告要承担相应的不利后果；对于证据13中的支付明细表，对于其中的夫妻存款6万元，被告父母5万元，被告亲戚3万元，因被告无其他证据予以证明，单单一张明细表法院不予确认，对于大众4S店的捐助20726元法院予以确认，原告认为该笔捐款是捐助给原告杨某珍的，且出具了大众4S店的证明，法院认为该笔捐款系捐给原告杨某珍的；对于车辆卖车款5.7万元，法院认为该车系葛某某的婚前财产；对于被告向大众4S店借

的 3 万元,原告已经予以确认,法院予以确认;对于证据 14,法院确认 2.6 万元的签购单,其他不予确认;对于证据 15,法院予以确认;对于证据 16 因相关证人并未到庭当庭作证,真实性法院不予确认;对于证据 17 两证人支付礼金 5000 元,法院予以确认。根据原、被告陈述,双方的举证、质证及法院认证,法院确认如下事实:被告朱某梁与死者葛某某于 2009 年 3 月 26 日登记结婚,婚后双方未生育子女。原告葛某平、杨某珍系死者葛某某的父母。葛某某于 2011 年 11 月份诊断出患有×××疾病,随后葛某某于 2011 年 11 月 28 日至 2013 年 9 月 1 日至上海市同济医院治疗。葛某某于 2013 年 9 月 1 日去世。

【裁判意见】

青浦法院认为:夫妻有互相扶养的义务,在婚姻存续期间,夫妻双方应当相互照顾。本案中被告朱某梁未对葛某某履行扶养义务,两原告代替被告履行了该义务,有权对被告进行追偿。对于两原告支出的费用法院确认如下:(1)住院费 220436.73 元;(2)门诊费 33141.80 元;(3)外购药费 137830 元;(4)上海血液中心、干细胞库费用 26200 元;(5)购买血液费 8000 元;(6)葛某某社会保险缴费 21730.80 元;(7)交通费,法院根据就医记录,以及交通费发票,酌定为 3000 元;(8)丧葬费 34453 元。

对于被告支出的,以及社会帮困的、保险支付以及葛某某婚前财产法院确认如下:(1)被告支付 5.6 万元(原告自认);(2)葛某某卖车款 5.7 万元;(3)亲戚礼金 5000 元;(4)丧葬费 20000 元;(5)社会帮困 98470 元,其中包括夏阳街道保安大队 42170 元、青浦区基督教捐助 6000 元,俞家埭村捐助 4000 元,塔湾村捐助 5400 元,青浦慈善基金会捐款 24500 元,青浦区红十字会捐款 16400 元;(6)保险赔付 46000 元,其中包括住院费用保险金 6000 元,以及原告自认保险赔付 40000 元。

对于原告要求被告支付垫付的社会保险费的诉讼请求,因葛某某死亡后,社保中心已经将剩余款项城镇基本养老退费 5459.20 元转至原告葛某平的账户,故应从原告垫付的社保缴费 21730.80 元中予以扣除。对于两原告要求被告支付原告垫付葛某某伙食费、营养费 37800 元,护理费 45763 元的诉请,法院认为本案系追偿权,追偿的应当是原告为被告实际支出的金额,原告要求伙食费、营养费 37800 元,护理费 45763 元的诉请,原告未提供相关证据予以证明,且父亲对于为探望女儿请假造成的损失不应当作为要求护理费的依据,故对原告要求追偿伙食费、营养费 37800 元,护理费 45763 元的诉请,本案不予支持。对于被告认为被告能力有限,其已尽其义务的抗辩意见不予采纳。

2014 年 6 月 20 日,青浦法院根据《婚姻法》第 20 条、《民法通则》第 84 条、《民事诉讼法》第 64 条规定,判决如下:(1)被告朱某梁应于本判决生效之日起十日内偿付原告葛某平、杨某珍医药费 163138.53 元;(2)、被告朱某梁应于本判决生效之日起十日内偿付原告葛某平、杨某珍丧葬费 14453 元;(3)被告朱某梁应于本判决生效之日起十日内偿付原告葛某平、杨某珍上海市社会保险费用 16271.60 元;(4)被告朱某梁应于本判决生效之日起十日内偿付原告葛某平、杨某珍交通费 3000 元;(5)驳回原告葛某平、杨某珍的其他诉讼请求。

第四节　域外相关立法例

配偶扶养请求权不同于血亲扶养。在德国、意大利等诸多国家和地区法律上,夫妻均互负扶养或扶助的义务。

一、欧洲三国民法典中的夫妻扶养规则

(一)《德国民法典》调整夫妻扶养内容详尽

在《德国民法典》中,夫妻扶养包含在家庭扶养义务中,规定最为详尽周密,第1360—1361共计4条10款规范扶养义务,对履行扶养义务的方式、范围、标准以及分居情形下的扶养均作了规定。配偶双方相互负有以其劳动及财产适当地扶养家庭的义务。家务由夫妻一方照管的,该方配偶通常以处理家务的劳动履行了其扶养家庭的义务。①

(二)《法国民法典》承认夫妻有相互扶养义务

《法国民法典》承认夫妻有相互扶养义务,尽管其仅明文规定了"扶助义务",却没有使用夫妻或配偶"扶养"一词。依据《法国民法典》,配偶需要扶养时,有权向另一方要求生活费;夫妻双方共同承担婚姻负担并视各自的负担能力按比例分担之,且该婚姻负担的分担是不以其配偶处于"需要"状态为条件的。根据1953年判例法,"如果一方配偶可以从对方配偶那里获得生活费,即禁止该配偶向另外的个人要求生活费";②因第三人的违法行为导致配偶一方履行扶助义务的能力受损的,肇事者还应对增加另一方配偶的劳动承担赔偿责任。③法国法对夫妻相互扶养的要求更高。

(三)《意大利民法典》第143条

《意大利民法典》第143条规定,夫妻间有相互给予精神和物质扶助的义务。④

二、美洲的民法典有关夫妻扶养的规定

(一)《智利共和国民法典》第134条

《智利共和国民法典》第134条规定,"夫妻应依其经济能力及其之间存在的财产制供给家庭共同的必需品。有必要时,法官应确定各自份额"。⑤

(二)《阿根廷民法典》有关规定

最新阿根廷民法典规定履行扶养义务应考虑双方的资力及维持同居期间享有的经济水平。根据第207条至第210条规定,在夫妻因法定事由而实行人身别居期间,配偶应履行给付扶养费义务。确定扶养费时,应考虑:夫妻双方的年龄和健康状况;负责庇护子女的一方照管和教育子女之贡献;被扶养人的劳动能力和就业可能性;主张养老金的权利丧失的可能

---

① 《德国民法典》第1360条,陈卫佐译.《德国民法典》,法律出版社2015年版,第439页。

② 《法国民法典》(上册),罗结珍译,法律出版社2005年版,第199页、第190页。

③ 1981年3月18日,法国最高法院第二民事庭裁决,"因工伤事故导致丈夫残疾之后,对其夫负有扶助义务的妻子的劳动增加,也属于事故造成的损害之一,事故的肇事者应给予赔偿"。《法国民法典》(上册),罗结珍译,法律出版社2005年版,第198页。

④ 《意大利民法典》,费安玲译,中国政法大学出版社2004年版,第44页。

⑤ 《智利共和国民法典》(2000年修订本),徐涤宇译,北京大学出版社2014年版,第21页。

性;夫妻合伙解散后各方的财产和必要。夫妻任何一方,如果本人无足够资力和谋求此等资力的合理可能性,无论是否具有过错,均有权在他方具有财力时请求其提供必要的生活费;但是,受领扶养费的配偶与人姘居或者严重亵渎他方的,将依法终止一切扶养权。在阿根廷民法典上,配偶扶养义务延伸至离婚后或负担义务的配偶死亡时,负担扶养费给付义务的配偶死亡时,即使婚姻关系已经事先因离婚而解除,其遗产仍应负担扶养费的给付,继承人应在分割遗产之前预定继续履行该义务的方式。①

(三)美国《路易斯安那州民法典》第112条

《最新路易斯安那民法典》第112条规定法院确定扶养金额、期限等时应当考虑双方各自需要、双方各自的收入、财务能力、婚姻存续期间等九个方面相关因素;明定"义务承担方承担的总额不得超过其净收入的三分之一"。②

① 《最新阿根廷共和国民法典》,徐涤宇译注,法律出版社2007年版,第55～56页。

② 《最新路易斯安那民法典》,徐婧译注,法律出版社2007年版,第22页。

第十三章
评注第二十四条(配偶继承权)

第24条　夫妻有相互继承遗产的权利。

第一节　本条的基本原理

一、本条的基本内容

配偶继承权是指夫妻相互享有继承对方遗产的权利。夫妻相互为对方遗产的法定继承人,亦可为对方遗产的遗嘱继承人。配偶继承权是因夫妻关系成立而生,在配偶一方死亡时行使;但因夫妻离婚而消灭。《婚姻法》第24条第1款规定,“夫妻有相互继承遗产的权利”。我国《继承法》第9条、第10条进一步具体规定:继承权男女平等。遗产按照下列顺序继承,第一顺序:配偶、子女、父母;第二顺序:兄弟姐妹、祖父母、外祖父母。据此,配偶是法定第一顺序继承人,夫对妻的遗产享有继承权,妻对夫的遗产享有继承权。

二、本条的基本依据

配偶继承权是近代以来受到各国和地区立法保护的权利。配偶继承权是婚姻效力之一,随夫妻关系成立享有继承对方遗产的权利能力,因夫妻离婚而消灭,也因配偶一方具有法定被剥夺继承的情形(例如夫妻一方遗嘱明确予以排斥)而被剥夺或丧失。配偶相互间具有密切的人身关系和财产关系。通常情况下,夫妻一方的所得和财产,包含着另一方的贡献。夫妻本应相互扶养,一方死亡使得生存方无法行使扶养权。赋予配偶继承权,提高了生存配偶一方的自我扶养能力,在一定程度上弥补了死者未尽事宜。因此,配偶的继承地位高,通常是法定第一顺序继承人,在有些实行配偶特留份制度的国家和地区,配偶单列一个继承人序列,因与其同时继承死者遗产的继承人与死者生前关系之亲疏远近,而决定配偶继承份额的大小,但无论如何,配偶都将获得一定份额的遗产。近现代继承法中,夫妻继承权平等,夫对妻的遗产享有继承权,妻对夫的遗产享有继承权。

三、本条的历史沿革

赋予配偶双方相互继承遗产的平等权利,是新中国婚姻立法一以贯之的做法。1950年《婚姻法》第12条规定,“夫妻有互相继承遗产的权利”。1980年《婚姻法》第18条规定,“夫妻有相互继承遗产的权利”。1985年通过的《中华人民共和国继承法》第9条规定继承权男女平等原则;第10条规定的法定继承人范围和顺序中,配偶被列为第一顺序中的第一类继

承人。尽管在同一继承顺序中,继承人之间地位平等,没有继承份额大小之分,不过,《继承法》将配偶列写在第一继承顺序中的第一类继承人位置,还是说明了配偶地位之高。及至现行《婚姻法》第 24 条规定也完全相同。可见,人民共和国成立以来,关于配偶继承权的规定,不仅意思相同、精神相同,而且连条款的文字表述竟然也完全相同。

四、法律渊源

关于配偶继承权的法律渊源,除了《婚姻法》第 24 条规定,还有下列法律法规及司法解释中的有关规定。

(一)有关法律法规的规定

1.《妇女权益保障法》有关条款。第 2 条规定,“妇女在政治的、经济的、文化的、社会的和家庭的生活等各方面享有同男子平等的权利。实行男女平等是国家的基本国策。……”该法第 30 条、第 34 条、第 35 条规定,“国家保障妇女享有与男子平等的财产权利”。“妇女享有的与男子平等的财产继承权受法律保护。在同一顺序法定继承人中,不得歧视妇女。丧偶妇女有权处分继承的财产,任何人不得干涉。”“丧偶妇女对公、婆尽了主要赡养义务的,作为公、婆的第一顺序法定继承人,其继承权不受子女代位继承的影响”。

2.《继承法》有关条款。第 9 条、第 10 条、第 12 条规定,“继承权男女平等”。“遗产按照下列顺序继承:第一顺序:配偶、子女、父母;第二顺序:兄弟姐妹、祖父母、外祖父母。继承开始后,由第一顺序继承人继承,第二顺序继承人不继承。没有第一顺序继承人继承的,由第二顺序继承人继承。”“丧偶儿媳对公、婆,丧偶女婿对岳父、岳母,尽了主要赡养义务的,作为第一顺序继承人。”

(二)有关司法解释

1. 适用继承法的有关司法解释。1985 年 9 月 11 日,法(民)发〔1985〕22 号《最高人民法院关于贯彻执行〈中华人民共和国继承法〉若干问题的意见》(以下简称《最高法院执行〈继承法〉意见》)明确“坚持继承权男女平等”。第 29 条规定,“丧偶儿媳对公婆、丧偶女婿对岳父、岳母,无论其是否再婚,依继承法第十二条规定作为第一顺序继承人时,不影响其子女代位继承”。第 30 条规定,“对被继承人生活提供了主要经济来源,或在劳务等方面给予了主要扶助的,应当认定其尽了主要赡养义务或主要扶养义务”。第 45 条第 1 款规定,“应当为胎儿保留的遗产份额没有保留的,应从继承人所继承的遗产中扣回”。①

2.《最高法院适用〈民事诉讼法〉解释》第 475 条规定:“作为被执行人的公民死亡,其遗产继承人没有放弃继承的,人民法院可以裁定变更被执行人,由该继承人在遗产的范围内偿还债务。继承人放弃继承的,人民法院可以直接执行被执行人的遗产。”②

---

①　本款规定是保护胎儿继承权,不是配偶继承权。但是,鉴于胎儿存活于母体内,且尚未出生时父亲死亡的,其母亲成为唯一监护人,其利益与母亲利益紧密联结在一起,故将其写入此处。

②　该条规定的根据是《中华人民共和国民事诉讼法》第 232 条规定:“作为被执行人的公民死亡的,以其遗产偿还债务”。

第二节　本条的适用

一、适用本条的效果

我国实行一夫一妻制，故公民死亡时，其合法生存配偶只可能是一人。不过，对于1950年《婚姻法》实施以前已经形成的一夫多妻或者一夫一妻多妾关系，属于历史遗留问题，仍给予承认，因此妻、妾对死亡丈夫的遗产享有同等继承权。

夫妻继承权平等条款，对于保护已婚妇女财产权利，具有特殊的针对性和适应性。丈夫继承妻子遗产的权利，是中国传统文化中应有之义，得到人们普遍认同；妻子的继承权受尊重和保障，则是1930年以后才引入中国法的价值观。特别是人民共和国成立以来，男女平等在民众心中的接受度不断提高，已婚妇女继承已故丈夫财产的权利，得到了普遍尊重。在城镇，已婚妇女继承丈夫遗产的情况平静，纷争少。但是，在部分乡村地区，妻子接受已故丈夫遗产，还有可能遇到阻力，特别是当妻子准备再婚时，受到夫家亲属干涉，不允许她带走继承所得财产的事，时有发生。由此可见，夫妻继承权平等实现过程中，还有性别不平等的阻力因素干扰。男女平等的贯彻落实直至完全实现，还有很长的路要走。

二、本条适用中存在的问题

配偶继承权条款适用中，容易遇到的问题是性别歧视。丈夫利用遗嘱自由，行使立遗嘱处分财产的权利，将生前财产指定分配给子女或其他人，不公正地剥夺了配偶另一方继承遗产的机会。

(一)配偶一方立遗嘱将财产指定赠送给婚外同居者或具有不正当关系者

最近数十年间，确有少数婚姻当事人一方订立此类遗嘱，死亡时，要求继承或接受其遗产的人，除了配偶、子女、父母，还有婚外情人。相关当事人为此发生纠纷。生存配偶一方或遗嘱指定受赠人通过诉诸司法，寻求法律保护的案件，时有发生。特别是生存配偶一方，通过与接受财产赠与的受赠人协商，催促其返还不该接受的财产。协商不成的，生存配偶有权向人民法院起诉，请求法院判决确认遗嘱无效，从而启动法定继承程序，由配偶及其他合法继承人继承死者生前的财产。

在学术上，对此类遗嘱是否应属无效，有认识分歧。第一种意见认为，该类遗嘱将遗产指定遗赠给与死者生前具有不正当两性关系的当事一方，有违公序良俗，应当被宣布全部无效。第二种意见认为，应当视具体情况酌情而定，不宜一刀切地判定或推定该类遗嘱无效。现实生活中，确有死者生前与婚外异性共同生活十几年甚至数十年的例子，合法配偶另一方也知情，仅仅是因为某种原因，婚姻关系一直保持着直至过错配偶一方死亡。如果接受遗赠人与死者生前曾经长期共同生活，他/她必然对死者生前尽了照顾责任，获得适当遗产，并不为过。第三种意见认为，死者对属于其夫妻共同财产中应得份额之财产作出处分，赠与婚外情人，并不合适；但是，若死者生前将其个人特有财产，通过立遗嘱赠与婚外情人，因为特有财产的属性，对生存配偶的影响较小，可以考虑承认该类遗赠有效。

(二)配偶订立遗嘱剥夺了另一方继承权或者将大部分遗产指定由其他继承人继承

任何成年人都有权生前订立遗嘱,就其死后的财产分配作出安排,已婚者也不例外。不过,夫妻一方订立遗嘱剥夺另一方继承权或者仅指定极小价值的财产由配偶一方继承的,特别是当丈夫订立此类遗嘱时,是否涉嫌性别不平等?

从现实遗嘱情形看,配偶一方订立遗嘱剥夺配偶继承权,通常是发生在下列情形下:一是夫妻感情恶化,夫妻关系名存实亡,但因某种原因不考虑离婚的;二是立遗嘱人与配偶另一方年龄差异很大,立遗嘱人年长另一方配偶许多,大概是考虑另一方配偶将来再婚可能性大,故不愿将遗产多留给对方配偶;三是血缘意识浓重,更重视血缘亲属,而对配偶的地位缺乏应有认识和重视;四是性别不平等意识作怪,丈夫不愿意把财产留给妻子。

此类情形的遗嘱,其效力如何?一种意见认为,我国《继承法》实行遗嘱自由,只要没有剥夺没有劳动能力又没有生活来源的继承人应得的必留份,遗嘱剥夺其他继承人(包括配偶)的继承权,不影响遗嘱的效力。另一种意见认为,如果遗嘱明显不公正地剥夺了配偶另一方的继承权,如果配偶另一方向人民法院起诉请求宣布此类遗嘱无效的,法院可以酌情考虑宣布此类遗嘱部分无效。笔者倾向于第一种意见,只要生存配偶不属于无劳动能力又无生活来源的继承人,宣布遗嘱无效的法律依据不充分。但是,配偶一方订立遗嘱任意地剥夺配偶另一方继承权的情形,的确有失公允。提议我国民法典继承编中设立相应条款,对遗嘱自由给予适当限制。

第三节　适用本条的典型案例

一、配偶一方不因短期未履行扶养义务而丧失继承权

顾某休与周某凤返还原物纠纷申诉、申请民事案。参见江苏省高级人民法院民事裁定书,(2018)苏民监 116 号。[①] 顾某休与周某凤返还原物纠纷案,参见江苏省南通市中级人民法院民事判决书,〔2017〕苏 06 民终 343 号[②]。

【案情概要】

顾某休向如皋市人民法院起诉,请求判令周某凤返还储蓄 28000 元、树木款 7400 元、扶养费 8800 元、房屋四间。

一审法院认定事实:周某凤与顾某(已故)于 1997 年 3 月 17 日登记结婚,婚后未有生育。顾某休与顾某系兄弟关系,顾某与周某凤婚前未有子女,顾某休亦无子女。另诉争四间房屋登记所有人为顾某,登记日期为 1998 年 3 月 28 日。

一审法院认为,案涉四间房屋登记所有权人为顾某,并非顾某休,顾某休要求周某凤返还的主体不适格,故法院不予支持;关于储蓄 28000 余元的诉讼请求,首先周某凤否认该存

---

① 江苏省高级人民法院(2018)苏民监 116 号民事裁定书,中国裁判文书网,http://wenshu.court.gov.cn/website/wenshu/,下载日期:2018 年 9 月 9 日。

② 江苏省南通市中级人民法院〔2017〕苏 06 民终 343 号民事判决书,中国裁判文书网,http://wenshu.court.gov.cn/website/wenshu/,下载日期:2018 年 8 月 9 日。

款事实，顾某休也无证据证明该储蓄存在，另据顾某休陈述也是登记为顾某名下，故要求返还储蓄的请求法院亦碍难支持；关于顾某休要求周某凤返还树木款 7400 元的诉讼请求。法院认为，根据双方陈述，出卖树木时顾某尚健在，且出卖的树木不是顾某休所有，现也没有证据证明树木款尚存在，故法院亦不予支持该项请求；关于顾某休要求返还抚养费 8800 元的诉讼请求，法院认为不属于财产权属争议，是否应当支付抚养费及支付多少为宜系另一法律关系，本案中不予评析。另根据我国婚姻继承法律的相关规定，夫妻有相互继承遗产的权利；遗产的第一顺序继承人为配偶、子女、父母。顾某休作为顾某兄弟并不是第一顺序继承人，而周某凤与顾某系合法夫妻关系，系第一顺序继承人，故从继承法角度，顾某休亦无法律依据要求周某凤返还诉争财产。至于顾某休认为周某凤遗弃丧失继承权，则系另一法律关系，目前亦无足够证据证实，故法院亦不作认定。

综上所述，顾某休既不是诉争财产的所有权人又不是顾某的第一顺序继承人，其要求周某凤返还诉争财产并无事实与法律依据，法院不予支持。一审法院依照《民法通则》第 75 条、第 117 条第 1 款，《婚姻法》第 24 条，《继承法》第 10 条规定，判决驳回顾某休的诉讼请求。

顾某休（一审原告）不服如皋市人民法院（2016）苏 0682 民初 10356 号民事判决，向江苏省南通市中级人民法院（以下简称南通中院）上诉，请求二审法院撤销原判，支持顾某休的一审诉讼请求。理由如下：周某凤因违反《继承法》的规定，丧失继承权。顾某休是第二顺序继承人，有权要求继承。被上诉人周某凤辩称，本案与顾某休无涉，对顾某休主张的财产不知情。

二审法院查明，原审法院查明的基本事实正确，南通中院予以确认。另查明，顾某于 2014 年 2 月份去世。2014 年 1 月，××后被周某凤送至顾某休处，由顾某休照料，致引发纠纷。

【二审裁判观点】

南通中院认为，上诉人顾某休认为周某凤遗弃顾某，致丧失继承权，其理由难以成立。周某凤与顾某共同生活多年，仅在 2014 年将生病的顾某送至顾仁休处。虽然周某凤在顾某去世前未予照料、抚慰不近情理，但周某凤此段时间确曾因病在医院门诊。法院不能因周某凤短期内未履行夫妻间的扶助义务即认定遗弃的事实。周某凤为顾某的配偶，属第一顺序继承人。有第一顺序继承人继承遗产的，第二顺序继承人不继承。顾某休以第二顺序继承人身份主张权利，法院不予支持。顾某休主张返还的财产中 28000 元存款及 7400 元卖树款，真实性难以确认。顾某休照料顾某是基于兄弟之间的亲情，不形成债务关系，其主张 7400 元的护理费用，不能成立。政府相关部门给予的 1400 元抚慰金，顾某休无权主张。本案中仅四间房屋能够确认属于顾某的遗产，而顾某休主张权利的理由缺乏法律依据，其上诉请求不能成立。据此，作出〔2017〕苏 06 民终 343 号民事判决书，依照《民事诉讼法》第 170 条第 1 款第 1 项规定，判决驳回上诉，维持原判。

【再审裁判观点】

再审申请人顾某休（一审原告、二审上诉人）因与被申请人周某凤（一审被告、二审被上诉人）返还财物纠纷一案，不服江苏省南通中院〔2017〕苏 06 民终 343 号民事判决，向江苏省高级人民法院（以下简称江苏高院）申请再审，请求撤销一、二审判决，依法对本案再审。其申请再审理由称，一、二审法院在侵害事实上认定不清，严重助长了周某凤的歪风邪气，侵害

其合法权益。

江苏高院认为,根据我国继承法的规定,遗产的第一顺序继承人为配偶、子女、父母。周某凤与顾某系合法夫妻关系,为法律规定的第一顺序继承人,顾某休诉称的案涉财产的所有人是顾某,顾某去世后,周某凤继承顾某的财产,符合法律规定。周某凤短期内未履行夫妻间的扶助义务,不属于法律规定的丧失继承权的遗弃被继承人行为。一审法院判决驳回顾某休要求判令周某凤返还财物的诉讼请求,二审法院予以维持,并无不当。综上所述,顾某休的再审申请不符合《民事诉讼法》第 200 条规定的情形。2018 年 5 月 3 日,江苏高级人民法院依照《民事诉讼法》第 204 条第 1 款,《最高法院适用〈民事诉讼法〉解释》第 295 条第 2 款之规定,裁定驳回顾某休的再审申请。

二、最高人民法院裁定:配偶与 3 个子女共同继承死者生前投资的某学院投资收益并享有相应份额

杨某、刘某乙等与刘某甲继承纠纷申请再审案,最高人民法院民事裁定书,(2014)民申字第 1666 号①。

【案情概要】

杨某、刘某乙、刘某丙以刘某甲(被继承人刘某丁之子)与杨某(被继承人刘某丁妻子)、刘某乙(被继承人刘某丁之女)、刘某丙(被继承人刘某丁之女)之间至今没有对被继承人刘某丁生前投资等遗产进行分割为由,诉至吉林省长春市中级人民法院(以下简称长春中院),请求法院判令:继承刘某丁生前投资某学院所形成的财产权益。

长春中院认为,《民办教育促进法》第 51 条规定,民办学校在扣除办学成本,预留发展基金以及按照国家有关规定提取其他必需的费用后,出资人可以从办学结余中取得合理回报。该案刘某丁用夫妻共同财产创办了涉案学校,并对涉案学校进行了投资、管理,为此被继承人刘某丁作为学校的出资人享有从办学结余中取得合理回报的权益。根据相关法律规定,夫妻在婚姻关系存续期间所得的财产,除有约定的以外,如果分割遗产,应当先将共同所有的财产的一半分出为配偶所有,其余的为被继承人的遗产。为此,刘某丁作为学校的出资人享有从办学结余中取得合理回报的一半份额首先应当分出由其配偶即该案的原告杨某享有权益,其余的一半属于其死亡时遗留的个人合法财产。因刘某丁生前并未留有其他形式的遗嘱、遗赠等处分其个人遗产的行为,故其个人遗产应当由其法定继承人按照法定继承的顺序予以继承。杨某、刘某乙、刘某丙、刘某甲作为第一顺序的继承人对刘某丁的个人遗产各自享有四分之一的份额。因该案当事人所诉请求并未涉及刘某丁的其他财产,如有可另案解决。该案杨某等三人诉求继承的并不是分割涉案学校的实物,其只是请求继承刘某丁生前投资某学院所形成的财产权益,继承法属于民商法系列,民商法的一个基本的法理即是“法无禁止即自由”原则,刘某甲并未举证证明民办学校的出资人对所办学校享有的财产权益禁止继承的证据。而且,《民办教育促进法》明确规定,民办学校在扣除办学成本,预留发展基金以及按照国家有关规定提取其他必需费用后,出资人可以从办学结余中取得合理回

① 最高人民法院(2014)民申字第 1666 号民事裁定书,中国裁判文书网,http://wenshu.court.gov.cn/website/wenshu/181107ANFZ0BXSK4/index.html? docId = 83c36f39dda14dfdafba20cc7cd5eab7,下载日期:2016 年 7 月 7 日。

报，作为出资人的刘某丁根据上述规定，可以从办学结余中取得属于自己部分的合理回报，为此刘某甲的上述辩解意见该院不予采纳。综上，于2013年2月6日作出(2012)长民二初字第51号民事判决，依照《民法通则》第5条，《婚姻法》第17条，《继承法》第3条、第5条、第9条、第10条、第13条、第26条，《中华人民共和国民办教育促进法》第51条规定，判决：杨某享有被继承人刘某丁生前投资某学院所形成的财产权益的八分之五的份额；刘某乙继承被继承人刘某丁生前投资某学院所形成的财产权益的八分之一的份额；刘某丙继承被继承人刘某丁生前投资某学院所形成的财产权益的八分之一的份额；刘某甲继承被继承人刘某丁生前投资某学院所形成的财产权益的八分之一的份额。

刘某甲不服(2012)长民二初字第51号民事判决，向吉林省高级人民法院(以下简称吉林高院)提起上诉称：(一)一审法院审理程序违法。一审中原告在庭审结束后对诉讼请求作出变更，一审法院对此未依法驳回其请求，且未给予上诉人答辩期间，致使上诉人未能对变更后的诉讼请求答辩，法庭也在未对变更后的诉讼请求进行庭审审理的情况下即根据变更后的诉讼请求作出了判决。(二)原审判决认定事实不清，且适用法律不当。1.原判决认定被继承人刘某丁用与妻子杨某的共有财产5000元创办吉林省中医药专科学校这一事实无任何证据，创办学校主要的资金来源为学生学费和教职工集资；2.原判决中认定"被继承人刘某丁作为学校的出资人享有从办学结余中取得合理回报的权益"于法无据。根据"法不溯及既往"原则，刘某丁于2002年1月13日去世，《民办教育促进法》尚未实施，应当适用《条例》关于民办教育的规定，故民办教育机构的举办者对教育机构的积累不享有权益。(三)一审法院对某学院的房产采取财产保全措施错误。因某学院并非本案当事人，该措施侵害了学院的合法权益，应当立即解除。请求：撤销一审判决，改判驳回杨某等三人的诉讼请求，或发回重审。

杨某、刘某乙、刘某丙针对刘某甲的上诉请求答辩称：(一)庭审中变更诉讼请求于法有据，符合相关规定，且符合当事人意思自治原则；(二)原审认定事实清楚，适用法律正确。刘某丁夫妻对学校的原始投入是学校发展的基础，而学校发展过程中使用的职工内部集资也已经通过"办学结余"偿还完毕。且任何单位或个人均无法证明自己对学校进行了投资，至今亦未有人主张权利，据此，刘某丁作为学院唯一投资人，当然对投资的原始增值享有权益，故而三被上诉人对此权益应享有相应资产的收益权。原审法院适用《民办教育促进法》及《条例》并无不当。(三)财产收益权的继承并不影响学院办学。请求：驳回上诉维持原判。

吉林高院认为：杨某等三人在第五次庭审时提交了放弃变更诉讼请求申请书，原审法院在上诉人刘某甲没有明确表示放弃答辩的情况下，便按照杨某等三人变更后的诉讼请求直接作出分割被继承人生前投资某学院所形成的财产权益的判决，违反法定程序。于2013年5月7日作出〔2013〕吉民一终字第72号民事裁定，根据《民事诉讼法》第170条第1款第(四)项规定，裁定：(1)撤销吉林省长春市中级人民法院(2012)长民字二初字第51号民事判决；(2)发回长春中院重审。

再审申请人刘某甲因与被申请人杨某(一审原告、二审被上诉人)、刘某乙(一审原告、二审被上诉人)、刘某丙(一审原告、二审被上诉人)及第三人某学院(一审第三人)继承纠纷一案，不服吉林省高级人民法院(2014)吉民一终字第10号民事判决，向法院申请再审。

一审原告杨某、刘某乙、刘某丙在重审中陈述的事实与理由同原一审中的诉讼理由，同时在诉讼请求中增加请求为：请求法院判令第三人协助杨某等三人办理某学院举办者(投资

人)变更登记手续。

被告刘某甲在重审时答辩认为:(一)某学院的财产权益不属于被继承人刘某丁的遗产。根据《继承法》第3条规定,被继承人的遗产应当是其去世时受法律保护的遗产。根据刘某丁去世时正在实行的《社会力量办学条例》的规定,民办教育的举办者并不对所举办的教育机构享有财产权益。(二)某学院属于出资人不要求合理回报的民办教育机构,学院的财产权益不能作为个人财产予以分割和继承。根据《民办教育促进法》以及《条例》相关规定,民办教育的出资人若要取得合理回报,前提须在学校章程中对此进行明确规定,而学院成立至今的三部章程中均未对此作出规定,反而自成立以来即享受了与公办学校同等的税收政策。同时,学院出租房的资金收益属于学院财产权益的一部分,因而任何人无权请求分割。综上,请求法院驳回杨某等三人的诉讼请求。

第三人某学院在重审时答辩认为:(一)某学院是具有独立法人资格的民办非企业学校,属于公益事业,学校章程中明确规定不要求取得回报。同时根据《条例》第38条规定,出资人不得要求取得合理回报,且学校与公办学校享受同等税收与其他优惠政策。(二)学院开办的资金来源是1988年刘某丁的个人投资5000元,但学院购置土地及建设校舍的资金来源均为学费与职工集资以及施工方垫付的工程款。根据《条例》第五条的规定,该资金属于学院的积累,而非投资人的投人,且刘某丁生前已将土地和房产的产权落至学院名下,故该资产应当属于学院。(三)根据《民办教育促进法》以及学院章程的规定,学院的固定资产和收入归学院所有,学院对办学期间的积累享有法人财产权。据此,被继承人刘某丁对学院财产不享有财产权益,其继承人对此的继承权因而也不能成立。综上,第三人某学院请求法院依法驳回杨某等三人的诉讼请求。

长春中院于2013年11月28日作出〔2013〕长民二重字第5号民事判决,认为:(一)根据《民办教育促进法》第51条规定,民办学校在扣除办学成本,预留发展基金以及按照国家有关规定提取其他必需的费用后,出资人可以从办学结余中取得合理回报。该案的被继承人刘某丁用夫妻共同财产创办了涉案学校,并对涉案学校进行了投资、管理,为此被继承人刘某丁作为学校的出资人享有从办学结余中取得合理回报的权益。根据相关法律规定,夫妻在婚姻关系存续期间所得的财产,除有约定的以外,如果分割遗产,应当先将共同所有的财产的一半分出为配偶所有,其余的为被继承人的遗产。为此,刘某丁作为学校的出资人享有得从办学结余中取得合理回报的一半份额首先应当分给其配偶即本案的原告杨某享有权益,其余的一半属于其死亡时遗留的个人合法财产。因刘某丁生前并未留有其他形式的遗嘱、遗赠等处分其个人遗产的行为,故其个人遗产应当由其法定继承人按照法定继承的顺序予以继承。杨某、刘某乙、刘某丙、刘某甲作为第一顺序的继承人,对刘某丁的个人遗产各自享有四分之一的份额。(二)关于杨某等三人主张房屋租金一节。因双方均未提交租金收取具体数额的相关证据,又未对租金收入、支出情况进行审计,故可以另案予以解决。(三)关于杨某等三人请求判令第三人某学院协助其办理某学院举办者(投资人)变更手续一节。法院认为,举办者是身份权,确认或否定(变更)民办学校举办者身份(资格)需要由审批机关依据民办教育促进法的相关规定进行审查后作出是否同意的决定。该审批行为属于行政许可内容,不能通过民事诉讼程序进而作出民事判决予以变更。人民法院在审理民事案件过程中不能通过民事诉讼来处理属于审批机关行政职权范围内的事宜,而应当以承载审批机关审批意志的民办学校批准证书所记载的举办者情况为准。批准证书所记载的举办者以外的

当事人请求确认其为民办学校举办者的，法院不能予以支持。原告以民事诉讼的方式要求变更原审批机关批准的民办学校举办者，确认其为举办者，该争议不属于人民法院民事诉讼审理范畴。(四)至于刘某甲提出的“民办学校对举办者投入民办学校的资产、国有资产、受赠的财产以及办学积累，享有法人财产权”，“民办学校存续期间，所有资产由民办学校依法管理和使用，任何组织和个人不得侵占”的问题，法院认为，杨某等三人诉求继承的并不是分割涉案学校的实物，其只是请求继承刘某丁生前投资某学院所形成的财产权益。继承法属于民商法系列，民商法的一个基本的法理即是“法无禁止即自由”原则，刘某甲并未举证证明民办学校的出资人对所办学校享有的财产权益禁止继承的证据。而且，《民办教育促进法》明确规定，民办学校在扣除办学成本，预留发展基金以及按照国家有关规定提取其他必需费用后，出资人可以从办学结余中取得合理回报。因此，根据上述规定，作为出资人的刘某丁可以从办学结余中取得属于自己部分的合理回报，故刘某甲的上述辩解意见，法院不予采纳。综上，依照《民法通则》第5条、《婚姻法》第17条、《继承法》第3条、第5条、第9条、第10条、第13条、第26条、《中华人民共和国民办教育促进法》第51条之规定，判决：(一)杨某享有被继承人刘某丁生前投资某学院所形成的财产权益的八分之五的份额；刘某乙继承被继承人刘某丁生前投资某学院所形成的财产权益的八分之一的份额；刘某丙继承被继承人刘某丁生前投资某学院所形成的财产权益的八分之一的份额；刘某甲继承被继承人刘某丁生前投资某学院所形成的财产权益的八分之一的份额。(二)驳回杨某、刘某乙、刘某丙其他诉讼请求。

刘某甲不服上述民事判决，向吉林高院提起上诉。吉林高院于2014年3月20日作出(2014)吉民一终字第10号判决，认为：(一)刘某丁于2002年1月13日病逝，此前调整民办教育的行政法规为自1997年10月1日起施行的《社会力量办学条例》，该条例第6条规定“社会力量举办教育机构，不得以营利为目的”，第37条规定“教育机构应当确定各类人员的工资福利开支占经常办学费用的比例，报审批机关备案。教育机构的积累只能用于增加教育投入和改善办学条件，不得用于分配，不得用于校外投资”，第43条规定，“教育机构解散，应当依法进行清算。教育进行清算时，应当首先支付所欠教职员工个人工资以及社会保险费用；教育机构清算后的剩余财产，返还或者折价返还举办者的投入后，其余部分由审批机关统筹安排，用于发展社会力量办学事业”，上述条款均没有关于禁止民办学校的投资人就其个人对学校的投入享有财产权益的规定。而且，根据此条例施行前吉林农工党和吉林省中医药培训学院于1993年1月5日签订的合同书的约定，“办学经费由学院自筹，院长个人投入归个人所有”。因此，一审判决认定刘某丁对其个人生前投入到某学院的财产享有权益，并无不当。(二)一审判决认定刘某丁对其个人生前投入的某学院的财产享有财产权益，但并未认定某学院向学生收取的学费和向教职员工的集资属于刘某丁的出资，亦未判决对某学院的土地使用权及房屋所有权进行继承和分割。因此，上诉人刘某甲的此点上诉主张，没有事实依据。(三)根据《民办教育促进法》第51条规定以及吉林农工党和吉林省中医药培训学院于1993年1月5日签订的合同书中“院长个人投入归个人所有”的约定，民办教育机构的出资人是可以从办学结余中取得合理回报的。某学院2005年的章程中虽然规定“学院出资人不要求回报”，但由于出资人刘某丁已经于2002年1月13日病逝，且没有证据能够证明该规定是基于刘某丁本人的真实意愿。因此，不能依照该规定而推定出资人刘某丁生前不要求合理回报。其余两份章程中虽然未明确规定出资人要求取得合理回报和取得回

报的比例,但上诉人刘某甲以此主张出资人不要求合理回报,并以某学院"未履行过法律规定的要求合理回报的民办教育机构应履行的相关义务,且自成立以来即享受了与公办学校同等的税收政策"而主张出资人不要求合理回报,没有事实及法律依据。对于刘某甲上诉提出"民办教育机构的出资人如果要求取得合理回报,必备的前提就是要在学校的章程中对取得合理回报有明确的规定,否则即属于不要求合理回报"的主张,亦没有法律依据。因此,一审判决认定"刘某丁作为学校的出资人,享有从办学结余中取得合理回报的权益",适用法律并无不当。综上,判决:驳回上诉,维持原判。

再审申请人刘某甲向法院申请再审称:某学院属于不要求合理回报的民办学校。(一)一审判决认定"刘某丁作为学校的出资人,享有从办学结余中取得合理回报的权益"并判决各继承人继承,属于适用法律确有错误,二审判决予以维持同样系适用法律错误。(二)二审判决关于"出资人刘某丁已经病逝,且没有证据能够证明该规定是基于刘某丁本人真实意思"的认定是错误的。请求:1.对本案予以再审;2.撤销吉林省高级人民法院(2014)吉民一终字第10号民事判决、长春市中级人民法院〔2013〕长民二重字第5号民事判决,改判驳回杨某等三人的诉讼请求。

【最高法院裁判意见】

最高法院认为,结合案件事实,本案应认定刘某丁作为某学院的出资人享有从学院办学结余中取得合理回报的权益。刘某丁于2002年1月13日病逝,此前调整民办教育的行政法规为自1997年10月1日起施行的《社会力量办学条例》,该条例第6条规定:"社会力量举办教育机构,不得以营利为目的"。第37条规定:"教育机构应当确定各类人员的工资福利开支占经常办学费用的比例,报审批机关备案。教育机构的积累只能用于增加教育投入和改善办学条件,不得用于分配,不得用于校外投资"。第43条规定:"教育机构解散,应当依法进行清算。教育进行清算时,应当首先支付所欠教职员工个人工资以及社会保险费用;教育机构清算后的剩余财产,返还或者折价返还举办者的投入后,其余部分由审批机关统筹安排,用于发展社会力量办学事业"。上述规定中并未涉及民办学校出资人从办学结余中取得合理回报的权益问题,因此,并不能根据上述规定而否定民办学校出资人享有从办学结余中取得合理回报的权益。另外,根据《民办教育促进法》第51条规定,"民办学校在扣除办学成本,预留发展基金以及按照国家有关规定提取其他必需的费用后,出资人可以从办学结余中取得合理回报"。该条赋予了民办学校出资人从办学结余中取得合理回报的权利,属于实质性权利。另根据吉林农工党与吉林省中医药培训学院于1993年1月5日签订的合同书中"院长个人投入归个人所有"的约定,本案中刘某丁作为某学院的投资人可以从办学结余中取得合理回报。此外,1998年章程的第24条规定,"法院的收入和固定资产归学院所有,任何人不得侵占、挪用或转让"。该条并未禁止学校的出资人享有取得合理回报的权益,而本案中杨某、刘某乙、刘某丙三人诉求继承的并不是分割学校的实物,只是请求继承被继承人刘某丁生前投资某学院所形成的财产权益,因此不属于对学校资产的侵占、挪用或转让。同时,《民办教育促进法实施条例》第38条、第49条等虽对民办学校出资人取得合理回报的问题规定了具体的形式要件,但由于该条例于2004年起施行,在刘某丁2002年1月13日去世之时还未有此规定,因此1998年学校的章程中虽然并未提及投资人从办学结余中取得合理回报,并不能就此否定刘某丁作为学校投资人取得合理回报的权益,亦不能就此推知刘某丁不具有要求取得合理回报的意思。且根据该条例的规定,不要求合理回报的学校可以

享受相应的税收优惠政策，但就此认为由于学院自成立至今未有过关于投资人取得回报的行为以及所享受的税收优惠政策，因而投资人不可以取得合理回报，则属于对法条的错误理解，于法无据。故再审申请人刘某甲关于“某学院属于不要求合理回报的民办学校”的主张及其理由不应被采信。原一审、二审法院认定“刘某丁作为学校的出资人，享有从办学结余中取得合理回报的权益”并无不当。在认定刘某丁对某学院享有财产权益的基础上，根据《婚姻法》及《继承法》的相关规定，原审法院判决杨某、刘某乙、刘某丙、刘某甲作为刘某丁的法定继承人享有相应份额的继承权并无不当。

2015 年 3 月 30 日，最高人民法院决定刘某甲的再审申请不符合《民事诉讼法》第 200 条第(二)项、第(六)项规定的情形。依照《民事诉讼法》第 204 条第 1 款之规定，裁定驳回刘某甲的再审申请。

三、能否将原被执行人的法定继承人变更为被执行人？

黄某、郭某英股权转让纠纷执行审查类案，参见最高人民法院行政裁定书，(2018)最高法执监 116 号①。

【案情概要】

申诉人黄某(被执行人)、郭某英(被执行人)、汤某秀(被执行人)不服江苏省高级人民法院(以下简称江苏高院)〔2017〕苏执复 133 号执行裁定，向最高人民法院提出申诉。

陆某富与黄某法股权转让合同纠纷一案，江苏省镇江市中级人民法院(以下简称镇江中院)于 2015 年 6 月 26 日作出(2014)镇商初字第 00125 号民事判决，判令黄某法给付陆某富股权转让款 800 万元及逾期付款违约金等。黄某法不服，提起上诉。上诉期间，黄某法死亡后，江苏高院通知黄某法的法定继承人郭某英、黄某、汤某秀参加诉讼，因三人均未参加，视为上述三人放弃诉讼权利。江苏高院于 2016 年 8 月 29 日作出(2015)苏商终字第 00691 号民事裁定，裁定“本案终结诉讼。一审判决自本裁定书送达之日起发生法律效力”。其后，陆某富依据(2014)镇商初字第 00125 号民事判决向镇江中院申请执行，并申请变更郭某英、黄某、汤某秀为被执行人，在继承的遗产范围内承担责任。申请追加郭某英为被执行人，承担连带清偿责任。2017 年 3 月 7 日，镇江中院作出(2016)苏 11 执 390 号执行裁定，以郭某英、黄某、汤某秀未参加诉讼，陆某富申请将他们直接列为被执行人缺少法律依据，不符合受理条件为由，驳回陆某富的执行申请。

陆某富不服镇江中院(2016)苏 11 执 390 号执行裁定，提出执行异议，请求撤销该裁定，并支持其执行请求。主要理由为：郭某英与(2014)镇商初字第 00125 号民事判决确定的债务人黄某法是夫妻关系，该债务是夫妻关系存续期间形成，系夫妻共同债务，郭某英应承担连带清偿责任，故申请追加郭某英为被执行人，于法有据。陆某富申请执行前，黄某法死亡，但有遗产，故变更黄某法的法定继承人即配偶郭某英、子女黄某、母亲汤某秀为被执行人，在继承的遗产范围内承担清偿责任，符合法律规定。(2016)苏 11 执 39 号执行裁定以陆某富申请将郭某英、黄某、汤某秀直接列为被执行人缺少法律依据、不符合受理条件为由，驳回执行申请，存在错误。

---

① 最高人民法院(2018)最高法执监 116 号行政裁定书，中国裁判文书网，http://wenshu.court.gov.cn/website/wenshu/，下载日期：2019 年 8 月 4 日。

郭某英、黄某辩称,陆某富没有起诉郭某英,法院也没有判决郭某英为共同债务人,在执行过程中不得追加郭某英为被执行人。黄某法死时没有留下任何遗产,郭某英、黄某、汤某秀也没有继承到黄某法的遗产,故不存在在遗产范围内承担清偿责任的情形。(2016)苏11执39号执行裁定,适用法律正确,请求驳回陆某富的异议请求。

镇江中院认为,《民事诉讼法》第232条规定:"作为被执行人的公民死亡的,以其遗产偿还债务"。《最高法院适用〈民事诉讼法〉解释》第475条规定:"作为被执行人的公民死亡,其遗产继承人没有放弃继承的,人民法院可以裁定变更被执行人,由该继承人在遗产的范围内偿还债务。继承人放弃继承的,人民法院可以直接执行被执行人的遗产"。本案中,郭某英、黄某、汤某秀分别是黄某法的遗产继承人,且均没有依法作出放弃继承的意思表示,故郭某英、黄某、汤某秀应在继承遗产的范围内承担(2014)镇商初字第00125号民事判决所确定的民事责任。(2016)苏11执390号执行裁定驳回陆某富的执行申请,适用法律错误。陆某富申请撤销该裁定、立案执行,应予支持。2017年4月20日,镇江中院作出〔2017〕苏11执异85号执行裁定,撤销该院(2016)苏11执390号执行裁定。

郭某英、黄某、汤某秀不服,向江苏高院申请复议,请求撤销镇江中院〔2017〕苏11执异85号执行裁定,不将其三人列为本案被执行人。主要理由是:本案中本应作为被执行人的黄某法去世后,并没有留下任何可供继承遗产,被申请人也未能提供证据证实黄某法死后有遗产,而且复议申请人也自愿放弃继承黄某法遗产。故镇江中院作出裁定时引用《最高法院适用〈民事诉讼法〉解释》第475条因为复议申请人继承事实不存在而缺乏相应的适用依据。且根据《民事诉讼法》第257条第1款第三项的规定"有下列情形之一的,人民法院裁定终结执行:(三)作为被执行人的公民死亡,无遗产可供执行,又无义务承担人的",人民法院应当在此情况下作出执行终结的裁定。

郭某英、黄某、汤某秀在复议审查过程中向江苏高院提交了落款日期为2017年4月23日的声明一份,内容为"鉴于黄某法去世后经查实未发现生前留下财产,我们三人早已自愿放弃对黄某法遗产的继承。声明人:黄某、郭某英、汤某秀",用以证明郭某英、黄某、汤某秀放弃了对黄某法遗产的继承。江苏高院另查明,黄某法于2015年12月15日死亡。2016年8月29日该院作出(2015)苏商终字第00691号民事裁定,在该裁定中,江苏高院审查认为"因上诉人黄某法死亡,需要等待继承人表明是否参加诉讼,故依照《民事诉讼法》第150条第1款第(1)项规定,作出(2015)苏商终字第00691-1号民事裁定:本案中止诉讼。江苏高院于2016年2月26日向上诉人黄某法的法定继承人郭某英、黄某、汤某秀发出参加诉讼通知书,通知黄某法的法定继承人参加诉讼,但黄某法的法定继承人至今未参加诉讼,应视为其法定继承人已经放弃诉讼权利"。

江苏高院认为:《继承法》第25条规定,"继承开始后,继承人放弃继承的,应当在遗产处理前,作出放弃继承的表示。没有表示的,视为接受继承"。《最高法院执行〈继承法〉意见》第1条第1款规定:"继承从被继承人生理死亡或被宣告死亡时开始。"第49条规定:"继承人放弃继承的意思表示,应当在继承开始后、遗产分割前作出。遗产分割后表示放弃的不再是继承权,而是所有权。"黄某法于2015年12月15日死亡后,其遗产继承就已经开始。在江苏高院通知郭某英、黄某、汤某秀三人参加二审诉讼后,其三人均没有参加诉讼,也没有向该院书面或口头表示放弃继承。截止至2017年4月20日,镇江中院作出〔2017〕苏11执异85号执行裁定时,郭某英、黄某、汤某秀一直未作出放弃继承黄某法遗产的明确表示。因

此，在复议过程中，郭某英、黄某、汤某秀以出具书面声明称早已放弃对黄某法遗产的继承为由，要求人民法院不得将其列为被执行人，没有事实与法律依据，该院不予支持。镇江中院〔2017〕苏 11 执异 85 号执行裁定认定事实清楚、适用法律恰当，应予以维持。综上，江苏高院于 2017 年 9 月 28 日作出〔2017〕苏执复 133 号执行裁定，驳回郭某英、黄某、汤某秀的复议申请，维持镇江中院〔2017〕苏 11 执异 85 号执行裁定。

黄某、郭某英、汤某秀不服，向最高法院申诉，请求撤销江苏高院〔2017〕苏执复 133 号执行裁定，以及镇江中院〔2017〕苏 11 执异 85 号执行裁定，驳回申请执行人陆某富将三申诉人列为本案被执行人的执行请求。主要理由为：(一)因黄某法的遗产分割至今未确定具体时间，且三申诉人已于 2017 年 4 月 23 日书面声明放弃继承黄某法的遗产，故三申诉人放弃继承的意思表示符合相关法律的有关规定，异议、复议裁定将三申诉人列为被执行人属于认定事实不清、适用法律不当，应予撤销。(二)黄某法死后没有留下可供继承遗产，申请执行人陆某富也未举证证明黄某法有何遗产，三申诉人虽系黄某法的法定继承人，但没有继承任何遗产，故应驳回陆某富将三申诉人列为被执行人的执行请求。

陆某富答辩称，请求驳回黄某、郭某英、汤某秀的申诉请求。主要理由江苏高院〔2017〕苏执复 133 号执行裁定认定事实清楚、适用法律正确。(一)黄某法留有位于江苏省扬中市××镇××新村 A 号楼 202 室房屋一套，申诉人反映黄某法无遗产可供继承与事实不符。(二)申诉人黄某作为一名公司普通职员，名下登记有位于扬中市别墅一幢、门市房一套，还于 2014 年无偿接受其父母黄某法、郭某英赠予的别墅一幢。根据最高人民法院民事审判案件的相关案例，上述房产应认定为属于黄某法、郭某英、黄某的家庭共有财产，其中属于黄某法享有的财产份额属于其遗产，其第一顺位的法定继承人均有权继承。(三)三申诉人放弃遗产继承的声明作出于江苏高院复议阶段，声明内容与事实不符，意思表示虚假，三申诉人事实上并未“早已自愿放弃对黄某法遗产的继承”，该声明不能作为认定本案事实的依据。陆某富提供了相关房产所有权凭证及诉讼材料予以证明。

【最高法院裁判观点】

最高法院认为，本案争议焦点是能否将原被执行人的法定继承人黄某、郭某英、汤某秀变更为被执行人。

《最高法院适用〈民事诉讼法〉解释》第 475 条规定：“作为被执行人的公民死亡，其遗产继承人没有放弃继承的，人民法院可以裁定变更被执行人，由该继承人在遗产的范围内偿还债务。继承人放弃继承的，人民法院可以直接执行被执行人的遗产。”《最高人民法院关于民事执行中变更、追加当事人若干问题的规定》第 10 条规定：“作为被执行人的公民死亡或被宣告死亡，申请执行人申请变更、追加该公民的遗嘱执行人、继承人、受遗赠人或其他因该公民死亡或被宣告死亡取得遗产的主体为被执行人，在遗产范围内承担责任的，人民法院应予支持。继承人放弃继承或受遗赠人放弃受遗赠，又无遗嘱执行人的，人民法院可以直接执行遗产。”根据上述规定，自然人被执行人死亡后，其继承人没有放弃继承的，人民法院可以裁定变更继承人为被执行人。至于继承人实际是否继承遗产以及继承了多少遗产的问题，人民法院在确定继承人偿还债务的范围时会予以审查。因此，申诉人以黄某法没有留下遗产、自己并未继承遗产为由，主张执行程序不能将其变更为被执行人，于法无据，法院不予支持。

关于申诉人主张早已放弃继承权、不应被变更为被执行人的问题，本案中，黄某法于 2015 年 12 月 15 日死亡后，其遗产继承就已经开始，但在此之后的法院诉讼中，申诉人并没

有向审理法院书面或口头表示放弃继承;在执行程序中,截至 2017 年 4 月 20 日镇江中院作出〔2017〕苏 11 执异 85 号执行裁定时,申诉人既未向执行法院作出放弃继承的意思表示,也没有提交证据证明其曾向其他继承人作出过放弃继承的意思表示。在此情况下,镇江中院〔2017〕苏 11 执异 85 号执行裁定认定申诉人没有作出放弃继承的意思表示,并无不当。江苏高院〔2017〕苏执复 133 号执行裁定对此予以维持,亦无不妥。复议程序中,申诉人提交了一份落款时间为 2017 年 4 月 23 日的书面声明,称早已放弃对黄某法遗产的继承,但其并没有提供充分的证据对此予以证明,依法不能支持。故,申诉人关于自己已放弃继承权的理由不能成立,法院可以依法变更其为被执行人。此外,从实质公平角度考虑,变更申诉人为被执行人后,执行法院应首先审查核实原被执行人黄某法的遗产情况以及申诉人实际继承的遗产范围,对申诉人的执行以其继承黄某法遗产的范围为限,并不会损害其合法权益。

最高法院决定江苏高院〔2017〕苏执复 133 号执行裁定、镇江中院〔2017〕苏 11 执异 85 号执行裁定认定事实清楚,适用法律正确,最高法院予以维持。黄某、郭某英、汤某秀的申诉请求不能成立,最高法院不予支持。2018 年 12 月 24 日,最高人民法院依照《民事诉讼法》第 204 条、《最高人民法院关于人民法院执行工作若干问题的规定(试行)》第 129 条规定,裁定驳回黄某、郭某英、汤某秀的申诉请求。

第十四章
评注第三十一条（离婚请求权与登记离婚）

第 31 条　男女双方自愿离婚的，准予离婚。双方必须到婚姻登记机关申请离婚。婚姻登记机关查明双方确实是自愿并对子女和财产问题已有适当处理时，发给离婚证。

第一节　本条的基本原理

一、本条的基本内容

夫妻任何一方在合法有效婚姻关系存续期间，均有权请求解除婚姻关系。如果夫妻双方能够就是否离婚、未成年子女抚养、共同财产分割、共同债务清偿达成一致意见，双方可到婚姻登记机关申请登记离婚。获得批准，颁发离婚证，当即解除婚姻关系。

根据《婚姻法》第 31 条规定和《婚姻登记条例》第 14 条、第 15 条规定，登记离婚必须同时具备下列条件：

1. 夫妻双方均同意离婚。婚姻当事人双方一致同意离婚，且意思表示真实。这是最基本的条件，任何一件登记离婚均不可缺少。夫妻一方要求离婚，另一方不同意离婚，不得申请登记离婚。

2. 适当安排子女抚养。凡有未成年子女或者有虽已成年尚不能独立生活的成年子女却因疾病或者残疾的，应就子女由何方直接抚养、抚育费负担达成协议；应就不直接抚养子女方探望子女权利的行使达成协议。针对子女抚养与探望达成的协议内容不得损害子女的利益。

3. 夫妻共同财产已作适当分割。这里“财产”一词既包括物质形态存在的财产，也包括知识产权中的财产权益；既包括财产利益也包括财产负担。凡存在夫妻共同财产的，应就共同财产的处理作出明确约定。申请登记离婚时夫妻应当已就共同财产处理达成协议。至于具体分割，只要当事人双方都能接受即可，无固定不变的分割比例。双方一致商定将夫妻共同财产全部留给一方，另一方自愿放弃其应得份额，为法律所允许。

4. 无其他与离婚有关的争议。婚姻当事人双方如有与离婚相关的问题，必须就有关问题全面达成书面协议，才能申请登记离婚。例如，夫妻一方有过错，无过错的另一方要求赔偿的问题；当事人一方生活困难，要求另一方给予生活帮助的问题等。婚姻当事人双方没有就与离婚相关的问题达成协议的，不符合申请登记离婚的法定要求。夫妻双方未就离婚本身达成协议，或者双方均同意离婚，但未就子女抚养、共同财产分割等与离婚相关问题全面达成协议的，当事人依法应向有管辖权的人民法院提起离婚诉讼。

5. 夫妻双方均具有完全民事行为能力。登记离婚是解除夫妻身份关系的重要民事法律行为,只能由当事人本人亲自实施。申请登记离婚依法必须由婚姻当事人双方本人共同实施,不得由他人代理。凡不具备完全民事行为能力的当事人,依法不能申请登记离婚,即使登记机关因不明情况受理了登记离婚申请,一经查实则依法不予批准。夫妻一方是无完全民事行为能力人时,即使其父母等法定代理人同意对方与其离婚,并代理病患者一方与对方达成了协议,仍不能登记离婚,而应通过诉讼程序办理。这是公平地维护婚姻当事人双方合法权益的需要。《婚姻登记条例》第 18 条第 3 款明确规定,一方或双方当事人为限制民事行为能力人或者无民事行为能力人的,婚姻登记机关不受理其离婚申请。

婚姻登记机关颁发给当事人收执的离婚证,是证明夫妻关系已依法解除的法律文件。自当事人双方同时签收离婚证之日起,其婚姻关系即行解除。在我国,离婚证与已经生效的人民法院准许离婚的民事调解书或者民事判决书,具有同等法律效力。

二、本条的基本理论

登记离婚是简便易行的行政审批离婚程序。只要夫妻双方都同意离婚,并且就(如果有)未成年子女抚养、夫妻共同财产分割达成了一致意见,共同到婚姻登记机关申请离婚登记。通常,登记机关查验当事人应提供的证明材料后,核实无误的,当场就可以颁发离婚证。所以,登记离婚是十分自由、简便易行的离婚方式。与诉讼离婚相比,登记离婚不仅手续简便,成本低廉,而且因为其不查证夫妻离婚原因等婚姻矛盾过往,不易激化当事人矛盾,使之能在较平静的气氛中分手,也符合离婚当事人不愿张扬离婚的心理。许多婚姻当事人都有不愿在法庭上抛头露面的传统观念,更不愿意当众公布夫妻纷争详情。而法庭审判注重举证的特点容易引发当事人双方间的敌意与仇恨。因此,没有外来压力的登记离婚被越来越多离婚当事人接受。在我国,每年大多数离婚夫妻是通过登记离婚程序解除婚姻关系的。如果夫妻不能就离婚及相关事项全面达成协议的,则要求离婚一方有权向人民法院起诉,请求法院判令准许离婚。

不过,相比于法院批准离婚,行政登记离婚程序十分简易,也可能被少部分人利用于规避法律谋求不正当利益,或者冲动离婚。也可能因为财产分割方案不公或者未成年子女抚养安排不周全而引发争议。也因如此,仅有少数国家和地区实行行政登记离婚。大多数国家和地区立法例仍坚持离婚须通过法院司法程序审批。

三、本条的历史沿革

夫妻双方自愿离婚,也称两愿离婚。人民共和国成立以后,1950 年《婚姻法》实行行政离婚制度。该法第 17 条规定,"男女双方自愿离婚的,准予离婚。……男女双方自愿离婚的,双方应向区人民政府登记,领取离婚证;区人民政府查明确系双方自愿并对子女和财产问题确有适当处理时,应即发给离婚证"。1980 年《婚姻法》第 24 条规定,"男女双方自愿离婚的,准予离婚。双方须到婚姻登记机关申请离婚。婚姻登记机关查明双方确实是自愿并对子女和财产问题已有适当处理时,应即发给离婚证"。可见,这两部法案确立的登记离婚制度,内容如出一辙。2001 年《婚姻法修正案》继续保留登记离婚制度,并且无修改。

在我国,两愿离婚历史悠久。古代法上,就有和离制度。"夫妻两愿离婚者,得自行离婚,但未成年人应得法定代理人之同意。"在程序上,两愿离婚系要式行为,"应以书面为之,

并应有二人以上证人之签名”。古代社会的两愿离婚完全由当事人自行为之,无须登记或裁判。离婚后,子女之监护由夫任之,但另有约定者从其约定。法律未涉及其他相关事项的规范。1931 年 5 月施行的中华民国《民法亲属编》第二章第五节也有规定“两愿离婚”。可以说,两愿离婚继承了传统和离制度,并直接确认其合法性。因此,对于夫妻双方都同意的离婚,采用更简便易行的批准程序,是我国长期的传统。

四、法律渊源

关于夫妻协议通过行政程序登记离婚的法律渊源,除了《婚姻法》第 31 条,还有下列法律法规及司法解释有关规定。

(一)法律法规

《婚姻登记条例》有关规定。第 10 条规定,“内地居民自愿离婚的,男女双方应当共同到一方当事人常住户口所在地的婚姻登记机关办理离婚登记。中国公民同外国人在中国内地自愿离婚的,内地居民同香港居民、澳门居民、台湾居民、华侨在中国内地自愿离婚的,男女双方应当共同到内地居民常住户口所在地的婚姻登记机关办理离婚登记”。第 11 条规定,“办理离婚登记的内地居民应当出具下列证件和证明材料:(一)本人的户口簿、身份证;(二)本人的结婚证;(三)双方当事人共同签署的离婚协议书。办理离婚登记的香港居民、澳门居民、台湾居民、华侨、外国人除应当出具前款第(二)项、第(三)项规定的证件、证明材料外,香港居民、澳门居民、台湾居民还应当出具本人的有效通行证、身份证,华侨、外国人还应当出具本人的有效护照或者其他有效国际旅行证件。离婚协议书应当载明双方当事人自愿离婚的意思表示以及对子女抚养、财产及债务处理等事项协商一致的意见”。第 12 条规定,“办理离婚登记的当事人有下列情形之一的,婚姻登记机关不予受理:(一)未达成离婚协议的;(二)属于无民事行为能力人或者限制民事行为能力人的;(三)其结婚登记不是在中国内地办理的”。第 13 条规定,“婚姻登记机关应当对离婚登记当事人出具的证件、证明材料进行审查并询问相关情况。对当事人确属自愿离婚,并已对子女抚养、财产、债务等问题达成一致处理意见的,应当当场予以登记,发给离婚证”。

(二)司法解释有关规定

《最高法院适用〈婚姻法〉解释二》有关规定。第 8 条规定,“离婚协议中关于财产分割的条款或者当事人因离婚就财产分割达成的协议,对男女双方具有法律约束力。当事人因履行上述财产分割协议发生纠纷提起诉讼的,人民法院应当受理”。第 9 条规定,“男女双方协议离婚后一年内就财产分割问题反悔,请求变更或者撤销财产分割协议的,人民法院应当受理。人民法院审理后,未发现订立财产分割协议时存在欺诈、胁迫等情形的,应当依法驳回当事人的诉讼请求”。

《最高法院适用〈婚姻法〉解释三》第 14 条规定,“当事人达成的以登记离婚或者到人民法院协议离婚为条件的财产分割协议,如果双方协议离婚未成,一方在离婚诉讼中反悔的,人民法院应当认定该财产分割协议没有生效,并根据实际情况依法对夫妻共同财产进行分割”。

第二节　本条的适用

一、适用本条的效果

我国的行政登记离婚程序，在配偶双方生存期间结束婚姻关系中，发挥了特别大的作用。我国每年离婚夫妻中的绝大多数是通过行政登记离婚解除夫妻关系的；通过法院诉讼离婚获准离婚的夫妻对数大约仅占离婚夫妻总对数的15%左右，可以说仅仅是获准离婚夫妻对数中的零头。根据国家民政部公布的信息，2018年，全国(此处未包括香港、澳门和台湾地区，以下同)获准离婚夫妻共446.1万对，其中381.2万对是通过民政部门登记离婚的，仅有64.9万对是通过法院判决或调解离婚的。[①] 2017年全国获准离婚437.4万对，其中：民政部门登记离婚共370.4万对；法院判决批准、调解夫妻离婚是66.9万对。[②] 2016年，全国依法批准夫妻离婚共415.8万对，其中：民政部门登记离婚348.6万对；法院判决准许、调解夫妻离婚67.2万对。[③] 这组数字，一方面，说明登记离婚制度被接受程度高，民众肯定该制度在夫妻冲突无法调和的婚姻结束时提供的救济作用，看似其他离婚制度无法替代。特别是我国人口基数巨大，夫妻总对数庞大，如果没有行政登记离婚制度，难以想象人民法院有限编制、严格诉讼程序中，如何能够承受每年数百万对夫妻离婚！各地方政府民政部门承办离婚登记工作量巨大。另一方面，这些数据也说明行政登记离婚之便易。离婚过于便捷，是不是个问题？法律专业人士和社会各界的观点，仁者见仁，智者见智。

二、本条适用中存在的问题

该条适用过程中，存在或者遇到了下列问题：

(一)当事人冲动离婚和轻率离婚

依据我国登记离婚程序，只要当事人双方就是否离婚、子女抚养、财产分割达成一致意见，就可以申请登记离婚，登记机关依法就会批准当事人的离婚申请。部分婚姻当事人双方情绪冲动时，马上决定离婚，来到婚姻登记机关申请离婚登记。只要当事人提供的证件和材料齐全，登记机关依法应该准予离婚登记，颁发离婚证，收回结婚证；登记机关无权驳回当事人离婚申请。这导致部分当事人离婚，未经深思熟虑的思考，甚至发生结婚当天就离婚的情形。诚然，如果登记机关能够履行调解职能，也能阻止或化解部分冲动式离婚。然而，无论是从登记机关工作人员配备还是从从业者的专业素质上讲，登记机关都没有能力承担起调解职责。

---

① 《2018年民政事业发展统计公报》，中华人民共和国民政部，http://www.mca.gov.cn/article/sj/tjgb/201908/20190800018807.shtml，下载日期：2019年10月2日。

② 《2017年社会服务发展统计公报》，中华人民共和国民政部，http://www.mca.gov.cn/article/sj/tjgb/201808/20180800010446.shtml，下载日期：2018年11月30日。

③ 《2016年社会服务发展统计公报》，中华人民共和国民政部，http://www.mca.gov.cn/article/sj/tjgb/201708/20170815005382.shtml，下载日期：2018年2月20日。

为此，有部分法学法律专业人士提议为登记离婚设定适当限制，例如，结婚未满一年的，不得申请登记离婚；如果一方坚决要求离婚或者双方愿意离婚，可以向人民法院起诉，由法院酌情决定是否批准当事人的离婚申请。任何婚姻当事人双方都会遇到矛盾、利益冲突或其他挫折，而处理、化解纠纷或冲突的能力，每对夫妻不尽相同；每对夫妻的抗压力也有差异。有些夫妻矛盾，属于此一时和彼一时，当下，当事人双方认为"日子没法一起过了"，实际上，换个时间点再看，矛盾并不一定大到婚姻难以为继之地步。男女从恋爱关系走入婚姻关系，夫妻身份要面对的各种事务和任务，对当事人而言有个适应过程，其中，部分人适应快，角色转换成功；部分人适应慢，甚至不能适应，角色无法顺利转换，夫妻矛盾、亲属之间矛盾就容易产生。如果夫妻育有子女，照顾年幼子女的责任重。围绕年幼子女照顾增加的不同代际亲属之间的往来，也可能因为观念不同、立场有异，为婚姻当事人双方和睦相处增加了变数。随着当事人年龄增长、阅历丰富，心理承受能力增长，处理矛盾和冲突的能力提升，相当部分夫妻矛盾会得到化解，或者夫妻能够和睦地与矛盾、问题共存。

(二)利用登记离婚程序规避法律或谋取不正当利益

从近几年，在房价高企的上海、北京等大都市中，部分夫妻为了规避政府有关房产限制、限贷政策而登记离婚，被媒体喻为"恩恩爱爱地去离婚"，或者为了落户籍、孩子上学、买车上牌照等事务而假结婚，约定待事情办妥后双方登记离婚。在农村遇到征地拆迁的村庄中的部分居民，为了多分得征地拆迁利益，数日之内夫妻们齐刷刷地去申办登记离婚而终止婚姻，通过结婚、登记离婚的途径，让结婚对象户籍迁入即将拆迁的村庄，谋求拆迁征地补偿利益；还有个别实施此类行为的当事人被追究了刑事责任的案例。① 登记离婚程序，因为其简便、审核易通过，的确成为部分人利用之谋取不当利益的手段。当然，夫妻不是因为感情破裂，而是基于利益算计，合谋利用登记离婚之便，也不是市场经济环境下才有的事，更不是最近几年才新鲜出炉的新事物。但是，当前，当"不得违背公序良俗"成为法律原则(例如，《民法总则》第8条)，全社会都在呼吁增进社会公平正义，如果任由少数人利用该制度去谋取不当利益，其侵蚀、透支的是整个社会的良善和道德。因此，确有必要采取合理措施加以干预。

第三节　适用本条的案例

一、男女双方登记离婚后一年内反悔原财产分割的，有权请求变更或者撤销财产分割协议

秦某奎、李某芬离婚后财产纠纷再审审查与审判监督案件，云南省高级人民法院民事裁定书，〔2017〕云民申119号。②

---

① 例如，浙江省杭州市萧山区，公安机关以涉嫌诈骗犯罪启动侦查，相关当事人最后被当地人民法院判决诈骗罪成立，判处刑罚的。

② 云南省高级人民法院〔2017〕云民申119号民事裁定书，中国裁判文书网，http://wenshu.court.gov.cn/website/wenshu/，下载日期：2018年12月11日。

【案情概要】

再审申请人秦某奎(一审原告、二审上诉人)因与被申请人李某芬(一审被告、二审被上诉人)、秦甲(一审被告、二审被上诉人)、秦乙(一审被告、二审被上诉人)离婚后财产纠纷一案,不服云南省玉溪市中级人民法院(2010)玉中民一终字第 51 号民事判决,申请云南省高级人民法院(以下简称云南高院)再审。秦某奎申请再审称:(一)2009 年 5 月 12 日,秦某奎与李某芬签订的《离婚协议书》系李某芬、秦甲利用暴力胁迫秦某奎所订立,存在秦某奎被殴打、胁迫的事实,将全部房产给李某芬、将 24 万元给秦甲、每月给秦乙 1500 元不是秦某奎的真实意思表示。(二)本案中的《离婚协议书》违背了公平、公正的原则。根据协议,夫妻共同财产分割中,秦某奎仅得补偿款 7 万元,显失公平、公正。根据《民法通则》第 59 条规定,显失公平的民事行为,一方当事人有权要求变更或撤销。(三)秦甲、秦乙已完成义务教育,均已成年,无权要求父母给付抚养、教育费用。根据《离婚协议书》规定,秦某奎受胁迫给秦甲的 24 万元人民币,给秦某每月 1500 元,属赠与关系。秦某奎经济条件显著恶化,已无力履行《离婚协议书》中的经济负担,且秦甲作为受赠人存在殴打、威胁、胁迫秦某奎的客观事实,因此秦某奎有权撤销赠与,要求返还赠与财产。(四)《离婚协议书》中还涉及夫妻未处理的财产,一二审中也未涉及,应一并处理。(五)秦某奎是无过错方,有权请求损害赔偿。综上,秦某奎依据《民事诉讼法》第 200 条规定申请再审。

【裁判意见】

云南高院认为,第一,根据我国《婚姻法》相关规定,离婚协议中关于财产分割的条款或者当事人因离婚就财产分割达成的协议,对男女双方均有法律约束力。本案双方当事人秦某奎与李某芬于 2009 年 5 月 12 日在江川县便民服务中心签订了《离婚协议书》,同时办理了离婚登记手续,上述协议业经婚姻登记机关备案,合法有效,双方亦就协议书中财产分配等问题已实际履行。根据《最高法院适用〈婚姻法〉解释二》第 9 条规定,男女双方协议离婚后一年内就财产分割问题反悔,请求变更或者撤销财产分割协议的,人民法院应当受理。人民法院审理后,未发现订立财产分割协议时存在欺诈、胁迫等情形的,应当依法驳回当事人的诉讼请求。根据上述规定,秦某奎主张双方签订的离婚协议书不是其真实意思表示,该协议违背公平、公正原则,显失公平,但其提供的现有证据并不足以认定签订上述协议时李某芬、秦甲对其存在暴力、胁迫、欺诈的情形,故秦某奎的上述主张不能成立。

第二,对于秦某奎所主张的原一、二审判决中未涉及财产分割问题。在本案审查期间,秦某奎未提交有效证据证明存在其所述原审判决未涉及的财产。同时,根据《最高法院关于适用〈民事诉讼法〉解释》第 382 条规定,当事人就离婚案件中的财产分割问题申请再审,如涉及判决中未作处理的夫妻共同财产,当事人可另行起诉。

第三,根据《婚姻法》第 46 条关于离婚案件中损害赔偿的规定,只有在因重婚,有配偶者与他人同居,实施家庭暴力,虐待、遗弃家庭成员这四种情形之一解除婚姻关系的,无过错方才有权请求离婚损害赔偿。本案中,秦某奎与李某芬是于 2009 年 5 月 12 日在婚姻登记机关办理离婚登记手续,秦某奎没有提供证据证实其与李某芬离婚是因为上述情形,而按其提供的《离婚协议书》载明,双方离婚的原因是"因秦某奎于 2004 年后不尽照顾家庭及子女的义务,为此经常吵架,致使夫妻感情彻底破裂,已无和好可能",而非《婚姻法》第 46 条规定的四种情形。由此,秦某奎主张损害赔偿缺乏事实和法律依据,且该项主张已超出其一审诉讼请求的范围。

2017 年 5 月 5 日，云南高院认定原判认定事实清楚，适用法律正确，判决并无不当；秦某奎的再审申请不符合《民事诉讼法》第 200 条规定的情形。依照《民事诉讼法》第 204 条第 1 款，《最高法院关于适用〈民事诉讼法〉解释》第 395 条第 2 款规定，裁定驳回秦某奎的再审申请。

二、登记离婚时财产分割协议只能约束离婚夫妻，不能约束第三人

郑某华与西安市灞桥区月塘建材经销部案外人执行异议之诉二审案，陕西省高级人民法院民事判决书，(2019)陕民终 1171 号。①

一审中，郑某华向铜川市中级人民法院起诉，请求：①判令不得执行涉案房产；②确认涉案房产归原告所有。

一审法院认定的事实：2013 年 11 月 12 日，刘某以万泰邦公司瑞芙城市花园项目部名义与灞桥区月塘建材经销部(以下简称建材经销部)签订钢材销售合同一份。合同签订后，建材经销部提供钢材 1119.933 吨。2015 年 1 月 30 日，刘某与建材经销部结算后确认，总货款 3676256.55 元，已付货款 800000 元，下欠货款及资金占用费等共计 3401159.15 元。因刘某未能付款，建材经销部提起诉讼。一审法院判决刘某向建材经销部支付欠款 3401159.15 元及违约金。建材经销部不服一审判决提起上诉，陕西省高级人民法院于 2016 年 6 月 3 日作出(2016)陕民终 350 号民事判决，驳回上诉，维持原判。判决生效后，因刘某未能主动履行判决确定的义务，建材经销部申请强制执行。铜川市中级人民法院于 2016 年 8 月 18 日立案执行。执行法院于 2016 年 9 月 13 日查封了刘某名下的陕西省西安市未央区××城××路××号楼××室的房屋。2016 年 11 月 16 日，申请执行人与刘某达成执行和解协议及《以房抵货款协议书》，约定以刘某名下的陕西省西安市未央区××城××路××号楼××室的房屋抵偿刘某拖欠建材经销部的部分货款，如刘某不能在 2018 年 9 月 13 日前付清银行贷款并协助申请人办理过户手续，申请人有权对该房屋依法拍卖。申请执行人同意暂时退出执行程序，执行法院于 2016 年 11 月 25 日作出终结本次执行程序的裁定。此后因刘某未能履行和解协议及《以房抵货款协议书》，执行法院于 2018 年 10 月 15 日恢复执行。执行期间，执行法院于 2018 年 12 月 12 日对涉案房屋进行续查封。另查明，原告与刘某于 1999 年 3 月 1 日在河南省西峡县西坪镇民政所登记结婚。2012 年 6 月 7 日，刘某以个人名义与陕西金源房地产开发集团有限公司订立《商品房买卖合同》，购入涉案房屋。该房屋尚处于预售阶段，未办理房产登记。2016 年 9 月 28 日，原告与刘某登记离婚。原告未能提供登记离婚时在婚姻登记机关备案的离婚协议书。现涉案房产由原告与子女居住使用。

一审法院认为，本案争议焦点是，原告是否享有足以排除强制执行的权益。原告主张应当按照离婚协议的约定确定涉案房屋归其所有，不能成立。《最高法院适用〈婚姻法〉解释二》第 8 条第 1 款规定，“离婚协议中关于财产分割的条款或者当事人因离婚就财产分割达成的协议，对男女双方具有法律约束力”。根据该条规定，离婚协议仅对男女双方具有法律效力，对第三人不具有法律效力；且离婚协议是债权债务协议，不具有直接变动物权的效力。

① 陕西省高级人民法院(2019)陕民终 1171 号民事判决书，中国裁判文书网，http://wenshu.court.gov.cn/website/wenshu/，下载日期：2019 年 12 月 31 日。

须离婚双方按照协议约定依法履行相关物权变动手续后，才能发生物权转让的效力，离婚时取得房屋的一方才能享有物权。本案中，没有证据显示原告与第三人在离婚协议达成后，依法履行了变更登记手续。原告称因房屋分期付款未能偿还致无法办理变更登记，但分期付款未能清偿并非无法克服的客观障碍。现有证据无法证明原告非因自身原因导致没有办理变更登记的事实。原告虽占有使用该房屋，但不能单独以占用使用状态作为其享有物权的依据。涉案房屋系刘某婚后购买的财产，虽有离婚协议，但并未发生物权变动的效力。原告主张涉案房屋应归其一人所有，没有事实依据和法律依据，不予支持。另，本案中，执行依据确认的债务形成时间为 2015 年 1 月 30 日，涉案房产第一次被执行法院查封的时间为 2016 年 9 月 13 日，均早于 2016 年 9 月 28 日原告与刘某登记离婚时间。足以证明原告与刘某是在法院对涉案房产采取查封措施后，才订立离婚协议处分夫妻共有财产。此后的 2016 年 11 月 16 日，刘某与建材经销部达成《以房抵货款协议书》中，刘某同意以涉案房屋抵偿所欠的货款。刘某明知已在离婚时协议约定涉案房屋归原告所有，仍将该房屋抵偿其债务，也与常理相悖。原告与刘某签订的离婚协议注明时间虽是 2016 年 7 月 15 日，但是原告未能在法院指定时间提供该协议已在婚姻登记机关备案的证据，该协议真实性无法证明，应由原告承担不利后果。原告请求排除强制执行，不予支持。原告的请求不能成立，应予驳回。依照《民事诉讼法》第 64 条规定，判决驳回郑某华的诉讼请求。

郑某华因(原审原告)与被上诉人建材经销部(原审被告)、第三人刘某案外人执行异议之诉纠纷一案，不服铜川市中级人民法院(2019)陕 02 民初 14 号民事判决，向陕西省高级人民法院(以下简称陕西高院)提起上诉。于 2019 年 11 月 11 日立案。郑某华上诉，请求改判支持上诉人请求或将本案发回重审。事实和理由四点：其一，诉争房产的归属约定在离婚协议中，该约定可以直接引起案涉房屋的物权变动，足以对抗被上诉人的普通债权。原审法院认定离婚协议不具备物权变动效力属认定事实错误。其二，上诉人在签订离婚协议后，与婚生子居住房屋至今，系房屋的所有权人，行使占有、使用的所有权权能。其三，刘某与被上诉人在其双方的债务中，以不再享有产权的上诉人所有的房屋抵偿其个人债务的行为无效。其四，上诉人与第三人婚姻关系存续时间长，双方在协商解除婚姻关系的过程中，因子女抚养、财产分割等问题始终无法达成一致，且婚姻缔结地较远，双方办理离婚登记存在一定困难。由此种客观原因导致离婚登记时间较晚。退一步讲，案涉房屋属于共同财产，上诉人享有排除被上诉人申请强制执行的权益。

被上诉人辩称，①离婚协议只能在婚姻关系解除时生效。离婚协议应经离婚登记而生效。离婚协议在 2016 年 7 月 15 日(不能排除倒签时间的可能)，但登记离婚在 2016 年 9 月 28 日，应以登记之日作为生效时间。②房屋查封时间在离婚协议生效之前。法院查封房屋的裁定作出的时间是 2016 年 9 月 13 日，在离婚协议生效之前。③人民法院不应支持上诉人的请求。④上诉人对房屋不享有物权。房屋登记在刘某名下，上诉人不享有物权⑤上诉人不是房屋的权利人。⑥上诉人可另案向刘某主张权利。离婚协议是夫妻双方内部约定，不具有公示效力。⑦上诉人对执行情况明知。2016 年 11 月 16 日，被执行人刘某与执行人达成以查封房屋抵货款的和解协议。因和解协议未履行，才申请恢复执行。⑧本案是典型的以假离婚方式规避法院执行的行为。本案债权产生时间是 2013 年 11 月至 2015 年 4 月，判决生效时间是 2016 年 6 月 3 日。该房屋被查封是 2016 年 9 月 13 日。在人民法院对刘某采取执行措施后，刘某在离婚协议中将该房屋给配偶一方，是典型的以假离婚规避执行的

行为。⑨上诉人有伪造证据的嫌疑。离婚协议并未在婚姻登记机关备案。请求对上诉人规避执行行为给予处罚或追究刑事责任。

二审中,当事人均未提交新证据。一审查明的事实清楚,陕西高院予以确认。

陕西高院认为,上诉人以离婚协议约定房屋归其所有而主张其对涉案房屋享有物权,因离婚协议未在婚姻登记机关备案,不具有对抗第三人的效力。上诉人称未备案是因婚姻登记机关未要求于理不通,于法无据,不能成立。上诉人虽占有使用该房屋,但不能以占有使用状态作为其享有物权的依据。涉案房屋系婚后夫妻共同财产,上诉人主张涉案房屋若为夫妻共同财产,刘某以房抵债的行为无效。因本案是被上诉人申请强制执行债权而引起涉案房屋被查封,与刘某以房抵债行为并无关联。上诉人作为房屋共有权人不享有排除强制执行的民事权益,原判正确,应予维持。上诉人的上诉理由不能成立,应予驳回。2019 年 12 月 23 日,依照《民事诉讼法》第 170 条第 1 款第 1 项规定,判决如下:驳回上诉,维持原判。

第十五章
评注第三十二条(离婚请求权与判决离婚事由)

第 32 条　男女一方要求离婚的,可由有关部门进行调解或直接向人民法院提出离婚诉讼。

人民法院审理离婚案件,应当进行调解;如感情确已破裂,调解无效,应准予离婚。有下列情形之一,调解无效的,应准予离婚:(一)重婚或有配偶者与他人同居的;(二)实施家庭暴力或虐待、遗弃家庭成员的;(三)有赌博、吸毒等恶习屡教不改的;(四)因感情不和分居满二年的;(五)其他导致夫妻感情破裂的情形。

一方被宣告失踪,另一方提出离婚诉讼的,应准予离婚。

第一节　本条的基本原理

一、本条的基本内容

如果夫妻双方未能就离婚及相关事项全面达成协议的,任何一方均有权行使离婚请求权,向人民法院诉请离婚。法院经审理,在查明事实基础上,主持调解,促成当事人双方和好;如果确认夫妻感情确已破裂,具备法定离婚事由,夫妻双方无和好可能的,调解离婚,促成当事人达成离婚协议,批准离婚;如果调解不成的,则判决准许离婚。在诉讼离婚中,当事人双方一致同意离婚,但未能就未成年子女抚养(直接抚养权、探望权、抚养费三方面安排)达成协议或者不能就共同财产分割或者共同债务清偿达成协议的,法院有权批准离婚的同时,就当事人未达成协议的事项作出判决。

(一)用于识别夫妻感情确已破裂的法定离婚事由

1. 重婚或有配偶者与他人同居的

这款规定包括两类情形:重婚,有配偶者与他人同居。首先,重婚违背了一夫一妻制婚姻要求配偶相互忠贞的要求,破坏了一对一伴侣关系根本,因此构成离婚原因。夫妻一方与婚外异性具有法律上或者事实上的夫妻关系,不仅是对夫妻感情的践踏,而且是对另一方尊严的无视。另一方因此认为婚姻关系的维持毫无意义,转而要求离婚,实属情理之中。[①] 婚

---

① 有些国家和地区的离婚法规定,重婚作为法定离婚理由,仅为无过错配偶一方享有离婚请求权。如果享有离婚请求权一方,对其配偶的重婚,事先予以同意的,则不发生离婚请求权;如果事后给予宽恕的,经过一定期间(6 个月至 2 年不等),离婚请求权也归于消灭。

姻法也允许有重婚过错的配偶一方本人请求离婚。其次,夫妻一方与他人同居。这里的同居是指有配偶者与婚外异性在一起共同生活,但不以夫妻名义相称,故俗称姘居。夫妻一方与他人同居,违背了夫妻相互忠贞的一夫一妻制要求,因此构成离婚原因。自从 1978 年改革开放以来,有配偶者与婚外异性以夫妻以外的各种名义公开或隐蔽地同居生活的现象较为突出。[①] 婚外同居因不是以夫妻名义共同生活,其行为依法不构成重婚,但仍是对一夫一妻制的严重破坏。夫妻一方的背叛可能摧毁另一方对婚姻的信心,造成难以弥合的损伤。姘居对合法婚姻的损害一目了然,社会上要求遏制这种现象的呼声很高。允许遭遇到这种情形的夫妻离婚,实有必要。

2. 实施家庭暴力或者虐待、遗弃家庭成员的

首先,实施家庭暴力的。家庭暴力是家庭成员或共同生活者中的某人或者某几个人对其他人实施的身体、精神、性的伤害行为。发生在夫妻之间的家庭暴力,也称婚姻暴力,是常见的家庭暴力类型。本条所称"实施家庭暴力"不限于婚姻暴力,如果夫妻一方对另一方的近亲属实施家庭暴力导致夫妻关系无法继续下去的,于情于理都说得通。其次,有虐待家庭成员的行为。虐待是指经常以打骂、冻饿、禁闭、强迫过度劳动或限制人身自由、凌辱人格等方法,对共同生活的家庭成员进行肉体上、精神上的摧残、折磨的行为。虐待具有三个特点:一是虐待行为人与被虐待者具有亲属关系,通常是生活在一起的家庭成员,受害人往往是老人、未成年人、妇女、残疾人等弱势人员。二是具有经常性,在一段时间内,连续或者经常实施虐待行为。三是行为的残酷性,虐待会给受害人造成很大的肉体痛苦和精神痛苦。身为家庭成员,本应相互尊重、互相关心和帮助,和睦共处。夫妻一方却违背常理,利用自己体力上、经济上等优势非法侵犯家庭成员的人身权益,因此导致婚姻难以存续,这是可预知的后果。再次,有遗弃家庭成员行为的。遗弃是指对年老、年幼、患病或者其他原因没有独立生活能力的人负有法定扶养义务而拒绝给予扶养的行为。行为人明知自己的行为会给受害人造成极大的生活困难、精神痛苦,却仍为之。夫妻一方感情因此破裂,一方要求离婚,应该予以准许。发生家庭暴力或者虐待、遗弃家庭成员的,在调解无效时,准许夫妻离婚,这是我国家庭领域人权保障的进步。

3. 有赌博、吸毒等恶习屡教不改的

恶习是指严重影响正常生活的不良嗜好和习惯。赌博、吸毒、好逸恶劳等恶习,对婚姻生活的负面影响不仅是经济上的,更重要的是对配偶另一方及其他家庭成员的严重精神打击。最近二十年来,夫妻一方沾染恶习屡教不改是我国少数家庭遇到的共同伤痛。夫妻一方沾染上某种恶习后,另一方总是想方设法帮助该方改掉恶习,希望重新开始正常生活。然而,生活中总有部分人不痛下决心根除恶习或者屡改屡犯,致使配偶另一方对婚姻绝望,夫妻关系名存实亡。在此情形下,不允许婚姻当事人离婚,会使无辜配偶受到严重伤害,很可能使未成年子女的身心受到比父母离婚可能带来的更严重的伤害。因此,夫妻一方有恶习屡教不改致使婚姻无法继续时,离婚是解决问题的正当选择。

---

① 社会生活中使用的"包二奶"一词,不是法律术语,泛指一切婚外两性关系。从社会反映的情况看主要指有配偶者与婚外异性在或长或短的时间内共同生活的情形,包括重婚现象。因此,姘居与"包二奶"不能等同。

4. 因感情不和分居满二年的

“分居二年”应包括三方面：首先，它是指婚姻当事人因感情不和连续分居的状态持续已满二年，而不是数次分居时间累加的结果。其次，法律要求的“分居二年”是婚姻当事人一方起诉离婚前最后一次分居的时间，而不是共同生活史上曾有过的分居。当事人虽有分居，但未满二年又恢复同居的，或者夫妻双方曾因感情不和分居了二年甚至更长，后因某种原因又恢复了同居，则原先的二年分居不是本项所称的“分居二年”。再次，造成分居的原因是夫妻感情不和。分居原因唯一化是本项规定的法定要求。如果当事人双方因客观事由而致两地生活，如夫妻因工作原因两地生活，不是本项所称的分居。

因感情失和，夫妻分居两年间，通常无论丈夫或妻子应该都曾想努力挽回婚姻，然而未果，说明该婚姻已接近徒有其表。此时，一方要求离婚，即使另一方不同意，和好无望时，准予离婚，是为合理。

5. 其他导致感情破裂的情形

这个概括性规定是个兜底条款，可涵盖所有前述规定中没有列举到但实际生活中确实导致夫妻感情破裂的情形。结合以往的司法实践，其他情形主要有：一方被依法判处长期徒刑，或者其违法、犯罪行为严重伤害夫妻感情的；夫妻一方或双方有通奸行为；夫妻一方有生理缺陷难以治愈的；双方办理结婚登记后尚未同居生活，已无和好可能的等等。导致夫妻感情破裂的情形多种多样，法律只能列明常见情形，而不可能列举穷尽。

需要强调的是，上述关于准予离婚的法定情形的规定，不是专门针对无过错一方的，无论是具备上述情形之一或者同时具备上述多种情形的过错一方主动提出离婚，还是无过错一方提出离婚，只要具备上述五类法定情形之一，调解和好无效时，就应准予离婚。诉请离婚的原告是否有过错并不影响离婚请求的获准。

此外，针对夫妻一方被宣告失踪后另一方要求离婚的情况，《婚姻法》第 32 条第 3 款规定，夫妻“一方被宣告失踪，另一方提出离婚诉讼的，应准予离婚”。这一情形与上述五种法定情形不同。适用此项规定判决离婚，不要求调解无效。此类离婚诉讼中，只有一方当事人到庭，被告没有音讯，法院调解缺乏针对性。当夫妻一方被宣告失踪时，另一方请求离婚，合乎情理，人民法院依法准予原告离婚请求，既是为原告开始新生活提供机会，又可以明晰相关民事法律关系，保护相关利害关系人。

(二)调解是审理离婚案件的法定程序

调解是判决离婚的前置程序。人民法院受理离婚案件后，审理过程中，依法应当主持调解，调解和好不成功或者调解离婚无效的，人民法院始得作出判决。未经调解径行判决，就违反法定程序。同时，离婚案件久调不决，也不符合当事人利益和社会利益，对于调解无效的案件，依法应及时判决结案。调解无效与感情破裂之间的关系较为复杂。通常，如果婚姻当事人感情已经破裂，调解和好的可能性小；但调解和好无效，不等于夫妻感情已经破裂。调解和好无效的原因较复杂，可能是婚姻当事人确实不存在和好可能，也可能是调解人员的水平问题或方法不适当等。调解无效作为判决离婚的前提，《婚姻法修正案》的要求与原规定相比没有变化。作出准予离婚判决时，除了应该按照法定具体情形衡量判断当事人双方感情是否已经破裂外，还应该看调解结果。经过调解，夫妻双方同意继续维持夫妻关系的，允许原告撤回离婚起诉；也可以依法制作民事调解书，依法照准当事人和解。换言之，只要

当事人双方愿意维持夫妻关系，人民法院不能因夫妻感情确已破裂而判决准予离婚。凡原被告婚姻关系中，存在第32条第2款规定的五大类法定离婚事由之一的，在调解无效时，说明夫妻感情确已破裂，人民法院应当准许离婚。

二、本条的基本理论

（一）保障离婚自由和反对轻率离婚，是本条的基本价值观和指导思想

首先，离婚自由是公民享有的基本权利。当夫妻感情确已破裂，婚姻难以为继时，夫妻任何一方均有权要求离婚；当事人双方协商不成时，人民法院应当查明事实，确认离婚申请是否具备法律列明的五大类离婚事由（大多数类型中又包含了若干种不同具体情形）中的一种或几种，判断夫妻是否有和好可能，从而作出公正判决。俗话说，强扭的瓜不甜。如果当事人双方已经不能继续共同生活，强制维持婚姻关系，既不利于申请离婚当事人一方的利益，也不利于不同意离婚当事人一方的长远利益。因此，审核离婚申请是否应予准许时，不应过于苛刻。第32条规定确定的判决离婚标准，与以往法定标准相比较，离婚相对容易。其次，离婚作为解决婚姻冲突的最后办法，应当慎重选用，不应感情冲动，避免轻率离婚发生。法定离婚事由中的任何情形，均是导致婚姻重大冲突或危机的情事，无论是重婚、有配偶者与他人同居，或者是实施家庭暴力或者虐待、遗弃家庭成员，或者夫妻一方有赌博、吸毒等恶习屡教不改的，均不仅严重挫伤夫妻感情，而且极大地损害配偶人格尊严，因此不堪继续与对方维持婚姻关系，实属情理之中。因感情不和分居满两年的规定，[①]用意在于两方面：一是引导婚姻当事人双方在作出离婚决定前冷静思考，并为这种思考创造条件，以避免当事人冲动离婚。二是为可能到来的离婚作某种准备。离婚意味着家庭的解体，无论当事人本人、婚姻中的子女及与婚姻当事人共同生活的亲属，要对今后生活安排有一定准备，均需要相当时间。

分居期限是修改1980年《婚姻法》原规定过程中争议较大的问题。多数学者主张分居作为识别婚姻关系是否已经破裂的标志之一，以1～3年为适当考虑期限。如果说分居3年稍嫌长，分居1年则稍嫌短，2年是多数人意见的折中点。[②] 因为判决离婚的标准，适用于一方要求离婚而另一方不同意离婚的情形，婚姻作为一种承诺，法律不能只尊重和考虑想离婚一方的愿望和利益，而不同等地尊重和考虑另一方的愿望和利益！法定二年分居期限能够为多数人所认同。有"其他导致夫妻感情破裂的情形"，涵盖了当事人具备前述四大类事由以外的导致夫妻感情破裂的任何重要事由。如果当事人婚姻的确遇到了非前述法定情形而导致夫妻无法继续共同生活的，法官酌情也将批准离婚。

丈夫行使该条赋予的离婚请求权时，应受到《婚姻法修正案》第34条规定限制"女方在

---

① 1989年11月《关于人民法院审理离婚案件如何认定夫妻感情确已破裂的若干具体意见》第7条规定，"因感情不和分居已满三年，确无和好可能的，或者经人民法院判决不准离婚后又分居满一年，互不履行夫妻义务的"，视为夫妻感情确已破裂，准予离婚。

② 另有些学者主张分居二年、三年均太长，个别学者甚至认为分居"3～6个月即可。认为在过了这么长的时间后，双方的离婚决定仍无改变，再长就没有意义，而"纯属折磨人"了。故意折磨人无论如何不应当成为一项法律的动机"。李银河、马忆南主编：《婚姻法修改论争》，光明日报出版社1999年版。

怀孕期间、分娩后一年内或中止妊娠后六个月内,男方不得提出离婚。女方提出离婚的,或人民法院认为确有必要受理男方离婚请求的,不在此限"。如果妻子具备第34条规定的三种法定情形之一的,丈夫不得提出离婚。这是为保护胎儿、婴儿和特殊时期妇女的利益需要所作的特别规定。

(二)本条规定的法定离婚事由合乎婚姻生活逻辑

本条规定的法定离婚事由中的任何一种情形,在实际婚姻家庭生活中,均确有存在或会发生,有些情形的发生概率还较大。

关于重婚。登录"中国裁判文书网",输入"重婚""重婚罪"关键词,可以搜索到被告人被确认有罪的重婚刑事判决书。从性别看,被告人中,既有男性,又有女性。从重婚形式看,既有法律重婚,又有事实重婚。例如,湖北省团风县人民法院审结的徐某梅重婚案件,县法院认定"1993年,被告人徐某梅与王某2按农村习俗举行婚礼,并于1994年和1996年分别生育两个儿子。1996年前后,被告人徐某梅与徐某2(已判刑)发生婚外情;1998年徐某2与妻子离婚。自1998年以后,徐某梅在未与其丈夫王某2解除婚姻关系的情况下,仍与徐某2以夫妻名义在团风县淋山河镇张岗村共同生活至今",时间长达二十余年。确认"被告人徐某梅在有配偶的情况下仍与他人以夫妻名义同居生活,其行为已构成重婚罪",依照《刑法》第258条、第67条第三款、第72条、第73条规定,判决"被告人徐某梅犯重婚罪,判处有期徒刑六个月,缓刑一年"。[①] 在江苏省苏州市中级人民法院审结的邢某犯重婚罪、诈骗罪二审刑事案件中,江苏省常熟市人民法院一审认定,"2013年12月至2015年7月10日期间,被告人邢某与宋某处于婚姻存续的期间,冒名刘某与李某甲以夫妻名义同居在江苏省常州市邹区镇山东兰陵饭店,并与被害人李某甲于2014年10月12日生育一子",被告人邢某归案后如实供述自己的重婚罪行,对其所犯重婚罪可以从轻处罚。依照《刑法》第258条,第266条,第69条第一款、第三款、第67条第三款,第64条规定,"以被告人邢某犯重婚罪,判处有期徒刑一年"。二审法院认为"上诉人邢某与宋某在婚姻关系存续期间,又与李某甲之间构成事实婚姻关系,其行为已构成重婚罪",确认了前述一审判决结果。[②]

关于家庭暴力。家庭暴力客观存在在部分家庭中,且是导致夫妻离婚的原因之一。根据李洪祥课题组对吉林省长春市四个地区的人民法院、司法所、妇联受理的家事案件(含纠纷)的案件调研,共抽取1271件家事案件,其中,有360件涉及家庭暴力,占调查案件总数的28.32%。[③] 根据陈苇课题组对湖南省长沙市辖区内的2区、2市共四个地区于2008—2010年受理涉及家庭暴力问题的案件调研,其中,人民法院受理家事案件(含婚姻家庭案件和继承案件)2395件,其中涉及家庭暴力的案件有481件,三年平均占比20.08%;妇联受理家事纠纷投诉602件,其中,涉及家庭暴力的纠纷有406件,三年平均占比高达67.44%;司法所

---

① 湖北省团风县人民法院(2019)鄂1121刑初74号刑事判决书,中国裁判文书网,http://wenshu.court.gov.cn/website/wenshu/,下载日期:2019年12月12日。

② 江苏省苏州市中级人民法院(2016)苏05刑终11号刑事判决书,中国裁判文书网,http://wenshu.court.gov.cn/website/wenshu/,下载日期:2018年2月3日。

③ 陈苇主编:《我国防治家庭暴力情况实证调查研究——以我国六省市被抽样地区防治家庭暴力情况为对象》,群众出版社2014年版,第83~84页。

受理的家事纠纷有 202 件，其中，涉及家庭暴力的纠纷有 65 件，三年平均占比达到 32.18%。[①] 陈苇课题组对重庆市四个地方法院于 2008—2010 年受理的家事案件调查，三年间，家事案件 7968 件，其中，涉及家庭暴力的案件有 1276 件，占 16.01%。[②] 同时期，云南省的家庭暴力发生率大大地高于前述两个地区。根据杨晋玲课题组在云南省 A 县人民法院在 2008—2010 年间受理的 3544 件家事案件的调查，其中，涉及家庭暴力的案件有 1422 件，占 40.12%。[③] 关于家庭暴力发生原因，陈苇课题组发现，在 B 区法院受理的涉及家庭暴力的案件中，"排在前两位的是草率结婚、家庭琐事，分别占 22.70%和 20.74%。经济纠纷、性格暴躁、疑有外遇和酗酒四项所占比例大致相同，分别是 9.61%、8.96%、7.86%和 7.86%"；婚外性行为、性格不合、子女教育、赌博、女方不孕、嫖娼、吸毒、重男轻女引发家庭暴力所占比例相对较小，均低于 5.89%。同期在 C 区法院受理的涉及家庭暴力案件中，引发暴力的原因，则是"家庭琐事所占比例最高，占 24.49%，其次为性格暴躁、性格不合、疑有外遇，其比例分别占 15.65%、10.88%和 10.20%；酗酒、婚外性行为、草率结婚、经济纠纷、重男轻女、赌博、子女教育、女方不孕、婚前行为不端、嫖娼各项所占比例均低于 7.48%。[④] 关于家庭暴力类型，根据叶英萍课题组对海南省 C 市某区人民法院于 2008—2010 年间受理的涉及家庭暴力的 30 个案件统计，其中，23 件涉及身体暴力，占 76.67%；4 件涉及经济控制，占 13.33%；3 件涉及精神暴力，占 10.00%。[⑤] 杨晋玲课题组对云南省 A 县人民法院审结的 1422 件涉及家庭暴力案件的统计，暴力行为类型主要有身体虐待、心理虐待、财产虐待、性虐待及其他。[⑥]

三、本条的历史沿革

人民共和国成立以来，历部婚姻法关于夫妻单方要求离婚的司法裁判标准一直是比较宽松的，调解始终是法定离婚程序之组成部分。1950 年《婚姻法》第 17 条规定："男女双方自愿离婚的，准予离婚。男女一方坚决要求离婚的，经区人民政府和司法机关调解无效时，亦准予离婚。……男女一方坚决要求离婚的，得由区人民政府进行调解；如调解无效时，应即转报县或市人民法院处理；区人民政府并不得阻止或妨碍男女任何一方向县或市人民法院申诉。县或市人民法院对离婚案件，也应首先进行调解；如调解无效时，即行判决。"1962 年 10 月 17 日，《最高人民法院关于学习婚姻法第十七条所遇到的问题的复函》指出，"婚姻

---

① 陈苇主编：《我国防治家庭暴力情况实证调查研究——以我国六省市被抽样地区防治家庭暴力情况为对象》，群众出版社 2014 年版，第 121 页、第 126 页、第 131 页。

② 陈苇主编：《我国防治家庭暴力情况实证调查研究——以我国六省市被抽样地区防治家庭暴力情况为对象》，群众出版社 2014 年版，第 11 页。

③ 陈苇主编：《我国防治家庭暴力情况实证调查研究——以我国六省市被抽样地区防治家庭暴力情况为对象》，群众出版社 2014 年版，第 251 页。

④ 陈苇主编：《我国防治家庭暴力情况实证调查研究——以我国六省市被抽样地区防治家庭暴力情况为对象》，群众出版社 2014 年版，第 17 页。

⑤ 陈苇主编：《我国防治家庭暴力情况实证调查研究——以我国六省市被抽样地区防治家庭暴力情况为对象》，群众出版社 2014 年版，第 204 页。

⑥ 陈苇主编：《我国防治家庭暴力情况实证调查研究——以我国六省市被抽样地区防治家庭暴力情况为对象》，群众出版社 2014 年版，第 258 页。

法第十七条的各项规定,一方面规定离婚自由,以便使那些受封建婚姻束缚而坚决要求离婚的人和确实不能继续夫妻关系而坚决要求离婚的人,能够解决离婚问题;同时又规定实现这种离婚自由的严肃郑重的法律程序,以便依法处理离婚案件中的有关问题,并防止和反对轻率离婚的现象。该条第二项规定一方坚决要求离婚,经县或市人民法院调解无效时,即行判决,至于怎样判决,正如前中央人民政府法制委员会的解释所说,应根据每一案件的具体情况,作出准予离婚可不准予离婚的判决。对婚姻法第十七条中的各项规定,应联系起来作全面的理解,认为一方坚决要求离婚的,不问什么情况都只能判离,是不符合婚姻法第十七条的精神的"。①

1989 年 11 月 21 日《最高法院关于判断夫妻感情破裂的意见》发布。该司法解释规定了 14 种情形可视为感情破裂准予离婚,但其中有多种情形并不属于感情破裂或者离婚问题。

四、法律渊源

关于离婚请求权的法律渊源,除了《婚姻法》第 32 条规定外,还有《宪法》、法律及司法解释中的有关规定。

(一)宪法和法律有关规定

《宪法》第 49 条规定,"婚姻、家庭、母亲和儿童受国家的保护。夫妻双方有实行计划生育的义务。父母有抚养教育未成年子女的义务,成年子女有赡养扶助父母的义务。禁止破坏婚姻自由,禁止虐待老人、妇女和儿童"。

《妇女权益保障法》第 43 条、第 44 条、第 45 条分别规定,"国家保障妇女享有与男子平等的婚姻家庭权利"。"国家保护妇女的婚姻自主权。禁止干涉妇女的结婚、离婚自由。""女方在怀孕期间、分娩后一年内或者终止妊娠后六个月内,男方不得提出离婚。女方提出离婚的,或者人民法院认为确有必要受理男方离婚请求的,不在此限。"

《民法总则》有关规定。第 109 条规定,"自然人的人身自由、人格尊严受法律保护"。第 110 条规定,"自然人享有生命权、身体权、健康权、姓名权、肖像权、名誉权、荣誉权、隐私权、婚姻自主权等权利。法人、非法人组织享有名称权、名誉权、荣誉权等权利"。第 112 条规定,"自然人因婚姻、家庭关系等产生的人身权利受法律保护"。第 40 条规定,"自然人下落不明满二年的,利害关系人可以向人民法院申请宣告该自然人为失踪人"。第 41 条规定,"自然人下落不明的时间从其失去音讯之日起计算。战争期间下落不明的,下落不明的时间自战争结束之日或者有关机关确定的下落不明之日起计算"。

(二)司法解释

《最高法院审理离婚案件认定夫妻感情确已破裂的意见》指出,"人民法院审理离婚案

---

① 在此之前,《中央法制委员会就有关婚姻法施行的若干问题的解答》之问题十:"一方坚决要求离婚的'如调解无效时,即行判决'是什么意思?答:县或市人民法院对于一方坚决要求离婚经调解无效时,应根据每一案件的具体情况,予以判决,有正当原因不能继续夫妻关系的,应作准予离婚的判决;否则也可作不准予离婚的判决"。《最高人民法院关于学习婚姻法第十七条所遇到的问题的复函》之附件,法律图书馆,http://www.law-lib.com/law/law_view.asp? id=1486,下载日期:2017 年 1 月 9 日。

件,准予或不准离婚应以夫妻感情是否确已破裂作为区分的界限。判断夫妻感情是否确已破裂,应当从婚姻基础、婚后感情、离婚原因、夫妻关系的现状和有无和好的可能等方面综合分析。根据婚姻法的有关规定和审判实践经验,凡属下列情形之一的,视为夫妻感情确已破裂。一方坚决要求离婚,经调解无效,可依法判决准予离婚”。该意见列举的十四种情形中,除了第7条前半句“因感情不和分居已满三年,确无和好可能的”不符合现行《婚姻法》第32条第2款第(4)项规定,其他条款规定应继续有效,可适用于判断夫妻感情是否确已破裂。

《最高人民法院关于人民法院审理未办结婚登记而以夫妻名义同居生活案件的若干意见》有关条款规定。例如,第1条、第2条规定,“1986年3月15日《婚姻登记办法》施行之前,没有配偶的男女,未办结婚登记手续即以夫妻名义同居生活,群众也认为是夫妻关系的,一方向人民法院起诉‘离婚’,如起诉时双方均符合结婚的法定条件,可认定为事实婚姻关系;如起诉时一方或双方不符合结婚的法定条件,应认定为非法同居关系”。“1986年3月15日《婚姻登记办法》施行之后,没有配偶的男女,未办结婚登记手续即以夫妻名义同居生活,群众也认为是夫妻关系的,一方向人民法院起诉‘离婚’,如同居时双方均符合结婚的法定条件,可认定为事实婚姻关系;如同居时一方或双方不符合结婚的法定条件,应认定为非法同居关系”。第6条规定,“审理事实婚姻关系的离婚案件,应当先进行调解。经调解和好或撤诉的,确认婚姻关系有效,发给调解书或裁定书;经调解不能和好的,应调解或判决准予离婚”。

第二节　本条的适用

一、适用本条的效果

正确判断夫妻感情状况,是处理离婚纠纷的关键。

(一)人民法院判断夫妻感情是否确已破裂时应考虑的主要因素

人民法院审理离婚案件中,已总结提炼出判断夫妻感情状态的五大因素,即审查夫妻双方的婚姻基础、婚后感情、离婚原因、感情现状、有无和好可能等,进行综合判断。

(1)婚姻基础。婚姻基础是指婚姻关系建立时男女双方的感情状况。考查当事人双方结识是自然认识还是经人介绍的,结婚是完全自愿的还是勉强同意的,是相互了解后慎重结合还是草率结婚的,是基于真挚感情还是出于某种利益考虑等。通常,婚前感情基础好的夫妻,婚后发生矛盾冲突后,和好可能性较大;反之,如果感情基础不好,矛盾冲突产生后不易和好,有的甚至成为导致离婚的直接原因。同时,应该看到,婚姻基础好的夫妻在共同生活过程中,由于种种原因也可能造成感情破裂;婚姻基础不好的夫妻在婚后共同生活中完全可能建立培养出真挚感情。

(2)婚后感情。婚后感情是指夫妻结婚后共同生活期间的感情状况。婚姻生活内容丰富,当事人双方的政治思想、道德品质、工作状况、志趣爱好、性格脾气、性生活状况、子女抚育及亲属关系等,都会反映到夫妻关系中来。婚后感情好的,容易调解和好;婚后感情一般或尚可的,调解和好的难度会大些;婚后感情差的,和好可能性较小。影响夫妻感情的因素错综复杂,必须全面分析当事人的夫妻感情状况。同时,由于人的表达感情方式的差异,要

针对个案夫妻的具体情况客观地分析,不能看表象下结论。

(3)离婚原因。离婚原因是指导致夫妻发生离婚纠纷的主要因素。离婚原因有直接原因与间接原因、远因和近因、主因与次因之分。离婚案件中,有的只有单一原因,更多离婚纠纷是多种因素交互作用的结果;当事人主张的离婚原因可能是真实的,也可能是虚假的,要查明产生离婚纠纷的真实的、起主要作用的原因。正确分析和把握离婚原因与夫妻感情破裂间的内在联系,尽可能客观地估计是否具有和好可能,判断才会客观。

(4)夫妻感情现状。夫妻感情是夫妻间基于自然因素和社会因素作用在共同生活中形成的相互爱慕、相互依恋的心理体验和定势。夫妻感情是由社会、家庭的物质生活条件和夫妻双方个人的身体、心理、文化、思想、道德素质决定的,具有自然性与社会性、稳定性与可变性等特点。社会性决定了夫妻感情受社会政治、经济、文化、道德等因素的影响和制约。当事人个人特质变化也会引起其对婚姻认识的某些变化。夫妻感情变化有两个基本倾向:一是向好的方向发展,使婚姻关系日益稳定;二是向坏的方向演变,原有的夫妻感情消失。但这两个方向是可以逆转的,由于各种原因,夫妻感情从无到有,从有到好;可能从好到差或者从有到无;也可能从差到好,又从无再到有。判断夫妻感情,要有发展的观点,不能固定地静止不变。因此,夫妻感情现状才是夫妻感情的关键所在。

(5)有无和好可能。这主要指当事人离婚纠纷时矛盾的激烈程度及有无促成和好的主客观因素。应查明夫妻是否有和好的愿望和行为、当事人的性格和年龄等个人因素,有无未成年子女等。

通过查明上述要素,结合案件其他情节和事实,无论法官还是代理律师,对于当事人夫妻感情是否已经破裂而且不可能和好之间,应该能够得出一致的结论。

(二)查证是否具备法定离婚事由

为统一"夫妻感情确已破裂"的客观判断标准,也使得人们能够清晰认识、评估夫妻关系破裂是否无可挽回地破裂,1989 年《最高法院关于判断夫妻感情破裂的意见》列举了十四种情形。该意见规定,凡具有十四种情形之一的,"视为夫妻感情确已破裂。一方坚决要求离婚,经调解无效,可依法判决准予离婚"。其中,第 14 条"因其他原因导致夫妻感情破裂的",更为司法酌情判决准许离婚提供了依据。

《婚姻法》第 32 条规定了重婚、配偶一方与他人同居、夫妻分居满二年等识别夫妻感情破裂的具体情形。又鉴于实际婚姻生活的复杂性,列举难以穷尽所有感情破裂的严重情形,故采用例示主义立法技术,最后概括地规定"其他原因导致夫妻感情破裂的",作为补救。这些具体情形中,若干情形在前述 1989 年司法解释中出现,也有若干情形是 2001 年立法增设的。有了这些事由,民众可以据此评估自己的婚姻是否有挽回的可能,法院裁判准许离婚与否,有了清晰的、准确的标准。所以,法院民事判决书中,时常可以看到法官阐述驳回原告离婚请求的依据是"不符合婚姻法第 32 条规定的情形"。

二、本条适用中存在的问题

处理离婚案件,最大难题是修复当事人之间关系,以及判断夫妻感情破裂与否。

首先,夫妻感情变化是一个过程,而且常常隐于当事人内心,欲从外部观察获得完整认知,有时候确有困难。异性之爱,是人类文明和高级智慧。尽管人的内心活动常常会外化为

言行，无论是普通民众还是法律专业人员均能够从一个人行为中看清楚其真实感情状态或心理变化，但是，这需要比较丰富的知识和经验等。其次，夫妻感情变化是动态的，而非一成不变，有时感情变化是在很短时间内(甚至是瞬间)完成的。夫妻感情从无到有，从有到无，从好到坏，由坏转好，既波澜壮阔，又细小入微，十分复杂微妙。第 32 条规定是针对一般理性人的概括，但是，个体之间差异较大。有的婚姻过错情形，对于一部分当事人的婚姻是致命的，因为他们有“宁为玉碎，不为瓦全”的决心和信念，对婚姻忠诚度要求至高；而另一部分婚姻当事人，对婚姻本身的坚守看得更重要，他们宽容度比较大，只要过错配偶改正错误，就能够握手言和，诚心地重新接纳对方，也有些婚姻中的配偶一方甚至基于家庭利益考虑而委曲求全。所以，如何既遵循一般人的理性去认识判断婚姻关系，又能够注意到个体之间差异，使离与不离的判断更接近婚姻真相，是高于诺贝尔奖级别的大问题。如果说计算学能够将什么都计算精准，大数据能够更加科学地显示出不同群体行为的规律性，人工智能已经可以造出机器人替代人完成无数任务或工作，唯独人的情感是任何新科技都无法胜任的世界难题。所以，法官适用本条调解、裁决离婚案件时，应当慎之又慎。对律师、法官而言，这个案件是他们处理的业务工作中的一项，但对当事人而言，处理、改变的是他们的人生！这既是遭遇到婚姻危机的当事人之不易，也是法官裁判之难。

三、法院裁判与家事审判改革

从深入地认识人类异性之爱、化解婚姻冲突、修复人际关系考虑，司法审判除了以事实为依据、以法律为准绳外，还应当更多地借助于科学和技术。2016 年 6 月开始，最高人民法院在全国范围选择部分法院开展家事审判方式和工作机制改革试点工作中，一方面，是更多地利用包括心理学、医学、社会学等法律以外的科学门类的专业知识，协助法官全面把握诉争中的当事人心理、关系和利益争议；另一方面，要更多地利用大数据、互联网、信息科技、人工智能等新科技，帮助精准把握案件中的事实，提高审判效率。其后，在经过两年多试点工作基础上，2018 年 7 月 18 日，公布法发〔2018〕12 号《最高人民法院关于进一步深化家事审判方式和工作机制改革的意见(试行)》，决定继续实施改革。“树立人性化的审判理念，对当事人的保护要从身份利益、财产利益延伸到人格利益、安全利益和情感利益，保护当事人隐私，注重人文关怀，充分发挥家事审判对婚姻关系的诊断、修复和治疗作用”，“积极推进机构队伍专业化建设，组建专业化家事审判机构或者团队，探索建立特别的家事法官准入机制、培训机制和考核机制，探索配备专门从事家事调解、家事调查、心理辅导等工作的司法辅助人员，加强家事法官的职业安全保障，完善极端化事件防控措施”。①

(一)完善家事调解

除了婚姻效力、身份关系确认、人身安全保护令申请等根据案件性质不能进行调解的案件外，将调解贯穿案件审判全过程。设立家事调解委员会，接受和邀请品行良好、公道正派、热心调解工作并具有较强沟通协调能力的个人作为特邀调解员。登记立案前，经当事人同意或者当事人虽未提出调解申请但人民法院认为有必要调解的，委派给特邀调解组织或者特邀调解员进行调解；但是，当事人情绪或心理受到严重困扰，无法正常发表意见，情况紧急

① 法发〔2018〕12 号《最高人民法院关于进一步深化家事审判方式和工作机制改革的意见(试行)》。

需要尽快启动有关诉讼程序的案件,除双方当事人申请外,不得进行立案登记前委派调解。立案后,人民法院可以自行调解,也可以委托给特邀调解组织或者特邀调解员进行调解。离婚案件的调解,双方当事人应亲自到场。当事人确因特殊情况无法到场参加调解的,除本人不能表达意志的以外,应当出具书面意见。

(二)建立家事调查制度

家事调查员,从品行良好、公道正派、热心群众工作并具有较强沟通协调能力和丰富的社会知识经验,具有基层工作经历和适宜处理家事纠纷专业背景的个人优先选任。人民法院根据案件审理需要,可以委托家事调查员调查当事人的个人情况、抚养子女的抚养情况、子女的心理状况及学习状况、老人的赡养情况等事项。每一项调查事项,均应由两名以上家事调查员共同进行调查。家事调查员应当自人民法院委托调查之日起 15 日内完成调查工作,向人民法院出具书面调查报告。确有必要,可以向人民法院申请延长,但最长不超过 30 日。调查报告应当包括人民法院委托调查的所有事项,可以包括家事调查员的分析和建议。家事调查报告作为人民法院审理案件的参考。

(三)建立对家事案件当事人或者未成年人进行心理疏导的协作机制

人民法院商请当地政府有关机构或者有关心理学、教育学、社会工作等专业组织或机构,共同建立对家事案件当事人或者未成年人进行心理疏导的协作机制。人民法院负责筛选需要心理疏导介入的案件,并启动心理疏导程序。协作机构负责选派心理疏导师具体实施心理疏导工作。人民法院经审查认为案件当事人或者未成年人需要接受心理疏导的,可向案件当事人或者未成年人的监护人提出心理疏导建议。心理疏导工作结束后,协作机构应向人民法院出具心理疏导情况报告,人民法院可以将之作为审理案件的参考。

(四)离婚案件设置冷静期

人民法院审理离婚案件,经双方当事人同意,可以设置不超过 3 个月的冷静期。在冷静期内,人民法院可以根据案件情况开展调解、家事调查、心理疏导等工作。冷静期结束,人民法院应通知双方当事人。

(五)规范审理规程

注意区分婚姻危机和婚姻死亡,正确处理保护婚姻自由与维护家庭稳定的关系,充分发挥家事调查报告、心理疏导报告及大数据的应用作用,力求裁判标准客观化以及裁判文书说理情理法相结合。对于涉及财产分割的离婚案件,人民法院在向当事人送达受理案件通知书和应诉通知书时,应当同时送达《家事案件当事人财产申报表》;当事人应当全面、准确地申报夫妻共同财产和个人财产的有关状况。

(六)建设专业化的家事审判队伍

审理家事案件的法官,除具备法律专业知识,还应当掌握一定的社会学、教育学和心理学知识。家事审判合议庭组成人员应当至少有一名女性法官或者女性人民陪审员。定期对从事家事案件审理工作的法官、法官助理、书记员、人民陪审员等进行审判业务、调解技能、

心理学等方面的培训，加强家事案件审判人员司法能力建设。为法官配备特邀调解员、家事调查员、心理学专业人员等司法辅助人员，配合审理家事案件。定期培训司法辅助人员。

第三节　适用本条的典型案例

一、人民法院准予或不准离婚的标准是夫妻感情是否确已破裂

上诉人龙某某与被上诉人侯某某离婚案，湖南省湘潭市中级人民法院民事判决书，(2016)湘03民终904号。①

【案情概要】

侯某某向湖南省湘潭县人民法院起诉，请求判决原告与被告龙某某离婚；依法分割共同财产。

一审法院认定：原、被告经人介绍相识后，于2013年4月登记结婚，同年6月登记离婚。2013年10月18日，原、被告签订了《婚前协议书》，约定双方若性格不合，可和平离婚，被告必须一次性付给原告个人所得征收费人民币拾万元整，并一次性买全养老保险；双方于当天办理了复婚登记手续。复婚后，被告要求原告一起共同生活，原告不同意，双方发生吵打，原告外出，并于2014年12月向法院提起诉讼，要求与被告离婚，并要求被告支付原告征收款15万元。湘潭县法院于2015年1月8日作出(2014)潭民一初字第1700号民事判决书，该判决书认定原、被告婚前达成的协议"和平离婚"的条件未成就，协议内容对原、被告均无约束力。判决不准予原、被告离婚。之后，原、被告夫妻关系仍未好转。原告于2016年1月再次诉至法院要求离婚。另查明，原、被告婚后未生育小孩，没有共同财产和共同债务，被告婚前与其母亲尹某某建有房屋一栋，2014年8月9日该房屋被征收，获得征收款904599元(包含被告母亲尹某某30万元在内)，原告从该款中享有征地拆迁42500元，征收款由被告领取，被告用征收款代为原告交纳了57000元社会养老保险金。

一审法院认为，原、被告虽系自愿结婚，但因结婚时间不长，夫妻未建立起真正的夫妻感情，经湘潭县法院判决不准予离婚后，原、被告的夫妻关系仍未好转，现夫妻感情确已破裂，应准予离婚。原告主张依法分割夫妻共同财产，因原、被告婚后没有添置共同财产，被告所得征收款系政府对被告和其母亲在被告婚前属于原告个人所有外，其余款项(不含被告母亲应得的30万元)应视为被告的个人财产。故对原告要求将征收款作为夫妻共同财产依法分割的主张，不予支持。另外，被告代为原告交纳的社会养老保险金57000元，除去原告个人的帮扶资金42500元在内，多余的14500元部分，视为被告对原告的自愿赠予，所交纳的社会养老保险金的收益，应归原告个人享有。原告主张被告应按婚前达成的协议支付原告10万元征收款，因该协议已在(2014)潭民一初字第1700号民事判决书中确认"和平离婚"的条件未成就，其内容对原、被告均无约束力，该判决为生效判决，应予以采信。另外，在调解时，原告也明确表示愿意放弃要求被告支付10万元个人所得征收费给原告的请求。综上，依照《婚姻法》第18条第(五)项、第32条第三款第(五)项规定，判决：(一)准予原告侯某某与被

① 湖南省湘潭市中级人民法院(2016)湘03民终904号民事判决书，中国裁判文书网，http://wenshu.court.gov.cn/website/wenshu/，下载日期：2018年8月29日。

告龙某某离婚;(二)被告龙某某已为原告侯某某交纳的社会养老保险金的收益归原告侯某某享有;(三)驳回原告侯某某的其他诉讼请求。

上诉人龙某某不服湖南省湘潭县人民法院(2016)湘0321民初8号民事判决,向湖南省湘潭市中级人民法院(以下简称湘潭中院)提起上诉。龙某某上诉请求:判决不准许离婚。事实和理由:以前上诉人要求离婚的时候,侯某某不同意离婚,并且教唆人殴打上诉人。被上诉人是故意骗婚,如不退上诉人20万元,上诉人就坚决不同意离婚。侯某某答辩称:被上诉人没有向上诉人处拿过一分钱,也不可能赔偿他一分钱,故上诉人的上诉不能成立,请求维持一审判决。

湘潭中院二审经审理查明:原审判决查明的事实清楚,证据确实、充分,法院予以确认。

【裁判意见】

湘潭中院认为,婚姻自由是我国《婚姻法》的一项基本原则,包括结婚自由、离婚自由和不结婚的自由。任何人不得以任何理由对婚姻确立自由予以干涉。本案中,上诉人要求被上诉人给予其20万元才同意离婚的主张,与我国婚姻法的规定相悖,不能成立,法院不予采纳。离婚案件,人民法院准予或不准离婚应以夫妻感情是否确已破裂,夫妻关系的现状以及有无和好的可能等方面综合评判。本案的上诉人和被上诉人长期未共同生活,经法院第一次判决不准予离婚后,双方夫妻关系并无改善,互不履行夫妻义务。现被上诉人再次提出起诉,坚决要求离婚,足见双方感情确已破裂,一审法院判决准予双方离婚并无不当,应予维持。综上所述,龙某某的上诉请求不能成立,应予驳回;一审判决认定事实清楚,适用法律正确,应予维持。2016年10月19日,湘潭中院依据《民事诉讼法》第170条第一款(一)项规定,判决驳回上诉,维持原判。

二、实施家庭暴力致使夫妻感情破裂,准离

璩某与舒某甲离婚纠纷二审案件,湖北省黄石市中级人民法院民事判决书,(2016)鄂02民终875号。①

【案情概要】

璩某向阳新县人民法院起诉,请求准许:①其与舒某甲离婚;②婚生女舒某乙由其抚养,婚生女舒某丙由舒某甲抚养;③舒某甲支付其医疗费34170.14元、护理费710元、住院伙食补助费500元、误工费6000元,合计41382.14元。

一审法院认定事实:璩某、舒某甲2007年10月经人介绍相识并恋爱,2008年农历八月二十一日按当地农村风俗举行婚礼,××××年××月××日生育一女,取名舒某乙,××××年××月××日生育一女,取名舒某丙,××××年××月××日经政府补办结婚登记手续。后双方感情一般,近年来常为家庭琐事争吵,导致夫妻感情不和。

2015年5月7日下午,璩某、舒某甲因家庭琐事发生吵打,后舒某甲在争吵过程中致使璩某右眼受伤,当即前往阳新县人民医院门诊治疗,2015年5月13日经阳新县人民医院法医司法鉴定所鉴定为轻微伤,后璩某因觉右眼眼球凹陷,于2015年8月9日前往武汉大学人民医院住院手术治疗,后治愈出院,住院时间10天,前后共花去医疗费34170.14元。

① 湖北省黄石市中级人民法院(2016)鄂02民终875号民事判决书,中国裁判文书网,http://wenshu.court.gov.cn/website/wenshu/,下载日期:2018年6月18日。

2015年9月18日，经阳新县公安局司法鉴定中心鉴定，璩某损伤程度为轻伤（一级）。2015年9月29日璩某诉至法院，要求与舒某甲离婚并由舒某甲赔偿医疗费、误工费、住院伙食补助费等计41380元。

一审法院认为：璩某、舒某甲的婚姻属合法婚姻，应受法律保护。但双方婚后感情不和，常为家庭琐事发生吵打。2015年5月7日又因生活琐事舒某甲在争吵过程中实施家庭暴力造成璩某轻伤（一级），舒某甲实施家庭暴力之行为足以伤害夫妻感情，故对璩某以夫妻感情确已破裂为由提出离婚的诉请，予以支持。对璩某提出其与舒某甲一人抚养一个子女的诉请，结合婚生女的实际生活状况及双方的身体健康状况××，对璩某的此项诉请予以支持。对璩某要求舒某甲承担因实施家庭暴力侵害行为致使其受伤花费医疗费34170.14元、护理费710元、住院伙食补助费500元的诉请，符合法律规定，予以支持。对璩某要求舒某甲承担误工费6000元的诉请，因其未能在庭审中提交其月收入有效证明，无法确定其误工实际损失，故对该诉请不予支持。依照《婚姻法》第32条、第37条、第46条，《中华人民共和国侵权责任法》第16条，《最高人民法院关于审理人身损害赔偿案件适用法律若干问题的解释》第19条、第21条、第23条的规定，判决：（一）准许璩某与舒某甲离婚；（二）婚生女舒某乙（××××年××月××日出生）由璩某抚养成人、婚生女舒某丙（××××年××月××日出生）由舒某甲抚养成人；（三）舒某甲在本判决生效之日起十日内一次性支付璩某医疗费34170.14元、护理费710元、住院伙食补助费500元，共计35380.14元；（四）驳回璩某的其他诉讼请求。

上诉人舒某甲不服阳新县人民法院（2016）鄂0222民初1363号民事判决，向湖北省黄石市中级人民法院（以下简称黄石中院）提起上诉，于2016年9月1日获准立案。该案已审理终结。

舒某甲上诉请求：撤销一审判决，发回重审或驳回璩某一审诉讼请求或改判准予双方离婚、由其抚养两个婚生女，无需璩某支付抚养费、不支付璩某医疗费。事实与理由：①一审判决认定事实错误。一审认定构成家庭暴力错误，家庭暴力是一个数次或长期的过程，不是一次打架就构成家庭暴力。且璩某也没有提供直接证据证明其伤害后果是其蓄意殴打所致，亦没有提供证据证明被其长期进行殴打。事实上，璩某提出离婚是因她在外有第三者。此外，因其与璩某处于分居状态，两个婚生女都是由其抚养照顾，璩某既没有住房也没有正当工作，一审将婚生女舒某乙判给璩某抚养不利于孩子的成长和教育；②一审判决适用法律错误。本案只是夫妻间因争执发生了扭打，不符合法律规定构成家庭暴力的情形，其亦不应承担赔偿璩某医疗费的责任。

璩某答辩称：①其在一审中已经提供证据证明家庭暴力的事实；②舒某甲称其与他人有暧昧关系但并未提供证据证明；③2015年5月7日发生家暴后，两人分居，之前都是其与舒某甲及舒某甲母亲一同居住，抚养两个女儿；④只要采用了暴力手段造成了损害后果就应认定为家庭暴力，且应承担相应的损害赔偿责任。综上，一审判决认定事实清楚，适用法律正确，请求二审法院维持原判。

二审中，当事人没有提交新证据。

【裁判意见】

黄石中院经审理查明：一审法院认定事实属实，二审予以确认。

黄石中院认为：（一）关于本案是否构成家庭暴力的问题。《最高法院适用〈婚姻法〉解释

(一)》第1条规定,婚姻法……所称的"家庭暴力",是指行为人以殴打、捆绑、残害、强制限制人身自由或者其他手段,给其家庭成员的身体、精神等方面造成一定伤害后果的行为。可见,是否构成家庭暴力,应以行为人实施的暴力行为是否对其家庭成员造成伤害后果为前提。本案中,2015年5月7日,璩某与舒某甲因家庭琐事发生争执,既而发生扭打过程中舒某甲致璩某右眼受伤,璩某在阳新县人民医院门诊治疗后,因感觉右眼眼球凹陷,于2015年8月9日前往武汉大学人民医院(湖北省人民医院)住院手术治疗。2015年9月18日,经阳新县公安司法鉴定中心鉴定,璩某右眼眶内侧壁凹陷性骨折致右眼球凹陷,损伤程度为轻伤(一级)。舒某甲的行为已致璩某身体造成严重损害的事实,一审判决舒某甲构成家庭暴力并无不当。依照侵权责任法的规定,侵害他人造成人身损害的,应当赔偿为治疗和康复支出的合理费用,故舒某甲应就璩某因治疗受伤眼睛支出的合理费用予以赔偿,一审判决支持的医疗费、护理费、住院伙食补助费并无不当。至于舒某甲诉称璩某系因与他人存在暧昧关系才提出离婚,因其并未提供证据予以证明,法院不予支持。(二)关于子女抚养问题。璩某和舒某甲育有两个女儿,现舒某甲主张两个女儿均由其抚养且无需璩某支付抚养费,而璩某则要求其与舒某甲一人抚养一个女儿,经法院调解,双方对两个婚生女的抚养无法达成一致意见,因离婚后,父母对于子女仍有抚养和教育的权利义务,双方亦均主张抚养婚生女,结合二人目前的工作、收入状况,从为子女的成长提供更加有利环境考量,由璩某、舒某甲各自抚养一个婚生女较为恰当,一审对于子女抚养的判决正确。此外,因璩某、舒某甲对于解除双方之间的婚姻关系均不持异议,故应支持璩某请求与舒某甲离婚的诉讼请求。

综上,舒某甲的上诉请求不能成立,一审判决认定事实清楚,适用法律正确,应予维持。2016年1月11日,黄石中院依据《民事诉讼法》第170条第(一)项之规定,判决驳回上诉,维持原判。

三、指控夫妻他方实施家庭暴力,举证应达到何等程度

唐某与刘某1离婚纠纷二审民事案件,广东省珠海市中级人民法院民事判决书,(2016)粤04民终1919号。①

【案情概要】

上诉人刘某1(原审被告)因与被上诉人唐某(原审原告)离婚纠纷一案,不服广东省珠海市香洲区人民法院(2015)珠香法高民一初字第11号民事判决,向广东省珠海市中级人民法院(以下简称珠海中院)提起上诉。该案已审理终结。

原审法院审理查明,唐某、刘某1在珠海市香洲区民政局登记结婚,婚后生育儿子刘某2。唐某、刘某1均是第二次结婚。2013年,唐某向原审法院提起诉讼,请求判令唐某、刘某1离婚。2014年1月15日,原审法院作出〔2013〕珠香法民一初字第3043号民事判决,判令:不准唐某与刘某1离婚。唐某不服原审法院判决,向法院提起上诉,后唐某申请撤回上诉,法院作出(2014)珠中法民一终字第251号民事裁定,准许唐某撤回上诉。该裁定于2014年5月9日发生法律效力。

2014年3月4日,原审法院根据唐某的申请,作出(2014)珠香法民一初字第569号民

① 广东省珠海市中级人民法院(2016)粤04民终1919号民事判决书,中国裁判文书网,http://wenshu.court.gov.cn/website/wenshu/,下载日期:2017年8月29日。

事裁定，裁令：禁止刘某1殴打、威胁唐某。

该案中，唐某诉请离婚的主要理由是双方性格不合，刘某1经常对唐某进行家暴，双方感情已经破裂。同时，唐某自述其在酒店上班，一个月的工资大概3000元，自己有经济能力，有房子，受到很好的教育，有能力抚养婚生小孩。庭审中，唐某撤回直接抚养婚生儿子的诉讼请求，主张其与刘某1继续沟通，本着为孩子好的角度出发，共同抚养小孩。另查明，唐某主张的共同财产、婚生子刘某2入户费用、刘某1扣留唐某的证件、误工费等，唐某未向原审法院提交证据证明。

【一审裁判意见】

原审法院认为，唐某、刘某1经自由恋爱结婚，婚后共育儿子刘某2，可见夫妻感情基础较好。但是，在共同生活过程中，刘某1没有能够好好沟通，彼此敬重，任由矛盾发展，甚至对唐某实施家暴，深深伤害了夫妻感情。而且，刘某1接到原审法院送达的应诉资料后，拒不到庭应诉，不积极争取与唐某和好，可见刘某1对夫妻感情十分漠视。现唐某在原审法院判决不准离婚后再次起诉，坚决要求离婚，经承办法官多次劝说，均不同意撤回离婚诉讼，显见唐某、刘某1夫妻感情确已破裂，对唐某的离婚诉求，应予以准许。

关于婚生儿子刘某2的抚养问题，唐某当庭撤回其直接抚养婚生儿子的诉讼请求，主张其与刘某1另行协商确定。原审法院认为，唐某、刘某1另行协商确定婚生儿子刘某2的抚养权，不违反相关法律法规，原审法院予以准许。希望唐某、刘某1双方本着保护未成年人利益最大化原则，妥善处理婚生儿子刘某2的抚养权问题，给刘某2一个稳定、健康、快乐的成长环境。

唐某未向原审法院提交夫妻共同财产的相关证据，因此，本案对唐某、刘某1夫妻共同财产不作处理，唐某、刘某1双方可另循其他途径解决。关于刘某2的入户口费用问题，因唐某未提交证据证明刘某2入户口是否需要费用以及需要费用金额，对于唐某该项请求，原审法院不予支持。对于唐某诉请的刘某1返还唐某的证件，唐某亦未提交相关证据证明刘某1扣留了唐某的证件，因此，对于唐某该项请求，原审法院不予支持。

刘某1在共同生活过程中曾对唐某实施家庭暴力，根据《婚姻法》第46条规定："有下列情形之一，导致离婚的，无过错方有权请求损害赔偿：（一）重婚的；（二）有配偶者与他人同居的；（三）实施家庭暴力的；（四）虐待、遗弃家庭成员的"，唐某请求刘某1支付精神损害抚慰金16000元，于法有据，原审法院予以支持。

关于唐某诉请的误工费问题，原审法院认为，唐某在离婚诉讼中请求误工费于法无据，因此，对于唐某该项请求，原审法院不予支持。

综上，依照《婚姻法》第32条、第46条，《民事诉讼法》第144条规定，原审法院判决如下：（一）准许唐某与刘某1离婚，自判决发生法律效力之日起，双方脱离夫妻关系；（二）刘某1于判决发生法律效力之日起十日内向唐某支付精神损害抚慰金人民币16000元；（三）驳回唐某其他诉讼请求。

上诉人刘某1不服原审判决，依法向珠海中院提出上诉，请求：①判决不准唐某与刘某1离婚；②若必须离婚，则判令刘某2由刘某1抚养，唐某向刘某1支付2013年4月9日至今的抚养费，约3万元；③改判刘某1无需向唐某支付精神损害抚慰金。事实与理由如下八方面：（一）2013年7月29日的庭审笔录中，唐某的哥哥口述："2012年，唐某离家出走，刘某1到我家里闹，我叫他不要闹慢慢说，他就走了，我也找不到我妹妹，后来我妹妹带着小孩到

中山,在派出所报案打电话回来,说她老公打她,我问她为什么不说给我们听,她说刘某1不给她报警,也不给她和我们说,我问妹妹,是否打她,为什么身上没有伤,我妹妹说就算没有打她,也经常和她吵架。”唐某说没有打是吵架,其哥哥又不能确定,说明他们兄妹长期不接触,哥哥对妹妹的性格和家庭都不了解,一听妹妹被打就想当然。其次每次都是唐某吵,刘某1只是忍不住答应了她,有时候是双方对一些事情看法不一致,有时则是唐某跟别人吵架,其不接受刘某1教她方法,反而与刘某1生气吵闹。就算刘某1与唐某吵架,也不能因此就认定刘某1家暴。(二)唐某时而说刘某1打她,时而又说没有,证据之一是空白的报警回执,那是唐某的哥哥报的警,谎称屋内有打人棍子,警察找不到,什么都没有记载。另一份证据是一张照片,说报了警但又不立案,没有去医院,也没有开药,更找不出诊断病历和医生证明。(三)唐某提交的保证书内容与家暴根本是两回事,那是在东莞住的时候,有一次一个多年未见的亲戚过来探亲,刘某1下班回家看到门开着,唐某不在,电话也打不通,到晚上11点唐某才用一个固定电话打回来,说在虎门一家书店看书,手机没电了,找不到路,那时公交车也停了,最后是刘某1去接回唐某。回来时刘某1随便说了一下,但唐某认为刘某1对自己的亲戚好过她,越解释越吵架。为这些琐事,唐某又玩失踪。后来唐某打来电话,刘某1真心爱唐某,特地请假到珠海把唐某找回来。唐某脾气像小孩,说她好就没事,她跟别人口角的话一定要刘某1帮她出气,一句话不对就生气并吵个没完。面对唐某,刘某1深感不管什么事就随她好了,像孩子那样宠着。过了很久,网上有一个“一二・一二”的节目,这份保证书是刘某1为了安慰唐某,怕她频繁出走出事而给她的一个有意义的惊喜。12月12日晚刘某1写好交给了唐某。刘某1以前曾不得已责怪过唐某,但没有打过她。(四)唐某是引产而不是流产。唐某的病经过大小医院治疗了大半年仍不见好,医生判定没有生育可能,还劝刘某1和唐某抱养一个孩子。唐某虚荣心强。为了实现唐某生育的愿望,刘某1亲自钻研中医,做可口饭菜,买好看衣服,唐某的体重从70多斤增至116斤,后来怀上孩子。第一次引产是在虎门医院,资料显示8周,并非唐某所说的7个月,也不是刘某1殴打导致流产,实际上是唐某身体本来有病,服了刘某1的几包中药后很快验出阳性,因为担心药物引起畸形便停止服药。由于唐某的病没有彻底治愈,慢慢出现尿频,后来崩漏,最后胎儿没有生命迹象,只能引产。唐某再次怀孕后,就坚持用药,调整了处方,直到小孩出生前一个月仍在服药。现在唐某回到唐家被人挑拨,臆想是刘某1将其打到流产。(五)唐某找的证人李某与刘某1有深仇大恨,不能作为证人。刘某1和李某曾大吵过,差点拿刀,其后一直冷战,没有往来。另一个证人住在刘某1家附近,是本地人,对唐某没有印象,只是与唐某的哥哥认识。两家住处隔得很远,不可能听清楚,也看不见,可能是看到吵架,但不能说清楚是谁在大声吵,也说不清楚刘某1如何打唐某。刘某1提供的几个证人离得近,接触多,是符合条件的在场人、知情人,真正了解刘某1和唐某之间谁对谁错,可以说出刘某1和唐某每次吵架的原因、谁不讲道理及刘某1是否打了唐某。(六)离婚是唐某提出来的,理由过于牵强,证据捕风捉影,并且说离就离,始终拒绝协商,让人怀疑其背后动机。珠海唐家山房路59号是外公外婆送的,刘某1出钱整修,报装了水电,这里原本是孩子的家,但唐某拿着钥匙,其哥哥硬把刘某1和小孩的衣物丢出来,赶他们出家门,连夜进行重新装修并打出出租广告。唐某在派出所、法庭都拒绝养孩子,小孩和刘某1在珠海鸡山租住大半年,唐某不理孩子。刘某1上班挣钱,孩子读鸡山幼儿园,生活稍微走向正常后,唐某突然以各种名目要刘某1给钱,企图敲诈刘某1。刘某1和孩子不得已搬走投靠亲朋好友,给唐某留下电话,

多次说去接她，叫唐某来看孩子，但她始终不来。三年多来，小孩的学费和托管费，唐某难道没有抚养责任吗？唐某把刘某1父子赶出家门并逃避一切责任，为什么反而要刘某1向唐某支付精神损害抚慰金？（七）唐某在本案中提供的证据与在〔2013〕珠香法民一初字第3043号案中提供的证据一样，但两个案子的判决结果完全相反。（八）唐某的前夫姚向辉在离婚申请书中说："婚后大吵小吵不断，根本没法一起生活，希望批准离婚"，可以看出唐某就是这样的状态。唐某离婚的真正原因是小孩的社会抚养费很高，其希望通过离婚躲避罚款。唐某曾骗刘某1假离婚，说离婚了方便给小孩上户口，但刘某1没有同意。社会抚养费在2011年10月19日已经缴清，并有镇政府、村委会联合发了证明，但唐某不相信。

被上诉人唐某答辩称：①坚持离婚。②孩子应由唐某抚养，刘某1应每月支付抚养费。唐某经济困难，不应该支付以前的抚养费，是刘某1抢走孩子，且法律也没有规定离婚前的抚养费要由没有直接抚养小孩的一方支付。小孩出生后的几年都是由唐某照顾，刘某1挣的钱也没有给唐某。③刘某1有家暴行为，在家经常打骂唐某，如果孩子由刘某1抚养，刘某1应当把孩子的住址、行踪告诉唐某，方便唐某找孩子。④唐某的病是被刘某1气的，唐某曾让刘某1帮忙治病，但这并不能成为刘某1打骂唐某的理由。⑤婚姻法规定，如果一方已经丧失了生育能力的，应该由这一方抚养孩子。唐某已经快50岁了，只有一个孩子，也不能再生育，而刘某1还有其他孩子，故孩子应由唐某抚养。刘某1做事冲动，脾气暴躁，不适合抚养孩子，以前刘某1打骂唐某时经常吓哭孩子。

二审阶段，刘某1和唐某均未向法院提交新证据。唐某表示就孩子的抚养权问题，其先与刘某1进行协商，不同意由法院就抚养权和抚养费进行审处，刘某1亦表示愿意庭后就抚养权问题与唐某进行协商。另查明，刘某1在2012年12月12日向唐某出具的《保证书》写有以下内容："以前我确没想到，现在我才明白，所以我保证以后绝不碰、不伤你一丝毛发……"。

【二审裁判意见】

珠海中院经审理，对原审查明的事实予以确认。珠海中院认为：

（一）关于是否准许唐某与刘某1离婚。该案系唐某第二次起诉要求解除与刘某1的婚姻关系，在本案一审及二审审理过程中，原审法院和法院多次调解，但唐某仍坚持离婚，可见唐某离婚态度坚决，其与刘某1夫妻感情确已破裂，原审法院准许双方离婚并无不当，法院予以维持。

（二）关于刘某1提出的抚养权和抚养费的上诉请求。唐某在本案一审阶段撤回由其直接抚养刘某2的诉讼请求，原审法院未就抚养问题进行审处，鉴于唐某并不同意由法院就抚养问题进行审理，其与刘某1又均表示愿意庭后协商抚养问题，故法院对刘某1的该项上诉请求不予审处，刘某1与唐某可自行协商解决，希望双方从有利于刘某2身心健康，保障刘某2的合法权益出发，真诚沟通，就刘某2的抚养事宜进行妥善安排。

（三）关于刘某1是否实施了家庭暴力的问题。《最高法院适用〈婚姻法〉解释一》第1条规定："婚姻法第三条、第三十二条、第四十三条、第四十五条、第四十六条所称的'家庭暴力'，是指行为人以殴打、捆绑、残害、强行限制人身自由或者其他手段，给其家庭成员的身体、精神等方面造成一定伤害后果的行为。"本案中，首先，唐某提供的用以证明刘某1实施了家庭暴力的报警回执并没有关于刘某1殴打唐某的记录，用以证明唐某遭刘某1家暴受伤的照片亦无法体现唐某所受之伤害系刘某1造成；其次，提供证言的证人没有出庭作证，

根据《最高人民法院关于民事诉讼证据的若干规定》第 69 条规定,无正当理由未出庭作证的证人证言不能单独作为认定案件事实的依据;再次,刘某 1 并不认可其曾殴打过唐某,《保证书》中并没有刘某 1 承认实施了家暴的内容;最后,人身安全保护令的作出并不以当事人已经遭受了家庭暴力为前提,在当事人面临家庭暴力的现实危险时,人民法院亦可发出人身安全保护令,因此,虽然原审法院曾经发出人身安全保护令禁止刘某 1 殴打、威胁唐某,但仅凭该人身安全保护令尚不能证明刘某 1 曾对唐某实施了家庭暴力。结合上述对唐某提供的证据的分析可见,唐某的举证并不足以证明刘某 1 与唐某之间的吵闹已经严重到家庭暴力的程度并造成了一定的伤害后果,原审法院认定刘某 1 曾对唐某实施家庭暴力并判令刘某 1 支付精神损害抚慰金 16000 元不当,法院予以纠正,对刘某 1 上诉请求的判令其无需支付精神损害抚慰金,法院予以支持。

综上,原审判决认定事实部分不清,适用法律不当,法院予以纠正。刘某 1 的上诉理由部分成立,珠海中院对其上诉有理之请求予以支持。2016 年 9 月 20 日,珠海中院依照《民事诉讼法》第 170 条第 1 款第(二)项的规定,判决如下:(一)维持广东省珠海市香洲区人民法院(2015)珠香法高民一初字第 11 号民事判决第一项;(二)撤销广东省珠海市香洲区人民法院(2015)珠香法高民一初字第 11 号民事判决第二、三项;(三)驳回唐某的其他诉讼请求;(四)驳回刘某 1 的其他上诉请求。

四、夫妻一方因另一方犯强奸罪入狱而请求离婚,是否应准许

李某、位某离婚纠纷二审案件。参见河北省石家庄市中级人民法院民事判决书,〔2017〕冀 01 民终 5151 号。[①]

【案情概要】

李某于 2017 年 1 月 5 日向河北省无极县人民法院起诉,请求:①准许原告与被告位某离婚;②婚生女儿位某 1 由李某抚养,由被告位某支付抚养费 2 万元;③冰箱、洗衣机、电视机、电脑、太阳能、摩托车、电动自行车、家具归李某,让位某将房子的装修折合成钱给李某。

一审法院认定事实:双方经人介绍相识,恋爱半年后,于××××年××月××日登记结婚。双方因位某犯罪被限制人身自由而分居。2014 年,位某因强奸未遂犯罪被判刑 4 年。2016 年 3 月 28 日,李某向法院起诉离婚。2016 年 5 月 31 日李某撤回了起诉。本案是李某第二次起诉离婚。在审理中,经法院主持调解,李某坚持要求离婚,位某坚持不同意离婚。双方各持己见,调解无效。

一审法院认为,男女一方要求离婚的,如夫妻感情确已破裂,调解无效,应准予离婚。对于如何认定夫妻感情确已破裂,《婚姻法》第 32 条明确规定:"有下列情形之一,调解无效的,应准予离婚:(一)重婚或有配偶者与他人同居的;(二)实施家庭暴力或虐待、遗弃家庭成员的;(三)有赌博、吸毒等恶习屡教不改的;(四)因感情不和分居满 2 年的;(五)其他导致夫妻感情破裂的情形。一方被宣告失踪,另一方提出离婚诉讼的,应准予离婚"。双方分居两年半是因为位某犯罪被限制人身自由,不属于《婚姻法》中因感情不和分居满 2 年的情形。位某的犯罪,在一定程度上伤害了双方的夫妻感情,但不属于《婚姻法》确定的夫妻感情确已破

---

① 河北省石家庄市中级人民法院〔2017〕冀 01 民终 5151 号民事判决书,中国裁判文书网,http://wenshu.court.gov.cn/website/wenshu/,下载日期:2018 年 7 月 1 日。

裂情形。李某的离婚理由不符合法律规定，对李某的离婚请求，不予支持。依照《婚姻法》第32条第2款第四项之规定，判决如下：不准李某与位某离婚。

上诉人李某（原审原告，女）因与被上诉人位某（原审被告，男，在××监狱服刑）离婚纠纷一案，不服河北省无极县人民法院〔2017〕冀0130民初52号民事判决，向河北省石家庄市中级人民法院（以下简称石家庄中院）提起上诉，于2017年4月14日获准立案。

李某上诉请求：撤销原判，依法改判。事实和理由：双方认识半年就结婚了，感情基础差，经常争吵；被上诉人的罪行严重影响双方感情，应判决离婚。位某辩称，双方感情一直很好；出事后，上诉人也经常去探望被上诉人，上诉人起诉离婚是受父母压力，一审判决正确。

二审期间，当事人没有提交新证据。石家庄中院确认一审法院查明的事实。

【裁判意见】

石家庄中院认为，双方自××××年登记结婚至今已度过十几个年头，被上诉人虽因强奸罪被判刑，但是被上诉人表示并无主观故意，双方也无其他感情破裂的情形，上诉人应给予被上诉人改过自新的机会，故原审判决不准离婚妥当。综上所述，上诉人李某的上诉理由不能成立，应予驳回；一审判决认定事实清楚，适用法律正确，应予维持。2017年6月1日，依照《民事诉讼法》第170条第1款第1项之规定，判决驳回上诉，维持原判。

【简要评议】

该案件中，原告主张夫妻双方感情基础差，经常争吵，特别是因被告犯强奸罪入狱服刑，导致夫妻感情破裂。而且原告于一年前曾经起诉离婚，虽然撤回，但不到一年，再次起诉离婚， 审法院判定原告诉求不符合《婚姻法》第32条规定离婚事由，判决驳回原告请求。石家庄中院支持一审判决的理由竟然是“被上诉人虽因强奸罪被判刑”，但是“并无主观故意，双方也无其他感情破裂的情形”，有些令人费解；再以“应给予被上诉人改过自新的机会”，认定“原审判决不准离婚妥当”。此案例的判决说理不但难以说服人，而且明显有法律逻辑问题，十分罕见。

第四节　域外相关立法例

一、若干国家民法典中的离婚事由

（一）德国民法典中的裁判离婚事由

在德国，裁判离婚及其理由规定在《德国民法典》第1564条至第1568条。第1564条规定，离婚应由一方或双方配偶向法院申请，并以判决为之。第1565条规定，“婚姻已破裂者，得请求离婚。夫妻间之共同生活已废止，且无法期待恢复者，为婚姻之破裂。夫妻分居未满一年者，申请之一方配偶，因他方个人之事由，致继续维持婚姻，对其过于苛刻时，始得请求离婚”。关于“婚姻破裂之推定”，第1566条规定“夫妻分居已满一年，且双方均提出离婚之申请，或一方提出申请，而他方同意离婚者，婚姻推定为破裂；该推定不得以反证推翻之。夫妻分居已满三年者，婚姻推定为破裂，该推定不得以反证推翻之”。第1567条规定，“夫妻已无家庭共同生活，且夫妻之一方，以拒绝婚姻之共同生活，表明不愿继续维持夫妻关系者，此为夫妻之分居。夫妻虽有共同之婚姻住所，但于其住所内分开生活者，亦为家庭共同生活废

止。夫妻以复合为目的而短暂共同生活者,第 1566 条规定的分居期间不因之中断或停止”。第 1568 条规定了离婚的“苛刻条款”,“为婚姻所生之未成年子女之利益,因有极特殊原因,有必要继续维持婚姻者,或拒绝离婚之他方配偶,因有特殊情况,离婚将对其造成极端苛刻,且考虑申请离婚一方之利益,亦以继续维持婚姻为必要者,该婚姻即使已经破裂,仍不得离婚”。①

(二)法国民法典中的裁判离婚

《法国民法典》第 229 条至第 259—3 条规定了“离婚的各种情形”、离婚程序。具有下列情形之一的,始得宣告离婚:夫妻双方一致同意离婚;婚姻共同生活破裂;因有过错。

(三)瑞士民法典中的裁判离婚

《瑞士民法典》第 137 条至第 148 条规定了法定离婚事由和离婚诉讼。根据第 137 条至 141 条规定,配偶一方具有下列情形之一的,他方可诉请离婚:(1)与人通奸,但是,有诉权配偶知悉原因之日起逾六个月或无论何种情形,自发生通奸之日起逾五年,因时效而消灭;事前同意或事后宽恕的配偶,无诉权;(2)配偶一方危害他方的生命、严重虐待他方或对他方的名誉造成严重损害的,但另一方宽恕的,无诉权;受伤害配偶一方知悉原因之日起逾六个月或无论何种情形,自发生通奸之日起逾五年,因时效而消灭;(3)配偶一方犯有不名誉的罪行或其道德败坏,致使他方无法维持婚姻共同生活的;(4)配偶一方恶意遗弃他方或无任何重要原因而不返回婚姻住所,他方于此状态存续期间,且配偶一方离婚至少已有两年以上的;(5)配偶一方患有精神病,致使他方无法继续维持婚姻共同生活,且该病已持续三年,并经专家鉴定为不治之症的。②

第 142 条规定,因发生了严重损害婚姻关系的事件,致使配偶双方均无法继续维持婚姻共同生活时,配偶任何一方均可诉请离婚。但前款事件的发生应主要由配偶一方承担责任的,则仅他方可诉请离婚。

第 146 条至第 148 条规定了宣告分居、宣告离婚、分居期限、分居期限届满后的判决等事项。“离婚原因一经证实,法官须宣告离婚或分居。宣告分居期限为一年以上三年以下或不定期。凡宣告分居的,须分居期限届满始得宣告离婚。”③

(四)日本民法典中的裁判离婚

在日本,离婚原则上依然实行过错裁判标准,将离婚诉权赋予无过错配偶。《日本民法典》第 770 条规定了裁判离婚事由。(1)“夫妻一方仅限于下列情况可以提起离婚之诉:一、配偶有不贞行为;二、被配偶恶意遗弃;三、配偶生死不明已逾三年;四、配偶患严重精神病,没有恢复希望;五、其他难以继续婚姻关系的重大事由。”(2)虽有前款规定中的第一至四项

① 《德国民法典》,台湾大学法律学院、台大法学基金会编译,北京大学出版社 2017 年版,第 1149～1151 页。

② 《瑞士民法典》,殷生根、王燕译,中国政法大学出版社 1999 年版,第 39～40 页。

③ 《瑞士民法典》,殷生根、王燕译,中国政法大学出版社 1999 年版,第 40～41 页。

事由，法院斟酌一切情况后，认为继续婚姻更为妥当时，得驳回离婚请求。①

二、英国法中的裁判离婚及法定理由“婚姻已无可挽回地破裂”

英国《1973年婚姻诉讼法》规定了离婚、婚姻无效和其他婚姻诉讼的处理。该法案第1条至第10A条分别规定了“因婚姻破裂而离婚”和“禁止结婚未满一年的人提起离婚之诉”、基于离婚将对被告造成严重困难而拒绝因为夫妻分居五年而准许离婚、婚姻当事人和解努力等内容②。

第1条　因婚姻破裂而离婚。

(1)婚姻当事人任何一方均有权以婚姻已经不可挽回地破裂为由，向法院申请离婚。本款受本条第(3)款约束。

(2)审理离婚案件时，法院确信存在下列一项或多项事实的，始得认定婚姻已经不可挽回地破裂：(a)被告有通奸行为，且原告无法忍受与之共同生活的；(b)被告的行为使得期待原告与被告继续共同生活显得不合理的；(c)在提起离婚诉讼之前，被告遗弃原告已持续二年以上的；(d)在提起离婚诉讼之前，当事人双方已分居持续二年以上，且被告同意判决的；(e)在提起离婚诉讼之前，当事人双方已分居持续五年以上的。

……

(4)有证据使法院确信本条第(2)款所述事实的，应当在不违背本条第(5)款规定的情形下，作出离婚判决，但其确认能证明婚姻关系未无可挽回地破裂之所有证据的除外。

(5)所有初审离婚判决自判决之日起六个月内均为暂时判决而非绝对判决，但高等法院颁布特殊命令缩短期限者除外。

第2条　对推定婚姻破裂之事实的补充规定。该条规定了七种情形可以推定或者不应推定婚姻关系已经破裂。

第3条　禁止结婚未满一年者起诉离婚。禁止结婚未满一年的当事人向法院提起离婚诉讼，但是，基于特殊事由发生的除外。

第5条　基于离婚将对被告造成严重困难而拒绝依据五年分居作出离婚判决。

(1)申请人以五年分居为由提起离婚诉讼的，被告可以离婚判决将会给其造成严重的经济困难或其他困难，且综合各种情形判决准许离婚将是错误的为由，反对法庭判决离婚。

……(c)根据本条的立法目的，困难应当包括如果不离婚情况下，被告可能获得利益的机会损失。

第6条　婚姻当事人的和解努力。

(1)法庭规则应当规定，责令离婚申请人的代理律师事务所确认其是否与委托人讨论过和解的可能性，是否已为离婚申请人提供了适格调解人的姓名、地址，并在双方当事人相互隔离的条件下实施了有效的调解努力。

(2)在离婚诉讼的任何阶段，法庭认为婚姻当事人双方有和解的合理可能，应当在其认为合理的期间内中止诉讼，以促使双方为做和解努力。③

---

① 《最新日本民法·日本民法典》，渠涛编译，法律出版社2006年版，第163～164页。

② 《英国婚姻家庭制定法选集》，蒋月等译，法律出版社2008年版，第56～60页。

③ 《英国婚姻家庭制定法选集》，蒋月等译，法律出版社2008年版，第58～59页。

第十六章
评注第三十九条(夫妻共同财产分割请求权)

第39条　离婚时,夫妻的共同财产由双方协议处理;协议不成时,由人民法院根据财产的具体情况,照顾子女和女方权益的原则判决。

夫或妻在家庭土地承包经营中享有的权益等,应当依法予以保护。

第一节　本条的基本原理

一、本条的基本内容

此处的"处理"是指在法律允许范围内对夫妻共同财产进行分配分割、清算或者处分。该条规定内容包括两方面:一是协商处理的对象财产;二是夫妻共同财产分割方法。

(一)协商处理的对象财产

该条规定调整夫妻共同财产关系,故当事人双方协商处理的对象财产只限于夫妻双方共同财产,既不涉及夫妻一方的个人财产,更不涉及未成年子女等第三人的财产。首先,夫妻双方应明确哪些财产属于夫妻双方共同共有。其次,就双方认同的夫妻共同财产协商作出分配或处理,达成协议。虽然法律没有强调协议应当采用书面形式,但是,为避免事过境迁或者遗忘,也因履行财产登记变更手续的需要,当事人应当将协议意见制成书面文件,并由双方签名签署日期。

第二款规定的夫妻任何一方在家庭承包经营土地上的利益保护,涉及两个方面内容:一是土地承包经营权;二是在承包经营土地上的收益。承包经营的土地是不动产,承包经营权与该土地密不可分,原则上不具有可移动性。农村土地属于村集体所有。按照《农村土地承包法》有关规定,每个村庄或村民小组都是按照家庭人口数量确定各个家庭承包经营土地的面积、种类(搭配)等。换言之,一个家庭承包经营的土地是连成一片的,是一个整体。所以,离婚时,特别是因离婚而将离开或已经离开婚姻居住地的配偶一方,其在家庭承包经营土地中的份额,应当予以明确划定。而当年承包土地上的经营活动的收益,应遵循农作物生长的规律性,确定一定比例收成或者酌定一定量的收成作为将离开的离婚配偶一方应得份额。离婚时实在不能确定收益时,可以允许当事人将此项财产性收益另行处理。

(二)夫妻财产分割方法

依据《婚姻法》第39条规定,夫妻共同财产分割方法有下列两种类型:一是当事人协商

分割;二是裁判分割制度。

1. 协商分割制度

夫妻离婚时,双方有权协商确定夫妻共同财产的处置。首先,夫妻双方应当在自愿基础上,平等协商,本着互谅互让的态度,尽可能达成处理协议。协议内容涉及财产的所有权、占有权、使用权、处分权各方面,均应明白确定。凡内容确实是出于当事人内心真实意思表示,或者当事人双方各自能够接受的,不损害第三人利益的,均为法律允许。其次,对当事人协议处理财产,法律设定原则或标准。当事人有权放弃自己应得份额的一部分或者全部,也可以为分配确定归属的财产附设条件,还可以把夫妻财产的一部分或者全部赠予子女或其他人。凡当事人能够接受的,均允许。

在程序上,本条所谓"当事人双方协议处理",既是指诉讼外,夫妻双方协商达成一致财产处理意见,当事人协商过程中,有权寻求亲友、所在单位、基层调解组织的帮助和调解。又包括在诉讼中,当事人双方能够就财产处理达成和解协议,或者在法院主持调解下,达成一致处理意见。无论是诉讼中的协商取得一致意见还是诉讼外的协商一致达成协议,是最经济的处理财产的办法,又有利于协议条款的执行。

2. 裁判分割制度

人民法院判决分割夫妻共同财产,是在当事人双方协议不成时,法院依职权依法分配当事人双方共同财产。根据《法院审理离婚案件处理财产分割意见》,法院应当依照《婚姻法》、《妇女权益保障法》及有关法律规定,分清个人财产、夫妻共同财产和家庭共同财产,坚持男女平等,保护妇女、儿童的合法权益,照顾无过错方,尊重当事人意愿,遵循有利生产、方便生活的原则,合情合理地予以解决。法院强行判决确定财产分配时,应当坚持下列三原则:一是考虑财产具体情况原则;二是照顾子女利益原则;三是照顾女方利益原则。按照夫妻平等原则,夫妻共同财产原则上一人一半,再结合法定"三原则",上下浮动,所以,通常法院判决分割结果不是均等份额的。关于"照顾",既可以在财产种类上优先考虑和满足妇女的要求,也可以是在财产份额上适当向妇女倾斜,多分财产给妇女;也可以是两者兼而有之。至于多分财产的程度或比例,并不固定,应根据个案中的当事人具体情况和财产具体情况,以合情理,符合公平为目标,由法院酌情裁量。

二、本条的基本理论

(一)分割夫妻共同财产,理应尊重婚姻当事人双方的意见

财产所有权人有权决定如何处理其财产。首先,该规定提倡当事人协商确定夫妻共同财产的分配或安排,因为当事人最了解财产的状况、各方的需要,在此基础上商定财产分配方案。其次,如果协商不成,则由人民法院根据财产具体情况,按照顾子女利益原则、照顾女方利益原则判决。父母离婚将改变未成年子女家庭生活环境和条件,通常情形下,子女只能跟随离婚父亲或母亲一起生活,无法与父母另一方朝夕相处,这会给直接抚养子女的父母一方和未成年子女都带来很大压力。为了能使子女将来有一个良好成长环境,父母离婚时,法院本着儿童利益最大化原则,尽一切可能充分照顾到未成年子女利益。由于夫妻共同财产是夫妻双方的,不是子女的,所以,对未成年子女的照顾就体现在照顾与未成年子女共同生活的离婚配偶一方。在分割财产时,根据子女学习和生活需要,给直接抚养子女的离婚配偶

一方多分财产或者在财产种类上优先考虑该方配偶的要求。

关于照顾女方利益,一方面,是基于妇女是弱势方,她们在经济收入能力、市场竞争能力上弱于男性,当婚姻结束时,法定在财产分配上给予适当照顾;另一方面,是基于妇女家庭无形贡献大。在多数家庭中,"男主外、女主内"的传统性别合作模式没有改变,妇女承担家庭事务较多,常超出其应平等承担家庭事务的法定义务要求。妇女因投入更多时间和精力于家庭中,可能还牺牲了某些或部分社会发展机会,她们原本期待配偶另一方获得良好的职业发展而使婚姻受益,让孩子能拥有更好的受教育和成长条件,本人也从中分享到利益。不料,婚姻在半途上就戛然而止,甚至婚姻存续时间不长就依法解除,已婚妇女的付出不能视而不见。适当多分财产给她们,是符合公平观的,使得人们对公平的期待不落空,基本上维持或实现相关主体利益分配上的良性循环。那么,在部分妻强于夫的婚姻中,妻子的收入能力强于丈夫,还可能夫妻财产中的大部分是因妻子的收入或积累形成的,此时是否仍应适用照顾妇女利益原则呢?《婚姻法》第 39 条规定并没有除外条款或例外情形,原则上讲,这意味着适用照顾女方利益原则不存在例外,不过,照顾妇女利益并非单一仅仅是指财产多分,个案中的女方需要给予照顾的情形可能是多种多样的;如果综合考虑了女方利益保护后,不多分财产给案件中的收入高于丈夫的妻子的,也未尝不可。相应地,从性别平等视角考虑,如果婚姻中的丈夫收入能力、市场竞争力明显低于妻,而对承担照顾家庭责任多于妻的,也应在分配夫妻共同财产时对男性利益给予充分考虑,基于公平考虑,应给予适当照顾时就给予适当照顾。

(二)离婚时夫妻共同财产分割关涉民事交易安全和社会经济秩序

离婚时夫妻共同财产分割,不仅事关婚姻当事人双方利益的公平分配,而且涉及民事交易安全,特别是夫妻财产中的股份等商业资产分割,对公司经营活动都将产生重大影响。以近几年发生的若干上市公司股东离婚时分割夫妻共同财产情况为例,不仅涉及金额巨大,而且部分还涉及上市公司股权变动。

(1)东尼电子实控人付了 3.48 亿分手费。2020 年 1 月 14 日晚间,东尼电子(603595.SH)公告称,公司控股股东、实际控制人沈晓宇已与张英签订《离婚协议书》并进行了相关财产分割。沈晓宇先生将其持有的 1290.15 万股股份转至张英名下。沈晓宇持有的股份均为有限售条件流通股,张英将继续履行股份锁定、减持等承诺。本次权益变动后,沈晓宇持有东尼电子 3870.46 万股股份,占公司总股本的 18.08%;张英持有公司 1290.15 万股股份,占公司总股本的 6.03%。东尼电子 1 月 14 日收于 26.98 元/股,以此计算,股份市值达 3.48 亿元。[①]

(2)沃尔核材公司第一大股东周和平离婚时财产分割事宜。2019 年 9 月 10 日,沃尔核材(002130.SZ)公告称,公司于近日收到第一大股东周和平通知,周和平与妻子邱丽敏于 2009 年 8 月 3 日办理离婚登记时,未对登记在周和平名下的沃尔核材股票进行实际分割过户。为此,公司第一大股东周和平与邱丽敏双方签署了《离婚财产分割补充协议书》,就离婚财产分割事宜作出相关安排。根据该补充协议约定,周和平将其直接持有的沃尔核材股票

---

① 《A 股再现天价离婚,东尼电子实控人付了 3.48 亿分手费》,21 经济网 https://m.21jingji.com/article/20200114/,下载日期:2020 年 1 月 15 日。

1.57亿股过户至邱丽敏名下;将深圳市沃尔达利科技企业(有限合伙)持有的沃尔核材股票2494.33万股过户至邱丽敏名下,二者合计1.82亿股。按当时市值计算,该1.82亿股股份相当于9.08亿元。被媒体称为天价"分手费"。此次权益变动完成后,周和平可实际支配的表决权将下降至15.06%,仍为公司第一大股东;邱丽敏可实际支配的表决权将增加至14.47%,为公司第二大股东。

周和平和邱丽敏原是携手创业的夫妇。上市之初,作为发起人之一的邱丽敏持有上市公司10.78%的股份,为第二大股东。同时,邱丽敏自1998年6月就任上市公司董事,2006年7月起任公司副董事长,还兼任控股子公司深圳市沃尔电气有限公司董事和深圳市国电巨龙电气技术有限公司监事。2009年3月(离婚前夕),因身体健康原因,邱丽敏辞去沃尔核材的董事、副董事长职务。2009年双方离婚时,沃尔核材刚刚上市仅两年。2010年4月起,邱丽敏开始频繁减持,到2010年年报披露时只持有公司股份的1.26%。此后,邱丽敏就退出了前十大股东的行列。Wind数据显示,邱丽敏共计减持1084.45万股,套现约2.56亿元。此外,周和平也进行过多次增减持,扣除增持部分累计套现约24.1亿元。①

(3)爱婴室股东郑大立分割公司股份。2018年12月21日,爱婴室(603214.SH)公告称,公司持股7.55%的股东郑大立因婚姻关系解除而分割股份390万股给杨清芬,占公司总股本的3.9%。按当日最新价,市值接近1.68亿元。郑大立、杨清芬已办理了相关股权过户登记手续。权益变动后,郑大立持有公司股份365.26万股,占总股本的3.65%。杨清芬承诺就其此次取得的公司股份,继续履行郑大立作出的股份锁定承诺。②

(4)梅轮电梯董事王铢根转让公司股份。2018年12月20日,梅轮电梯(603321.SH)公告称,公司持股7.15%的股东王铢根,因离婚纠纷执行民事调解,将所持公司1309万股(占公司总股本的4.26%)转让给屠晓娟女士。按当时市值,该部分股票市值约9725.87万元。此次股份减持后,王铢根持有公司2.89%股份,屠晓娟持有4.26%股份。王铢根有计划在未来12个月内继续减持剩余股份。③

(5)唐德影视二股东赵健因离婚而转让公司股份。2017年10月,唐德影视(300426.SZ)二股东赵健(持有公司8.01%的股份)因婚姻关系解除,将其所持1921.32万股公司股份(占总股本的4.81%)分割给妻子陈蓉。按照10月10日收盘价27.05元/股计算,赵健分割给陈蓉的股份市值约5.2亿元。

(6)一心堂实际控制人阮鸿献与刘琼夫妇离婚而发生公司股权变动。2017年1月,一心堂(002727.SZ)实际控制人阮鸿献与刘琼夫妇办理离婚手续。当时二人持股市值分别为37亿元和20亿元。分割后,阮鸿献、刘琼持股数量不变。

(7)梦洁股份董事长姜天武与妻子伍静离婚导致股权变动。2017年1月25日,梦洁股份(002397.SZ)发布公告称,董事长姜天武与妻子伍静签署了《离婚协议》,姜天武将其持有

① 《沃尔核材大股东"天价"玩离婚》,新浪财经网,https://baijiahao.baidu.com/s?id=1644790074210034231&wfr=spider&for=pc,下载日期:2019年10月20日。

② 刘小英:《爱婴室:股东因离婚分割3.9%公司股份》,每日经济新闻网,http://www.nbd.com.cn/articles/2018-12-21/1284222.html,下载日期:2019年1月1日。

③ 《梅轮电梯:股东王铢根因离婚转让4.26%股份》,界面网,https://www.jiemian.com/article/2726114.html,下载日期:2019年1月2日。

的一半股份即 1.27 亿股股份分割过户至伍静名下。按当日市值计算,该过户股份约 10 亿元。梦洁股份原名梦洁家纺,其前身为长沙被服厂,属于改制企业,如今与罗莱、富安娜并列,号称“家纺三剑客”。姜天武原持有梦洁股份 2.55 亿股,按分割日股价 9.8 元计算,其持有股份市值高达 24.99 亿元。

(8)汤臣倍健董事汤晖与妻子黄琨离婚导致股权变动。2016 年 12 月 28 日,汤臣倍健(300416.SZ)公告,公司董事汤晖与妻子黄琨已签署离婚协议,并就双方离婚时登记在汤晖名下的汤臣倍健股票达成财产分割协议。公告显示,汤晖将其所持有的公司股票 2224 万股(占总股本 1.5126%)中的 1406.4 万股分割给黄琨女士,上述股份分割涉及的过户手续已经完成。按照汤臣倍健 12 月 28 日收盘价 12.05 元/股计算,黄琨将分割所得股票市值 1.6947 亿元。①

(9)昆仑万维董事长周亚辉与前妻李琼达成财产分割约定。2016 年 9 月 12 日,昆仑万维(300418.SZ)发布公告称,董事长、实际控制人周亚辉与妻子李琼达成财产分割约定,周亚辉将其直接持有的昆仑万维 2.07 亿股分割过户至李琼名下。分割完成后,李琼合计持有昆仑万维约 2.98 亿股,市场价值超过 78 亿元。这是迄今为止 A 股上市公司股东离婚案件中涉及股权分割的最高纪录。②

(10)电科院实控人胡醇无偿划转 3200 万股给王萍。2016 年 1 月 28 日,电科院(300215.SZ)公告,实控人胡醇拟无偿划转 3200 万股(占总股本 4.44%)股份给王萍,理由是离婚财产分割,当时这笔分手费价值 3.56 亿元。

(11)神州泰岳董事长王宁因离婚将其所持有 1.2 亿股分割至前妻安梅名下。2013 年 10 月,神州泰岳(3.290,-0.18,-5.19%)董事长王宁因离婚将其所持有 1.2 亿股分割至前妻安梅名下,该笔股权价值高达 12.3 亿元。

由此可见,离婚夫妻共同财产分割不完全是私事或家庭内部事务,相反,可以说,每对夫妻共同财产分割,无论价值大小,均关系到未成年子女利益,关系到相关利益主体利益,它们都不是个人私事,而是社会事务。

三、本条的历史沿革

1950 年《婚姻法》第 23 条规定,“离婚时,除女方婚前财产归女方所有外,其他家庭财产如何处理,由双方协议;协议不成时,由人民法院根据家庭财产具体情况、照顾女方及子女利益和有利发展生产的原则判决”。20 世纪 50 年代初,我国经济发展水平低,妇女群体收入和财产都少,许多妇女还没有进入社会劳动领域,缺乏独立收入来源。已婚妇女的婚前财产主要是嫁妆,允许她们保留自己的嫁妆,在离婚时不被分割,既是对妇女财产利益的照顾,又是考虑到我国关于妇女嫁妆归属的传统习惯。

到了 1980 年,离婚分割夫妻共同财产,原则上已平等。1980 年《婚姻法》第 31 条规定,

---

① 林梦霞、曾剑:《汤臣倍健总经理汤晖离婚妻子分近 1.7 亿市值股票》,每日经济新闻网,http://www.nbd.com.cn/articles/2016-12-28/1065642.html,下载日期:2018 年 3 月 2 日。

② 《六旬老翁离婚割十亿股票给前妻曾把爱情作为公司主旨》,新浪财经网,http://finance.sina.com.cn/stock/stockaritcle/2017-02-03/doc-ifyafcyx6853012.shtml,下载日期:2018 年 10 月 11 日。

"离婚时,夫妻的共同财产由双方协议处理;协议不成时,由人民法院根据财产的具体情况,照顾女方和子女权益的原则判决"。显然,已删除前一个法案将妇女婚前财产列为妇女个人特有财产的规定,但是,照顾妇女利益的精神未变,继续将"照顾女方"作为法院判决分配夫妻共同财产时应当遵守的原则之一。毕竟,妇女是社会弱势群体,虽然在离婚个案中,会有部分妻子的经济能力强于丈夫,但大多数离婚案件中的当事人双方,丈夫处于经济优势地位是事实。

现行《婚姻法》第 39 条保留了 1980 年《婚姻法》第 31 条内容,同时,根据我国农村实行家庭联产承包责任制的实际,规定了离婚时应保护夫或妻在家庭承包土地中的权益。

四、法律渊源

离婚时,分割夫妻共同财产的法律渊源,除了《婚姻法》第 39 条规定,还有下列法律法规及司法解释的规定。

(一)法律法规

《婚姻法》第 17 条规定了夫妻共有财产范围和权利。夫妻在婚姻关系存续期间所得的下列财产,归夫妻共同所有:(1)工资、奖金;(2)生产、经营的收益;(3)知识产权的收益;(4)继承或赠与所得的财产,但本法第十八条第三项规定的除外;(5)其他应当归共同所有的财产。夫妻对共同所有的财产,有平等的处理权。

第 19 条规定了夫妻财产约定,其中涉及夫妻部分共同共有、全部共同共有。"夫妻可以约定婚姻关系存续期间所得的财产以及婚前财产归各自所有、共同所有或部分各自所有、部分共同所有。约定应当采用书面形式。没有约定或约定不明确的,适用本法第十七条、第十八条的规定。夫妻对婚姻关系存续期间所得的财产以及婚前财产的约定,对双方具有约束力。夫妻对婚姻关系存续期间所得的财产约定归各自所有的,夫或妻一方对外所负的债务,第三人知道该约定的,以夫或妻一方所有的财产清偿。"

《婚姻法》第 47 条规定了夫妻任何一方隐藏、转移共同财产等行为的法律责任。"离婚时,一方隐藏、转移、变卖、毁损夫妻共同财产,或伪造债务企图侵占另一方财产的,分割夫妻共同财产时,对隐藏、转移、变卖、毁损夫妻共同财产或伪造债务的一方,可以少分或不分。离婚后,另一方发现有上述行为的,可以向人民法院提起诉讼,请求再次分割夫妻共同财产。人民法院对前款规定的妨害民事诉讼的行为,依照民事诉讼法的规定予以制裁。"

(二)有关司法解释规定

近些年来,最高人民法院公布了多个适用《婚姻法》的解释文件,其中大多数内容都是关于夫妻财产争议或者债务争议的裁判规则。

1.《最高法院适用〈婚姻法〉解释一》第 17 条、第 18 条、第 19 条、第 31 条

该解释第 17 条规定,《婚姻法》第 17 条关于"夫或妻对夫妻共同所有的财产,有平等的处理权"的规定,应当理解为:"(一)夫或妻在处理夫妻共同财产上的权利是平等的。因日常生活需要而处理夫妻共同财产的,任何一方均有权决定。(二)夫或妻非因日常生活需要对夫妻共同财产做重要处理决定,夫妻双方应当平等协商,取得一致意见。他人有理由相信其为夫妻双方共同意思表示的,另一方不得以不同意或不知道为由对抗善意第三人"。第 18

条规定,《婚姻法》第 19 条所称"第三人知道该约定的",夫妻一方对此负有举证责任。第 19 条规定,《婚姻法》第 18 条规定为夫妻一方所有的财产,不因婚姻关系的延续而转化为夫妻共同财产;但当事人另有约定的除外。该解释第 31 条规定,"当事人依据婚姻法第四十七条的规定向人民法院提起诉讼,请求再次分割夫妻共同财产的诉讼时效为两年,从当事人发现之次日起计算"。

2.《最高法院适用〈婚姻法〉解释二》有关规定

该解释第 8 条、第 9 条、第 11 条、第 12 条、第 13 条、第 14 条、第 15 条、第 16 条、第 17 条、第 18 条、第 19 条、第 20 条、第 21 条、第 22 条、第 23 条、第 24 条、第 25 条、第 26 条、第 27 条、第 28 条、第 29 条集中规定了夫妻共同财产认定与分割相关问题的法定裁判规定。内容涉及下列多方面:当事人关于财产分割协议的效力;知识产权收益;军人的复员费、伤亡保险金、伤残补助金、医药生活补助费归属;夫妻一方或双方在公司、企业中的出资、股票、债券、投资基金份额等有价证券以及未上市股份有限公司股份等。

例如,第 8 条规定,"离婚协议中关于财产分割的条款或者当事人因离婚就财产分割达成的协议,对男女双方具有法律约束力。当事人因履行上述财产分割协议发生纠纷提起诉讼的,人民法院应当受理"。第 9 条规定,"男女双方协议离婚后一年内就财产分割问题反悔,请求变更或者撤销财产分割协议的,人民法院应当受理。人民法院审理后,未发现订立财产分割协议时存在欺诈、胁迫等情形的,应当依法驳回当事人的诉讼请求"。

第 16 条至第 18 条规定了配偶一方在公司或企业出资额或者转让股份的情形。例如,第 18 条规定"夫妻以一方名义投资设立独资企业的,人民法院分割夫妻在该独资企业中的共同财产时,应当按照以下情形分别处理:(一)一方主张经营该企业的,对企业资产进行评估后,由取得企业一方给予另一方相应的补偿;(二)双方均主张经营该企业的,在双方竞价基础上,由取得企业的一方给予另一方相应的补偿;(三)双方均不愿意经营该企业的,按照《中华人民共和国个人独资企业法》等有关规定办理"。

3.《最高法院适用〈婚姻法〉解释三》有关规定

该解释第 4 条、第 5 条、第 6 条、第 7 条、第 11 条、第 12 条、第 13 条、第 14 条、第 15 条、第 16 条、第 18 条集中规定了夫妻共同财产认定及其分割规则。

例如,关于夫妻共同财产的认定,该解释第 5 条规定,"夫妻一方个人财产在婚后产生的收益,除孳息和自然增值外,应认定为夫妻共同财产"。第 7 条规定,"婚后由一方父母出资为子女购买的不动产,产权登记在出资人子女名下的,可按照婚姻法第十八条第(三)项的规定,视为只对自己子女一方的赠与,该不动产应认定为夫妻一方的个人财产。由双方父母出资购买的不动产,产权登记在一方子女名下的,该不动产可认定为双方按照各自父母的出资份额按份共有,但当事人另有约定的除外。"

关于夫妻共同财产的分割,该解释第 4 条规定,"婚姻关系存续期间,夫妻一方请求分割共同财产的,人民法院不予支持,但有下列重大理由且不损害债权人利益的除外:(一)一方有隐藏、转移、变卖、毁损、挥霍夫妻共同财产或者伪造夫妻共同债务等严重损害夫妻共同财产利益行为的;(二)一方负有法定扶养义务的人患重大疾病需要医治,另一方不同意支付相关医疗费用的"。第 12 条规定"婚姻关系存续期间,双方用夫妻共同财产出资购买以一方父母名义参加房改的房屋,产权登记在一方父母名下,离婚时另一方主张按照夫妻共同财产对该房屋进行分割的,人民法院不予支持。购买该房屋时的出资,可以作为债权处理"。

第 13 条规定了养老金。“离婚时夫妻一方尚未退休、不符合领取养老保险金条件，另一方请求按照夫妻共同财产分割养老保险金的，人民法院不予支持；婚后以夫妻共同财产缴付养老保险费，离婚时一方主张将养老金账户中婚姻关系存续期间个人实际缴付部分作为夫妻共同财产分割的，人民法院应予支持”。第 14 条规定夫妻之间财产分割协议的效力，即当事人达成的以登记离婚或者到人民法院协议离婚为条件的财产分割协议，如果双方协议离婚未成，一方在离婚诉讼中反悔的，人民法院应当认定该财产分割协议没有生效，并根据实际情况依法对夫妻共同财产进行分割。第 15 条规定，婚姻关系存续期间，夫妻一方作为继承人依法可以继承的遗产，在继承人之间尚未实际分割，离婚当事人另一方可以在继承人之间实际分割遗产后另行起诉。第 16 条规定，“夫妻之间订立借款协议，以夫妻共同财产出借给一方从事个人经营活动或用于其他个人事务的，应视为双方约定处分夫妻共同财产的行为，离婚时可按照借款协议的约定处理”。第 6 条规定，婚前或者婚姻关系存续期间，当事人约定将一方所有的房产赠与另一方，赠与方在赠与房产变更登记之前撤销赠与，另一方请求判令继续履行的，人民法院可以按照《合同法》第 186 条规定允许赠予人因反悔而撤销赠予。

4.《最高人民法院关于适用〈中华人民共和国婚姻法〉若干问题的解释(二)的补充规定》

该司法解释内容仅有 2 条，是缩小夫妻共同债务范围。它是针对《最高法院适用〈婚姻法〉解释二》第 24 条规定内容的缩限。排除第 24 条规定的夫妻共同债务范围中的两种情形为夫妻共同债务，即夫妻一方与第三人串通、虚构债务的，将不会被认定为夫妻共同债务；夫妻一方从事赌博、吸毒品等违法犯罪活动所负债务，不是夫妻共同债务。最高人民法院仅就某个司法解释中的某个条款规定，专门颁布一个司法解释文件进行限定或补充，是司法解释中极其罕见的现象。

5.《法院审理离婚案件处理财产分割意见》

该司法解释全文条款均是调整离婚夫妻财产分割问题的。

第二节　本条的适用

一、夫妻一方不同意分割股权而另一方要求分割，能否获法院支持

刘某、王某卿离婚后财产纠纷再审审查与审判监督案件，最高人民法院民事裁定书，(2018)最高法民申 796 号。

最高人民法院认为，人民法院审理离婚案件时，涉及分割夫妻共同财产中以一方名义在有限责任公司的出资额，另一方不是该公司股东的，若夫妻双方不能就股权分割问题达成一致意见，为了保证公司的人合性，应对另一方请求分割的股份折价补偿。因在本案二审审理过程中，出资一方配偶坚持要求分割股权，不同意折价补偿，也不同意评估股权价值，故法院对其要求分割股权的诉讼请求不予支持。

二、离婚时分割夫妻共同股权，非股东取得股东身份需其他股东过半数同意

《最高法院适用〈婚姻法〉解释二》第 16 条规定：“人民法院审理离婚案件，涉及分割夫妻共同财产中以一方名义在有限责任公司的出资额，另一方不是该公司股东的，按以下情形分别处理：(一)夫妻双方协商一致将出资额部分或者全部转让给该股东的配偶，过半数股东同

意、其他股东明确表示放弃优先购买权的,该股东的配偶可以成为该公司股东;(二)夫妻双方就出资额转让份额和转让价格等事项协商一致后,过半数股东不同意转让,但愿意以同等价格购买该出资额的,人民法院可以对转让出资所得财产进行分割。过半数股东不同意转让,也不愿意以同等价格购买该出资额的,视为其同意转让,该股东的配偶可以成为该公司股东。"

三、本条适用中存在的问题

夫妻离婚时,适用本条规定,协商分割夫妻共同财产中,常见问题有下列两类:

(一)当事人协商达成财产分割一致意见的难度增大

离婚当事人争执于财产分割现象,十分常见。在市场经济环境下,公民个人之间的财产状况差距日益增大,财产因素对个人生活的影响越来越大。现行《婚姻法》于2001年施行以来,离婚自由度较以往增大了。离婚当事人纠结于财产分割,希望获得公平分割结果的期望越来越高。宏观的经济社会背景因素为离婚当事人双方协商分割共同财产增加了变量。就个案而言,离婚当事人无法就财产分割达成一致意见,主要原因,或者是财产种类单一且价值大,例如,双方都争取住房的所有权而愿意给对方应得份额的补偿款,或者是双方对共同财产的范围、种类、价值有较大争议,缺乏形成一致分割意见的前提。尤其是随着城市房价持续上升,房产价值巨大,且常常伴随着巨额银行贷款。获得房屋所有权的一方,离婚后不需要改变居住环境,而且将获得购房机会成本中的大头;而分得其应得份额补偿款的另一方,尽管利益份额获法院民事判决或民事调解书的确认,但真正实现其利益,将受制于对方及时履行债务。当住房是夫妻双方共同财产,任何一方都有权要求获得所有权而支付给对方相应补偿款时,当事人任何一方都不愿意成为所有权变成债务、主动降格为被动的一方,故协商难度极大。协商难度大,通常也是因为当事人双方仅拥有一处住宅房屋。

(二)人民法院裁判夫妻财产分割难度显著增大

虽然第39条规定明确,人民法院适用之裁判夫妻共同财产分割,看似简单,其实不然。首先,离婚当事人争议的财产价值越来越大,财产可能分布在不同城市或地区,部分当事人的财产还坐落或位于境内外多个地方。其次,财产种类增多,不仅有不动产、动产,而且不动产又分成不同财产类型,商铺店面,厂房、住宅等;动产的种类也多种多样,包括但不限于储蓄、名人字画、养老金余额、股票证券、期权等。查核工作量增大。其三,离婚当事人夫妻共同财产分割,不仅关系着当事人双方利益公平,如果当事人是商业公司股东特别是大股东,其股权分配关系到公司股权结构变动,还可能影响公司经营和发展,故这类离婚案件中的财产争议影响面更广,审理和裁判难度自然也增大。

近些年来,越来越易见到法院将离婚、未成年子抚养争议先行裁决,将当事人对夫妻共同财产分割争议另案处理的情形。司法如此安排,除了审判效率考虑外,确有审判难度因素在其中。十多年前,财产分割与离婚案件拆分审理尚是一个新问题,引起学术研究关注,[①]如今,这种拆分审判已变得平常了。

---

① 蒋月:《夫妻财产争议与离婚案件拆分审理探析》,载《华东政法大学学报》2007年第6期。

随着每年数百万对夫妻离婚现象的持续，离婚夫妻共同财产分割问题引起了社会越来越多的关注，甚至成了大众情绪的敏感点。从这个角度讲，进一步完善夫妻财产制，特别是其中的夫妻财产分割分配规则，保障离婚时夫妻财产分配接近公平正义。

第三节 适用本条的典型案例

一、夫妻共同财产分割时原则上一人一半

李某、魏某离婚纠纷二审案件，中华人民共和国最高人民法院民事判决书，〔2017〕最高法民终 336 号。①

上诉人李某（原审被告，男，澳门居民）因与被上诉人魏某（原审原告，女）离婚纠纷一案，不服吉林省高级人民法院（2013）吉民一初字第 3 号之一民事判决，向最高人民法院（以下简称最高法院）提起上诉。2017 年 5 月 4 日获准立案。已审理终结。

李某上诉请求：1. 撤销吉林省高级人民法院（2013）吉民一初字第 3 号之一民事判决第一项，依法改判吉林省温馨鸟集团有限公司、长春温馨鸟名店广场有限公司、北京温馨鸟贸易有限公司中，李某及魏某的全部出资及股权归李某所有，由李某根据公司审计情况给予魏某相应的经济补偿；2. 撤销吉林省高级人民法院（2013）吉民一初字第 3 号之一民事判决第二项，依法改判珠海市××路 50 号××帝景 2 单元 301 号房屋及-1 层 A028、A028-1 号车位、珠海市横琴新区××路 8 号××湾 15 栋 701 号及 702 号房屋暂不予分割；3. 请求二审法院查明案件事实，将在诉讼过程中发现的魏某隐匿的全部财产的 90%，依法判归李某所有；4. 依法改判案外人替李某及魏某偿还的 5800 万元贷款，双方按 50%的比例共同分担债务；5. 判令魏某承担本案上诉费用。事实和理由如下：1. 一审判决无视双方意思表示，简单将公司股权平均分配，必将导致公司股东会无法作出有效决议以致公司僵局，严重减损各方股权价值，严重损害李某及公司全体员工的权益。2. 一审法院对房产的分割错误，审理范围超出诉讼请求，对共同债务未进行判决，明显偏袒魏某。3. 魏某隐匿巨额财产，一审法院未调查取证，违法保全李某财产，对李某提出的财产保全申请置之不理，严重侵害李某合法权益。4. 一审判决房产补偿款的给付期限太短，不顾基本事实，显失公正。

魏某辩称，一审判决认定事实清楚，证据确实充分，适用法律正确，应予维持。1. 一审判决吉林省温馨鸟集团有限公司、长春温馨鸟名店广场有限公司、北京温馨鸟贸易有限公司的股权平均分割，认定事实清楚，适用法律正确，程序合法，依法应当予以维持。2. 一审判决将珠海××路 50 号××帝景 2 单元 301 号房屋及-1 层 A028、A028-1 号车位、珠海市横琴新区××路 8 号××湾 15 栋 701 号及 702 号房屋的五套房产依法进行分割，符合法律规定，公平公正。3. 李某未提供证据证明案外人帮助偿还房屋贷款的事实，应当承担举证不能的后果。4. 李某没有提供任何证据证明魏某有隐匿巨额财产的行为。5. 导致夫妻感情破裂的主要责任在于李某一方。

魏某于 2013 年 5 月向一审法院起诉，请求：1. 判令魏某与李某离婚；2. 分割夫妻共有的 14 家公司股份及价值 1.6657 亿元的房产；3. 鉴于李某有过错，请求在分割财产问题上

① 最高人民法院〔2017〕最高法民终 336 号民事判决书，中国裁判文书网，http://wenshu.court.gov.cn/website/wenshu/，下载日期：2018 年 7 月 29 日。

照顾魏某一方;4. 李某承担本案诉讼费用。诉讼过程中,魏某主张对夫妻双方共有的房产和公司股份平均予以分配。

魏某要求分割的房产总计 66 套,分别是位于北京的房产 16 套、上海房产 4 套、哈尔滨房产 4 套、珠海房产 34 套,澳门房产 8 套。部分房产是商铺;部分房产是住宅。房产的具体情况如下:……魏某要求分割下列 9 家公司,分别位于吉林省、北京市、香港特区、澳门特区,公司名称、注册资本、出资情况如下:……

一审法院认定事实:魏某与李某于××××年登记结婚,婚后育有一子,现已成年。

2016 年 5 月 13 日,一审法院于作出〔2013〕吉民一初字第 3 号民事判决书,判决准予双方离婚。现该判决书已经发生法律效力。对于双方的财产分割问题,一审法院多次组织双方召开听证会,力争促成双方达成调解方案。对于房产问题,双方均同意各自向法庭报价,并同意由报价高者取得相应的房屋。对于公司股权分割问题,双方未能达成一致。

一审法院认为:(一)关于本案离婚双方的财产分割范围问题。由于本案离婚双方涉及的财产较多,争议较大,审理时间较长,故在一审法院 2016 年 3 月 30 日的庭审中已经明确告知双方"法庭经过合议决定除了今天庭审双方提到的证据之外,再不接受双方所提供的新的证据和相关诉请",故本案应以双方之前所提供的证据和诉请作为审理范围。经审查,魏某在本次庭审及之前要求分割的财产为:(1)五家公司的股权,分别为吉林省温馨鸟集团有限公司、吉林省温馨鸟服饰股份有限公司、长春温馨鸟名店广场有限公司、北京温馨鸟贸易有限公司、吉林省温馨鸟装饰有限公司。(2)房产 64 套,包括北京房产 13 套、上海房产 4 套、哈尔滨房产 4 套、珠海房产 34 套、澳门房产 9 套。其中魏某对于要求分割的澳门车位一个,并未举出相应的证据,故魏某要求分割的房产实为 63 套。在其后举行的听证会上,魏某又提出分割位于北京市朝阳区××路 39 号院 7 号楼 0701 号房屋、A2581 车位、A2586 车位等三套房产,对此李某同意分割。故本案审理的魏某要求分割的房产应为 66 套,包括北京房产 16 套、上海房产 4 套、哈尔滨房产 4 套、珠海房产 34 套、澳门房产 8 套。在 3 月 30 日庭审之后,魏某还提出分割吉林省温馨鸟房地产开发有限公司、万捷集团有限公司等公司的股权及李某名下的其他财产,李某也提出要求分割魏某在海南的房产、孙海洋代持的北京房产及魏某名下的其他财产,一审法院也组织双方当事人对于双方离婚后的财产如何分配召开了三次听证会,但是听证会是以促成双方协商、达成财产分割和解方案为目的的,双方最终并未达成财产分割和解方案,且李某一方一直坚持以魏某的诉讼请求涉及的财产作为本案的审理范围,双方对海南房产及是否存在由孙海洋代持的房产也存有争议。故本案本次审理的财产范围仅为魏某要求分割的 5 家公司和 66 套房产为限。对于其他财产,已经超出本案审理范围,且双方均未举出充分证据予以证明,故一审法院不予审理,双方可另行解决。

(二)关于双方对离婚是否有过错及是否存在隐藏、转移、侵占夫妻共同财产的问题。《婚姻法》第 46 条规定:"有下列情形之一,导致离婚的,无过错方有权请求损害赔偿:(一)重婚的;(二)有配偶者与他人同居的;(三)实施家庭暴力的;(四)虐待、遗弃家庭成员的。"魏某和李某虽然主张对方对离婚有过错,但均未举出相应的证据足以证明对方存在上述法律规定的过错行为,故一审法院对双方的该主张均不予支持。

《婚姻法》第 47 条规定:"离婚时,一方隐藏、转移、变卖、毁损夫妻共同财产,或伪造债务企图侵占另一方财产的,分割夫妻共同财产时,对隐藏、转移、变卖、毁损夫妻共同财产或伪造债务的一方,可以少分或不分。离婚后,另一方发现有上述行为的,可以向人民法院提起

诉讼，请求再次分割夫妻共同财产。人民法院对前款规定的妨害民事诉讼的行为，依照民事诉讼法的规定予以制裁。”李某据此提出魏某存在隐匿房产、股票及侵吞公司资金的行为，应不分或少分夫妻共同财产，但是其并未举出相应的证据证明自己的主张。一审法院应李某请求查阅了四平市铁东区人民检察院的有关卷宗，也并未发现魏某有对双方离婚存在过错及隐藏、转移夫妻共同财产的陈述。至于李某主张魏某有侵吞公司资产的行为，并不属于本案离婚诉讼的审理范围，李某可另行主张。故李某关于魏某应不分或少分夫妻共同财产的主张，一审法院不予支持。

（三）关于公司出资额及股份的分割。魏某要求分割的 5 家公司，均注册成立于双方结婚登记之后。魏某主张对双方在 5 家公司的出资及股份平均予以分配，李某主张双方在公司之中各自名下的出资及股权，是双方对夫妻财产的约定，应归各自所有，不应作为夫妻共同财产进行分割。公司股权应判归一方，由一方给另一方财产补偿，而不应将公司股权平分，否则将使公司进入清算，无法经营，给社会带来负面影响。一审法院认为，《婚姻法》第 19 条规定：“夫妻可以约定婚姻关系存续期间所得的财产以及婚前财产归各自所有、共同所有或部分各自所有、部分共同所有。约定应当采用书面形式。没有约定或约定不明确的，适用本法第十七条、第十八条的规定。夫妻对婚姻关系存续期间所得的财产以及婚前财产的约定，对双方具有约束力。夫妻对婚姻关系存续期间所得的财产约定归各自所有的，夫或妻一方对外所负的债务，第三人知道该约定的，以夫或妻一方所有的财产清偿。”第 17 条规定：“夫妻在婚姻关系存续期间所得的下列财产，归夫妻共同所有：（一）工资、奖金；（二）生产、经营的收益；（三）知识产权的收益；（四）继承或赠与所得的财产，但本法第十八条第三项规定的除外；（五）其他应当归共同所有的财产。夫妻对共同所有的财产，有平等的处理权。”虽然李某主张在婚姻关系存续期间登记在各自名下的股份应归各自所有，但并未提供相应的证据予以证明，不符合婚姻法第十九条的有关规定。故一审法院对其主张不予支持。根据《婚姻法》第 17 条规定，以双方或者一方名义登记在上述 5 家公司中的出资额及股份应为夫妻共同财产。依据《婚姻法》第 39 条第 1 款关于“离婚时，夫妻的共同财产由双方协议处理；协议不成时，由人民法院根据财产的具体情况，照顾子女和女方权益的原则判决”的规定及魏某的主张，在双方协议不成的情况下，一审法院认为上述 5 家公司的股份应由双方平均予以分割：1. 魏某和李某在吉林省温馨鸟服饰股份有限公司中的共同出资额 2600 万元及股份，依据《最高法院适用〈婚姻法〉解释二》第 15 条关于“夫妻双方分割共同财产中的股票、债券、投资基金份额等有价证券以及未上市股份有限公司股份时，协商不成或者按市价分配有困难的，人民法院可以根据数量按比例分配”的规定，由双方平均分割。2. 魏某和李某在吉林省温馨鸟集团有限公司中的共同出资额 5192.02 万元及股份、李某在长春温馨鸟名店广场有限公司中的出资额 30 万元及股份、李某在北京温馨鸟贸易有限公司中的出资额 20 万元及股份，根据《公司法》第 71 条关于“有限责任公司的股东之间可以相互转让其全部或者部分股权。股东向股东以外的人转让股权，应当经其他股东过半数同意。股东应就其股权转让事项书面通知其他股东征求同意，其他股东自接到书面通知之日起满三十日未答复的，视为同意转让。其他股东半数以上不同意转让的，不同意的股东应当购买该转让的股权；不购买的，视为同意转让”的规定，魏某已于 2016 年 3 月和 11 月两次向上述公司的其他股东魏甲、魏乙及吉林省巴帝服饰有限公司发出告知函，就其是否同意股权转让给魏某及是否行使优先购买权征询意见，魏甲和郭某舫回函同意股权转让，魏某和吉林省巴帝服饰有限公司在

告知函限定的期间直至本案判决之前均未予回复。一审法院认为,魏某与吉林省巴帝服饰有限公司未予答复的行为应视为同意转让。故对魏某、李某婚姻关系存续期间由双方或一方在上述有限公司中的出资额及股份亦应予以平均分割。3. 魏某提出吉林省温馨鸟装饰有限公司已被注销,建议不分割该公司股份,一审法院予以准许。

(四)关于房产分割问题。魏某和李某同意分割的 66 套房产中,1. 位于北京市朝阳区某楼的 145、146、147、148 号房屋尚未取得房屋产权登记,且李某对魏某享有的房产份额存有争议,故本案对此不予审理,双方可另行解决;2. 对于登记在魏某、李某名下的位于北京市朝阳××街 1901 号房屋中魏某享有的房产份额,李某亦提出异议,故双方对此可另行解决;3. 对于双方名下的澳门房产 8 套,李某提出其名下的澳门房产采用的财产制度是分别财产制度,属于李某个人所有,不应在本案中予以分割,故本案双方对该财产是否为夫妻共同财产存有争议,且上述房产位于澳门并均已在澳门银行抵押贷款,故对于该 8 套房屋双方可另行解决争议,不宜在本案中予以处理;4. 对于其他 53 套房产,属于双方婚后取得的夫妻共同财产,应由双方平均予以分割,双方均同意由报价高者取得房屋。对于 53 套房产涉及的银行贷款,亦应由双方共同平均分担。

一审法院根据双方的报价情况,依据报价高者取得房屋所有权的原则,由取得房屋者给付另一方房屋价值一半的补偿,对于双方报价相同的珠海市某山庄 2 套房屋、某海景的 4 套房屋,共计 6 套房屋,由双方各自取得三套房屋的所有权。依据上述原则,下列 21 套房屋所有权判令归魏某取得:……,其中位于珠海市香洲区××路的 11 套房屋各自 45%的房产份额。魏某给付李某上述房屋价值补偿款 6266.30475 万元。下列 32 套房屋所有权判令李某取得;其中,位于珠海市香洲区××路的 8 套房屋各自 45%的房产份额。李某给付魏某上述房屋价值补偿款 8410 万元。上述房屋的银行按揭贷款总计 2162.1395 万元(珠海 45%房产份额的房屋贷款亦按照 45%计算,实为 253.7595 万元),双方各自承担 1081.06975 万元。虽然李某主张上述房屋除银行按揭贷款外,尚还存在其他人代付房款的情况,但是并未举出相应的证据予以证明,故一审法院对此不予认定。代付人可依法另行主张权利。

综上,一审法院对魏某要求对 4 家公司股份及 53 套房产予以平均分割的诉讼请求予以支持。对于其他财产争议,双方可依据相关法律规定,另行依法主张权利。依照《婚姻法》第 17 条、第 39 条,《最高法院适用〈婚姻法〉解释二》第 15 条、《中华人民共和国公司法》第 71 条规定,判决:(一)魏某和李某在吉林省温馨鸟服饰股份有限公司中的共同出资额 2600 万元及股份由双方各自分得 1300 万元及股份;魏某和李某在吉林省温馨鸟集团有限公司中的共同出资额 5192.02 万元及股份由双方各自分得 2596.01 万元及股份;李某在长春温馨鸟名店广场有限公司中的出资额 30 万元及股份由魏某和李某各自分得 15 万元及股份;李某在北京温馨鸟贸易有限公司中的出资额 20 万元及股份由魏某和李某各自分得 10 万元及股份。(二)下列 21 套房产所有权归魏某取得,其中珠海市香洲区××路某世纪城 157 栋 1 单元 11 套房屋各自 45%的房产份额。魏某于本判决生效后十日内给付李某上述房屋价值补偿款 6266.30475 万元。(三)下列 32 套房产所有权归李某取得:……;珠海市香洲区××路某世纪城 3009、3103、3109 号及 2 单元 1902 号房屋;珠海市香洲区××路某世纪城 1 单元 3010 号及 2 单元 19 层 8 套房屋各自 45%的房产份额。李某于本判决生效后十日内给付魏某上述房屋价值补偿款 8410 万元。(四)上述房屋银行按揭贷款总计 2162.1395 万元,由魏某和李某各自承担 1081.06975 万元。

二审期间，对当事人二审争议的事实，二审法院认定如下：(一)李某提交的八组，共148份证据。其中第一组至第六组证据为购房定金合同、定金收据、付款凭证、购房合同、购房发票、确认书等书证，拟证明案外人替李某及魏某偿还3100余万元的贷款。以上六组证据，因一审法院已向李某释明，可由代付人另行主张权利，故法院不予采信。第七组证据为吉林省温馨鸟集团有限公司的工商登记资料，拟证明夫妻双方都在公司持股的情况下，公司章程的约定即夫妻双方各自持股的约定。因魏某认可该组证据的真实性，法院对此予以确认，由于该组证据未能证明夫妻约定婚姻关系存续期间所得的财产归各自所有，不作为夫妻共同财产进行分割，故法院不予采信。第八组证据为孙志云受贿案的询问笔录及一审法官摘抄笔录，拟证明魏某通过魏东、李泽强的股票账户隐藏、转移了部分夫妻共同财产。该组证据是李某通过查阅一审卷宗取得，对于真实性法院予以认可，但该证据不能证明魏某有转移夫妻共同财产的行为，故对该组证据不予采信。(二)魏某提交的长春市中级人民法院〔2017〕吉01行终35号行政判决书，拟证明李某企图独占夫妻共同财产，导致夫妻双方感情破裂。由于该组证据与本案没有直接的关联性，最高法院不予采信。

最高法院二审查明的其他事实与一审查明的事实一致。

【裁判意见】

最高法院认为，根据一审判决、李某的上诉理由及魏某的答辩意见，本案的主要争议焦点为：一审判决对夫妻共同财产的分割是否有误。

关于财产分割范围是否有误的问题。《民事诉讼法》第140条规定："原告增加诉讼请求，被告提出反诉，第三人提出与本案有关的诉讼请求，可以合并审理。"本案中，李某和魏某离婚涉及财产数量较多、争议较大，魏某在一审诉讼期间增加诉讼请求，一审法院予以合并审理，并无不当。一审法院审理本案期间，多次组织双方当事人就财产分割问题进行听证，李某坚持以魏某的诉讼请求涉及的财产作为本案的审理范围，一审法院最终确定了予以分割的财产范围，并就存有争议的房产双方如何处理予以释明，并无不当。李某主张一审审理范围超出了魏某的诉讼请求，无事实和法律依据，法院不予支持。

关于对案涉3家公司出资额及股份平均分割是否有误的问题。一审中，魏某要求分割的5家公司均注册成立于李某和魏某结婚登记之后，其中吉林省温馨鸟装饰有限公司已被注销，魏某提出不予分割，一审法院予以准许。一审法院对其余4家公司的出资额及股份予以平均分割。现李某仅针对吉林省温馨鸟集团有限公司、长春温馨鸟名店广场有限公司、北京温馨鸟贸易有限公司3家公司的分割问题提出上诉。《婚姻法》第19条规定："夫妻可以约定婚姻关系存续期间所得的财产以及婚前财产归各自所有、共同所有或部分各自所有、部分共同所有。约定应当采用书面形式。没有约定或约定不明确的，适用本法第十七条、第十八条的规定。夫妻对婚姻关系存续期间所得的财产以及婚前财产的约定，对双方具有约束力。夫妻对婚姻关系存续期间所得的财产约定归各自所有的，夫或妻一方对外所负的债务，第三人知道该约定的，以夫或妻一方所有的财产清偿。"李某主张案涉3家公司登记在其与魏某名下的股份应归各自所有，但并未提供相应的证据予以证明，一审法院对其主张不予支持，并无不当。李某上诉主张，一审判决违反《中华人民共和国公司法》第71条的规定。经查，一审判决明确载明"魏某已于2016年3月和11月两次向上述公司的其他股东魏甲、魏乙及吉林省巴帝服饰有限公司发出告知函，就其是否同意股权转让给魏某及是否行使优先购买权征询意见，魏甲和郭某舫回函同意股权转让，魏乙和吉林省巴帝服饰有限公司在告知函限定的期间直至本案判决之前均未予回复。法院认为,魏乙与吉林省巴帝服饰有限公司未予答复的行为应视为同意转让",由此可见,一审判决并未损害案涉公司其他股东的优先购买权。另,李某主张,案涉3家公司股权平均分配,将导致公司股东会无法作出有效决议以致公司僵局,严重损害李某及公司全体员工的权益。在法院调解过程中了解到,李某与魏某共同创立案涉3家公司,且魏某经营公司多年,李某对此亦予以认可。魏某明确表示其一直以公司利益为主,公司运营并未因离婚受到影响,李某对此未提出异议。以上事实表明,将案涉3家公司的股权平均分割,并不必然导致公司僵局。若李某担心股权平均分割不利于公司经营,可以在本案确认股权权属之后,与魏某另行协商解决。综上,李某的该上诉理由,无事实和法律依据,法院不予支持。

关于案涉5套房产是否应予分割的问题。《最高人民法院关于民事诉讼证据的若干规定》第74条规定:“诉讼过程中,当事人在起诉状、答辩状、陈述及委托代理人的代理词中承认的对己方不利的事实和认可的证据,人民法院应当予以确认,但当事人反悔并有相反证据足以推翻的除外。”一审中,李某同意以竞价的方式竞得夫妻双方共有房产,并由此拍得了32套房产,其中包括珠海市××路某海景2单元301号房屋及-1层A028、A028-1号车位、珠海市横琴新区××路某海湾15栋701号及702号房屋的5套房产,李某未对上述案涉5套房产的分割提出异议。现李某上诉主张案涉5套房产系魏某提起离婚诉讼后,李某借款购买,不应予以分割,无事实和法律依据,法院不予支持。

关于共同债务的问题。本案一审中,李某即主张存在案外人代付房款的情况,但并未提供相应的证据予以证明。二审中李某虽举示了六组142份证据拟证明案外人代付房款3100余万元,但魏某不予认可。且一审法院在判决中已释明代付人可依法另行主张权利,并未影响案外人实体权利,并无不当,法院予以维持。

关于魏某是否存在隐藏、转移、侵占夫妻共同财产的问题。本案中,李某提出魏某存在隐匿巨额财产的行为,应将诉讼过程中发现魏某隐匿财产的90%判归李某所有,但其并未提供魏某隐匿财产的具体线索。一审法院应李某请求到四平市铁东区人民检察院查阅了相关刑事卷宗,并未发现有关魏某隐藏、转移夫妻共同财产的陈述。李某主张一审法院应组织双方当事人对相关刑事卷宗进行质证,无法律依据,法院不予支持。

关于一审法院财产保全的问题。经查阅一审卷宗,李某共提交两份财产保全申请书,第一份财产保全申请书落款时间为2016年1月13日,此份财产保全申请书仅概括申请对魏某名下的银行存款、股权、股票、基金、期货、债券、房地产等财产,采取查封、扣押、冻结等保全措施,并未提供相应的财产线索。第二份财产保全申请书落款时间为2016年5月18日,此份财产保全申请书申请查封魏某名下北京房产7套,车位6处,上海房产3套,珠海房产1套。对李某上述财产保全申请,一审法院以2016年6月13日作出的〔2013〕吉民一初字第3号之七民事裁定予以查封,不存在李某主张一审法院对其提出的财产保全申请置之不理的情况。李某的该上诉理由不能成立,法院不予支持。

一审判决对房产补偿款给付期限的确定是否有误的问题。一审法院判决魏某于一审判决生效后十日内给付李某房屋价值补偿款6266.30475万元,李某于一审判决生效后十日内给付魏某房屋价值补偿款8410万元。一审法院对李某及魏某房屋价值补偿款的支付时间均确定为一审判决生效后十日内,属于平等对待,不存在李某主张的不顾事实、显失公正的情形,并无不当,二审法院予以维持。

2017 年 8 月 11 日，最高法院决定李某的上诉请求不能成立，应予驳回；一审判决认定事实清楚，适用法律正确，应予维持。依照《民事诉讼法》第 170 条第 1 款第 1 项规定，判决如下：驳回上诉，维持原判。

二、夫妻共同清偿贷款的不动产归一方时，应当补偿另一方

何某、张某离婚纠纷二审案，云南省曲靖市中级人民法院民事判决书，(2018)云 03 民终 1145 号①。

【案情概要】

上诉人何某(原审原告，女)因与被上诉人张某(原审被告，男)离婚纠纷一案，不服云南省曲靖市麒麟区人民法院(2018)云 0302 民初 898 号民事判决，向云南省曲靖市中级人民法院(以下简称曲靖中院)提起上诉。已审理终结。

何某上诉请求：依法改判麒麟区人民法院(2018)云 0302 民初 898 民事判决第三项；对夫妻共同财产 104476.36 元平均分割后，由被上诉人补偿上诉人 52238.18 元。事实与理由：①麒麟区人民法院就夫妻共同财产中住房公积金情况认定错误。上诉人在一审审理中已提交曲靖市住房公积金管理中心出具的张某住房公积金账户贷款还款的情况，从上诉人与被上诉人登记结婚之日(××××年××月××日)起至 2017 年 3 月 23 日还款完成时止，住房公积金按揭还款共计 104476.36 元，相关的诉讼请求也在庭审时予以改正(原诉讼请求的住房公积金贷款还款额为 80000 元，取证后根据证据显示已调整改正为 104476.36 元)。这部分住房公积金按揭还款系在双方婚姻关系期间发生，根据《最高法院适用〈婚姻法〉解释三》第 11 条第(二)项规定，该笔公积金属于夫妻的共同财产，该司法解释第十条第二款规定，依前款规定不能达成协议的，人民法院可以判决该不动产归产权登记一方，尚未归还的贷款为产权登记一方的个人债务。双方婚后共同还贷支付的款项及其相对应财产增值部分，离婚时应根据《婚姻法》第 39 条第一款规定的原则，由产权登记一方对另一方进行补偿。《婚姻法》第 39 条第 1 款规定，离婚时，夫妻的共同财产由双方协议处理：协议不成时，由人民法院根据财产的具体情况，照顾子女和女方权益的原则判决。上诉人提交曲靖市住房公积金管理中心出具的证据已证实了双方婚姻关系存续期间的公积金按揭贷款还款的事实和数额(104476.36 元)，因此应认定夫妻双方的该笔共同财产，并依法分割，由被上诉人对上诉人进行补偿。②麒麟区人民法院就夫妻共同生活的事实认定错误。虽然上诉人与被上诉人是在 2017 年 1 月 9 日举行婚礼后 3 天就吵架分居，但双方是在××××年××月××日就登记结婚为合法夫妻共同生活……(二审庭审中上诉人何某以一审对该事实认定清楚为由，当庭放弃第 2 条上诉理由，只坚持第 1、3 条上诉理由。)③本案中，一审判决违反《婚姻法》第 39 条第 1 款规定，根本没有按照规定照顾女方权益。104476.36 元的夫妻共同财产，竟然只判被上诉人补偿上诉人 1000 元，其不合理、不合法的程度让任何人都无法接受。从法律大层面来说，“男女平等，夫妻平等”的观念早已深入人心，因此法律也规定夫妻对共同财产有平等的权益；从实际生活层面来说，本案的上诉人和被上诉人共同生活期间并非人民法院所认为的 3 天，而是将近 1 年。因此，无论从法律层面还是从实际生活层面来

① 云南省曲靖市中级人民法院(2018)云 03 民终 1145 号民事判决书，中国裁判文书网，http://wenshu.court.gov.cn/website/wenshu/，下载日期：2019 年 6 月 1 日。

讲,应平均进行分割夫妻共同财产——住房公积金按揭贷款偿还数额 104476.36 元,由被上诉人补偿上诉人 52238.18 元。104476.36 元的夫妻共同财产妻子仅占 1000 元,这不仅仅是不照顾女方权益,简直就是歧视女性!因此,请求人民法院予以改判,维护女方平等的权利!关于诉讼费,一审人民法院也全部判由女方承担,极不合理,请求予以改判。

张某辩称:①上诉人何某对夫妻共同财产 104476.36 元平均分割,由答辩人补偿其 52238.18 元的上诉理由不充分。因为答辩人与上诉人虽然领取了结婚证但是答辩人和上诉人在一起生活的时间只有三天,住房公积金也只可以按生活三天的时间计算。上诉人在上诉请求中要求对上诉人补偿 52238.18 元是没有证据可以支持的,根据《婚姻法》第 40 条"夫妻书面约定婚姻关系存续期间所得的财产归各自所有,一方因抚育子女、照料老人、协助另一方工作等付出较多义务的,离婚时有权向另一方请求补偿,另一方应当予以补偿"的规定,上诉人不具备法律所规定的补偿条件。②一审法院没有考虑答辩人 10700 元彩礼诉请,根据上诉人主张"男女平等"意愿,答辩人在此提出诉请如下:本该归男方所有的 10700 元彩礼也在判决书中未提及,其中一审判决第二条内容中,冰箱和彩电的价钱刚好对应 10700 元彩礼钱。因此,上诉人只需要搬走普通垫被一床,蚕丝垫被一床,蚕丝被一床,大红四件套一套,还有上诉人带去的锅碗,洗衣机一台带走。答辩人尚有个人物品被上诉人扣留,主要有波司登羽绒服,富贵鸟蓝色上身外套和皮鞋一双,结婚钻戒一个及其他个人物品。如今上诉人一再过分索要答辩人财产,也就是不想放弃这场婚姻,心存强烈挂念。既然女方不离,作为男方我也不弃,基于从 2015 年相识至今还有很深厚的夫妻感情,况且 2017 年 1 月 9 日至 12 日还有过 3 天共同生活的经历,作为婚姻当事人,我保留争取幸福夫妻生活的权利,而不能仅仅依靠女方一时财迷心窍,见钱眼开,随意想离就离,作为这场婚姻的男主角,我不同意离婚判决。一审判决中支撑离婚的证据太过牵强。对于双方微信聊天记录,男方从未承认该证据的真实性,从微信聊天记录里面可以看出男方从未同意离婚,双方仅仅在争执吵架而已……所以,一审判决通过微信聊天记录证明双方夫妻感情破裂的证据不成立,夫妻感情没有破裂,拒绝离婚。一审法院在审理过程中对夫妻感情没有破裂的事实认定不清楚,判决离婚的结论不成立,双方对财产分配均不认可,请二审法院驳回重审。

何某向一审法院起诉请求:判决双方离婚,被告婚前购买西苑小区××湾 356 幢 1 单元 301 号房归男方所有,婚姻关系存续期间被告获得住房公积金 4 万元,偿还购房按揭贷款 4 万元,共计 8 万元,应平均分配,由被告补偿原告 4 万元,婚后被告购买的沙发 1 套,电视柜、餐桌、床 1 张归被告所有,原告母亲买给原告的嫁妆冰箱 1 台,洗衣机 1 台,电视机 1 台、垫被 1 床、蚕丝被 2 床、床单 4 件套 2 套及锅碗归原告所有。

【裁判意见】

一审法院认定事实:原被告双方于 2014 年认识,2015 年双方确立恋爱关系,并且自愿登记结婚,其后于 2017 年 1 月 9 日举行婚礼后,双方居住在男方婚前购买的曲靖市麒麟区××湾 356 幢 1 单元 301 号房。举行婚礼三天后,双方因家务琐事发生吵闹,原告回娘家生活至今,导致夫妻双方长期分居生活。双方分居生活期间,原告多次向被告提出协议离婚,双方因财产争议,协议离婚未果,原告诉来法院要求离婚。

一审法院认为,双方虽是自由恋爱、自愿登记结婚,但实际共同生活时间较短,未生育子女,双方婚后不注意夫妻感情的培养,多次因家务琐事争吵,严重损害了双方的夫妻感情,导致双方长期分居生活,原告诉讼离婚的事实理由成立,法院予以支持;原告主张双方婚姻关

系存续期间被告所得住房公积金及被告归还婚前购房按揭贷款合计 104476.36 元要作为夫妻共同财产平均分割，鉴于双方实际共同生活期间较短，原告的工资收入及住房公积金未让被告知悉，法院不予全部支持。根据《婚姻法》第 32 条第 2 款，第 39 条第 1 款，《最高法院适用〈婚姻法〉解释二》第 11 条第 2 项，《民事诉讼法》第 64 条第 1 款规定，判决，（一）准予原告何某与被告张某离婚；（二）夫妻共同财产被告购买的沙发 1 套，电视柜 1 个、餐桌 1 张、床 1 张归被告张某所有；原告母亲买给原告的嫁妆冰箱 1 台，洗衣机 1 台，电视机 1 台、垫被 1 床、蚕丝被 2 床、床单四件套 2 套及锅碗归原告何某所有；（三）被告张某婚前按揭贷款购买的曲靖市麒麟区××湾 356 幢 1 单元 301 号房屋一套归被告张某所有；由被告张某给付原告何某住房公积金 1000 元；（四）原被告各方所借债务，由各方自己负责清偿。

二审中，当事人没有提供证据。经二审审理查明的事实与一审一致，法院予以确认。另查明，自 2016 年 6 月 12 日至 2017 年 3 月 23 日止，被上诉人张某用其的住房公积金等归还婚前购房按揭贷款，合计 104476.36 元，还款期间系在上诉人何某与被上诉人张某夫妻关系存续期间。

曲靖中院认为，《婚姻法》第 39 条第 1 款规定“离婚时，夫妻的共同财产由双方协议处理；协议不成时，由人民法院根据财产的具体情况，照顾子女和女方权益的原则判决”。《最高法院适用〈婚姻法〉解释三》第 10 条第 2 款规定：“夫妻一方婚前签订不动产买卖合同，以个人财产支付首付款并在银行贷款，婚后用夫妻共同财产还贷，不动产登记于首付款支付方名下的离婚时该不动产由双方协议处理。依前款规定不能达成协议的，人民法院可以判决该不动产归产权登记一方，尚未归还的贷款为产权登记一方的个人债务。双方婚后共同还贷支付的款项及其相对应财产增值部分，离婚时应根据《婚姻法》第三十九条第一款规定的原则，由产权登记一方对另一方进行补偿。”故自 2016 年 6 月 12 日至 2017 年 3 月 23 日止，用被上诉人张某的住房公积金等归还婚前购房按揭贷款合计 104476.36 元，是在上诉人何某与被上诉人张某夫妻关系存续期间，应认定为双方婚后共同还贷。因此，上诉人何某关于应依法对该部分公积金进行分割的上诉理由部分成立。但上诉人何某要求平均分割该部分资金的请求法院不予支持。鉴于证据反映，自 2016 年 6 月 12 日至 2017 年 3 月 23 日止，仅只是用被上诉人张某的住房公积金等进行还贷。根据该案实际，中院酌情考虑由被上诉人张某支付上诉人何某人民币 20000 元。

综上所述，上诉人何某的上诉请求部分能成立。一审判决认定事实部分不清，适用法律错误，中院予以纠正。2018 年 7 月 23 日，曲靖中院依照《婚姻法》第 39 条第 1 款，《最高法院适用〈婚姻法〉解释三》第 10 条第 2 款和《民事诉讼法》第 170 条第 1 款第 2 项规定，判决如下：（一）维持云南省曲靖市麒麟区人民法院（2018）云 0302 民初 898 号民事判决第一、二、四项（即：一、准予原告何某与被告张某离婚；二、夫妻共同财产被告购买的沙发 1 套，电视柜 1 个、餐桌 1 张、床 1 张归被告张某所有，原告母亲买给原告的嫁妆冰箱 1 台、洗衣机 1 台、电视机 1 台、垫被 1 床、蚕丝被 2 床、床单 4 件套 2 套及锅碗归原告何某所有；四、原被告各方所借债务，由各方自己负责清偿。）；（二）撤销云南省曲靖市麒麟区人民法院（2018）云 0302 民初 898 号民事判决第三项（即：三、被告张某婚前按揭贷款购买的曲靖市××区××湾 356 幢 1 单元 301 号房屋一套归被告张某所有；由被告张某给付原告何某住房公积金 1000 元）；（三）被上诉人张某婚前按揭贷款购买的曲靖市××区××湾 356 幢 1 单元 301 号房屋一套归被上诉人张某所有；由被上诉人张某给付上诉人何某人民币 20000 元；（四）驳

回上诉人何某的其他诉讼请求。

三、分割夫妻共同财产时,可以少分给过错配偶一方

张某与雷某离婚纠纷二审案件,河南省洛阳市中级人民法院民事判决书,(2016)豫03民终947号。①

【案情概要】

原、被告于××××年××月登记结婚。2007年1月26日中国共产党交通银行洛阳分行委员会作出交银洛党委发(2007)2号文件《关于对张某同志严重违反社会主义道德问题处分的复议结论》记载:"关于张某同志与郑某(女)多次发生不正当男女关系问题,经复查,……张某自2001年秋季认识郑某,于2005年12月14日晚在郑州某宾馆发生第一次不正当男女关系开始至2006年7月上旬止。这期间二人除先后分别在郑州、洛阳两地宾馆多次同住外,还一起前往偃师市、伊川县、三门峡市等,并商议租房、购车、开连锁店等事宜。……复议结论,……,根据张某同志所犯错误事实和性质,……给予张某同志留档查看一年的处分,事实清楚、证据充分,定性处分,适用法规适当。……"

原、被告婚后共同财产有:①位于洛阳××新区周山路××小区××(××)房屋一套,登记的建筑面积为258 m^2,登记所有权人为原告张某,房产证号为洛房权证市字第××号。原、被告均同意该房屋作价129万元。②位于洛阳市瀍河区××房屋××套,面积58.16 m^2,房产证号为洛市房权证(2004)字第X2630××号。原、被告均同意该房屋作价168644万元。③中国太平洋人寿保险股份有限公司金玉满堂两全保险(分红型),保单号为ZHZ051EL43164××,被保险人为雷某,该保险单上有抵押贷款,续贷后保险号为ZHZ051EL43164××,续贷期限自2015年8月21日至2016年2月20日。位于西工区九都西路××花园××楼××号房屋登记在原告张某名下,但庭审中原、被告双方均确认该房屋已出售。关于被告申请中提到的洛阳新区广利街以东、政和路以北"东郡小区"4-2-1901房产一套,经查证,该房屋登记坐落为洛阳市洛龙区××2-1901,登记所有权人为樊某峰,2013年4月2日原告在该房屋上办理了注销登记。经查询,原、被告名下并无其他房产登记情况,亦无房屋出售,转让信息登记。

一审法院认为,原告起诉离婚,被告亦同意离婚,证明原、被告夫妻感情已经彻底破裂,无和好可能,故对原告离婚的请求予以准许。关于夫妻共同财产的分割,根据《最高法院审理离婚案件处理财产分割意见》之规定,"人民法院审理离婚案件对夫妻共同财产的处理,应当依照《婚姻法》、《妇女权益保障法》及有关法律规定,分清个人财产、夫妻共同财产、家庭共同财产,坚持男女平等,保护妇女、儿童的合法权益,照顾无过错方,尊重当事人意愿,有利生产、方便生活原则,合情合理地给予解决"。本案中,原告在与被告婚姻关系存续期间与其他女性发生不正当男女关系,存在过错。位于西工区九都西路××花园××楼××号房屋,该房屋虽登记在原告张某名下,但原、被告双方均确认该房屋已出售给案外人,因该房屋涉及案外人利益,本案不予处理。关于被告所称位于洛阳×区某住宅楼14-13-A房屋和位于洛

① 河南省洛阳市中级人民法院(2016)豫03民终947号民事判决书,中国裁判文书网,http://wenshu.court.gov.cn/website/wenshu/181107ANFZ0BXSK4/index.html? docId = d26705e35bcc4df99ff6f0ab317a4b5f,下载日期:2017年7月30日。

阳市××××房产，因现有证据不能证明该房屋属原、被告婚后共同财产，故被告要求分割该洛阳×区某住宅楼 14-13-A 房屋和洛阳市××××房屋的主张，不予支持。关于原、被告所称的豫 C×××××华泰圣达菲小型普通客车，该车登记在张某芝名下，因涉及案外人利益，本案不予处理。原、被告证据均不能证明双方现有存款、原告住房公积金、车辆理赔金等情况，故被告主张分割双方存款、原告住房公积金、车辆理赔金，不予支持。关于中国太平洋人寿保险股份有限公司金玉满堂两全保险（分红型），因该保险单上存在抵押贷款，涉及案外人利益，本案不予处理。关于原、被告所称的债权债务，因均涉及案外人利益，本案不予处理。现能够分割的原、被告夫妻共同财产仅有位于洛阳××新区周山路××小区××（××）房屋和××洛阳市××下园路××号房屋，根据有关司法解释的规定，对夫妻共同财产的分割应照顾无过错方的原则，结合本案情况，作如下处理：位于洛阳××新区周山路××小区××（××）房屋一套，归被告雷某所有；位于洛阳市瀍河区××房屋××套，归原告张某所有。综上，依照《婚姻法》第 32 条、第 39 条，《最高法院审理离婚案件财产分割意见》第 13 条，判决：（一）准许原告张某与被告雷某离婚；（二）位于洛阳××新区周山路××小区××（××）房屋一套（房产证号为洛房权证市字第××号）归被告雷某所有；（三）位于洛阳市瀍河区××房屋××套［房产证号为洛市房权证（2004）字第 X2630××号］，归原告张某所有；（三）驳回原告张某的其他诉讼请求；（四）驳回被告雷某的其他诉讼请求。

宣判后，张某（原审原告，男）、雷某（原审被告，女）均不服河南省洛阳高新技术产业开发区人民法院（2014）洛开民初字第 436 号民事判决，向河南省洛阳市中级人民法院提起上诉。该案于 2016 年 8 月 3 日审理终结。

张某上诉，请求撤销原判第（二）、（三）、（四）项。上诉人张某在诉状中没有提到洛阳×区某住宅楼 14-13-A 房屋和洛阳市××××房屋、洛阳西工区某花园房产一套等六项财产，一审在上诉人的诉讼请求中增加上述财产显属不当。中国太平洋人寿保险股份有限公司金玉满堂两全保险（分红型）及上诉人诉状中请求的 61 万元借款，应当依法分割，一审不予处理，属于漏判，程序不合法。《最高院审理离婚案件处理财产分割意见》明确规定，在夫妻关系存续期间，一方擅自转移或隐匿家庭共同财产的，可以少分或不分财产。上诉人既没有转移，也没有隐匿家庭共同财产，一审对位于洛阳××新区周山路××小区××（××）房屋（价值约××）和××洛阳市××下园路××号房屋（价值约为 168644 元）分割不公平。夫妻地位平等，是我国法律明确规定，一审如此分割共同财产，显失公正。一审认为上诉人在婚姻存续期间与第三者发生不正当关系，但不正当男女关系是在 2006 年以前发生的，早已得到雷某的谅解和理解。在以后的家庭生活中，雷某也没有提出任何异议，并积极协助上诉人处理子女的事情，也没有起诉到法院离婚。没有相关法律规定，要追究上诉人十几年前的过错，一审依此理由少分给上诉人财产，属滥用自由裁量权。上诉人向法庭提交 2013 年以来遭受家庭暴力的证据，雷某直接侵害了上诉人健康权和名誉权，其存在过错。雷某在住院期间大吵大闹，致使上诉人的伤口不能愈合，雷某亦存在过错。一审对诉讼费分担不当。

雷某上诉，请求维持原判第（一）、（二）项，撤销第（三）项并对未查明的夫妻共同财产依法分割。上诉人称，其与张某均同意离婚，双方婚姻关系应予解除。张某有婚外情，并且转移、隐藏夫妻共同财产，系过错方。依据相关司法解释，一方有婚外情，转移、隐藏、变卖夫妻共同财产的，在夫妻共同财产分割过程中，可以少分或不分。因此，一审法院准许离婚及将洛阳××新区周山路××小区××（××）房屋归上诉人所有正确。洛阳新区公务员住宅楼

14-13-A 房屋虽登记在詹某斌的名下,但实际出资人是上诉人与被上诉人,应为夫妻共同财产。即使张某将房屋卖给了詹某斌,卖房款也是夫妻共同财产,应依法分割。洛阳市××××房产系张某在交通银行的集资房,上诉人与张某在婚姻关系存续期间购买。2008 年左右向单位交纳房款 22 万元左右,后用张某住房公积金贷款 14 万左右。2013 年 4 月 2 日张某将该房屋变更到樊某峰名下。据了解,张某与樊某峰的父亲系同学关系,张某可能隐藏了夫妻共同财产。既然房屋退掉了,交纳的购房款一审没有查清,也没有对该部分财产进行分割。中国太平洋人寿保险股份有限公司金玉满堂两全保险(分红型)及豫 C×××××华泰圣达菲小型普通客车双方均认可是夫妻共同财产,豫 C×××××华泰圣达菲小型普通客车也登记在张某芝名下双方也是认可的,一审法院不予处理,明显过于草率,致使双方实质性问题没有解决。根据法律规定,住房公积金属于夫妻共同财产,一审没有查清,判决明显错误。一审没有查清事实,收取诉讼费却没有对相关财产予以查清及分割。

二审查明的事实与一审认定的事实一致。

【裁判意见】

洛阳市中级人民法院认为:上诉人张某、雷某均同意离婚,双方婚姻关系应予解除。离婚纠纷中既包括人身关系,又包括由此产生的财产关系。人民法院在处理婚姻关系的同时,应对夫妻关系存续期间财产状况进行查明并一并作出处理。故张某上诉称其没有主张分割相关财产,一审予以处理程序违法,于法无据,法院不予支持。关于位于洛阳××新区周山路××小区××(××)房屋、××洛阳市××下园路××号房屋分配问题。鉴于张某在婚姻关系存续期间存在过错,同时按照顾女方权益及有利生产、方便生活的原则,一审对上述财产的分配并无不妥。但上述两套房屋价值差距较大,为衡平双方权益,在处理其他夫妻共同财产时应当考虑张某权益。西工区九都西路××花园××楼××号房屋、中国太平洋人寿保险股份有限公司金玉满堂两全保险(分红型)、豫 C×××××华泰圣达菲小型普通客车及张某上诉所称的债务问题,均涉及案外人利益,且一审不予处理,双方可另行解决。雷某上诉称位于新区公务员住宅楼 14-13-A 房屋和位于洛阳市××××房产应依法分割,因现有证据不能证明该房屋属双方婚后共同财产,故该上诉主张不予支持。雷某上诉诉求分割住房公积金,但未提交相关住房公积金及公积金的数额,故该上诉主张不予支持。综上,上诉人张某、雷某的上诉请求,依据不足,中院均不予支持。依照《民事诉讼法》第 170 条第 1 款第(一)项之规定,判决驳回上诉,维持原判。

四、离婚后,原配偶一方请求分割对方持有的原夫妻共同财产,应举证证明"共同财产"存在

黄某、许某离婚后财产纠纷二审案,湖北省宜昌市中级人民法院民事判决书,(2018)鄂 05 民终 1710 号。[①]

【案情概要】

上诉人黄某(原审原告,男)因与被上诉人许某(原审被告,女)离婚后财产纠纷一案,不服湖北省枝江市人民法院(2018)鄂 0583 民初 146 号民事判决,向湖北省宜昌市中级人民法

① 湖北省宜昌市中级人民法院(2018)鄂 05 民终 1710 号民事判决书,中国裁判文书网,http://wenshu.court.gov.cn/website/wenshu/,下载日期:2018 年 10 月 3 日。

院(以下简称宜昌中院)提起上诉。于2018年5月10日立案。已审理终结。

黄某上诉请求:撤销一审判决,发回重审或依法改判分割离婚时许某持有的夫妻共同财产78万元中的30万元给黄某。事实和理由:

(一)一审判决认定事实错误,对78万元去向及用途的事实认定不清。1. 一审仅根据许某的陈述就认定签订股权转让协议的事实错误。2014年3月18日许某转让股份时公司不存在亏损,网上可查询到公司公示2013年盈利14万元,2014年盈利12万元。许某2008年8月趁黄某服刑期间伪造股东会议决议,将记名黄某的36万元股份转入许某名下,许某不将所谓亏损的干股在2008年退还给许某华,而是在向法院起诉离婚前40天,即2014年3月18日将股权以36万元转让给许某华。转让时黄某在枝江,许某却故意隐瞒,黄某提供的证据足以证明许某转让股份的事实。2. 一审认定黄某向许某汇款42万元用于七星台土地平整工程、家庭日常开支等与事实不符。当时双方已分居,关系紧张,许某不可能为黄某平整土地付款,事实也没有将该款用于七星台土地平整工程。3. 一审认定的许某将库存玉米86.76吨变卖,用于支付工人工资、农药化肥货款与事实不符,首先许某没有提供用于支付工资、农药化肥货款的证据,没有说明支付对象及金额。其次许某在一审中陈述债务时仍有工人工资、农药化肥货款等债务,说明许某未支付。最后许某在一审认可玉米变卖18万元。即使用玉米款还了该8万元的债务,剩余的10万元应是离婚时的结余金额。

(二)一审判决运用证据错误。黄某在一审提供的出资协议,注册资本实收情况明细表等证据,足以证明黄某的股份真实合法存在;提供的股东会决议、股权转让协议、离婚案应诉通知书等证据证明许某从2008年就开始转移变更、离婚前40天转让股份的事实;提供的一审民事判决书,证明许某在起诉离婚期间,判决确认许某仍持有22万元;提供的许某变卖玉米的证据,证明许某在起诉离婚之前,变卖玉米持有20万元。

(三)一审判决错误。1. 黄某与许某债务多,不等于许某持有的78万元不应该分割。2. 一审中黄某在该案中提供的许某收入的证据,依据证据规则许某应举证支出证据,没有就应当认定是其掌管共同财产的具体结余数额。3. 该案的共同债务178万元,其中128万元已执行或清偿结束,均与许某持有78万元没有关系,还有50万元正处于法院执行中,执行的是黄某居住的房屋。共同债务是许某在离婚案自己向法庭陈述的178万元,但许某并没有用其持有的78万元偿还178万元中的债务,许某也没有举证78万元用于支付共同债务中谁的债务和金额。故该案共同财产减去共同债务后,结余的78万元仍在许某手中持有。黄某要求分割78万元是在178万元共同债务全部清偿之后。4. 一审黄某提供许某持有的78万元证据充分,且许某78万元收入发生在离婚期间,扣减许某自己陈述支付的费用,再减离婚期间许某半年生活等支出10万元,仍结余60万元,应当依法分割。

许某辩称:服从一审判决,请求二审驳回黄某的上诉请求。黄某向一审法院起诉请求:1. 分割离婚时被许某持有的夫妻共同财产78万元中的39万元给黄某;2. 平均分割租赁经营七星台镇芦林场土地、闲散地及收益;3. 许某给予黄某一次性生活困难帮助5万元。

【裁判意见】

一审法院认定事实:黄某与许某是经登记结婚的合法夫妻。2014年8月14日双方经一审法院(2014)鄂枝江民初字第00819号民事调解书调解离婚,未分割共同财产。

2014年3月18日,许某与许某华签订《股权转让协议》,许某将持有的枝江市奥利棉纺有限责任公司9%的股权以36万元转让给许某华。许某陈述,胞弟许某华给许某干股9

股,后来黄某坐牢,公司也亏损,所以在 3 月 18 日许某就将股份退给了许某华,为了工商登记的需要才签订了股权转让协议。2013 年 11 月 28 日黄某向刘某借款 50 万元,2013 年 12 月 4 日黄某向许某汇款 42 万元。许某陈述,已将该款用于七星台土地平整工程、家庭日常开支等。2014 年 2 月许某将库存玉米 86.76 吨变卖。许某陈述,玉米变卖款用于支付工人工资、农药化肥货款。2016 年 11 月 10 日,黄某向杜某友收取七星台土地整治工程款 50 万元。黄某代理人陈述,黄某用该款清偿了他人债务。

淡某某向一审法院申请执行(2014)鄂枝江民初字第 00704 号民事判决。2015 年 5 月,一审法院已将七星台镇芦林场租赁权抵偿给淡某某。许某陈述,芦林场种植的树木变卖款是直接汇给黄某的;收割的小麦抵给了卢某,是法院强制执行的。黄某不能提供许某离婚时有财产结余的证据。

一审法院认为,《婚姻法》第 41 条明确规定,离婚时应当用共同财产清偿共同债务。黄某与许某作为债务人身份在一审法院有多起诉讼和执行案件,说明双方债务较多。黄某在该案中提供的许某收入的证据,不能简单地就据此认定许某掌管有共同财产的具体数额,应当是共同财产减去共同债务的结余由双方分配。黄某不能提供许某离婚时财产结余的证据,在黄某与许某作为债务人身份在一审法院有多起诉讼和执行案件的情况下,一审法院也无法确定双方是否有财产结余及具体数额。因此,黄某请求许某给付 39 万元财产分割款,一审法院不予支持。黄某请求分割租赁经营七星台镇芦林场土地、闲散地及收益,因芦林场的租赁权已被法院强制执行,收益已用于支出,该项请求一审法院不予支持。

《婚姻法》第 42 条规定,"离婚时,如一方生活困难,另一方应从其住房等个人财产中给予适当帮助。具体办法由双方协议;协议不成时,由人民法院判决"。离婚后的黄某再请求许某给予帮助,无法律依据,该请求一审法院不予支持。一审法院依照《婚姻法》第 39 条、第 41 条、第 42 条,《最高法院适用〈婚姻法〉解释三》第 18 条规定,判决:驳回黄某的诉讼请求。

二审审理期间,当事人围绕上诉请求依法提交了证据,宜昌中院组织当事人进行了证据交换和质证。二审审理查明,一审法院认定的事实属实,宜昌中院予以确认。

宜昌中院认为,离婚后,一方请求分割对方持有的原夫妻关系存续期间的共同财产,其前提是能够举证证明"共同财产"的存在。根据黄某提交的枝江康宁精神病医院的出院记录显示,黄某有频繁的麻果、冰毒接触和使用史,黄某、许某在夫妻关系存续期间,借了大量外债,且许某在黄某服刑期间,生活和生产经营均需要支出。通常情况下,一般人也不会考虑保留开支的凭证。如果许某仍持有黄某所称的现金 78 万元,很难想象许某还有执行案件尚未履行。故法院对黄某的上诉请求不予支持。

2018 年 6 月 12 日,宜昌中院决定黄某的上诉请求不能成立,应予驳回。依照《民事诉讼法》第 170 条第 1 款第 1 项规定,判决驳回上诉,维持原判。

五、股权不属于夫妻共同财产,股权所代表的财产利益应属于夫妻共同财产

(一)艾某、张某田与刘某平等 5 人股权转让纠纷二审民事案件

参见最高人民法院民事判决书,(2014)民二终字第 48 号。

最高人民法院在该案件的民事判决书中指出,"股权作为一项特殊的财产权,除其具有的财产权益内容外,还具有与股东个人的社会属性及其特质、品格密不可分的人格权、身份

权等内容。如无特殊的约定，对于自然人股东而言，股权仍属于商法规范内的私权范畴，其各项具体权能应由股东本人独立行使，不受他人干涉。在股权流转方面，我国《公司法》确认的合法转让主体也是股东本人，而不是其所在的家庭”。因此，认定股权不属于夫妻共同财产，但是，股权所代表的财产利益应属于夫妻共同财产。

本案中，张某田因转让其持有的工贸公司的股权事宜，与刘某平签订了股权转让协议，双方从事该项民事交易活动，其民事主体适格，意思表示真实、明确，协议内容不违反我国《合同法》、《公司法》的强制性规定，该股权转让协议应认定有效。艾某、张某田的该项上诉，以转让股权是夫妻共同财产，但转让未经配偶同意为由，要求法院确认张某田与刘某平签订的股权转让协议无效，无法律依据，最高法院不予支持。

(二)赵某娟与谷某股权转让纠纷案

辽宁省高级人民法院民事判决书，(2015)辽民二终字第00341号；①(2016)辽民申1789号民事裁定书。②

【案情概要】

1989年1月16日，赵某娟与谷某元登记结婚。2007年7月，谷某元与天缘集团共同出资注册成立宏缘公司，谷某元认缴出资1200万元，实缴240万元。2010年11月26日，甲方谷某元与乙方谷某签订股权转让协议书一份，约定：甲方将其持有的宏缘公司认缴的1150万元，实缴190万元的股权转让给乙方。2010年11月22日，宏缘公司股东会作出决议同意双方的股权转让。后双方办理了股权变更登记手续。

赵某娟向沈阳市中级人民法院(以下简称沈阳中院)起诉，认为谷某与谷某元签订的股权转让协议未经其同意，请求确认协议无效。沈阳市中院于2013年12月17日作出〔2013〕沈中民三初字第100号民事判决支持了原告的诉讼请求。宣判后，谷某(原审被告)不服，向辽宁省高级人民法院(以下简称辽宁高院)提起上诉。辽高院发回重审后，沈阳中院于2015年7月2日作出(2014)沈中民三初字第00240号民事判决，再次支持原告的诉讼请求。谷某不服，就再审判决再次向辽宁省高院提出上诉。

本案争议焦点：谷某元持有的宏缘公司股权是否属于夫妻共同财产，未经赵某娟同意，谷某元向谷某转让股权是否有效。

【裁判意见】

辽宁高院认为，谷某元为组建宏缘公司出资的240万元，发生在谷某元与赵某娟婚姻关系存续期间，在夫妻间没有特别约定的情况下，该出资款项应属夫妻共同财产，但在出资行为转化为股权形态时，现行法律没有规定股权为夫妻共同财产，其也不具有“夫妻对共同所有的财产，有平等的处理权”这样的属性。现行法规定，股东向股东以外的人转让股权，应当经其他股东过半数同意，但没有规定股东转让股权需经股东配偶的同意。因此，谷某元转让其持有的宏缘公司股权，即使未经其配偶赵某娟同意，也不影响股权转让协议的效力。判决

① 辽宁省高级人民法院(2015)辽民二终字第00341号民事判决书，中国裁判文书网，http://wenshu.court.gov.cn/website/wenshu/，下载日期：2019年1月2日。

② 辽宁省高级人民法院(2016)辽民申1789号民事裁定书，中国裁判文书网，http://wenshu.court.gov.cn/website/wenshu/，下载日期：2019年1月2日。

撤销原判,驳回赵某娟的诉讼请求。

再审申请人赵某娟因与被申请人谷某股权转让纠纷一案,不服辽宁高院(2015)辽民二终字第00341号民事判决,提起再审。谷某提交意见称,谷某取得辽宁宏缘商业地产开发有限公司股权支付了对价,二审法院认定事实清楚,证据充分,应当驳回赵某娟的再审申请。

辽宁高院认为,《公司法》第71条规定:"股东向股东以外的人转让股权,应当经其他股东过半数同意。股东应就其股权转让事项书面通知其他股东征求同意,其他股东自接到书面通知之日起满三十日未答复的,视为同意转让。其他股东半数以上不同意转让的,不同意的股东应当购买该转让的股权;不购买的,视为同意转让"。辽宁宏缘商业地产开发有限公司股东谷某元、辽宁天缘工贸集团有限公司均同意向谷某及陶某平转让其持有的股权并已经股东会决议确定。二审法院认定谷某元生前签订股权转让协议有效并无不当。由于法律并未规定股东转让股权需经股东配偶的同意,谷某元转让其持有的股权,即使未经其配偶赵某娟同意,也不能确认其转让无效。赵某娟提供新证据不足以推翻二审判决。赵某娟其他再审理由没有相应的证据佐证和法律依据,不予支持。2018年6月12日,辽宁高院在赵某娟与谷某股权转让纠纷一案审判与监督程序中,作出(2016)辽民申1789号民事裁定书,驳回申请人赵某娟的再审申请。

第十七章 评注第四十条(家事补偿请求权)

第 40 条　夫妻书面约定婚姻关系存续期间所得的财产归各自所有,一方因抚育子女、照料老人、协助另一方工作等付出较多义务的,离婚时有权向另一方请求补偿,另一方应当予以补偿。

第一节　本条的基本原理

一、本条的基本内容

此条中的“补偿”是指财产上或经济上的合理补偿;补偿依据是夫妻一方在婚姻关系存续期间的付出超过法定义务要求。在家庭生活中,承担对婴幼儿、老人、病人、残疾人等家庭成员和近亲属的照护以及保洁、烹饪等劳动,以满足家庭生活需要的这类劳动,任务比较繁重;孕育孩子、为配偶工作提从协助等付出,更是一种重负担。凡夫妻约定实行分别财产制的,夫妻一方从社会劳动中获益或收入归所得者个人所有,另一方无法共享所有权;所以,立法规定夫妻一方因为在抚育子女、照料老人、协助另一方工作等方面作出的贡献明显超出其本人法定负担时,有权请求从该方贡献中获得利益的配偶另一方给予适当补偿。根据《婚姻法》第 40 条规定,该请求权仅适用于夫妻约定实行分别财产制的情形。一方面,婚姻关系存续期间,夫妻方把更多时间、精力和智慧贡献给家庭,承担了超出其法定义务份额内应承担的家务劳动或者为对方提供了工作协作,势必会减少其本人参加社会有酬劳动的时间,故而减少了社会劳动收入或其本人财产积累,但是,又因夫妻实行分别财产制,将不形成夫妻共同财产;离婚时,不发生夫妻共同财产分割。另一方面,配偶另一方依法应承担却事实上少承担甚至未承担家事劳动或者履行家庭义务,可以把由此节省出来的时间、精力和智慧投入社会劳动或者其他提升、丰富自身的社会活动,从而增加了获得物质利益或者其他利益的可能、机会和结果。离婚时经济补偿请求权正是用于矫正此类情形中的公平。

笔者称其为“家事贡献补偿请求权”,简称“家事补偿请求权”,而不是“离婚补偿请求权”,主要考虑到赋予配偶一方该补偿请求权,是基于其在婚姻关系存续期间在家事劳动等方面的特别贡献,而非因为离婚;只是该请求权行使时间依法被限定在离婚时。使用“家事补偿请求权”一词,也便于将该权利区别于离婚损害赔偿请求权、离婚时夫妻共同财产分割补偿等相近邻的权利。当然,该权利也确与离婚有关,如果夫妻双方婚姻保持终身,就不发生家事贡献补偿请求权;但是,婚姻因离婚而半途结束,作出特殊贡献配偶方尚未收获回报酬,而获益配偶一方离婚后不可能帮助对方实现其曾经期待利益,故婚姻双方一拍两散时,

应当将此利益失衡状况给予矫正。

二、本条的基本理论

(一)家事补偿请求权的适用范围

首先,该补偿请求权是超婚姻义务履行地承担家事劳动的配偶一方享有的法定权利。凡婚姻关系当事人一方,在共同生活中,为抚育子女、照料老人、协助对方工作等承担了超过法定义务要求的负担的,离婚时该方依法享有向对方要求补偿的权利。这是一项法定权利,它不是基于婚姻双方具有相互扶养义务,而是建立在该方对婚姻的特别贡献之上,是公平维护婚姻各方利益的需要。给予对方适当补偿,是从承担了超额负担方的付出中获益一方配偶应履行的法定义务。在民事法律上,权利与义务通常是相对的。对具备第 40 条规定的法定情形的婚姻当事人,一方享有法定的补偿请求权,另一方负有法定的给予该方补偿的义务。如果案件当事人具有法定情形,并提出了明确的补偿请求的,人民法院应依法予以支持。

其次,补偿请求权制度平等地适用于男女双方,但立法重点是保障已婚妇女合法权益。只要是实行分别财产制的夫妻,具备补偿权的法定条件,不论是丈夫还是妻子,离婚时都有权请求对方给予相应补偿。一方面,该补偿请求权重点是在保护妇女的权益。无论是基于婚姻家庭传统影响还是现实中的夫妻分工而言,女性依然是家事劳动的主要承担者,她们在家庭里常常超出法定义务要求地履行了责任,或者说替代丈夫履行了部分家庭责任。常见是已婚妇女自觉地或无奈地承担起了主要的家庭照料责任,由于家庭生活占用的时间、精力较多,她们的社会发展往往受到了较大限制,配偶对方则因有较多的时间和精力投入社会发展而获得了较高的社会地位或者具有了较大的谋生与赚钱能力,有了较好的发展前途等。该请求权起到纠偏作用。另一方面,在当代,随着男女平等进步,也因为市场竞争原因,在部分婚姻中,丈夫承担主要家事劳动者角色,助力妻子更多地参与社会劳动的。所以,确立家事补偿请求权,是维护婚姻当事人双方的利益,是保护男女平权实现的手段。

(二)家事补偿请求权行使条件

行使该补偿请求权,必须具备下列条件:

(1)夫妻在婚姻关系存续期间约定实行分别财产制。按照《婚姻法》第 40 条规定,夫妻书面约定婚姻关系存续期间所得的财产归各自所有,是适用补偿请求权制度的前提。凡是实行共同财产制的夫妻,无论是一般共同制,还是婚后所得共同制,或者是限定部分共同制,无论夫妻双方对婚姻贡献差别多大,离婚时均不适用该补偿请求权制度。

(2)夫妻一方对婚姻家庭有特别贡献。根据《婚姻法》关于父母子女间、夫妻间的权利与义务的规定,无论是子女赡养父母还是夫妻一方协助另一方,均是当事人特定身份关系下应履行的法定义务。履行法定义务的具体情形可能千差万别,但总的而言可以分为三大类:被迫履行、自觉履行、倾其所能地积极履行。第一种情形中的义务人应当受到批评,第二种情形的当事人应得到法律认可与肯定,第三种情形的义务人应该得到嘉奖。如果夫妻一方在抚育子女、照顾老人、协助另一方工作等方面不仅履行了其法定义务,而且做出了超额贡献,该方就有权利要求另一方给予补偿,因为该方超额完成的部分实际上应是另一方应履行的

法定义务的部分。

(3)夫妻一方主动要求另一方给予补偿。这种补偿,应该由夫妻一方本人或者其合法代理人主动提出来。如果贡献较大一方不请求补偿或者明确拒绝接受补偿,法院无权依职权强行判决确定。

(4)补偿请求权只能在离婚时行使。婚姻关系存续期间,没有发生离婚,夫妻任何一方不得请求对方给予补偿。

补偿金额或财产的多少,应充分考虑到请求权人的贡献、另一方的获益、双方的经济能力及婚姻存续期间等因素综合确定。

(三)该制度的功效

确立家事补偿请求权,是公平维护婚姻双方利益的需要。夫妻双方对婚姻家庭依法负担平等的权利和义务。但是,社会生活中,由于条件所限及当事人主观因素影响,夫妻各方对婚姻家庭义务的履行与贡献往往差别较大,许多婚姻当事人双方无法也不可能真正地从婚姻中获得完全同等的利益。如果婚姻维持终身,各方利益的不均衡可能不明显,然而,对离婚当事人而言,这种婚姻利益与负担的不均衡则可能明显不公。在离婚自由原则下,离婚率正在快速上升,遇到此问题的人不断增多。如果法律不注意这种情况并给予适度矫正,无异于"奖懒罚勤",客观上鼓励人们在婚姻生活中自私自利,影响到社会整体的公平观念,影响到法律制度建设的价值评价和道德基础,从而显然不符合社会利益,不符合婚姻和家庭整体利益。因此,有必要赋予那些为婚姻家庭生活作出特别贡献的配偶请求补偿的权利,肯定认真履行婚姻家庭义务的当事人,支持和鼓励人们为婚姻家庭多作贡献。补偿请求权制度将促进当事人更多地投身婚姻家庭生活,有利于婚姻家庭整体利益,从而有利于社会整体利益协调。

关于家事补偿请求权的定位,笔者更愿意解释为维护婚姻利益公平的制度。以往学者更多将其解释为维护弱者权益的需要,将其归入《婚姻法》中保护弱者权益的制度之一。[①]在当代社会中,为婚姻家庭掏心掏肺者,不是无能力从事社会劳动之人,而是基于婚姻家庭生活需要,特别是家有年幼孩子或年迈病弱者需人照护的,挺身而出尽心尽力地承担家庭劳动,不计较个人得失,他们不是弱者,他们是平等家庭成员,而且是更具利他精神之人。即使因为长期过多地承担家事劳动而失去了职业发展机会甚至因为市场竞争激烈而找不到工作,也不是家庭中的弱者,依然是平等家庭成员。将他们归入弱者行列,某种程度上说,容易助长配偶另一方不应有的情绪甚至自我膨胀而不能平等对待夫妻关系。

三、本条的历史沿革

家事补偿请求权,是《婚姻法》于2001年首次设立的制度。在大多数婚姻中,夫妻双方实际履行的家事劳动责任有大小之别,但是,此前的立法没有关注这种义务履行水平差异,尽管法律规定夫妻双方地位平等,他们享有相同权利和承担同等义务。从我国于1978年实行改革开放政策以来,经济社会环境发生了重大变化。在改革开放之初到2000年,我国离婚率一直呈现增长趋势,但离婚率总体比较低,但是,自20世纪90年代初实行社会主义市

① 刘芸:《新〈婚姻法〉弱者保护功能之评析》,载《温州大学学报》2001年第4期。

场经济以后,随着劳动力人口适应市场需求而大规模地流动,个人财产增多,婚姻稳定性明显降低,离婚夫妻对数急剧地增加,离婚率逐年走高,因此,为家事劳动付出特别多的配偶一方,其期待利益常因婚姻半途解散而落空。如何保障婚姻当事人双方利益公平,让超出法定义务要求而所作的家庭奉献不在默默无闻中而付诸东流,让人们坚信善良信念,有必要立法建立制度实行必要干预。

确立家事补偿请求权,既是借鉴了域外相关立法经验,更主要是基于衡平离婚当事人双方利益之考虑。《瑞士民法典》等域外法上,确早已有家事补偿请求权。建立补偿请求权制度的目的在于协调婚姻当事人双方利益,维护社会公平,防止有人利用婚姻关系"系统地剥削"对方的劳动和财产或者谋取婚姻正当利益之外的额外利益。我国实行市场经济后,社会生活较之过去复杂得多,人心随之变得前所未有地复杂,尽管绝大多数婚姻当事人对婚姻尽心尽责,但不能排除少数人在婚姻内部明显地不顾对方甚至不履行法定义务以谋取自己的利益或实现自我利益最大化。婚姻法修正案注意到了这一问题,及时增设干预机制,有助于婚姻关系的正常化。它对于矫正夫妻一方从婚姻中获益远远大于另一方的情形,承认和保护因超过法定义务履行要求为家庭做出特殊贡献一方的付出和贡献,是一个行之有效的措施。

四、法律渊源

关于家事补偿请求权的法律渊源,除了《婚姻法》第 40 条,还包括妇女权益保障法等法律中的有关规定。

《妇女权益保障法》第 47 条规定,"妇女对依照法律规定的夫妻共同财产享有与其配偶平等的占有、使用、收益和处分的权利,不受双方收入状况的影响。夫妻书面约定婚姻关系存续期间所得的财产归各自所有,女方因抚育子女、照料老人、协助男方工作等承担较多义务的,有权在离婚时要求男方予以补偿"。第 53 条规定,"妇女的合法权益受到侵害的,可以向妇女组织投诉,妇女组织应当维护被侵害妇女的合法权益,有权要求并协助有关部门或者单位查处。有关部门或者单位应当依法查处,并予以答复"。

第二节　本条之适用

一、家事补偿请求权不是要求赔偿"青春损失费"

家事劳动补偿请求权制度的施行,对于维护婚姻当事人双方利益公平是极具针对性的。家事劳动是婚姻生活必不可少的组成部分。一日三餐,柴米油盐酱醋茶,洗洗刷刷,陪伴孩子,照顾老人,为配偶另一方工作事业出谋划策等,就是婚姻生活本身。绝大多数家事劳动对承担者的创造性要求不高,而是日复一日、年复一年地重复简单具体事务操作,但是,它们占用承担者的时间、消耗承担者的精力并不少于社会劳动。

实践中,有部分婚姻当事人离婚时,引用第 40 条规定主张配偶另一方应当赔偿其所谓"青春损失费"。这类情况,具体包括下列三种情形:其一,夫妻双方在婚姻关系存续期间因故签署过相关书面协议,约定双方能够相守终生,如果一方提出离婚,另一方不同意离婚的,要求离婚配偶一方应当向不同意离婚配偶一方支付"青春损失费",并写明了具体金额。其

二，夫妻双方在婚姻关系存续期间达成协议，约定如果发生离婚，提出离婚要求一方应当放弃部分或全部财产，作为赔偿给配偶另一方的"青春损失费"。其三，离婚过程中，不同意离婚的夫妻一方主张其为婚姻家庭贡献大、付出多，如果配偶对方非离不可的，应当支付一定"青春损失费"给被告，以弥补被告多年付出和慰抚将来不得不单身生活之孤独的心。

对于上述要求赔偿"青春损失费"之请求，无论当事人是婚姻关系存续期间达成有书面协议还是离婚诉讼中一方提出的，都于法无据，不适用《婚姻法》第 40 条规定的家事补偿请求权。夫妻共同生活中，任何一方的时间和青春都会随着时间流逝，不存在一方损失青春，另一方的青春保留不走的可能。凡夫妻明文约定赔偿或支付"青春损失费"的协议条款，有违公序良俗，应是无效条款，不应该得到法院支持。有些离婚当事人辩解称，双方协议约定支付的"青春损失费"实际上是要求约定支付家事劳动补偿款，其理由是普通百姓自己起稿写就的协议书，没有经过法律专业人指导，用语达不到法律规定要求的规范、专业水平，是正常的；法院绝不应该仅仅因为当事人使用了"青春损失费"一词，就不承认当事人双方自愿达成的协议。从法律逻辑分析，当事人这类辩护意见应该不足以服人。法律适用中，概念明晰，不得调换或更改。欲适用第 40 条规定，就得符合该条规定适用范围，应具备该补偿请求权行使条件，不可以"打折扣"。

二、本条适用中存在的问题

适用《婚姻法》第 40 条过程中，主要存在下列两大类问题：

（一）第 40 条适用范围偏狭或者适用条件过于严苛

首先，当事人行使家事补偿请求权，仅限于夫妻约定实行分别财产制时，其适用条件过于苛刻。根据第 40 条规定，该请求权不适用于夫妻共同财产制的情形，但实际上，实行夫妻共同财产制的夫妻中，也有部分配偶一方承担较多家事劳动以致丧失部分职业发展机会甚至放弃职业发展成为"全职主妇"或"全职主夫"的，由于可以分割的夫妻共同财产少而无法体现其对家庭做出的特殊贡献，即使可以分得的夫妻共同财产较多，那也仅仅是夫妻共同财产分割应得利益，并不当然等同于其家事劳动特殊贡献被给予应有的承认和弥补。刘芸提出，"这种补偿请求权在夫妻财产被对方消耗而所剩无几时，显得犹为必要"。①

其次，将分别财产制作为该请求权适用的前提则使其适用范围明显偏小。夫妻团结合作是婚姻应有之义。中国婚姻家庭传统文化强调的夫妻一体主义，因无视已婚妇女的人格和独立而为现代法抛弃，但是，其要求的团结合作的价值观在当代仍然有显著积极意义。特别是我国民众契约意识相对较弱，夫妻之间签订财产契约者更少。无论是婚前或婚后，约定实行夫妻分别财产制的，少之又少。故而，该制度的适用是极其微小概率事件。同时，夫妻一方超出法定义务负担的贡献于家庭或者协助对方职业发展的，却数不胜数。根据"民法典体系中的婚姻家庭法新架构研究"课题组在北京、上海、哈尔滨三个城市的调查，"家务贡献补偿的适用比例极低。在三个基层法院的离婚案卷中，家务贡献补偿没有体现"。② 王歌雅参与前述课题执行的研究成果表明，"在北京、上海、哈尔滨三个城市的离婚案卷中，显明家

---

① 刘芸：《新〈婚姻法〉弱者保护功能之评析》，载《温州大学学报》2001 年第 4 期。

② 夏吟兰、薛宁兰主编：《民法典之婚姻家庭编立法研究》，北京大学出版社 2016 年版，第 348 页。

务劳动信息的案件相对较少。在仅有的显明家务劳动信息的案件中,没有家务贡献补偿的诉讼请求"。[①] 虽然该项研究没有写明样本案件数量,但是,在三个大都市的法院离婚案件调研活动中,竟然没有看到一个离婚诉讼案件涉及家务补偿请求权,实在令人意外。这说明,该制度设定的适用要求或条件确定得太高而脱离了现实,导致该制度几乎成为一纸空文。鉴于此,未来修法时,实有必要放宽适用条件,不宜以实行夫妻分别财产制为前提,以使该矫正公平的救济制度能够发挥其应有作用。

《婚姻法修正案》实施后,关于该补偿权的适用范围,在学术上有一定争议,多数学者认为,该特殊贡献补偿请求权仅适用于分别财产制的夫妻,一方对家庭较了较多责任或作出了较大贡献的,离婚时有权请求对方给予一定补偿。[②] 同时,也有少数学者认为,该补偿请求权既适用于夫妻分别财产制的夫妻,又可以适用于共同财产制的夫妻离婚时。[③] 然而,《婚姻法修正案》第 40 条明文规定了适用条件之一是夫妻实行分别财产制,故无论学者如何呼吁扩大适用范围,都将仅仅是学术观点,不可能成为司法裁判意见。

(二)补偿标准不明晰

《婚姻法》第 40 条没有规定,如果当事人双方协商不成,法院应当根据或者参照哪些因素确定补偿标准和补偿金额。最高人民法院关于适用婚姻法的司法解释中,也未曾提出或规定如何确定补偿金额。这从一定程度上说明,该补偿请求权未受到应有重视,故其制度尚粗糙,司法裁判欠缺统一的、明晰的标准。

通常,法院根据家事劳动贡献方所作出的贡献、当地平均生活水平、当地家政劳动的市场价格、给付义务承担方的给付能力等因素进行综合判断。如果编纂中的民法典婚姻家庭编相关条款能够为法官酌情裁量指明主要参照因素,应是更为妥善。

第三节　适用本条的典型案例

一、长期独立抚养孩子的丈夫请求分居妻子支付补偿款,应否支持

农某与王×甲离婚纠纷案,参见广西壮族自治区扶绥县人民法院民事判决书,(2015)扶民初字第 1371 号。[④]

【案情概要】

原告农某向广西壮族自治区扶绥县人民法院(以下简称扶绥法院)起诉,要求依法判决:①准许原告与被告王×甲离婚;②原、被告的婚生儿子王某乙归被告抚养。原告诉称,原告

---

① 王歌雅:《家务贡献补偿:适用冲突与制度反思》,载《求是学刊》2011 年第 5 期。

② 参见巫昌祯:《我与婚姻法》,法律出版社 2001 年,第 35 页;蒋月:《夫妻的权利与义务》,法律出版社 2001 年,第 268—269 页;马原主编:《新婚姻法条文释义》,人民法院出版社 2002 年,第 308—309 页。

③ 夏吟兰:《对中国夫妻共同财产范围的社会性别分析——兼论家务劳动的价值》,《法学杂志》2005 年第 3 期;何俊萍:《我国离婚补偿制度应适用夫妻共同财产制》,陈苇主编《家事法研究》2007 年卷,群众出版社 2008 年,第 78—90 页。

④ 广西壮族自治区扶绥县人民法院(2015)扶民初字第 1371 号民事判决书,中国裁判文书网,http://wenshu.court.gov.cn/website/wenshu/,下载日期:2017 年 11 月 12 日。

经人介绍与被告于2003年9月份认识，并于××××年××月××日在南宁市江南区民政局登记结婚，于××××年××月××日生育一男孩名叫王某乙。2005年3月份左右，原、被告一起到南宁打工，租房居住。在2005年6月5日，双方发生肢体冲突，之后不久离开被告，独自到广东打工。由于双方婚前缺乏了解，两人性格差异大，被告经常赌博，造成两人经常吵架，甚至发生肢体冲突，原告实在难于忍受，从2005年10月左右离家出走至今已经十一年，原告再也没有回到扶绥岜盆被告的家，原告认为，原、被告双方夫妻感情已经完全破裂，特诉至人民法院，于2015年11月3日获准受理。

被告王×甲辩称，被告没有赌博行为，与原告的夫妻感情没有完全破裂，不同意离婚，如果离婚，儿子王某乙由被告抚养，随被告生活，要求原告按扶绥本地农村标准补偿其在离家出走十一年期间应支付给儿子王某乙的抚养费；从离婚之日起至儿子王某乙年满十八周岁的抚养费原、被告各承担一半。

【裁判意见】

扶绥法院查明，原告农某于2003年9月经人介绍与被告王×文认识，于××××年××月××日在南宁市江南区民政局办理婚姻结婚登记手续。婚后原、被告于××××年××月××日生育一子取名王某乙，王某乙现就读于扶绥县岜盆乡××村小学五年级。2005年3月份左右，原、被告一起到南宁租房打工，租房居住。在2005年6月5日，原、被告发生肢体冲突，不久后原告离家出走到广东打工至今，原告离家出走后曾向被告汇款500元作为儿子王某乙的生活费。其间原告没有回家探望过原告及儿子，仅偶尔与被告通电话询问儿子王某乙的情况。原、被告在夫妻关系存续期间，没有夫妻共同债权以及夫妻共同债务。原告农某认为原、被告夫妻感情确已破裂，于2015年11月3日向法院起诉要求离婚而成讼。

扶绥法院认为，原、被告认识仅一个月即登记结婚，由于婚前双方缺乏了解，婚前感情基础较差，婚后原、被告发生矛盾后不能及时化解，甚至发生肢体冲突，原告自2005年6月份左右离家出走与被告分居至今已长达十年之久，其间没有回过夫家，也很少与被告联系，足以证明原、被告的夫妻感情确已完全破裂。因此，对原告农某要求与被告王×甲离婚的诉讼请求，法院予以支持。

关于原、被告离婚后应如何抚养儿子王某乙的问题。原告农某主张婚生儿子王某乙由被告王×甲来抚养，随被告生活，被告亦无异议，这是当事人的合法权利，法院不予干涉。被告王×文要求原告农某按扶绥农村地区生活水平承担儿子王某乙的生活费，教育费、医疗费由原、被告各承担一半。法院认为，原告作为王某乙的母亲，亦有抚养孩子的义务，应向王某乙支付相应的抚养费用。根据王某乙的生活需要、本地生活水平及原、被告的收入状况，法院酌情确定原告每月支付王某乙生活费300元，王某乙的教育费及医疗费按实际支出由原、被告各承担一半直至王某乙年满十八周岁为止。

关于被告王×甲要求原告农某对婚生儿子王某乙抚养费给予补偿的问题。法院认为，原告离家出走后与被告分居长达十年，原告在离家出走初期也曾将500元汇给被告作为儿子王某乙的抚养费，但对于抚养子女所需的日常费用来说是少之又少。在此期间，原告未曾探望儿子王某乙，王某乙的成长基本是依靠被告王×甲单方的努力与付出，原告农某作为王某乙的母亲，未尽相应的抚养义务。原告离家外出长达十年，儿子王某乙自一岁起由被告独自抚养至今。虽然原、被告分居期间所得的财产虽为夫妻共同财产，但二人分居两地，各自所得的财产归各自所保管、使用，被告根本无法处置分居期间原告所得并保管使用的那部分

共同收入财产来完成原告对子女的抚养义务,原、被告对子女的共同抚养义务,均由被告一人完成,无形中加重了被告的抚养负担。综上所述,参照《中华人民共和国婚姻法》第40条规定,对被告的此项要求,法院予以支持。根据原告的经济收入以及被告独自抚养儿子王某乙时间长短的实际情况,法院酌情支持原告农某支付被告王×文因长期单独抚养儿子的经济补偿款15000元。

2015年12月29日,法院依照《婚姻法》第21条、第32条、第36条、第37条、第40条以及《民事诉讼法》第64条之规定,判决如下:(一)准予原告农某与被告王×甲离婚;(二)婚生儿子王某乙由被告王×甲抚养,随被告王×甲生活,原告农某每月支付王某乙生活费300元,王某乙的教育费及医疗费按实际支出由原、被告各承担一半,王某乙的上述抚养费从2016年1月份起按月支付,直至王某乙年满十八周岁为止;(三)、原告农某一次性支付给被告王×文经济补偿款15000元,限于本判决书生效之日起10日履行完毕。

二、请求适用第40条,应承担举证责任

郑某甲与王某离婚纠纷,参见河南省郑州市金水区人民法院民事判决书,(2015)金民三初字第1925号。①

【案情概要】

原告郑某甲(男,1955年出生)向河南省郑州市金水区人民法院(以下简称金水法院)起诉,请求判决与被告王某(女,1960年出生)离婚。原告诉称,原告与被告于××××年××月××日登记结婚,婚后感情一般,婚后原被告常因琐事吵闹,最终导致原被告夫妻感情彻底破裂,并于2014年9月24日诉至法院,金水区法院于2014年11月23日作出(2014)金民一初字第3476号民事判决书,驳回了原告诉请,判决生效后,原被告之间矛盾未能缓和,现更严重,原被告之间感情已彻底破裂,故现再次诉至法院,请求判决原被告离婚。

被告王某辩称,请法院依法判决。事实与理由如下:(一)因被答辩人多次实施家庭暴力,答辩人同意离婚。原被告于××××年××月××日在郑州市金水区民政局登记结婚,1996年3月29日通过公证处收养一女郑某乙(1995年2月19日出生)。婚后,答辩人承担了大部分家庭责任,抚育子女、照料老人等方面付出较多义务。然而被答辩人并不珍惜,在婚姻存续期间多次殴打答辩人及养女郑某乙。2014年,因不堪忍受被答辩人的殴打,答辩人及养女郑某乙多次拨打110报警(已申请调取出警记录)。现双方感情因被答辩人的家庭暴力行为已经破裂,答辩人因此同意离婚。(二)夫妻共同财产依法分割。1. 夫妻双方于1997年年底以夫妻共同财产购买了金水区××南街1号院平方附3号房屋一套,建筑面积42.24平方米,房屋编号2455×××(登记簿编号09003716××)。该房屋为夫妻共同财产应依法分割。2. 夫妻双方婚姻存续期间的存款、购买的家私和家电为夫妻共同财产应该依法分割。3. 夫妻双方婚姻存续期间的存款、购买的家私和家电为夫妻共同财产应依法分割。(三)被答辩人应向答辩人支付损害赔偿。由于被答辩人实施家庭暴力,导致夫妻感情破裂,给答辩人及养女造成了身体伤害和巨大的精神损害。根据《婚姻法》第46条、《婚姻法》司法解释(一)第28条,被答辩人应向答辩人支付物质损害赔偿及精神损害赔偿共计人民币5万元。(四)被答辩

① 河南省郑州市金水区人民法院(2015)金民三初字第1925号民事判决书,中国裁判文书网,http://wenshu.court.gov.cn/website/wenshu/,下载日期:2018年2月1日。

人应给予答辩人相应补偿。双方结婚后,答辩人为了家庭稳定和谐,主动承担了家庭大部分责任,在照料老人、抚养养女问题上付出了较多义务。根据《婚姻法》第 40 条,被答辩人应予以相应补偿。(五)被答辩人应给予答辩人适当帮助。答辩人为肢体残疾人,持有 1996 年郑州市残疾人联合会发放《残疾人证》(该证于 2009 年 6 月 22 日换发),且答辩人名下无任何房产,离婚后没有住处。根据《婚姻法》第 42 条、《婚姻法》司法解释(一)第 27 条,答辩人属于生活困难的情形,被答辩人依法应当给予适当帮助。恳请法院本着《婚姻法》第 39 条照顾女方权益的原则判决。

金水法院对本案事实确认如下:××××年××月××日,原告郑某甲与被告王某登记结婚,婚后收养一女郑某乙(已成年)。2014 年,原告郑某甲诉至法院要求离婚,2014 年 11 月 23 日,法院作出(2014)金民一初字第 3476 号民事判决书,判决:不准原告郑某甲与被告王某离婚,该判决书已于 2014 年 12 月 21 日生效。2015 年 7 月 15 日,原告郑某甲诉至法院,要求与被告王某离婚,被告王某答辩称同意离婚。在原、被告结婚之前,原告郑某甲名下有位于金水区××南街 42-6 号房屋一套(房屋面积 29.82 平方米),在原、被告婚姻关系存续期间,该房屋拆迁,拆迁之后补偿的房屋位于金水区××南街 1 号院平房附 3 号,拆迁前后两套房屋的面积差额部分系缴纳现金购买。原告郑某甲称其名下位于金水区××南街 1 号院平房附 3 号附近的房屋拆迁价值为 9000 元一平方米,被告王某同意按照 9000 元一平方米计算该房屋的价值。

【裁判意见】

金水法院认为,原告郑某甲起诉离婚,被告王某同意离婚,故法院对原告郑某甲要求与被告王某离婚的诉讼请求予以支持。

被告王某要求分割原告郑某甲名下位于金水区××南街 1 号院平房附 3 号房屋,该房屋中 29.82 平方米系原告郑某甲婚前房屋拆迁所得,不应作为夫妻共同财产进行分配,剩余的 12.42 平方米系原、被告婚姻关系存续期间取得,原告的举证不能证明该 12.42 平方米系其个人财产购买或属于他人赠与财产购买,故该 12.42 平方米应当作为夫妻共同财产进行分割,原、被告每人拥有该部分中的一半即 6.21 平方米,原、被告均认可该房屋现在价值为 9000 元每平方米,故 6.21 平方米的价值为 55890 元(6.21 平方米×9000 元/平方米),因原告郑某甲占有本案涉案房屋的大部分份额,房屋登记在郑某甲名下,该房屋大部分系郑某甲婚前财产拆迁补偿所得,故法院认为郑某甲名下位于金水区××南街 1 号院平房附 3 号房屋归原告郑某甲所有合适,同时,就被告王某所占有的份额,原告郑某甲向被告王某支付 55890 元。

被告王某称原告郑某甲存在家庭暴力,并请求原告郑某甲支付物质损害赔偿及精神损害赔偿金 50000 元,原告郑某甲认可原、被告双方因琐事打架并报警的事实,被告的举证不能证明郑某甲实施了殴打、捆绑或强行限制其人身自由或采用其他手段,给被告或其他家庭成员造成身体、精神方面的伤害后果,故对被告要求原告支付损害赔偿金 50000 元的请求,法院不予支持。

被告王某还要求分割婚姻关系存续期间的存款、购买的家私及家电,但被告未就该主张提供证据,法院不予支持。《婚姻法》第 40 条规定:夫妻书面约定婚姻关系存续期间所得的财产归各自所有的,一方因抚育子女、照料老人、协助另一方工作等付出较多义务的,离婚时有权向另一方请求补偿,另一方应当予以补偿。被告王某要求原告予以补偿,但未向法院举证符合该条规定的条件,对其该项请求,法院不予支持。

被告王某称其生活困难,要求原告郑某甲给予适当帮助,被告王某名下虽无房产,但庭审中王某称其有退休工资,王某亦未向法院举证其个人财产无法维持基本生活,故对其该项请求,法院不予支持。

2015 年 12 月 29 日,法院依据《婚姻法》第 17 条、第 18 条、第 31 条、第 32 条、第 40 条、第 42 条,《最高法院适用〈婚姻法〉解释一》第 1 条、第 27 条,《民事诉讼法》第 64 条第 1 款之规定,判决如下:(一)准予原告郑某甲与被告王某离婚。(二)原告郑某甲名下位于金水区××南街 1 号院平房附 3 号房屋(房屋面积 42.24 平方米)归原告郑某甲所有。(三)原告郑某甲于本判决生效之日起十日内支付被告王某夫妻共同财产 55890 元。(四)驳回被告王某的其他请求。

三、夫妻未分别财产制,一方要求他方支付家事补偿,法院驳回

孙某甲与阎某离婚纠纷,参见沈阳市和平区人民法院民事判决书,〔2013〕沈和民一初字第 01204 号。[①]

原告孙某甲(男)向沈阳市和平区人民法院(以下简称和平法院)起诉,求法院依法判令与被告阎某(女)解除婚姻关系;判令双方婚生女孙某乙的抚养权归原告所有,被告每月支付 1500 元抚养费。原告诉称:原、被告于 2009 年相识并建立恋爱关系,于 2010 年 7 月 26 日登记结婚,婚后育有一女孙某乙(2011 年 3 月 16 日出生)。婚后,夫妻双方由于工作原因,一直处于两地分居状态,原告在北京,被告在沈阳,双方感情逐渐疏远。被告曾于 2010 年 5 月到北京与原告共同生活过三个月左右的时间。原告还在北京给被告找了工作,想让被告与原告一起生活。后来被告因怀孕就回沈阳了,之后一直处于分居,但原告偶尔也回沈阳。当时给孩子买的东西全都拿到原告父母家,但之后原告又回到北京没多久,被告就无缘无故不去北京了,而是直接带着孩子走了,所以孩子的用品都留在原告父母家。分居期间,双方也有经济往来。2012 年 7 月,双方产生激烈矛盾,此后至今被告对原告避而不见,并且阻止原告探望女儿。被告的这种行为已经侵犯了原告作为父亲的探视权,并且给双方的婚姻造成了不可弥补的裂痕,导致双方感情破裂。原告认为婚生女每月的抚养费应为 1500 元至 2000 元。双方分居后,原告于 2010 年 6 月起每月给付被告 2000 元钱,直到 2012 年 5 月 15 日,累计至今有 8 万元,包含双方结婚时收的礼金。后来因一直联系不到被告,原告无法再向其支付抚养费。原告也认可被告所述的原告父亲从这些钱中用了两三千元。原告于 2008 年 4 月起在某银行(北京)工作至 2013 年 6 月底,在该公司工作期间每月收入 6000 元左右。2013 年 7 月到某支付有限公司工作,在该公司每月收入为 5000 元,除房租 2000 元、生活费 2000 元和其他日常生活开销外,基本没有剩余,每月平均消费约为 4000 元至 5000 元。在某银行工作时每年有 1 万元左右的奖金,在某公司没有奖金,现在已经用于日常生活开销。关于庭审中被告提供的手机短信,该短信是原告发送给被告的,但被告只是截取了所有短信中的一部分,被告一直通过恐吓的方式向原告索要钱财。关于子女抚养问题,虽然孩子大多数时间都是和被告一起生活,但原告有固定工作和稳定收入,有能力抚养孩子,而且

---

① 辽宁省沈阳市和平区人民法院〔2013〕沈和民一初字第 01204 号民事判决书,中国裁判文书网,http://wenshu.court.gov.cn/website/wenshu/181107ANFZ0BXSK4/index.html? docId = 3ee4a8a82cee456ca1e6c80629c9552a,下载日期:2016 年 8 月 10 日。

原告与父母一起居住，孩子可以由父母帮助抚养，并且孩子在原告父母家已生活过一段时间，故原告主张子女抚养权，并要求被告每月支付1500元抚养费。现在因为被告从去年5月份不接原告电话，导致原告已经一年半见不到孩子。

被告阎某辩称：同意离婚，请法院判令原告补偿被告5万元；依法分割原告名下现有财产，均是夫妻共同财产。原告所述与事实不符，双方的矛盾是因原告没有履行抚养义务所致。原、被告于2012年5月份开始分居至今，2010年7月份结婚后，双方一起去北京生活了7个月(2010年5月份到2010年11月份)，后来被告因怀孕就回了沈阳，原告一直留在北京，只是偶尔回沈阳。分居期间，双方没有经济往来。孩子出生后，一直由被告抚养。原告根本没有抚养孩子，所以，被告现主张子女抚养权归被告，同时请求将孩子的户口迁到被告的户籍处，要求原告按照月总收入的30%的比例给付抚养费。双方结婚两年多，原告多次提出离婚，使被告精神受到极大的伤害，为了孩子、家庭付出太多。虽然双方没有书面的财产归各自所有的约定，但依照我国《婚姻法》第40条规定，一方因抚养子女、照料老人、协助另一方工作付出较多义务，有权向另一方请求补偿，另一方应予补偿，所以根据孩子平时的消费，孩子从出生开始买的被褥、衣盆、奶瓶、夹子、奶粉、食品、服装、玩具、书籍、娱乐、看病和检查身体花费，共计81340元，被告怀孕期间的检查费、营养费、妊娠的必需品、月子钱、出月子看牙的花费，共计27079元。从双方登记结婚至今，因原告未履行抚养孩子和扶养被告的义务，所以被告要求原告支付该段期间孩子抚养费(按照3000元/月计算)和被告的扶养费(按1000元/月计算)。原告称曾支付给被告每月2000元的事不属实。现在双方有债务，因为抚养孩子欠被告父母约15万元，但是没有向父母出具欠条。被告在某银行的账号是×××4685，但原告在庭审中提供的支出凭证上未完整显示上述账号，我无法确定该账号是否是被告的，同时无法证明是原告给被告的汇款。即使原告向该账户内汇款属实，被告也没有消费过，而且具体汇款数额，被告也不清楚。再退一步讲，即便属实，这也是双方在北京共同生活(从2010年5月份到2010年11月份)期间的花费，而且原告的汇款中还有其父亲花销的一部分。原被告双方在北京共同生活时，作为我们两人的支出，我母亲于2010年往这张卡上约汇过10次款，约3万元。2010年10月，我从北京回来之后，母亲的汇款次数减少。这张银行卡于2012年9月份就不用了。关于网购凭证上记载的所购物品，大多数都被原告拿走了，孩子的大部分玩具、尿不湿等，孩子都没用着，奶粉已经退掉。虽然，现在被告无工作，靠父母资助维持生活费用，但孩子一直随我共同生活，我是孩子的母亲，母爱非常重要。如果改变孩子的现有生活状态，可能会对孩子成长不利，所以，被告主张孩子的抚养权，并要求原告每月支付3000元抚养费。关于原告所述"被告无缘无故不去北京"，是因为原告提出离婚，被告没有办法再去北京。关于原告所述被告不让其看望孩子的问题，是原告自己不来看孩子，并非被告阻止。

和平法院查明：原告孙某甲与被告阎某于2010年7月26日登记结婚，婚后生育一女孙某乙(2011年3月16日出生)，现其户籍登记在沈阳市和平区。原告孙某甲于婚后在北京某银行(信用卡中心)工作至2013年6月底。2013年7月起，原告到某支付有限公司工作至今。现原告的工资收入为5000元/月。原告在北京工作和生活期间租房居住。原、被告的婚生子女现跟随被告阎某共同生活。2013年8月，原告以夫妻感情破裂为由向法院起诉，要求与被告阎某离婚。本案庭审中，被告亦明确表示同意原告的离婚诉求。关于原、被告银行账户余额。原告孙某甲名下在中信银行账号为"×××0786"的账户，截至2014年3

月20日,余额为0.01元。但该账户于2014年3月5日时的余额为52678.39元,并于2014年3月7日分两次共支取52678.38元。……

【裁判意见】

和平法院认为:夫妻感情系维持婚姻家庭关系的基础。本案中,原告孙某甲向法院提出与被告阎某离婚的诉讼,被告阎某亦明确表示同意离婚,应认定原、被告双方的夫妻感情已经破裂,本着尊重婚姻自由自主的原则,法院对原告的离婚诉求予以准许。

关于子女抚养问题。庭审中,双方一致认可婚生女大部分时间随同被告共同生活,且子女现仅三周岁有余,年龄尚小,而原告现在北京工作,单独抚养子女确较为困难,综合以上情形,法院认为以确定双方的婚生女归被告阎某抚养为宜,同时,原告应向被告支付子女抚养费。关于子女抚养费的具体数额,根据原告提供的工资收入状况证明,并结合本地实际生活、消费水平等因素,法院酌情确定该项抚养费为1500元/月。

关于被告要求原告支付双方分居期间子女抚养费和被告扶养费的问题。可以确认原告自2012年6月份至今(2014年5月)未再向被告支付子女抚养费,故被告主张原告向其支付该段期间的抚养费,于法有据,法院予以支持。关于该项抚养费的具体数额,根据本案实际情况,结合原、被告的经济条件及子女消费状况等因素,法院酌情确定为1500元/月。故上述期间内的抚养费共计为36000元(1500元/月×24个月)。

关于原告名下银行账户余额的分割问题。关于原告孙某甲名下在中信银行账号为"××0786"的账户,庭审中,原告未说明该款项的用途,亦未提供相关花费证据,不能确认其是否用于双方的家庭生活,故该款项应认定为夫妻共同财产,原告应向被告支付其中的1/2,即26339.20元。……

关于被告主张将婚生女户籍迁到被告处的意见,因婚生女孙某乙归被告阎某抚养,为便于共同生活,以将其户籍迁入被告处为宜。关于被告提出应根据《婚姻法》第40条规定,判令原告补偿被告5万元的意见。根据我国《婚姻法》第40条规定,"夫妻书面约定婚姻关系存续期间所得的财产归各自所有,一方因抚育子女、照料老人、协助另一方工作等付出较多义务的,离婚时有权向另一方请求补偿,另一方应当予以补偿"。本案中,原、被告未作出关于婚姻关系存续期间所得的财产归各自所有的书面约定,不符合该条款的适用条件,法院不予支持。关于被告提出双方现有共同债务约15万元的意见,因被告未提供相关证据佐证,法院不予确认。

2014年5月26日,根据《婚姻法》第17条、第32条、第37条第1款,《最高法院审理离婚案件处理子女抚养问题的意见》第7条第一、二款,《最高法院民事诉讼证据规定》第2条之规定,判决如下:(一)原告孙某甲与被告阎某离婚;(二)婚生女孙某乙(2011年3月16日出生)归被告阎某抚养,原告孙某甲于本判决生效之次月起,每月10日前向被告阎某支付子女抚养费1500元,至子女年满十八周岁止;(三)原告孙某甲于本判决生效之日起三十日内协助被告阎某将婚生女孙某乙的户籍迁至被告阎某处;(四)原告孙某甲于本判决生效之日起十五日内支付被告阎某自2012年6月至2014年5月期间(共24个月)的抚养费36000元;(五)原告孙某甲于本判决生效之日起十五日内支付被告阎某人民币26356.32元(中信银行款项);(六)驳回原、被告的其他诉讼请求。

第四节　域外立法例

一、法国的补偿请求权

法国法中的补偿性给付制度与我国的家事贡献补偿请求权相类似，规定在《法国民法典》第 270 条至第 280 条。① 因共同生活破裂而宣告离婚，配偶一方得向另一方支付旨在补偿因婚姻中断而造成各自生活条件差异之补偿金。首先，只能在离婚程序中提出有关补偿性给付请求。这是法国最高法院第二民事庭于 1987 年提出的意见。其次，无过错配偶始享有该请求权。根据第 280-1 条规定，“因单方过错而对其宣告离婚的一方配偶，无权享有任何补偿性经付。但是，如果考虑到夫妻共同生活时间较长以及单方有过错的配偶对另一方配偶的职业所给予的合作，在夫妻离婚之后完全拒绝给予该方配偶任何金钱补偿显然有失公平时，该方配偶可得得到特别名义补偿金”。② 再次，该补偿性给付自宣告离婚的判决产生既判力之日起开始计算。③ 补偿性给付以本金形式支付，其金额由法官确定（第 274 条）。法官确定补偿性给付的金额时，依受领补偿金的配偶方的需要以及他方收入情况而定，但应当考虑到夫妻离婚时的情况以及在可预见的将来此种情况的变化。当事人可以向法官如实申报。根据第 272 条规定，法官根据需要和收入情况确定补偿性给付金额时，会特别考虑下列车情形：(1)夫妻双方的年龄及身体状况；(2)婚姻持续时间；(3)已负担子女教育的时间，或者还应负担子女教育的时间；(4)从劳动市场角度看，夫妻双方的专业资格与职业状况；(5)双方现有的和可预见的权利；(6)夫妻双方丧失领取可归复养老金额的权利之可能性；(7)夫妻双方在财产制清算之后，以本金和收益计算的财产总额。为了保障受领人的权利，“即使有法定抵押或裁判上的抵押，法官仍可要求作为债务人的一方配偶设立质押或提供保证，或者订立用以担保定期金或者本金支付的合同”（第 277 条）。而且，给付义务人死亡的，定期给付金额由该死亡配偶的继承人负担。只有在双方当事人的收入或者需要发生重大改变的情况下，以终身定期金形式确定的补偿性给付始可以调整、中止或者取消（第 276-3 条）。法国的补偿性给付请求权，适用条件明晰，考虑细致周到，内容丰富，规定比较完善，值得我国未来完善家事补偿请求权相关立法时借鉴。

凡法定夫妻财产制是净益共同财产制或者剩余财产共同制的，实际上相当于配偶享有补偿请求权，而且其矫正公平的力度远大于单纯的补偿请求权。例如，《德国民法典》第 1363 条至第 1387 条规定，夫妻婚前财产和婚姻关系存续期间所得财产均不为夫妻共有，夫妻各自管理自己的财产，其处分权原则上也不受配偶另一方限制，但是，财产制终止时，将对夫妻财产进行分配，原则上，夫妻双方各自财产总值相比较，一方超出另一方财产的部分由双方平分。④ 可以说，实行净益共同财产制为法定夫妻财产制时，为家事做出特别贡献的配偶一方的利益已经获得了充分保障。

---

① 《法国民法典》（上册），罗结珍译，法律出版社 200 年，第 248～260 页。

② 《法国民法典》（上册），罗结珍译，法律出版社 200 年，第 259 页。

③ 《法国民法典》（上册），罗结珍译，法律出版社 200 年，第 249～250 页。

④ 《德国民法典》，台湾大学法律学院、台大法学基金会编译，北京大学出版社 2017 年，1070—1087 页。

二、瑞士民法典有关规定

《瑞士民法典》第165条规定,"(1)在协助配偶他方从事职业或经营事业中,配偶一方的付出显著超过其为抚养家庭应作出的贡献的,其有权请求为此得到合理的补偿金。(2)配偶一方用其收入或财产抚养家庭显著超过其应负的义务的,同样适用前款之规定。(3)但配偶一方基于某劳务契约、消费借贷契约或合伙契约或另一法律关系给付其特别贡献的,不得要求得到补偿金"。①

① 《瑞士民法典》,殷生根、王燕译,中国政法大学出版社1999年版,第45页。

第十八章
评注第四十一条(夫妻共同债务清偿义务)

第41条　离婚时,原为夫妻共同生活所负的债务,应当共同偿还。共同财产不足清偿的,或财产归各自所有的,由双方协议清偿;协议不成时,由人民法院判决。

第一节　本条的基本原理

一、本条的基本内容

夫妻为了共同生活所负债务是夫妻共同债务。

(一)夫妻共同债务的概念

夫妻共同债务是指因婚姻共同生活及在婚姻关系存续期间履行法定扶养义务所负债务,包括夫妻在婚姻关系存续期间为解决共同生活所需的衣、食、住、行、医、履行法定扶养义务、必要的社会交往应酬,以及因共同生产、经营活动等所负之债。

认定婚姻关系存续期间所生债务属何种性质,可以从两方面把握:第一,夫妻有无共同举债的合意。夫妻有共同举债之合意不论该债务所带来的利益是否为夫妻共享,该债务均应视为共同债务。第二,夫妻是否分享了债务的利益。尽管夫妻事先或事后均没有共同举债的合意,但该债务发生后,夫妻双方共同分享了该债务所带来的利益,则该债务应认定其为共同债务。

(二)夫妻共同债务的范围

根据《婚姻法》第41条规定,结合《最高法院审理债务案件的意见》,参考最高人民法院1993年《关于人民法院审理离婚案件处理财产分割问题的若干具体意见》第17条、第18条规定,夫妻共同债务包括下列情形:

1. 夫妻为婚姻共同生活所负债务。例如,购置共同生活用品、修建或购置共同居住的住房、为支付夫妻一方所需医疗费用等所负债务。

2. 夫妻一方或双方为履行法定抚养扶养义务所负债务。包括抚养双方共同婚姻所育子女、含(养子女)、抚养已形成抚养关系的继子女等家庭成员。但夫妻一方抚养其在本次婚姻关系存续期间所育的非婚生子女所需费用支出而负担的债务,不是夫妻共同债务。这里的扶养费用包括生活费、教育费、医疗费、培训费及其他正当而必要的开支。

3. 履行法定赡养扶养义务所负债务。夫妻一方依法负担赡养父母、祖父母、外祖父母

或扶养兄弟姐妹所负债务,是夫妻共同债务。

4. 夫妻一方因继承遗产所负债务。婚姻关系存续期间,夫妻一方继承的遗产依法属于夫妻共同财产时,该遗产利益已为夫妻共享,继承人因接受遗产所负的债务理当归入共同债务,由夫妻双方共同承担。

5. 为支付婚姻家庭正当必要的社会交往费用所负债务。

6. 夫妻协议约定为共同债务的债务。夫妻协商确定由夫妻双方共同负担的债务,即使该债务带来的利益并非婚姻共享,也应纳入夫妻共同债务。

7. 夫妻共同从事生产、经营活动所负债务。这里的共同生产、经营不仅指夫妻双方实际上直接在一起共同从事投资、生产、经营活动,而且包括夫妻一方从事这类生产经营活动但利益归婚姻共享的情形。

8. 其他在婚姻生活中应由夫妻双方共同负担的债务。

确定共同债务清偿责任时,应充分注意夫妻双方负有共同清偿责任。因此,无论是协议清偿还是判决清偿,当实际确定夫妻一方为清偿者时,另一方仍应对共同债务承担连带责任。《婚姻法》强调夫妻双方对共同债务负有共同清偿责任,至于是以共同财产清偿还是用其他方法清偿尚在其次。这使夫妻各方对共同债务的责任更加明确,为债权人债权安全提供了较周全灵活的保障。

二、本条的基本理论

夫妻共同生活期间,为满足婚姻共同生活需要所发生的债务,在婚姻内部的效力如何,对外效力是什么,是夫妻财产制的重要问题。通常哪些债务属于夫妻共同债务,哪些债务属于夫妻一方人债务,两类债务清偿责任的承担,均应是在相应夫妻财产制中一并规定。当婚姻因离婚而将终止时,婚姻关系存续期间的债务因夫妻财产共同分割清算而将一并处理,既明确当事人各方的财产责任,又保护债权人利益。共和国历部婚姻法均将确定夫妻债务清偿责任规定在离婚相关条款中,并且赋予当事人双方协商确定清偿责任的权利;协商不成的,由人民法院判决。很显然,这其中,主要涉及下列两个问题:

(一)夫妻共同债务范围

关于夫妻债务及其清偿责任中,最重要的问题,也是最容易引起当事人双方争议的问题是夫妻共同债务范围,即在离婚个案中,哪些债务属于夫妻共同债务,哪些属于夫妻一方个人债务。为此,《婚姻法》第41条规定:“原为夫妻共同生活所负的债务,应当共同偿还。”换言之,因为夫妻共同生活需要所发生的债务是夫妻共同债务。

1.“夫妻共同生活”之债才是夫妻共同债务

夫妻共同生活是指为满足夫妻一方或双方共同的或者双方未成年子女的合理需求而进行的活动,包括但不限于婚姻日常生活、抚养双方共同的子女、夫妻一方或双方正常社会人际交往、照料病弱家庭成员等。这里的“生活”应该是从家庭生活角度而言的,不涉及职务或职业活动;原则上也不涉及工商业经营活动。现代社会,个人独立自由,即使已婚,依然不否认配偶各自的人格独立性。因此,夫妻任何一方对外欲举债较大金额的,应事先征求另一方同意。否则,可能就债务性质发生争议。当然,也要注意个体婚姻的实际生活状况。但是,无论如何,现当代婚姻,不仅不承认而且否定任何人身依附关系。

配偶一方因工商业活动发生的债务不宜归入夫妻共同债务。职业或职务活动之债，具有远离婚姻属性之特质。一般情形下，婚姻当事人任何一方都会从事一定的职业或职务活动，或者从事工商业经营活动，这些社会劳动的收入是夫妻共同财产的来源。但是，这不意味着从事这些社会活动所产生的债务当然应归入夫妻共同债务，因为婚姻仅仅是生活共同体，而非工作共同体或商业共同体。近现代以来的婚姻观，提倡以互爱为基础结婚，婚姻中继续保持互爱，反对将婚姻与财物利益直接关联起来，不赞同为财而婚。如果把工商业活动所生债务归入夫妻共同债务，如同把夫妻一方从事职业或职务活动所生债务归入夫妻共同债务一样，无论是从法律关系相对性还是从公平角度看，都欠合理。所以，现行《婚姻法》第41条将夫妻共同债务确定为"为夫妻共同生活"所负债务。

2. 关于夫妻共同债务推定的"第24条"之废止

《最高法院适用〈婚姻法〉解释二》第24条曾将夫妻共同债务解释成了婚姻关系存续期间所发生的债务。第24条规定："债权人就婚姻关系存续期间夫妻一方以个人名义所负债务主张权利的，应当按夫妻共同债务处理。但夫妻一方能够证明债权人与债务人明确约定为个人债务，或者能够证明属于婚姻法第十九条第三款规定的情形除外"。据该条规定，在婚姻关系存续期间，夫妻一方以个人名义对外举债，应是夫妻共同债务；以夫妻双方名义对外举债，当然也是夫妻共同债务。虽然第24条有"但书"规定，但是，能纳入但书情形毕竟属于少数。自从该第24条施行，夫妻共同债务原则上变成了婚姻存续期间产生的债务，人民法院据此判决夫妻债务争议案件。因此，该条规定引起了较广泛的学术争论和社会热议。第24条规定，原本是为了防堵夫妻双方通谋为逃避债务责任而离婚，双方商定将夫妻共同财产归一方，却将债务归另一方，导致债务人没有能力清偿债务危及债权安全。然而，该条规定没有注意防堵另一个漏洞，即夫妻一方可能为了其本人利益最大化而独自或者与他人合谋虚设债务或故意大额举债消费或从事别的活动，以期达到占有更多夫妻共同财产或者迫使另一方一起承担大额甚至巨额债务清偿责任。第24条不合理地加重了夫妻中非举债方的证明责任。[①] 在我国现行《婚姻法》框架下，夫妻共同债务是永久连带责任，非到债务清偿完毕之日，债权人有权向债务人夫妻或已离婚的当事夫妻双方或者其中任何一方请求清偿全部债务。

2017年，为了依法妥善审理涉及夫妻债务案件有关问题，平息有关方面关于夫妻共同债务的纷争，最高人民法院发布了关于第24条的补充规定，一方面，规定不保护虚假债务。债权人主张夫妻一方所负债务为夫妻共同债务的，人民法院应当结合案件的具体情况，根据相关法律规定，结合当事人之间关系及其到庭情况、借贷金额、债权凭证、款项交付、当事人的经济能力、当地或者当事人之间的交易方式、交易习惯、当事人财产变动情况以及当事人陈述、证人证言等事实和因素，综合判断债务是否发生。另一方面，规定对债权人知道或者应当知道夫妻一方举债用于赌博、吸毒等违法犯罪活动而向其出借款项，不予法律保护；对夫妻一方以个人名义举债后用于个人违法犯罪活动，举债人就该债务主张按夫妻共同债务处理的，不予支持。然而广受关注的夫妻共同债务争议没有因为该补充规定施行而降温或平息。

---

① 但淑华：《对〈婚姻法解释(二)〉第二十四条推定夫妻共同债务规则之反思》，《妇女研究论丛》2016年第6期。

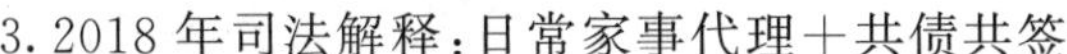

3.2018 年司法解释:日常家事代理+共债共签

2018 年初,《最高法院审理夫妻债务案件适用法律意见》发布,该意见规定了确定夫妻共同债务范围的全新裁判规则。首先,夫妻共同签字发生的债务,应为夫妻共同债务。其次,夫妻任何一方为家庭日常生活需要举债,应认定为夫妻共同债务。再次,超出日常家庭生活需要范围的大额债务,债权人欲主张对该债务为夫妻共同债务,应负举证责任。此处举证责任负担与上述第 24 条规定正好相反。尽管该"共债共签"规则在法学界仍有一定争议,但是,它社会舆论对夫妻共同债务问题的持续多年关注终于大幅度降温了。

此外,如果夫妻实行分别财产制,婚后财产归各自所有的,对外债务清偿责任在婚姻内部,是个人债务,但是,如果债权人出借时并不知情债务人实行夫妻分别财产制的,该债务是否属于夫妻共同债务,应按照前述规定去界定和判断。

(二)夫妻共同债务清偿责任

既然是夫妻共同债务,理当由夫妻双方共同承担清偿责任。立法首先将清偿责任落实于夫妻共同财产,离婚时,夫妻应将共同财产用于清偿共同债务;其次,共同财产不足清偿债务的,双方协商确定清偿责任;协商不成时,由法院判决。

但是,夫妻离婚时,夫妻共同债务是否到期并不确定,或者说,夫妻离婚时夫妻共同债务正巧也到期的情形并不占多数。同时,债权人是否愿意债务人使用夫妻用共同财产抵债,也是个问题。所以,实际上,除非离婚时有储蓄存款,债务也到期该偿还,当事人将存款用于还债,否则,离婚当事人双方总是协商确定夫妻共同债务清偿责任分担,协商不成时,由人民法院根据夫妻共同财产分割、各方财务能力、未成子女抚养安排等情况确定各方分担共同债务的比例及其金额,然后,由当事人离婚后适时清偿。该协商确定或判决确定的分担比例及金额,不妨碍债权人向债务人及其原配偶中的一人追讨全部债务。

此外,实行分别财产制的夫妻,共同债务清偿责任如上;个人债务清偿责任由举债配偶一方个人承担,但另一方自愿为对方分担的,为法律允许。

三、本条的历史沿革

夫妻共同债务的清偿责任在婚姻内部的分配,在人民共和国不同时期婚姻法中有所不同。1950 年《婚姻法》第 24 条规定:"离婚时,原为夫妻共同生活所负担的债务,以共同生活时所得财产偿还;如无共同生活时所得财产或共同生活时所得财产不足清偿时,由男方清偿;男女一方单独所负的债务,由本人偿还。"1980 年《婚姻法》第 32 条规定:"离婚时,原为夫妻共同生活所负的债务,以共同财产偿还。如该项财产不足清偿时,由双方协议清偿;协议不成时,由人民法院判决。男女一方单独所负债务,由本人偿还。"换言之,从该法于 1981 年 1 月 1 日施行以后,夫妻实行"共债共还"。《婚姻法修正案》第 41 条关于夫妻共同债务清偿责任分配与 1980 年《婚姻法》第 32 条相同,同时,又增加了实行分别财产制的夫妻,其债务清偿由双方协商解决;协商不成,将由法院判决。因为《婚姻法修正案》第 18 条规定了夫妻一方个人特有财产制度,第 19 条规定允许夫妻约定实行分别财产制。《婚姻法》没有在同一个条文中明确规定个人债务个人清偿问题,因为个人债务,若是配偶另一方愿意替对方清偿,完全可以;如果配偶一方不愿意,则应由对方配偶本人清偿。所以,夫妻双方能够协商的,并非一定是"个人债务个人还";只有法院判决时,才遵循个人债务由个人清偿原则。

四、法律渊源

关于离婚时夫妻共同债务清偿的法律渊源，除了《婚姻法》第 41 条规定，还包括下列法律法规及司法解释规定。

(一)法律法规中的有关规定

《民法总则》第 153 条至第 157 条规定："违反法律、行政法规的强制性规定的民事法律行为无效，但是该强制性规定不导致该民事法律行为无效的除外。违背公序良俗的民事法律行为无效。""行为人与相对人恶意串通，损害他人合法权益的民事法律行为无效。"无效的或者被撤销的民事法律行为自始没有法律约束力。民事法律行为部分无效，不影响其他部分效力的，其他部分仍然有效。"民事法律行为无效、被撤销或者确定不发生效力后，行为人因该行为取得的财产，应当予以返还；不能返还或者没有必要返还的，应当折价补偿。有过错的一方应当赔偿对方由此所受到的损失；各方都有过错的，应当各自承担相应的责任。法律另有规定的，依照其规定。"

(二)有关司法解释规定

1.《最高法院适用〈婚姻法〉解释二》第 23 条、第 24 条、第 25 条、第 26 条

该解释第 23 条规定："债权人就一方婚前所负个人债务向债务人的配偶主张权利的，人民法院不予支持。但债权人能够证明所负债务用于婚后家庭共同生活的除外。"第 25 条规定："当事人的离婚协议或者人民法院的判决书、裁定书、调解书已经对夫妻财产分割问题做出处理的，债权人仍有权就夫妻共同债务向男女双方主张权利。一方就共同债务承担连带清偿责任后，基于离婚协议或者人民法院的法律文书向另一方主张追偿的，人民法院应当支持。"第 26 条规定："夫或妻一方死亡的，生存一方应当对婚姻关系存续期间的共同债务承担连带清偿责任"。

该解释第 24 条规定："债权人就婚姻关系存续期间夫妻一方以个人名义所负债务主张权利的，应当按夫妻共同债务处理。但夫妻一方能够证明债权人与债务人明确约定为个人债务，或者能够证明属于婚姻法第 19 条第 3 款规定情形的除外"。该条规定此后施行十多年，也广泛争议了十余年。最高人民法院于 2018 年公布新的司法解释《最高法院审理夫妻债务案件适用法律解释》，终止了该第 24 条规定的效力；从 2018 年 1 月 18 日起不再适用第 24 条。

2.《最高法院审理夫妻债务案件适用法律解释》

该解释第 1 条规定："夫妻双方共同签字或者夫妻一方事后追认等共同意思表示所负的债务，应当认定为夫妻共同债务。"第 2 条规定："夫妻一方在婚姻关系存续期间以个人名义为家庭日常生活需要所负的债务，债权人以属于夫妻共同债务为由主张权利的，人民法院应予支持。"第 3 条规定："夫妻一方在婚姻关系存续期间以个人名义超出家庭日常生活需要所负的债务，债权人以属于夫妻共同债务为由主张权利的，人民法院不予支持，但债权人能够证明该债务用于夫妻共同生活、共同生产经营或者基于夫妻双方共同意思表示的。"而且，根据该解释第 4 条规定，自该解释于 2018 年 1 月 18 日起施行后，最高人民法院此前作出的相关司法解释与该解释相抵触的，以该解释为准。因此，从该施行日以来，夫妻一方以本人名

义举债的,夫妻相互之间或者夫妻双方与债权人之间发生债务性质争议的,不再以上述《最高法院适用〈婚姻法〉解释二》第 24 条为依据。

3.《最高人民法院关于审理民间借贷案件适用法律若干问题的规定》

该规定共计 33 条,内容全部是关于民间借贷争议案件处理中适用相关法律的裁判规则,故均与《婚姻法》第 41 条规定的理解与适用紧密相关。例如,第 1 条规定:"本规定所称的民间借贷,是指自然人、法人、其他组织之间及其相互之间进行资金融通的行为。"该规定于自 2015 年 9 月 1 日起施行。① 从此,最高人民法院于 1991 年 8 月 13 日发布的《关于人民法院审理借贷案件的若干意见》同时废止;最高人民法院以前发布的司法解释与本规定不一致的,不再适用。

4. 其他司法解释规定

最高人民法院民一庭关于婚姻关系存续期间夫妻一方以个人名义所负债务性质如何认定的答复〔2014〕民一他字第 10 号。最高法院回复江苏省高级法院请示时,表示,"你院〔2014〕苏民他字第 2 号《关于婚姻关系存续期间夫妻一方以个人名义所负债务的性质如何认定问题的请示》收悉。经研究,同意你院审判委员会的倾向性意见。在不涉及他人的离婚案件中,由以个人名义举债的配偶一方负责举证证明所借债务用于夫妻共同生活,如证据不足,则其配偶一方不承担偿还责任。在债权人以夫妻一方为被告起诉的债务纠纷中,对于案涉债务是否属于夫妻共同债务,应当按照《最高人民法院关于适用〈中华人民共和国婚姻法〉若干问题的解释(二)》第二十四条规定认定。如果举债人的配偶举证证明所借债务并非用于夫妻共同生活,则其不承担偿还责任。"

第二节　本条之适用

一、适用本条的效果

《婚姻法》第 41 条规定是合理的,为大多数人接受和认同。夫妻债务问题,不仅关系到婚姻内部利益分配公平,而且关系到民事交易安全保障,既是婚姻法中的重要问题,又是个重要的社会经济问题。在婚姻家庭法学界,多数人坚持夫妻共同债务限于第 41 条规定的范围,反对将"夫妻共同生活"范围无限扩张到夫妻的工商业活动或者职业职务活动。将夫妻一方工商业活动之债归入夫妻共同债务,将严重打击人们对婚姻的信心和坚守,因为若婚姻与市场比拼,孰赢孰输,一目了然,毋需多言。

迄今为止,并无充分理由或依据支持改革第 41 条规定。最高人民法院 2018 年夫妻债务解释遵循了第 41 条规定精神,把夫妻共同债务限于家庭生活范围内。至于夫妻双方共同签字确认的债务理当是夫妻共同债务,即使是与家庭生活无关,这是意思自治和契约自由原则。随着市场经济发展,工商业活动所生之债将日益复杂,由于我国尚无个人破产制度,若将工商业活动所生之债务与婚姻捆绑在一起,恐将普遍地令人不安。婚姻家庭作为安定人心的最后堡垒,有必要与市场保持适度距离。

① 该司法解释公布于 2015 年 8 月 6 日。

二、本条适用中存在的问题

首先,关于“夫妻共同生活”范围界定,立法不明晰,司法解释也未规定。这应该是最近二十年来围绕夫妻共同债务争议不断的原因之一。有学者认为,正是因为该条规定过于原则,可操作性不强,且仅仅局限于“离婚时”,才导致最高人民法院发布前述“第 24 条”规定。[①] 从这个角度讲,如果立法能够就夫妻共同生活或者家庭共同生活的范围做适当界定,将有助于减少夫妻共同债务之争。

其次,立法不宜直接规定夫妻共同债务由夫妻共同财产清偿。如前所述,离婚时,许多夫妻共同债务并未到期,尚不需要清偿;债权人也不见得愿意接受债务人的实物财产抵债。无论是从当事人登记离婚的实际还是法院裁判离婚案件的情况看,都很少真正以夫妻共同财产抵债的,或者可以说,夫妻共同财产清偿债务的规则是“纸上谈兵”,根本说不清。从未来立法完善上说,只需要保持第 41 条规定中的“由双方协议清偿;协议不成时,由人民法院判决”为好。

再次,人民法院判决时主要应参考哪些因素,法无规定,这为司法自由裁量提供了过于宽大的空间,却给当事人预判债务清偿分担责任增加了极大模糊性。若要适度矫正此问题,似有必要立法列举规定若干因素,为法官裁判确定夫妻共同债务清偿责任提供适当指引。

第三节　适用本条的典型案例

一、离婚时夫妻双方对共同债务均负有清偿责任

张某甲与孙某离婚纠纷二审民事案,参见湖北省武汉市中级人民法院民事判决书,〔2015〕鄂武汉中民终字第 01676 号。[②]

【案情概要】

上诉人张某甲(原审原告)、上诉人孙某(原审被告)因离婚纠纷一案,均不服武汉市江岸区人民法院〔2014〕鄂江岸民初字第 02855 号民事判决,向湖北省武汉市中级人民法院(以下简称武汉中院)提起上诉。2015 年 11 月 11 日受理后,已审结。

2014 年 11 月 12 日,张某甲诉至一审法院,请求判令:1. 张某甲、孙某解除婚姻关系;2. 婚生子张某乙归张某甲抚养,孙某每月承担抚养费 1000 元;3. 依法分割夫妻共同财产;4. 依法分配夫妻共同债务。

一审法院经审理查明:张某甲与孙某于 1998 年初经人介绍相识,于××年××月××日登记结婚,张某甲系再婚,孙某系初婚。××年××月××日,张某甲与孙某生育一子张某乙。婚后夫妻双方感情尚可。2013 年,双方开始发生矛盾,两人自 2013 年 7 月底分居至今。张某甲与孙某的矛盾一直未能缓和,夫妻间已失去信任,致夫妻关系不睦,长期矛盾积累,张某甲与孙某已经对未来的家庭生活失去信心。审理中,张某甲坚持其诉讼请求,孙某

---

① 胡苷用:《夫妻共同债务的界定及其推定规则》,《重庆社会科学》2010 年第 2 期。

② 湖北省武汉市中级人民法院〔2015〕鄂武汉中民终字第 01676 号民事判决书,中国裁判文书网,http://wenshu.court.gov.cn/website/wenshu/,下载日期:2017 年 12 月 2 日。

表示同意离婚,要求依法分割夫妻共有财产。

张某甲系武汉市某中学的副校长,该单位证明张某甲的月工资为 4188 元。审理中,孙某出具了张某甲的一张工资条,显示工资实发 7210.36 元。张某甲认可工资条的真实性,其表示工资条上的工资包含绩效工资和补发工资等非经常性项目,不是每个月都有,每个月固定的基本工资是 4188 元。孙某系某委员会宣传出版中心内退职工,每月工资 1274 元。另查明,张某甲、孙某的夫妻共同财产有:①位于武汉市××区某花园 7 栋 2 单元 4 层 2 室的房屋(房权证号:××),房屋所有权人登记为张某甲。对该房屋,张某甲认可现价值为 138 万元,孙某认可现价值为 130 万元。目前张某甲居住在该房屋内。②位于武汉市后湖某花园 12 栋 8 楼 1 室的房屋(合同编号:××,建筑面积 152.44 平方米),合同登记的买受人为张某甲,尚未办理房屋所有权证,尚欠银行贷款 10 万余元。对该房屋,张某甲认可现价值为 125 万元,孙某认可现价值为 120 万元。③登记在张某甲名下车牌号为鄂 A 的丰田牌小型普通客车一辆,双方均认可现价值为 15 万元。

关于债权,孙某主张借给周仁 55 万元、刘某胜 60 万元、夏某涛 20 万元、张强 4 万元,借款本金共计 139 万元,张某甲对此表示认可。对周仁的 55 万元的债权,孙某已于 2014 年 7 月 25 日就该笔债权诉至一审法院,一审法院以〔2014〕鄂江岸民初字第 01997 号民事判决书判决周仁应偿还借款本金 50 万元及利息。孙某依据该判决书向一审法院申请执行,一审法院作出〔2014〕鄂江岸执民字第 00522 号执行裁定书,依法扣划了周仁的银行存款 712433.34 元。

关于债务,孙某主张欠缴武汉市后湖某花园 12 栋 8 楼 1 室房屋的物业服务费 14376.35 元,张某甲表示认可。

双方有争议的财产以及有争议的债权债务有:位于武汉市江岸区××路 49 号第 41 栋 2 单元的房屋(房权证号:武房权证省房改字第××号,建筑面积 60.97 平方米),孙某认为是其婚前个人财产,张某甲认为是夫妻共同财产。位于黄梅县××镇宅基地及地上房屋,张某甲认为系其婚前财产,孙某认为是夫妻共同财产。张某甲主张孙某处有价值近 50 万元的股票、基金、存款,孙某表示股票、基金早已卖掉用于生活,自己手上没有存款,目前生活拮据。孙某主张张某甲另借给周某 55 万元、夏某涛 20 万元,张某甲予以否认。孙某主张向黄某借 6 万元、向宋某梅借 2 万元,张某甲对此不予认可。张某甲主张向叶某借 50 万元、向陈某借 40 万元、向刘某借 30 万元,孙某对此不予认可。

审理中,双方均同意离婚,但对于财产分割、子女抚养以及债权债务等问题各持己见,调解未成。

【一审裁判意见】

一审法院认为:《婚姻法》第 32 条规定:"人民法院审理离婚案件,应当进行调解;如感情确已破裂,调解无效,应准予离婚。"本案中,张某甲与孙某虽系自主婚姻,有一定感情基础,但自 2013 年以来,双方矛盾尖锐,夫妻之间缺乏信任和沟通,矛盾已无法缓和,双方现已处于分居状态,张某甲、孙某均表示对未来的婚姻生活没有信心,不愿意维系,双方已无和好的可能,孙某也同意离婚,上述事实足以证明张某甲与孙某夫妻感情确已破裂,故对于张某甲提出的与孙某离婚的诉讼请求,一审法院予以支持。

关于婚生子张某乙的抚养问题,因张某乙已年满 15 周岁,跟随母亲孙某生活便于得到生活照顾,故张某乙由母亲孙某抚养为宜。酌定张某甲每月负担张某乙抚育费 1600 元。

关于夫妻共同财产的分割，一审法院依据《婚姻法》的基本原则，兼顾到双方的实际情况，依法进行处理。①位于武汉市××区某花园二期7栋2单元4层2室的房屋的所有权应归张某甲所有，由张某甲向孙某支付房屋补偿款69万元(房屋价值138万元的50%)。②位于武汉市江岸区××路49号第41栋2单元701室的房屋(房权证号：××××号，建筑面积60.97平方米)，登记在孙某名下，应属于夫妻共同财产。张某甲认可房屋价值为50万元，孙某认可房屋价值为40万元。现孙某居住在该房屋内，结合房屋使用情况，该房屋所有权应归孙某所有，由孙某向张某甲支付房屋补偿款20万元(房屋价值40万元的50%)。综上①②，由张某甲支付给孙某房屋补偿款49万元。③位于武汉市后湖某花园12栋8楼1室的房屋，合同登记的买受人为张某甲，为张某甲、孙某双方婚姻关系存续期间购买，属夫妻共同财产。根据《最高院适用〈婚姻法〉解释二》第21条的规定"离婚时双方对尚未取得所有权或者尚未取得完全所有权的房屋有争议且协商不成的，人民法院不宜判决房屋所有权的归属，应当根据实际情况判决由当事人使用"。因位于武汉市后湖某香山花园12栋8楼1室的房屋尚未办理房屋所有权证，尚欠银行贷款未结清，加之前述1、2两处房屋的分割已能满足张某甲、孙某住房的居住使用，该房屋由张某甲、孙某各享有50%的产权份额，对房屋贷款，由张某甲、孙某各自承担50%的偿还责任。④位于黄梅县××镇宅基地及地上房屋，应属于张某甲一家的家庭共有财产，涉及多名案外人，涉及张某乙的权益不宜在本案中进行分割处理。⑤车牌号为鄂A×××××的丰田牌小型普通客车一辆，系双方婚姻关系存续期间购买，属夫妻共同财产，车辆所有人登记为张某甲，张某甲、孙某均认可该车辆现价值为15万元。该车辆平时由张某甲使用，故该小轿车应归张某甲所有，由张某甲补偿孙某7.5万元(车辆价值15万元的50%)。⑥关于基金、股票的问题。张某甲主张孙某处有价值近50万元的股票、基金、存款，对此孙某予以否认，张某甲未能举证证明存款的存在，经张某甲申请，一审法院对孙某的股票、基金情况进行了调查，无法核实清楚，对于这部分双方有争议且无法确认的事实，不在本案中一并处理。张某甲、孙某有新的事实和理由，可另案处理。

关于债权的问题：(1)对周仁的债权。该笔债权的金额已经一审法院〔2014〕鄂江岸民初字第01997号民事判决书确认，并在〔2014〕鄂江岸执民字第00522号执行案件中执行。对于一审法院〔2014〕鄂江岸执民字第00522号执行案件中的执行款项712433.34元，一审法院认定为夫妻共同债权，由张某甲、孙某各享有50%的份额。对孙某主张的对周仁的另一笔55万元的债权，一审法院不予认定。若张某甲、孙某有新的事实和证据，可以另案再行处理。(2)对夏某涛的债权。孙某主张对夏某涛享有20万元本金及利息的债权，并出示借款协议一张，出借人为孙某，借款金额为20万元，张某甲对该债权表示认可，夏某涛亦当庭承认，一审法院认定为夫妻共同债权，由张某甲、孙某各享有50%的份额。审理中，张某甲亦向一审法院出示了其与夏某涛签订的借款协议，借款金额为20万元，出借人为张某甲。张某甲表示这份借款协议系其与夏某涛就20万元的借款重新签订的。孙某则主张系张某甲又借给了夏某涛20万元，是另一笔债权。张某甲对此予以否认，表示与夏某涛之间没有其他借款，夏某涛亦表示只向张某甲、孙某夫妻二人借过20万元。张某甲作为借款协议上载明的出借人，不主张存在债权，债务人夏某涛亦否认存在另一笔借款，且孙某未提供证据证明张某甲与夏某涛之间存在另一笔借贷的事实，故对孙某主张的对夏某涛的另一笔20万元的债权，一审法院不予认定。若张某甲、孙某有新的事实和证据，可以另案再行处理。(3)对刘某胜的债权。孙某主张对刘某胜享有60万元本金及利息的债权，并出示借款协议一张，

出借人为孙某,借款金额为60万元,张某甲对该债权表示认可,一审法院认定为夫妻共同债权,由张某甲、孙某各享有50%的份额。张某甲表示刘某胜已向自己清偿了全部借款本息共计74.4万元,故由张某甲向孙某支付已收债权款的50%即37.2万元。(4)对张强的债权。孙某主张对张强享有4万元的债权,并出示借条一张,张某甲对该债权表示认可,一审法院认定为夫妻共同债权,由张某甲、孙某各享有50%的份额。张某甲表示张强已向自己清偿了4万元,故由张某甲向孙某支付已收债权款的50%即2万元。

关于债务的问题:(1)对孙某主张欠缴武汉市后湖某香山花园12栋8楼1室房屋的物业服务费14376.35元,张某甲对此表示认可,一审法院认定为夫妻共同债务,由张某甲、孙某各承担50%即7188.18元。(2)对于张某甲主张的债务,向叶芳借50万元、向陈颜借40万元、向刘杨借30万元,孙某表示上述债务是伪造的,不予认可。对孙某主张的债务,向黄卫借6万元、向宋秀梅借2万元,张某甲亦不予认可。因张某甲、孙某对债务存在争议,且债务涉及案外人的利益,债务是否真实、案外人是否主张权利、何时主张权利、如何主张权利均不能确定,所以对债务不在本案中一并处理。

孙某以张某甲有婚外情、家庭暴力,主张赔偿损害赔偿,因孙某提供的证据不足,一审法院不予支持。

据此,依照《婚姻法》第32条、第36条、第37条、第39条、第41条,《民事诉讼法》第142条,《最高法院适用〈婚姻法〉解释一》第2条,《最高法院适用〈婚姻法〉解释二》第20条、第21条的规定,判决:(1)准予张某甲与孙某离婚;(2)婚生子张某乙由孙某抚育,张某甲于每月20日前支付抚养费1600元至张某乙年满18周岁止;(3)位于武汉市江汉区某花园二期(7栋2单元4层2室(房权证号:武房权证市字第××号,建筑面积138.71平方米)的房屋归张某甲所有;(4)位于武汉市江岸区××路49号第41栋2单元701室的房屋归孙某所有;(5)位于武汉市后湖某花园12栋8楼1室的房屋由张某甲享有50%的产权份额、孙某享有50%的产权份额,尚欠的房屋贷款由张某甲、孙某各自承担50%;(6)张某甲于一审判决生效之日起30日内支付孙某房屋补偿款49万元;(7)车牌号为鄂A×××××的丰田牌小型普通客车归张某甲所有;(8)张某甲于一审判决生效之日起三十日内支付给孙某汽车补偿款7.5万元;(9)武汉市江岸区人民法院〔2014〕鄂江岸执民字第00522号执行案件中的执行款712433.34元由张某甲与孙某各享有50%的份额;(10)夫妻对夏某涛的共同债权20万元及利息,由张某甲与孙某各享有50%的份额;(11)张某甲于一审判决生效之日起30日内支付给孙某共同债权分割款39.2万元;(12)夫妻共同债务14376.35元,由张某甲与孙某各承担50%;(13)驳回张某甲的其他诉讼请求。

一审宣判后,张某甲不服,提起上诉,请求二审法院依法改判:……④判令孙某与张某甲共同承担夫妻尚欠债务70万元;⑤判令孙某与张某甲共同承担已还叶芳的债务50万元及利息,以及两年分居期间张某甲还贷款10余万元;……。理由如下:其一,张某甲系武汉名校高级老师,有稳定收入,对于张某乙就近入学名校及生活实质上的帮助较孙某便利,抚养条件较好。夫妻二人分居两年期间,张某乙一直由张某甲抚养照顾,孙某在过年期间及张某乙中考期间都疏于对其照顾,请二审法院依法改判张某乙由张某甲抚养。其二,一审法院关于孙某持有近72万元的股票、基金、存款不予分割处理的问题,张某甲已向一审法院提供详细股票名称数额、基金名称数额、存款开户行及存折,孙某在一审庭审时也对此事实予以承认,仅辩称股票基金亏损了,存款被冒领了,一审法院仍认定张某甲未能举出证明股票、基

金、存款的证据，属错误认定，请二审法院予以纠正并根据证据规则来分配举证责任，要求孙某交代上述股票、基金、存款下落，否则应视为孙某隐藏财产，改判予以不分或少分。其三，一审法院对于夫妻双方婚姻关系存续期间的债权债务，持夫妻双方认可才处理，一方不认可即不处理的原则，有违《婚姻法》关于婚姻子女财产一并处分的基本原则。夫妻关系存续期间的债务属于负财产，根据《最高人民法院民一庭涉及婚姻案件处理分析民事审判实务问答》第11条"在离婚案件中，当事人举出以一方名义借债的欠条认为形成夫妻共同债务，对方以自己不清楚或不是用于共同生活为由相抗辩，此类情况如何处理？答：由人民法院对债务形成的有关事实、性质、举债的用途等综合审查判决"的规定的指导意见精神，依法应一并判决处理。一审中夫妻双方均要求处理债权债务。根据张某甲夫妻共有收入来判断，夫妻共同收入不足以维持普通家庭所有的债权及三套房屋，张某甲陈述借债放贷赚利息差来维持家庭开支改善生活，理由合适，由于债权夫妻两人共享，且用于家庭生活支出，由债权产生的债务应依法予以采信并判决夫妻二人分担，不应再增加双方当事人诉累。一审法院作出另案处理的认定将导致产生几个债务纠纷案，此判决不符合《民事诉讼法》《婚姻法》之规定，且会增加双方当事人的诉累，加大当事人诉讼成本，激化双方当事人与债权人之间的矛盾，要求二审法院并案处理债务纠纷案。其四，张某甲举证证明了此前收回的部分债权即刘某胜的债权，用于偿还部分共同债务即叶某的债务、另两笔利息以及归还购房贷款，理应在收回的债权中予以扣减或冲抵。一审法院已经审理几次却未提及，纯属漏判，要求二审法院予以处理。一审法院关于周某归还的本息712433.34元债权，其中25万元本金系张某甲婚前房屋变卖所得，不应作为夫妻共同财产分割，由于本案当事人系再婚组建家庭，一审法院未区分婚前财产及婚后共同财产，且在审理过程中解冻了冻结款，分割一半给孙某，系实体处理错误。其五，一审法院关于黄梅县××镇张某甲宅基地及地上房屋，认为不宜在本案中进行分割处理，然而张某乙属未成年人，有继承权而无财产分割权。一审法院如此处置适用法律不当，实属处置错误。

孙某不服，向武汉中院提起上诉，请求二审法院：……⑥判令张某甲主张的债务为虚假债务，并对张某甲作相应的处罚；⑦对孙某主张的债务予以认定；⑧对武汉市××区××街××里的房屋的卖房款予以认定，其增值部分的收益应为夫妻共同财产进行分割；……

孙某上诉理由如下：1.一审法院认定导致离婚的理由事实不清，审理不严。孙某所提供的证据已经证明张某甲对造成婚姻破裂应负有主要责任。张某甲在婚姻关系存续期间公然地与其他异性同居生活，为了达到离婚目的，张某甲对孙某实施家庭暴力，逼迫孙某离婚。孙某在无法忍受张某甲家庭暴力的情况下同意离婚。一审法院有意掩盖导致感情破裂的真正原因。(1)一审法院判断张某甲和黄某是否有持续、稳定共同居住和张某甲是否存在家庭暴力的事实，简单地仅凭张某甲不承认就推断事实不成立是错误的，应该全面、客观地审核证据，依照法律规定，运用逻辑推理和日常生活经验法则来做出判断。(2)一审法院只认定夫妻之间发生过拉扯、推搡，只是单纯的家庭纠纷，不存在家庭暴力，毫无依据。(3)一审法院还以孙某没有提赔偿金额而未认定错误，这不是张某甲不予损害赔偿的理由。

2.一审法院对本案的其他事实认定不清或错误。(1)一审法院对张某甲的工资收入认定错误，明显偏袒张某甲。(2)一审法院对张某甲的120万元债务提供的证据没有辨别真伪和判断。按照有关法律规定，该债务应认定为虚假债务，并应追究张某甲及其代理人的法律责任。(3)一审法院对周仁还款69.5万元未作判定，未进行分割，也未追究张某甲转移财产

的责任。一审将举证责任推卸给孙某,明显偏袒张某甲。(4)一审认定夏顺涛的 20 万元只有一笔,该认定理由不清,明显偏袒张某甲。(5)一审法院仅凭张某甲个人认可还款,就认定刘某胜已实际清偿本息 74.4 万元,该认定错误。……一审法院仅依据评估定价表中夫妻工龄 18 年,就认定武汉市江岸区××街××路 49 号第 41 栋 2 单元 701 室的房屋为夫妻共同财产,该依据是错误的。(8)一审法院仅根据张某甲的陈述,就认定武汉市江汉区汉兴街××里的房屋的 24 万元卖房款属于张某甲婚前个人财产没有事实依据。买房人李斌系武汉市第六中学职工,张某甲和李斌所签订的房屋交易转让付款协议不是实际的付款凭证,无法证明该房屋的卖房款是 24 万元。根据当时房屋交易的平均价格,该房屋的价格应远远高于 24 万元。就算该房屋是张某甲在 1997 年婚前购买,但该房屋是张某甲婚前通过武汉市第六中学按揭贷款购房取得了房屋所有权证,婚后夫妻共同还贷,该房屋在 2011 年 5 月卖出,因此婚后共同还贷的款项和相应的增值部分应认定为夫妻共同财产予以分割。通过张某甲相互矛盾的证据,可知武汉市江汉区汉兴街富康里的房屋的卖房款张某甲既没有给孙某,也没有用于家庭生活方面。(9)一审法院只认可双方承认的债务为夫妻共同债务,而不认可孙某为追索家庭债权所支付的律师费 6 万元和诉讼费,以及孙某在婚姻关系存续期间住院所借的外债 2 万元,该认定错误。……

3.一审法院未对张某甲隐匿、转移财产的情节予以认定,具体分割方式未按照《最高人民法院关于人民法院审理离婚案件处理财产分割问题的若干具体意见》第 21 条的规定处理。张某甲隐匿、转移的财产包括:(1)一审法院认定家庭共同债权 139 万元系孙某举证提出,张某甲之所以承认家庭有这些债权,是因为孙某手上有相关证据,张某甲并不认可这是夫妻共同财产,只认可是其借进借出赚取利息差价,并且利用债务人的老乡、朋友关系,企图用他与债务人的其他债权混淆或制造虚假债务,以合法的手段达到转移财产的目的。(2)张某甲和夏某涛的借款 20 万元。(3)周某支付张某甲的 69.5 万元。(4)周某支付张某甲的 5 万元和周某支付的利息 7.2 万元。(5)孙某和夏某涛的借款 20 万元,夏某涛已短信告知偿还了本息,张某甲未向法院交代,并且称他和夏某涛签订的借款协议与孙某和夏某涛签订的借款协议为同一笔债权。(6)武汉市江汉区××街××里的房屋的卖房款。张某甲陈述该房屋于 1995 年向学校贷款购买,1997 年就已经偿还贷款。然而孙某拿出几笔学校的购房收据,可以看出自××××年××月××日以后,张某甲和孙某一起在还贷,该还款及增值部分应为夫妻共同财产。张某甲对该房屋的卖房款有所隐瞒,并且向法庭出示的房屋价格大大低于当时的平均市值。(7)黄梅县××镇的房屋系夫妻共同财产。张某甲向法院陈述,该房屋系他家老宅,宅基地由他们兄弟三人继承。一审法院调取的证据已经证明黄梅县××镇的房屋和宅基地属于夫妻共同财产,这属于隐匿财产。

张某甲针对孙某的上诉理由答辩称:1. 张某甲与孙某因感情破裂自愿离婚。孙某在 2013 年底起诉到武汉市江汉区人民法院要求离婚不成,开始不断编造张某甲婚外情、家庭暴力的所谓证据,在张某甲单位及上级机关、纪检机构、新闻媒体散布谣言,制造事端,对张某甲身心造成极大伤害,意图转嫁过错给张某甲以达到快速离婚、多分财产的目的,其主张证据不足,没有事实及法律依据。2. 关于子女抚养,张某甲认为孙某对于婚生子张某乙疏于抚养,张某乙一直与张某甲生活,孙某极少照顾孩子的生活与学习,既不出钱也不出力,为达到多分财产及侵占更多抚养费的目的,哄骗儿子说等离婚后她将把所分房屋及财产立遗嘱全部留给儿子,哄得儿子在一审法院不断更改说法,一审判决下达后张某甲让儿子到孙某

那儿去感受一下孙某是否真心要张某乙的抚养权，被孙某以判决尚未生效为由拒之门外，且拒付生活费。孙某自身文化素养不高，性情古怪暴躁，与领导、同事经常发生矛盾，两次被单位转岗转部门，直至下岗，固定收入不高。张某甲作为高级教师，有稳定收入，抚养条件要高于孙某，张某乙应由张某甲抚养，孙某支付相应抚养费。3. 黄梅县××镇宅基地系张某甲婚前从父母处继承财产所得，当时两位兄长及三位姐姐放弃部分权益让与张某甲。2005年，张某甲在哥哥姐姐的帮忙下，花少量费用改建旧房，根据房随地走的原则，此房屋应属张某甲的婚前财产，且被继承主体之一的张某甲母亲仍健在，不应作为夫妻共同财产分割。此宅基地属于农村集体所有，孙某不是当时当地村民，其伪造的农村户口及虚假设立的身份证号信息无法律效力，无权拥有。4. 武汉市江汉区××街××里的房屋，系张某甲于1993年婚前购得，1996年交完房贷后于1997年办理房屋所有权证，房屋产权应归张某甲所有，卖房收入也应归张某甲所有。该房屋的售房款为借给周仁的第二笔款项25万元，此财产不应认定为夫妻共同财产，孙某无权分割。5. 关于武汉市江岸区××路的房屋，系双方婚后取得的房改房，房改出售价格也参考了夫妻双方工龄，用夫妻共同财产购买，此房屋应认定为夫妻共同财产予以分割。6. 关于武汉市江汉区穗丰花园的房屋、武汉市后湖二七村××花园的房屋的认定及处理无争议，但××花园房屋的贷款在夫妻二人分居两年半时间内已由张某甲还贷10余万元，系由张某甲从已收回的刘某胜偿还的债权款项中进行支付，请求二审法院予以认定，从刘某胜还款中扣除。7. 关于夫妻共同债权债务。夫妻双方收入明确具体，有证据可查，两人年总收入约6万余元。在用于家庭正常生活开支及购房还贷后，不可能有剩余，故张某甲以个人信誉对外举债及借出赚取利息差真实可信，其因此产生的债权、债务真实可信。一审法院对债务另案处理的做法，违反了《婚姻法》及最高人民法院相关司法解释的规定，请二审法院依法查明后予以分割。8. 一审中，张某甲已举证证明了分居期间已收回的刘某胜的一笔债权，用于偿还叶某的50万元债务及相关利息，还归还了部分购房贷款，理应在涉刘某胜的债权中予以扣减及冲抵，该部分债务及还房贷情节一审法院已审理几次却在判决中未提及，纯属漏判，请求二审法院予以重新审理认定。9. 孙某名下的股票基金约30余万元及中国工商银行存款、中国民生银行存款约40余万元，是夫妻关系存续期间张某甲借进借出款项的利息差等家庭收入所得，张某甲也予以举证，孙某也承认有这些款项，但辩称生活消费了、被人冒领了、基金亏损了，其辩解没有事实依据，应由孙某提供资金流水，请二审法院在查明事实的基础上予以分割处理。10. 关于冻结周某的债权，应在离婚纠纷中对家庭总债权债务区分婚前婚后财产，然后一并分割处理。一审法院却在一审判决下达的同时，单独处理该笔冻结款给孙某，纯属错判。11. 关于孙某诉称的外债纯属虚假债务。根据医保相关规定和孙某单位医疗报销政策，孙某住院费用约8000元，可报销6000余元，只有约2000元属于自费部分，孙某名下的财产足够支付，不可能因此负债。债权人为孙某虚列外债，请二审法院驳回其诉求，并追究其提供假证的责任。张某甲在2015年5月至2015年7月两次大手术住院共计花费5万多元，其中自费部分19142.70元。张某甲病后被抛弃分居两年半时间，不仅要康复养病，还要独自抚养正上初二的儿子，负担初升高挂靠民办高中学籍费用，共计约6万余元，该费用应从孙某所分的财产中扣减。综上，请求二审法院驳回孙某的上诉请求。

孙某针对张某甲的上诉理由答辩称：1. 张某甲是2015年9月23日交的上诉状，根据《民事诉讼法》的规定，一审法院收到上诉状，应当在五日内将上诉状副本送达对方当事人，而孙某签收的时候是2015年10月9日。一审法院收取民事上诉状时没有核对落款时间是工作不负责任,孙某提交民事上诉状时一审法院是对落款时间予以核实后才收取,一审法院有偏袒张某甲的嫌疑。一审法院收到后应出具收条,但未向孙某出具过。一审法院程序上有很大瑕疵,有很多的随意性。一审法院在张某甲的上诉日期截止日后一天11点左右才通知孙某,称张某甲已提交了上诉状,通知的当天孙某就去领取上诉状。孙某认为张某甲所提交的上诉状系超期提交,不符合法律程序,应予以驳回。……4. 关于张某甲主张的债务不属实。(1)孙某在法庭上已做出陈述,并拿出相应证据证明家庭不需要欠债。(2)孙某已经在一审陈述张某甲所欠的外债是虚假债务。(3)张某甲所称此前收回的部分债权即刘某胜的债权用于偿还部分共同债务及归还购房贷款的事实不属实。5. 关于周仁还款中的25万元为张某甲的婚前财产的事实不属实。(1)孙某多次向法庭陈述张某甲出具的是卖房协议,而不是卖房实际支付款项凭证。(2)李斌和张某甲交易的24万元的房款价值远远低于当年房屋成交平均值。(3)周仁作证其所借的25万元系张某甲婚前房屋变卖所得没有任何证明力。(4)周仁作假证。(5)张某甲卖房的时间为2012年5月份左右,孙某和周仁签订借款协议的时间是2013年9月份。时间跨度很大,无法证明孙某和周仁签订的借款协议的款项就是张某甲的婚前财产。(6)张某甲在法庭上的陈述与提交的证据目录清单的证明目的自相矛盾。(7)本案当事人的情况不是张某甲所称的再婚组建家庭。张某甲是再婚,孙某是初婚。虽然武汉市江汉区汉兴街富康里的房屋是张某甲在1997年取得,××年××月××日孙某和张某甲结婚,但该房屋的购房款是武汉市第六中学以无息贷款的形式借给张某甲,因此房款中绝大部分是用夫妻婚姻关系存续期间的财产共同支付。该处房屋是张某甲和孙某结婚的婚房,在××年××月××日以后,孙某和张某甲用共同财产将毛坯房装修而成,因此该房屋的增值部分应为夫妻共同财产。……综上,请求二审法院驳回张某甲的上诉请求。

二审期间,上诉人张某甲提交了房屋所有权存根、湖北省职工购房公证申请表等6份证据。上诉人孙某提交物业证明、手机短信一组等11份证据。所有证据,均经过了对方质证,当事人双方均表示了质证意见。

经审理查明,一审法院查明的事实属实,武汉中院予以确认。二审另查明了关于房产的两项信息。

【二审裁判意见】

武汉中院认为,张某甲与孙某虽系自主婚姻,但自2013年以来,夫妻之间缺乏信任和沟通,矛盾尖锐,双方采取分居的方式导致夫妻关系进一步恶化,现夫妻双方均同意离婚,夫妻感情确已破裂,一审准许双方离婚并无不当,法院予以维持。关于婚生子张某乙的抚养权,一审判决张某乙由孙某抚养并无不当,法院予以维持。关于婚生子张某乙的抚养费问题,一审酌定张某甲每月负担张某乙抚育费1600元并无不当,法院予以维持。

关于张某甲、孙某存在争议的财产及债权债务,武汉中院认定如下:

1. 关于孙某认为应将武汉市江汉区××花园二期7栋2单元4层2室的房屋判决归其所有的上诉理由,该房屋于双方婚姻关系存续期间购买,登记在张某甲名下,属于夫妻共同财产。在对该房屋价值进行认定时,一审征求孙某的意见,其不同意竞价,张某甲和孙某又都不同意评估。现张某甲认可房屋价值为138万元,而孙某认可房屋价值为130万元,一审因张某甲对房屋估价较高结合张某甲一直在该房屋内居住的事实,判决该房屋归张某甲所有,由张某甲按照其较高的房屋估价给付一半的款项给孙某并无不当,法院对孙某的该项

上诉理由不予采纳。

2. 关于孙某主张武汉市江岸区××街××路 49 号第 41 栋 2 单元 701 室的房屋是孙某的婚前财产，应归孙某所有的上诉请求，虽然该房屋登记在孙某名下，但该房屋购买于婚后，且使用了张某甲的工龄，依照《最高法院适用〈婚姻法〉解释二》第 19 条"由一方婚前承租、婚后用共同财产购买的房屋，房屋权属证书登记在一方名下的，应当认定为夫妻共同财产"的规定，该房屋应认定为夫妻共同财产。在对该房屋价值进行认定时，一审征求孙某的意见，其不同意竞价，张某甲和孙某又都不同意评估。现张某甲认可房屋价值为 50 万元，孙某认可房屋价值为 40 万元，一审根据孙某在该房屋内居住的事实，判决该房屋归孙某所有，由孙某按照其较低的房屋估价给付一半的款项给张某甲并无不当，法院对孙某的该项上诉请求不予支持。

3. 关于孙某主张一审法院对武汉市后湖××花园 12 栋 8 楼 1 室的房屋搁置处理的上诉理由，因该房屋在张某甲、孙某双方夫妻婚姻关系存续期间购买，合同登记的买受人为张某甲，属夫妻共同财产。因该房屋尚未办理房屋所有权证，且尚欠银行贷款未结清，依照《最高法院适用〈婚姻法〉解释二》第 21 条"离婚时双方对尚未取得所有权或者尚未取得完全所有权的房屋有争议且协商不成的，人民法院不宜判决房屋所有权的归属，应当根据实际情况判决由当事人使用"的规定，一审判决该房屋由张某甲、孙某各享有 50%的产权份额，对房屋贷款由张某甲、孙某各自承担 50%的偿还责任并无不当，法院对孙某的该项上诉理由不予采纳。关于张某甲主张此前收回的部分债权即刘某胜的债权用于归还该房屋的购房贷款的上诉理由，因其没有提交证据予以证明，法院对张某甲的该项上诉理由不予采纳。关于张某甲主张孙某与其共同承担两年分居期间张某甲还贷款 10 余万元的上诉请求，因该部分讼争贷款已经实际偿还，依照《婚姻法》第 17 条规定，"夫妻在婚姻关系存续期间所得的下列财产，归夫妻共同所有：(一)工资、奖金；(二)生产、经营的收益；(三)知识产权的收益；(四)继承或赠与所得的财产，但本法第 18 条第 3 项规定的除外；(五)其他应当归共同所有的财产。"夫妻对共同所有的财产，有平等的处理权，张某甲的该项上诉请求，没有法律依据，法院不予支持。

4. 关于孙某主张对武汉市江汉区汉兴街××里 27 号 7 栋 2 单元 502 室房屋的卖房款予以认定，其增值部分的收益应为夫妻共同财产进行分割的上诉请求，讼争房屋系于 1993 年建设，1997 年办理房屋所有权证，房屋所有权人为张某甲，该房屋在 2011 年出售。首先，孙某认为该房屋的价格应远远高于卖房款 24 万元，但没有提交证据予以证明。其次，虽然孙某提交的证据证明该房屋在婚后仍支付了部分购房款，但因为该房屋在 2011 年夫妻婚姻关系存续期间已经出售，依照《最高法院适用〈婚姻法〉解释三》第 10 条规定，夫妻一方婚前签订不动产买卖合同，以个人财产支付首付款并在银行贷款，婚后用夫妻共同财产还贷，不动产登记于首付款支付方名下的，离婚时该不动产由双方协议处理。依前款规定不能达成协议的，人民法院可以判决该不动产归产权登记一方，尚未归还的贷款为产权登记一方的个人债务。双方婚后共同还贷支付的款项及其相对应财产增值部分，离婚时应根据婚姻法第 39 条第 1 款规定的原则，由产权登记一方对另一方进行补偿，对于孙某的该项上诉请求，没有法律依据，法院不予支持。对于孙某关于该房屋婚后共同还贷的款项应认定为夫妻共同财产予以分割的上诉理由，亦没有法律依据，法院不予采纳。

……

7. 孙某上诉认为应对其为追索家庭债权所支付的律师费 6 万元和诉讼费进行认定并分割,因该部分款项已经实际支出,依照《婚姻法》第 17 条“夫妻在婚姻关系存续期间所得的下列财产,归夫妻共同所有:(一)工资、奖金;(二)生产、经营的收益;(三)知识产权的收益;(四)继承或赠与所得的财产,但本法第十八条第三项规定的除外;(五)其他应当归共同所有的财产。夫妻对共同所有的财产,有平等的处理权”的规定,孙某的该项上诉理由,没有法律依据,法院不予采纳。

……

9. 关于对夏某涛的债权,孙某上诉认为一审认定夏某涛的 20 万元只有一笔的事实属认定不清,孙某认为其与夏某涛签订了借款协议一份,出借人为孙某,借款金额为 20 万元,而张某甲亦与夏某涛签订了借款协议一份,出借人为张某甲,借款金额也为 20 万元。孙某认为其与张某甲借给夏某涛两笔 20 万元,即夏某涛向张某甲、孙某借款共计 40 万元。因夏某涛在一审庭审中陈述只向张某甲、孙某夫妻二人借款 20 万元,对于孙某关于张某甲另外又借给夏某涛 20 万元的主张,债务人夏某涛予以否认,张某甲作为借款协议上载明的出借人,亦不主张存在债权,现孙某对其主张并未举证予以证明,故对其该项上诉理由,法院不予采纳。一审法院认定对夏某涛的债权 20 万元及利息为夫妻共同债权,由张某甲、孙某各享有 50%的份额并无不当,法院予以维持。

10. 关于对刘某胜的债权,张某甲上诉认为刘某胜偿还的借款及利息已用于偿还部分共同债务即叶某的债务、另两笔利息以及归还购房贷款,理应在其收到的刘某胜偿还的款项中予以扣减或冲抵,但其并未提交充分的证据予以证明,故对其该项上诉理由,法院不予采纳。孙某上诉认为一审仅凭张某甲个人认可还款就认定刘某胜已实际清偿本息 74.4 万元的认定属错误,也未提交证据予以证明,故对其该项上诉理由,法院亦不予采纳。一审认定张某甲向孙某支付已收到刘某胜的债权款的 50%即 37.2 万元并无不当,法院予以维持。

11. 关于夫妻共同债务,张某甲上诉请求孙某应与其共同承担夫妻尚欠债务 70 万元以及已还叶某的债务 50 万元及利息,孙某上诉请求对其主张的债务予以认定,并判令张某甲主张的债务为虚假债务,对张某甲作相应的处罚。因双方当事人对对方当事人的债务均不予认可,而上述债务又涉及案外人的权益,债务是否真实、案外人是否主张权利、何时主张权利、如何主张权利均不能确定,故一审认定债务不在本案中一并处理并无不当,法院予以维持。张某甲和孙某的上诉请求,法院均不予支持。

12. 孙某上诉请求认定张某甲隐藏、转移的财产金额来依法分割财产,但并未举出充分的证据予以证明,对其该项上诉请求,法院不予支持。

关于孙某认为张某甲对孙某实施家庭暴力的上诉理由以及张某甲和黄曦持续、稳定的共同居住的上诉理由,因其均未提交充分的证据予以证明,依照《婚姻法》第 46 条第 2 项、第 3 项“有下列情形之一,导致离婚的,无过错方有权请求损害赔偿:(二)有配偶者与他人同居的;(三)实施家庭暴力的”的规定以及《最高法院适用〈婚姻法〉解释一》第 1 条“婚姻法第 3 条、第 32 条、第 43 条、第 45 条、第 46 条所称的‘家庭暴力’,是指行为人以殴打、捆绑、残害、强行限制人身自由或者其他手段,给其家庭成员的身体、精神等方面造成一定伤害后果的行为”和第 2 条“婚姻法第 3 条、第 32 条、第 46 条规定的‘有配偶者与他人同居’的情形,是指有配偶者与婚外异性,不以夫妻名义,持续、稳定地共同居住”的规定,故对于孙某的该两项上诉理由,法院均不予采纳。因一审认定孙某没有提出明确的请求赔偿的金额,但孙某在一审中已经明确主张张某甲向其赔偿10万元，故一审该认定不当，法院予以纠正。

孙某认为张某甲所提交的上诉状系超期提交，不符合法律程序，而且一审法院送达张某甲的上诉状给孙某超过了法定期限。因张某甲于2015年9月21日签收一审民事判决书，依照《民事诉讼法》第164条第1款规定，当事人不服地方人民法院第一审判决的，有权在判决书送达之日起15日内向上一级人民法院提起上诉，张某甲有权提起上诉的期间届满之日本应为2015年10月6日，但2015年10月1日至2015年10月7日为国庆节，2015年10月6日为节假日，依照《民事诉讼法》第83条第3款"期间届满的最后一日是节假日的，以节假日后的第一日为期间届满的日期"的规定，张某甲有权提起上诉的期间届满之日为2015年10月8日。虽然张某甲的上诉状落款日期为2015年9月23日，但其向一审法院提交上诉状的日期为2015年10月8日，一审法院将张某甲的上诉状送达给孙某的日期为2015年10月9日，故张某甲是在法律规定的期间内提交上诉状，一审法院将张某甲的上诉状送达给孙某也并未超过法定期限。

综上，上诉人张某甲和上诉人孙某的上诉请求均没有事实依据和法律依据，武汉中院均不予支持。一审判决认定事实虽有瑕疵，认定孙某没有提出明确的请求赔偿的金额不当，法院予以纠正，但因一审判决的裁判结果正确，依照《民事诉讼法》第170条第1款第(一)项"第二审人民法院对上诉案件，经过审理，按照下列情形，分别处理：(一)原判决、裁定认定事实清楚，适用法律正确的，以判决、裁定方式驳回上诉，维持原判决、裁定"的规定和《最高法院适用〈民事诉讼法〉解释》第334条"原判决、裁定认定事实或者适用法律虽有瑕疵，但裁判结果正确的，第二审人民法院可以在判决、裁定中纠正瑕疵后，依照民事诉讼法第170条第1款第1项规定予以维持"的规定，2016年2月4日，武汉中院判决驳回上诉，维持原判。

第十九章
评注第四十二条(离婚时生活困难帮助请求权)

第 42 条　离婚时,如一方生活困难,另一方应从其住房等个人财产中给予适当帮助。具体办法由双方协议;协议不成时,由人民法院判决。

第一节　本条的基本原理

一、本条的基本内容

本条规定确立了离婚时生活困难帮助请求权。它是指夫妻协商离婚或诉讼离婚时,一方在当时或者离婚后将会遭遇到生活困难的,有能力给予帮助的另一方应当提供适当金钱给付或者物质支持,助力配偶他方在离婚后渡过难关。

(一)行使帮助请求权的条件

生活困难帮助是离婚时就离婚后生活提供的善后安排的措施。其适用条件,比较严格。当事人须同时具备下列两个条件,才能适用该帮助制度:

1. 一方有生活困难。生活困难是指离婚争议当事人一方因本人健康不良、收入低或无收入、无住房等原因,使其仅依赖本人努力将不能维持日常生活正常状态的事实或将来情形。

2. 另一方有帮助的能力。处于离婚争议中的配偶另一方确有帮助能力的,应当给予帮助。虽然当事人一方生活困难,但如果另一方的状况与其接近或相似,没有能力提供帮助,就没有实施帮助的条件。

(二)帮助范围与帮助措施

"适当帮助"的内容类型主要是提供经济帮助、住房帮助等。从《婚姻法修正案》关于帮助方法的提示性规定可知,这种帮助显然包括提供住房供困难一方居住使用这种方式,即帮助对方解决居住困难的问题。

计划或者准备或者行将离婚的当事人双方中,一方生活确有困难需要帮助的,应积极与对方平等协商解决方案;有能力给予帮助的配偶他方应当主动考虑对方的需要,想方设法给予力所能及的帮助。双方达成协议的,应当自觉履行协议确定的义务和责任。若当事人协议不成的,需要帮助的一方当事人有权请求人民法院判决。人民法院判决时应考量下列因素:请求权人的具体情况和实际需要,请求权人的具体诉讼请求,另一方个人财产状况,帮助

的效果等。

《婚姻法》将帮助范围扩大到住房、经济帮助及其他形式。修正案强调提供帮助一方应从其个人财产中拿出适当部分以帮助对方，其中指明“住房”帮助。

二、本条的基本理论

婚姻作为共同生活体，当事人结为夫妻，除了巩固和维护彼此之间感情，还包括期待遇甘共苦，相扶相持共度人生。所以，夫妻之间不仅有相互扶养责任，而且在离婚时，假若当事人一方生活困难或者能够预见的时期内将生活困难，难以自行克服或解决的，另一方有能力给予帮助的，应当给予帮助。

（一）生活困难帮助请求的依据

由于健康原因、经济原因、居住条件所限等因素影响，婚姻当事人一方生活困难的情形时有发生。如果婚姻关系存在，基于夫妻有相互扶养的法定义务，一方有困难，另一方依法应履行扶养义务，给予扶持、帮助，原则上，夫妻双方应当共度相同品质的家庭生活。但是，一旦离婚，若无法律特别规定，夫妻扶养义务终止，原配偶一方无权请求另一方扶养或照顾。离婚时生活困难的一方，离婚生效后往往会更加困难，如果不能在离婚时确立适当帮助，困难方当事人未来生活将陷入困境。同时，生活困难问题还可能影响已婚男女行使离婚自由权，换言之，如果生活困难一方当事人在离婚后的生活将难上加难，其顾虑于此，可能不敢主动请求离婚或者当对方配偶请求离婚时不同意离婚，即使婚姻事实上已难以为继。

离婚时生活困难帮助请求权是配偶扶养义务的延伸，但又不是配偶扶养义务。在婚姻保持的条件下，配偶一方生活困难，另一方应当履行扶养义务，夫妻原则上应处于相同生活水平。然而，离婚终止婚姻效力，夫妻扶养义务也同时终止。不过，配偶任何一方基于婚姻而产生的期待利益，不会因为婚姻终止而消失。特别是部分配偶之所以离婚时生活困难，还是因为在婚姻存续期间全力支持、扶助另一方所致，基于婚姻功能本身，也为公平起见，离婚时，赋予生活困难一方当事人请求另一方帮助的权利。

诚然，公民享有社会救助权，生活困难的公民依法有权申请社会救助或向国家和政府申请其他物质帮助和支持，这是宪法赋予公民的一项权利，是社会法体系中的社会救助法安排。同时，在当代社会，家庭仍然是保障自然人生活的主要制度和途径，婚姻有其自身特定的任务和功能。基于此，《婚姻法》保留困难帮助制度，同时，根据社会实际需要，一定程度上完善了该请求权制度。

（二）提供生活困难帮助与夫妻共同财产分割之间的关系

生活困难帮助与夫妻财产分割是两个不同的法律问题。《婚姻法》第 42 条明确规定：“提供帮助者应从其个人财产中给予适当帮助。”也就是说，夫妻财产分割或者分割时对女方的照顾不是本条赋于的帮助，负有帮助责任的一方不能以夫妻共同财产已分割为由拒绝给予对方帮助。当然，如果离婚时一方生活困难仅仅是经济陷入困境，则通过夫妻共同财产分割，经济困难是能够得到适度缓解或者解除的。如果原本经济困难的配偶一方通过分割夫妻共同财产而拥有了比较大价值的或者巨额个人财产，经济困难状况消失的，则该方当事人确实就将不再具备行使生活困难帮助请求权的条件。

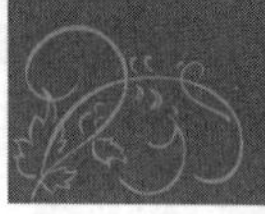

三、本条的历史沿革

生活困难帮助制度,1950年《婚姻法》已经确立。该法第25条规定:“离婚后,一方如未再行结婚而生活困难,他方应帮助维持其生活;帮助的办法及期限,由双方协议;协议不成时,由人民法院判决。”

与1980年《婚姻法》原规定相比,《婚姻法》扩大了帮助的范围。原婚姻法只规定帮助为经济帮助,即帮助主要是提供一定数量的现金帮助对方解决困难,同时也包括提供某些财产帮助对方。《婚姻法》原第33条规定的帮助是“经济帮助”,但是,修正后的《婚姻法》第42条没有续用“经济帮助”一词,而是改用“适当帮助”,旨在将帮助种类扩大,不限于经济帮助。

四、法律渊源

关于离婚时生活困难帮助请求权的法律渊源,除了《婚姻法》第42条的规定,还有《宪法》及法律法规及司法解释有关规定。

(一)宪法

《宪法》第45条规定:“公民在年老、疾病或者丧失劳动能力的情况下,有从国家和社会获得物质帮助的权利。国家发展为公民享受这些权利所需要的社会保险、社会救济和医疗卫生事业。国家和社会保障残废军人的生活,抚恤烈士家属,优待军人家属。国家和社会帮助安排盲、聋、哑和其他有残疾的公民的劳动、生活和教育。”

(二)有关法律法规的规定

《老年人权益保障法》第31条规定:“国家对经济困难的老年人给予基本生活、医疗、居住或者其他救助。老年人无劳动能力、无生活来源、无赡养人和扶养人,或者其赡养人和扶养人确无赡养能力或者扶养能力的,由地方各级人民政府依照有关规定给予供养或者救助。对流浪乞讨、遭受遗弃等生活无着的老年人,由地方各级人民政府依照有关规定给予救助。”

2014年国务院令第649号《社会救助暂行办法》的有关规定。例如,第9条规定:“国家对共同生活的家庭成员人均收入低于当地最低生活保障标准,且符合当地最低生活保障家庭财产状况规定的家庭,给予最低生活保障。”第37条规定:“国家对符合规定标准的住房困难的最低生活保障家庭、分散供养的特困人员,给予住房救助。”第38条规定:“住房救助通过配租公共租赁住房、发放住房租赁补贴、农村危房改造等方式实施。”

(三)司法解释

《最高法院适用〈婚姻法〉解释一》第27条规定:“婚姻法第42条所称‘一方生活困难’,是指依靠个人财产和离婚时分得的财产无法维持当地基本生活水平。一方离婚后没有住处的,属于生活困难。离婚时,一方以个人财产中的住房对生活困难者进行帮助的形式,可以是房屋的居住权或者房屋的所有权。”

第二节 本条之适用

一、适用本条的效果

离婚时生活困难帮助请求权，作为救济制度之一，具有促进实现婚姻正义、性别平等和社会正义的功能。该条适用情况表明，该请求权制度确有价值，确有部分离婚当事人行使该请求权，其立法预设重在保护已婚女性之目标是精准合乎现实的。有研究成果显示，生活困难帮助请求权的适用比例低，帮助金额偏低、请求人多为女性。根据夏吟兰领衔的“民法典体中的婚姻家庭法新架构研究”课题组在北京、上海和哈尔滨三个城市的调研成果，包括生活困难帮助在内的“离婚救济制度适用的比例较低”；调阅三个基层人民法院离婚案件卷宗，仅找到11个涉及生活困难帮助的案件，其中，北京审结涉及经济帮助案件3件，占案件总数的2.1%；上海审结涉及经济帮助的案件2件，占案件总数的1.7%；哈尔滨审结涉及经济帮助案件6件，占案件总数5%。生活困难帮助请求权行使人中，九成以上是女性。在这11个案件中，仅有1件是男性为请求权人，其余10件均是女性请求帮助。“女性请求帮助的事由相对集中，主要为无业或失业、无房居住、收入低、抚养子女、身患重病或年逾60周岁以上及其他原因。”生活困难帮助措施均是给付金钱，且请求金额从数百元到数万元不等，其中，请求给付数额100元以下的，3件；100元～2000元的，1件；6000元～8000元的，1件；9000元～1万元的，1件，1.5万元～2万元的，1件；3万元～5万元的，2件；其他金额的，2件。[①] 经济帮助时的给付金额如此之小，从一定程度上反映出该制度的效用未能实现最佳。

从司法审判实践看，生活困难帮助制度存在“低适用、低功效、低救济的局限”，[②]除了文化因素等外部因素外，应该是与该请求权制度本身设计有关。该请求权适用条件偏严苛了。未来修法时，可以考虑适度放宽适用条件。不过，笔者一贯主张“改弦易辙”，采用“离婚后扶养费”制度替代生活困难帮助制度，以更好地适应婚姻当事人情况的复杂性，促进婚姻内部公平和离婚公正[③]。

二、本条适用中存在的问题

（一）人民法院适用生活困难帮助请求权时，掌握标准偏严

《最高法院适用〈婚姻法〉解释一》第27条规定将“一方生活困难”，定义为“依靠个人财产和离婚时分得的财产无法维持当地基本生活水平。一方离婚后没有住处的，属于生活困难”。这条司法解释确定的该请求权行使条件，申请人的经济能力或者生活水平应属于仅能维持生存的状态，这就明显将绝大多数离婚当事人排除在外了。

生活水平是指人们维持物质生活需要、精神生活需要和社会交往等正常生活满足的一

---

① 夏吟兰、薛宁兰主编：《民法典之婚姻家庭编立法研究》，北京大学出版社2016年版，第348～349页。

② 夏吟兰、薛宁兰主编：《民法典之婚姻家庭编立法研究》，北京大学出版社2016年版，第353页。

③ 蒋月、庄丽梅：《我国应建立离婚后扶养费给付制度》，《中国法学》1998年第3期。

系列货币支出标准和为此期望达到的客观生活状态。通常,通过人们的衣食住行以及健康、教育、文化、娱乐、社交等反映人们生活条件或环境的客观指标来进行测量与评估。一个人的生活水平高低取决于其消费能力和水平,而后者受制于财务收入能力和收入水平。参考联合国1978年有关社会和人口统计的有关文件内容,测定一个国家和地区的生活水平,可以使用下列12类指标:(1)出生率、死亡率及其他人口学特征;(2)医疗卫生条件;(3)食品消费;(4)居住条件;(5)教育和文化;(6)劳动条件和就业率;(7)居民的收入和支出;(8)生活费用和消费价格;(9)运输工具;(10)休息的安排;(11)社会保障;(12)个人的自由。每一类又规定若干局部性指标。当然,也可以使用某一种类的单项指标简单地测算生活水平,例如,人均国民收入指标,实际收入水平指标,实际消费水平指标,人均寿命指标,恩格尔系数,人均卡路里或蛋白质摄取量指标,等等。具体测算某个人的生活水平时,主要应当考虑下列因素:日常生活费用;医疗卫生支出;居住条件;教育和文化事项的开支;个人收入;抚养和赡养负担等。

判定当地基本生活水平,可以结合当地最低生活保障线、最低工资标准、平均工资标准等数据进行。"基本生活水平"理当高于当地最低生活保障线,高于当地最低工资标准,然而,其是否应当接近或保持在当地平均工资标准的上下呢?按照最高法院的裁判规则,答案显然是否定的,因为"基本水平"应是低于"平均水平",而不是等于或接近"平均水平"。当然,对于自身帮助能力有限的当事人一方而言,提供力所能及的帮助,无法使另一方当事人生活水平达到平均水平的,无话可说,但是,对于当事人具有的帮助能力比较强或者强的,仅提供保障"基本生活水平"的帮助,应该是不够的。司法适用该请求权制度,实施干预以实现矫正正义时,掌握的裁判标准是当事人仅能维持生存,这保障水平低到不能再低,实在有失公允。最高法院裁判规则确定的"基本生活水平"标准也与现阶段社会保障法定标准之间存在不协调。依据我国现行社会保险法和社会救助法有关规定,参保人享有的社会保险待遇,就能够为其提供基本生活保障。如果当事人未参加社会保险,则其生活困难时有权申请社会救助,社会救助标准也是保障其基本生活需要满足。如果离婚时生活困难帮助也仅仅限于"基本生活水平"保障,似乎将配偶一方推入了应受社会保护的穷人和边缘化人群,甚为不妥。

综上所述,笔者建议将该裁判规则中表述水平的用词修改为"与能力相适应的",尽力使受助人在离婚后仍能保有或接近保持婚姻期间相同或类似的生活水平,经济中尽可能避免当事人一方离婚前后的生活发生悬殊差异。

(二)经济困难帮助不能完全化解困难方当事人的困境

生活困难帮助仅仅能为申请人提供一时的帮扶,并不一定能帮助受困者真正摆脱困境。夫妻一方(通常情形下是妻子)在家操持家务,赡养老人,抚育小孩,其重要性难以量化衡量。虽然基于婚后所得共同制,夫妻另一方创造的财富或职业收入作为夫妻共同财产进行分割,表面上对配偶该方而言已体现公平,但是,考虑到夫妻一方长期脱离社会,加之年龄因素,客观上已失去谋生和发展的机会,一旦离婚,难以适应社会的竞争环境,有可能使得今后生活

长期陷入困境。[①] 从婚姻公平角度考虑，有必要改革生活困难帮助制度，寻找到更合理的制度替代。

欲解决这个问题，离婚扶养费是一个可以考虑的替代制度。根据当事人双方婚姻存续期长短、对婚姻家庭贡献大小、健康状况、离婚后生活水平等因素，酌情判决一方向需要扶养的另一方给付扶养费，以维护双方利益平衡。家庭收入是某个人和他的受益人的收入的总和。“花在某种工作（生产）或消费活动上的时间是对活动规模的一种计量，或是所耗费资本强度密集的一种计量，并且这种时间影响专用于该活动的资本投资的效率”。当一个人把更多时间投入市场劳动时，其在市场劳动中的效率更大些；同样，当一个人把更多时间投入家庭劳动时，家庭劳动效率提高了，但其投入市场劳动的时间将减少，效率相应地不容易提高或者提高少。[②] 婚姻家庭仍然是当代社会无可替代的个人生活基本制度，其中婚姻当事人双方利益的博弈是客观事实。与其放任当事人自由地“各取所需”导致公平失衡，不如设定离婚扶养费制度，让从婚姻中实现个人利益最大化的夫妻一方选择离婚时，为婚姻贡献者一方负担一定的经济给付责任，以矫正强者恒者、弱者恒弱之状况，避免善良老实人吃亏。

第三节　适用本条的典型案例

一、夫妻一方以年老多病为由请求生活困难帮助获准

张×川与谢×宗离婚纠纷再审案，重庆市高级人民法院民事裁定书，〔2014〕渝高法民申字第00616号。[③]

【案情概要】

再审申请人张×川（一审被告、二审上诉人）因与被申请人谢×宗（一审原告、二审被上诉人）离婚纠纷一案，不服重庆市第一中级人民法院〔2013〕渝一中法民终字第03207号民事判决，向重庆市高级人民法院（以下简称重庆高院）申请再审。已审查终结。

张×川申请再审称：（一）谢×宗嫌弃张×川年老多病，不愿意履行每月支付扶养费义务，故才起诉离婚，双方夫妻感情未破裂，不应判决离婚。（二）对于财产、债权、债务问题。1. 张×川现居住的重庆市长寿区××街××大道26号富丽桃园B幢4-1号房屋，虽产权登记在女儿、女婿名下，但女儿、女婿均承诺归张×川和谢×宗所有，谢×宗亦表示放弃该房屋所有权，二审法院应将该房屋判决给张×川所有。2. 张×川与谢×宗从1993年起经济独立，从那时起至谢×宗退休，谢×宗至少有工资存款140万元，后谢×宗领取的社保退休工资亦比张×川多出13万元，谢×宗还另存有住房公积金近6万元，重庆××能源（集团）有限公司和重庆××实业有限公司退给谢×宗股金28900.75元，上述款项未予分割错误。3. 为治病、生活及谢×宗炒股，张×川向姊妹借款所形成的债务应处理。（三）二审判决谢

---

① 胡绍峰：《试论分割夫妻共同财产规范化》，http://www.gdcourts.gov.cn/，广东法院网，下载日期：2019年4月28日。

② 加里·S·贝克尔：《家庭经济分析》，彭松建译，华夏出版社1987年版，第13～14页。

③ 重庆市高级人民法院〔2014〕渝高法民申字第00616号民事裁定书，中国裁判文书网，http://wenshu.court.gov.cn/website/wenshu/，下载日期：2018年8月10日。

×宗支付张×川生活困难帮助费3万元不足以维持张×川每月产生的医疗费、护理费等，谢×宗还需每月支付2000元，夫妻关系存续期间原人民法院判决谢×宗每月支付其500元的扶养费，谢×宗应继续履行。(四)一、二审程序违法。1. 一审违法延长审限。2. 二审开庭，仅有一名合议庭成员在审理。张×川依据《民事诉讼法》第200条规定申请再审。

谢×宗提交意见称：请驳回张×川的再审申请。(一)谢张二人因性格不合，无法共同生活，夫妻感情已破裂，谢×宗亦多次起诉离婚，二审判决双方离婚正确。(二)对于诉争的房屋，女儿、女婿虽承诺归谢×宗和张×川所有，但谢×宗只表示可由张×川单独居住，其并没有放弃该房屋所有权，二审不将房屋判决该张×川所有，处理得当；对于张×川所称的谢×宗工资存款、多领取的退休工资、以及还有公积金未分割的事实不存在，重庆××能源(集团)有限公司和重庆××实业有限公司退给谢×宗股金28900.75元，同时两公司亦退给张×川股金45759.50元，双方均各自凑足50000元后赠与女儿买房；张×川称向其姊妹借款的事实不实。(三)谢×宗现寄居在女儿家里，帮助带小孩，且身体多病，二审判决其给付张×川3万元生活困难帮助费超出了其承受能力，但为了离婚，其予以认可；双方夫妻关系已解除，谢×宗再无给付扶养费的义务。(四)一、二审程序问题请依法审查。

【裁判意见】

重庆高院认为：关于张×川与谢×宗的婚姻关系，二审法院以双方无和好可能，夫妻感情确已破裂为由判决准许离婚，该判决已生效，根据《民事诉讼法》第204条规定："当事人对已经发生法律效力的解除婚姻关系的判决、调解书，不得申请再审，"张×川以不应判决离婚为由申请再审，不符合上述规定，法院不予审查。

关于双方离婚案件中的财产及债权债务分割问题。张×川现居住的重庆市长寿区××大道26号富丽桃苑B幢4-1号房屋，女儿、女婿虽承诺赠与归张×川和谢×宗所有，但该房屋仍没有过户登记在张×川和谢×宗名下，根据《中华人民共和国物权法》第9条规定："不动产物权的设立、变更、转让和消灭，经依法登记发生效力；未经登记，不发生效力……"人民法院不宜直接确认该房屋属于张×川和谢×宗夫妻共同财产，同时谢×宗只表示可由张某川单独居住，自始没有放弃该房屋产权，张×川要求将该房屋判决归其所有的申请再审理由不成立，当事人就该房屋取得完全所有权后，有争议的，可以另行向人民法院提起诉讼解决。对于张×川称从1993年双方经济独立起至谢×宗退休时谢×宗有工资存款140万元，谢×宗比张×川多领取社保退休工资13万元，谢×宗还有近6万元住房公积金未分割，因无充分证据证明上述款项在双方离婚时仍存在，二审判决不予确认并无不当，根据《婚姻法》第47条规定："离婚后本案当事人若发现一方有隐藏、转移、变卖、毁损夫妻共同财产，或伪造债务企图侵占另一方财产的，可以向人民法院提起诉讼，请求再次分割夫妻共同财产。重庆××能源(集团)有限公司和重庆××实业有限公司退给谢×宗股金28900.75元，同时两公司亦退给张×川股金45759.50元，双方均各自凑足50000元后赠与女儿买房，上述款项现均不存在，无从分割。对于张×川主张的为治病、生活和谢×宗炒股曾向张×川姊妹借款，因其举示的上述债务的借条，谢×宗对真实性不认可，并在要求鉴定时被张×川收回，后张×川称该借条被谢×宗偷走无证据证明，同时债权人亦没有到庭证实，二审法院对上述债务在本案不予认定并无不当，但这并不妨碍债权人可另行就夫妻共同债务向张×川、谢×宗主张权利。对于张×川主张其在本案诉讼后又向其姊妹借款形成的债务应处理，因超过了原审诉讼请求，根据《最高人民法院关于适用〈中华人民共和国民事诉讼法〉审判监督程序若干问题的解释》第33条"……当事人超出原审范围增加、变更诉讼请求的,不属于再审审理范围……"之规定,法院对此不予审查,当事人可另行诉讼解决。

关于张×川主张的生活困难帮助费和扶养费问题。《婚姻法》第42条规定:"离婚时,如一方生活困难,另一方应从住房等个人财产中给予适当帮助……"张×川体弱多病需帮助,因财产分割时已对张×川的权益有所照顾,张×川有房屋居住,每月亦有退休工资收入,女儿还应尽赡养义务,谢×宗虽比张×川退休工资高,但其现暂居在女儿家,自己身体亦多病,二审法院据此判决谢×宗给付张×川生活困难帮助费3万元是适当的;对于扶养费问题,双方夫妻关系存续期间,原人民法院虽判决谢×宗按月给付扶养费500元,但鉴于双方夫妻关系已依法解除,谢×宗再无扶养义务,张×川要求谢×宗继续履行给付扶养费义务,缺乏法律依据,其申请再审理由不应支持。

至于一、二审程序问题,一审法院审理过程中,因案情复杂,当事人矛盾尖锐,为便于妥善处理纠纷,曾依法两次延长审限。……故张×川该再审申请理由同样不成立。

综上,张×川的再审申请不符合《民事诉讼法》第200条规定的情形。2014年11月14日,依照《民事诉讼法》第204条第1款规定,裁定驳回张×川的再审申请。

二、夫妻一方以身患重病又无收入为由请求生活困难帮助,部分获得支持

张×芝与李某扶养费纠纷案,参见安徽省宿州市中级人民法院民事判决书,〔2019〕皖13民终2847号。①

【案情概要】

一审法院认定事实:1990年12月,张×芝、李某按农村风俗举行结婚仪式后同居生活。婚后生育两子李某光、李某光,现均已成年参加工作。2012年,张×芝检查患有乳腺恶性肿瘤,先后在蚌埠市第四人民医院、萧县人民医院、蚌埠市医学院附属医院住院治疗,支出医疗费39307.36元,新农合补偿23530.26元。2018年11月16日,张×芝到蚌埠市医学院附属医院住院治疗,支出医疗费9545.11元,新农合补偿3416.97元。2019年1月1日,李某与安徽××电力设备有限公司签订劳动合同,每月工资6500元。李某给付张×芝生活费每月400元至2018年,双方现分居生活。李某父母健在,且年龄较大,需李某赡养。一审法院认为,《婚姻法》第20条规定:"夫妻有相互扶养的义务。一方不履行扶养义务时,需要扶养的一方,有要求对方给付扶养费的权利。"张×芝、李某系事实婚姻,现张×芝患有乳腺恶性肿瘤,且无经济来源,李某应在履行能力的范围内负有扶养的义务。考虑李某的承担能力及尚需赡养老人,张×芝患病及住院治疗的情况,结合本地区的经济发展水平和城镇居民人均生活标准,张×芝要求李某每月给付扶养费和医疗费共计3500元及5000元的主张过高,酌情认定李某自2019年8月1日起每月给付扶养费及治疗费合计1200元为宜。李某已支付张×芝生活费每月400元至2018年,张×芝要求李某支付2012年的医疗费不予支持。李某认为,应由本人和其子共三人平分张×芝的相关费用,因扶养费和赡养费不是同一法律关系,其子是否承担赡养费并不能免除李某承担扶养费的义务。因此,李某应承担张×芝2018年11月16日住院费用未报销的一半即3064.07元。根据《婚姻法》第20条的规定,

① 安徽省宿州市中级人民法院(2019)皖13民终2847号民事判决书,中国裁判文书网,http://wenshu.court.gov.cn/website/wenshu/,下载日期:2019年12月22日。

判决:(一)李某于判决生效后于2019年8月1日起每月30日前支付张×芝扶养费及医疗费1200元;(二)李某支付张×芝医疗费3064.07元,于判决生效后三日内履行完毕;(三)驳回张×芝其他诉讼请求。

上诉人张×芝(原审原告,女,1967年7月10日出生)因与被上诉人李某(原审被告,男,1968年10月10日出生)因扶养费纠纷一案,不服安徽省萧县人民法院〔2019〕皖1322民初4580号民事判决,向安徽省宿州市中级人民法院(以下简称宿州中)提起上诉。2019年10月14日立案。张×芝上诉请求:撤销一审判决,改判李某每月承担扶养费、医疗费共计3500元;一、二审案件受理费由李某承担。事实和理由:①2012年张瑞芝支出医疗费39307.36元,经新农合报销后余15777.1元;2018年张×芝又支出医疗费9545.11元,经新农合报销后余6128.14元,上述未报销费用为21905.24元应由李某承担,一审仅判决李某承担3064.07元错误;②李某每月收入6500元,除去其生活费、赡养老人费用等,剩余4969元,其有能力每月支付张×芝3500元医疗费、生活费。李某辩称,其没有稳定工作,现被张×芝从家中赶出,无房居住,无法按月给付张×芝1200元款项。且其已为张×芝及子女支付了大量的生活费、按揭贷款,没有能力再支付3500元的费用。张×芝向一审法院起诉请求:1. 判决李某支付医疗费21905.24元;2. 判决李某每月支付生活困难帮助费3500元及医药费5000元。

二审期间,当事人围绕上诉请求依法提交了证据。宿州中院组织当事人进行了证据交换和质证。一审查明基本事实属实,宿州中院予以确认。

【裁判意见】

宿州中院认为,张×芝于2012年患病后,李某对其持续履行扶助义务至2018年,故,张×芝请求李某支付2018年11月之前的未经新农合报销的医疗费、生活费计23530.26元,一审未予支持并无不当;至于2018年11月16日的医疗费,一审在扣除医保费用后,判决李某承担3064.07元适当。张×芝上诉请求李某全部承担上述费用,法院亦不予支持。虽然李某现每月收入6500元,但其辩称工作不稳定,且特种行业有工作年限限制,一审综合李某的收入状况、赡养老人等情况,酌情判决李某每月支付张×芝1200元适当,张×芝要求李某按每月3500元支付医疗费、生活费,法院不予支持。张×芝二审提交的医疗费问题,因该费用尚未通过新农合报销,其应承担的费用尚不明确,且该费用并非其一审所诉范围,经二审调解不成,本案不予处理。

综上,张×芝的上诉理由不能成立,应予驳回;一审判决认定基本事实清楚,审判程序合法,裁判结果适当,法院予以维持。2019年10月28日,宿州中院依照《民事诉讼法》第170条第1款第1项规定,判决驳回上诉,维持原判。

三、因年事高且生活比较困难而获准帮助

方某与麦某离婚纠纷,参见广东省肇庆市高要区人民法院民事判决书,〔2015〕肇要法禄民初字第174号。[①]

---

① 广东省肇庆市高要区人民法院〔2015〕肇要法禄民初字第174号民事判决书,中国裁判文书网,http://wenshu.court.gov.cn/website/wenshu/181107ANFZ0BXSK4/index.html? docId=eb74b49d08174c1d805901e38145d90c,下载日期:2019年8月1日。

【案情概要】

原告方某诉被告麦某离婚纠纷案于2015年6月17日立案受理。原告方某诉称：原、被告于××年××月××日在高要市河台登记结婚，由于相识时间短，婚前缺乏了解，草率结婚，导致婚后未能建立起夫妻感情，而且夫妻经常吵架，甚至在2005年3月被告强迫原告喝农药，使原告对被告产生了恐惧感，为了躲避被告再强迫其喝农药，原告与被告分居至今。直到2014年8月12日原告起诉离婚，虽然贵院在肇要法禄民初字第200号民事判决中不准离婚，但双方情况依旧并分居至今，夫妻感情确已破裂。双方婚后没有生育子女，而儿子杨龙、女儿杨某是原告与前夫所生，所以应跟随原告共同生活，因杨龙已成年，故不需双方抚养，女儿未成年，原告愿意自行抚养。另外，夫妻没有任何共同财产和债权债务需处理。据此，请求判令：①原、被告离婚；②由原告抚养其女儿杨某至18周岁；③由被告承担全部诉讼费。被告麦某在法定期限内没有提出答辩状。

法院查明：原、被告于2001年1月经人介绍相识后谈婚，经过彼此一定程度的了解，即于××年××月××日自愿登记结婚。婚后初期夫妻感情较好，并一起抚养原告与他人生育的儿子杨龙(1993年9月6日出生)及女儿杨某(1997年6月21日出生)，现两子女均已成年且已独立生活。近年来，因被告不愿意原告外出打工，夫妻开始产生矛盾。后来，被告因家庭经济原因外出打工，夫妻长期两地分居、缺少必要沟通致矛盾加剧。原告曾向法院第一次提起离婚诉讼，被法院于2014年10月15日以肇要法禄民初字第200号生效民事判决书判令不准双方离婚。之后，仍互不履行夫妻义务至今。夫妻因感情不和分居已满两年。原告遂再次起诉，引起本案讼争。案经法院主持调解，双方各持己见，致调解无效。

【裁判意见】

法院认为，根据原、被告的婚姻基础、婚后感情、要求离婚原因和夫妻关系现状等情况综合分析，双方经法院第一次判决不准离婚后仍互不履行夫妻义务，夫妻因感情不和分居已满两年，原、被告之间的感情确已破裂，已无和好可能。原告要求与被告离婚，理由充分，法院予以支持。两子女已成年且能独立生活，父母已无法定抚养义务。鉴于离婚时被告年事已高且生活较困难，被告应从其个人财产中给予适当帮助，数额以10000元为宜。2015年11月12日，法院依照《婚姻法》第32条、第42条，《民事诉讼法》第64条、第142条规定，判决如下：(一)准予原告方某与被告麦某离婚；(二)原告方某应于本判决发生法律效力之日起10日内付清10000元给被告麦某作为离婚时生活困难帮助款；(三)驳回原告方某其他诉讼请求。

四、因离婚后将无房可居而获准帮助

张某与余某离婚纠纷再审复查与审判监督案件，民事裁定书，〔2015〕浙民申字第2533号。①

【案情概要】

再审申请人余某(一审被告、二审上诉人)因与被申请人张某(一审原告、二审被上诉人)

---

① 浙江省高级人民法院〔2015〕浙民申字第2533号民事裁定书，中国裁判文书网，http://wenshu.court.gov.cn/website/wenshu/181107ANFZ0BXSK4/index.html? docId = 32e4234eafe94cc987c666fc72c4ca5c，下载日期：2017年7月1日。

离婚纠纷一案,不服宁波市中级人民法院 2015 年 7 月 2 日作出的〔2015〕浙甬民一终字第 398 号民事判决,向浙江省高级人民法院(以下简称浙江高院)申请再审。

余某申请再审称:(一)有新的证据证明足以推翻原审判决,原判决认定事实的主要证据是伪造。位于高桥镇岐阳新村 10 幢 20 单元 304 室的房屋属该村开发大龄安置房,自己有购买资格,由表姐王晓丹托自己出面购买,双方约定该房产权拥有者为王晓丹,购房款也是由其自行支付。原审明知此节事实仍将其作为夫妻共同财产,并判补助金,而自己也是无房户还带有孩子,明显偏袒对方。(二)原审判决认定的基本事实缺乏证据证明,认定事实的主要证据未经质证,判决、裁定遗漏或者超出诉讼请求。张某在起诉书上陈述全是谎言,采信对方谎言明显错误;认定法律事实方面,原审有证据不认、对重要证据的质证存在疏忽的重大错误:一审嫁妆清单在对证时张某坚持已被其转移的东西还在,并要自己赔偿,后当庭承认转移了嫁妆,但一审法院未处理,明显偏袒;就涉案房屋有关证据,自己庭后按照法庭要求提供证据材料,法院没有处理此证据;自己提交的金饰品发票提出该金饰品被张某转移,原审以张某说不知道而未予认定;自己工资月收入 3000 元,支出了家中开销,还开支孩子费用、过年过节费用、游玩购物费用以及张某的信用卡支出、手机费用、治病费用,负债事实成立,法院对此不予处理;张某拒绝透露工资收入,没有提供工资单,法院却判决自己补助张某,偏袒一方当事人;一审庭审偏袒对方,未按照法律规定的程序审理案件,没有法庭调解和辩论阶段,采信对方的谎言,二审未见合议庭成员,没有用统一标准对待双方。(三)一审判决适用法律不当。张某在婚姻关系存续期间与多位男性关系不正当,语言暧昧,常常半夜回家甚至不回家;张某不会生育,自己举债带其看病治疗,张某却经常到自己父母家索要钱财打砸辱骂,存在家庭暴力。自己是婚姻破裂受害方、无过错方,权利没有得到维护。请求再审本案。张某没有提交意见。

【裁判意见】

浙江高院认为,余某提出的再审事由与原审判决有实质关系的有四:(一)位于高桥镇岐阳新村 10 幢 20 单元 304 室的房屋产权归属以及是否需要支付张某困难补助费;(二)夫妻共同债务是否认定;(三)金首饰是否应认定在张某处;(四)是否应支持其损害赔偿请求。

(一)关于房屋产权归属以及是否需要支付张某困难补助费

余某认为房屋是表姐借用其名义购买的大龄青年房屋,产权双方约定归其表姐。但房屋作为不动产,其所有权归属应以登记为准,未登记的建筑物、构筑物及其附属设施,按照土地使用权登记簿、建设工程规划许可、施工许可等相关证据判断。本案中所涉房屋虽没有登记,但属于面对特定对象销售的房屋,原审法院以安置协议为依据,认定"余某于 2014 年 9 月购买了位于宁波市鄞州区高桥镇岐阳新村 10 幢 20 单元 304 室房屋一套,但购房款全部由他人支付"一节事实并无不妥。余某提交的其与案外人约定房屋产权归属的协议等证据并不能推翻这一认定。况且,相关协议也明确约定双方仍需要办理过户手续。《最高人民法院适用〈婚姻法〉解释一》第 27 条第 2 款规定:"一方离婚后没有住处的,属于生活困难。"故原审法院将该房认定为余某、张某的共同财产,将房屋及相应债务判归余某所有,同时又判决余某付给张某生活困难帮助金 20000 元符合法律规定。

2015 年 11 月 12 日,浙江高院决定余某的再审申请不符合《民事诉讼法》第 200 条第(一)、(二)、(三)、(四)、(六)、(十一)项规定的情形。依照《民事诉讼法》第 204 条第 1 款、《最高法院适用〈民事诉讼法〉解释》第 395 条第 2 款之规定,裁定驳回余某的再审申请。

五、生活困难帮助请求因婚姻存续期短而被法院驳回

谈某1、安某离婚纠纷,湖北省鄂州市中级人民法院民事判决书,〔2017〕鄂07民终9号。①

【案情概要】

安某(1984年出生)起诉妻子谈某1(女,1983年出生),主要请求:(一)判令原、被告离婚;(二)判令被告返还原告彩礼人民币28000元,三金首饰价值人民币16100元。

一审法院认定:原告安某与被告谈某1于2015年2月经人介绍相识,××年××月××日在婚姻登记机关登记结婚,婚后夫妻关系尚可。因原告安某父母想要孙子,要求原、被告早点实现父母愿望,患有精神疾病的被告谈某1为了出生小孩的身体健康,停止用药,导致精神疾病复发,于2016年6月1日,在鄂州市××医院住院治疗,支付医疗费3924.28元,其中原告安某垫付1200元。现原告安某认为与被告谈某1无法再继续生活,遂起诉至法院请求离婚。被告谈某1于××年××月××日被鄂州市残疾人联合会确定为精神残疾人二级。

一审法院认为,原、被告办理了结婚登记,其婚姻关系合法有效,应受法律保护。原、被告婚前缺乏了解,共同生活时间较短,未建立起真正的夫妻感情,且被告谈某1于××年××月××日确定为精神残疾人,依据《最高法院关于认定夫妻感情破裂的规定》第3条:"婚前隐瞒了××,婚后经治不愈,或者婚前知道对方患有××而与其结婚,或一方在夫妻共同生活期间患××,久治不愈的。"等规定,应确认双方夫妻感情确已破裂,故原告安某请求判令原、被告离婚,一审依法予以支持;原告安某请求被告谈某1返还其彩礼28000元、三金首饰价值人民币16100元,其不具备返还彩礼情形,一审对该请求依法不予支持。被告谈某1主张住院期间医疗费、生活费3924.28元,由于被告谈某1在婚姻关系存续期间患病,该疾病与患者自身有关,也与停药生小孩相关,费用的产生应由双方共同承担,原告安某已支付的1200元应予以扣减,还应支付被告谈某1医疗费、生活费762.14元。被告谈某1主张抚养费及经济帮助50000元,损害赔偿金30000元、嫁妆40000元,没有依据,一审依法不予支持。被告谈某1婚前(嫁妆)的个人财产归其个人所有。依照《婚姻法》第20条、第32条,《最高人民法院关于人民法院审理离婚案件如何认定夫妻感情确已破裂的若干具体规定》第3条规定,判决:(一)准予原告安某与被告谈某1离婚;(二)原告安某于本判决生效之日起七日内支付被告谈某1住院期间医疗费、生活费762.14元;(三)被告谈某1婚前所购买嫁妆归其所有;(四)驳回原告安某的其他诉讼请求。

谈某1不服鄂州市鄂城区人民法院做出〔2016〕鄂0704民初2287号民事判决,向湖北省鄂州市中级人民法院(以下简称鄂州中院)提出上诉。谈某1上诉请求:(一)依法撤销一审判决第一、二项,改判驳回被上诉人的全部诉讼请求;(二)一、二审诉讼费全部由被上诉人负担。其依据的事实和理由是:①一审判决程序违法。上诉人为限制民事行为能力人并无任何证据加以证实,而在上诉人没有参与诉讼的情况下,一审判决直接判离婚,剥夺了上诉

① 湖北省鄂州市中级人民法院〔2017〕鄂07民终9号民事判决书,中国裁判文书网,http://wenshu.court.gov.cn/website/wenshu/181107ANFZ0BXSK4/index.html? docId=5d9c6b41ab2640349594a74e013973ed,下载日期:2018年7月2日。

人的基本诉讼权。2001 年,上诉人因“分裂样精神疾病”住院治疗 33 天后痊愈出院,15 年来没有复发。在与被上诉人结婚后,因被催促要小孩及家庭矛盾重重,于 2016 年 6 月住院治疗,被诊断为“分裂感情障碍”。上诉人尚在住院期间,被上诉人就提出离婚,上诉人家人为减轻上诉人的刺激,没有将被上诉人起诉离婚的事告诉上诉人,就这样被离婚,显然不公。上诉人并非旧病复发,上诉人在接受治疗期间病情明显好转,能否由其父亲作为离婚案件的法定代理人,应当严格依法进行前置认定程序。因此,一审审理本案程序是不合法的。②一审判决认为上诉人在 2016 年 6 月住院之前一直患有“精神病”缺乏事实依据。上诉人及其家人在婚前均未向被上诉人隐瞒上诉人曾经患过精神疾病的事实,被上诉人及家人明知这一事实仍选择与上诉人结婚。《婚姻法》规定:“夫妻有互相抚养的义务。一方不履行抚养义务时,另一方有要求对方给付抚养费的权利。”请求二审法院改判被上诉人支付住院医疗费 3924.28 元,生活困难帮助金 50000 元。一审判决认定了被上诉人父母想早日要孙子的事实,正因为上诉人暂未怀孕,被上诉人家人冷嘲热讽进行言语伤害,给上诉人造成了巨大的精神压力,诱发上诉人生“分裂感情障碍”疾病,这和上诉人 15 年前的疾病没有关系。按照相关法律规定,被上诉人家的伤害行为造成了实际的损害后果,行为人应当承担侵权责任,故被上诉人应支付上诉人经济帮助费及赔偿金 30000 元。久治不愈是婚前或婚后罹患精神疾病导致夫妻感情破裂的认定标准。在本案中,仅治疗一次就认定上诉人久治不愈,缺乏事实依据。因此,上诉人不同意离婚。

被上诉人安某在法定答辩期内未提交书面答辩状。上诉人在二审法院指定的举证期限内未举证。被上诉人在二审举证如下:鄂州市××卫生中心两份病历复印件,证明上诉人患有精神疾病是有历史的,且有遗传性,并不是婚后产生的精神疾病。上诉人质证认为,对证据的真实性没有异议,但病历并没有证明上诉人结婚之前患有这个疾病。结婚前患的精神疾病与现在患的精神疾病是不一样的。

鄂州中院认为,上诉人对上述证据的真实性没有异议,法院采信该证据记载的内容。二审法院查明:一审认定的事实属实。另查明,被上诉人在婚前知道上诉人曾经患过精神疾病,就是否痊愈的情况,被上诉人让证婚人向上诉人父母求证时,上诉人父母陈述已经痊愈,且没有吃药。

【裁判意见】

鄂州中院认为,××年××月××日,经鄂州市残疾人联合会批准、中国残疾人联合会为谈某 1 签发二级残疾人证,其监护人为谈某 2(谈某 1 之父)。本案一审开庭时间为 2016 年 10 月 9 日,在谈某 1 取得二级残疾人证之后。故上诉人谈某 1 之父作为其法定代理人参加诉讼并无不当,上诉人认为一审判决程序违法的上诉理由不能成立,法院不予支持。

上诉人安某在二审提交的谈某 1 在鄂州市精神卫生中心的两次住院记录显示:①谈某 1 主诉失眠病程十五年,再发两天;②近几年氯氮平片维持 200 毫克/日、丙戊酸钠片维持 0.4/日,病情稳定;③两个月前考虑要小孩渐减药至氯氮平 25 毫克/日、丙戊酸钠片 0.4/日,一个月后病情突然复发……;病情陈述者陈国胜(谈某 1 父亲)。故上诉人谈某 1 并非婚后初次患新病,而是之前所患精神疾病的复发。一审判决认定上诉人谈某 1 在住院之前一直患有“精神疾病”的事实并非无依据。

虽然被上诉人家要求谈某 1 早日怀孕,谈某 1 遂开始减药。但结婚生子是一个家庭正常的愿望与要求,怀孕与罹患精神疾病没有必然的因果关系。上诉人称被上诉人家人对谈某1进行冷嘲热讽、言语伤害,给其造成了巨大精神压力,进而诱发"分裂感情障碍"疾病,该诉称没有事实依据。上诉人谈某1在患病后短期内无法正常工作获得生活来源,虽然相对于谈某1而言,被上诉人安某年轻、健康,且能通过自己的劳动获得收入,但因双方结婚时间不足一年,被上诉人为结婚已经花费彩礼、三金、酒席等支出几万元,就其本身的经济能力而言,无条件再为谈某1提供经济帮助。故上诉人要求被上诉人承担侵权责任、支付经济帮助费和赔偿金30000元没有事实和法律依据,法院不予支持。关于上诉人要求被上诉人给付住院医疗费及困难帮助费的问题,双方对住院治疗费的数额没有异议,一审判决考虑患病的原因由双方分担并无不当,法院不作调整。

《最高法院关于认定夫妻感情破裂的规定》第3条规定:"婚前隐瞒了精神疾病,婚后经治不愈,或者婚前知道对方患有精神疾病而与其结婚,或一方在夫妻共同生活期间患精神疾病,久治不愈的,应确认双方夫妻感情确已破裂。"上诉人谈某1在2001年因患有精神分裂症初次入院治疗,出院小结虽记载痊愈,但其在2016年住院时陈述近几年维持吃药,减药后复发。故一审判决认定其精神疾病久治不愈,并以此结合上述司法解释的规定认定夫妻双方感情破裂亦无不当。

综上,原审认定事实清楚,适用法律正确,应予维持。2017年3月30日,鄂州市中级人民法院依照《民事诉讼法》第170条第1款第(一)项规定,判决驳回上诉,维持原判。

六、离婚后的原配偶一方请求生活困难帮助的,是否应该准许

章某与夏某离婚纠纷再审复查与审判监督案件。参见浙江省高级人民法院民事裁定书,〔2015〕浙民申字第1460号①。

【案情概要】

再审申请人夏某(一审被告、二审上诉人)因与被申请人章某(一审原告、二审被上诉人)离婚纠纷一案,不服浙江省衢州市中级人民法院〔2014〕浙衢民终字第511号民事判决,向浙江省高级人民法院(以下简称浙江高院)申请再审。

夏某申请再审称:其因早些年的交通事故,身体备受摧残,以致丧失部分劳动能力。在2007年夏某经人介绍,与章某自由恋爱,结成夫妻。双方有较好的婚姻感情基础,双方感情并未破裂,而且夏某生活艰难,法院不应判决离婚。章某在双方婚姻关系存续期间购买房屋,该房屋系夫妻共同财产,现已升值为130余万元,章某却将夫妻共有的房屋登记在他人名下,系非法转移财产,法院应当予以制裁,并在本案当中一并审理。夏某饱受疾病折磨,身体健康每况愈下,长期没有工作,无收入来源,章某理应承担夫妻扶助义务。综上,请求:(一)判决不准离婚,判决分割95万元购买现已升值为130多万元的房屋共同财产,平分8年8万元的应会投资共同财产,判决支付治疗费5万元。(二)如果章某坚持离婚,判决分割130万元以上的房屋共同财产,平分8万元应会投资共同财产,判决支付吃饭、治疗、活命困难帮助费每个月2000元直到上诉人身体治疗好能自食其力为止。据此,夏某依据《民事诉讼法》第200条第1项、第2项、第4项、第6项的规定申请再审。

① 浙江省高级人民法院〔2015〕浙民申字第1460号民事裁定书,中国裁判文书网,http://wenshu.court.gov.cn/website/wenshu/,下载日期:2017年7月3日。

【裁判意见】

浙江高院认为:关于是否准许离婚的问题,因生效判决已经解除夏某、章某的婚姻关系,故根据相关法律规定,该项事由不属于再审审查范畴。关于是否应分割财产的问题。经查,夏某主张分割的房屋系登记在案外人名下,是否属于夫妻共同财产并不明确且涉及第三人利益,原审未予处理并无不当,当事人可另行主张。至于应会投资以及生活困难帮助费等,因原审法院均未在本案中处理,故夏某可另行主张。

2015 年 10 月 13 日,浙江高院决定夏某的再审申请不符合《民事诉讼法》第 200 条第 1 项、第 2 项、第 4 项、第 6 项规定的情形。依照《民事诉讼法》第 204 条第 1 款规定,裁定驳回夏某的再审申请。

第二十章 评注第四十六条(离婚损害赔偿请求权)

第 46 条　有下列情形之一,导致离婚的,无过错方有权请求损害赔偿:
(一)重婚的;
(二)有配偶者与他人同居的;
(三)实施家庭暴力的;
(四)虐待、遗弃家庭成员的。

第一节　本条的基本原理

一、本条的基本内容

离婚损害赔偿是指夫妻一方过错行为导致离婚时,无过错另一方有权要求过错方就其过错造成的损害承担赔偿的民事责任制度。根据《婚姻法》第 46 条规定:“夫妻一方具有该条规定的情形之一的,双方离婚时,无过错另一方依法享有请求过错方给予赔偿的权利。”由此,中华人民共和国婚姻法第一次引入离婚损害赔偿制度。

从社会生活实际看,婚姻当事人一方的重大过错行为,的确会给对方造成不同程度伤害。配偶一方与婚外异性任何一种不正常的两性关系,给配偶他方造成的损害都是直接的、明确的、可以查证的。[①] 它符合损害赔偿特别是精神损害赔偿的特征,即侵权行为使受害人遭受精神上、感情上极度痛苦,甚至导致受害人精神失常等严重后果。这种情形应该适用损害赔偿,特别是其中的精神损害赔偿。如果婚姻法不给予受害人应有救济,过错行为得不到矫治,公平被透支,就可能使无过错配偶方在委屈、怨恨甚至绝望情绪难以平缓,甚至因绝望而实施过激行为,使社会付出更大代价。从法学理论和法律实践角度看,建立离婚损害赔偿制度是救济无过错配偶的重要手段,是保护婚姻家庭,维护社会公平的措施之一。

二、本条的基本理论

《婚姻法》建立离婚损害赔偿制度,是完善婚姻家庭法制的需要。婚姻家庭是我国《宪法》保护对象。家庭是我国社会的细胞,婚姻家庭稳定是社会稳定的基础之一。《宪法》第 49 条规定:“婚姻家庭、母亲和儿童受国家保护。”为此,一方面,《婚姻法》规定“实行婚姻自由、一夫一妻、男女平等的婚姻制度。保护妇女、儿童和老人的合法权益。”(第 2 条)“禁止重

① 田岚、何俊萍:《论离婚有过错的精神损害赔偿责任》,载《东南学术》2001 年第 2 期。

婚;禁止有配偶者与他人同居。禁止家庭暴力。禁止家庭成员间的虐待和遗弃。”(第3条)凡违反法律禁止性要求者,应依其行为的性质及其危害程度等情况,承担相应的法律责任。另一方面,我国《刑法》对严重破坏婚姻家庭的犯罪行为给予刑事惩罚。重婚构成犯罪,虐待遗弃家庭成员,情节严重的,也构成犯罪,将被追究刑事责任。

离婚损害赔偿作为对婚姻当事人权利受非法侵犯时的救济手段,具有下列三方面功能。首先,填补损害。损害赔偿作为侵权行为的民事责任,其最基本的功能是填补受害人的损害,使受损害的权益因得到救济而恢复。婚姻当事人一方的严重过错行为,非法侵害了无过错配偶他方的合法权益,造成了无过错一方权益的受损。如果说过错方用本人的收入和财产供养与其有不正当关系的婚外异性,是对配偶另一方财产利益的损害,那么,过错方的过错行为更多地给无过错配偶另一方的精神造成伤害。尽管精神损害不能用财产准确予以计算,但以财产责任方式补偿受害人所遭受的精神损害,对受害人的精神利益和精神痛苦具有填补作用。当然过错方也应对其损害配偶另一方财产利益的行为负责。其次,慰抚受害人的精神。虽然人的精神损害难以用财产补偿,但是财产毕竟是有价值的,能够在一定程度上满足人的需要。法律强制过错方为其过错行为承担法律责任,包括向受害人支付赔偿金,它体现了婚姻当事人双方行为的是与非,体现了对无过错当事人一方无端受损的同情和对其遵守法律要求行为的肯定与尊重,这无疑是对受害人感情上和精神上的一种有力安慰,能适度减轻受害人的痛苦。再次,制裁和预防相关违法行为。任何损害赔偿作为侵权行为人应承担的民事责任之一,均具有制裁和预防违法行为的功能。《婚姻法》责令过错行为人对其本人的严重过错行为承担损害赔偿责任,本身就是对过错行为人藐视婚姻家庭行为基本准则的一种谴责和惩戒,体现了对过错行为的制裁;同时对其他婚姻当事人有警示作用,使行为人能够预知自己若有过错行为将付出的代价,从而减少和避免同类侵权行为发生,达到保护合法婚姻,促进家庭文明的目的。

三、本条的历史沿革

1980《婚姻法》原规定无离婚损害赔偿,仅存在分割共同财产时对无过错方给予适当照顾的原则,以体现对过错方行为的否定和惩戒。然而,在夫妻共同财产不多甚至没有的情况下,该照顾原则无法适用,既不给予无过错一方利益提供合理救济和公正保护,又使得违法行为得不到及时制裁。离婚损害赔偿制度,才能使合法的婚姻家庭权益受到非法侵犯时得到救济,使非法行为人承担相应法律责任。

《婚姻法》第46条确立离婚损害赔偿,是借鉴了域外婚姻家庭立法经验。离婚损害赔偿是两大法系的许多国家和地区都早已有之的救济制度。民事立法基于婚姻契约理论,认为配偶一方违背婚姻义务行为致使婚姻破裂时,应赋予无过错方要求损害赔偿的权利。离婚损害赔偿制度的立法例比较多,例如,《法国民法典》第266条[①]确立的离婚损害赔偿,是十分典型的此制度立法例;《瑞士民法典》第151条[②]设定的离婚损赔偿事由范围小于法国法,是另一类立法例。中国香港特区《婚姻诉讼条例》第50条规定:“申请人在申请离婚或申请裁判分居或只要求赔偿时,可以以其妻子或丈夫与某人通奸为由,向该人要求赔偿。”尽管关

---

① 《法国民法典》(上册),罗结珍译,法律出版社2005年版,第246页。

② 《瑞士民法典》,殷生根、王燕译,中国政法大学出版社1999年版,第42页。

于离婚损害赔偿的法学研究中，学术观点有分歧，但是，多数意见肯定该制度的价值。婚姻家庭法学界大多数人积极推动我国立法引入离婚损害赔偿制度。2001年修正《婚姻法》时，国家立法机关采纳了多数观点。

关于法定的离婚损害赔偿事由，修法过程中经历了诸多讨论，法条内容和表述也经历了多次变化。2000年10月第九届全国人大常委会第十八次会议审议《婚姻法修正案（草案）》时，该条规定是："因一方重婚、实施家庭暴力或以其他行为虐待家庭成员、或遗弃家庭成员而导致离婚的，无过失方有权请求损害赔偿。"有些委员提议，婚外同居行为也应当构成过错赔偿的理由。2000年12月第九届全国人大常委会第十九次会议审议《婚姻法修正案（草案）》时，将该条规定修改为："因一方重婚或即使不以夫妻名义但形成婚外同居关系、实施家庭暴力或以其他行为虐待家庭成员、或遗弃家庭成员而导致离婚的，无过失方有权请求损害赔偿。"①同时，关于该条是否应当设立"兜底条款"，供法官酌情判决，在婚姻家庭法学界和立法会议讨论中，也有意见分歧。杨大文教授等学者认为，实际婚姻遇到的过错情形复杂，立法应当预留适当空间，以便该损害赔偿制度与千变万化的社会之间具有更好的适应度，至少可以使用"等"一字，使得实际发生的完全符合离婚损害赔偿的精神却又不在明文列举的法定事由之列的情形中，无过错配偶可以寻求救济，使过错行为得到惩戒。但是，也有意见认为，设立"兜底条款"或者使用"等"字，都会无限开放损害赔偿空间，可能使该条立法偏于严苛。经过多次讨论，最后颁行的法案中，该条规定中没有出现"等"字。简而言之，在是否引入该制度问题上，在达成共识之后，各方的讨论集中于法定赔偿事由的范围与情形列举上。经历讨论和修改，才是《婚姻法》第46条规定的样态。

四、法律渊源

关于离婚损害赔偿的法律渊源，除了《婚姻法》第46条，还有《宪法》及法律法规及司法解释中的有关规定。

（一）《宪法》

《宪法》第33条规定："凡具有中华人民共和国国籍的人都是中华人民共和国公民。中华人民共和国公民在法律面前一律平等。国家尊重和保障人权。任何公民享有宪法和法律规定的权利，同时必须履行宪法和法律规定的义务"。第37条规定："公民的人身自由不受侵犯。任何公民，非经人民检察院批准或者决定或者人民法院决定，并由公安机关执行，不受逮捕。禁止非法拘禁和以其他方法非法剥夺或者限制公民的人身自由，禁止非法搜查公民的身体。"第38条规定："公民的人格尊严不受侵犯。禁止用任何方法对公民进行侮辱、诽谤和诬告陷害。"第49条规定："婚姻、家庭、母亲和儿童受国家的保护。夫妻双方有实行计划生育的义务。父母有抚养教育未成年子女的义务，成年子女有赡养扶助父母的义务。禁止破坏婚姻自由，禁止虐待老人、妇女和儿童。"

---

① 胡康生主编、全国人民代表大会常务委员会法制工作委员会编：《中华人民共和国婚姻法释义》，法律出版社2001年版，第181～182页。

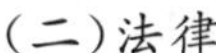

(二)法律

《婚姻法》第 2 条规定:“实行婚姻自由、一夫一妻、男女平等的婚姻制度。保护妇女、儿童和老人的合法权益。”第 3 条第 2 款规定:“禁止重婚。禁止有配偶者与他人同居。禁止家庭暴力。禁止家庭成员间的虐待和遗弃。”

《反家庭暴力法》有关规定。

(三)相关司法解释

1. 最高人民法院关于适用婚姻法的司法解释中有关规定

(1)《最高法院适用〈婚姻法〉解释一》第 1 条、第 2 条、第 30 条。该解释第 1 条规定,婚姻法第 3 条、第 32 条、第 43 条、第 45 条、第 46 条所称的“家庭暴力”,是指行为人以殴打、捆绑、残害、强行限制人身自由或者其他手段,给其家庭成员的身体、精神等方面造成一定伤害后果的行为。持续性、经常性的家庭暴力,构成虐待。第 2 条规定,《婚姻法》第 3 条、第 32 条、第 46 条规定的“有配偶者与他人同居”的情形,是指有配偶者与婚外异性,不以夫妻名义,持续、稳定地共同居住。第 30 条规定,“人民法院受理离婚案件时,应当将《婚姻法》第 46 条等规定中当事人的有关权利义务,书面告知当事人。在适用《婚姻法》第 46 条时,应当区分以下不同情况:(一)符合《婚姻法》第 46 条规定的无过错方作为原告基于该条规定向人民法院提起损害赔偿请求的,必须在离婚诉讼的同时提出。(二)符合《婚姻法》第 46 条规定的无过错方作为被告的离婚诉讼案件,如果被告不同意离婚也不基于该条规定提起损害赔偿请求的,可以在离婚后一年内就此单独提起诉讼。(三)无过错方作为被告的离婚诉讼案件,一审时被告未基于《婚姻法》第 46 条规定提出损害赔偿请求,二审期间提出的,人民法院应当进行调解,调解不成的,告知当事人在离婚后一年内另行起诉”。

(2)《最高法院适用〈婚姻法〉解释二》第 27 条规定,“当事人在婚姻登记机关办理离婚登记手续后,以《婚姻法》第 46 条规定为由向人民法院提出损害赔偿请求的,人民法院应当受理。但当事人在协议离婚时已经明确表示放弃该项请求,或者在办理离婚登记手续一年后提出的,不予支持”。

2. 最高人民法院关于民事法律适用的有关司法解释中的有关条款

法释〔2001〕7 号《最高法院关于精神损害赔偿的解释》第 10 条规定,“精神损害的赔偿数额根据以下因素确定:(一)侵权人的过错程度,法律另有规定的除外;(二)侵害的手段、场合、行为方式等具体情节;(三)侵权行为所造成的后果;(四)侵权人的获利情况;(五)侵权人承担责任的经济能力;(六)受诉法院所在地平均生活水平。法律、行政法规对残疾赔偿金、死亡赔偿金等有明确规定的,适用法律、行政法规的规定。”第 11 条进一步规定:“受害人对损害事实和损害后果的发生有过错的,可以根据其过错程度减轻或者免除侵权人的精神损害赔偿责任。”

第二节　本条之适用

一、适用本条的效果

《婚姻法》第46条对于夫妻一方实施下列任何一种行为，均赋予无过错配偶方离婚损害赔偿请求权：配偶一方重婚；配偶一方与他人同居；配偶实施家庭暴力；配偶虐待、遗弃家庭成员。该损害赔偿请求权的设立，如前所述，有利于减少夫妻任何一方实施这些类型的违法行为，有助于弥补无过错配偶一方的损失，抚慰其心灵。通过辨明是非，矫治过错行为，匡扶社会正义。

从该法案于2001年4月生效至今的十多年来看，第46条规定的适用效果总体值得肯定。该规定制裁了婚姻当事人一方实施的重婚、姘居、家庭暴力等严重过错行为，保护无过错方的权益。特别是其中的精神损害赔偿的适用，离婚时的过错赔偿涉及对多种损害的赔偿。因一方重婚或有配偶者与他人同居而导致离婚的，主要涉及对精神损害的赔偿。实施家庭暴力或虐待、遗弃家庭成员会涉及人身伤害，还可能发生财产损害，受害人都可以请求赔偿。

二、本条适用中争议的两个问题

（一）家庭暴力导致离婚的，施暴者和受害人均须是夫妻时才能请求损害赔偿吗？

家庭暴力，除了发生在夫妻之间，也会发生在父母子女之间。家庭暴力的受害人中，多数是女性，也有少数是男性；既可能是儿童，也可能是老人。夫妻一方可能因为对方针对家庭中的孩子或老人实施暴力，最终导致夫妻感情破裂而离婚，欲适用《婚姻法》第46条规定时，是否施暴者须是夫妻一方？同时受害人也须是夫妻另一方？如果是媳妇对公婆实施家庭暴力，或者是女婿对岳父母实施家庭暴力，导致离婚时，无过错配偶一方是否有权请求离婚损害赔偿？

从法律逻辑上讲，第46条赋予的离婚损害赔偿请求权，是限定为“离婚”+“损害赔偿”，应该是重在强调侵权人与受害人之间存在婚姻关系。如果是配偶一方对家庭中其他成员实施家庭暴力而导致夫妻离婚的，允许无过错配偶一方行使离婚损害赔偿请求权，就会导致非家庭暴力受害人行使损害赔偿请求权，这明显不符合离婚损害赔偿原理，或者说，将发生损害赔偿请求权代位行使。除了夫妻以外的家庭成员之间，一方对另一方实施家庭暴力，受损害的当事人一方可以通过一般侵权法寻求救济。所以，第46条规定离婚损害赔偿事由之家庭暴力，实质上是仅仅指家庭暴力中的一种类型——婚姻暴力。《婚姻法》第46条规定使用的“家庭暴力”与第32条规定中的“家庭暴力”一词，其内涵是不完全相同的。《婚姻法》在全法案中统一使用了家庭暴力，没有再进一步细分使用婚姻暴力、亲子暴力等概念。但是，如前所述，施暴者与受害人之间的法律关系，在不同个案中，是不同的。适用第46条规定行使离婚损害赔偿请求权或者法官考虑是否批准离婚损害赔偿请求时，已发生的家庭暴力事实中，施暴者是夫妻一方，受害人应是夫妻另一方。若是家庭暴力发生在其他家庭成员关系中，则不适用第46条。

(二)能否判决与他人通奸并生育子女的夫妻一方承担离婚损害赔偿责任?

关于这种问题,有下列两种截然不同的意见。第一种观点认为,既然无过错配偶一方提供的证据不能证明配偶另一方实施了《婚姻法》第46条规定的情形中的重婚或与他人婚外同居,仅能证明配偶另一方与他人通奸并生育子女,就不适用第46条规定而支持其离婚损害赔偿请求。因为立法干预明确指向重婚、有配偶者与他人同居的行为,即制裁破坏一夫一妻制的行为中的最严重的两类行为。而界定与他人婚外同居行为的客观标准是"不以夫妻名义持续、稳定地共同居住",这里既要求共同居住的证据,还要求时间上的持续、稳定。就通奸行为而言,通奸一次也有可能生育子女,不能因为生育了子女就把通奸行为认定为与他人婚外同居的行为。通奸、有配偶者与他人同居,是两种不同类型的破坏一夫一妻制的严重过错行为,但是,两者各有界限,不应混同。第二种意见认为,若配偶一方通奸且与他人生育子女了,其对婚姻的杀伤力可能比配偶一方与他人同居还大,无过错配偶一方因此不能原谅过错配偶,导致夫妻感情破裂而请求离婚,本身就说明了过错配偶的过错行为的后果之严重,若不赋予无过错配偶一方离婚损害赔偿请求权,将不公平。事实上,也有部分婚姻,配偶一方与他人同居,配偶另一方得知后,没有导致离婚事实发生。

从我国《婚姻法》第46条规定的立法精神和内容看,上述第一种观点与第46条规定相吻合,第二种意见不符合第46条规定。诚如本章第三目"本条的历史沿革"讨论中提到的,当年修正《婚姻法》引入离婚损害赔偿的当时,立法机关就明确将离婚损害赔偿事由限定于法定的情形之下,不给司法预留斟酌自由裁量空间。当年关于离婚损害赔偿事由的讨论中,就有观点主张将通奸纳入离婚损害赔偿的法定事由之中。不过,扩大事由之意见最终没有被立法吸收。按照《婚姻法》第46条,夫妻一方与人通奸、夫妻一方与人通奸并生育子女的,均不是离婚损害赔偿事由。客观说,夫妻一方与人通奸并生育子女,其对配偶另一方的损害,由于婚外生育子女的事实将长期存续,无过错配偶因伤疤无法弥合而面临长期痛苦,这是人之常情,任何人只要设身处地为无过错配偶想一想,就可以理解其困境和委屈。然而,仅就过错配偶一方通奸行为而论,通奸并育有子女不见得严重于通奸而未生育子女,因为一次性关系可能导致女性受孕的,长期通奸关系而未生育子女的,其对配偶另一方的伤害也很大。所以,笔者以为,编纂中的民法典婚姻家庭编,应当适当增设离婚损赔偿事由,将通奸作为严重过错情形列入其中,赋予无过错配偶请求离婚损害赔偿的权利。

三、本条存在的不足

近些年来,无论是学术理论研究还是第46条适用效果的实证研究,比较一致的观点认为,第46条存在下列两个比较突出的问题:

(一)适用范围偏小或者适用条件过于苛刻

关于离婚损害赔偿适用范围大小的争论,在当年立法讨论过程中,就已经产生了。由于第46条采用严格离婚损害赔偿法定事由之立法标准,故该条实施以来,争论自然就延续下来。同时,从法院适用该条裁判离婚损害赔偿争议案件的结果看,获准法院支持的比例低于申请数的50%。除了因为申请人未完成举证责任导致其请求不被法院支持、原告的离婚请求不获批准等原因外,申请人主张的离婚损害赔偿事由不属于第46条规定情形,也是其中

的一个原因。

实际婚姻生活中，确有些过错给配偶另一方造成比较严重或者严重损害的，但因为不是第 46 条指明的情形，受害人无法申请离婚损害赔偿。例如，婚姻当事人一方婚前隐瞒曾经身患或者身患严重疾病的，另一方得知后，甚至也被传染（因对方患的是具有传染性的疾病），身心受到极大伤害，愤而要求离婚的。按照现行第 46 条规定，不符合法定情形之任何一种，无过错配偶不享有离婚损害赔偿请求权。

（二）无过错配偶行使请求权时举证难

主张离婚损害赔偿时，请求权人负有举证责任，可是，举证难常常是难倒请求权人行使权利的主因。当事人能够供以证明离婚损害赔偿事由之事实存在的证据，通常是下列几类：第一，公安机关的记录等公安文书，例如，遭受家庭暴力时，无过错方报警了，或者事后报过案，能提供公安机关的报警回执。第二，法院的司法记录或司法文书，例如，家暴受害人曾申请人身安全保护令的，因家庭暴力受到人身伤害而获准赔偿的法院民事判决书，因夫妻一方重婚而被构成重婚犯罪的刑事判决书等。这类证据，当然具有很强的证明力。第三类，妇女联合会、居委会、村委会等单位或组织的证明材料，证明夫妻一方实施家庭暴力或者证明有配偶者与他人同居。第四类，知情人的证词。但这类证人证言比例不高。第五类，医疗机构的记录。这主要是涉及家庭暴力、虐待行为，也可能指向夫妻一方与他人生育子女的情形。第六类，过错配偶自述，包括在婚姻关系存续期间书写的保证书、悔过书、手机短信或微信截图、在法庭上的自认等。获取前述第一、二、五类证据，难度很大，倒不是说取不到证，而是说当初夫妻一方发生此类严重过错时，无过错配偶未及时报警，未及时就医，或者就医时因故未向医生陈述受伤的真实原因；第三类证据则不容易取到。第六类证据，也不见得每对遇到此类伤痛的夫妻中，无过错配偶方会有能力或想得到搜集、保存的。

有研究成果显示，大约有三分之一的离婚损害赔偿请求，请求权人未能提供证据。这个比例应该是值得关注的。夫妻一方重婚、与他人同居，都是躲着配偶另一方的，千方百计地不让配偶另一方知情。以我国传统文化中的所谓“宁拆十座庙，不破一门婚”之类的观念意识，即使配偶另一方的亲友知晓，基于各种考虑或顾虑，也不见得都会告知对方。无过错配偶知情之后，欲收集相关证据，也绝对是难事。同时，对配偶一方而言，去搜集、保存配偶对方有此类行为之证据，也是挑战其人性之举，一个字“难”。

第三节　适用本条的典型案例

一、离婚损害赔偿的适格当事人仅限于婚姻中的配偶

龚×莉、黄某侵权责任纠纷再审审查与审判监督案件，江西省九江市中级人民法院民事裁定书，〔2019〕赣 04 民申 92 号。①

① 江西省九江市中级人民法院〔2019〕赣 04 民申 92 号民事裁定书，中国裁判文书网，http://wenshu.court.gov.cn/website/wenshu/181107ANFZ0BXSK4/index.html? docId＝88788a9307f84dc6 bfdfab1b0035dc61，下载日期：2019 年 12 月 30 日。

【案情概要】

再审申请人龚×莉(一审原告、二审上诉人,女)因与被申请人黄某(一审被告、二审被上诉人,女)侵权责任纠纷一案,不服法院〔2019〕赣04民终1420号民事判决,向江西省九江市中级人民法院(以下简称九州中院)申请再审。现已审查终结。

龚×莉申请再审称:因被申请人的重婚主观故意,导致申请人婚姻关系两次破裂,申请人为此自残、自杀,还造成独生子宋××人身损害和精神残疾等恶果。被申请人已严重侵害了申请人的配偶权、健康权、名誉权、人格尊严权;侵害了宋××的生命权、健康权。本案符合《民事诉讼法》第200条第1项、第3项、第6项、第11项、第13项规定,故申请再审,请求:撤销原判,再审改判黄某停止侵害、赔礼道歉,赔偿龚×莉精神损害抚慰金20万元、人身损害抚慰金10万元;赔偿宋××人身损害、精神损害抚慰金10万元;本案诉讼费用由被申请人承担。

【裁判意见】

九江中院认为,本案系申请人龚×莉以受害配偶身份对于干扰其婚姻关系的第三人即被申请人黄×所提起的侵权之诉。《婚姻法》第46条规定:"有配偶者与他人同居,导致离婚的,无过错方有权请求损害赔偿。《最高法院适用〈婚姻法〉解释一》第29条规定,"承担《婚姻法》第46条规定的损害赔偿责任的主体,为离婚诉讼当事人中无过错方的配偶"。根据上述法律规定,过错离婚损害赔偿的主体只适用于过错配偶方,而没有将第三者也纳入损害赔偿主体范围。因此,申请人龚×莉因婚姻方面提起损害赔偿诉讼的适格被告应是其原配偶宋×强。另,根据《中华人民共和国侵权责任法》第6条规定:"行为人因过错侵害他人民事权益,应当承担侵权责任。"但申请人提交的证据并不能证明被申请人有过错或有加害行为,故原判不予支持正确。关于申请人要求被申请人赔偿宋×睿人身损害、精神损害抚慰金的诉请,因宋×睿不是本案当事人,不属于本案的审理范围。综上,法院二审判决认定本案事实清楚,适用法律正确。龚×莉的再审申请事由不能成立,不符合应当再审情形。

2019年12月4日,九江中院依照《民事诉讼法》第204条第1款、《最高法院适用〈民事诉讼法〉的解释》第395条第2款规定,裁定驳回龚×莉的再审申请。

二、离婚损害赔偿的构成要件:湖南省高级法院的认定

陈某、韩某离婚后损害责任纠纷再审审查与审判监督案件,湖南省高级人民法院民事裁定书,〔2018〕湘民申1416号。[①]

【案情概要】

再审申请人陈某(一审原告、二审上诉人,女,1982年出生)因与被申请人韩某(一审被告、二审被上诉人,男,1975年出生)离婚后损害责任纠纷一案,不服湖南省常德市中级人民法院〔2018〕湘07民终89号民事判决,向湖南省高级人民法院(以下简称湖南高院)申请再审。已审查终结。

陈某再审请求:撤销湖南省常德市中级人民法院〔2018〕湘07民终89号民事判决,改判被申请人承担再审申请人医疗费用或生活经济补偿费用10万元。事实和理由:(一)再审申

① 湖南省高级人民法院〔2018〕湘民申1416号民事裁定书,中国裁判文书网,http://wenshu.court.gov.cn/website/wenshu/,下载日期:2019年7月15日。

请人与被申请人结婚后,曾对申请人实施掐脖子、逼迫申请人离婚并书写离婚协议书,申请人于 2011 年 9 月 26 日确诊为精神分裂症后,被申请人对申请人采取抛弃和遗弃态度。(二)申请人与被申请人双方在婚姻关系存续期间,在常德市购有"东经名邸"小区 2 栋 506 号房产,申请人花费装修费用 6 万多元,一审判决房屋分割款仅为 140978.5 元,婚姻法第 42 条规定:"离婚时,如一方生活困难,另一方应从其住房等个人财产中给予适当帮助。"判决结果对申请人明显不公。

【裁判意见】

湖南高院认为,离婚损害赔偿的构成要件包括:一是夫妻一方具有主观上的过错;二是过错一方存在妨害婚姻家庭关系的违法行为,包括重婚、有配偶者与他人同居、实施家庭暴力和虐待、遗弃家庭成员等四种情形;三是请求权人有损害事实存在;四是过错行为与损害事实具有因果关系,并且最终导致夫妻双方的离婚。《最高人民法院关于适用〈中华人民共和国民事诉讼法〉的解释》第 90 条规定:当事人对自己提出的诉讼请求所依据的事实或者反驳对方诉讼请求所依据的事实,应当提供证据加以证明,但法律另有规定的除外。在作出判决前,当事人未能提供证据或者证据不足以证明其事实主张的,由负有举证证明责任的当事人承担不利的后果。本案中,陈某提出损害赔偿诉讼请求,主要是基于陈某认为韩某在婚姻关系存续期间对陈某实施了家庭暴力,并造成陈某患有精神分裂症。从离婚损害赔偿的构成要件和上述法律规定来看,再审申请人陈某请求韩某赔偿 50000 元,则不仅应当举证证明陈某患有精神分裂症这一损害事实存在,还应当举证证明韩某在婚姻关系存续期间存在家庭暴力以及陈某所患精神分裂症与韩某的家庭暴力之间存在因果关系,并且最终导致夫妻双方离婚。陈某在原审中提供的证据仅能证明陈某患有精神分裂症这一损害事实,在陈某未能提供其他证据的情况下,原一、二审法院认定陈某的举证不足以证明韩某在婚姻关系存续期间存在家庭暴力,亦不足以证明陈某所患精神分裂症系韩某家庭暴力所致,对其损害赔偿请求不予支持并无不当。综上,申请人陈某的再审申请理由均不能成立,该院不予支持。

2018 年 10 月 23 日,湖南高院依照《民事诉讼法》第 204 条第 1 款,《最高法院适用〈民事诉讼法〉解释》第 395 条第 2 款规定,裁定驳回陈某的再审申请。

三、重婚的夫妻一方应当承担离婚损害赔偿责任

邱某某与谢某某离婚纠纷案,福建省三明市中级人民法院民事判决书,〔2016〕闽 04 民终 538 号。①

【案情概要】

在谢某某(男)起诉,请求与妻子邱某某离婚的案件中,一审法院查明,原告谢某某与被告邱某某于 1994 年 2 月 2 日登记结婚,于 1995 年 1 月 10 日生育婚生子谢某豪。2004 年原、被告因夫妻关系失和开始分居。原告在与被告分居期间,结识了异性朋友刘某某,并于 2005 年 2 月共同生活并生育一子取名谢某杰。原告谢某某于 2006 年 5 月 10 日写下保证书,保证 2006 年 6 月 10 日前与刘某某及他们所生孩子断绝一切往来。否则,谢某某无条件和邱某某离婚,其名下房产、责任田、责任山、毛竹山等一切财产归邱某某所有,并赔偿邱某

① 福建省三明市中级人民法院〔2016〕闽 04 民终 538 号民事判决书,中国裁判文书网,http://wenshu.court.gov.cn/website/wenshu/,下载日期:2017 年 12 月 12 日。

某人民币 20 万元,婚生子谢某豪随邱某某共同生活。该保证书有在场人邱某流、杨某某、邱某祥、邱某贤等四人见证签字。原告谢某某因犯重婚罪于 2014 年 4 月 4 日被将乐县人民法院判处拘役六个月。原告曾于 2014 年 4 月向原审法院起诉与被告离婚,原审法院于 2014 年 10 月判决驳回原告的离婚诉讼请求后,原告又于 2015 年 5 月再次向法院起诉离婚。

上述事实有经庭审质证、认证的原告提供的居民身份证、常住人口登记卡、〔2014〕将民初字第 639 号民事判决书以及原、被告在庭审中的陈述等证据予以证实。

原审认为,原、被告双方婚姻基础不牢,婚后又一直未能建立起真正的夫妻感情,加之原告与第三者以夫妻名义同居,致使原、被告夫妻关系日趋恶化,感情破裂,无和好可能,故对原告请求判令与被告离婚的诉讼请求,予以支持。夫妻双方有相互忠实、共同维护夫妻关系的义务,原告与他人以夫妻名义共同生活的行为严重伤害了夫妻双方的感情,导致离婚,对此原告应承担全部过错责任,被告作为无过错方,有权请求损害赔偿,予以支持。关于赔偿数额,考虑原告因其重婚行为被处以拘役六个月的刑罚及原告的经济收入等综合因素,认为酌定人民币 5 万元更为适宜,被告要求赔偿人民币 20 万元,数额过高,予以部分支持。关于被告提出变卖毛竹的收入应当归其一半的问题,因被告未向法庭提供相关证据,不予支持。综上,依据《婚姻法》第 32 条第 3 款第(一)项、第 46 条和《民事诉讼法》第 64 条第 1 款的规定,判决:(一)准许原告谢某某与被告邱某某离婚;(二)原告谢某某应于本判决生效后 10 日内支付给被告邱某某损害赔偿金人民币 50000 元。

邱某某不服将乐县人民法院〔2015〕将民初字第 586 号民事判决,向福建省三明市中级人民法院(以下简称三明中院)提起上诉,请求撤销原判,依法改判。上诉称:被上诉人谢某某婚内书写的保证书系其真实意思表示,保证书中 20 万元的承诺是对被上诉人违反夫妻忠实义务、重婚行为的惩罚,对上诉人要求被上诉人赔偿 20 万元的诉讼请求应予支持;被上诉人砍伐变卖自家山上毛竹的收入应分割一半给上诉人;上诉人抚养婚生子的时间长,要求被上诉人支付孩子的抚养费 5 万元;位于将乐县大源乡的安置房,系夫妻共同财产,应予以分割。被上诉人谢某某答辩称:保证书是在被上诉人被逼无奈的情况下抄写的,并非其本人真实意思表示。砍伐变卖的毛竹有其父母的份额,砍了两次,共收入一万多元,还花费了雇工费四五千元,剩余的钱已用于抚养孩子。孩子大部分时间由爷爷奶奶带,上诉人与被上诉人各自都有带一段时间,不存在被上诉人向上诉人支付抚养费的情形。大源乡的安置房土地证是被上诉人父亲名字,与被上诉人没有关系,购房款是借来的,债务都由被上诉人父母承担。被上诉人现在经济困难,尚有很多债务,没有能力向上诉人支付款项。

三明中院查明,除被上诉人谢某某认为保证书系上诉人娘家人逼迫其书写外,双方当事人对原审查明的其他事实没有异议,对双方当事人没有争议的事实,该院予以确认。

【裁判意见】

三明中院认为,上诉人邱某某与被上诉人谢某某结婚后未重视夫妻感情经营,谢某某在婚姻关系存续期间与第三者同居生子,双方当事人的夫妻感情逐渐破裂。谢某某于 2014 年第一次起诉离婚,法院未予准许后,双方夫妻关系没有改善,现谢某某再次提出离婚诉请,坚决不同意和好,应认定夫妻感情确已破裂,原审法院准予双方离婚,并无不当。谢某某的重婚行为,严重违背了夫妻忠实义务,对离婚具有过错,邱某某有权请求损害赔偿。保证书中载明的 20 万元,是谢某某对违反夫妻忠实义务的赔偿承诺,与邱某某基于谢某某的重婚行为提出的离婚损害赔偿相竞合。原审法院基于谢某某已因重婚行为被判处刑罚以及谢某某

的经济收入等因素，对谢某某承诺的损害赔偿金予以调整，法院考虑十几年来，邱某某因谢某某的重婚行为遭受了较大的精神痛苦，邱某某曾给予谢某某改过的机会，但谢某某没有好好珍惜，谢某某的过错程度较深，法院酌定将损害赔偿金调整为8万元。邱某某请求分割砍伐变卖的毛竹收入，谢某某承认砍伐了两次，共收入1万多元，但认为毛竹收入系家庭共有财产（包括其父母），且雇人砍伐花费四五千元，剩余的费用亦用于孩子抚养费用支出。因邱某某未提供证据证实尚有可予以分割的毛竹收入，故对其该项请求，法院不予支持。邱某某请求分割大源乡的安置房，因该安置房的土地使用权证上记载的权利人为谢某某的父亲谢某有和另外两个案外人，并无邱某某、谢某某，另结合谢某有支付购房款的事实，在邱某某未提供证据证实该安置房系夫妻共同财产，且谢某某予以否认的情况下，对邱某某的该项诉请，法院不予支持。邱某某如有新的证据，可另行主张。邱某某主张孩子的抚养费，因经庭审查实，双方当事人对孩子承担的抚养义务相当，故对邱某某的该项诉请，法院不予支持。邱某某与谢某某虽然婚姻关系长达20余年，但两人未能用心经营夫妻感情，谢某某也因自己的过错行为付出了代价。时至今日，双方都应进行反思，希望能彼此打开心结，不再纠结过去，各自迎接新的生活。综上，2016年7月12日，三明中院依照《婚姻法》第4条、第32条、第46条，《民事诉讼法》第170条第1款第（二）项规定，判决如下：（一）维持将乐县人民法院〔2015〕将民初字第586号民事判决第一项，即“准许原告谢某某与被告邱某某离婚。”（二）变更将乐县人民法院〔2015〕将民初字第586号民事判决第二项，即“原告谢某某应于本判决生效后10日内支付给被告邱某某损害赔偿金人民币50000元”为“被上诉人谢某某应于本判决生效后10日内支付给上诉人邱某某损害赔偿金人民币80000元。”

四、与他人同居的夫妻一方应当向另一方承担离婚损害赔偿责任

王×文与雷×离婚纠纷申诉案，广东省高级人民法院民事裁定书，〔2014〕粤高法民一申字第878号。①

【案情概要】

再审申请人王×文（一审被告、二审上诉人）因与被申请人雷×（一审原告、二审被上诉人）离婚纠纷一案，不服广东省广州市中级人民法院〔2014〕穗中法民一终字第489号民事判决，申请广东省高级人民法院（以下简称广东高院）再审。理由如下：（一）没有任何证据证明王×文有婚外情的实质行为。法院不能仅凭录音就认定王×文有婚外情。录音时，王×文是为了与妻子和好，才顺着妻子的意思说几句话。而且，有关第三方“陈小姐”的短信内容不实，不排除该第三方是雷×为了离婚特意安排的。而且，没有任何法律规定王×文应对雷×承担精神损害赔偿责任。雷×起诉与王×文离婚，是因为雷×取得了王×文房产一半的产权，又认为王×文没有经济来源，不想与王×文共渡难关。（二）王×文没有掌握有关银行账户的情况，法院也不接受王×文关于调查取证的申请，导致雷×名下尾号为“7959”和“2860”等多个账户金额不清。而且，雷×将前述两个账户内的存款转入其父母账户内，向法院辩称是借款，足以说明其恶意转移财产，法院却不予认定。故请求撤销二审判决关于王×文自本判决发生法律效力之日起十日内支付雷×精神损害赔偿5万元的内容；依法分割夫妻共同

---

① 广东省高级人民法院〔2014〕粤高法民一申字第878号民事裁定书，中国裁判文书网，http://wenshu.court.gov.cn/website/wenshu/，下载日期：2016年7月19日。

财产。

【裁判意见】

广东高院认为:二审判决根据经王×文确认的电话录音及有关短信,认定王×文与婚外异性保持长期交往,有事实依据。王×文申请再审主张该婚外异性系雷×刻意安排,但没有提供相关证据予以证明。二审判决综合全案事实,认定王×文对案涉婚姻关系破裂有过错合理。《婚姻法》第 46 条规定:"有下列情形之一,导致离婚的,无过错方有权请求损害赔偿:(一)重婚的;(二)有配偶者与他人同居的;(三)实施家庭暴力的;(四)虐待、遗弃家庭成员的。"二审判决支持雷×关于离婚损害赔偿的诉讼请求,符合前述法律规定的精神。王×文申请再审主张二审判决该项实体处理不当,理据不足,高院不予采纳。

该案中,无证据证明雷×通过尾号为"7959"的账户向其父母成功转账。而且,王×文在 2013 年 7 月 23 日向一审法院明确表示不要求分割该账户内的财产,该意思表示属于王×文对自身权利的处分,一、二审判决对该账户内的财产不予处理,符合《中华人民共和国民事诉讼法》第十三条第二款关于当事人有权在法律规定的范围内处分自己的民事权利和诉讼权利的规定。王×文在诉讼中放弃自己在该账户内的权利后,申请再审称法院未处理该账户内的财产,违反了《中华人民共和国民事诉讼法》第 13 条第 1 款关于民事诉讼应当遵循诚实信用原则的规定,高院不予采纳。诉讼期间,案涉尾号为"2860"的账户余额共计 235400 元,其中 8000 元系雷×婚前个人财产、155400 元为案涉夫妻共同财产,二审判决判令雷×向王×文支付其中一半的夫妻共同财产,并无不妥。王×文申请再审主张二审判决该项实体处理不当,理据不足,法院亦不予支持。

综上所述,王×文的再审申请不符合《民事诉讼法》第 200 条规定的情形。2014 年 10 月 30 日,广东高院依照《民事诉讼法》第 204 条第 1 款规定,裁定驳回王×文的再审申请。

五、离婚损害赔偿请求权与夫妻共同财产分割、家事补偿请求之基础不同

冉某与吴某离婚后损害责任纠纷案,重庆市第四中级人民法院民事判决书,(2018)渝 04 民终 437 号。①

【案情概要】

冉某(女)向彭水苗族土家族自治县人民法院起诉,请求判令被告吴某(男)、第三人黄某支付冉某离婚损害赔偿金 50000 元。

一审法院经审理查明:冉某与吴某原系夫妻关系,2017 年 3 月 22 日彭水县法院作出〔2017〕渝 0243 民初 227 号《民事判决书》,判决准予冉某与吴某离婚该判决书已经生效。该判决书载明冉某当庭提出因子宫切除和吴某长期与他人保持不正当男女关系而要求吴某给予相应的补偿,人民法院基于冉某在抚养子女付出较多义务及流产导致子宫被切除的原因判决吴某给予冉某经济补偿金 20000 元。冉某当庭举示调取于彭水苗族土家族自治县郁山镇中心卫生院的关于吴某 1 的《儿童预防接种的信息系统档案》,载明:儿童姓名:吴某 1,出生日期:2017 年 4 月 6 日,建档日期:2017 年 5 月 21 日。母亲:黄某(身份证号:

① 重庆市第四中级人民法院〔2018〕渝 04 民终 437 号民事判决书,中国裁判文书网,http://wenshu.court.gov.cn/website/wenshu/181107ANFZ0BXSK4/index.html? docId = 8878757392324b5fa799a8ef00a711ad,下载日期:2019 年 8 月 1 日。

51352519790825××××)。父亲吴某(未载明身份证号)。经核实:前述《儿童预防接种的信息系统档案》上所载明的信息是根据第三人黄某于 2017 年 5 月 21 日到彭水苗族土家族自治县郁山镇中心卫生院给吴某 1 进行儿童预防接种时单方面陈述所填写,吴某未在现场予以认可。吴某 1 至今未进行户籍登记。由于吴某 1 随第三人黄某一起生活,而第三人黄某拒不到庭,故无法采用亲子鉴定等鉴定手段来佐证。冉某、吴某皆当庭陈述未看到第三人黄某怀孕或者坐月子的情况。

一审法院认为,本案是一起离婚后损害责任纠纷,争议的焦点有:(一)冉某的诉请是否属于重复诉讼;(二)冉某的诉讼请求是否应予支持。现分别评述如下:

(一)关于冉某诉请是否属于重复诉讼?根据《最高法院适用〈婚姻法〉解释二》第 27 条的规定,当事人在婚姻登记机关办理离婚登记手续后,以《婚姻法》第 46 条规定为由向人民法院提出损害赔偿请求,人民法院应当受理。但当事人在协议离婚时已经明确表示放弃该项请求,或者在办理离婚登记手续一年后提出,不予支持。本案冉某有权提起离婚后损害赔偿的诉讼请求。虽吴某辩称冉某诉请已由生效民事判决书作出判决,冉某属于重复起诉。但〔2017〕渝 0243 民初 227 号民事判决书的涉案判项,系根据《婚姻法》第 39 条、第 40 条的规定,对婚姻关系财产分割、补偿份额的判决,并非基于《婚姻法》第 46 条的处理,两者系不同的请求权基础。故本案冉某诉请并非重复诉讼。

(二)关于冉某的诉讼请求是否应予支持?本案冉某基于《婚姻法》第 46 条第(二)项,请求吴某给付损害赔偿金。根据《民事诉讼法》第 64 条以及《最高法院适用〈民事诉讼法〉解释》第 90 条之规定,当事人对自己提出的事实主张,有责任提供证据。在作出判决前,未能提供证据或者证据不足以证明其事实主张的,由负有举证证明责任的当事人承担不利的后果。故,冉某应当对吴某在婚姻关系存续期间与他人同居的基本事实,提供证据证明。但,从本案冉某所提交与待证事实相关的唯一证据"吴某 1 的儿童预防接种的信息系统档案"的证据效力来看,我们发现第一,该证据的吴某登记信息系第三人单方面陈述所得,其客观性存疑;第二,该证据不是吴某与本案第三人同居的直接证据,其证据关联性较弱;第三,该证据不能充分证明案外人吴某 1 与吴某的身份关系。对于亲子关系认定的案件,应保护儿童的合法权益,有利于儿童成长和防止矛盾激化,慎重对待,推定亲子关系必须从严把握。故,本案冉某所提交的该项证据,不能达到其所拟证事实的目的。另外,本案冉某虽诉称根据法律规定以及本案证据,可以推定亲子关系成立。第一,《婚姻法》司法解释所规定亲子关系推定规则,适用于夫妻间对夫妻所生育子女亲子关系的推定,而并非适用于本案;第二,推定亲子关系成立的前提,必须提交必要的证据加以证明,而本案冉某所提交的证据,并未达到必要之程度。综上所述,冉某未举示充分证据,证明吴某与其他女子在婚姻存续期间有同居行为,故对于冉某离婚损害赔偿诉求,碍难支持。

综上所述,根据《婚姻法》第 46 条,《最高法院适用〈婚姻法〉解释二》第 27 条,《最高人民法院关于民事诉讼证据的若干规定》第 2 条,《民事诉讼法》第 64 条、第 144 条,《最高人民法院关于适用〈民事诉讼法〉解释》第 90 条规定,判决:驳回冉某的诉讼请求。

冉某不服彭水苗族土家族自治县人民法院〔2017〕渝 0243 民初 3719 号民事判决,向重庆市第四中级人民法院(以下简称重庆四中院)提出上诉。冉某上诉请求:撤销〔2017〕渝 0243 民初 3719 号民事判决;查清事实后依法支持冉某在原审中的诉讼请求。事实和理由:(一)冉某在一审中举示的《儿童预防接种的信息系统档案》足以证明吴某 1 系吴某与第三人黄某在同居期间生育的孩子。冉某在一审期间提交的该证据结合一审法院承办人到郁山镇中心卫生院就该证据进行核实的证据,足以证明该《儿童预防接种的信息系统档案》是真实的,一审法院本应根据上述客观事实作出认定,但却以冉某举示的该证据不能达到拟证事实,驳回冉某的诉讼请求,违背了以事实为依据,以法律为准绳的司法原则。(二)吴某1的出生日期足以证明吴某在与冉某婚姻关系存续期间与本案第三人黄某同居的事实。彭水县人民法院于2017年3月22日作出了〔2017〕渝0243民初3719号民事判决书。吴某1生于2017年4月6日,彭水县人民法院在开庭审理冉某与吴某的离婚案件中,冉某曾多次提出吴某起诉离婚的主要原因就是吴某长期与他人同居所导致,但未得到法院重视,以夫妻感情破裂判决准许离婚。在离婚判决未生效时,吴某与黄某的孩子就出生了。上述事实足以证明吴某有配偶却与他人同居的事实,符合《中华人民共和国婚姻法》第46条及其相关司法解释的规定,无过错方请求离婚损害赔偿的法定条件。被上诉人吴某辩称,冉某的上诉请求、事实和理由不成立。卫生院出具的证明是其姑婆在卫生院做的假的,只有我的名字,其他什么也没有。

重庆四中院二审中,对一审查明的事实予以确认。

【裁判意见】

重庆四中院认为,本案二审争议的焦点为:冉某主张的损害赔偿请求是否成立。冉某在本案中请求吴某赔偿的具体法律依据为《婚姻法》第46条,其主张的事实依据为吴某在与其婚姻关系存续期间与第三人黄某生育一子吴某1。对于冉某的主张。《婚姻法》第46条规定:“有下列情形之一的,导致离婚的,无过错方有权请求损害赔偿:(一)重婚的;(二)有配偶与他人同居的;(三)实施家庭暴力的;(四)虐待、遗弃家庭成员的。”本案中,冉某并未主张吴某违反上述条文中规定的第(三)、第(四)项规定的情形。首先,虽然冉某举示的“吴某1的儿童预防接种的信息系统档案”中载明姓名为吴某1的小孩的母亲为黄某,父亲系吴某。虽然因吴某或黄某未举示相反证据否定该证据本身的真实性,但该证据并非明确亲子或亲属关系的诸如出生证明、户籍登记档案资料、亲子关系鉴定结论等直接证据,且该证据上载明的身份关系是按黄某自述而填写,没有经吴某认可,也没有经过法定机关确认,因冉某、吴某都认可吴某和黄某认识,从逻辑上不排除黄某陈述不实,即冒用吴某身份信息的可能性,冉某又没有举示其他证据佐证该事实,其客观性存疑,因此,该证据不能作为认定吴某与黄某生育一子吴某1的事实的证据采信,冉某主张吴某与黄某之间生育一子吴某1的事实的证据不足,一审法院未予认定是正确的;其次,即使吴某与黄某生育一子吴某1属实,但因从逻辑上不排除吴某与黄某偶然发生两性关系而怀孕生育子女,因此并不能以此认定吴某在与冉某婚姻关系存续期间与黄某同居的事实,冉某在本案中也没有举示其他的吴某与黄某在吴某与冉某婚姻关系存续期间存在同居事实的其他证据;再次,彭水土家族苗族自治县人民法院〔2017〕渝0243民初227号民事判决书并未认定吴某与他人在吴某与冉某婚姻关系存续期间存在同居事实并以此为由判令双方离婚,因此,冉某主张吴某赔偿缺乏事实依据,一审法院未予支持是正确的。

综上,一审判决认定事实清楚,适用法律正确,审判程序合法,应当予以维持;上诉人冉某的上诉请求及理由均不能成立,应当予以驳回。2018年3月26日,根据《民事诉讼法》第170条第1款第(一)项规定,判决驳回上诉,维持原判。

六、离婚后是否有权请求离婚损害赔偿

王某 1、王某 2 离婚后损害责任纠纷，浙江省舟山市中级人民法院民事判决书，〔2018〕浙 09 民终 379 号①。

【案情概要】

王某 1(男)向舟山市普陀区人民法院起诉，请求依法判令被告王某 2(女)、翁某 1(男)赔偿精神损害抚慰金 10 万元；案件诉讼费由王某 2、翁某 1 承担。

一审法院认定事实：××××年××月××日王某 1 与王某 2 登记结婚，××××年××月××日生育一女王某 3。2015 年 8 月 28 日，王某 1 与王某 2 协议离婚并办理离婚登记手续。离婚协议书约定：位于普陀区沈家门街道大山村外墩头路 17 号房子如拆迁，女方支付给男方拆迁补偿款 20 万元。女儿王某 3 的拆迁补偿款由双方一起存入指定的银行账户。男方名下的拆迁补偿款归男方所有。女方再付给男方 22000 元，于离婚生效后即可付清。××××年××月××日，王某 2 与翁某 1 登记结婚，××××年××月××日，王某 2 生育一女翁某 2。

一审法院认为，这是一起离婚后损害责任纠纷，离婚损害赔偿是配偶一方违法侵害配偶他方的合法权益，导致婚姻关系破裂，离婚时对无过错配偶所受的损害，过错配偶应承担民事责任。离婚后损害责任纠纷的责任主体系过错配偶，故翁某 1 并非本案适格被告。王某 1 提起本案诉讼时间为 2018 年 3 月 20 日，距离办理离婚登记手续时间已逾两年。根据相关司法解释规定，当事人在办理离婚登记手续一年后向人民法院提出损害赔偿请求的，法院不予支持。据此，舟山市普陀区人民法院依据《婚姻法》第 46 条、《最高法院适用〈婚姻法〉解释二》第 27 条之规定，作出〔2018〕浙 0903 民初 1140 号民事判决书，判决：驳回王某 1 的诉讼请求。案件受理费 2300 元，减半收取 1150 元，由王某 1 负担。

王某 1 不服上述判决，向浙江省舟山市中级人民法院提起上诉。

上诉人王某 1 的上诉请求：撤销一审判决，依法改判支持王某 1 一审诉讼请求。事实与理由：《最高人民法院关于审理民事案件适用诉讼时效制度若干问题的规定》第 3 条规定："当事人未提出诉讼时效抗辩，人民法院不应对诉讼时效问题进行释明及主动适用诉讼时效的规定进行裁判。既然王某 2、翁某 1 在一审中未以王某 1 的诉讼请求已超过诉讼时效为由进行抗辩，那么一审法院则不应主动对诉讼时效问题进行审查，但一审法院仍依据相关司法解释中"办理离婚登记手续 1 年后提起损害赔偿请求不予支持"的规定，判决驳回王某 1 的诉讼请求，属法律适用错误。王某 2 辩称：①《最高法院适用〈婚姻法〉解释二》第 27 条对本案所涉纠纷有明确规定，法院自然可以依据该条作出判决。②王某 2 在和王某 1 离婚过程中，已经对对方予以充分补偿，王某 1 再次提出损害赔偿请求无事实依据。翁某 1 答辩意见同王某 2 答辩意见。

【裁判意见】

二审法院查明的事实与一审认定一致，对一审查明的事实予以确认。

---

① 浙江省舟山市中级人民法院〔2018〕浙 09 民终 379 号民事判决书，中国裁判文书网，http://wenshu.court.gov.cn/website/wenshu/181107ANFZ0BXSK4/index.html? docId = 5db7a4eba5f64b689e66ab2d002b52f7，下载日期：2019 年 12 月 30 日。

舟山市中级人民法院认为,根据各方的诉辩意见,该案争议焦点在于:提起离婚后损害责任纠纷的一年时间限定是否系诉讼时效以及法院是否应当主动审查问题。

《最高法院适用〈婚姻法〉解释二》第 27 条规定:"当事人在婚姻登记机关办理离婚登记手续后,以婚姻法第 46 条规定为由向人民法院提出损害赔偿请求的,人民法院应当受理。"但当事人在协议离婚时已经明确表示放弃该项请求,或者在办理离婚登记手续 1 年后提出,不予支持。"该"1 年"为除斥期间。因除斥期间关系到当事人特定的实体权利是否存在或归于消灭,且为不变期间,期间届满,实体权利消灭,故即便当事人未在诉讼中援用除斥期间,法院也应主动审查。具体到本案,王某 1 与王某 2 于 2015 年 8 月 28 日办理离婚登记手续,于 2018 年 3 月 20 日向一审法院提起本案诉讼,此时距离办理离婚登记手续时间已逾 2 年,即使构成损害赔偿,王某 1 的请求亦依法不能得到支持。因此,一审判决驳回王某 1 的诉讼请求,并无不当。

综上所述,王某 1 的上诉请求不能成立,应予驳回;一审判决认定事实清楚,适用法律正确,应予维持。2018 年 8 月 16 日,浙江省舟山市中级人民法院依照《民事诉讼法》第 170 条第 1 款第(一)项规定,判决驳回上诉,维持原判。

七、法院可以酌定离婚损害赔偿金额

吴×等离婚纠纷二审民事案,北京市第二中级人民法院民事判决书,〔2016〕京 02 民终 4426 号。①

【案情概要】

吴×于 2015 年 3 月起诉至原审法院,称:我与张×于 2002 年自行相识,于 2004 年 2 月 17 日登记结婚,后于 2004 年 8 月 27 日生育一子张×1,于 2012 年 7 月 11 日生育一女张×2。我与张×婚后初期感情较好,但 2014 年 2 月张×突然要求与我离婚,后经调查,我才发现张×长期与第三者保持不正当男女关系,为达到与第三者结婚的目的而要求与我离婚。考虑到孩子的健康成长,我多次就此事与张×协商,但张×拒不悔改,相反多次殴打我,实施家庭暴力,民警多次调解均无效。我与张×自 2014 年 7 月 8 日起开始分居生活。张×存在出轨、家庭暴力等过错,分割夫妻共同财产时应少分,并赔偿我精神损害抚慰金。我与张×感情已经破裂,已无和好可能,故诉至法院要求与张×离婚;婚生子张×1 与婚生女张×2 均归我抚养,张×每月给付抚养费 5000 元至二人年满 18 周岁;依法分割夫妻共同财产,财产包括:(一)房产:位于北京市的公寓房屋 5 套、位于河北省廊坊市的公寓房屋 2 套。(二)车辆:车牌号为×××的宝来牌小轿车一辆、车牌号为×××的松花江牌小客车一辆。(三)商铺 3 处,均位于北京市。(四)其他财产:为办理火车票代售点向中国铁道旅行社交纳的设备押金 15 万元,并要求分割火车票代售点经营期间的收益;张×保存的转租北京榆垡金康海大药房的租金 8 万元、转租北京康海兴大药房租金 10 万元;张×保存的出租榆垡 602 室收取的租金 1 万元及出租固安 703 室收取的租金 9000 元;自 2015 年 3 月始张×独自经营北京榆垡金阳大药房期间的收益。(五)夫妻共同债务:我与张×于 2013 年 11 月 4 日共同向吴×1 和吴×2 所借款项 20 万元;我于 2015 年 3 月 20 日向我父亲吴×1 借款 3 万元;固安

① 北京市第二中级人民法院〔2016〕京 02 民终 4426 号民事判决书,中国裁判文书网,http://wenshu.court.gov.cn/website/wenshu/,下载日期:2017 年 8 月 1 日。

503 室房屋所欠 2011 年至 2015 年期间的物业费 4410 元；张×支付我精神损害赔偿金 10 万元；诉讼费由张×负担。

张×辩称：吴×所诉我们相识、登记结婚、生育子女及此后我们因感情不和分居时间情况属实。自长子张×1 出生，我们就经常发生矛盾，吴×不管孩子也不关心老人，现我同意与吴×离婚，但两个孩子我要求都归我抚养，吴×所说的我与第三者有不正当男女关系情况不属实，至于家庭暴力，双方是互相打的，家庭暴力不构成。关于财产部分，房屋的情况属实，但榆垡镇和礼贤镇的房屋因我们不是本村的村民，没有资格购买，况且这些房屋现在也不值什么钱；吴×主张的火车票代售点收益过高；北京榆垡金阳大药房的收益过高，同时吴×在我们分居后自己经营过一段时间，在此期间的收益是由吴×占有的；向吴×1 和吴×2 所借款项应该已经偿还清了，同时，除了这些债务，尚有一大笔外债，这些均是夫妻共同债务，要求依法分割；此外，吴×网上股票交易系统账户中保有现金 22283.74 元，要求依法予以分割。吴×所诉的精神损害赔偿金没有事实依据，不同意赔偿。故不同意吴×的诉讼请求。

一审法院经审理查明：吴×与张×于 2002 年自行相识，二人于 2004 年 2 月 17 日登记结婚，婚后于 2004 年 8 月 27 日生育一子张×1，于 2012 年 7 月 11 日生育一女张×2。此后双方经常因生活琐事发生争吵、打架，二人因无法相处于 2014 年 7 月 8 日开始分居生活，目前吴×在榆垡 102 室居住生活，而张×在榆垡 502 室居住生活。二人之子张×1 随母亲吴×生活，二人之女张×2 跟随张×的母亲在东北老家生活。

在一审法院庭审中，吴×主张张×与第三者有不正当男女关系，关于此点，其提交了一份与张×通话的录音，认为张×在通话中承认在婚外有第三者，同时提交了张×的微信聊天记录及手机短信，用于证明张×在与第三者通信中有暧昧出格的信息。张×对上述证据的证明目的均不予认可，辩称为了达到与吴×离婚的目的，其与朋友即吴×所诉的第三者提前商定互发暧昧短信，以激起吴×不满情绪。同时，根据从公安机关调取的出警卷宗，吴×所诉婚外第三者的丈夫亦表明其与张×系朋友，为了帮助张×离婚，共同想出了上述计谋，其爱人与张×并无暧昧关系。吴×同时主张张×自 2014 年 8 月 8 日起多次对其实施殴打，已构成家庭暴力，关于此点，其提交了被打伤的照片、医院的诊断证明并申请原审法院调取了公安机关的出警卷宗，关于家庭暴 [illegible] 称其与吴×打架是相互的。基于以上两点，吴×向张×主张精神损害赔偿金。

原审法院查明了房屋所有权 [illegible] 益、商铺。车牌号为×××的宝来牌小轿车和车牌号为×××的松花江牌 [illegible] 婚姻关系存续期间取得，均登记在吴×名下，在原审法院庭审中，双方经协商 [illegible] 两辆车归张×所有，张×给付吴×车辆折价款 5 万元。对于火车票代售点 [illegible] 吴×与张×一致同意该部分财产（包括押金及经营期间的收益）双方另行解决，不要求在本案中处理，对此，法院不持异议。

对于债务，吴×主张的所欠吴×1 和吴×2 的 20 万元债务，提交了欠条复印件，原审法院亦向债权人进行了核实，张×对此借款认可，但主张已经还清，对此其未能提交相应的证据；吴×主张固安 503 室房屋所欠的 2011 年至 2015 年期间的物业费 4410 元，对此张×予以认可；吴×主张的于 2015 年 3 月 20 日向其父亲借款 3 万元，借款人处吴×一人签字，且借于二人分居期间，张×不予认可；同理，张×主张的所借外债，吴×主张不知情，全部不予认可。

【一审裁判意见】

原审法院认为:婚姻以感情为基础,以共同生活为目的。吴×与张×婚后经常因为家庭生活琐事发生矛盾,夫妻感情已经破裂,现二人均同意离婚,法院应予准许。关于子女抚养问题,吴×与张×就张×1、张×2 的抚养问题已达成一致,同意张×1 由吴×自行抚养、张×2 由张×自行抚养,对此子女抚养方式法院不持异议。对于涉案车辆双方已达成一致,法院予以确认。

关于张×对吴×是否构成家庭暴力一节。家庭暴力,是指行为人以殴打、捆绑、残害、强行限制人身自由或者其他手段,给其家庭成员的身体、精神等方面造成一定伤害后果的行为。吴×主张张×分别于 2014 年 8 月 8 日、2014 年 9 月 23 日、2015 年 2 月 6 日、2015 年 2 月 9 日、2015 年 3 月 17 日对其进行过殴打,并有报警记录,同时提交了受伤照片、诊断证明,张×在公安机关笔录中承认 2014 年 8 月 8 日因为离婚的事打过吴×,对于之后的打架事件张×虽辩称系双方互相殴打,但结合双方的性别、身体对比等因素,综合吴×提交的证据,法院确认婚姻关系存续期间张×对吴×的殴打行为已构成家庭暴力,吴×据此要求张×支付精神损害赔偿金的请求,法院予以支持,但具体赔偿的数额,应由法院酌情予以确定。

关于吴×主张张×与第三者有不正当男女关系并据此要求精神损害赔偿金的诉讼请求,我国婚姻法规定的可以请求损害赔偿情形中有一项"有配偶者与他人同居",该情形是指有配偶者与婚外异性,不以夫妻名义,持续、稳定地共同居住。本案中,吴×提交的证据尚不足以证实张×构成"有配偶者与他人同居",故对吴×就此要求张×支付精神损害赔偿金的请求,法院不予支持。

关于吴×与张×婚姻关系存续期间的夫妻共同财产和债务。对于吴×主张的其二人所负吴×1 和吴×2 的欠款 20 万元,张×予以认可,其虽主张已经还清,但未提交相应证据,对此夫妻共同债务法院予以确认,对吴×主张的固安 503 室房屋所欠的 2011 年至 2015 年期间的物业费 4410 元,张×予以认可,法院予以确认。对于吴×分居之后向其父亲吴×1 所借的款项 3 万元及张×主张的多笔夫妻共同债务,此类债务发生于二人分居之后,吴×及张×对上述债务举证不充分,均未能提供证据证实是用于家庭共同生活,对方对此类债务亦予以否认,对上述夫妻共同债务法院不予确认。对吴×要求分割张×自 2015 年 3 月份独立经营北京榆垡金阳大药房期间收益的诉讼请求,法院认为,二人分居的时间为 2014 年 7 月 8 日,分居后至 2015 年 3 月份这段时间,该药店主要由吴×负责照看,吴×虽主张此期间该药店由二人共同经营、共同收益,但其未提交充分证据,结合双方分居及二人各自经营一段时间的事实,对该药店的收益法院不宜再行进行分割。对吴×要求分割康×华房屋的诉讼请求,因双方均未能提交上述房屋的合法来源,二人对上述房屋的价值亦不能达成一致,对此房屋价值亦无法通过评估鉴定予以确定,况且康张华房屋还涉及案外人的权益,上述房屋不宜在本案中予以处理。关于张×所述网上股票交易系统账户中保有现金 22283.74 元,吴×不予认可,张×提交证据亦不充分,对此财产法院不予认可。吴×与张×自愿解除婚姻关系,上述财产和债务应一并予以分割,具体分割时应本着照顾女方及无过错方权益原则依法判定。

2016 年 3 月,北京市大兴区人民法院作出〔2015〕大民初字第 05000 号民事判决书,判决:(一)准予吴×与张×离婚;(二)吴×与张×婚生之子张×1 由吴×自行抚养,婚生之女张×2 由张×自行抚养;(三)位于北京市……;(十)张×向吴×支付精神损害抚慰金一万元

(于判决生效后一个月内履行);(十一)驳回吴×的其他诉讼请求。

【二审案情】

判决后,吴×、张×均不服,向北京市第二中级人民法院提起上诉。其中,吴×上诉主要认为:(一)原审法院对金阳大药房、金康海大药房承租权未一并处理不妥,应归自己所有。(二)金阳大药房的2015年3月至今的收益16万元亦应一并处理,自己应当分得其中的8万元。因此上诉请求依法改判。张×上诉主要意见为:①原审法院对财产分割的比例不当,双方应平均分割共同财产。②原审法院认定存在家庭暴力不当,不同意赔偿精神损害抚慰金。③对18万租金不应简单分割,应考虑后续经营的情况而不再分割,现主张金康海大药房和康海兴大药房的经营权。④自己的信用卡支出现有60多万元,其中买房借了50万元,经营支出也有举债,亦应由双方共同负担。⑤判令我给付对方的房屋折价款过高,不同意给付。综上,其上诉请求撤销原判,发回重审或依法改判。

法院经审理查明的事实与原审法院查明的事实无异。经法院组织调解,双方未能在本案中就所有争议问题达成一致协商意见。

上述事实,有结婚证、出生医学证明、户口本、房屋所有权证、商品房买卖合同、营业执照、机动车登记证书、照片、诊断证明、派出所卷宗档案和双方当事人陈述等证据材料在案佐证。

【二审裁判意见】

北京市第二中级人民法院认为:本案双方之间的争议焦点即:(一)涉诉5套房屋之处理是否适当。(二)张×是否存在婚姻过错。(三)吴×所主张的药房经营的相关收益16万元是否应在本案中一并分割处理。(四)张×主张的共同债务60万元是否应当分割处理。

首先,婚姻关系的维系须以夫妻感情的存在为基础。本案中,吴×与张×婚后在家庭生活中产生矛盾,导致感情不和,至今双方关系未见明显好转,双方的夫妻感情已经破裂,经询,双方调解不成,现均同意离婚,故法院对原审法院就双方解除婚姻关系之判决予以确认。此亦为解决本案当事人之间争议的前提。

其次,关于焦点一,经查,本案涉诉五套房屋中榆垡102室、固安503室已取得房屋所有权证,该两套房屋权属证书上登记的所有权人均为吴×。而榆垡502室、榆垡602室及固安703室尚未取得所有权证,但均系双方婚后购买。双方自2014年7月分居,现吴×居住在榆垡102室生活,张×则居住于榆垡502室生活。而对夫妻财产的总体分割亦非以绝对均等为唯一原则,因有部分房屋无法评估其客观市场价值,故在本案中,根据房屋来源、面积、现有价值及目前双方居住现状等方面综合考虑,亦考虑便利双方离婚后的各自生活及法律规定的基本原则中适当照顾妇女儿童之规定,法院认为原审法院对上述房屋的总体分割处理应为适当。张×此项上诉理由不能成立。

关于焦点二,根据本案现有的报警记录、双方当事人陈述、照片、诊断证明及公安机关所作笔录等证据材料,能够认定张×对吴×曾有过殴打行为,对于双方离婚负有一定过错,已构成家庭暴力,故原审法院认定张×应赔偿吴×精神损害抚慰金并无不当。现张×上诉认为双方系夫妻,在日常生活中发生争执互相有肢体接触是正常的,且其称与吴×系互殴,但其未能证明吴×亦负有同样性质的婚姻过错或存在其他法定免责情形,且其所述理由不足以抗辩法律及司法解释规定的赔偿责任,故对其此项上诉理由,法院不予采纳。

关于焦点三,因相关药房在双方分居前后各有经营,现均未能证明已经交割并仍存在的

收益款项,且关于收益是否高于负债之情况现双方均未提交财务账册等予以鉴别,亦未就此进行审计对账之结果,故原审法院结合上述事实认定不宜再行分割是适当的,于法无悖。

关于吴×主张金阳大药房及金康海大药房之承租权一节,法院认为,承租的法律关系并非发生于本案双方之间,可能涉及其他案外人的权益,且吴×在原审未就此提出明确的诉讼请求,在二审中调解双方不成,故对其关于在本案中一并处理的上诉意见,法院无法支持。

关于焦点四,经询,张×称其主张的60万元主要是信用卡支出,用于购房及经营支出,但就其所称上述大额开销的发生吴×并不认可,而张×现未能提供充分有效的证据证明上述债务是否系分居前发生或用于夫妻共同生活,在借款时亦未由吴×与其联署出具借条,在支配处分手续中均无吴×授权或签字,故法院认为张×此项上诉理由缺乏事实依据,难以成立。

最后,根据《最高法院适用〈民事诉讼法〉解释》第90条规定,当事人对自己提出的诉讼请求所依据的事实或者反驳对方诉讼请求所依据的事实,应当提供证据加以证明,但法律另有规定的除外。在作出判决前,当事人未能提供证据或者证据不足以证明其事实主张的,由负有举证证明责任的当事人承担不利的后果。鉴于吴×、张×在本案中就其各自的上诉主张均未能提供充分的事实依据和法律依据予以佐证,故法院对其双方的上诉请求,均难以支持。在此,法院亦建议双方,对于日后需要共同面对的子女抚养问题还应多作沟通,勿使一子一女间因空间的分离而致感情产生隔阂,对探视权的依法正当行使亦应由直接抚养的一方予以必要协助。同时,对于子女在日后生活中有切实需要之时亦应尽自己所能提供抚养所需的教育、医疗等费用之支持。双方均应以更为丰富的方式给予两子女关爱照顾,注意尽量减少或避免婚姻破裂对孩子们身心带来的影响与冲击。

2016年6月20日,北京二中院依照《民事诉讼法》第170条第1款第(一)项规定,判决驳回上诉,维持原判。

第四节　域外相关立法例

一、《法国民法典》有关规定

《法国民法典》第266条明文规定了离婚损害赔偿,即“在唯一因一方配偶的过错宣告离婚的情况下,该一方对另一方配偶因解除婚姻所受到的物质上与精神上的损失,得受到判负损害赔偿责任。但是,另一方配偶仅在进行离婚诉讼之时,始得请求损害赔偿。”[①]

适用该条准予离婚损害赔偿时,法国最高法院第二民事庭认为,“法官必须首先查明赔偿的损害从什么方面是因婚姻解除所引起”;“对损害的评判,唯一应当根据所受到的损失,而不考虑作为债务人的一方配偶的收入情况”;“夫妻共同生活很长时间之后离婚,妻子一方受到的损害是一种精神损害。”[②]

此外,根据《法国民法典》,配偶一方过错行为的民事责任,除了离婚损害赔偿之外,还有普通民法上的民事责任。法国最高法院第一民事庭认为,“一方配偶,独立于离婚及特定的

① 《法国民法典》(上册),罗结珍译,法律出版社2005年版,第246页。

② 《法国民法典》(上册),罗结珍译,法律出版社2005年版,第246～247页。

制裁,认为在因中断夫妻共同生活而受到的损害之外,还受到其他损害时,可以按照普通法规定的条件向其(原)配偶请求赔偿”。一方配偶可以依据《法国民法典》第1382条规定,“在提出离婚诉讼之前就其配偶的过错行为给其造成的损害请求赔偿”。①

二、《瑞士民法典》有关规定

《瑞士民法典》第151条规定了损害赔偿及慰抚金,“(1)因离婚,无过错的配偶一方在财产权或期待权方面遭受损害的,有过错的一方应支付合理的赔偿金。(2)因导致离婚的情势,配偶一方的人格遭受重大损害的,法官可判与一定金额的赔偿金作为慰抚”。②

三、中国《澳门民法典》有关规定

《澳门民法典》第1647条规定:“(一)被宣告为唯一或主要过错人之一方,及以第1637条C项所指之理由而请求离婚之一方,应向他方弥补因解除婚姻而造成之非财产损害。(二)损害赔偿之请求应在离婚之本诉中提出。”③

《澳门民法典》第1637条规定:“‘共同生活之破坏’作为法定离婚事由,包括A,事实分居连续两年;B,失踪且音讯全无满三年;C,对方之精神能力发生变化逾三年,且因其严重性导致不可能继续共同生活。”④

---

① 《法国民法典》(上册),罗结珍译,法律出版社2005年版,第2247页。

② 《瑞士民法典》,殷生根、王燕译,中国政法大学出版社1999年版,第42页。

③ 赵秉志总编:《澳门民法典》,中国人民大学出版社1999年版,第420页。

④ 赵秉志总编:《澳门民法典》,中国人民大学出版社1999年版,第417页。

第二十一章 日常家事代理权

我国《婚姻法》未使用日常家事代理权一词，无相关条款。鉴于日常家事代理权问题的重要性以及最高人民法院司法解释已明文规定了日常家事代理权，故本书也予以讨论，将日常家事代理权作为本书最后一章。

第一节 日常家事代理权基本原理

一、日常家事代理权的概念

日常家事代理权是指夫妻任何一方在日常家庭事务范围内以自己名义实施的法律行为将对另一方也直接产生拘束力的权利。该权利的设定是充分发挥夫妻相互合作的优势和成效的必要和结果。一方面，家庭日常生活事务繁杂，凡事均需夫妻协商决定，生活成本将会太大，效率低下；另一方面，实施该日常家事行为的夫妻一方，只要基于家庭共同生活需要并考虑了配偶另一方利益和家庭共同生活的其他成员的利益，该行为及其后果同时也将符合配偶另一方的意愿和利益，或者说，换成配偶另一方来面对，也将实施相同或者类似行为。

日常家事代理权与代理，均对交易双方当事人之外的第三人产生法律效力，区别在于日常家事代理权行使人无须明白具有这样的意识，也无需向交易相对人说明此意图；而代理人则必须亮明代理身份和授权。日常家事代理权中，夫妻互为代理人；而代理显然不允许同时相互代理。夫妻作为日常家事代理权享有者，在以自己名义实施法律行为时，自己与配偶另一方均须对该行为负责，是连带责任或者共同责任；而代理，代理人行为后果归属于被代理人，由被代理人承担全部法律责任。

家事代理权的适用范围，通常仅限于日常家事，以维持家庭生活为必要，兼及教育子女事务。

二、日常家事代理权的基本理论

赋予夫妻任何一方享有日常家事代理权，其主要目的是让料理家务或处理日常家庭事务的配偶履行义务、责任或实施一定行为时，对内和对外均享有必要的经济上的行动自由。在婚姻内部，夫妻任何一方都有权处理旨在适当满足家庭生活需要的事务。家庭共同生活中的重要事务，仍需双方共同协商决定；至少配偶一方在决定之前应询问另一方的意见。[①]

---

① [德]迪特尔·施瓦布：《德国家庭法》，王葆莳译，法律出版社2010年版，第89页。

如果因故约定排除或限制一方的日常家事代理权，在夫妻之间可以产生拘束力，但是，该限制或排除在婚姻之外的效力，须以第三人知晓或者应当知晓为前提。

（一）日常家事代理权的性质

日常家事代理权的法律性质是什么？无论是学说还是立法，都有不同解释或观点。以笔者看来，这数种不同解释学说或理论各有利弊，相互之间并无优劣之分。

1. 委任说

此处的委任，是指家事的委任。《法国民法典》采用委任说。早期学者们将其解释为“默示的委任”；[①]1942 年修正《法国民法典》第 220 条之后，其性质被确认为法定委任。修订后的第 220 条规定：“夫妻双方均有权单独订立的目的在于维持家庭日常生活与教育子女之契约。夫妻一方依此缔结契约所负之债务，他方应连带负责。但视家庭生活状况，依所进行活动是否及缔结契约之第三人是善意或恶意，对明显过度支出，不发生此种连带责任。……”[②]委任说来源于《罗马法》，在《罗马法》中，妻子的日常家事代理权根据丈夫委任而产生。古代法上的委任，刻着深深的性别不平等的烙印。当代法剔除了性别歧视因素之后，采用委任说也无可厚非。

2. 法定义务负担授权说

德国学者迪特尔·施瓦布认为，“日常家事代理权的法律性质极其独特，几乎无法借助其他法律制度进行说明。根据该制度，配偶一方以自己的名义所为的法律行为，对另一方直接发生法律效力。若涉及债务上的契约，可以将其理解为法定的义务负担授权。”[③]笔者以为，与法定代理说相比较，将日常家事代理解释为法定义务负担授权，似乎更合理，一方面，这本身就是法律直接规定；另一方面，日常家事行为的责任并不完全符合代理说，因为按照代理说，代理权范围内的责任全部归属于被代理人，代理人无责，但是，日常家事行为的责任是行为人及其配偶的共同责任。

3. 法定附属义务

在德国，关于日常家事代理权的性质，另一种观点认为，“配偶一方的行为虽然导致另一方共同承担权利义务，但另一方并没有成为合同当事人，只是根据法律规定承担附属支付义务，并有权代替配偶主张权利；但配偶另一方不能行使形成权。”[④]很显然，德国法中的这种观点不同于我国现行法律实践。我国法学界和司法界认为，配偶一方处理日常家事范围内事务导致另一方配偶共同承担义务时，该另一方配偶已然成为合同当事人，债权人有权向真正债务人及其配偶主张权利，债务人及其配偶受连带责任约束，甚至配偶另一方成为全部债务清偿责任履行人。

4. 法定代理权

中国大陆和台湾地区解释日常家事代理权性质的学术观点，虽有所争议，但是，多数人

---

① 马忆南、杨朝：《日常家事代理权研究》，载《法学家》2000 年第 4 期。

② 《法国民法》，郑正中、朱一平、黄秋田译，五南图书出版有限公司 2001 年版，第 82 页。

③ [德]迪特尔·施瓦布：《德国家庭法》，王葆莳译，法律出版社 2010 年版，第 87 页。

④ 贝尔格的论文，载《家庭法大全杂志》2005 年版，第 1129 页。转引自迪特尔·施瓦布：《德国家庭法》，王葆莳译，法律出版社 2010 年版，第 87 页。

意见主张日常家事代理权是法定代理权。刘德宽、史尚宽等人认为，“日常家事代理权是法定代理权之一。”而李宜琛等人则提出，日常家事代理权是基于夫妻身份而当然享有的权利，行使该代理权时不必以被代理人名义从事；“乃系基于夫妻关系而营终身共同生活时之一种便宜规定，以适应日常家务之需要。此与代理制度之目的在于扩张社会生活之关系，为私法自治之补充不同。”[①]马忆南等人赞同法定代理权说，认为李宜深等人所提出的理由的确反映了日常家事代理权与一般代理权的差别，并不足以否定日常家事代理权的法定代理权性质。一方面，日常家事代理权设定目的，既是便利夫妻之共同生活，又使得夫妻能扩展各自的行为能力，就是私法自治的补充；另一方面，日常家事代理权由法律明文规定，夫妻一方在日常家事范围内实施民事行为，不必以被代理人名义作出，权利义务却当然地及于夫妻另一方，第三人无须被告知。“这是由法定代理的特殊性所致，并不能借此否认日常家事代理权的代理性质”；马忆南等人还认为日常家事代理权应当适用民法关于代理制度的一般规定。[②] 我国大陆学者中，还有观点把《德国民法典》第 1357 条关于日常家事代理权规定的性质解读为法定代理权的。[③]

5. 代表权

根据《瑞士民法典》第 166 条规定：“日常家事代理权被定义为法定的婚姻共同体的代表权，(1)配偶双方中任何一方，于共同生活期间，代表婚姻共同生活处理家庭日常事务。(2)对于家庭的其他事务，配偶之一方仅在下述情形下，始得代表婚姻共同生活：其一，如配偶之他方或法官授予其处理该事务的权利；其二，如为婚姻共同生活的利益考虑，某业务不容延缓，且配偶他方因疾病、缺席或类似原因无法表示同意时。(3)配偶中任何一方对其行为负个人责任，但该行为无法使第三人辨明已超越代理权的，配偶他方亦应负连带责任[④]。”

(二)夫妻一方行使日常家事代理权的条件

从外部关系看，夫妻一方行使日常家事代理权须满足下列四个条件：该交易或行为旨在适当满足家庭生活需要；根据具体情况不能得出相反结论；夫妻未分居的；配偶一方行使日常家事代理权没有受到夫妻协议限制或排除。[⑤]

1. 夫妻一方从事的该交易或行为旨在适当满足家庭生活需要

“满足家庭生活需要”概念的外延范围相当广泛。从购买日用品到购买汽车，从缴纳家庭住宅的水电、物业等费用到安排家庭度假，都是家庭生活需要。由于家庭成员生活的丰富性导致家庭生活的复杂性及持续性，将使得家庭生活需要概念的范围非常广泛。为避免滥用该权利，有必要对其进行适度限制，从内涵、程度、水平上将其限制在“适当”之内。首先，从交易方式看，该交易是为了满足家庭生活需要。其次，从交易的范围和内容看，其是服务于特定家庭需求的。例如，与他人签订维修作为家庭住宅的房屋，应属日常家庭生活事务；

---

① 武忆舟：《民法总则》，台湾三民书局有限公司 1985 年修订版，第 352 页。转引自马忆南、杨朝：《日常家事代理权研究》，载《法学家》2000 年第 4 期。

② 马忆南、杨朝：《日常家事代理权研究》，载《法学家》2000 年第 4 期。

③ 马忆南、杨朝：《日常家事代理权研究》，载《法学家》2000 年第 4 期。

④ 《瑞士民法典》，殷生根、王燕译，中国政法大学出版社 1999 年版，第 45～46 页。

⑤ [德]迪特尔·施瓦布：《德国家庭法》，王葆莳译，法律出版社 2010 年版，第 87～88 页。

但是，如果是将旧房拆除，翻建新房，虽然属于满足家庭生活需要，但因其对家庭生活影响大，需投入的金钱多和时间长，其程度和范围明显超出了可由夫妻一方单独作主的事务范围。再次，该交易或行为满足的需要是“适当”的。该交易符合该家庭的经济状况和生活习惯。“适当”这个程度限制的必要性，在于避免夫妻一方利用日常家事代理权强求另一方在共同生活中的重要事务上接受既定事实。①

2. 根据具体情况不能得出相反结论

从一对夫妻生活状况实际看，配偶任何一方根据他们共同生活关系可以独立从事交易或处理事务。换言之，通常无需商议，他或她就可以实施该行为或从事该交易。例如，按照家庭分工，夫妻一方负责安排家庭成员业余娱乐或外出餐饮活动，他/她与某歌厅签订了某日晚全家 4 人到该歌厅卡拉 OK 的合同。夫妻另一方负责购买家庭日用品、雇佣家政工、签订煤气、电子等合同。这些事务，显然都属于日常家庭事务。夫妻一方所作所为，其目的只是为了家庭共同利益；从交易价格上，处于合理范围内；从消费水平看，属于该家庭支付能力能够承担的；从消费习惯看，符合该家庭成员消费习惯，不违反家庭成员（如果有的话）特定文化价值取向或偏好。

3. 夫妻未分居的

夫妻关系处于正常状态的，无论是基于家庭生活实际需要还是婚姻当事人各自利益的考虑，夫妻任何一方都有必要实现一定程度的合作，日常家事代理权正是事务性合作的形式和表现。处于分居状态的夫妻，法律上依然是配偶，维持着彼此作为夫妻相互之间除性关系之外的其他应履行的权利和义务，但是，他们感情恶化导致二人相互严重分离状态，部分分居夫妻因此长期分居两地，不了解对方的状况和所作所为。基于人的理性和弱点，期待分居中的夫妻一方处理家庭生活事务时仍然能替另一方着想或者为了另一方利益考虑，不是要求过高就是对人际关系的认识过于理想化。

4. 配偶一方行使日常家事代理权不受夫妻协议限制或排除

行使日常家事代理权，不仅关系到婚姻内部夫妻相互之间的关系，而且关系到婚姻外部关系。为了方便民事交易，避免第三人向夫妻一方表示意思或实施行为时，过于谨小慎微或者查核成本过大，凡明文设定家事代理权的法律，均特别规定夫妻就日常家事代理权的排除或限制约定不能对抗第三人，但法律另有规定者除外。例如，根据《德国民法典》第 1357 条和第 1412 条规定：“夫妻可以约定排除或限制他方的代理权。”但是，只有将夫妻财产契约登记在管辖机关的登记簿或者实施法律行为时第三人已知悉的，始得对抗第三人。②

三、日常家事代理权的历史

夫妻双方在日常家庭事务上的相互代理，是千百年来人类社会生活实践，几乎是个生活常识。自古到今，婚姻家庭共同生活中，存在着大量劳动、照顾服务、购买生活用品活动等，它们是婚姻家庭生活的重要组成部分。“婚姻共同生活要求配偶双方根据各自的能力、可能

---

① ［德］迪特尔·施瓦布：《德国家庭法》，王葆莳译，法律出版社 2010 年版，第 89 页。

② 《德国民法典》，台湾大学法律学院、台大法学基金会编译，北京大学出版社 2017 年版，第 1063 页、第 1090 页。

性以及生活方式对家庭进行投入，以满足共同生活的需要。"①但是，不同时期、不同国家和地区的法律，对夫妻在日常家事代理的立场取舍及其规则，区别很大。

（一）域外法上的日常家事代理与日常家事代理权

近代以来特别是当代社会，男女平等成为基本价值观，婚姻家庭法也坚持男女平等。在法律上，妻子的家庭地位与丈夫平等。20 世纪 40 年代以来，工业化国家频繁修改婚姻家庭法，其重要任务之一就是剔除其中存在的性别不平等因素，赋予妻子与丈夫同等权利与义务。在家庭事务的承担和处理上，承认夫妻承担平等的共同责任。首先，在大陆法传统的国家和地区中，仅有少数民法典明文确立日常家事代理权，大多数是默认夫妻双方互为日常家事代理人，对于日常家事行为，夫妻双方均有权利并承担义务。经过 1965 年修正，《法国民法典》第 220 条规定："夫妻各方均有权单独订立旨在维持家庭日常生活与教育子女的合同。夫妻一方据此缔结的债务对另一方具有连带约束力。"但是，明显过分的开支或者第三人是在恶意的情形下，不发生此种连带义务。② 瑞士法关于为家庭日常事务处理，与夫妻同样代表共同体。《瑞士民法典》第 166 条规定："配偶双方中任何一方，于共同生活期间，代表婚姻共同生活处理家庭日常事务"。对于家庭的其他事务，仅在获得授权的情形下，配偶一方始得代表婚姻共同生活。但是，配偶一方的行为使第三人无法辨明其已超越代理权的，"配偶他方亦应负连带责任"。③ 其次，英美法系国家和地区关于家事代理的法律规则和精神与大陆法系的日常家事代理权十分类似，但常见表述为事实代理、"必要的代理"、"同居的代理"、默示授权等。在美国家庭法中，"存续中的婚姻关系暗含了广泛的授权"，配偶一方应该对另一方依据该授权实施的行为（主要是指交易）承担法律责任。该授权的检验标准，是该项交易中的相对方能否合理推知配偶一方具有充分的授权。通常情况下，"即使配偶一方没有明确表示让另一方作为代理人，只要他（她）是让另一方从事并且未对已完成的交易表示反对，就被认为是默示授权。这种状况会一直持续下去，直到将来的债权人接到终止这种默示授权的通知为止"。根据夫妻扶养义务，在婚姻生活中，形成了"生活必需品原则"，妻子被认为事实上享有购买生活必需品的授权，如果丈夫不履行其扶养义务，妻子在法律上享有以丈夫的信用去购买她本人和他们子女所需要的生活必需品的权利，"卖方可直接向丈夫起诉要求付款"。④

日常家事代理权起源于古代罗马法。在古罗马，妇女婚后发生人格减等，不再具有完全民事权利能力，成为他权人，没有缔结契约和自行承担债务的能力。后来，随着经济发展，家长事必躬亲的制度逐渐不适应商品经济发展，大法官创设包括"奉命诉"的各种诉权，使得家属和奴隶代理家长从事交易成为可能，妻子取得了在丈夫委任之下为一定民事行为的能力，日常家事代理包含在其中。丈夫是婚姻共同体的首长，为了日常生活便利，给予担任家政的妻子处理日常家事的权限。大陆法系各国民法基本上都继承了罗马法关于日常家事代理的

---

① [德]迪特尔·施瓦布：《德国家庭法》，王葆莳译，法律出版社 2010 年版，第 67 页。

② 《法国民法典》（上册），罗结珍译，法律出版社 2005 年版，第 207 页。

③ 《瑞士民法典》，殷生根、王燕译，中国政法大学出版社 1999 年版，第 45～46 页。

④ [美]哈里·D. 格劳斯、大卫·D. 梅耶：《美国家庭法精要》，陈苇等译，中国政法大学出版社 2010 年版，第 62～63 页。

认知;但是,早期民法典仅承认妻子就日常家事为丈夫的代理人。

(二)日常家事代理权在新中国婚姻法中的变迁

新中国历部《婚姻法》中均没有出现"家事代理"或"日常家事代理"等词,也没有涉及日常家事代理权的相关规定。中华人民共和国成立以后,无论婚姻法学界还是司法审判实践曾经长期不涉及日常家事代理权,但从调整夫妻关系的相关条文内容分析来看,应包含有日常家事代理的精神,视夫妻日常家事相互代理权为法定代理权。直到 20 世纪 90 年代初开始讨论 1980 年《婚姻法》的修改与完善时,有部分学者关注家事代理权,主张夫妻人身关系事项应包括日常家事代理权。[①] 随着社会主义市场经济体制施行,经济环境复杂化,民事交易增多,自然人的个人财产和婚姻中的夫妻共同财产日益增多,夫妻涉及日常经济事务处理行为越来越频繁。无论从合理平衡夫妻双方利益还是从保护民事交易安全角度考虑,日常家事代理问题越来越受到重视。但是,2001 年修正 1980 年《婚姻法》时,立法机关没有采纳将家事代理权入法的观点。同年公布的《最高法院适用〈婚姻法〉解释一》则将"日常家事代理权"引入其中了。部分也是因为该司法解释的施行,吸引了更多法律人研究家事代理权,最近十多年取得了比较丰富的成果。所以,基于学术研究的推动和社会生活实际的需求,最高人民法院于 2017 年明文将日常家事代理权写入了相关司法解释。由此,越来越多的人民法院民事裁判文书中阐述何谓"日常家事"和夫妻之间享有日常家事代理权之见解。我国正编纂中的民法典(草案),无论是单独的婚姻家庭编(草案)还是合并成的完整民法典(草案)中,均吸引了最高人民法院有关家事代理权的司法解释条款内容。

此外,在中国香港特区,家事代理权受到立法明确调整。香港特区《已婚妇女地位条例》第 11 条肯定了家事代理权。在中国台湾地区,其"民法"也有条文规定家事代理权。

四、本条的法律渊源

《最高法院适用〈婚姻法〉解释一》规定了日常家事代权,这是中华人民共和国婚姻法首次引入和使用此概念。日常家事代理权是夫妻共同生活的必然,可以说是生活常识,否则,已婚的民众生活是如何完成的?然而,人们可以这么使用、这么处理,我国立法却一直没有明文承认或予以规定。直到《最高法院适用〈婚姻法〉解释一》第 17 条规定出现,即婚姻法第 17 条关于"夫或妻对夫妻共同所有的财产,有平等的处理权"的规定,应当理解为:"(一)夫或妻在处理夫妻共同财产上的权利是平等的。因日常生活需要而处理夫妻共同财产的,任何一方均有权决定。(二)夫或妻非因日常生活需要对夫妻共同财产做重要处理决定,夫妻双方应当平等协商,取得一致意见。他人有理由相信其为夫妻双方共同意思表示的,另一方不得以不同意或不知道为由对抗善意第三人。"

《最高法院审理夫妻债务案件适用法律解释》第 2 条规定:"夫妻一方在婚姻关系存续期间以个人名义为家庭日常生活需要所负的债务,债权人以属于夫妻共同债务为由主张权利的,人民法院应予支持。"第 3 条规定:"夫妻一方在婚姻关系存续期间以个人名义超出家庭日常生活需要所负的债务,债权人以属于夫妻共同债务为由主张权利的,人民法院不予支持,但债权人能够证明该债务用于夫妻共同生活、共同生产经营或者基于夫妻双方共同意思

---

① 蒋月:《配偶身份权的内涵与类型界定》,载《法商研究(中南政法学院学报)》1999 年第 4 期。

表示的除外。”

第二节　日常家事代理权的适用

一、日常家事代理权的适用效果

日常家事代理权，极大地方便了婚姻当事人双方的生活，节省社会生活成本，提高了效率，促进民事交易。

(一)日常家事代理权的功能和作用

首先，日常家事代理权是夫妻共同生活顺利完成的必要保障。家庭日常生活事务琐碎繁杂，从买菜购物到亲友往来、从子女抚养教育到家庭成员保健娱乐、从购买服务到雇请帮工等等，如果夫妻从事这些活动均须双方共同到场或者一方实施该类行须取得对方授权委托，既不符合社会生活习惯，又不切合实际，还将不胜其烦。日常家事代理有效地解决了婚姻伴侣之间的合作共享。其次，日常家事代理符合夫妻双方的真实意愿和共同利益。婚姻作为数千年行使有效的人与人的合作机制，就是要实现 1＋1＞2，通常也能实现该效果。这也是自由婚姻时代，人们愿意让渡部分个人自由而选择结婚的主要考虑。婚姻当事人作为理性人，能够认识到本人利益与配偶他方利益之间的关系，能够合理地尊重、承认、接受他方的诉求和利益，并协助他方实现其利益，反之，亦然。当然，如果配偶一方为了个人利益而滥用婚姻配偶另一方的信任，甚至恶意串通第三人或者与恶意第三人结盟而损害配偶另一方的利益，配偶该方可以主张他方行为由行为人本人负全责或者主张该行为无效并要求返还财产。夫妻双方就合理限度内或者超出合理限度的日常家事行为是否能够实施或者其效力如何，不能相互协商一致，可以寻求司法解决。再次，日常家事代理是维护财产交易安全、保障第三人利益的措施。市场作为社会资源配置的基础性机制，其效用实现有赖于人的参与。婚姻当事人双方作为个人财产所有人和夫妻共同财产所有人，其占有、使用、收益、处分财产的行为十分频繁；夫妻任何一方与第三人发生密切交往与联系是生活常态，这不仅关系到民事交易安全，而且必然关系到其他领域的种种关系。日常家事代理简化程序，节约资源。

(二)行使日常家事代理权时应注意的问题

为促使夫妻一方谨慎行使日常家事代理权，有关国家和地区民事立法对日常家事代理权的行使者设定了注意义务。如《德国民法典》第 1359 条规定：“婚姻双方在履行因婚姻关系所生之义务时，相互之间只需尽到其对自己的事务通常所尽到的注意即可。”我国现行司法裁判规则没有明示婚姻当事人应当注意的事项，但规定了超出家庭日常生活必要限度的开支所生的债务、非家庭日常生活需要所负债务不构成夫妻共同债务，这实际上提醒已婚人士注意行使日常家事代理权的必要限度了。

(1)合理界定“日常家事”。日常家事代理权的范围是日常家庭生活事务。应如何理解日常家事之含义？有关国家和地区民事法律中的表述存在差异，例如，《法国民法典》强调日常家事为家庭日常生活与子女教育；《德国民法典》中的日常家事是能使家庭的生活需求得到满足的事务。在法学界，对日常家事的解释常采取列举方式，罗列日常家事的主要事项。

我国司法审判中，近些年来有越来越多的法院裁判文书在阐明裁判理由时，明确定义日常家事。例如，贵州省高级人民法院认为，“日常家庭事务是指为维持家庭日常正常生活所必须从事的事务。”①

(2)日常家事代理权的主体。通常是指夫妻之间，即具有合法婚姻关系的当事人双方。但是，在有些国家和地区，如果夫妻双方分居的，就不适用日常家事代理。例如，贵州省高级人民法院认为，“婚姻作为夫妻生活的共同体，在处理日常家庭事务的范围内，夫或妻互为对方代理人，享有家事代理。”②

(3)日常家事代理权行使时的名义。夫妻在行使日常家事代理权时，应以什么名义实施？在性别不平等的古代和近代初期，该权利主要是赋予妻子代表丈夫处理日常家事，故以丈夫名义为之。实行男女平等以来，日常家事代理权是婚姻的效力之一，夫和妻均为夫妻共同体的代表，双方地位平等，故无论是以夫妻双方共同名义还是以行为人本人名义来实施，均可。我国最高人民法院的相关司法解释中，采用以本人名义的观点。

(4)日常家事代理权的限制。该类限制涉及下列两方面：一是夫妻双方协议限制，例如，一方滥用日常家事代理权时，另一方可对此加以限制，但这一限制能否对抗第三人，则应根据不同情况而定。二是法定限制，法律明确日常家事代理权的边界，凡超出该限度的行为应由行为人本人承担全责。《最高法院适用〈婚姻法〉解释一》第17条、《最高法院审理夫妻债务案件适用法律解释》第2条、第3条规定，即属于法定限制。这种限制的目的是合理平衡夫妻相互之间利益、婚姻当事人双方各自与第三人之间的利益，防范任何人滥用信赖而谋求自我利益最大化。

二、日常家事代理权适用中存在的问题

首先，日常家事代理权适用中的最大难题是人性的复杂。当婚姻关系恶化时，部分夫妻中的一方或者双方为了本人利益最大化或者恶意损害他方利益而实施严重损害他方利益之行为。夫妻关系中，双方感情好时，不分你我；长期共同生活中，彼此相互知根知底。当夫妻关系进入非良性状态时或者夫妻关系恶化时，即使配偶一方并无恶意损害他方利益，却可能发生种种非善非恶之举，其行为客观上仍可能使他方利益受损，更不要说配偶一方决意为了自己的利益而牺牲他方利益或者以他方利益换取自我利益时，行为时心怀恶意时，必然损害配偶另一方利益。然而，对于外部人而言，婚姻内部的腐烂变质不会马上显现出来，特别是当婚姻配偶一方有意掩盖真相时，第三人还可能基于对该婚姻共同体的信任或者对该婚姻配偶另一方的信任而与该方实施特定民事交易行为。《最高法院适用〈婚姻法〉解释一》于2001年施行以来的近20年间，围绕夫妻债务发生的种种争议与社会有关方面讨论，说明了日常家事代理权适用可能遇到的困难和复杂性。关于夫妻债务性质确认和清偿责任分配发生的法学观点大相径庭，也在一定程度上反映出观点持有人评判这类社会现象时的立场取舍差异。从这个角度考虑，立法若引入家事代理权，则必须划定合理边界，以免任由当事人

① 贵州省高级人民法院〔2019〕黔民申52号民事裁定书，中国裁判文书网，http://wenshu.court.gov.cn/website/wenshu/，下载日期：2019年12月2日。

② 贵州省高级人民法院〔2019〕黔民申52号民事裁定书，中国裁判文书网，http://wenshu.court.gov.cn/website/wenshu/，下载日期：2019年12月2日。

自由博弈而不公正地损害弱势方利益。其次，是否超出日常家事范围的判定，的确存在主观和客观双重困难。当事人双方甚至三方（包债权人）就该金钱数额或举债行为是否超出日常家事庭生活范围争执不一时，是由法官自由裁量而判定。毕竟社会人口划分为不同阶层，当事人的经济状况、生活习惯、相处方式等都各不相同。法官审案中，当然会尽可能要求当事人举证，但是，至少一半情形下，举证很难直接证明某笔开支是否超出日常家事范围问题，最终仍是由法官判定。例如，在泰兴市宏宇电子商务有限公司与周×、蒋晶民间借贷纠纷二审案中，江苏泰州市中级人民法院认为，当事人争议的 20 万元债务，"此金额明显超过日常家事代理所需的范围，因此不能简单依据形成于夫妻关系存续期间而认定为夫妻共同债务"；结合其他证据，支持该债务是举债配偶方个人债务的一审判决。①

我国现阶段，最大障碍是法律未明文确立日常家事代理权。最高人民法院前述司法解释规定关于日常家事代理权的裁判规则，无制定法依据可循。基于有法可依的专业思维路径，我国编纂中的民法典婚姻家庭编应当引入日常家事代理权制度。

第三节　适用日常家事代理的典型诉讼案例

一、关于日常家事范围的认定：贵州案件

陈×军、陈×芹民间借贷纠纷再审审查与审判监督案，贵州省高级人民法院民事裁定书，〔2019〕黔民申 52 号。②

【案情概要】

再审申请人陈×军（一审被告、二审上诉人）因与被申请人陈×芹（一审原告、二审被上诉人）、王×花（一审被告、二审被上诉人）民间借贷纠纷一案，不服贵州省铜仁市中级人民法院〔2018〕黔 06 民终 421 号民事判决，向贵州省高级人民法院（以下简称贵州高院）申请再审。

陈×军申请再审称：（一）原判认定事实错误。①有公安机关的处罚决定书及庭审时的证人证言可以认定王×花所欠债务是用于赌博。②陈×军与王×花没有利用离婚协议转移、隐匿财产。其一，陈道军于 2006 年 8 月 12 日登记为儿子陈希名下的房屋土地使用权，发生在借款前；其二，陈×军与王×花 1991 年结婚，王×花没有获得集体划分土地，该山林土地属于陈×军所有；其三，双方离婚约定 56.5 平方米的砖房是申请人祖辈遗留，王×花无权分享。（二）原判适用法律错误。陈×军除了种地，就是利用赶集经营百货生意，陈×军所卖的货物是农村人穿的胶鞋，所有货物不值两万元。同时陈×军尚欠银行贷款 7 万元。不能凡是有经营行为都应该认定夫妻债务，王×花在一年中借款 20 多万元，所借款项明显超出夫妻共同生活、共同生产经营。根据《最高法院审理夫妻债务案件适用法律解释》第 3 条规定："因被申请人在原审中没有提供证据证明借款用于夫妻共同生活或共同生产经营，应

---

① 江苏省泰州市中级人民法院〔2015〕泰中商终字第 00249 号民事判决书，中国裁判文书网，http://wenshu.court.gov.cn/website/wenshu/，下载日期：2017 年 6 月 29 日。

② 贵州省高级人民法院〔2019〕黔民申 52 号民事裁定书，中国裁判文书网，http://wenshu.court.gov.cn/website/wenshu/，下载日期：2019 年 12 月 2 日。

当承担举证不利的后果。"据此,依照《民事诉讼法》第 200 条第 1 项、第 2 项、第 6 项之规定申请再审。

【裁判观点】

贵州高院认为,陈×军依据《民事诉讼法》第 200 条第 1 项、第 1 项、第 6 项规定的事由提出再审申请,依照《最高法院适用〈民事诉讼法〉解释》第 386 条"人民法院受理申请再审案件后,应当依照民事诉讼法第 200 条、第 201 条、第 204 条等规定,对当事人主张的再审事由进行审查"的规定,审查了申请人提出的再审事由。

关于申请人主张的新证据问题。陈×军申请再审时提交庹×勇的起诉状和贵州省沿河土家族自治县人民法院〔2017〕黔 0627 民初 1252 号民事调解书作为新证据,但是,没有陈述证明目的,该诉状只能证明庹×勇起诉陈×军,要求其承担连带责任的事实。民事调解书只能证明该案原告李某福与被告王×花、陈×军、陈×就案件达成调解协议,由陈×承担还款责任。上述两份证据均与本案无关联性,不足以推翻原判决,不符合《最高人民法院关于适用〈民事诉讼法〉解释》第 387 条的规定,不能作为新证据采用。故法院对陈×军依据《民事诉讼法》第 200 条第 1 项的事由提出的再审申请,不予支持。

关于陈×军是否承担责任的问题。根据原审查明的事实,2015 年 4 月 16 日,王×花向陈×芹借款 10000 元,并出具借条载明到"借条,今借到陈×芹人民币 10000 元(壹万元整),此款用来王×花购货之用,于 2015 年 7 月 30 日归还,此据,借款人:王某解花。2015 年 4 月 16 日。"2015 年 9 月 14 日,王×花向陈×芹偿还了 3000 元。因该笔债务发生于陈×军和工×花夫妻关系存续期间,并且该借条亦载明借款系购货之用,故原审法院认定该笔债务系王×花为夫妻共同生活所负担的债务,依据《婚姻法》第 41 条"离婚时,原为夫妻共同生活所负的债务,应当共同偿还。共同财产不足清偿的,或财产归各自所有的,由双方协议清偿;协议不成时,由人民法院判决。"的规定,判决陈×军共同偿还该笔债务,依据充分,并无不当。陈×军、王×花在原审中亦未提供证据证明案涉债务系王×花借款用于赌博或债权人明知其用于赌博,其应承担举证不利的责任,故陈×军提出的该项申请再审的理由不能成立,法院不予采纳。

关于原判适用法律是否正确的问题。陈×军申请再审时主张,王×花在一年中借款 20 多万元,所借款项明显超出夫妻共同生活、共同生产经营。对此,法院认为,虽然结合其他相关联的案件事实可知王×花在一年中借款 20 多万元,但因上述系列债务的债权人并不是同一人,系不特定第三人,并且债务发生的时间点并不一致,故在认定上述借款是否超出日常家事代理范围及是否为夫妻共同债务的时候,应分别进行认定和判断。陈×军申请再审时主张,根据《最高法院审理夫妻债务案件适用法律解释》第 3 条规定:"因被申请人在原审中没有提供证据证明借款用于夫妻共同生活或共同生产经营,应当承担举证不利的后果,案涉债务不能认定夫妻共同债务。对此,法院认为,根据《婚姻法》第 17 条第 2 款"夫妻对共同所有的财产,有平等的处理权。"及《最高人民法院关于适用〈婚姻法〉解释二》第 17 条"婚姻法第十七条关于'夫或妻对夫妻共同所有的财产,有平等的处理权'"的规定,应当理解为:(一)夫或妻在处理夫妻共同财产上的权利是平等的。因日常生活需要而处理夫妻共同财产的,任何一方均有权决定。(二)夫或妻非因日常生活需要对夫妻共同财产做重要处理决定,夫妻双方应当平等协商,取得一致意见。他人有理由相信其为夫妻双方共同意思表示的,另一方不得以不同意或不知道为由对抗善意第三人。"的规定,婚姻作为夫妻生活的共同体,在处

理日常家庭事务的范围内,夫或妻互为对方代理人,享有家事代理权,而日常家庭事务是指为维持家庭日常正常生活所必须从事的事务。本案涉及的借款金额仅10000元,且未约定借款利息,王×花借款时亦表明该笔借款用于购货,故可以认定王×花的该笔借款并未超出日常家庭事务的范围,该笔借款应当认定为夫妻共同债务,陈×军应该承担相应责任。故原审法院未适用《最高法院审理夫妻债务案件适用法律解释》第3条规定,不存在适用法律错误的情形。原判认定事实清楚,适用法律正确,法院对申请人依据《民事诉讼法》第200条第2项、第6项规定的事由提出的再审申请不予支持。综上,陈×军的再审申请不符合《民事诉讼法》第200条第1项、第1项、第6项规定的情形。

2019年4月15日,贵州高院依照《民事诉讼法》第204条第1款,《最高人民法院关于适用〈民事诉讼法〉解释》第395条第2款规定,裁定驳回陈×军的再审申请。

二、夫妻一方举债时应注意债务用途:江苏案件

泰兴市宏宇电子商务有限公司与周某、蒋×民间借贷纠纷二审案,江苏省泰州市中级人民法院民事判决书,〔2015〕泰中商终字第00249号。①

【案情概要】

原告泰兴市宏宇电子商务有限公司(以下简称宏宇公司)向江苏省泰兴市人民法院起诉,要求被告周某、蒋×归还民间借贷。原告声称,2013年12月10日,周某向宏宇公司借款30万元,约定月利率2.2%,借款期限自2013年12月10日至2013年12月23日止,周×承诺:如不能到期偿还本息,本人自愿承担违约金及逾期利息,直至还清为止,同时承担因延期还款而产生的交通、通讯、差旅、诉讼、聘请律师、上门催收等费用。后周某拒不偿还借款。由于周某借款是在其与蒋×婚姻关系存续期间形成的,蒋×依法应对此债务承担连带偿还责任。请求判令周某、蒋×共同偿还宏宇公司借款30万元及利息16600元,并要求利息继续计算至实际给付之日止。

一审中,周某未答辩,亦未举证。蒋×辩称:(一)周某所有的负债都是他的个人债务,不是夫妻共同债务,应当由其个人偿还。①我本人没有共同举债的合意;②周某负债数额巨大,超出婚姻赋予夫妻双方的家事代理权范围;③周×所有借款都没有用于家庭共同生活,整个家庭不但从未分享他借款带来的利益,反而深受其害;④周某亲笔书写的忏悔书写明他所有的借款都是用于偿还高利贷本息,他对我实施了隐瞒,我并不知情。(二)周×亲笔书写的、留在家中的关于向王×兵借款事实经过材料,证明王×兵出示的30万元借条是周某在王×兵的胁迫下所写,借贷关系根本不存在,王×兵是在实施虚假诉讼,并已涉嫌非法诈骗。请求法院驳回宏宇公司的诉讼请求,并将本案移送公安机关侦查。

一审法院经审理查明,2013年12月10日,周某向宏宇公司提交了《宏宇贷客户贷款申请表》一份,详细记载了申请人的身份信息及家庭成员情况,并注明:期望借款金额30万元,借款期限13天,借款用途移动卡周转。同日,周某向宏宇公司出具借条一份,其内容为:"今借到泰兴宏宇电子商务有限公司人民币(大写)叁拾万元整,(小写)300000元,月利率

① 江苏省泰州市中级人民法院〔2015〕泰中商终字第00249号民事判决书,中国裁判文书网,http://wenshu.court.gov.cn/website/wenshu/181107ANFZ0BXSK4/index.html? docId = 8bcf194012424b249eb2a7cafa975423,下载日期:2017年6月29日。

2.2%，期限自2013年12月10日至2013年12月23日，如不能到期偿还本息，本人自愿承担违约金及逾期利息，直至还清为止。同时承担因延期而产生的交通、通讯、差旅、诉讼、聘请律师、上门催收等费用。本人已读清以上内容。”该借条上有借款人周某及见证人鞠某的签名及手印。泰州市泰兴工商行政管理局于2013年7月16日向宏宇公司发放企业法人营业执照，该执照载明经营范围为：“许可经营项目：无。一般经营项目：网上销售（通讯器材、通信设备、安防监控设备、家用电器、消防器材、电脑及耗材、办公用品；房产中介服务；为企业事业单位或个人提供投资和咨询服务；河道清淤工程施工。”周×与蒋×原系夫妻关系，双方于2014年1月6日协议离婚。

一审法院归结该案争议焦点为下列三个方面：

1.民间借贷具有实践性特征，出借人行使债权请求权要求借款人偿还借款本息的，应当对是否已形成借贷合意、借贷内容以及是否已将款项交付给借款人等事实承担举证责任。对主张现金交付的借贷，可根据交付凭证、支付能力、交易习惯、借贷金额的大小、当事人间关系以及当事人陈述的交易细节等因素综合判断。借条为借贷双方形成借贷合意的凭证，同时具有推定借贷事实已实际发生的初步证据效力，但在借款人提出借贷事实未实际发生的抗辩时，出借人还应提交其他证据印证借贷事实的实际发生。结合本案，宏宇公司为主张借款事实，不仅提供了由周×本人出具的贷款申请表和借条，而且还提供了当时将出借资金30万元交付给被告周×本人的视频资料，视频资料的内容清晰地反映了宏宇公司将30万元现金交付给周×，宏宇公司所举证据之间互相印证，能形成证明借贷双方之间形成债权债务关系的证据链，根据证据规则的规定，宏宇公司已经完成举证义务，可以认定借款事实成立。周×经合法传唤拒不到庭应诉，视为对其诉讼权利的放弃。虽然蒋×否认该借款事实，并对宏宇公司提供的视频资料的内容提出了质疑，但是借贷事实发生时蒋×本人不在场，蒋×对视频内容的分析是事后的主观推测，未能进一步提供反驳证据以支持自己的主张，所以对被告蒋×的该抗辩理由难以采纳。

2.经审理查明，宏宇公司无发放贷款的金融许可，工商部门核准其经营范围仅包括为企业事业单位或个人提供投资和咨询服务等，并不包括从事借贷活动。结合当事人的当庭陈述及其提供的标注有“宏宇贷”字样的格式贷款申请表、借条等一系列证据，可以认定宏宇公司未经依法批准以“宏宇贷”的名义向社会不特定多人从事借贷活动，且本案涉案借贷金额达30万元，约定月利率达2.2%，显然已违背了其本质属性，属于国务院《非法金融机构和非法金融业务活动取缔办法》禁止的非法发放贷款行为，属于《合同法》第52条规定的违反法律、行政法规强制性规定的行为，其从事的借贷行为依法应认定为无效。在无效后果的处理上，因借贷双方对此均有过错，借款人不应当据此获得额外收益。根据公平原则，借款人在返还借款本金的同时，应当参照中国人民银行公布的同期同档贷款基准利率的标准返还资金占用期间的利息。至于宏宇公司主张其就借贷事项采取的是P2P模式，即本案所涉借款来自于投资人，宏宇公司从中获取中介费，在周某未按约偿还的情况下宏宇公司已经代为向投资人支付了本金及约定的利息，则宏宇公司有权主张权利。一审认为，所谓P2P模式，是指投资人依靠第三方机构的信息平台并信任平台的风险控制能力决定进行投资，P2P平台作为居间人接受投资人的委托撮合借贷交易，并可以获取居间报酬。在本案中，宏宇公司是以自己的名义出借大额资金给周×，并非通过自己的中介行为促成投资人将资金出借给周×，而其提供的自制收费清单本身不足以证明本案所涉借贷采取的是P2P模式，故对宏

宇公司的该主张不予采纳。

3.我国《婚姻法》第41条明确规定以“是否用于夫妻共同生活”作为是否构成夫妻共同债务的判断标准。一般而言,债权人只要证明债务形成于夫妻关系存续期间,夫妻双方就应当共同对外承担偿还责任,除非夫妻一方能够证明债权人与债务人明确约定为个人债务或者能够证明属于《婚姻法》第19条第3款规定的情形。如果出借人知道或者应当知道所借款项并非用于家庭生产经营或共同生活的,则不符合夫妻共同债务的本质特征,非借债的配偶一方不承担共同偿还责任,以合理保护配偶一方的权利。对于是否用于家庭生产经营或共同生活,主要审查借款的目的是否与家庭生产经营或共同生活有关,借款的意思是否可以推定为夫妻之间的共同意思表示,未举债一方是否分享了债务带来的利益等。本案所涉借款高达30万元,不宜简单推定用于家庭生活,结合此前宏宇公司法定代表人与周某之间银行卡交易的转账明细、凭证和宏宇公司填写的贷款申请表,说明宏宇公司对于周×的职业、经济及家庭人员结构等状况应该是明知的,宏宇公司提供的制式借条落款处打印有“借款人配偶:--(签字加指印)”的字样,宏宇公司对借款人配偶是否有举债的合意应当有谨慎注意的义务,但宏宇公司当时并未要求蒋×签字确认或向蒋×征求意见、核实情况,而蒋×所举的一系列证据能反映周×所借的30万元借款并未用于其家庭共同生活且夫妻双方亦无共同举债的合意,同时蒋×也未能分享周某举债带来的利益,因此涉案债务不应认定为夫妻共同债务,蒋×对该债务不承担共同清偿的责任。

综上,泰兴法院依照《民法通则》第90条、第108条,《合同法》第52条第5项、第58条、第205条、第206条,《婚姻法》第41条,《最高法院关于审理借贷案件的意见》第10条,《最高法院适用〈婚姻法〉解释二》第24条和《民事诉讼法》第144条之规定,作出〔2014〕泰商初字第0086号民事判决书,判决:(一)周×于本判决生效后十日内返还宏宇公司借款30万元,并返还资金占用期间的利息(自2013年12月10日起,参照中国人民银行公布的同期同档银行贷款基准利率的标准计算至实际给付之日止);(二)驳回宏宇公司的其他诉讼请求。

上诉人宏宇公司不服一审判决,向泰州市中级人民法院提起上诉,请求撤销一审判决。

上诉人称:一审法院认定事实错误。(一)一审法院认定案涉债务不属于夫妻共同债务没有事实和法律依据,案涉债务应为被上诉人夫妻共同债务。①本案债务形成于两位被上诉人夫妻关系存续期间;②上诉人向法庭提交的证据可以证明被上诉人周某当时陈述借款的用途是用于移动卡周转;③被上诉人自己提交的周×的忏悔书中,周×陈述为所在公司乡镇自办厅垫付房租而向包括上诉人在内的单位、个人借取高利贷,也证明周某债务的最初形成源自工作过程中,而夫妻工资收入法律明确规定属于家庭共同财产,工作过程中形成的债务也应认定为夫妻共同债务;④被上诉人蒋×多次与上诉人电话及短信联系,表示要偿还该借款。(二)蒋×应当承担连带责任。2014年1月6日两位被上诉人协议离婚,将所有的夫妻共同财产全部约定分配给蒋×,其中主要财产一套住房上诉人已申请诉讼保全,该房屋产权一半应属于周某所有,即便本案债务不属于夫妻共同债务,被上诉人蒋×也应在该房屋产权一半范围内对周某的债务承担连带责任。(三)就本案而言两位被上诉人存在恶意逃避债务的情形。首先,被上诉人所言其因帮所在单位垫付房租而背负起了高利贷,被上诉人的这一说法显然不符合客观事实。如果是因为工作上的原因为单位垫付费用,其根本没必要自己去借高利贷来为单位垫付费,而且在被上诉人提供的所谓周×书写的忏悔书当中陈述,就单位发现其挪用单位资金这一情况以后对其进行了降职等处理。所以被上诉人陈述因为单

位垫付房租而借高利贷这一说法是不符合常理的。事实上被上诉人周×平时利用工作之便做一些小生意，包括贩卖移动卡，关于这一点周×在借款时向上诉人陈述的借款用途就明确了是移动卡周转。其次，两位被上诉人因为债务私下协议离婚并且将他们名下唯一的一套住房明确给了被上诉人蒋×，同时双方约定对外所负债务由被上诉人周某一个人来背负。这种行为很明显是为了逃避债务，是损害债权人利益的一种行为。另外，就本案上诉人而言，其借款给周某本身是一种正常的民间借贷，在被上诉人周某明确告知其借款用途是用于移动卡周转后，上诉人履行承诺向其借款，上诉人的行为是一种善意的行为，上诉人根本不知道周某借款以后是否将该借款真正用于做生意、其所借款项是否属于周×个人的债务，所以上诉人是善意的债权人，我国婚姻法有明确规定，事实上上诉人根本就不知道两位被上诉人是否有这种约定，被上诉人抗辩本案债务系周×个人债务是不能成立的，本案上诉人作为债权人的利益应当得到充分支持。

被上诉人蒋×答辩称：周某的所有债务均是其个人债务，关于这一事实，证据确凿并有充分的法律依据。（一）①宏宇公司认为凡是在夫妻关系存续期间任何一方所负债务都是夫妻共同债务，这是对法律条文的有意歪曲，《婚姻法》第 41 条规定离婚时原为夫妻共同生活所负的债务应当共同偿还，认定是否属于夫妻共同债务，一是看夫妻是否有共同举债的合意，二是看夫妻是否方分享了债务所带来的利益。一审时我已向法庭提交证据充分证明周×在外所有负债都是在瞒着我的情况下用于高利贷周转，没有用于家庭生活，家庭从未从中获利，反而深受其害。这些证据同时得到人民法院的采纳，将周某的所有债务均判决为其个人债务；②我所提交的证据中证明了宏宇公司是在明知周×借贷用于偿还高利贷债务，本人无偿还能力的情况下，对周×采取限制人身自由、威胁周某到他单位闹事、告知周某家人等卑鄙手段，迫使周×违背其真实意思表示，配合宏宇公司伪造 30 万元借款假象。根据《江苏省高级人民法院审判委员会会议纪要》2013 年 1 号规定，即使在不考虑任何虚假证据和非法成分的情况下，该债务依法也应当认定为周×的个人债务；③宏宇公司出示的格式借条中“借款人配偶签字栏”为空，存在人为操纵的重大瑕疵，根据《合同法》第 41 条对格式合同的理解，发生争议的应当按照通常理解予以解释，对格式条款有两种以上解释的，应当作出不利于提供格式条款一方的解释，因此也印证了宏宇公司是在蓄意回避我、隐瞒我的情况下胁迫周某制造借款假象这一事实；④中国法院网、江苏省法院网有很多将夫妻关系存续期间一方所负的债务认定为个人债务的案例，证明法院判决的依据是事实真相和证据。因此，宏宇公司明显是怀着不可告人的目的，蓄意曲解婚姻法立法本意，歪曲事实，企图令法律为其所用。（二）宏宇公司向法庭提供的证明周×借款用途是用于移动卡周转的证据，仅仅是一张《宏宇贷客户贷款申请表》，无任何证据佐证，并且宏宇公司手中所持有的其手机拍摄的视频原件，清楚表明该借款用途是宏宇公司指使周×所写，这也是宏宇公司自始至终不敢拿出视频原件的原因之一。（三）宏宇公司指出周×亲笔所写忏悔书中写明的最初借高利贷不是用于公司垫付房租，这与事实不符。一审时我已向法庭提交证据证明最初借高利贷确实是因其充当老好人，带人受过，为公司垫付房租，周某的所有债务均是其个人债务，我依法不承担任何连带责任。我现居住的盛和花园 43 幢 203 室房产在法律上已归我一人所有。周某的所有债务是其个人债务，这一事实已经法院认定，既然是周某的个人债务，我依法不承担任何连带责任。2013 年 5 月至 12 月期间，我替周某偿还的其个人债务约 70 万，已构成周某对我的债务。鉴于此，为了保障未成年子女的生存权，离婚时周某将他的房产份额转让给

我，用于偿还对我所负部分债务，不足部分约 35 万元，当时我们口头约定在他有生之年有偿债能力的情况下逐步偿还。我替周×偿还的 70 万元债务均有银行还款记录、证人证言等证据，并均于一审时提交法院。另外宏宇公司提交的用于证明 30 万款项交付周×的证据为虚假证据，根据相关法律规定，30 万债权债务关系不成立，且宏宇公司涉嫌虚假诉讼。

被上诉人周某未到庭，亦未提交书面答辩意见。二审中双方当事人均未提供新证据。经审查，一审法院查明事实清楚，泰州中院予以确认。

【裁判观点】

泰州中院认为，该案二审争议焦点为：案涉债务为周某个人债务还是夫妻共同债务。中院认为，判断是否构成夫妻共同债务，不能仅仅依据债务是否形成于夫妻关系存续期间，其本质应当为是否为夫妻共同生活而所负债务，夫妻是否分享了债务所带来的利益，同时应当结合夫妻是否具有共同举债的合意予以综合认定，即举债是否超过日常家事代理的范围，是否符合表见代理的构成要件即出借人是否存在有理由相信借款行为为夫妻共同意思表示。本案中案涉借款金额为 30 万元，此金额明显超过日常家事代理所需的范围，因此不能简单依据形成于夫妻关系存续期间而认定为夫妻共同债务。而被上诉人蒋×一审所提交证据可以证明周×所借款项并非用于家庭共同生活，蒋×本人也未获得该借款所带来的收益。另上诉人主张其为善意方，应当提交证据证明其有理由相信借款行为为被上诉人夫妻双方共同意思表示。从上诉人所提交证据来看，其对被上诉人家庭情况应当是明知的，从审慎经营的角度出发，上诉人应当就是否为夫妻合意向蒋×进行核实，而从案涉借条借款人配偶一栏为空白可以看出上诉人并未尽到审慎审查的注意义务，因此不能就此认定上诉人有理由相信借款行为为夫妻双方共同意思表示。综合以上两点，案涉债务应为周×个人债务而非夫妻共同债务，上诉人上诉无事实和法律依据，不予支持。

2016 年 3 月 1 日，泰州中院认定一审法院认定事实清楚，适用法律正确，依据《民事诉讼法》第 170 条第 1 款第 1 项规定，判决驳回上诉，维持原判决。

三、夫妻一方对经济往来行为是否适用表见代理：福建案件

林×香、许×辉确认合同无效纠纷再审审查与审判监督案，参见福建省高级人民法院民事裁定书，〔2017〕闽民申 2795 号①。

【案情概要】

再审申请人林×香（一审原告、二审上诉人）因与被申请人许×辉（一审被告、二审被上诉人）、原审被告林×应确认合同无效纠纷一案，不服莆田市中级人民法院〔2017〕闽 03 民终 215 号民事判决，向福建省高级人民法院（以下简称福建高院）申请再审。

林×香申请再审称理由如下：

（一）原审判决以原审被告林×应具有“表见”家事代理权为由，认定本案《账目结算明细》和《欠条》有效属于适用法律错误。按照相关法律及司法解释规定，“只有在‘日常生活’方面，夫或妻一方才享有家事代理权；而对于非因日常生活需要对夫妻共同财产作重要处理

① 福建省高级人民法院〔2017〕闽民申 2795 号民事裁定书，中国裁判文书网，http://wenshu.court.gov.cn/website/wenshu/181107ANFZ0BXSK4/index.html? docId = dfde3857aeff4b0bb8edab3c009e1ee6，下载日期：2020 年 1 月 30 日。

决定的，夫妻双方应当平等协商，取得一致意见，否则为无效处理决定。”本案涉及家庭对外投资，属于非日常生活需要对夫妻共同财产处理的，不能适用家事代理权的规定。原审法院既已认定对本案财产处理，夫妻双方有平等处理权，也认为本案属于非因日常生活需要而对夫妻共同财产处理的，那么，就应当根据相关规定，需要夫妻双方平等协商，取得一致意见后才能处理，否则无效。但一、二审判决却仍适用家事代理的规定，显然前后矛盾。

（二）二审判决认定申请人曾经明确对被申请人许×辉的妻子林×霞表示双方往来账目应由林×应结算才作数，是没有任何事实依据的。原审判决作此认定的依据是被申请人提供了一份 qq 聊天记录，但是，该聊天记录仅是其中部分记录，被申请人断章取义地提供，原审判决也断章取义地采信该聊天记录。从该内容看，申请人一开始就不同意许×辉的结算意见。申请人在聊天中提到“我结得也不算数”恰恰表明结算应当要夫妻双方共同确认才能算数。但原审判决却曲解为“应由林×应结算才作数”。

林×应对本案财产的处理属于无权处分。对于无权处分的行为，法律规定是以无效为原则，以有效为例外，也即只有当被申请人属于善意第三人的情况下，本案结算结果才是有效的，否则就是无效的。被申请人不属于善意第三人，本案不适用无效的例外情形。对照本案事实，显然不符合《物权法》关于善意取得的要件：其一，被申请人并非善意第三人。因为被申请人明知申请人与原审被告是夫妻关系，也明知所处理的财产属于夫妻共同财产，而且是属于非因日常生活需要对财产的重要处理。其二，结算材料中对以房抵债的价格高于市场价双倍，是明显不合理的价格，侵害了申请人的合法权益。最高人民法院公布的指导性案例也表明，本案财产的处理属于无效。

（三）原一、二审判决认定本案《账目结算明细》和《欠条》是有效的基本事实缺乏证据证明。本案证据表明，被申请人与原审被告相互串通，损害了申请人的合法权益。被申请人不但不是善意的第三人，而且是与原审被告相互串通的恶意一方，事实如下：①被申请人仍有向申请人与林×应的借款未还，所以申请人及林×应不可能另行向被申请人借款，而且借款利息畸高，显然违背生活常识和交易习惯。②在被申请人的转让房产中，其房产原购买价总计为人民币 4311755 元，但是转让给林×应时却折价为 9362348 元，远远背离市场价格，以变相方式转移了申请人与原审被告之间的夫妻共同财产。按照被申请人一审的答辩意见，被申请人是将事先制作好的《账目结算明细》和《欠条》直接拿给原审被告签字，原审被告在签字之前，并没有与被申请人就借款及其利息结算、房产转让价格、税费等核心问题进行磋商，这显然不是真实的转让，而是转移资产，侵害申请人合法权益。在石材加工厂及矿山股权折价中，折价款高达 150 万元，然而在被申请人发给申请人的邮件中，事后查收时发现并没有该转让项目及折价金额，明显是林×应擅自对夫妻共同财产作重要处理。所谓的石材加工厂及股权，被申请人并没有任何产权及股权凭证。所以，按照常识，林×应是不可能做出这样的处理的，除非与被申请人相互串通。

本案《账目结算明细》和《欠条》属于虚假债权及虚假诉讼，应当认定为无效。林×应在其提供的《情况说明》中陈述由于其负债累累，资不抵债，应被申请人要求，虚高债权以参与分配，损害其他债权人利益。所以，被申请人以《账目结算明细》和《欠条》提起诉讼，实为虚假诉讼。

（四）原一、二审判决程序严重违法。原审定案的证据之一是被申请人提供的所谓申请人的录音资料，该录音资料经过一审当庭播放，申请人认为该录音资料经过剪辑，对其真实性存在异议，在一审开庭时当庭申请对该录音资料进行鉴定，但一审法院对该申请并没有做出是否同意的决定，实际上剥夺了申请人的举证权和辩论权。在二审期间，申请人以原一审的该程序违法为由，要求发回重审，但二审法院仍不予回应，既不对申请人的鉴定申请做出回应，也不发回重审。综上，本案依照《民事诉讼法》第 200 条第 2、6、9 项的规定应当再审。

许×辉提交意见称，本案的账目结算明细和欠条是真实合法有效的，不存在恶意串通，且不属于虚假的债权。原审法院以林×应具有表见家事代理权作出判决适用法律正确。原审不存在程序违法的情形。被申请人的妻子是林×应的外甥女，本案当事人之间亲属关系足以说明申请人对被申请人与林×应之间的结算和出具借条是清楚的，且在出具账目结算明细和欠条时当事人几人在武汉住在同一小区内的。申请人所述被申请人曾经有威胁恐吓等违法行为，没有任何证据证实。综上，再审申请理由不能成立，应予以驳回。

林×应提交意见称，我是被申请人提出将申请人及我二人的财产过户到他的名下，再由他向申请人夫妻二人讨债的方式来规避申请人夫妻二人对外的债务。4.5%的月利息是很不符合逻辑的，结算单是被申请人书写，我签字的，欠条是被申请人口述，我书写并签字的。按照结算单方式计算，根本不存在欠钱的情况。

【裁判观点】

福建高院认为：林×应系具有完全民事行为能力的自然人，其与许×辉签订的《账目结算明细》及出具的《欠条》，系双方的真实意思表示，亦未违反相关法律法规的强制性规定，应当认定《账目结算明细》和《欠条》合法有效。林×香主张《账目结算明细》和《欠条》系林×应与许×辉二人串通所产生，所涉债权债务是为了规避林×应对第三人的债务，金额上显属虚高。对此，林×香没有提供充分的证据予以证明。而且根据原审中双方当事人的举证及查明的事实来看，林×香、林×应二人与许×辉之间存在互有借款、还款、共同投资买房及代为购物等较为复杂的经济往来关系。林×应基于此与许×辉进行结算具有事实基础。林×香主张涉案《账目结算明细》和《欠条》系林×应与许×辉串通，属于虚假债权的主张不能成立。

由于林×香与林×应系夫妻关系，林×应签订《账目结算明细》及出具《欠条》的行为虽非出于日常生活需要所作的决定，但如上分析，由于没有证据证明林×应与许×辉之间存在串通的事实，且从许×辉原审提交的证据来看，林×香、林×应夫妻二人与许×辉之间发生的众多经济往来关系，比如购房等重大经济活动等主要是直接发生在林×应与许×辉之间。许×辉有理由相信林×应对外有权一并代表林×香对家庭财产及其他事项进行处分处理。另外，根据许×辉提供的聊天记录内容来看，林×香应当对林×应与许×辉进行结算的事实是清楚的。综上，根据《最高法院适用〈婚姻法〉解释一》第 17 条第 2 项规定："他人有理由相信其为夫妻双方共同意思表示的，另一方不得以不同意或不知道为由对抗善意第三人。"因此，林×香主张林×应与许×辉签订《账目结算明细》并出具《欠条》的行为是对夫妻共同财产的擅自处理，其处理行为无效的主张缺乏事实和法律依据。至于林×应单方与许×辉进行结算并出具欠条的行为，在结算的具体项目、折价金额上是否合理，在后果上是否损害林×香作为家庭财产共有人的权益，均不属于本案的审查范围。许×辉在原审提交的录音资料只是其提交的众多证据之一，原审判决查明的事实是在综合其他证据的基础上进行认定的。且是否需要对录音资料的真实性进行鉴定，可以由法院根据案件具体情况作出判断。故林×香主张录音资料未经鉴定，原审程序违法的主张也不能成立。

2018 年 2 月 24 日，福建省高级法院依照《民事诉讼法》第 204 条第 1 款，《最高人民法

院适用《民事诉讼法》解释》第 395 条第 2 款规定，裁定驳回林×香的再审申请。

四、不属于日常家事代理情形：江苏案件

李某侠与王×民间借贷纠纷二审案，参见江苏省徐州市中级人民法院民事判决书，〔2019〕苏 03 民终 4477 号。①

【案情概要】

李某侠向一审法院起诉请求：确认 55 万元借款为夫妻共同债务，王×偿还借款本金 55 万元及利息（利息至 2018 年 4 月 26 日为 264000 元，后续利息按月利率 2%计算至实际偿还之日）。

一审法院认定事实：王×与案外人徐×喜原系夫妻关系，于 1987 年登记结婚，于 2015 年协议离婚。2017 年 3 月，徐×喜病故。

2008 至 2009 年期间，徐×喜以在贵州开矿资金短缺为由多次向李某侠借款。其中部分借款汇入王×账户。2010 年 3 月 1 日，李某侠（乙方、买房）与王×（甲方、卖方）签订《房屋买卖协议》，约定甲方将坐落于泉山区杏山花园 30-2-301 室房屋含地下室约 140 平方米出售给乙方。该套房屋价格总计 33 万元。双方还对其他事项进行了约定。关于该协议，李某侠认可系因王×及徐×喜未能偿还借款，就用房子抵了 33 万元。而王×则陈述，徐×喜让其把房子卖掉还账，最后没办法就同意签字卖房子。同日，李某侠与徐×喜签订借款协议两份，一份约定李某侠借款给徐×喜 177650 元，借期自 2010 年 3 月 1 日至 2010 年 4 月 15 日。双方还对利息及违约金进行了约定，该协议尾部还有徐×喜书写“今借李某侠人民币壹拾柒万柒千陆佰伍拾元正”。另一份借款协议约定李某侠借款给徐×喜 48 万元，借期自 2010 年 3 月 1 日至 2010 年 12 月 30 日。双方还对利息及违约金进行了约定，且用刘场世纪花园 10-3-601 室房子抵押，该协议尾部还有徐×喜书写“今借李某侠人民币肆拾捌万元正”。2011 年 4 月 1 日，李某侠与徐×喜经对账后，重新签订借款协议一份，约定徐×喜向李某侠借款 55 万元；借款期限 3 个月，从 2011 年 4 月 1 日至 2011 年 6 月 30 日止；借款利息月息 3%，利息按月支付，先付利息后用款，若到期不能还款，即从 2011 年 7 月 1 日起利息调整为月利率 4%。在该份借款协议左下角有“借据，今借李某侠人民币 55 万元，徐×喜，2011 年 4 月 1 日”的内容。

2013 年，李某侠以徐×喜为被告诉至一审法院，要求其偿还借款本金 55 万元及利息。一审法院于 2014 年 3 月 10 日作出〔2013〕泉民初字第 3771 号民事判决书，判决徐×喜偿还李某侠借款本金 55 万元及利息 264000 元。该判决生效后，李某侠向一审法院申请强制执行，根据申请执行人李某侠申请，一审法院于 2015 年 10 月 19 日作出〔2015〕泉执字第 486-3 号执行裁定书，裁定追加王×为被执行人，履行〔2013〕泉民初字第 3771 号民事判决书确定的义务。王×不服该裁定，向一审法院提出异议。一审法院于 2018 年 4 月 3 日作出〔2018〕苏 0311 执异 39 号执行裁定书，以夫妻共同债务应当通过审判程序确定为由，裁定撤销〔2015〕泉执字第 486-3 号执行裁定书，后李某侠以诉称事由诉至一审法院。

经李某侠向一审法院申请调查令，证人贵州省赫章县村民委员会，向该乡矿山村支部书

① 江苏省徐州市中级人民法院(2019)苏 03 民终 4477 号民事判决书，中国裁判文书网，http://wenshu.court.gov.cn/website/wenshu/，下载日期：2019 年 12 月 30 日。

记付贵祥制作调查笔录。付×祥陈述，其认识叫徐×喜的人，在他家旁边开矿（菱铁矿），离他家只有50米。大约是2007年来开矿。王×申请证人张某4出庭，张某4陈述："我与徐×喜在1994年认识，他在利国开矿，我就跟他干。2008年底，徐×喜找到我说他在贵州开矿，过完年让我带二三十个人去给他干活。我带人去之后工人生活、工作等由我负责。我没有工资，徐×喜给我开了一张50000元的股票。……徐×喜的财务是由我掌管。矿里没钱了就打电话向徐×喜要钱。他不是一直在矿上，有时候在有时候不在。2009年5月至9月，徐×喜从农行给我打款，其中5月11日37800元、5月15日5万元、6月17日40000元、7月2日29950元、7月15日20000元、7月21日20000元、8月4日30000元的钱是徐×喜打到我卡上的钱，用于矿上的开支，在2009年至2010年期间徐×喜给我打了六七十万。"李某侠陈述，徐×喜从2008年8月开始借钱用于开铁矿，徐×喜在2008年8月到2009年2月期间，经常向李某侠借钱，他让李某侠把钱转到王×名下，徐×喜后来在中国银行开了账号。徐×喜和王×一个在徐州，一个在贵州矿上。王×也有给李某侠打过条子，但是结账后条子还给他们了。2009年6月16日，王×还在徐州找李某侠拿钱。李某侠的哥哥李某岭在2010年8月中旬去贵州要钱，在那住了半个月，拿了40000元。2011年12月25日，李某侠和其哥哥去贵州，发现那里的矿停了，听附近的邻居说矿卖了。李某侠手上有2009年徐×喜、王×押给李某侠的世纪花园的房证。

上诉人李某侠（原审原告）因与被上诉人王×（原审被告）民间借贷纠纷一案，不服泉山区人民法院（2018）苏0311民初2479号民事判决，向法院提起上诉。2019年06月10日获准立案。李某侠上诉请求：撤销徐州市泉山区人民法院（2018）苏0312民初2479号民事判决书发回重审或直接依法改判。事实及理由：首先，上诉人同徐×喜（被上诉人配偶）及被上诉人之间并非只有一次借贷关系，所出借的款项有支付给了徐×喜、也有交付给被上诉人（汇入其账户），但进一步的资金流向一审法院并未能进一步查明，仅仅只是以次数和金额来判断不属于家庭共同生活所需，依据不足；其次，根据《最高法院适用〈婚姻法〉解释二》及《最高院审理夫妻共同债务适用法律解释》的规定，夫妻双方互有家事代理权，对于日常生活相对人有信赖利益，结合到本案件来看，上诉人同徐×喜、王×之间存在多次的借贷关系，甚至曾经抵偿过一套双方名下的房屋，故上诉人对徐×喜、王×应当享有信赖权，可以相信互相代表另一方；再次，此笔债务是发生在最高院关于夫妻共同债务新司法解释出台之前，根据此前的司法精神应当由被上诉人来完成举证责任，同时新的司法解释也并没有将所有没有夫妻双方签字的借条、欠条等相同或类似的借款凭证一律都确认为单独债务，其在第3条中亦罗列了共同生活、共同生产、共同意思表示的除外条款，那么结合本案件来看该借款就是用于共同生产、王×接收借款当然可以认定其具有用途借款的意思表示。最后，在一审中上诉人和被上诉人均提供的证人证言，这两份证言都能够证明贵州开矿，同时被上诉人提供的证言和上诉人提供的证言部分内容均有相同的指向，故可以认定上诉人提供证言的真实性，进而得出该债务为共同债务的事实。被上诉人王×辩称：上诉人要求确认的55万是夫妻共同债务是不能成立的，一审法院认定事实清楚，适用法律正确，请求二审法院驳回上诉人的上诉请求，维持原判。

二审期间，双方当事人均未向法院提交新证据。被上诉人对一审法院查明事实异议称：李某侠在〔2013〕泉民初字第3771号案件中自认借款时间是2009年，且提供的资金流水也是2009年的，对2008年至2009年期间这个时间段有异议。法院认为，借款发生在徐×喜

与王×夫妻关系存续期间，2008年是否存在借款不影响本案审理，故对被上诉人对一审法院查明事实的异议，法院不予理涉。法院对一审法院查明的当事人无异议的事实法院依法予以确认。

【裁判观点】

该案二审争议焦点为：上诉人主张的涉案的借款是否属于夫妻共同债务。

徐州中院认为，根据《最高法院审理夫妻债务案件适用法律解释》第3条规定，上诉人主张的涉案的借款不属于夫妻共同债务。具体分析如下：第一，该借款不属于家庭日常生活需要。徐×喜在与王×夫妻关系存续期间以个人名义向李某侠借款，李某侠在一审审理时自述徐×喜借款用于开矿，因此，借款不是用于家庭日常生活。第二，本案不属于家事代理的情形。在处理日常家庭事务的范围内，夫妻互为对方代理人，享有家事代理权。通过上诉人自认的借款用途来看此案已经超出了家事代理权的适用范围，徐×喜个人借款行为不适用家事代理。第三，上诉人也未能提供充分的证据证明借款"用于夫妻共同生活、共同生产经营。"虽然上诉人一审时提供了付×祥的笔录，但被上诉人否认其真实性，在没有其他证据佐证的情况下，法院无法仅依据付×祥的笔录认定王×与徐×喜共同经营。第四，上诉人也未提供证据证明借款系基于徐×喜与王×夫妻共同意思表示。借据上没有王×的签字，事后也未得到王×的追认，徐×喜的个人借款不能视为徐×喜与王×夫妻共同意思表示。故李某侠主张涉案借款为夫妻共同债务，无法律依据，法院不予支持。

综上所述，李某侠的上诉请求不能成立，应予驳回；一审判决认定事实清楚，适用法律正确，应予维持。2019年8月22日，徐州市中级人民法院依照《最高人民法院关于审理夫妻债务案件适用法律解释》第3条、《民事诉讼法》第170条第1款第1项、《最高人民法院关于适用〈民事诉讼法〉解释》第90条规定，判决驳回上诉，维持原判。

第四节　域外相关立法例

法国、德国、瑞士、奥地利、日本、韩国等部分国家和地区的民法典确认日常家事代理权，内容涉及代理权行使范围、效力两个方面；个别立法例规定剥夺该代理权的条款。

一、《德国民法典》有关规定

在德国民法中，夫妻享有家事代理权，其结果应由夫妻双方共同承受。《德国民法典》第1357条规定了"旨在满足生活需要的事务"。该条第1款规定："配偶任何一方有权处理旨在适当满足家庭生活需要的、具有也有利于另一方的效力的事务。双方因此种事务而享有权利和负有义务，但根据情况得出不同结果的除外。"第2款规定："配偶一方可以限制或者排除另一方处理具有有利于该方的效力的事务的权利；没有限制或者排除的充足理由的，监护法院必须根据申请，取消该限制或排除。该项限制或排除，只依照第1412条[①]对第三人发生效力。"分居的配偶双方，则不适用前述第1款规定。[②] 在德国早期法律中，为了让妻子

① 该条规定夫妻财产约定或该类财产约定的变更或取消对第三人的效力。只有登记在有管辖权的区法院的之夫妻财产制登记簿或者为第三所知的情况下，才对第三人发生效力。

② 《德国民法典》，陈卫佐译注，法律出版社2004年，第378～379页。

能以自己名义料理家务，妻子有权在家庭效力范围内实施交易，这些交易直接对丈夫发生效力。1976 年 6 月颁布的《婚姻家庭第一号改革法案》修改了《德国民法典》第 1357 条原规定，赋予配偶双方均享有日常家事代理权。该立法改革认为，应当放弃“女主内”的传统思维，让夫妻双方自行决定婚姻共同体内部的分工，丈夫也有权为“满足适当的家庭需要”而为双方设立义务。德国联邦最高法院指出，家庭生活需要的范围根据夫妻双方的具体情况而定，不一而足。由于收入和财产状况通常难以为合同相对方知晓，故应根据家庭生活水平即展示于外的状况而确定。还要考虑《德国民法典》第 1357 条与《德国民法典》第 1360 条和第 1360A 条之间的关联。此外，适用第 1357 条时，应对该行为产生的费用状况、第三人对配偶外在表现的客观评价等因素一并予以考虑。[①] 但是，夫妻分居时，不适用家庭代理权。夫妻对家事代理权的限制或排除，只有经过登记或为第三人所知的情形下，始得对第三人产生对抗效力。

二、《法国民法典》有关规定

在法国民法中，在家事代理权范围内缔结的契约，夫妻应负连带责任。《法国民法典》第 220 条规定：“夫妻各方均有权单独订立旨在维持家庭日常生活与教育子女的合同。夫妻一方据此缔结的债务对另一方具有连带的约束力。”[②]但是，也有法定除外情形，“视家庭生活状况，所进行的活动是否有益以及缔结合同的第三人是善意还是恶意，对明显过分的开支，不发生此种连带义务。”这两项条款是 1965 年 7 月 13 日第 65—570 号法律增设的。到 1985 年 12 月 23 日第 85—1372 号法律第 2 条，为第 220 条增设了第 3 款，进一步限制前述连带责任，规定“以分期付款方式进行的购买以及借贷，如未经夫妻双方同意，亦不发生连带义务；但如此种借贷数量较小，属于家庭日常生活之必要，不在此限。”[③]按照法国最高法院的裁判，“夫妻事实上分居，因婚姻产生的义务仍然存在”，“其中一方以其名义单独缔结的电话用户合同，……只有在此种债务的目的不是为了家庭利益时”，才能认定排除夫妻的连带义务。[④] 夫妻之间的连带义务一直持续到按规定在身份证备注栏履行记载离婚判决的手续，从而对第三人产生对抗效力之时。[⑤]

三、《瑞士民法典》有关规定

《瑞士民法典》第 166 条第 1 款规定：“配偶双方中任何一方，于共同生活期间，代表婚姻共同生活处理家庭日常事务。”[⑥]该条第 2 款进一步将可能被误以为家庭日常事务之事务明确排除在家事代理之外，规定“对于家庭的其他事务，配偶之一方仅在下述情形下，始得代表婚姻共同生活”：(1)如配偶之他方或法官授予其处理该事务的权利；(2)如为婚姻共同生活

---

① 《联邦最高法院民事裁判集》第 94 卷第 1 页、第 5 页，第 116 卷第 184 页、第 188 页，转引自王葆莳：《德国联邦最高法院典型判例研究·家庭法篇》，法律出版社 2019 年版，第 175～176 页。

② 《法国民法典》(上册)，罗结珍译，法律出版社 2005 年版，第 207 页。

③ 《法国民法典》(上册)，罗结珍译，法律出版社 2005 年版，第 207 页。

④ 《法国民法典》(上册)，罗结珍译，法律出版社 2005 年版，第 207～208 页。

⑤ 法国最高法院第一民事庭判例，1989 年 6 月 7 日。《法国民法典》(上册)，罗结珍译，法律出版社 2005 年版，第 208 页。

⑥ 《瑞士民法典》，殷生根、王燕译，中国政法大学出版社 1999 年版，第 45 页。

的利益考虑,某业务不容延缓,且配偶他方因疾病、缺席或类似原因无法表示同意时。

关于该权利行使效力,《瑞士民法典》第 166 条规定:"夫妻双方对一方行使家事代理权的后果承担连带责任。"该条第 3 款赋予家事代理之表见代理之效力,"配偶中任何一方对其行为负个人责任,但该行为无法使第三人辨明已超越代理权的,配偶他方亦应负连带责任"①。

可以剥夺或限制家事代理权。《瑞士民法典》第 174 条第 1 款规定:"如配偶一方越权代理婚姻共同生活或被证明无法胜任代理权时,法官应配偶他方的申请,可全部或部分剥夺其代理权。"关于剥夺或限制家事代理权的效力,同条第 2 款、第 3 款规定:"提出申请的配偶方,仅允许以个人通知的方式向第三人公开该剥夺之事。剥夺经法官的处分公开登载的,始得对善意的第三人产生效力。"②

四、《日本民法》有关规定

《日本民法》第 761 条"夫妻一方因日常生活同第三人发生法律行为的,另一方对因此产生的债务承担连带责任",可以认定夫妻之间具有日常家事代理权。日本学界基本上也持肯定家事代理权的观点。日本最高裁判所 1969 年判例依据民法第 761 条肯定夫妻之间具有日常家事代理权。③ 根据日本判例,"因日常事务而为的法律行为"是指每对夫妻在各自共同生活中通常必要的法律行为。日常家事的范围,应依据常识、常理予以判断。一方面,因每对夫妻的社会地位、资产、收入、职业等不同而有异,也因夫妻生活的地域不同而有异;另一方面,判断该法律行为是否是夫妻为日常家事而为的法律行为,还应考虑涉及该行为的第三人利益的保护;既要重视夫妻共同生活的内部情况和便利性,又要允分地、客观地考虑到该行为的种类、性质。④

五、《韩国民法典》第 827 条

《韩国民法典》第 827 条规定:"夫妻,对于日常家事互有代理权。"夫妻也可以对家事代理权附加限制,但该类限制不得对抗善意第三人。⑤

从我国已译介的有关国家和地区的 20 余部民法典看,立法明定日常家事代理权的民法典不多见,确认此权利的民法典少于一半。

---

① 《瑞士民法典》,殷生根、王燕译,中国政法大学出版社 1999 年版,第 45～46 页。

② 《瑞士民法典》,殷生根、王燕译,中国政法大学出版社 1999 年版,第 47 页。

③ 日本最高裁判所,1969 年 12 月 18 日判例,民集第 23 卷第 12 号,第 2476 页。转引自姚莉:《论确立夫妻日常家事代表权制度之必要——日本夫妻家事代表权制度带来的启示》,载《江海学刊》2009 年第 2 期。

④ 姚莉:《论确立夫妻日常家事代表权制度之必要——日本夫妻家事代表权制度带来的启示》,载《江海学刊》2009 年第 2 期。

⑤ 《韩国最新民法典》,崔吉子译,北京大学出版社 2010 年版,第 236 页。

参考文献

一、著作

1. 陈苇主编:《我国防治家庭暴力情况实证调查研究——以我国六省市被抽样调查地区防治家庭暴力情况为对象》,群众出版社 2014 年版。

2. 陈苇主编:《中国婚姻家庭法立法研究》,群众出版社 2010 年第 2 版。

3. 陈卫佐:《德国民法总论》,法律出版社 2007 年版。

4. 纪欣:《美国家事法》,五南图书出版股份有限公司 2009 年版。

5. 李静雅:《夫妻权力关系研究》,厦门大学出版社 2015 年版。

6. 全国人大常委会法制工作委员会民法室编,王胜明、孙礼海主编:《〈中华人民共和国婚姻法〉修改立法资料选》,法律出版社 2001 年版。

7. 全国人大常委会法制工作委员会民法室:《中华人民共和国民事诉讼法解读》(修订版),中国法制出版社 2012 年版。

8. 蒋月、何丽新:《婚姻家庭与继承法》,厦门大学出版社 2013 年第 4 版。

9. 王葆莳:《德国联邦最高法院典型判例研究·家庭法篇》,法律出版社 2019 年版。

10. 夏吟兰、薛宁兰主编:《民法典之婚姻家庭编立法研究》,北京大学出版社 2016 年版。

11. 赵秉志总主编:《澳门民法典》,中国人民大学出版社 1999 年。

12. [德]迪特尔·施瓦布:《德国家庭法》,王葆莳译,法律出版社 2010 年版。

13. [法]雅克·盖斯旦、吉勒·古博:《法国民法总论》,陈鹏、张丽娟、石佳友等审校,法律出版社 2004 年版。

14. [美]加里·S.贝克尔:《家庭经济分析》,彭松建译,华夏出版社 1987 年版。

二、论文

1. 曹诗权:《中国婚姻法的基础性重构》,载《法学研究》第 18 卷第 3 期(总第 104 期)。

2. 陈林林:《婚姻侵权及保护——以配偶权为基点》,载《学术交流》1999 年第 2 期。

3. 马忆南、杨朝:《日常家事代理权研究》,载《法学家》2000 年第 4 期。

4. 胡苷用:《夫妻共同债务的界定及其推定规则》,载《重庆社会科学》2010 年第 2 期。

5. 蒋月:《当代民法典中夫妻人身关系的立法选择》,载《法商研究(中南财经政法大学学报)》2019 年第 6 期。

6. 蒋月:《域外民法典中的夫妻债务制度比较研究——兼议对我国相关立法的启示》,载《现代法学》2017 年第 5 期。

7. 蒋月:《配偶权身份权的内涵与外延》,载《法商研究(中南政法学院学报)》1999 年第 4 期。

8. 李秀清:《新中国婚姻法的成长与苏联模式的影响》,载《法律科学(西北政法学学报)》2002 年第 4 期。

9. 李洪祥:《夫妻一方以个人名义所负债务清偿规则之解构》,载《政法论丛》2015 年第 2 期。

10. 吴晓芳:《〈婚姻法〉司法解释三适用中的疑难问题》,载《法律适用》2014 年第 1 期。

11. 王歌雅:《家务贡献补偿:适用冲突与制度反思》,载《求是学刊》2011 年第 5 期。

12. 邢玉霞:《现代婚姻家庭中生育权冲突之法律救济》,载《法学杂志》2009 年第 7 期。

13. 谢鸿飞:《现代民法中的"人"》,载《北大法律评论》第 3 卷第 2 辑,法律出版社 2001 年版。

14. 夏吟兰、薛宁兰:《论夫妻共同财产的认定与分割——以三市离婚案件调查数据分析为路径》,载夏吟兰、龙翼飞主编《家事法研究》2011 年卷,社会科学文献出版社 2011 年版。

15. 薛宁兰、许莉:《我国夫妻财产制立法若干问题探讨》,载《法学论坛》2011 年第 2 期。

16. 姚莉:《论确立夫妻日常家事代表权制度之必要——日本夫妻家事代表权制度带来的启示》,载《江海学刊》2009 年第 2 期。

17. 杨柳、蔡立东:《关于机动车交通事故责任纠纷中夫妻共同债务认定裁判分歧的实证研究报告》,载最高人民法院审管办《审判管理动态》2019 年总第 8 期。

18. 杨大文:《民法的法典化与婚姻家庭法制的全面完善——关于民法婚姻家庭编的总体构想》,载《中华女子学院学报》2002 年第 4 期。

19. 杨晓迪:《类案检索机制、检索资源的完善:以夫妻共同债务认定案件为例》,https://mp.weixin.qq.com/s/0RA5t8B5s9ukAhf2p8rE2w,下载日期:2019 年 12 月 23 日。

20. 张新宝:《隐私权研究》,载《法学研究》1990 年第 3 期。

21. 张学军:《离婚损害赔偿制度辨析》,载《政治与法律》2008 年第 2 期。

三、电子数据库

1. 中国人大网,http://www.npc.gov.cn/。
2. 中国裁判文书网,http://wenshu.court.gov.cn/。
3. 国家统计局,http://www.stats.gov.cn/。
4. 中华人民共和国民政部,http://www.mca.gov.cn/。
5. 中华人民共和国最高人民法院,http://www.court.gov.cn/。
6. 中国法院网,https://www.chinacourt.org/。
7. 法律图书馆,http://www.law-lib.com/。

四、法律法规及规范性文件

(一)中国法律法规及规范性文件

1.《中华人民共和国宪法》,1982 年 12 月 4 日第五届全国人民代表大会第五次会议通过,2018 年 3 月 11 日第十三届全国人民代表大会第一次会议通过《中华人民共和国宪法修正案》修正。

2.《中华人民共和国妇女权益保障法》,1992 年通过,2018 年第二次修正案。

3.《中华人民共和国婚姻法》,1980 年通过,2001 年第一次修正。

4.《中华人民共和国民法总则》,2017 年 3 月 15 日通过。

5.《中华人民共和国民法通则》,1986 年 4 月 12 日通过,2009 年 8 月 27 日第一次修正。

6.《中华人民共和国继承法》,1985 年 4 月 10 第六届全国人民代表大会第三次会议通过,1985 年 4 月 10 日公布,1985 年 10 月 1 日起施行。

7.《中华人民共和国人口与计划生育法》,2001 年 12 月 29 日第九届全国人民代表大会常务委员会第二十五次会议通过,2015 年 12 月 27 日第十二届全国人民代表大会常务委员会第十八次会议《关于修改〈中华人民共和国人口与计划生育法〉的决定》修正。

8.《中华人民共和国物权法》,2007 年 3 月 16 日第十届全国人民代表大会第五次会议通过。

9.《中华人民共和国民事诉讼法》,1991 年 4 月 9 日通过,2017 年第三次修正。

10.《中华人民共和国合同法》,1999 年 3 月 15 日第九届全国人民代表大会第二次会议通过。

11.《中华人民共和国公司法》,1993 年 12 月 29 日第八届全国人民代表大会常务委员会第五次会议通过,根据 2018 年 10 月 26 日第十三届全国人民代表大会常务委员会第六次会议《关于修改〈中华人民共和国公司法〉的决定》第四次修正。

12.《中华人民共和国公证法》,2005 年 8 月 28 日通过,2017 年修正。

13.《中华人民共和国侵权责任法》,2009 年 12 月 26 日第十一届全国人民代表大会常务委员会第十二次会议通过并发布,2010 年 7 月 1 日开始实施。

14.《中华人民共和国行政诉讼法》1989 年 4 月 4 日通过,2017 年 6 月 27 日第二次修正。

15.《全国人民代表大会常务委员会关于〈中华人民共和国民法通则〉第九十九条第一款、〈中华人民共和国婚姻法〉第二十二条的解释》,2014 年 11 月 1 日第十二届全国人民代表大会常务委员会第十一次会议通过。

16. 中华人民共和国国务院令第 387 号《婚姻登记条例》,2003 年 7 月 30 日国务院第 16 次常务会议通过,2003 年 8 月 8 日公布,自 2003 年 10 月 1 日起施行。

17.《中华人民共和国政府信息公开条例》已经 2007 年 1 月 17 日国务院第 165 次常务会议通过,4 月 5 日公布,自 2008 年 5 月 1 日起施行。

18.《社会抚养费征收管理办法》,国务院令第 357 号,2002 年 8 月 2 日颁布,2002 年 9 月 1 日起实施。

19.《最高人民法院关于贯彻执行〈中华人民共和国继承法〉若干问题的意见》,1985 年 9 月 11 日,法(民)发〔1985〕22 号。

20.《最高人民法院关于人民法院审理离婚案件如何认定夫妻感情确已破裂的若干具体意见》,1989 年 11 月 21 日。

21.《最高人民关于适用〈中华人民共和国婚姻法〉若干问题的解释(一)》,法释〔2001〕30 号,2001 年 12 月 24 日最高人民法院审判委员会第 1202 次会议通过,2001 年 12 月 25 日公布。

22.《最高人民关于适用〈中华人民共和国婚姻法〉若干问题的解释(二)》,法释〔2003〕19 号,2003 年 12 月 26 日公布。

23.《最高人民关于适用〈中华人民共和国婚姻法〉若干问题的解释(三)》,法释〔2011〕18

号,2011年7月4日最高人民法院审判委员会第1525次会议通过,2011年8月9日公布,自2011年8月13日起施行。

24.《最高人民法院关于适用〈中华人民共和国婚姻法〉若干问题的解释(二)的补充规定》,法释〔2017〕6号,2017年2月20日由最高人民法院审判委员会第1710次会议通过,2017年2月28日公布,自2017年3月1日起施行。

25.《最高人民法院关于审理涉及夫妻债务纠纷案件适用法律有关问题的解释》,法释〔2018〕2号。

26.《最高人民法院关于审理民间借贷案件适用法律若干问题的规定》,法释〔2015〕18号,2015年8月6日发布,2015年9月1日起施行。

27.《最高人民法院关于确定民事侵权精神损害赔偿责任若干问题的解释》,法释〔2001〕7号。

28.《最高人民法院关于适用〈中华人民共和国民事诉讼法〉的解释》,法释〔2015〕5号。

29.《最高人民法院关于适用〈中华人民共和国行政诉讼法〉的解释》,法释〔2018〕1号,2017年11月13日最高人民法院审判委员会第1726次会议通过,自2018年2月8日起施行。

30.《最高人民法院关于适用〈中华人民共和国民事诉讼法〉审判监督程序若干问题的解释》,法释〔2008〕14号,2008年11月10日由最高人民法院审判委员会第1453次会议通过,11月25日公布,自2008年12月1日起施行。

31.《最高人民法院关于防范和制裁虚假诉讼的指导意见》,法发〔2016〕13号。

32.《最高人民法院关于审理民事案件适用诉讼时效制度若干问题的规定》,法释〔2008〕11号,2008年8月21日公布,自2008年9月1日起施行。

33.《最高人民法院关于审理名誉权案件若干问题的解答》,1993年8月7日。

34.《最高人民法院关于贯彻执行〈中华人民共和国民法通则〉若干问题的意见(试行)》,1988年4月2日公布,同日施行。

35.《上海市人口与计划生育条例》,2003年12月31日上海市第十二届人民代表大会常务委员会第九次会议通过,根据2016年2月23日上海市第十四届人民代表大会常务委员会第二十七次会议《关于修改〈上海市人口与计划生育条例〉的决定》第二次修正。

36.《福建省人口与计划生育条例》,1988年4月29日福建省第七届人大常委会第二次会议通过,根据2016年2月19日福建省第十二届人大常委会第二十一次会议《福建省人大常委会关于修改〈福建省人口与计划生育条例〉的决定》修正。

(二)国外法律法规及规范性文件

1.《德国民法典》,台湾大学法律学院、台大法学基金会编译,北京大学出版社2017年版。

2.《德国民法典》,陈卫佐译,法律出版社2015年版。

3.《法国民法典》(上下册),罗结珍译,法律出版社2005年版。

4.《意大利民法典》,费安玲等译,中国政法大学出版社2004年版。

5.《瑞士民法典》,殷生根、王燕译,中国政法大学出版社1999年版。

6.《奥地利普通民法典》,周友军、杨垠红译,周友军校,清华大学出版社2013年版。

7.《葡萄牙民法典》,唐晓晴等译,北京大学出版社2009年版。

8.《西班牙民法典》,潘灯、马琴译,中国政法大学出版社 2013 年版。
9.《巴西新民法典》,齐云译,徐国栋审校,中国法制出版社 2009 年版。
10.《最新阿根廷共和国民法典》,徐涤宇译注,北京大学出版社 2014 年版。
11.《智利共和国民法典(2000 年修订本)》,徐涤宇译,北京大学出版社 2014 年版。
12.《最新路易斯安那民法典》,徐婧译注,法律出版社 2007 年版。
13.《韩国民法典》,崔吉子译,北京大学出版社 2010 年版。
14.《最新日本民法・日本民法典》,渠涛编译,法律出版社 2006 年版。
15.《英国婚姻家庭制定法选集》,蒋月等译,法律出版社 2008 年版。
16.《日本民法:条文与判例》(上、下册),王融擎编译,中国法制出版社 2018 年。